U0925040

东京审判再讨论

The Restudy on the Tokyo Trial

东京审判研究中心 编

内容提要

本书集当今世界研究东京审判佼佼者之大成，由史及今，视角细致入微，从审判出发，又并不局限于审判本身。对战争罪行细致分类，深刻剖析，并提出东京审判对今世的意义。各位译者凭其深厚之专业功底，娴熟之语言技巧，将外国学者论文神韵一一呈现。便利东京审判研究，亦能够指导对东京审判感兴趣的读者开拓眼界。不仅为读者提供了一个清晰而全面的知识库存，也向国内研究学者与读者展现了国外学者对东京审判研究的卓越成果，具有较高的学术价值和可读性。

图书在版编目(CIP)数据

东京审判再讨论／东京审判研究中心编．—上海：
上海交通大学出版社，2015
ISBN 978-7-313-12839-3

Ⅰ．①东…　Ⅱ．①东…　Ⅲ．①远东国际军事法庭-文集　Ⅳ．①D995-53

中国版本图书馆 CIP 数据核字(2015)第 066215 号

东京审判再讨论

编　　者：东京审判研究中心
出版发行：上海交通大学出版社　　地　　址：上海市番禺路 951 号
邮政编码：200030　　电　　话：021-64071208
出 版 人：韩建民
印　　制：山东鸿君杰文化发展有限公司　　经　　销：全国新华书店
开　　本：787 mm×960 mm　1/16　　印　　张：43.75
字　　数：623 千字
版　　次：2015 年 7 月第 1 版　　印　　次：2015 年 7 月第 1 次印刷
书　　号：ISBN 978-7-313-12839-3/D
定　　价：136.00 元

东京审判研究丛书编辑委员会

序

程兆奇

在东京审判的研究史上，1983 年在日本东京巢鸭监狱旧址上建造的太阳城召开的讨论会，被公认为是最具里程碑意义的重要会议。不仅细谷千博、安藤仁介、儿岛襄、家永三郎等已有大名的日本研究者，当时风华正茂未满四十岁的粟屋宪太郎、大沼保昭等日本未来的重要研究者悉数参加了会议；翻开与会者名单还可以看到，东京审判的荷兰法官伯纳德・维克多・A・勒林（B. V. A. Röling）、引起持久争议的《胜者的正义》的作者理查德・H・麦尼尔（Richaed H. Minear）、英文版庭审记录第一次出版的编辑者约翰・R・普理查德（Pritchard，R. John）等众多东京审判研究的标志性人物也都赫然在列。甚至在听会的提问者中我们都能发现著有《审判东京审判》的岛田繁太郎的辩护律师泷川政次郎、重光葵的辩护律师乔治・A・弗内斯（George A. Furness）、小矶国昭的辩护律师阿尔弗雷德・W・布鲁克斯（Alfred W. Brooks）等东京审判的亲历者。对从事东京审判研究的晚生来说，单是这些出席者就令这次会议成了令人遐想的"传说"。会议的讨论从国际法、历史、探索和平及今天的意义四个方向展开，两天十分紧凑的报告、问答、讨论，大致包括了东京审判法庭争议以来的所有重要问题。但这次会议的影响力主要还不在于讨论或解决了哪些问题，而在于这次会议对推动真正意义上的东京审判研究起到了原动力的作用。粟屋宪太郎先生说，正是此次讨论会促使了他前往美国等地搜集相关档案，开创了东京审判研究利用原始文献的新阶段。只要对东京审判研究史稍有了解，就会知道粟屋先生当仁不让的说法不是自夸，而是实情的写照。

东京审判研究中心成立之初，我们便将在研究展开的适当时期召开一次国际学术讨论会列入了规划，当时的主要考虑就是以 1983 年会议为榜样，期待能借讨论会的东风对中国东京审判研究有一个大的推动。2013 年 11 月 12 日东京审判宣判 65 周年之际，东京审判国际学术讨论会举行。为能心无旁骛的集中讨论，除开幕式、闭幕式分别在主办单位上海交大和协办单位苏州大学召开外，讨论会在嘉兴闭门进行。在三天的会议中，与会代表发表了三十篇报告，从多角度对东京审判进行了讨论。外国研究者的精彩报告对我们研究的推进是很好的它山之石，但作为长久关注东京审判的中国研究者，更让我感到欣然的是，在几乎空白的领域中中国学者多方面探索所预示的东京审判研究的繁荣前景。

向会议提出的三十篇报告涉及了广泛的方面，我们大致按类粗编为九章，其中包括部分内容相近无类可归的单篇。

东京审判研究的由来和展望

本章由粟屋宪太郎《日本东京审判研究的由来和现状》、杨大庆《西方（英语圈）东京审判研究的新潮流》、程兆奇《中国东京审判研究的新进展》三篇组成。粟屋先生研究东京审判逾四十年，编有大量东京审判文献。52 卷本的讯问记录、10 卷本的国际检察局文献以及对于日本学者更常用的木户幸一、田中隆吉等讯问记录的日译选本，都是东京审判研究者案头必备的基本资料。杨大庆先生长年在美国任教，他曾组织西方世界第一次南京大屠杀的研究会议，那次小而有深度的讨论后来结集为在南京大屠杀研究领域中相当有特色的《历史学中的南京大屠杀》。中国部分的作者主要从事中日战争遗留问题的研究。

东京审判的研究在日本由来已久，几乎是伴随着审判同步开始。大致来说，因美国占领的新闻管制和日本战败之初左翼力量的强盛，虽然仍出版了高柳贤三《东京审判和国际法》那样的否定著作，但学界尤其是媒体对东京审判的正面评价还是占据着主流。随着美军占领的结束和日本经济的起飞，东京审判淡出了媒体的视野。从 50 年代起至 80 年代初的约四十种以东京审判和战后审判为题的著述中，除了当事人的著作，如岛田繁太郎的辩护律师泷川政次郎的《审判东京审判》[1]、

〔1〕 瀧川政次郎：『東京裁判をさばく』，東京，慧文社 1953 年版。

东条英机的辩护律师清濑一郎的《东京审判秘录》[1]等，有关的论述主要围绕战争责任的争论，如家永三郎的《如何看待东京审判》[2]。日本真正的东京审判研究，如前所述始自 1983 年国际讨论会之后。近年随着档案查阅的便利（日本国立公文书馆、国会图书馆已公开了主要档案），开始出现建立在大量发掘史料基础之上的成果[3]，和早期主要是观点的交锋已有很大的不同。

和纽伦堡审判被不断提及形成鲜明对照，东京审判自审判结束后在西方世界基本已从公共话语中消失，只有少数学者发表了有限的论著。其中最著名的是 1971 年出版的麦尼尔的《胜者的正义》[4]。此书撰著的缘起是作者对美国越战政策的强烈批判，但这一左派立场却成了日本右翼的援军[5]为作者始料未及。上世纪 90 年代起特别是近年西方开始有较多研究，特别值得一提的是与日本近年的研究著作多从历史的角度不同，博伊斯特、卡莱尔的《东京国际军事法庭之再评价》[6]对东京审判管辖权之争等法的问题尤其是东京审判对以后国际法的发展和国际刑事法庭等战争犯罪法庭建设的影响等进行了详细的讨论。

中国的相关情况已刊出[7]，在此不赘。

东京审判的历史意义

本章由荒井信一《世界史上的东京审判》、户谷由麻《战犯审判研究

〔1〕 清瀬一郎：『秘録東京裁判』，読売新聞社 1967 年版。

〔2〕 家永三郎：「極東裁判についての試論」、『戦争と教育をめぐって』，法政大学出版局 1973 年版。

〔3〕 大部头如日暮吉延：『東京裁判の国際関係　国際政治における権力と規範』（木鐸社 2002 年），小册子如中里成章：『パル判事　インド・ナショナリズムと東京裁判』（岩波書店 2011 年版）。

〔4〕 Minear，Richard H. *Victor's Justice*：*The Tokyo War Crimes Trial*. Princeton：Princeton University Press，1971 and Ann Arbor，Mich.：Center for Japanese Studies，University of Michigan，2001. 日文版：リチャード．H. マイニア（著）、Richard H. Minear（原著）、安藤仁介（翻訳）：『勝者の裁き—戦争裁判、戦争責任とは何か』，福村出版 1972 年版。

〔5〕 以至于今天还有日本学者说："美国右翼欢迎日本左翼的史观，美国左翼欢迎日本右翼的史观。"（牛村圭语，牛村圭、日暮吉延：『東京裁判を正しく読む』，文藝春秋 2008 年，第 142 页。）

〔6〕 Boister，Neil，and Robert Cryer. *The Tokyo International Military Tribunal: A Reappraisal*. Oxford：Oxford University Press，2008.

〔7〕 见程兆奇《中国东京审判研究的新进展》，《民国档案》2014 年第 1 期。

的历史意义》、步平《东京审判与“东京审判史观”》三篇组成。荒井先生年近九旬，年龄仅次于出席开幕式的东京审判中国检察组秘书高文彬。在长期致力于日本战争责任等问题研究的同时，他还担任日本战争责任资料中心和韩国・朝鲜文物归还委员会的代表，在行动上为追究日本战争责任身体力行。户谷先生生长在日本，学成于西方，在美国任教。2008 年她的《东京审判——第二次世界大战后对法和正义的追求》的英、日文版分别由美国哈佛大学出版社和日本みすず书房出版〔1〕。此书体现的户谷先生对东京审判研究的功力奠定了她在时下东京审判研究领域的举足轻重的地位。我觉得在目前中生代学者中，她是最有成绩的两位之一，另一位是年龄较她略长的日暮吉延。日暮先生所著《东京审判的国际关系》是在日本相关著述中少见的扎实之作（日本学者的学风本以朴实和扎实见长，但东京审判的著述却以汗漫“说理”居多）。他曾是粟屋先生的弟子，所以我特向粟屋先生提请邀他来参加会议。日暮先生以“忙”为由婉拒了邀请。后来风闻他的真实理由是担心中国的会议免不了“政治挂帅”，怕被“利用”。所以，最初也是抱着疑问从未踏足中国的户谷先生会后说：“日暮先生不来很可惜，如果他来，当会改变看法。”日暮先生本是我们约请的学者，故将此节附记于此。步平先生长期从事中日关系史的研究，其中有关侵华日军化学战和日本右翼的研究成绩最为显著。20 世纪 80 年代起他担任了许多重要的学术组织工作，特别是主持中日联合历史研究的中方部分，这些都是难以满足外界期待的艰难任务，如果没有这些耗时的干扰，在专业上当会有更大的成绩。

东京审判之争起于法庭检、辩两方的争论，如果说今天仍然主张“胜者的正义”的否定派大体继承了审判时辩护方的衣钵，另一方“超越”论者已与当年“文明的审判”主张有很大的不同。即使今天“左派”的观点，也已非复当年对东京审判的高度评价可比。荒井先生的观点反映的是日本“左派”的典型立场。荒井先生认为东京审判存在三方面

〔1〕 Totani, Yuma. *Tokyo War Crimes Trial: The Pursuit of Justice in the Wake of World War II*. Cambridge. Mass. & London: Harvard University Asia Center, 2008. 戸谷由麻：『東京裁判　第二次大戦後の法と正義の追求』，みすず書房 2008 年版。

的问题。一是只占受害人数一层的西方国家却占了东京审判的七层法官,“殖民地宗主国代表占多数的东京法庭,没有成为直接审判加诸当地民众受害的场所”。第二,没有以反人道罪起诉日本[1],“对战后赔偿等几乎所有问题都产生了影响”。第三,东京审判提前结束,使大量本应受到审判的战犯嫌疑人重回政界,而且“给了日本保守领袖以免罪意识和被害者意识,不久就酿成了大骂‘东京审判史观’的氛围,以至于反而将追究战争责任和战争犯罪的论者视为加害者”。荒井先生用了一半以上的篇幅论述了美国为首的“西方殖民地宗主国”对罪行的选择性审判,他列举了应审而未审的美国对东京等日本城市的轰炸和日本对中国城市的轰炸以及日本对中国实行的细菌战、化学战。荒井先生在报告中还特别以战后美国轰炸朝鲜、越南、伊拉克的“不对等战争”的暴行说明东京审判未审罪行的贻害。

户谷由麻先生的报告细致回顾了东京审判的过程,认为研究战犯审判的意义在于:“通过对审判功罪的考察来检讨我们自身的司法意识”。她认为通过对东京审判的研究可以看到我们期待的是什么样的“司法权力”和如何“实现正义”。通过东京审判考察对适用法、司法手续、被告权利、个人刑事责任的司法理论等问题的探讨,启示我们应该如何解决“司法权力”和“实现正义”这一人类的普遍性难题。

步平先生的报告在中文世界第一次详细论述了被认为“自虐史观”“黑暗史观”的所谓“东京审判史观”的形成过程、东京审判的合理性和合法性、日本高层和辩护方对东京审判的抵制以及真正意义上的东京审判的“缺陷”。

东京审判、纽伦堡审判与国际法

本章由两篇法学报告和一篇比较纽伦堡审判与东京审判异同的报告组成,即大卫·科恩(David Cohen)《韦伯战争罪判决草案——东京审

---

〔1〕 程兆奇《从〈东京审判〉到东京审判》(《史林》2007年第5期)曾有一节专论东京审判实际审理过程中未采用“反人道罪”及因照搬国际军事法庭宪章为纳粹德国屠犹量身定制的“反人道罪”而难以恰如其分的问题。以后海外学者也注意到此问题。

判判决的另一视角》、朱文奇《东京审判对国际法的发展和贡献》和芝健介《东京审判与纽伦堡审判》三篇。科恩先生是西方战犯审判研究的开创者，为国际刑法的权威，曾在加州大学伯克利分校创立战争犯罪研究中心，2014 年出任斯坦福大学新创立的国际正义研究所所长。朱文奇先生曾任职于前南国际刑事法庭和卢旺达国际刑事法庭，现为中国人民大学教授，是为数不多的既有国际司法实践经验，又有理论研究的法学家。芝健介先生是纳粹德国史专家，现为东京女子大学教授。

东京审判否定派的主张在晚近愈形强化无疑与他们的“意识形态”立场有关，但也不能否认东京审判确实还留下不少待解的难题。其中法庭判决与个人责任，或者说判决书所述与个人责任的相关性，从法的角度看确实还不能说完全没有问题。这是“胜者的审判”论至今未休的一个原因。《韦伯战争罪判决草案——东京审判判决的另一视角》第一次对庭长韦伯“判决书”作了深度解读和评论，推动了这一问题的解决。东京审判除了法庭（多数派）判决书之外，印、荷、法、澳、菲法官也提出了反对、持疑、修正、补充五份少数意见书，其中众所周知的韦伯意见书其实只是韦伯当时所写意见的一个提要。除了这个简本之外，韦伯还有一份自题为“庭长判决”的未提交详本。韦伯的这一“庭长判决”与法庭判决书的最大不同在于法庭判决书主要是有关日本战争责任的宏大叙述，个人裁决部分仅占 1 211 页判决书原稿中的 66 页，略当总量的 5%，而“庭长判决”的个人裁决部分却占了总数 637 页中的 374 页，接近 60%。“庭长判决”和法庭判决有两个关键争点，即：① 凭什么证据和从那一证据得出的什么推论把每一位被告和被宣判的罪行联系起来，② 法官依据什么样的责任理论确定他们负有责任。“庭长判决”针对法庭判决未能为被告个人责任提供充分的实质证据，而对每一位被告作了系统的“事实裁决”，为评估针对个人的裁决究竟有没有证据支持或有没有偏见或政治操控提供了依据。根据“庭长判决”对每位被告在反和平罪和普通战争罪中的应负责任的辨析，韦伯认为除了荒木贞夫，其余被告均为有罪。科恩先生认为如果“庭长判决”当时即能公开，对被告的定罪至少更为有力。但韦伯不愿让自己的意见造成外界对审判“不完整”而选择了束之高阁，科恩先生以“不幸”表示遗憾。

朱文奇先生的《东京审判对国际法的发展与贡献》从开启国际刑法实践、追究个人刑事责任原则、官方身份不免责三个方面详述了东京审判对国际法的贡献。

芝健介先生《东京审判与纽伦堡审判》从框架结构、宪章、审判的构成、诉因、被告的选定和第二国际军事审判问题、证人证词、东西方两大审判的相互影响等作了详细比较。

东京审判中的人物

本章中里成章《印度的帕尔法官——围绕其政治、思想地位》、山田正行《天皇的战争责任》、梅小侃、梅小璈《中国法官梅汝璈》、向隆万《中国检察官向哲濬》四篇报告围绕的都是与东京审判有关的人物。中里成章先生是南亚史的专家，现为东京大学名誉教授。2011 年出版的《帕尔——印度民族主义和东京审判》，以实证的方法揭破了被日本右翼制造的印度法官帕尔的神话。山田先生是大阪教育大学教授，他的本业是教育学，但长年关注战时轴心国的战争犯罪，是日本奥斯维辛博物馆理事长，曾获波兰国家骑士勋章。早在 20 世纪 90 年代山田先生就曾在中国做过细菌战调查。张纯如《南京暴行》在日本屡经周折时隔原著出版十年方得出版，他的推动也起了很大作用〔1〕。梅、向先生是中国法官梅汝璈和中国检察官向哲濬的哲嗣，他们在各自的岗位都曾作出有意义的贡献，退休后转而研究东京审判，最近分别编有《梅汝璈东京审判文稿》〔2〕、《向哲濬东京审判法庭陈述和信函》〔3〕。

帕尔在日本是一个相当特殊的存在，东京靖国神社、京都灵山护国神社、广岛本照寺、富山护国神社等处都有他的纪念碑。他的甲级战犯

---

〔1〕 山田正行在为《南京暴行》(アイリス チャン著、巫召鸿訳《ザ・レイプ・オブ・南京》，同時代社 2007 年版)译者巫召鸿所著《读〈南京暴行〉》所写的"解说"中说，翻译出版《南京暴行》日文版是"抵抗忘却"和"良知的责任"。(山田正行解說《忘却への抵抗と良知の責務》，巫召鴻著《〈ザ・レイプ・オブ・南京〉を読む》，同時代社 2007 年版，第 151～189 页。)这也可以看作是山田先生的自况。

〔2〕 梅小侃、梅小璈：《梅汝璈东京审判文稿》，上海交通大学出版社 2013 年版。

〔3〕 向隆万：《向哲濬东京审判函电和法庭陈述》，上海交通大学出版社出版 2014 年版。

全员无罪的主张，早在东京审判判决之前已为被告方所知。冗长的所谓“帕尔判决书”（个人著述不能作为“判决书”，日本右翼称“判决书”，无非是为了高抬帕尔。）在日本结束占领的当年就已分别出版了节本和全本。以后帕尔的主张更是被右翼作为理据和“道义”的源泉而广泛援引。翻开数量众多的否定东京审判的著述，帕尔的主张几乎为每书必谈。如日本辩护团副团长清瀬一郎去世前夕出版的《东京审判秘录》[1]，专设一节，称赞帕尔。然而，细读帕尔的“判决书”和庭审记录的辩护方主张，却可见两者之间的若合符节。即以清瀬一郎在开庭之初提出的管辖权质疑为例，他的理由几乎被帕尔原封不动地攘为己有。我们当然可以说帕尔和被告方的一致只是“不谋而合”，因此不必说帕尔是“掠人之美”，但日本右翼刻意把帕尔的主张作为独明的先见，却使日本右翼挟“洋”以自重的心理跃然纸上。最近《帕尔》中译本出版，封面的广告词很传神：在祖国印度已被掩埋于历史尘埃，在日本则被神话为“世纪伟人”[2]。这本书的作者即是中里成章。中里先生在帕尔曾任职的加尔各答大学取得博士学位，通过查阅大量第一手文献，访问帕尔的同事和后人，还原了帕尔的本来面目。中里先生此次的报告进一步探讨了帕尔的思想和政治立场，澄清了讹传已久的帕尔是笃信和平的“甘地主义者”的传言，证明帕尔在印度国内政治谱系中属于右派。

天皇的战争责任是东京审判研究史上不断被提及的一个问题。山田先生的报告没有对天皇的战争责任下有或无的明确结论，而是从文化、历史、战时天皇的作用等角度详细讨论了昭和天皇的表现和作用，辨析了各家有关昭和天皇战争责任的见解，提出了许多不同以往甚至看似“异想天开”的新解。如东条英机未击中心脏的自杀是出于既不能违背自己制定的不能生而为俘虏的“战时训”而必须死、同时又要为天皇背负责任而只能活的“算计”。不论事实是否离奇到这种程度，复杂化的审视已有陈说至少可以为我们提供不同的观察视角。

梅汝璈法官和向哲濬检察官，国内多有著述，这两篇报告的特点是

---

〔1〕 清瀬一郎：『秘錄・東京裁判』，読売新聞社 1967 年版。
〔2〕 中里成章：《帕尔法官——印度民族主义与东京审判》，法律出版社 2014 年版。

充分利用了以前未被注意的东京审判时期中国法官检察官与国民政府相关部门的来往函电。因梅、向的相关情况国内媒体有高关注度，此处不另。

中国对日审判及中国与东京审判

本章由刘统《抗战胜利后中国国民政府审判日本战犯概述》、丰田雅幸《东京审判与中华人民共和国对日审判》、王卫星《国民政府对东京审判的态度评析——以〈中央日报〉报道评论为中心》、小林元裕《东京审判与中国——研究成果和课题》四篇组成。刘统先生是上海交大东京审判研究中心教授，为国共战争史有心得的专家，近年开始转向中国审判研究。王卫星先生是江苏社科院研究员，近年主要从事南京大屠杀文献的搜集、整理和研究。丰田雅幸先生师从粟屋宪太郎先生，主要从事新中国对日审判的研究。小林元裕先生为新潟国际情报大学教授，也是粟屋先生的弟子，是海外最早关注中国与东京审判的学者。东京审判研究中心成立后得到的第一批国民政府的档案就是蒙他寄赠。

战后国民政府在沈阳、北京、太原、济南、徐州、汉口、南京、上海、广东、台北共设立了10个审判日本战犯的法庭，此外，在今天的中国辖域内还有英军设立的香港法庭和美军设立的上海法庭，这12个法庭中除了审理南京大屠杀的南京法庭，其他法庭的情况至今不明，甚至有些法庭的档案文献也不知下落。刘统先生根据他近年的调查，从前期准备、审判经过、重要个案、相关特殊案件的审判等方面对审判的全过程作了概观的论述。

新中国的对日审判与战后审判有较大的不同，丰田雅幸先生的报告从“审判什么”和“如何审判”，特别是对从“严罚主义”到“宽大政策”的转变过程进行了探讨。作者指出新中国审判的重要意义是使东京审判未能明确的罪行得到明确，只是由于邦交正常化等政治考量而未能充分实行。他认为新中国审判的意义应该受到更充分的认识。

东京审判在审判当时受到了中国媒体的高度关注，王卫星的报告以中国最重要的官方报纸《中央日报》为着眼点，观察国民政府一方面积极支持东京审判，一方面坚持司法公正（所谓“绝不以战胜者对战败者态度出之”）的基本原则，以及积极维护战后东亚和平、防止日本军国主义死灰复燃的原则立场。

小林元裕先生的报告分三个部分，因会议对题材并未限制，前两部分回顾中日研究史与第一场互有异同，第三部分就中国对战犯审判理论的形成、中国对战犯审判的影响等今后的研究方向提出了建议。

东京审判法庭辩论辨析

本章由曹树基《国际条约与民族主义：东京审判秦德纯之证词与质证》、曹大臣《东京审判辩护方的“中国共产主义威胁论”》、程维荣《童受民在东京审判中的作证和浦东电气公司》、宦晓娴《东京审判辩护方的“中国焦土抗战论”》四篇组成。曹树基先生是上海交大历史系教授，近年主要从事地方文献的搜集和研究，他对材料的兴趣已到了痴迷的程度。曹大臣先生是南京大学历史系教授，主要从事近代中日关系史研究，近年的主攻方向为东京审判被告方证据研究。程维荣先生是上海社科院法学所研究员，主要从事法律史的研究，近年专研东京审判对华暴行罪。宦晓娴同学为曹大臣的在读研究生。以往中国东京审判的相关论述多从“大处着眼”，从大处着眼自有宏观驾驭的难处，但更有不受文献约束的方便。依今天的标准，这样的宏观泛论不能算“学术”和“研究”。本章报告均为深入文献基础上的成果，如果说东京审判研究在中国有了很大的推进，这一组报告可以说是一个标志。

秦德纯“七七”时为北平市长，东京审判时为国防部次长，是出庭作证的第一位中国证人。由于倪征燠先生晚年在《淡泊从容莅海牙》中回忆“秦德纯到庭作证时说日军‘到处杀人放火，无所不为’，被斥为空言无据，几乎被轰下证人台”〔1〕，因此秦德纯作证被作为中方准备不足的象征已广为流传。曹树基先生通过庭审记录和国民政府外交部的相关档案，对秦德纯的证词和双方的质证作了细致辨析，认为秦德纯有关

〔1〕 倪征燠：《淡泊从容莅海牙》，法律出版社 1999 年版，第 105 页。

“七七”的答询恰当得体，有关“九一八”等超出他知识范围的回答则未免张皇失措。倪先生的回忆虽非全无根据，但也有失准确。曹树基先生在复原了秦德纯作证的史实后更提出了一个假想：如果当时对《辛丑条约》有充分的认识，以此为基础展开论述，将会使被告方辩无可辩。

东京审判时辩护方强调侵华的重要原因是防共反共，这既有他们认为的所谓事实根据，很大程度上也是出于策略考虑，因为“反共”无论对于当时主导东京审判的美国和西方，还是当时的国民政府，都是基本立场。曹大臣先生的报告详细梳理了辩护方提出“中国共产主义威胁论”的背景、渊源，该论提出后各方特别是日本媒体和左翼学者严厉批评等的反应。

东京审判虽由战胜国组织，但审判过程中给予了被告方即使以今天的标准衡量也算得上充分的辩护权，所以检方提出的几乎所有证词都受到了辩方的反复挑剔。因时隔久远，这些证词的真伪难征成为所谓“胜者的审判”的根据〔1〕。东京审判时中国证人、浦东电气公司经营者童受民作证时也受到了辩护方的不断刁难。童先生作为东京审判时为日军掠夺、破坏民族工业的证人，在东京审判主要是控诉日军暴行的证人中是非常少见的一例，所以查明相关法庭辩论的真伪有特殊的意义。程维荣先生通过童先生证词涉及的浦东电气公司各个时期的档案资料，证明了童先生证词的有据和辩方反驳的虚妄。

“焦土作战”是抗战初期中国政府坚决反抗日本侵略的意志的表现，连汪精卫都曾表示对待日本侵略要“物物皆化为灰烬”，但这与日本军队的破坏并不能混为一谈。宦晓娴同学通过对文献和辩护方质证的检查，证明了辩护方对事实的放大和杜撰。

东京审判和 B、C 级审判

本章由林博史《东京审判与 BC 级战争犯罪》、内海爱子《东京审判

〔1〕 如冨士信夫说：“作为一个具有常识的日本人在阅读检察和辩护双方的证据时，深感检察方提出的证据包含了极多的歪曲、夸张、虚构，同时感到辩护方提出的证据合理的较多。”（冨士信夫著《「南京大虐殺」はこうして作られた——東京裁判的欺瞞》，展転社 1995 年版，第 348 页。）

与俘虏问题》、王选《东京审判中的日军细菌战》、韩华《从新闻报道中的山下奉文审判说起》四篇组成。林博史先生是关东学院大学教授，长期从事BC级审判、慰安妇问题等的研究，还担任了以追究日本战争责任为目的的日本战争责任资料中心的研究事务局长。内海爱子先生是大阪经济法科大学教授，研究朝鲜BC级战犯、俘虏政策、战后赔偿等问题的著名学者。王选先生长年调查日军细菌战中国受害者，并代表中方受害者向日本法院控告日本政府。韩华先生是国家图书馆研究人员，近年主要从事东京审判和BC级审判文献的搜集。

战后审判分为A级（甲级）和B、C级，以往的研究在将两者分开的同时，着眼点都集中在大国。林博史先生通过对联合国战争罪行委员会的考察，认为大国以外的国家通过联合国战争罪行委员会对战争犯罪政策的制定、国际法庭的设立，起了很大的作用；如果追根溯源，可以发现战后审判与受害者、国际法学家的努力也不能分开。

虐待俘虏问题是战争中盟国十分注重的问题，所以也成了波茨坦宣言中唯一特别举出将进行追究的罪名。内海爱子先生对东京审判有关中国、菲律宾、荷属东印度群岛以及除此之外的东南亚地区的虐待俘虏罪行的检方举证、辩方反证、最终论告和最终辩论、判决的全过程作了周详的论述。通过对东京审判俘虏审理的回顾，内海爱子先生发现，东京审判对西方人俘虏虐待问题有充分的举证，而大量与西方军队并肩作战的亚洲人俘虏问题却很少提及，她认为这一问题涉及“殖民地”问题——应该就是前述荒井信一先生所表示的殖民地宗主国主导的东京审判的问题。

由于种种原因，日军的许多暴行在东京审判中未被追究，其中未审细菌战就是一个重要方面。但细菌战虽未被审判，庭审中却曾两次提及与细菌战关系密切的“中支那方面军防疫给水部队”和“关东军防疫给水部队”。王选先生通过比对英、日文庭审记录，发现日文版照搬中文原文的“病毒细菌”的“病毒”，在英文版中被误译为“血清”。何以会有这样明显而重要的误译，至今未明。虽然一般认为不将细菌战入罪是美国的既定立场，王选先生还是认为这一误译对东京审判庭审产生了影响。王选先生还报告了伯利审判中的细菌战审判。

山下奉文审判作为战后最初的审判，长期以来一直有不同看法，韩华先生完全赞同审判前后中国媒体报道所反映的立场，认为山下奉文审判不仅是“正义的审判”，而且为日后的战犯审判提供了示范。

东京审判国际检察局

本章由杨夏鸣《东京审判：战犯的逮捕和释放》、王震宇《东京审判中的国际检察局——以审判筹备阶段为中心》、陈新宇《东京审判量刑问题再审视》三篇组成。江苏行政学院教授杨夏鸣先生，编有东京审判庭审记录中有关南京大屠杀和国际检察局有关南京大屠杀两种东京审判史料集，是国内最早搜集、整理东京审判档案文献的学者。王震宇先生是国内第一篇有关东京审判的硕士论文的作者。陈新宇先生是清华大学教授，近年由关注东京审判中的清华人开始将东京审判研究纳入他的研究范围。

东京审判研究在海外历时已久，从“史”的角度研究的日本学者用力最勤，其中有关国际检察局的研究也多有涉猎〔1〕。杨夏鸣先生是中文世界有关东京审判最早的研究者之一。《东京审判：战犯的逮捕和释放》对东京审判战犯（包括未审的嫌疑人）的逮捕与审判，对未审的甲级战犯嫌疑人转为乙丙级或假释、释放的决策内幕及进程作了详细梳理。杨夏鸣先生的研究开始时，海外相关研究成果尚未出版，可以说他的研究与海外同步共进，所以虽因不能读日文而与日本的著述撞车，仍足当“初探”而无愧。

王震宇先生不在学术中心，在一无依傍的情况下，当年所作硕士论文即有可圈可点之处，本次报告详述国际检察局情况，与粟屋宪太郎先生《通往东京审判之路》不约而同，让人想到正确的思路完全有可能做到“闭门造车，出门合辙”。

---

〔1〕 日暮吉延：《东京审判的国际关系》第三章“检察方和辩护方的审判准备”、第四章“审判与国际关系”（日暮吉延：『東京裁判の国際関係　国際政治における権力と規範』，木鐸社 2002 年版，第 233～398 页）、粟屋宪太郎：《通往东京审判之路》（粟屋憲太郎：『東京裁判への道』，講談社 2006 年版）等都有详细概括。

东京审判的死刑投票，在宣判之际即已有人做出推测，但因当年曾有守密保证（晚到东京的印度法官帕尔拒绝签字），而第一手记录（若有）至今未见，所以从儿岛襄对每一位被判刑者的具体投票结果猜测后，至今的相关论述仍然都还是猜测。陈新宇先生重加梳理后做出新推测，认为参加投票者非如通常所说是十一位法官全体，而是十位法官，此说当否可以见仁见智，但是一个有意思的新说。

东京审判的语言和文献翻译

本章由武田柯代子《东京审判中的语言需求和口译安排》和程兆奇、赵玉蕙《〈远东国际军事法庭庭审记录〉、检索工具及人名问题》两篇组成。武田柯代子先生在西方获得博士学位，现为立教大学教授。与以往研究东京审判的学者多为史学、法学出身不同，武田先生的专业是异文化间的沟通，曾对东京审判从未为人在总体上研究的翻译问题进行了系统研究，出版了在众多东京审判出版物中很显特色的专著〔1〕。程兆奇为东京审判研究中心教授，赵玉蕙为东京审判研究中心讲师。

如果比照纽伦堡审判，东京审判有很大的不同，其中使用语言的不同也是显著的一例。武田柯代子先生的报告勾勒了东京审判特殊的语言交换体制。东京审判语言安排最突出的特点是层级化的设置，三组不同种族和社会背景的人员分别行使不同的翻译职责：庭审中的口译和笔译由日本人担任，日裔美国人（所谓“二世”）检查翻译的准确性，欧裔美国军官则负责仲裁翻译过程中产生的分歧。这种设计表明了美国＝审判方对日本人甚至日裔美国人忠诚度的疑虑。因为确实存在没有（或难有）“中立”译者的困难，所以如何在制度上保证和被告同一种群的译者没有偏向是不能不采取的措施。武田柯代子先生认为不仅是东京审判，其他涉及西方语言以外的语言特别是小语种的审判都会面临同样的问题。

---

〔1〕 武田珂代子：『東京裁判における通訳』，みすず書房 2008 年版；Takeda，Kayoko. *Interpreting the Tokyo War Crimes Trial: A Sociopolitical Analysis*. Ottawa：University of Ottawa Press，2010.

《远东国际军事法庭庭审记录》是东京审判的核心文献，由于卷帙浩繁，日本和西方曾编有多种检索类工具书。这些工具书各有其用，不足是这些工具书的可索范围都不够充分，比如可索人物仅占全部人物的十分之一。有鉴于此，为配合国图、交大版《远东国际军事法庭庭审记录》的出版，东京审判研究中心花费大力编纂了《远东国际军事法庭庭审记录索引、附录》。在编纂过程中作者对庭审记录作了全面核查，发现了各种问题，其中人名问题就有拼法歧异、称谓不同、音训读并列、误认汉字、误记身份、以他（它）名为本名、不同语种并存、英日文本异文、不明所以的错误、无法判别正误等情况，这些问题虽只有文献学的意义，但作为深入研究东京审判的基础，对其清理并解决的必要性是不言而喻的。

东京审判研究近年在中国有了很大的推进，户谷由麻先生在 2013 东京审判国际学术讨论会闭幕式上说：她在西方研究东京审判的感觉如同茫茫大海中的孤舟，参加了中国的研讨会才发现中国有一艘驶往东京审判研究彼岸的方向明确、坚实可靠的大船，她说这是东京审判研究者之幸。希望我们的努力能不负同道的期待。

目　录

第一章　东京审判研究的由来和展望

第一节　日本东京审判研究的由来与现状

栗屋宪太郎*

一、审判同时期的情况

我的报告主要是对日本的东京审判研究史作一概述。特别是我想重点介绍近年的最新研究动向。

东京审判研究的第一次高潮当然是从 1946 年东京审判开庭至 1948 年法庭宣判这一时期。我把这一时期称为“第一阶段”。

在第一阶段，特别是开庭前后，国内外的新闻媒体都对东京审判进行了大量报道。而且，大部分都是正面评价东京审判。这也和盟军总司令部的言论审查制度有关，否定审判的言论都被禁止发行。言论审查的对象不仅包括保守主义和右翼分子的审判否定论，左派阵营的批评性言论有时也会被禁发。例如，拥护人权的先驱人物布施辰治律师在座谈会“自由恳谈会”(1947 年 5 月号)上主张东京审判中应聘用日本检察官，并指出了昭和天皇的战争责任。〔1〕而且，一同参加座谈会的报社记者长文连发言说：“东京审判中，日本对台湾、朝鲜的殖民统治没有受到审判，这很奇怪”，他还谈到了天皇的战争责任和日本国民自身的战争责任问题。〔2〕这些正是正确的论断，但是此次座谈会的报道因盟军总司令部的言论审查制度而被全部删除了。这次“自由恳谈会”的情况仅是其中的一个事例而已。另外，美国一直关注日本国民对于东

---

* 日本立教大学教授，东京审判研究中心学术顾问。

〔1〕 布施辰治：《谈佐野、锅山与三田村》，《自由恳话会》第 2 卷第 3 号，1947 年 5 月，社会评论社，第 5～15 页。

〔2〕 长文连：《战犯偶感》，《自由恳话会》第 1 卷第 5 号，社会评论社，第 3～4 页。

京审判的反应，美国国务院调查局远东调查科在《日本人对A级战犯审判的反应》这一报告书(1948年8月)中分析指出：

> 很多日本人把东京审判看作是日本战败导致的必然结果而采取默认的态度，他们追究被告在战争犯罪方面的战争责任并不多，而更多的是集中批判战犯致使日本战败并关注由此给日本带来奇耻大辱和巨大不幸方面战犯应承担的责任。也就是说，较之于开战责任，国民追究更多的是战败责任。
>
> 日本国民对审判保持冷静态度，如果那是他们的真实心理，那就和未追究天皇责任问题也有关系。而且，日本民众即使强烈反对天皇退位，也应该会觉得天皇至少在道义上负有战争责任。
>
> 战败后的一段时期，日本国民曾强烈要求明确日本领导人导致日本凄惨落败的战争责任。他们公开谴责军阀及其追随者，甚至一时还把战争时期天皇的责任也作为深入探讨的对象。但是，现在要求明确战争责任的态度却被某种信念取而代之，那就是他们认为为了祖国的快速重建国民需要团结一致的信念。

这份报告告诉我们：在东西两大阵营冷战局势日益紧张的情况下，美国停止继续对日审判，较之于追究日本战争责任，美国更优先关注的是日本的经济复苏，这导致日本对东京审判的态度也发生了变化。

其次，这一时期刊发了很多关于东京审判的报道和言论，我们如何来评价当时的东京审判研究状况呢？

日暮吉延在《东京审判的国际关系》(2002年)一书的序章《东京审判的轨迹》中指出，正面评价东京审判的学者有法律学者横田喜三郎、团藤重光、戒能通孝以及政治学者丸山真男，日暮同时指出否定东京审判的有辩护律师之一高柳贤三。

另外，户谷由麻在其著作《东京审判》的第8章《初期的审判研究人员》中介绍了法律学者团藤重光、横田喜三郎、戒能通孝、内田力藏、田畑茂二郎和历史学者井上清的论述，指出他们都赞同正面评价东京审判。而且户谷也指出否定东京审判的学者有英美法学者高柳贤三。

总的来说，在第一阶段正面评价东京审判的言论占据多数。

二、20 世纪 80 年代前的研究状况

东京审判研究的第二阶段是从 20 世纪 50 年代到 1982 年左右。其时间跨度虽大，但研究成果并不多见。

1951 年签订的《旧金山和约》第 11 条中规定："日本接受远东国际军事法庭与其他在日本国内或境外各同盟国战罪法庭之判决，并将执行各法庭所科予现被监禁于日本境内的日本国民的处刑。对这些罪犯赦免、减刑与假释之权，除由每一案件科刑之一个或数个政府之决定并由日本之建议外，不得行使。如该罪犯由远东国际军事法庭所判决，该权利除由参加该法庭半数以上政府之决定并由日本之建议外，不得行使。"〔1〕

《旧金山和约》第 11 条中，日本接受东京审判及 BC 级审判之判决这一点是重要的规定。

但是，很多日本国民没有重视这一点，而是专注第 11 条规定的后半部分，也就是对战犯施以减刑或释放这一内容。事实上，1952 年要求释放战犯的署名运动中，参加人数曾达 1 000 万人以上。"对于这样的社会运动，日本政府在评价中指出：日本国民没有将战犯看作罪人，而是将他们视为战争的牺牲品，给予同情的同时还逐步质疑这种战犯体制。"

另外，歌舞团成员、相声演员或歌手等艺人相继慰问战犯，各县市团体一起访问巢鸭监狱成为当时的一种潮流。内海爱子在其著作《巢鸭监狱》中指出："国民冷眼看待战犯的态度转变为同情战犯，甚至出现了战犯是英雄的论调，……这样就进入了逐步弱化战争责任的历史时期。"〔2〕

而且，东京审判结束 6 年多后，也就是 1955 年 8 月，日本政府以 20 周岁以上男女为对象实施了一次"有关日本国民对战犯审判的态度"

---

〔1〕 中文译文参考：世界知识出版社编：《国际条约集(1950—1952)》，世界知识出版社，1959 年版，第 335～336 页(译者注)。

〔2〕 内海爱子：《巢鸭监狱》，吉川弘文馆 2004 年版，第 146～147 页。

(回收率64.7%)的民意调查。通过此次调查结果,我们得知在这6年期间,朝鲜战争爆发,《旧金山和约》也已签订,日本国民对于东京审判的主体性认识呈现出缺失状态,并趋于恶化而走上了“逆行之路”。民意调查中的一个问题是:“战争时期,政府和军部领导人受到了战胜国的战争审判并得到惩罚,你认为因发动战争而出现这样的结果是理所当然的,还是认为既然战败,那是没有办法的事情?”针对这个提问,回答“理所当然”的只占19%,认为“那是没有办法的事情”的有66%,回答“不清楚”的占15%。另外一个问题是:“你认为由于战败而要接受处罚是非常过分的做法吗?”针对这个提问,回答“太过分”的高达63%,不认为“太过分”的只有31%(吉田裕:《日本人的战争观》)。[1]这一民意调查的结果部分显示了20世纪50年代的日本国民对于战犯审判的态度。

另外,在这一阶段成为一个大话题的是印度法官拉达宾诺德·帕尔反对多数法官的东京判决书问题。帕尔在个人反对意见书中主张25名被告全体无罪,他否定东京审判的管辖权,认为不存在被告的全面共同谋议罪行。关于帕尔的个人意见书的概要及存在的问题,户谷由麻和日暮吉延的著作、中里成章的著作《帕尔法官》(2011年)和他在本次国际研讨会上的发言《印度的帕尔法官》中都已得到了论述。英文的帕尔意见书有25万字1 235页,其内容庞大程度甚至多于法庭判决书。

这份帕尔反对意见书并没有在法庭上宣读,但日本的保守派在论坛上全面拥护帕尔的见解。日本已在1951年签订的《旧金山和约》第11条中承诺接受东京审判以及BC级审判的判决,但日本保守势力和右派论坛都关注帕尔意见书。1952年田中正明的《帕尔博士述 真理的审判“日本无罪论”》出版后,帕尔意见书逐渐广为人知。虽然田中宣称帕尔意见书是“日本无罪论”,但是帕尔在主张被告全体无罪的同时也认为无法否认日本的战争犯罪中虐待俘虏以及对平民实施大规模暴行等事实。也就是说,帕尔只是认为无法证明被告的不作为,而并非一定是宣称日本无罪。

但是,帕尔意见书与当时流行的“太平洋战争肯定论”互相结合,成

---

〔1〕 吉田裕:《日本人的战争观》,岩波书店2012年版,第45页。

为保守势力和右翼论客的金科玉律而反复被提及。

1967年家永三郎在杂志《Misuzu》上发表了文章《十五年战争与帕尔意见书》。家永在当时是教科书审判的原告，在论文中他警告说："近期经权力和与其呼应的民间势力之手，'太平洋战争肯定论'的气焰突然高涨，而帕尔意见书正逐步成为他们强化这一气焰的绝好武器。"家永的论文指出帕尔认定"九一八"事变是日本自卫战的论调有误，并揭露帕尔对于历史事实的误认和歪曲之处，非常具有说服力。

另外，1971年美国学者麦尼尔出版了《胜者的正义：东京战争罪行审判》(以下简称《胜者的正义》)，并于次年被翻译成日文后在日本出版。麦尼尔的著作全面肯定了帕尔意见书，因此在《Misuzu》上，1975年家永三郎与麦尼尔开始了学术争论。这一争论围绕帕尔意见书的评价问题得以展开，但我认为麦尼尔既不懂日本近代史，又在国际法的解释问题上也存在差错，因此我认为不能给予正面评价(参考户谷由麻：《东京审判》)。

同是1971年，儿岛襄出版了两卷本《东京审判》。日暮吉延完全赞同此书的观点，但我当时通读此书后却感到非常失望。因为儿岛襄使用的都是二手资料，对法庭上审理了什么等问题都加以回避，只是将法庭的奇闻逸事串联在一起后写成了此书。我当时是研究生，阅读此书后加强了自身想挖掘一手资料进行分析研究的想法。

在第二阶段，还出现了内山正熊的著作《东京审判》(1976年)和奥原敏雄的论文《东京审判中的共同谋议理论》等论著。另外还有大沼保昭的著作《战争责任论序说》(1975年)，他研究的是纽伦堡审判的司法形成过程，使用了一手资料，是水准很高的一部著作，对东京审判研究也产生了一定影响。

三、1983年国际讨论会以后的发展

第三阶段以1983年在东京召开的东京审判国际研讨会为起点，这次讨论会的主题是东京审判之检讨。此研讨会由讲谈社主办，大会举办期间还放映了电影《东京审判》。我也参加了这次研讨会，并以《追诉与免责》为题作了报告。

在该研讨会举办后，我就决定去美国挖掘东京审判的一手资料，而且在美国国立公文书馆见到了东京审判国际检察局的大量资料，并收集到 7 000 页以上的机密资料复印件，其中还包括在麦克阿瑟纪念馆获取的资料。虽然在我之前已有学者阅览了国际检察局的资料，但是阅读的只是其中的一部分，我是第一个系统查阅国际检察局文献的学者。回国后，我整理和分析了国际检察局资料，并对新发现的东京审判的史实作了各种论文发表，还出版了选定被告资料和战犯嫌疑人的询问笔录 52 卷。其他学者看到我收集这些资料后也开始奔赴英美等国去查找一手资料。户谷由麻在前文所提及的著作《东京审判》中指出，我的资料收集工作是具有划时代意义的。

其后，以年轻学者为中心，东京审判研究不断出现了新的成果。在此我想介绍一下近期的研究成果。

近年应该关注的研究动向

首先，我想介绍一下在梳理从一战起到现在为止战争犯罪处罚与战争法发展方面的通史研究。第一部著作是藤田久一的《什么是战争犯罪》(岩波书店，1995 年)。这部著作从什么是战争犯罪、由谁来审判战争犯罪以及在近代国际社会形成的限制兵器、俘虏待遇等问题开始论述，并对二战后纽伦堡审判及东京审判中形成的反和平罪、反人道罪以及当代的争议性问题及其结果进行了探讨。从国际法学者立场对法理的整体状况进行梳理的这项工作非常有意义。特别是有关 1920 年代国际同盟的论述非常耐人寻味。

第二部著作是多谷千香子的《战争犯罪与司法》(岩波书店，2006 年)。对于战争犯罪，作者不是单一地解说，而是关注国际刑事法庭(ICC)前景的同时通过具体个案论述了国际法庭是如何适用法律的这一问题。作者曾担任前南斯拉夫战犯法庭的法官 3 年，熟谙审判的实际业务，她的著作是日本在战争犯罪与司法方面第一部贡献非常大的教科书。

其次，我想介绍尝试着以特别的视角综合评价东京审判的一些单行本著作。第一部著作是由勒林和卡塞斯编著(小菅信子译，大沼保昭解说)的《东京审判及其意义：一个“和事佬”的回忆》。正如大沼保昭解说时所指出的,荷兰法官勒林因提交了反对东京审判判决书的个人意见书而被外界所认知,这部著作是勒林穿插生动的轶事与人物评说而直率地谈论法庭内幕的重要证词。他对国际法精到的见解以及现实主义的想法把审判的问题和历史意义阐述得非常明确。与勒林进行对谈并编辑了访谈文本的卡塞斯是意大利的国际法学者,曾担任过前南斯拉夫法庭的庭长(此书在1996年由新曜社以书名《勒林法官与东京审判》出版。该书停止发行后由中公文书再次刊发)。

在东京审判结审60周年的2008年,两位日本女学者各自出版了关于东京审判研究的英文著作。第一位是户谷由麻,她以英文出版了《东京战争罪行审判:战后对司法与正义的追求》,该书在2008年翻译成日文后在日本也一并出版。

户谷是在美国执教的学者,她是新生力量的代表。她把东京审判看作是司法事件,她在博览国际检察局的内部资料和其他一手资料注重与纽伦堡审判进行比较的同时,还对东京审判进行了多角度的分析和再评价。其论述时善于争辩,但她不认为天皇免责是由于麦克阿瑟的决断,这一点令人质疑。因为纵观天皇免责过程,我认为麦克阿瑟在1946年下旬给美国陆军参谋总长艾森豪威尔发送的电报起到了决定性的作用。

另外,户谷还批判了“亚洲不在论”(“亚洲不在论”认为东京审判没有审判日军对亚洲人民所犯下的战争罪行),关于这一点我认为户谷的分析是妥当的。

第二部著作是二村円香撰写的《战争罪行特设法庭与转型正义:东京审判与纽伦堡遗产》。二村通过对法学、国际关系史、战争研究等跨学科的研究方法,将日本人对东京审判的态度与认识作为分析的主要对象,探讨了战后日本专家和市民的访谈结果。通过对东京审判及其对战后日本影响的分析,力图纠正常把纽伦堡审判作为国际法庭典型的研究倾向,也就是说,作者想对过度地强调纽伦堡审判历史意义的国际战争犯罪论进行修正。这部著作还没有日文版,但这是一个非常重要的主题,因此我期待着此书也和户谷的著作一样能有日文版本和日本读者见面。

2008年我在澳大利亚墨尔本大学法学院召开的纪念东京审判宣判60周年并探讨国际法教训的国际研讨会上也和这两位学者见了面，我祝愿两位有更多的研究成果。

墨尔本大学的此次国际研讨会的论文集《超越胜者之正义：东京战罪审判再检讨》由田中利幸、麦科马克、辛普森编著，于2001年得以出版。其日文版本也在今年以《再论“东京审判”》为书名由大月书店出版社出版。

除此之外，日本国内也出现了重要的研究成果。

日暮吉延的《东京审判的国际关系：国际政治中的权力与规范》（木铎社，2002年版）是一部大部头的著作，他使用英文文献，对之前不为人知的重要史实进行了披露。但其著作中欠缺亚洲各国的研究动向，而且此书只停留在以国际政治的视角进行探讨这一层面，对于法庭上审理了什么，以及审理中明确了怎样的历史事实这两点几乎没有涉及。此书还有一个简缩版，书名为《东京审判》（讲谈社，2008年），虽然日暮在该书的结论中指出审判是一次国际政治的博弈，但却没有涉及东京审判作为国际审判的特点。日暮曾翻译过布拉克曼的著作《东京审判：另一个纽伦堡》（时事通讯社，1991年），如果因为这个原因而省略了对审理过程的分析，可以说这是日暮著作的一大缺陷。户谷在前文提及的论著中认为无法否认东京审判属于司法事件这一属性，并指出：“这几年来东京审判作为有效先例被导入到海牙法庭等国际刑事审判中，对国际人道法的发展作出了具体贡献。另外，当今的国际法律学者和人权研究人员将东京审判与纽伦堡审判一视同仁，把两者都作为国际司法事件的先例。”户谷由麻的这一论述可以看作是对日暮著作非常恰当的批判。

再次，还有我本人的著作《通往东京审判之路》（上下卷，讲谈社，2006年），此书以1984年秋开始的半年期间在《朝日周刊》上的连载内容为中心，出版时作了大幅度增改。该书所论述的是开庭前的事项，现在我正在准备续篇，也就是开庭后的内容。

另外还有林博史的著作《战犯审判研究：从战犯审判政策的形成到东京审判、BC级审判》（勉诚出版，2009年）。林还有另一部著作《BC级审判》(岩波书店,2005 年版),他在该书中强调需要把东京审判与 BC 级审判结合起来进行研究。另外,他还挖掘一手资料探讨同盟国战争犯罪委员会(UNWCC)的活动,这项工作非常重要。

围绕审判参加国的研究动向

下文我想介绍一下围绕参加东京审判的各个国家的最新研究动向。

首先,关于东京审判实施中起主导作用的美国的相关政策,很多学者已做了具体分析。前文所提及的日暮吉延的著作《东京审判的国际关系》和户谷由麻的著作《东京审判》都使用新史料对此进行探讨而具有代表性。

关于英国的研究,有梅里奥恩・哈里斯和苏希・哈里斯的著作《收剑入鞘:战后日本的非军事化》(麦克米兰出版社,1987 年)。

关于英联邦各国,比如澳大利亚方面的研究有诸多著作,户谷由麻的著作算是一部,她使用了一手资料。关于加拿大,有约翰・士丹顿的论文《加拿大与战争责任:东京审判的判决》(高取由纪译,收录于《年报日本现代史》(第 9 号),现代史料出版,2004 年)和高取由纪的英文论文《正义来自现实政治:加拿大在东京审判中的角色问题》(《国际加拿大研究》32)。

关于荷兰,有范・波尔海斯特的著作《东京审判与荷兰》(水岛治郎、塚原东吾译,粟屋宪太郎解说,Misuzu 书房,1997 年)。

关于中国,有胡菊蓉的著作《中外军事法庭审判日本战犯》(南开大学出版社,1988 年),还有宋志勇的论文《战争结束前后的中国对日政策:以战争审判为中心》(立教大学《史苑》第 54 卷第 1 号,1994 年)和伊香俊哉的论文《中国国民政府的日本战犯处罚方针的展开》(笠原十九司、吉田裕编:《现代历史学与南京事件》,柏书房,2006 年)等论著。

关于菲律宾,有永井均的著作《菲律宾与对日战犯审判 1945—1953》(岩波书店,2010 年)。

关于苏联,由我和 NHK 取材班合著的《NHK 特别报道:通往东京审判之路》(日本放送协会出版局,1994 年版)登载了有关苏联动向的新资料。

关于印度,正如我下文将介绍的那样,有论述帕尔法官与印度政府的研究。

关于法国,还没有专门研究法国政府相关政策的论著出现。

关于检察官、法官与辩护团的研究

接下来,我想介绍一下围绕检察局、法官团与辩护团的相关研究。

首先,关于国际检察局(IPS)。我本人的著作《通往东京审判之路》使用国际检察局文书分析了开庭前设立国际检察局、制定法庭宪章、选定被告等构建法庭基本骨架的一系列活动。书中还大量使用了 A 级战犯嫌疑人的询问笔录。所有询问笔录收录在粟屋宪太郎、吉田裕编撰的《国际检察局(IPS)询问记录》中,共 52 卷(日本图书中心,1993 年)。另外,作为国际检察局的活动记录,有两大英文资料集。分别是粟屋宪太郎、丰田雅幸、永井均编《东京审判之路:国际检察局政策决定相关文书》(共 5 卷,现代史料出版,1999 年)和粟屋宪太郎、赫伯特·比克斯、丰田雅幸编《东京审判与国际检察局:从开庭至宣判》(共 5 卷,现代史料出版,2000 年版)。

另外,前文提及的日暮吉延的两部著作也对国际检察局撰写起诉书的政治过程与思维逻辑进行了分析。还有户谷由麻在其著作《东京审判》中,对检察局控诉南京大屠杀事件以及亚洲各地的暴行等内容进行了整体性分析,这点非常重要,也是日暮没有涉及的内容。另外,前文提及的永井均的著作论述了以洛佩兹检察官为首的菲律宾检查团揭露日军暴行等内容。

其次,围绕法官的研究动向。迄今为止关于法官团内部的对立与分裂有很多地方不太明了。而日暮的两部著作除对这方面进行了清晰明了地分析之外,还探讨了法官团内部出现分裂而提交多数派判决书与个人意见书的问题。另外,前文提及的勒林与卡塞斯的著作《东京审判及其意义》一书通过勒林法官自身的经历再现了勒林的想法与法官内部的分裂。作为相当重要的与法官相关的资料,有与庭长韦伯相关的资料,被保存在堪培拉战争纪念馆。另外,日暮著作以及博伊斯特和卡莱尔撰写的《东京审判的再评价》(日本评论社,2012 年)都涉及这一资料。

另外,在日本被提及最多的是印度法官帕尔的个人意见书。日暮在著作中指出,法官团内部的主要对立方是韦伯庭长和以英国法官帕特里克为中心的几名法官,而帕尔是处于次要位置。日暮与户谷都在他们的著作中专设章节，对帕尔的个人意见书进行了论述。

近期出现了以帕尔为题材的两部著作。中里成章《帕尔法官：印度民族主义》（岩波书店，2011 年）对提交了宣称东京审判全体被告无罪的个人意见书的帕尔进行了整体论述。帕尔个人意见书一直是保守和右翼势力大力宣传和赞扬的对象，并形成了“帕尔神话”。中岛岳志在其著作《帕尔法官》（白水社，2007 年）中表示，他和以往保守派意见不同，认为帕尔始终仰慕甘地为师，评价他一直是绝对和平主义者。但中里成章在《书评：中岛岳志〈帕尔法官〉》（《亚洲经济》49 卷 8 号，2009 年）一文中，作为印度近代史专家对中岛著作进行了激烈的批判。中里在其著作中指出帕尔属于印度国民会议派中“对保守甚至偏右翼立场持有同感的广义民族主义人物”，这是非常有说服力的。中里的著作终于使得帕尔的整体形象变得更加明了清晰，可以说这是上好的佳作。总体而言，印度史专家对中岛著作是带有批判性的。

另外，永井均《菲律宾与对日战犯审判》中探讨了菲律宾法官和检察官问题。前年又撰写了论文《被遗忘的东京审判菲律宾法官：德尔芬·哈那尼拉法官的一生》，收录在我编写的《近现代日本的战争与和平》一书中（现代史料出版，2011 年），在这篇论文中他更深入地探讨了菲律宾法官的活动及其一生。

关于荷兰的勒林法官，通过前文提及的《东京审判及其意义》与《东京审判与荷兰》这两部著作，我们就可以了解到他的活动与想法。美国派遣的首位法官希金斯在开庭后不久就辞职回国，关于希金斯我们可参考高取由纪的论文《希金斯：被遗忘的法官》（《年报日本现代史》第 15 号，2010 年）。另外，在前文提及的墨尔本大学的东京审判研讨会上，安·特罗特作了一个有关新西兰法官诺斯克罗夫特的报告。

其次，关于围绕被告和辩护人的研究。正如户谷由麻所述，辩方的内部记录保存在日本国立公文书馆但尚未公开，很多事情还不甚明了。除上文提到的日暮著作中有相关论述以外，没有其他的新研究。

再次，关于检察官。有 2010 年由上海交通大学出版社出版，向隆万编写的著作《东京审判：中国检察官向哲濬》。

另外，2013 年 5 月，我拜访了上海交通大学的程兆奇教授，据他所言，之前中国关于东京审判的研究并不多，但这几年上海交通大学不仅设立了东京审判研究中心，还作为跨越大学规模的国家项目在开展东京审判的研究。作为研究的具体内容，研究中心翻译出版拙著《通往东京审判之路》，刊发《东京审判论文集》，还在 2013 年 11 月东京审判宣判 65 周年之际主办东京审判国际研讨会。我祝愿中国的东京审判研究有更大的进展。

另外，作为东京审判研究的入门书，有韦尔奇著《东京审判：英文文献、研究入门》（粟屋宪太郎监修，高取由纪译，现代史料出版，2005 年），还有日暮著作中的参考文献作为日文资料非常有用。另外，作为日文庭审记录的检索工具书有松元直岁的《东京审判审理要目》（雄松堂出版，2010 年）。另外，英文文献有普利查德编写的《东京重大战争罪行审判：远东国际军事法庭庭审记录》（美国埃德温/梅兰出版社，1998—2005 年）也很重要。

关于法庭的翻译问题，有武田珂代子的著作《东京审判中的翻译问题》（Misuzu 书房，2008 年）。关于法庭速记员问题，有菊池正宪的著作《速记员的国会秘錄》（新潮新书，2010 年）。

总而言之，在第三阶段，使用一手资料的实证性研究增多。我认为今后有必要总结这些研究成果来掌握东京审判的整体情况。另外，我也认为今后需要从各种角度再次探讨东京审判的当代意义。

（陈爱国　译）

第二节 西方(英语圈)东京审判研究的新潮流

杨大庆*

一、早期进展

英语圈对远东国际军事法庭(以下简称"东京审判")的研究可分为三个时期。1971年以前,少数几位历史学家在撰写日本现代历史,特别是有关战争和国内政治议题时,不仅利用了东京审判宏大庞杂的庭审记录,也利用了为审判而收集的其他文件。然而,仅有零星的几份英文出版物涉及东京审判本身。往往是一些短文或者未经发表的论文。某些作者总是有些难以接受,他们往往关注盟军的审判,如美国在马尼拉对山下奉文将军进行的审判,而不是东京审判本身。

这一时期与东京审判有关的两本重要的英文图书,是在美英之外出现的。1951年,苏联运用包括英语在内的六种语言,出版了哈巴罗夫斯克法庭审判日本军人的庭审记录,他们被控犯有细菌战罪行。这本书对东京审判的遗漏部分提出了严重质疑,但是在当时普遍被西方媒体和学者看作共产党的宣传而不予理会。〔1〕另一本是印度法官帕尔的异议判决书于1953年在印度加尔各答出版。这本超过1 000页的出版物也没有获得太多关注,至少没有立即获得。〔2〕

1971年在美国出版的《胜利者的正义》一书,或许是关于东京审判的最为重要的学术著作,它宣告了一个新时期的到来。〔3〕尽管这本书不足200页,但它对随后有关东京审判的研究不仅在英语世界,甚至在日本都产生了持久的影响。在帕尔法官的启发下,当时还是一位年轻的现代日本史历史学家的理查德·迈尼尔,对东京审判发表了广泛的

---

* 美国乔治·华盛顿大学历史系教授。

〔1〕*Materials On The Trial Of Former Servicemen Of The Japanese Army Charged With Manufacturing And Employing Bacteriological Weapons* (Moscow, Foreign Languages Pub. House, 1950).

〔2〕Radhabinod Pal, *International Military Tribunal for the Far East: Dissentient Judgment* (Calcutta, 1953).

〔3〕Richard Minear, *Victor's Justice: The Tokyo War Crimes Trial* (Princeton: Princeton University Press, 1971). 按照迈尼尔的叙述,六家商业和大学出版社曾经拒绝他的手稿。这本书在2001年由密歇根大学日本研究中心再次发行。

谴责，指责该审判是“对法律、法律程序的公然践踏，对日本历史极有问题的解读”。迈尼尔撰写此书是为了抗议美国卷入越南战争，力图揭露二战后美国外交政策的伪善。通过把审判描述成“胜利者的正义”，迈尼尔试图让读者“重新思考美国的世界观”。正如他在写给一位与之进行公开辩论的日本历史学家家永三郎的信中所言：“我主要关心的是美国的政策，而不是日本的行为。”〔1〕

对迈尼尔的著作一开始就有不同的声音。曾在国际检查处任职的科特—斯坦纳批评它对东京审判评价不公允，但英国的日本史家理查德·司托瑞却称赞它用了审判纪录，而且评价公允。不过这本书并没有在英语圈中引起大的争论。在接下来的二十年中，菲利普·皮奇加洛(Philip Piccigallo)出版了一本《盟国对亚太地区战争罪行的审判》(1979)的概述，里面有几章是关于东京审判的。报道过东京审判的美国前记者阿诺德·布雷克曼发表了“对审判的首次全面记述”。用耶鲁大学历史学家加迪斯·史密斯的话说，他的主要成就是“从混乱中梳理出头绪”。这些书都提到了帕尔法官的异议，但是对迈尼尔的论点却没有深入探讨。

相比之下，迈尼尔在日本却有相当大的影响。《胜利者的正义》被立即翻译成日语，对在日本业已形成的批判东京审判的势头起到了推波助澜的作用。这时，粟屋宪太郎和大沼保昭为代表的日本历史学家和法学家开始深入研究东京审判。1983 年，日本的著名出版社讲谈社在日本首次举办东京审判国际会议，并用日文和英文出版了报告和讨论纪录。〔2〕细谷千博和包括迈尼尔在内的其他一些学者参与编选，这一早期迹象表明对东京审判的学术兴趣正在逐渐增长，但是这种情况主要集中在日本，因为涉及日本学校历史教科书的争议已经成为东亚地区的一个外交问题。虽然理查德·迈尼尔参与了这本书的编写，而且这本书在美国图书馆普遍都可以找到，但它对美国的学术研究的直

---

〔1〕 Cited in “Politics of Justice,” *Japan Interpreter* (1979). 从个人角度讲，这本书是我在美国日本近代史研究生班上读过的给我最大震撼的一本书。

〔2〕 C. Hosoya, Y, Ohnuma, N. Ando, and R. Minear ed. *The Tokyo War Crimes Trial: An International Symposium* (Tokyo: Kodansha, 1986).

接影响还是有些局限。

在1981年,当英国学者约翰·普利查德出版了22卷外加索引的完整庭审记录的重印本时,对东京审判研究的重大进展到来了。[1] 英国著名的国际关系史学家唐纳德·沃特在这本书的序言中主要从历史文献的角度强调了东京审判的价值。有意思的是,沃特认为:"他(迈尼尔)提出的议题……总体上是无关的,因为对约翰·普利查德来说,审判本身就意味着它是二十世纪历史上最重要、最有意义的历史资料库之一。"[2]按照沃特的叙述,"历史学家需要了解的是历史发展的何种动因导致了这些资料的汇集。"他提议了后来被称为的"历史研究方法":"研究审判前史,研究那些被审判的人如何应诉,研究那些指控是如何以及为什么设定的。"然而,现在任何使用这些审判资料的人想忽视迈尼尔挑衅性的论点是几乎不可能的。

二、学术研究的新热潮

直到1995年,约翰·普利查德还在感叹关于东京审判英文学术研究的匮乏。但是当新一轮学术作品——大量的著作章节、期刊论文、专著以及基于学术研讨会的论文集——在世纪之交后出版,这种匮乏的状况就要改变了。

美国的著名日本史学家约翰·道尔在他广受赞誉、获得多项大奖的《拥抱失败:二战后的日本》(1999)一书中,非常贴切地给其中一章命名为"胜利者的正义,失败者的正义"。道尔不仅揭示某些同盟国高官们对东京审判所持的怀疑,更详细叙述了一些日本人在审判中所发挥的重要作用,比如他们帮助国际检查处确定日本被告的名单。两年之后,赫伯特·毕克斯在他的普利策奖作品《裕仁和现代日本的形成》一

〔1〕 R. John Pritchard and Sonia Magbanua Zaide ed., *The Tokyo War Crimes Trial: The Complete Transcripts of the Proceedings of the International Military tribunal for the Far East in Twenty-two Volumes* (New York: Garland, 1981). Later he edited and annotated the 124-volume *The Tokyo Major War Crimes Trial: The Transcripts of the Court Proceedings of the International Military Tribunal for the Far East* (Lewiston, NY: Edwin Mellen, 1998 -).

〔2〕 Cameron Watt, In *The Tokyo War Crimes Trial* p. ix.

书中讨论了裕仁天皇应负有的责任。[1]

卜正民(2001)在颇具影响力的《亚洲研究杂志》上发表的关于“南京大屠杀”文章中,反思了在东京举行的对松井石根和广田弘毅的审判,并对帕尔法官有了新的认识。卜正民敬佩帕尔法官能够反对单方正义,虽然如此,他承认还是有些不安地感到,帕尔“总会找到一种方法解释证据,无论怎样都能避开针对日本人的不当行为或玩忽职守的每一项指控,而他并不反对这样做,或者甚至意识到这样做与他自己的逻辑相矛盾”。[2]

2008年,东京审判宣判六十周年纪念,迎来了“出版物的遍地开花”时期。史学家户谷由麻(Yuma Totani)出版了第一本关于东京审判的综合性学术著作。这本书的研究方法非常全面。为了反驳先前作者对东京审判或谴责或辩护过于笼统的概括,她把历史和历史编纂学结合起来(特别是那些英语读者未曾接触到的日本学术研究),对实际的法庭动态进行了大量分析。同样在2008年,两位法学家尼尔·博伊斯特和罗伯特·克莱尔出版了一本从法律视角审视东京审判的合著。他们还出版了一本1 400多页的单卷集,涉及东京审判的核心文件。同年,二村円香(Madoka)出版了一本著作,仔细研究了东京审判和纽伦堡审判对转型正义和战后日本的短期、长期影响。[3]另外,围绕纪念日也举办了许多关于东京审判的国际研讨会。例如,2008年在澳大利亚召开了一次关于东京审判的研讨会,之后出版了论文集《超越胜者之正

---

[1] John Dower, *Embracing Defeat: Japan in the Wake of World War II* (New York: Norton, 1999); Herbert P. Bix, *Hirohito and the Making of Modern Japan* (New York: HarpeCollins, 2000).

[2] Timothy Brook, "The Tokyo Judgment and the Rape of Nanjing," *Journal of Asian Studies* (*Aug. 2001*).

[3] Yuma Totani, *The Tokyo War Crimes Trial: The Pursuit of Justice in the Wake of World War II* (Cambridge: Harvard university Asia Center, 2008); Neil Boister and Robert Cryer, The Tokyo International Military Tribunal: A Reappraisal (Oxford: Oxford University Press, 2008); Madoka Futamura, *War Crimes Tribunals and Transitional Justice: The Tokyo Trial and Nuremberg Legacy* (New York: Routledge, 2008). Although Tim Maga, Oglesby Professor of American Heritage at Bradley University, published study on the Tokyo Trial in 2001 *Judgment at Tokyo: The Japanese War Crimes Trials* (University Press of Kentucky), it is of poor scholarly quality and largely ignored since.

义》。[1]除了提供对被告、法官和法律程序的概览和考察外，这本书最主要的特色是广泛讨论了日本军队在亚洲所犯下的“被遗忘的罪行”用了——22章中的9章。书中有3章专门谈到慰安妇问题，同样也有几章谈到盟军对日本所进行的密集轰炸和原子弹轰炸。在乔治·华盛顿大学，我和同事迈克·望月（Mike Mochizuki）于2007年和2009年组织了两期东京审判国际学术研讨会。为了摆脱以往研究的美日中心化，我们强调审判对战后亚洲的影响，并提议从正义、权力和记忆的角度去审视东京审判。

三、近期学术研究的背景和特色

冷战结束后，对共同的国际秩序和新准则的探索得以恢复。特别是，前南国际法庭开启了一系列国际法庭对在战争罪和种族灭绝罪上负有责任的领导人进行拘押的先河，不论是卢旺达法庭还是柬埔寨法庭都如此。因此，东京审判就成为法学家和司法工作者越来越感兴趣的研究课题。甚至历史学家的著作也倾向于强调他们的研究成果与现行的战争罪审判之间的关联性。许多研究东京审判的学者们，例如大卫·科恩、尼尔·博伊斯特和罗伯特克莱尔等，他们的兴趣主要在于法学领域。二村円香把她的著作限定在转型正义方面。然而，即便是像卜正民和户谷由麻这样的史学家们，他们要么向现在的国际刑事法庭证明了他们研究的正当性，要么提供了广泛的参考，注意到这一点是很重要的。

随着冷战时期两大意识形态阵营的对抗渐近尾声，许多国家经历了民族主义之复苏，期间一度被冻结的与二战有关的议题再次处在了风口浪尖上。结果，许多学者从身份认同和集体记忆的视角重新聚焦于东京审判。二村的书或许是最好的例子。在书中，二村探寻了帕尔法官在战后日本受欢迎的情况，有助于解释审判是如何“在日本人眼中名声扫地”的。另外，随着许多核心主角的离世，从事甚至对裕仁天皇

---

〔1〕 *Beyond victor's Justice?: The Tokyo War Crimes Trial Revisited*, edited by Yuki Tanaka, Tim McCormack and Gerry Simpson (Leiden: Martinus Nijhoff Publishers, 2011).

的批评性研究的禁忌少了。与此同时,许多政府档案连同个人资料这时也对研究者开放了。因此,出现了许多案例分析,研究像加拿大或者新西兰等国家在东京审判中的作用。

这些新学术研究的特色何在? 在观点和研究方法两方面有以下几点。

首先,近期英语圈的著作在评价东京审判时都力求超越简单的"文明的审判"或"胜者的审判"这一二分法论断。这甚至可以称为对东京审判的一种新的共识。诚然,2003 年出版的一本书,仍然更强调"超越文明审判"的需求,但它只是牛村圭早期日文版著作的英译本。这本书源于作者还是一位五年级学生时的一次领悟,即"在二十世纪中期,我们国家的领导人被审讯……仅仅因为他们输掉了这场战争"。正如美国学者艾丽克西斯· 杜登在她的书评中指出的,牛村的书仍然保留着"对当时长期存在的结构性种族主义不满是正当的,但应该承认在征服亚洲的历史尝试中日本人自己亦是种族主义者"。[1]

另一方面,"超越胜者的正义"看上去更有号召力。这是户谷著作中一章的题目。编者们也选择这一说法作为提交给 2012 年澳大利亚研讨会的论文结集成书的题目,认为这样做不是因为这一概念不相关或者不合适而要抛弃它:"只是我们感到这一观念如此影响之广以至人们不假思索地就说了出来,阻碍了进行深入的分析。"

再者,自从迈尼尔在 1971 年把帕尔法官介绍给西方学术界,纵使他不是学术界一位十足的备受争议的人物,但他仍旧令人难以捉摸。三十年后,迈尼尔在他一本著作的新序言中,继续为帕尔法官辩护,反对他号称的对帕尔法官的"人身攻击"。[2] 在发起这场攻击的人中,赫伯特·毕克斯也在其中。卜正民也尝试从表象探查帕尔的反帝立场而不是其他意象的文化符号。正如卜正民所言,"帕尔用法律观点为日本领导人面临的指控辩解,但正是反帝主义的政治逻辑指导他这么做的。"[3]

---

〔1〕 Ushimura Kei, *Beyond the "Judgment of Civilization": International Legacies of the Tokyo War Crimes Trial, 1946 - 1949*, translated by Steve Ericson (Tokyo: LCTB, 2003). Alexis Dudden's review is in the *Pacific Affairs* (Winter 2004/05).

〔2〕 See Preface to the 2001 Reprint of *Victor's Justice*.

〔3〕 Brook, "*The Tokyo Judgment and the Rape of Nanjing*," p. 692.

在研究方法上，新研究对审判的历史和法律方面都获得极大的关注。这在户谷的作品中体现的很明显。这一方面是为应对东京的现时关联性问题，也是对迈尼尔的回应，迈尼尔不断地呼吁“从审判的道德和历史议题中……分离出法律议题”，“在对东京审判达成比较宽泛的结论前，给予法律议题应有的关注”。

最后，学者们强烈意识到研究必须回归到审判的原始资料，尤其是浩瀚的庭审记录和个人文书。然而，这也意味着大多数的研究要严重依赖于所能得到的资料，而且重点落在英文原始资料上（及现有的日文资料）。具有讽刺意味的是，由于这些英文个人文书的缘故，我们现在知道的涉及东京审判的关于加拿大或者新西兰的幕后故事比苏联或者中国的还要多。近期英语圈研究中，即使有中国、俄罗斯或者法国的资料出现的话，也属罕见。

四、对中国、亚洲和世界的影响

在中国举办的关于东京审判的国际研讨会是一次很好的机会，作为学习过程我们必须从两个方向着手。新学术热潮的一个重要经验是必须从历史和法律（国际法历史）两个视角来认识东京审判。法律史和政治史主导了学术研究的新潮流就不足为奇了。我们还需要诸如社会史研究或者语言学研究等新的方法，拓宽我们对这一影响深远的历史事件的理解和它对东亚社会长期影响的理解。

大家普遍认同中国遭受日本侵略战争的时间最长（这并非忽视日本对台湾和朝鲜半岛的殖民主义统治）、规模最大。然而，尽管亚洲远非向一些早期学术研究所提到的缺席东京审判，但是中国在审判中并没有起到主导作用，至少按照现存的英语圈学术著作的记述是这样的。原因除了可能在由美英大国势力和英美法律原则主导的战后国际社会找到，还可能在当时中国内部找到。

怎样使中国与东京审判更相关？这并非意味着我们应该采用狭隘、单一的国家视角或者单纯的受害者视角来抬升中国的地位。仅仅证明中国在日本侵略下遭受的浩劫是不够的。其实，中国的参与在对东京审判的整体评估中是有举足轻重意义的，因为这能使审判的批评家们经常采用的日本 vs. 西方(例如美国)的叙述手法难以成立。而且,正如卜正民指出的,当讨论 20 世纪 30 年代日本对中国的侵略时,帕尔法官判决日本有正当理由控诉遭受的损伤(在中国手中的),而中国则没有(正当理由)。“当法律原则被援引支持一方的诉讼请求,而拒绝另一方相同的诉讼请求时,”按照卜正民的叙述,“帕尔的种族主义似乎从原则主义转向了机会主义。”[1]

假设像国际司法体制或者有记忆的争议等当代关注的热点推动了关于东京审判的西方著作的新热潮,那么“中国的崛起”以及中国在当今世界现有法律规范和制度方面的作用,很可能对曾提出的有关中国在东京审判中作用的一些问题产生影响。在中国最具国际性的都市举办国际研讨会来探讨这些与现在相关的历史议题,是我所能想到的最好方法。

(柴玉美 译)

---

〔1〕 Brook, “*The Tokyo Judgment and the Rape of Nanjing*,” p. 694.

第三节　中国东京审判研究的新进展

程兆奇*

2010年和2011年，法国Odile Jacob出版社和荷兰Martinus Nijhoff出版社分别出版了《东京审判：被忘却的纽伦堡》[1]（*Le procès de Tokyo: un Nuremberg oublié*）和《超越胜者之正义——东京战争罪行审判再检讨》[2]（*Beyond Victor's Justice? The Tokyo War Crimes Trial Revisited*）。《东京审判：被遗忘的纽伦堡》虽不是学院型的著作，但要而不繁地勾勒了东京审判的全过程并提出了迄今有关东京审判论争的主要争点，在东京审判的数百种著述中是有特点的一个读本。《超越胜者之正义——东京审判战争罪行审判再检讨》是近年东京审判研究的重要成果之一。两书不约而同，开宗明义都表明了之所以关注东京审判，是感慨于纽伦堡审判在所在国的巨大影响力和东京审判的几乎不为人知。

东京审判对中日两国同具重大意义是不言而喻的，所以与在西方世界的命运不同，东京审判在中日两国有着很高的关注度。但同样是关注，两国的情况并不相同。日本自审判以来对东京审判的各种议论从未间断，对东京审判的研究和对相关文献的搜集、整理更已达到了相当广泛、深入的程度。而东京审判在中国受到瞩目仅仅始自近年，而且还是拜影视之赐，也因此东京审判在中国的影响主要还是限于公共话语范围，对东京审判的研究还远远落于人后。

其实，东京审判的相关著述和文献在中国出版并不晚，早在1953年东京审判的判决书已经出版；倪家襄的《东京审判内幕》[3]（虽用"内幕"那样的商业噱头名题，内容实有所本）更早在审判结束的同时即已出版。但在以后的漫长时期，"东京审判"四字在中国已几乎不复再见。

---

* 东京审判研究中心主任、教授。

〔1〕艾迪安·若代尔著、杨亚平译、程兆奇校注《东京审判：被忘却的纽伦堡》，上海交通大学出版社2013年第1版。

〔2〕田中利幸、蒂姆·麦科马克、格里·辛普森编，梅小侃译《超越胜者之正义——东京战争罪行审判再检讨》，上海交通大学出版社2013年第1版。

〔3〕倪家襄：《东京审判内幕》，亚洲世纪社出版1948年12月第1版。

进入20世纪80年代后东京审判重新进入人们的视野，但除了梅汝璈法官未竟的《远东国际军事法庭》[1]和日记残卷及余先予、何勤华的《东京审判始末》[2]等少数读物，为数有限的研究性文字只是初步涉及了东京审判的最基本的问题[3]，《东京审判文集》[4]所收大致反映了2010年前中国东京审判研究的状况。

东京审判研究的转折性变化始于近年，这一变化的外部触机是2011年5月3日东京审判开庭65周年之际上海交大东京审判研究中心的成立。东京审判研究中心成立后，对东京审判文献的搜集、整理、出版，对东京审判的研究与海外研究著作的翻译进行了总体规划。相关情况我在《〈东京审判研究手册〉序》中曾略作介绍，在此围绕计划的推进和国内其他机构、学者所进行的研究作较详介绍。考虑到主要的研究都在途中，本文不按一般报告限于已发表成果的常规，而是把正在研究或正拟研究的情况向学术界作一通报。

一、基础工作

（一）文献出版

东京审判研究在中国长期以来未能充分展开有多方面原因，其中和中国久未出版相关文献、海外已出版的相关文献国内图书馆久未收藏[5]关系最大。所以东京审判中心成立后，中心拟定了全面搜集、整理、出版东京审判相关文献的计划，这一计划得到了各方面，特别是中国国家图书馆的有力支持。庭审记录（80卷本）2013年夏已出版[6]。国际检

---

〔1〕 梅汝璈：《远东国际军事法庭》，法律出版社1988年6月第1版。

〔2〕 余先予、何勤华：《东京审判始末》，浙江人民出版社1986年12月第1版。

〔3〕 以往中国只有何勤华、宋志勇等少数学者对东京审判作了宏观论述。

〔4〕 东京审判研究中心编：《东京审判文集》，上海交通大学出版社2011年5月第1版。已为剑桥出版社列入“剑桥中国文库”，即将出版。

〔5〕 如雄松堂版的日文庭审记录（極東国際軍事裁判所：『極東国際軍事裁判速記録』，雄松堂書店，1968年）和加兰德出版社和梅伦出版社版的英文庭审记录（Pritchard, R. John and Sonia Magbanua Zaide. *The Tokyo War Crimes Trial*. New York & London: Garland Publishing Inc., 1981.; Pritchard, John R. *The Tokyo Major War Crimes Trial: The Transcripts of the Court Proceedings of the International Military Tribunal for the Far East*. Lewiston: The Edwin Mellen Press, 1998 - 2005.）去年之前连中国国家图书馆也未收藏。

〔6〕 东京审判文献丛刊编委会：《远东国际军事法庭庭审记录》，国家图书馆出版社、上海交通大学出版社2013年版。

察局等东京审判主要官方文献正在编辑过程中，其他文献如与中国有关的东京审判文献以及具有文献价值的著述也在搜集和编辑过程中[1]。由于东京审判相关文献用“浩瀚”来形容已不算夸张，这一工作全部完成费时当在十年以上。

除了影印相关文献，我们还拟将与中国关系密切的相关文献译成中文。其中庭审记录中与中国有关的部分，现已完成翻译，正在审核，将于 2014 年出版[2]。

（二）工具书的编辑

为了便于阅读、检索东京审判的相关文献，我们已经和即将为已出版和将出版的相关文献作详细的索引。《远东国际军事法庭庭审记录索引、附录》[3]与以往相关索引的最大不同是第一次编制了全篇人名索引，对更精细化的利用庭审记录提供了便利。除了文献索引，中心也拟定了编纂其他类型的研究辅助读物的计划。其中，《东京审判日志》[4]、《东京审判辞典》[5]正在加紧编纂。《东京审判研究手册》[6]已经出版。

（三）海外著作翻译

东京审判研究在海外，特别是日本，从审判之时起从未间断，已积累了丰富的成果，这些成果涉及相当广泛的方面，无论作为研究的起点还是问题的来由，都是我们在时隔六十余年重新开始研究不能绕开的基础。所以我们制定了翻译西方和日本论著的计划。已完成和已着手及近期即将开始翻译的著作有粟屋宪太郎《通往东京审判之路》（日文）、日暮吉延《东京审判的国际关系》（日文）、博伊斯特、卡莱尔《东京国际军事法庭再检讨》（英文）、细谷千博等编《追问东京审判》（日文）、

---

〔1〕 如将出版的有“远东国际军事法庭 · 中国部分”（12 卷本）、（计划明年由上海交通大学出版社出版），已出版的有梅小侃、梅小璈：《梅汝璈东京审判文稿》（上海交通大学出版社 2013 年版）。

〔2〕 东京审判研究中心：《远东国际军事法庭庭审记录 · 中国部分》12 卷，将由上海交通大学出版社出版。

〔3〕 东京审判研究中心（石鼎、赵玉蕙、乔志勇等）：《远东国际军事法庭庭审记录索引、附录》（3 卷），上海交通大学出版社、国家图书馆出版社 2013 年版。

〔4〕 翟新：《东京审判日志》，将由上海交通大学出版社出版。

〔5〕 东京审判研究中心：《东京审判辞典》，将由上海交通大学出版社出版。

〔6〕 程兆奇、龚志伟、赵玉蕙：《东京审判研究手册》，上海交通大学出版社 2013 年版。

田中利幸、麦克考麦克、辛普森等《超越胜者的正义？东京战争罪行审判再检讨》(英文)、中里成章《帕尔——印度·民族主义和东京审判》(日文)、户谷由麻《东京审判》(英、日文)、武田珂代子《东京审判的翻译》(日、英文)、林博史《战犯审判的研究》(日文)、岛内龙起《东京审判》(日文)、中岛岳志《帕尔法官——东京审判批判和绝对和平主义》(日文)、二村円香《战争罪行法庭和转型正义：东京审判与纽伦堡的遗产》(英文)、雷尔：《巢鸭的先例：战争罪行与领导责任》(英文)、麦克凯伊《日本的共同谋议》(英文)、马嘉《东京的判决：日本战争罪行审判》(英文)、田中利幸《隐藏的恐怖：二战中的日本战争犯罪》(英文)、泽尔曼等《战争犯罪：日本在二战中的暴行》(英文)、犹德尔《东京审判：一场被忘却的纽伦堡审判》(法文)、韦尔齐格《纽伦堡审判和东京审判之后》(德文)等。如有可能(指通得过出版审查)，我们也考虑翻译否定观点的代表性著作。主要有：泷川政次郎(岛田繁太郎辩护副律师)《审判东京审判》(日文)、清濑一郎(日本辩护团副团长、东条英机辩护律师)《秘录东京审判》(日文)、高柳贤三(重光葵和铃木贞一辩护律师)《东京审判与国际法》(日、英文)、小堀桂一郎《再检证东京审判》(日文)、麦尼尔《胜者的正义：东京战争罪行审判》(英文)等。

二、东京审判研究

(一) 中国代表团研究

东京审判中国代表团的情况，由于相关档案长久未受到注意，加上几位主要当事人未留下或仅留下了极其简略的记录，使相关情况长期不明。东京审判研究中心成立后，日本学者粟屋宪太郎、小林元裕向中心提供了在台湾国史馆复制的部分 1945—1948 年国民政府外交部的相关档案，之后中心派员去台湾中研院、国史馆等处查阅相关档案，大致查清了国府外交部相关档案的情况。同一时间参与遴选东京审判中国代表等工作的司法行政部，在该部已公开的档案中未见相关内容。其他参与这一工作的国防部、军令部、军政部、军法总监部、军统等军口单位的档案据称已移存台湾“国防部”史政局，因迄今仍未公开，相关内容不得其详。

自1945年10月22日中国驻美大使魏道明发回美国国务院关于盟国对日审判要求派遣法官、检察官的函电后，至东京审判判决止，中国政府各相关部门和中国代表团留下了相当数量的函电、文件，其中现已公开的外交部档案约有5 000件，内容从遴选人员、搜集罪证到中国方针的传达、审判进展的报告、各国对审判立场的讯息，等等，大致可反映中国政府和中国代表团在东京审判时的后台工作。通过对这批档案和相关文献的解读，东京审判中国代表团如何选拔？中国政府对东京审判有哪些诉求？中国政府的主张如何通过前方中国代表团贯彻？前方代表团有哪些自主主张？中国代表团面临了哪些困难？受到了怎样的局限？取得了哪些成果？这些东京审判中国代表团的情况在时隔一甲子后将得以较完整的重现[1]。

（二）东京审判有关对华侵略、暴行罪研究

东京审判的专书日本和西方不下数百种，但没有一种以中国和东京审判为主题，也没有一种以对华侵略、暴行罪为主题，而作为中国的东京审判研究，这是不能忽略的非常重要的方面。有关对华侵略、暴行罪，中国的研究可用“汗牛充栋”来形容，但东京审判审理了哪些罪行？提出了哪些证据？检辩双方如何攻防？留下了哪些值得检讨的问题？以往除了关于南京大屠杀的少数文章，从总体上说基本没有论及。今天通过全面检阅庭审记录和中国相关档案，可以使相关情况得以复原[2]。

（三）东京审判的司法管辖权问题研究

东京审判司法管辖权问题自开庭第四天(5月13日)由日本辩护团副团长清濑一郎提出后，有关的争论至今未休。在东京审判的相关著述中，管辖权问题是讨论的一个重点。东京审判是不是只有所谓“中立国”参与才能保证公平？或者说是不是战胜国参与的审判就是“胜者的审判”？日本是不是“有条件投降”因而是不是只有审判虐待俘虏等普

〔1〕目前从事这方面工作的情况为：向隆万、孙艺正在撰写的《中国代表团与东京审判》，将对东京审判中国代表团情况作总体概括；梅小侃、梅小璈对中国法官梅汝璈在东京审判中的努力作进一步探讨；龚志伟、彭一帆的同名博士论文《中国与东京审判》都有专章论述中国代表团。

〔2〕程维荣、陈爱国、闫成合撰的《东京审判对华暴行罪研究》将对东京审判审理的对华暴行罪进行全面梳理。

通战争罪才算“合法”的审判？日本和西方列强近代的表现是否不同、“侵略”有没有标准？“反和平罪”“反人道罪”是不是前无所承的事后法？法没有追溯力是否、应否是绝对的原则？或者说法在对待季南所说的人类面临“生死存亡”的威胁时是否只能一成不变的消极应对？法是不是应该随着人类社会的发展而发展？以及作为国家行为的战争，个人应否、可否承担责任等等，深入研究这些看似“老生常谈”的问题，中国学者同样责无旁贷。此外，美国辩护律师乔治·A·弗内斯(George A. Furness)以“日内瓦条约第六十三条”声称板垣征四郎、木村兵太郎、武藤彰和佐藤贤了已向美、英军投降因而“本法庭对他们没有审判权”[1]；辩护方眼中“最为勇敢”[2]的辩护律师本·布鲁斯·布莱克尼(Ben Bruce Blakeney)从反对科明斯·卡尔(Arthur. S. Comyns Carr)检察官提出的合法战争非法战争开始，认为区分战争的性质会导致“胜者杀人合法、败者杀人非法”，“海牙协定和日内瓦议定书的签订就是为了限制从道德上下判断”，“奥本海默也认为国际法的规定不问战争原因是恰当的”[3]，特别是他提出原子弹的“谋杀”对法庭造成的冲击[4]；辩护律师塞缪尔·G·克雷曼(Samuel G. Kleiman)就罪名和事实“要有相关性”、起诉书应“清晰、充分叙述构成各罪状本质要素的事实”、起诉的对象不应是“日本”而应是一个个“具体被告”等对起诉书提出的质疑，以否定“反和平罪”的总纲“共同谋议罪”[5]，诸如此类，也是至今东京审判否定派常常挂在嘴上的有必要讨论的问题。东京审判研究中心已有专人开始研究[6]。

（四）东京审判与美国

和纽伦堡审判美、苏、英、法四国平权不同，东京审判由美国主导，

---

〔1〕 極東国際軍事裁判所：『極東国際軍事裁判速記録』第一卷，第 24 页。

〔2〕 桥本欣五郎辩护律师林逸郎语。林逸郎著《極東国際軍事裁判》，第 46 页。

〔3〕 極東国際軍事裁判所：『極東国際軍事裁判速記録』第一卷，第 23 页。

〔4〕 庭长下令中止译成日文，说明感到了对审判“不利”的担忧。布莱克尼发言见“Transcript of the Proceedings of IMTFE”pp. 204 - 215，『国士舘大学附属図書館所蔵　極東国際軍事裁判関係資料集成(第 1 期)英文速記録及び和文証拠資料』，柏書房 1994 年版，Reel NO. Ea - 001。

〔5〕 極東国際軍事裁判所：『極東国際軍事裁判速記録』第一卷，第 28 页。

〔6〕 程兆奇《东京审判司法管辖权综合研究》，将由上海交通大学出版社出版。

所以美国因素是研究东京审判不容忽视的重要方面[1]。美国究竟在多大程度上影响了东京审判？美国从提出东京审判到组织国际检察局、法庭方面究竟起了怎样的作用？美国和盟国在审判筹备、审判进行直到判决过程中有怎样的分歧？美国作了哪些妥协和坚持？东京审判的“成”与“败”在多大程度上由美国铸成？等等。这些问题海外虽已有深入研究[2]，但迄今还没有一部以《美国和东京审判》为题的专书，现已有中国学者开始撰著[3]。

（五）东京审判文献研究

东京审判的文献浩如烟海，虽然美国国家档案馆、麦克阿瑟纪念馆、哈佛季南文库、耶鲁法学院图书馆、弗吉尼亚法学图书馆、日本国立公文书馆、日本国会图书馆、东京大学社会科学研究所图书馆、关西大学图书馆、澳大利亚战争纪念馆（韦伯纪念馆）、澳大利亚国家档案馆、法国现代国际档案馆、新西兰坎特伯雷大学、印度加尔各答大学、荷兰国家档案馆、台湾国史馆等主要收藏机构的情况已大体明了。但由于这些机构所藏文献数量庞大，不仅多有重复[4]，看似完整的文献也有散落[5]，仅凭目录，对利用者仍如盲人摸象，所以从文献学的角度对这些档案进行总体研究和评估，对利用者会带来便利，东京审判研究中心已着专人开始研究[6]。

除此之外，其他相关研究也正在展开。如国际检察局研究[7]、被告方被驳回证据（却下证据）研究[8]等。

---

〔1〕 晚近也有学者认为：“实质上，这一权限（指麦克阿瑟 = 美国对东京审判的主导权——引者）几乎是名义上的”。戸谷由麻：『東京裁判　第二次大戦後の法と正義の追求』，みすず書房 2008 年 8 月 8 日第 1 版，第 43 页。

〔2〕 如《通往东京审判之路》（粟屋憲太郎：『東京裁判への道』，講談社 2006 年）、《东京审判的国际关系》（日暮吉延：『東京裁判の国際関係　国際政治における権力と規範』，木鐸社 2002 年）、《东京审判》（戸谷由麻：『東京裁判』）等都有专章论述。

〔3〕 杨夏鸣《美国与东京审判》，即将由上海交通大学出版社出版。

〔4〕 如无论官方档案还是法官、检察官收藏中都有庭审记录。

〔5〕 如存于国府外交部的中国代表团的档案应已完整迁往台湾，但向隆万在南京第二档案馆中曾发现中国检察官向哲濬秘书刘子健（后普林斯顿大学教授）的任命卷宗。

〔6〕 赵玉蕙《东京审判史料学》，将由上海交通大学出版社出版。

〔7〕 东京审判研究中心已购置全部国际检察局档案，乔志勇博士目前正在从事相关研究。

〔8〕 曹大臣、宦晓娴等目前正从事辩方证据的研究。

三、东京审判的延伸研究

我们说东京审判具有重大意义,是由于东京审判是人类有史以来参与国家最多、规模最大、开庭时间最长、留下档案文献最为浩瀚、同时也是争议最多的审判,就狭义的审判本身说,它已为人类留下了极为宝贵的遗产;作为学术研究的对象,它为法学、史学、政治学提供了丰富的资源。但东京审判的研究价值并不仅限于狭义的审判本身。东京审判审理的日本近代以来对外发动战争、伴随着战争的暴行,涉及整个东亚近代的历史;作为一个有创造性意义的重大审判,东京审判对国际法、特别是战争法和人道法的发展具有重要的影响力,因此,日本近代史、东亚近代史、中日关系史、日美关系史及国际法、国际刑事法庭的发展作为东京审判的"前因"和"后果",与东京审判都有着密切关系。再则,东京审判以外战后亚洲的美、中、英、法、荷、澳、菲设立的 1 个准 A 级和 49 个 BC 级法庭的审判以及苏联、1949 年后中华人民共和国的对日审判,与东京审判同为对日本战犯的审判,这些审判共同成为战后东亚审判的有机组成〔1〕;军事法庭之外,其他类型的审判,如中国地方法院的"汉奸"审判,作为战后涉日审判,也可纳入以"东京审判"为标志的战后对日审判的范围。

广义的东京审判研究,由于时空跨度大,涉及领域广,远非少数人可以包揽,通力合作十分必要〔2〕。现已开展的研究主要有:中国对日审判〔3〕,与中国有关的他国审判〔4〕,东京审判对国际法和国际刑事法庭

---

〔1〕日本、西方多将 BC 级审判作为泛称中的"东京审判"的一部分,如内海爱子说:"纽伦堡审判 B 级是普通战争罪(通例的战争犯罪),C 级是反人道罪,日本并无这样的分别,所以只是相对于 A 级,将审判层级较低的战犯总称为 BC 级战犯审判。"(内海愛子、小森陽一、成田龍一:「東京裁判が作った戦後日本」,『現代思想』2007 年 8 月号,第 45 页。)如美国的《东京审判——英文文献研究指南》(Welch, Jeanie Maxine. *The Tokyo Trial: A Bibliographic Guide to English-Language Sources*. Westport, Conn. Greenwood Press.)中 BC 级审判的内容占了相当大的篇幅。

〔2〕已有学者呼吁合作攻坚克难:"BC 级战犯审判因为由联合国各国进行,个人要阅读所有资料进行研究极为困难,因此众多的研究者分工合作十分必要。特别是对英语圈外的国家,掌握该国语言为必须,所以期待着懂语言的研究者的研究。"(林博史:『戦犯裁判の研究 戦犯裁判政策の形成から東京裁判、BC 級裁判まで』,勉誠出版 2010 年 1 月 10 日第 1 版,第 7 页。)

〔3〕今天中国辖域的国民政府时期的 11 个法庭,因时处战乱,又由多国设立(如香港的英军法庭,上海的美军法庭),除了南京法庭因南京大屠杀而有较透彻的研究,其他或只是浮光掠影的提及,或完全不为人所知。刘统带领闫成等现已开始全面调查,在调查的基础上,将完成《中国对日审判》。

〔4〕日本学者对东京审判未审日军罪行细菌战进行了长期的研究,王选在实地调查的基础上已开始对伯利审判中有关细菌战的审理进行研究。

发展的影响[1],对东京审判所涉及的事实从审判的角度追踪还原[2]、东京审判对战后东亚格局形成及对以后东亚关系发展的影响[3]。

四、结语：东京审判研究的学术化

东京审判从季南在开庭词中宣布“文明的审判”起,便出现了“文明的审判”和“胜者的审判”之争,即使在“超越”已标签化的今天[4],这种“大是大非”的对立在日本仍然存在[5]。我们在谈论中国东京审判新进展时之所以点出这一点,主要是为了说明,即使在日本这样一个可以把东京审判作为书斋中的纯粹“学问”研究的环境里,东京审判的意识形态争持仍未能避免[6],足见东京审判本身确有与生俱来的超出学术的意义。因此,迄今为止中国有关东京审判的文字几乎无不带有“民族大义”(广义的“政治正确”)的强烈色彩也在并不意外的情理之中。虽如此,我还是有一个顽固的偏见：真正意义上的东京审判研究,可以、也应该不受情感、价值、信仰的羁绊,正如我们对侵略和暴行可以深恶痛绝,不等于我们有权要求审判不严格依法一样。[7]

---

[1] 东京审判对国际法发展的影响,海外已有不少研究,如博伊斯特、卡莱尔:《东京审判的再评价》(Boister, Neil, and Robert Cryer. *The Tokyo International Military Tribunal: A Reappraisal*. Oxford: Oxford University Press, 2008. 日译本N・ボイスターR・クライヤー:『東京裁判を再評価』,日本評論社2011年版)是近年的最重要成果,该书第十一章专论东京审判遗产和意义;田中利幸、麦科马克、辛普森编《超越胜者的正义》(Tanaka, Yuki, Tim McCormack, and Gerry Simpson, eds. *Beyond Victor's Justice? The Tokyo War Crimes Trial Revisited*. Leiden: Martinus Nijhoff Publishers, 2011.)第八部分萨拉・芬宁和麦科马克的论文也从总结东京审判经验教训的角度论述了东京审判对国际法和国际刑事法庭的影响。长期以来在中国对东京审判的有限研究中,法的探讨是最薄弱的一环,目前有朱文奇等少数学者正在研究。

[2] 程维荣及王卫星等南京学者已开始研究。

[3] 翟新对战后中日关系研究有年,近年编纂《东京审判日志》,将从东京审判的角度作进一步研究。

[4] 日本自20世纪80年代起,持“文明的审判”的肯定论者已不像我们所说的“正义的审判”那样“义正词严”,而且已成了真正意义上的“小众”。现在和“胜者的审判”勉强还能分庭抗礼的对立面毋宁说是所谓“超越”“文明的审判”和“胜者的审判”的论者。但“超越”在相当程度上也已标签化。如依我们的标准可以归为否定东京审判立场的牛村圭的著作,题目也叫《超越“文明的审判”》。(《「文明の裁き」をこえる》,中央公論新社2001年1月10日第1版。)

[5] 正如日本学者所说:“文明的审判”和“胜者的审判”“迄今仍是东京审判论争的基本构图”;“两者的论争与民族主义、政治意识形态、感情论、道义的战争责任论有复杂的关联,今天已化为难于和解的‘价值的对立’”。(日暮吉延著:『東京裁判』,講談社2008年1月20日第1版,第29、30页。)

[6] 日本有关东京审判的大量著述重复着辩护方在法庭中提出的观点。

[7] 东京审判研究的学术化,国内学者已开始有意识的身体力行,如曹树基有关东京审判未审罪行细菌战的研究。

第二章　东京审判的历史意义

第四节　战犯审判研究的历史意义

——从东京审判到各国审判的延伸

户谷由麻*

2013年11月12日中国人民大学朱文奇教授在研讨会的第一轮报告会上发言称纽伦堡审判和东京审判是国际法制史上的“摇篮”。从12日开始历时两天半，总计70余名(含工作人员)与会人员分别对近年积极投入的审判研究作了讨论。在参加这次气氛非常活跃的研讨会的过程中，我的脑海里突然浮现了另外一个比喻，那就是“船”。那实际上是一艘大“船”，它装载着自同盟国实施东京审判将近70年的时间里所积蓄的所有研究，船上已乘坐着多位审判研究的创始人，他们为今后的研究人员收集了大量资料，制作了“航海图”，并掌着舵。而在这次研讨会上我发现，这艘“船”远比我想象的要庞大，怀有共同学术研究理想的年轻学者也加入到这个队伍，跨越世代之别同舟共济在“东京审判”的大海上航行。东京审判迎来了宣判65周年，当我目睹这一研究领域呈现出崭新活力的时刻，我想再次回顾东京审判的史实和研究历程，同时探讨今后拓展审判研究(包括同盟国实施的各国审判)的可能性，就其将来加以论述，期待着能起到抛砖引玉的效果。〔1〕

一、远东战犯审判概要

本论文所提及的“审判战犯”这一历史事件是指二战后同盟国以纳

---

* 美国夏威夷大学教授。

〔1〕 为了便于阅读，本论文所引用的与审判相关的日文文书，全部改为新字体和平假名(外来语和拟声词等除外)，并标注浊音符和着重号。

粹德国和大日本帝国为对象，针对两国在战争时期犯下的虐待俘虏、大量残杀市民等国际罪行的嫌疑人实施的一系列刑事审判。本稿以在亚太地区实施的审判为焦点，关注其重心“远东国际军事法庭”（通称“东京审判”）的同时也考察各同盟国实施的审判。

同盟国在亚太地区着手审判战犯的直接法律依据是1945年9月2日日本政府、军方代表（重光葵和梅津美治郎）与同盟军、同盟国9国代表在东京湾的美国“密苏里”号战列舰上签署的日本投降书。在投降书上日本政府承诺：“忠诚履行《波茨坦公告》的各项规定。”而《波茨坦公告》（1945年7月26日）第10项明确规定：“对于战罪人犯，包括虐待吾人俘虏在内，将处以法律之严厉制裁。”〔1〕依据这项规定，约半年后同盟国继纽伦堡法庭之后在远东设立了第二个国际军事法庭（因此称为远东国际军事法庭），地点是日本的首都东京，因此这次审判又被称为东京审判而广为人知。参加东京审判的国家是在日本投降仪式上签字的同盟国9国代表美国、英国、澳大利亚、荷兰、加拿大、苏联、中国（中华民国）、新西兰、法国和在对日作战中蒙受重大损失、并尚未独立的亚洲2国印度、菲律宾（分别为英国和美国的殖民地，1947年独立）。各国拥有各自指派1名法官和1名检察官的权利，最后法官团由以威廉·弗拉德·韦伯为庭长的11个国家的法官代表组成，检察局也同样是由11国代表组成，缅甸和印度尼西亚也派遣辅佐官分别参加了英国和荷兰的检察团。辩护方除被告自身和日本辩护人之外，还包括经由美国政府承认和派遣的美籍辩护人，这在审判不熟悉英美法的日本人时保证法庭公正性上发挥了重要作用。〔2〕

远东国际军事法庭就如下文所述经过对东条英机等25名战犯实施共同审判后结审。但是东京审判并未以此结束。1948年底同盟国在东京新设了两个国际法庭，实行了同“纽伦堡12个后续审判”在形式上

---

〔1〕《波茨坦公告》、《投降书》引自：《远东国际军事审判庭审记录》第10卷，第813～814页。（译文参照：程兆奇、龚志伟、赵玉蕙：《东京审判研究手册》，上海交通大学出版社2013年版，第251页，译者注）。

〔2〕有关东京审判的法官、检察官、辩护人的若干说明可参考拙著《东京审判：第二次世界大战后司法与正义的追求》（Misuzu书房2008年版）的序章。

具有可比之处的东京后续审判(审理两个案件;通称“GHQ审判”)。[1]被告各为1名,是原陆军高级将校田村浩和原海军将官丰田副武,虽然这两名在日本战败后被指定为主要战犯嫌疑人并被关押在巣鸭监狱,但是没有被指定为东京审判的被告。取而代之的是经过迂回曲折之后,1948年初他们和其他嫌疑犯一起从东京审判国际检察局被移交到占领军当局法务局,由法务局负责继续调查。法务局调查的结果是:计划进行3项后续审判,对象分别是① 田村、② 丰田、③ 原偷袭“珍珠港”时内阁成员数名。但是东京审判结审后法务局即刻从东京审判判决内容中意识到追究文官战争犯罪刑事责任的难度,所以取消了对第3项内阁成员的后续审判。因此,从1948年至1949年只对田村和丰田的案件实施了后续审判。[2]而且,虽然审理这两个案件的法庭在形式上是国际法庭,但是到1948年这个阶段,多数同盟国已对后续审判缺乏兴致,只有英国、澳大利亚和中国三个国家对占领军当局的提议作出回应表明了参加意向(之后英国辞退)。因此,虽然中国政府的1名文官作为法官参加了田村审判,澳大利亚的代表作为庭长参加了丰田审判,但实质上呈现出了美国主导审判的情况。[3]

东京审判开庭前的起诉准备正式开始是在1945年之后,审判的实施是从1946年5月至1948年11月中旬,而东京审判的后续审判是从

---

〔1〕 关于纽伦堡后续审判内容,参考首席检察官泰尔夫特·泰勒的最终报告:《致陆军部长的最终报告:德国管制委员会第10号法案管制下的纽伦堡审判》,威廉·海因公司1997年版。

〔2〕 详见拙著:《东京审判》第3章。田村审判与丰田审判的庭审记录保存在美国公文书馆。已制作成微缩胶卷可供购买。胶卷资料号码为M1728:“Records of the Trial of Accused War Criminal Hiroshi Tamura, Tried by a Military Tribunal Appointed by the Supreme Commander of the Allied Powers, Tokyo, Japan, 1948 - 1949,” 3 vols.; M1729, “Records of the Trial of Accused War Criminal Soemu Toyoda, Tried by a Military Tribunal Appointed by the Supreme Commander of the Allied Powers, Tokyo, Japan, 1948 - 1949,” 7 vols.; M1661, “Transcripts from the Case of the United States of America vs. Soemu Toyoda and Hiroshi Tamura, 1946 - 1948,” 4 vols. National Archives and Records Administration, College Park, MD, USA(以下简称为NARA)。关于美国公文书馆微缩胶卷的获取方法可参考:http://www.archives.gov/research/order/microfilm-pubs.html#order。

〔3〕 参加田村审判的中国代表是James S.L. Yang。将这两个审判看作国际审判的依据是法庭规章文书。根据《战争犯罪被告人管理规定》(1948年10月27日)中的第3条,法庭的法官由盟军总司令任命,能代表各国组织法庭。具体规定见英语原文:“The members of each military tribunal will be appointed by the Supreme Commander for the Allied Powers. Where offenses involved nationals of more than one nation, each such nation, in the discretion of the convening authority [= the Supreme Commander of the Allied Powers], may be represented on the tribunal.”(出处:NARA微缩胶卷M1728)。

1948 年 10 月至 1949 年 9 月。在这期间同盟国的各成员国还在战争时期曾成为战场的亚太 51 个地区特设了战犯法庭，各国都致力于起诉大量的战犯嫌疑人。[1] 根据日本的研究数据，日本在同盟军占领期间——1945 年秋至 1952 年 4 月，合计实施审判 2 244 场，被告总数为 5 700 人。如按国家分类，美国是 456 场，英国是 330 场，澳大利亚是 294 场，荷兰是 448 场，中华民国是 605 场，法国为 39 场，菲律宾为 72 场。[2] 据战后返回日本的相关人员叙述，在苏联也对约 3 000 名战犯嫌疑人实施了某种处置。除了在伯力实施的公开审判（1949 年 12 月）之外，其真实情况尚不明确。[3] 同样，根据战后从中国返回日本的相关人员的记录，中国共产党军队在二战结束后独自对战犯嫌疑人进行了即决审判或即时处决，日本的当事人将它记忆为“人民审判”。但是关于那段史实的有系统的记录或数据都不齐全，只有个别当事人留下的一些记录。[4] 众所周知，中华人民共和国成立以后，1956 年在太原和沈阳再次对 45 名战犯实施了审判。有关中华人民共和国的这一系列审判，已刊发的资料以及被告等相关人员的回忆录等资料非常充实[5]（国民政府对日审判详见刘统：《国民政府审判日本战犯概述》；关于中华人民共和国对日审判参考丰田雅幸：《东京审判与中华人民共和国对日审判》）。

远东国际军事法庭仿效其先例纽伦堡审判对三类国际犯罪具有审

---

〔1〕 林博史：《BC 级战犯审判》，岩波新书 2005 年版，第 62 页。

〔2〕 此处数据出处：东京审判手册编辑委员会编：《东京审判手册》，青木书店 1989 年版，第 219 页。有关数据收集问题参考：菲利普・皮希加洛：《审判日本战犯：各同盟国对日战争罪行审判 1945—1951》，德克萨斯大学 1979 年版，第 263～264 页。

〔3〕 关于苏联实施的审判，参考以下文献：林博史：《BC 级战犯审判》，岩波新书 2005 年版，第 112～113 页；岩川隆：《也许成为孤岛之泥土：BC 级战犯审判》，讲谈社 1995 年版；松村知胜：《审判与监狱》，德永笹市编：《审判、监狱、防谍》，日刊劳动通信社 1958 年版，第 3～90 页；木下秀明：《抑留生活十年：苏联的真相》，日刊工业新闻社 1957 年版，第 1～112 页；北崎学：《西伯利亚的肌肤》，自由亚洲社 1955 年版，第 122～138 页；全国宪友会联合会编撰委员会编：《日本宪兵正史》，研文书院 1976 年版，第 1277～1284 页；佐藤亮一：《虐待的记录》，潮书房 1953 年版，第 161～165 页。苏联唯一的公开审判于 1949 年 12 月在伯力实施，历时一周，庭审记录（日、英文）已由苏联当局出版。日文书名为：《細菌戦用平気ノ準備及ビ使用ノ廉デ起訴サレタル元日本軍軍人ノ事件ニ関スル公判書類》，外国图书出版社 1950 年版。

〔4〕 关于人民审判参考以下文献：安达为也：《人民审判》，国际善邻协会编[饭泽重一理事长]：《“满洲国”建国之梦想与现实》，谦光社 1975 年版，第 415～422 页；小川仁男：《未被处刑的战犯：人民审判的背后》，日中出版 1979 年版。

〔5〕 关于中华人民共和国实施的对日审判，特别受到关注的是：因其宽大政策，战犯自我反省战争责任问题，而且在返回日本后也一直从事有关战争责任的启蒙活动。详见：中国归还者联络会编：《回国战犯的后半生》，新风书房 1996 年版。

理的权限。依据确定法庭基本原则的《远东国际法庭军事法庭条例》(或称《宪章》),远东国际军事法庭管辖权的定义略长,但介绍如下:

> 第5条 对人及罪的司法管辖权
>
> 本法庭有权审判及惩罚被控以个人身份或团体成员身份犯有包括反和平罪在内的各种罪行的远东战争犯罪。
>
> 下列行为,或其中一项,均构成犯罪行为,本法庭有管辖之权,犯罪者个人并应单独负其责任:
>
> (A) 反和平罪。指策划、准备、发动或执行一场经宣战或不经宣战之侵略战争,或违反国际法、条约、协定或保证之战争,或参与为实现上述任何行为之共同计划或共同谋议。
>
> (B) 普通战争罪。指违反战争法规或战争惯例之犯罪行为。
>
> (C) 反人道罪。指战争发生前或战争进行中对任何平民的杀害、灭种、奴役、强迫迁徙、以及其他非人道行为;或基于政治上的或种族上的理由而进行旨在实现或共谋本法庭管辖范围内任何罪行之迫害行为,不论这种行为是否违反罪行所发生的国家的国内法。
>
> 凡旨在筹谋、执行前述任何罪行之共同计划或共同谋议,其领导者、组织者、教唆者及从属者,对于任何人为实现此种计划而作出之一切行为,均应负责。[1]

这一条的起始部分中提到"包括反和平罪在内的"各种罪行,这正是反映了就政策而言同盟国控诉反和平罪嫌疑人是东京审判的主要目的。以该类国际犯罪无法控诉的人物,即使其罪恶深重也被排除在远东国际军事法庭的审理对象之外(但在各国实施的对日审判中可以审理)。[2]反和平罪在《纽伦堡法庭宪章》中首次被导入,其作为适用法律的历史

---

〔1〕《远东国际军事法庭宪章》,《远东国际军事法庭庭审记录》,第10卷,第815页。着重号由作者加注。(宪章译文参照:程兆奇、龚志伟、赵玉蕙:《东京审判研究手册》,上海交通大学出版社2013年版,第260页,译者注)。

〔2〕远东战犯审判的基本政策文书由美国政府制定,并于1945年秋下达给盟军总司令麦克阿瑟元帅,而后经由11国组成的远东委员会通过。政策文书出处:《国家战时海军协调委员会致远东委员会的报告》,美国国务院:《美国对外关系》,美国政府印刷局,1945年第6卷,第926~936页。

不长，但是我们可以从1928年《关于废弃战争作为国家政策工具的一般公约》（通称《非战公约》、《巴黎条约》或《凯洛格—白里安条约》[1]）等二战以前缔结的各种国际条约中找到反和平罪的理论基础。富兰克林·德拉诺·罗斯福在生前将追究策划、发动侵略战争的人物的个人刑事责任并施以处罚作为战后国际和平与国际安全保障的重要课题，罗斯福病逝之后继承其遗志的哈里·S.杜鲁门总统为了实施前任总统制定的政策，派遣倡导《非战公约》具有效力的美联邦政府法官罗伯特·H.杰克逊赴伦敦从事纽伦堡审判条例的交涉工作。杰克逊在说服英国、法国和苏联代表的问题上虽然花费了不少功夫，但是成功地将反和平罪纳入了法庭宪章。这一法律原则之后也被《远东国际法庭宪章》所继承。[2] 不过，前述"包括反和平罪在内的"各种罪行的措辞在《纽伦堡法庭宪章》中并未出现，而是制定《远东国际军事法庭宪章》时新加的内容。可以说，经历此过程后，美国主导的"重视反和平罪"的方针在东京审判中受到了关注。今天我们提及纽伦堡审判时，将其对反人道罪的控诉，特别是追究纳粹德国政府迫害犹太裔德国国民罪行的举措作为最受好评的历史功绩。其实在1945年时反和平罪这个概念的导入才是当时一直讨论的话题。就当时的观点来看，纽伦堡审判在国际法制史上具有划时代意义的理由在于纽伦堡审判导入了反和平罪，这才是符合史实的说法。[3] 就反和平罪而言，可以说东京审判也和纽伦堡审判一样具有同等意义。不过，只是"第二个纽伦堡"的东京审判，对于当时的国际社会来说缺乏新意，可以说东京审判结审后除了日本国内以外国际舆论已将东京审判置入了被遗忘的角落。但是，从20世纪90年代起荷兰海牙等地新设了国际刑事法庭，东京审判与纽伦堡审判一样成为历史先例骤然受

---

〔1〕《巴黎非战公约》内容如下：第一条　缔约各方以它们各国人民的名义郑重声明：它们斥责用战争来解决国际纠纷，并在它们的相互关系上，废弃战争作为实行国家政策的工具。第二条　缔约各方同意它们之间可能发生的一切争端或冲突，不论其性质或起因如何，只能用和平方法加以处理或解决。出处：《起诉状附属书B》，《远东国际军事法庭庭审记录》，第10卷，第828页。（条约译文参照：《国际条约集（1924—1933）》，世界知识出版社1961年版，第373～374页，译者注）。

〔2〕特尔弗德·泰勒：《纽伦堡审判的解剖：个人回忆录》，诺普夫出版社1992年版，第21～77页。

〔3〕关于反人道罪在纽伦堡法庭上并非当今所认为的这么重要的事实，在如下著作中可见耐人寻味的论述：劳伦斯·道格拉斯：《审判的记忆：在大屠杀中创建法律和历史》，耶鲁大学出版社2000年版。

到了关注，在今天的国际法学界得到了一定的认识和评价。

前文所引述的东京审判管辖下的三类国际犯罪中，“反人道罪”不仅是对敌对国平民，它也适用于针对本国平民的犯罪行为，而且正如“战争发生前或战争进行中”这一段文字所述，宪章规定即使不存在战斗行为（即和平时期）也可以按照国际法来审判对平民所实施的组织性犯罪，这是超越先前战争法规框架，具有划时代意义的法律原则。但是，关于这类国际犯罪，在成为《远东国际军事法庭宪章》范本的《纽伦堡法庭宪章》中，在“实现或共谋本法庭管辖范围内任何罪行之迫害行为”（in execution of or in connection with any crime within the jurisdiction of the Tribunal [1]）的限定条件下，纽伦堡法庭只将战争时期的反人道罪作为审理对象。[2] 如上所述，同样的限定条件在《远东国际军事法庭宪章》中也原样保留，如何解释这个问题？远东国际军事法庭不一定要遵循纽伦堡审判，在远东国际军事法庭上反人道罪的追诉实质上没有实行，远东国际军事法庭自始至终没有对此进行独自的解释。

东京审判的检察局（正式名称为“国际检察局”）根据法庭宪章，仿

---

[1] 引用部分来源于《纽伦堡法庭宪章》第6条(C)。《纽伦堡法庭宪章》全文引自耶鲁大学法学院图书馆网络公开资料：The Avalon Project at the Yale Law School Lillian Goldman Law Library. http://avalon.law.yale.edu/subject_menus/judcont.asp.

[2] 纽伦堡法庭关于反人道罪的管辖问题的意见记载于判决书以“The Law Relating to War Crimes and Crimes against Humanity”为题的这一部分。有关该内容的英语原文如下：“With regard to crimes against humanity, there is no doubt whatever that political opponents were murdered in Germany before the war, and that many of them were kept in concentration camps in circumstances of great horror and cruelty. The policy of terror was certainly carried out on a vast scale, and in many cases was organised and systematic. The policy of persecution, repression and murder of civilians in Germany before the war of 1939, who were likely to be hostile to the Government, was most ruthlessly carried out. The persecution of Jews during the same period is established beyond all doubt. To constitute crimes against humanity, the acts relied on before the outbreak of war must have been in execution of, or in connection with, any crime within the jurisdiction of the Tribunal. The Tribunal is of the opinion that revolting and horrible as many of these crimes were, it has not been satisfactorily proved that they were done in execution of, or in connection with, any such crime. The Tribunal therefore cannot make a general declaration that the acts before 1939 were crimes against humanity within the meaning of the Charter, but from the beginning of the war in 1939 war crimes were committed on a vast scale, which were also crimes against humanity; and insofar as the inhumane acts charged in the Indictment, and committed after the beginning of the war, did not constitute war crimes, they were all committed in execution of, or in connection with, the aggressive war, and therefore constituted crimes against humanity.”现在在出版物和网络资料中都能阅览到纽伦堡审判的判决书，本论文所利用的是耶鲁大学法学院图书馆的网络资料：http://avalon.law.yale.edu/subject_menus/judcont.asp.

效纽伦堡法庭的先例,以上述三类国际犯罪追究了日本人被告的责任。但是,若与纽伦堡法庭的起诉书进行比较,东京审判也存在几点明显的不同之处。本论文特别说明两点。第一,国际检察局将纽伦堡审判起诉书中没有的"杀人罪"纳入了追究的范畴。国际检察局采纳了美国占领军当局的盟军总司令道格拉斯·麦克阿瑟的提案。麦克阿瑟的意图尚不明确,但他曾向国际检察局提出"简化诉讼,惩罚日本战争犯罪人杀害我国国民的罪行"("the simplification of the prosecution to the point of punishing the Japanese war criminals for murder of our own citizens")的要求,关于是否可以采用杀人罪的提案在史料中有所记载。[1] 另外,我曾在拙著《东京审判》中提到已明确的事项有以下几点:① 麦克阿瑟元帅曾质疑历史尚浅的国际刑事审判的有效性;② 麦克阿瑟元帅曾认为若是美国军事法庭的审判,就能迅速而有效地处罚东条英机等偷袭珍珠港的责任人;③ 麦克阿瑟元帅起初主张由美国军事法庭实施审判,但美国总统杜鲁门作为国家方针已决定通过国际审判来裁决东条英机等被告,麦克阿瑟元帅在1945年11月中旬已被告知采用美国军事委员会审判方案的可能性很小。[2] 而且,麦克阿瑟元帅当时在菲律宾首都马尼拉设立的美国军事法庭上急速把在攻防菲律宾时顽固抵抗的第十四方面军最高司令官山下奉文将军诉至法庭,宣告其有罪并处以绞刑(1945年10—12月),并上演了在偷袭珍珠港4周年(1945年12月7日)实施宣判这一幕。麦克阿瑟元帅很有可能曾强烈希望将山下审判作为范本对东条英机等战犯也实行即决审判。[3] 从这个过程我

---

〔1〕《季南与战争部长会谈的笔记》(1946年1月4日)。这一资料出自美国公文书馆藏微缩胶卷,胶卷号码为M1668,"Records of the Chief Prosecutor Relating to Preparation for and Conduct of Cases Tried by the International Prosecution Section Before the International Military Tribunal for the Far East, 1946 - 1948," Roll No. 2, NARA.

〔2〕参考拙著《东京审判》第一章。

〔3〕山下审判的庭审记录保存在美国公文书馆,而且能查阅到微缩胶卷,但微缩胶卷版本中不含书证的复印件。微缩胶卷号码:M1727,"Records of Trials of Accused Japanese War Criminals Tried at Manila, Philippines, by a Military Commission Convened by the Commanding General of the United States Army in the Western Pacific, 1945 - 1947," 5 rolls, NARA. 有关详细阐述山下审判概要及相关问题的著作如下:A. 弗兰克·里尔:《山下将军案件》,芝加哥大学出版社1949年版。此书有日文版本。在司法理论方面有用的论文有:大卫·科恩:《超越纽伦堡:战争罪行的个人责任》,卡拉·赫斯、罗伯特·波斯特编:《政治转型中的人权:从盖茨堡到波斯尼亚》,地带图书出版社1999年版,第53～92页。

们可以推断不仅麦克阿瑟元帅曾期待若当面说服国际检察局以杀人罪起诉就应该很容易能将被告判为有罪，而且国际检察局的最高决策层也应该是同样的想法。无论是何种情况，麦克阿瑟元帅与检方围绕杀人罪方面的起诉努力是以徒劳告终的。因为法庭一律驳回杀人罪的诉因，就结果来说被告中没有一人仅以杀人嫌疑被判有罪。〔1〕

通过与纽伦堡审判起诉书的比较，我们还能发现另一个明显的不同之处就是前文介绍的反人道罪问题。东京审判的起诉书中确实提到适用反人道罪，但有关史料印证实际上国际检察局在开庭前就已达成协议实质上不以反人道罪进行诉讼。1946 年 4 月 6 日国际检察局主要成员的会议录上记载着这样的发言："当局实际上没有单以 C 级罪名定罪的案例"，"被指定为被告的人物所涉及的所有案例都属于杀人罪的诉因或 B 级普通战争犯罪。"此处所指 B 级是指战争犯罪，C 级是指反人道罪。而且在这次会议上国际检察局在起诉书上虽然提及反人道罪，但那只是"法庭彰显具有以'明确的'杀人罪进行审判权限的另外一个手段。"〔2〕实际上，在远东国际军事法庭上国际检察局并没有作出积极地立证反人道罪的努力。因此，法庭也没有达到对反人道罪表明某种意见的阶段，只是对另外两类国际犯罪（反和平罪、普通战争犯罪）发表法律见解、进行事实认定。

东京审判的被告包括以东条英机为首的 28 人，其中 2 人在法庭审判期内病亡，1 人因法庭鉴定其精神有问题而免予起诉，最终法庭审理的对象是 25 人。这些被告是国际检察局认为在 1931 年"九一八"事变爆发前后至 1941 年 12 月 8 日（美国时间为 12 月 7 日）太平洋战争爆发前的这段时期内，策划、准备、开始并实施了战争或参与共同谋议的嫌疑犯中的主要人物。同时，法庭还以战争犯罪或杀人罪（或两者兼有）

---

〔1〕《远东国际军事法庭判决书》，《远东国际军事法庭庭审记录》，第 10 卷，第 593 页。

〔2〕《第十四次执行委员会会议录》（1946 年 4 月 5 日），MSS. 78－3；《弗兰克·S. 塔弗纳个人文稿与远东国际军事法庭官方记录 1945—1948》，Box 2，亚瑟·J. 莫里斯法学院图书馆（弗吉尼亚大学）。国际检查局首席检察官约瑟夫·B. 季南暂离东京时，费兰克·S. 塔弗纳替他掌管工作，与欠缺指导能力的季南形成鲜明对比的是塔弗纳被公认为能力非常强（参考：拙著《东京审判》，第 47～53 页）。审判结束后，塔弗纳将个人所藏的检查局内部文书捐赠给了故乡弗吉尼亚的弗吉尼亚大学法学院图书馆。关于塔弗纳文书的详细信息可参考：http：//lib. law. virginia. edu/specialcollections/records/mss/78－3.

追究了这25名被告的个人责任。就反和平罪而言，被告们大致可以分为以下几种：

(1) 策划九一八事变的关东军上层以及支持“九一八”事变的日本政府内外的其他文官、军方人员。

例：板垣征四郎（关东军参谋副长）、土肥原贤二（满洲特务机关长）

(2) 指导“满洲国”设立与经营的文官以及参与侵略华北的关东军历代司令官、参谋长等。

例：星野直树（“满洲国”总务长官）、小矶国昭（关东军参谋长）

(3) 日中战争爆发（1937年7月7日）时或者爆发后不久担任内阁成员或军部司令官的人物。例：广田弘毅（外相）、松井石根（中支那方面军最高指挥官）

(4) 决定对美战争时的内阁成员（所谓“珍珠港内阁”的成员）。

例：东条英机（陆相兼首相）、岛田繁太郎（海相）、东乡茂德（外相）〔1〕

除了以上列举的被告之外，1940年至1945年担任内大臣的木户幸一是被告成员中备受关注的人物。木户是天皇身边的主要辅弼人员，而且是作为裕仁天皇（昭和天皇）的“心腹”完全得到了天皇的信任。〔2〕木户幸一曾在狱中日记中批判东京审判的国际检察局误解了内大臣这一职务，但是在审判结束后的一次谈话中木户又自诩裕仁天皇每次都是在与他进行商量后才决断国事的，〔3〕而且关于内大臣的权限，他曾发言说内大臣在介入政治、军事问题方面是毫无约束的（木户称：“内大臣的职责并不直接显现于外部，但其职责的范畴没有任何限定，既包括国务也包括统帅”〔4〕）。因此，可以说国际检察局指定木户为被告未必

〔1〕 关于被告的原来职务的正式名称参考：《东京审判手册》，第203～207页。

〔2〕 木户日记研究会编：《木户幸一日记：东京审判时期》，东京大学出版会1980年版，第11页。

〔3〕 同上，第450页。

〔4〕 同上，第453页。

是一个错误。

依据《大日本帝国宪法》(1889—1945年)的规定,裕仁天皇既是国家元首("第4条:天皇为国家元首,总揽统帅权,依本宪法规定实行之。"),又是帝国陆海军的总司令官("第11条:天皇统率陆海军。"),因此天皇被认为拥有最终决定国家战争与和平政策的权限("第13条:天皇宣战、媾和及缔结各项条约"[1])。实际上,在亚洲及太平洋战争中,对于战争的开始和结束而言,天皇的权威都不可或缺,这一点是显而易见的。但是天皇并没有被指定为被告。天皇未被起诉的过程中,有一个实情是裕仁天皇在战争时期作为现人神在大日本帝国臣民及帝国陆海军方面具有绝对的权威,因此担心战后远东安全保障的同盟国各成员国在这个问题上的意见存在分歧:随意将这一特殊人物作为战争犯罪人进行审判是否属于政策上的明智之举。因此,关于是否要将天皇作为战争犯罪人来处置这个问题,同盟国出于高度的政治理由,无限期地延长了作出决定的时间。[2] 即使是现在,当时是否应该将天皇指定为战争犯罪人问题还是战犯审判研究的争论点。

有些人物即使被指定为被告也不足为奇,但并没有出现在被告名单中。其中包括日中战争爆发时担任首相的近卫文麿。近卫文麿放弃了与中国国民政府讲和的可能性,作为国策决定发起全面战争,还在与轴心国德国、意大利建立军事同盟问题上发挥了重要作用,因此有充足证据能将近卫文麿指定为主要战争犯罪人。实际上,1945年12月上旬占领军当局发出了逮捕令。但是近卫认为与其作为战犯嫌疑人把自己交给占领军还不如选择死,12月中旬近卫服毒自杀死亡。[3] 太平洋战争期间担任陆军参谋总长的杉山元被指定为被告也不足为奇,但是日本战败约一个月后(1945年9月中旬)他已饮弹自杀,当同盟军正式开始战犯调查时他已死亡[4](在这前后东条英机也企图用枪自绝,但自

---

〔1〕《大日本帝国宪法》全文参考国立国会图书馆网络资料:http://www.ndl.go.jp/constitution/etc/j02.html。

〔2〕详见拙著《东京审判》第二章。

〔3〕粟屋宪太郎:《通往东京审判之路》,讲谈社学术文库2013年版,第93~94页。

〔4〕杉山元帅传记刊行会编:《杉山元帅传》,原书房1969年版,第272~281页。

杀未遂经美国军医医治后被抢救过来，之后被指定为东京审判的被告[1]）。除此之外，虽然有充分的证据但没有被指定为被告的人物应该还有很多。但是，就如第一次纽伦堡审判中将被告人数限定在 24 人一样（其中 1 人死亡，另一人因重病免予追诉），作为现实问题在一定程度上若不限制被告人数就无法实施审判。实际上，从开庭前国际检察局的内部文件中，我们能看出各国检察官等相关人员处理这个问题时苦思焦虑的模样。[2]

法庭审理以 1946 年 4 月 29 日起诉书提交到法庭为起始点，5 月 3 日开始在公开法庭上朗读起诉书，然后是检方立证（1946 年 6 月 4 日至 1947 年 1 月 24 日）、辩方立证（1947 年 2 月 24 日至 1948 年 1 月 12 日）、检方反驳、辩方反驳和双方的最终辩论，经过这几个阶段后于 1948 年 4 月 16 日结审。[3] 另一方面，法官们从审理中期开始通过笔记等形式商量判决书的写法，但出于各种原因法官之间很难找到平衡点，结果就出现了 8 名法官的 1 份多数派意见和 5 份个人意见[4]（5 份个人意见书中，2 份由属于多数派的 2 名法官提交，另外 3 份个人意见书由表明反对意见的法官所提交）。东京审判的判决由不同意见构成的事实——特别是代表印度的法官提交个人反对意见而且主张全体被告无罪——就如后文所述，成为某些审判论者怀疑东京审判正当性的一个原因，给以后留下了巨大的祸根。

而且，澳大利亚法官兼法庭庭长韦伯也是参加多数派判决的一名

---

〔1〕 东条英机刊行会、上法快男编：《东条英机》，芙蓉书房 1974 年版，第 421 页。

〔2〕 拙著《东京审判》，第 100～104 页。

〔3〕 关于法庭上审理内容特征的相关考察可参考拙著《东京审判》第 4 章至第 7 章。按庭审日期整理的法庭审理概略是有用的资料，可参考约翰·普利查德等编撰的目录全 5 卷中的第 3 卷：《东京战争罪行审判：索引和指南》，共 5 卷，加兰德出版公司 1985 年版。

〔4〕 法官们商谈的笔记保存在位于澳大利亚首都堪培拉的澳大利亚公文书馆。相关资料系列的号码是 M1417，资料名称为："Records Accumulated as Legal Secretary and Associate to Sir William Webb (CP333) President and Australian Member of the International Military Tribunal for the Far East." National Archives of Australia. 详细信息可参考：http://recordsearch.naa.gov.au/SearchNRetrieve/Interface/DetailsReports/SeriesDetail.aspx?series_no = M1417. 堪培拉的澳大利亚战争纪念馆附属图书馆内也保存着若干相关资料。资料号码为 3DRL/2481，资料名称是："Webb, William Sir, International Military Tribunal for the Far East," Australian War Memorial. 详细信息可参考：http://www.awm.gov.au/collection/3DRL/2481 关于法官间的对立详见：日暮吉延：《东京审判的国际关系》，木铎社 2002 年版，第 399～454 页。

法官,但是在多数派判决书之外,他还提交了《庭长个人意见》这一份简短的意见书。这份意见书的原件共有 658 页,是韦伯自己撰写的判决书草案,现在保存在澳大利亚战争纪念馆中。〔1〕韦伯当初有意想采用这份草案作为法庭的判决书,而且在早期就已表明有意向与共同执笔多数派判决书的其他法官确认这种做法的可能性。但是未知何因,韦伯最终放弃了这份判决书草案,而是只将其中他自认为特别重要的案件部分选摘出来后提交给了法庭。关于放弃判决书草稿之事,韦伯在《庭长个人意见》中作了如下说明:

> 关于司法和事实认定的手法之前我没法赞成法庭多数派的意见,所以提议各自执笔判决书,其他法官也同意了我的想法。但是{之后}我认识到与多数派法官实质上已达成合意,因此我告知他们我已放弃自己执笔的判决书。现在可以认为多数派判决书和我独自执笔的判决书在大部分问题上是相同的意见。〔2〕

这一说明似乎具有说服力,但实际上隐藏着一些问题。因为试着比较这两份判决书,我们能看到两者在内容上具有较大差异,可以说以上的说明并没有反映韦伯的真实意图。多数派判决书在个人责任的司法理论上经常出现矛盾,在事实认定方面也存在较多的不一贯性;而韦伯判决书草稿中的司法理论极其简洁明快、注重理论性而且有其一贯性,同时也详细查证了涉及每个被告的证据。这是特别明显的区别。简而言之,韦伯的判决书草稿更好。但是,出于某种原因韦伯并没有提交这份草稿。从韦伯个人意见书中能推测到的是:一方面韦伯想让外

---

〔1〕韦伯判决书草稿保存在前述澳大利亚战争纪念馆中,出自其资料群 3DRL/2481。当笔者还是研究生刚开始研究东京审判时,粟屋宪太郎教授赠予笔者一份判决书草稿的复印件。借此再次表示衷心的感谢。

〔2〕英语原文如下:"As I was unable to agree with a majority of the Tribunal on the law and on the method of approach to the ascertainment of the facts, I suggested, and they agreed, that we write our own judgements; but I intimated that, to the extent to which I found myself in substantial agreement with them, I would withdraw my judgement. It now appears that in most matters the majority judgement is to the same effect as mine." Neil Boister and Robert Cryer (eds.), *Documents on the Tokyo International Military Tribunal: Charter, Indictment and Judgments* (Oxford University Press, 2008), p. 631.

界知晓自己执笔的判决书草稿的存在(因此,在个人意见书中提到这一事实),另一方面他又认为需要考虑到要给公众留下多数派判决书具有正当性的印象(因此,他附加说明法官多数派和自己是“相同的意见”)。① 作为法官要坚持自我的信念;② 作为远东国际法庭庭长要对其他法官承担相应的责任和义务——我们可以认为他大概在寻找这两者间微妙的平衡点时深思苦虑了一番。总之,如果这份韦伯判决书草稿成为远东国际军事法庭的正式判决书的话,战后的东京审判论将不同于我们现在所知的内容,应该会出现截然不同的局面。

关于韦伯判决书草稿给审判论带来的历史意义——特别是司法问题视野下的意义——将由本论文集的作者之一大卫·科恩进行具体论述,而本文拟在此梳理一下作为东京审判的判决书而正式被采用的多数派判决书的摘要。法庭的事实认定可以概括为以下几点:第一,关于反和平罪共同谋议的诉因,除去若干修正部分以外,法庭判定:正如起诉书(诉因 1)所述,实施侵略战争的共同策划是从 1928 年起就已存在。[1] 而且关于反和平罪的实质部分——即关于实施侵略战争的诉因——法庭认定:从 1931 年的“九一八”事变起,日本对中国及其周边国家断然实施了侵略战争。侵略战争的具体事件包括:① 从 1931 年 9 月 18 日起,经 1937 年 7 月 7 日日中战争爆发,至 1945 年 9 月 2 日日本承诺投降为止的对华战争;② 1938 年至 1939 年在“满洲国”周边地区爆发,对苏联以及苏联、蒙古人民共和国联合军实施的战争;③ 1941 年 12 月 8 日以后在太平洋地区爆发,对美国(含菲律宾)、英联邦(含印度、澳大利亚、加拿大、新西兰)、荷兰、法国实施的侵略战争。[2] 第二,关于战争犯罪的诉因,判决书裁定:日本陆海军在各战线和占领地不仅虐待俘虏,还反复对亚洲平民实施屠杀、强奸、拷问、强制劳动等各种战争犯罪,而日本政府高官和陆海军领导人下达了实施战争犯罪的命令或虽然无下达命令但熟知部下反复实施暴行,作为政府、军部领导人有国际责任阻止此类行为却没有采取适当措施,默许这些暴行的持续(诉因

---

〔1〕《远东国际军事法庭判决书》,《远东国际军事法庭庭审记录》,第 10 卷,第 792～794 页。
〔2〕同上,第 678～766 页。

55)。[1]第三,关于反人道罪,因前文所述理由在远东国际军事法庭上并没有出现充分的证据,因此法庭对于反人道罪没有进行任何事实认定和法律解释。

基于以上事实认定,法庭认定可以追究相关被告的刑事责任。关于被告有罪、无罪的判定和量刑,统计结果如下所示:

(1) 反和平罪:被告 25 名中 24 名有罪,其余 1 名无罪。

(2) 战争犯罪:被告 25 名中 10 名有罪,其余 15 名无罪。[2] 10 名被判有罪的被告中包括反和平罪被判无罪的唯一 1 名被告松井石根(后文详述)。

(3) 量刑(战争犯罪):因战争犯罪的诉因而被判有罪的 10 名被告中,7 名被判绞刑、2 名终身监禁、只有 1 名(原外相重光葵)是特例而量刑较轻被判 7 年有期徒刑。这是因为法庭裁定军部主导下的太平洋战争期间时任外相的重光葵具有酌量减轻处罚的余地。[3]

(4) 量刑(反和平罪):只因侵略战争罪的诉因而被判有罪的被告几乎都被裁定为终身监禁,唯一的例外是在太平洋战争起始和结束阶段担任外相的东乡茂德,他的判罚较轻,为有期徒刑 20 年,这或许是因为他在日本政府对美发动战争时一直不愿投赞成票的证据发挥了作用。[4]

下文试举有罪及死刑的几个具体案例。前文已提到被判绞刑的 7 名被告中包括曾指挥中支那方面军攻陷南京的松井石根,他在反和平罪的诉因上是被判无罪的。判决书认定中支那方面军的士兵从 1937 年 12 月 13 日攻陷国民政府首都南京起 1 个多月时期内,不加区别大量

---

〔1〕《远东国际军事法庭判决书》,《远东国际军事法庭庭审记录》,第 10 卷,第 766 页。

〔2〕白鸟敏夫原先就未曾因战争犯罪诉因受到起诉。关于各被告的诉因及宣判结果可详见《东京审判手册》中 214～215 页与 217 页的表。

〔3〕《远东国际军事法庭判决书》,《远东国际军事法庭庭审记录》,第 10 卷,第 803 页。

〔4〕同上,第 804～805 页。

屠杀南京市民和非武装国民军士兵，大规模实施了强奸、掠夺等暴行。松井没有下达实施暴行的命令，但是法庭认为松井当初就已从各种渠道了解到部下的暴行。确实，松井在攻陷南京前下达了“整肃军纪之命令”，在占领南京后也发布了同一命令，但是，“就如我们所了解的，也是他们当时已应知道的那样，这些命令毫无效果。”据说松井当时染病在身，但是并没病重到在占领南京后无法入城的程度，而且证据表明他从12月17日起逗留在南京城内约5至7天。因此，包括访问南京等时间段内，有关部下实施暴行的信息应该已传达到松井处，而且尽管被告“既有义务也有权力统管所辖军队并保护南京不幸市民”，却没有履行这些义务，法庭“不得不认为他负有犯罪责任”。[1]

关于南京事件，时任外相的广田弘毅也被判定有罪且被判绞刑。广田是不属于军部指挥系统的文官，但他作为外相从各种渠道知悉关于南京大屠杀行为的详细信息。根据判决书的事实认定，广田曾指示外务省的部下向陆军省做工作，自己也和时任外相杉山元商议并且得到了“终止暴行的保证”。但是，“得到这一保证后，至少在一个月内还是不断发来有关暴行的报告。”然而，广田并没有摸索新的解决方案，“为了终止暴行，他也没在内阁会议上主张立即采取有效措施；为了带来同一结果，他也没有采取当时他能够采取的措施。”他虽为内阁成员高居日本政府中的领导地位却似乎旁观了大规模的残暴行为，因此法庭判定被告广田“对自身职责消极怠慢”。也就是法庭认定“他的不作为达到了犯罪过失的程度。”[2]（“His inaction amounted to criminal negligence”[3]）而且，广田在反和平罪的诉因上也被判有罪。[4]

被告名单中头号罪犯东条英机也在反和平罪和战争犯罪的各种诉因上都被判有罪且处以绞刑。[5]判决书指出：被告东条英机在太平洋战争时期兼任政府重要机构的要职，在俘虏和敌对国市民的待遇问题

---

〔1〕《远东国际军事法庭判决书》，《远东国际军事法庭庭审记录》，第10卷，第800页。
〔2〕同上，第797页。
〔3〕博伊斯特、卡莱尔编：《远东国际军事法庭文献》，牛津大学出版社2008年版，第604页。
〔4〕《远东国际军事法庭判决书》，《远东国际军事法庭庭审记录》，第10卷，第797页。
〔5〕同上，第805～806页。

上有极大的权力。具体而言，法庭判定东条英机是“陆军省最高首脑，负有保护战地俘虏和被扣押的普通人员并向他们提供宿舍、食物、医药品和医疗设备的责任”，又是“内务省的最高首脑，对日本国内的被扣押普通人员负有同样的义务”，同时又是“政府的最高首脑，在保护俘虏及被扣押的普通人员问题上长期负有责任”，但是东条在行使自身权力时“命令、授权而且许可”违反战争法规行为（诉因 54），而且“应当采取适当手段防止违反战争法规的行为时，故意或因疏忽而无视法律上的义务”（诉因 55）。[1] 之后判决书列举了如下主要战争犯罪事件：

（1）未处罚 1942 年 4 月发生在菲律宾的“巴丹死亡行军”的责任人。

（2）为了战略性目的建设泰缅铁路时，违反战争法规允许使用俘虏劳工。

（3）对泰缅铁路的俘虏劳工未提供适当的宿舍、食物和疾病治疗等待遇。

（4）对在俘虏收容所等处发生的营养不良、高死亡率等问题未采取适当的措施。

（5）坚持政府历来方针，将发生在中国的军事冲突视为“事变”，不承认中国战俘具有俘虏身份和权利。

（6）下达“俘虏不劳动就不给食物”的命令，致使其部下胡乱强制俘虏劳动、致使俘虏死亡。[2]

上述例证中，第 5 项特别耐人寻味。因为从这个判定中可以看出日本政府既把“九一八”事变、日中战争称为“事变”，太平洋战争爆发以后也对中国战线进行特殊对待，称之为“事变”，认为可以不受国际战争法规约束对待中国俘虏和军政统治下的中国市民。关于这个问题，多数派法官在判决书中特设数页进行了详细的事实认定，希望读者一并

〔1〕《远东国际军事法庭判决书》，《远东国际军事法庭庭审记录》，第 10 卷，第 805 页。《起诉书》出自该书 822 页。

〔2〕同上，第 805～806 页。

研读。[1]

如上所述，仅因反和平罪被判有罪的被告一律被判定为终身监禁，没有一人被处以死刑。同一量刑模式也出现在先例纽伦堡审判中。为什么呢？对于同盟诸国而言，以反和平罪严厉处罚轴心国的领导人既是纽伦堡审判也是东京审判诉讼努力的重点，为什么会出现这样的结果呢？我们可以认为其理由应该是将反和平罪认定为国际犯罪的历史尚浅，通过法庭审判侵略战争的策划人和实施者的做法究竟在司法理论上是否可能在当时的法学界尚未形成共识。至少东京审判的韦伯法官是那么理解的，韦伯将这一认识特意写入了庭长个人意见书。在其个人意见书里具体记载了以下的内容：

> 这5人（纽伦堡法庭上仅因反和平罪被判有罪的被告5人）没有被判死刑，在我看来是因为（纽伦堡）法庭考虑到的一个事实是在被告发起战争时，以侵略战争罪名进行审判的认识还没有普遍形成。即使是现在也有许多著名的国际法学家认为《巴黎条约》在这一点上没有带来任何差异。[2]

另外，韦伯庭长除了上述意见以外还考虑到东京审判的被告人中几人已是高龄，他表明若将老人处以绞刑或枪杀会令他自身感到不舒服。[3] 而且，他还谈到裕仁天皇在决定开战和结束战争时发挥了不可或缺的权威却没有受到起诉这一事实，他认为在决定25名被告量刑时必须考虑这个事实。韦伯表示："如果犯罪指导人虽在却被免责，我想英国法庭在量刑时会尽可能考虑这一因素，"而且"如果不得不以杀人

---

〔1〕《远东国际军事法庭判决书》，《远东国际军事法庭庭审记录》，第10卷，第767～770页。

〔2〕英语原文如下："I suggest that the [Nuremberg] tribunal, in sparing the ives of these five men [who were found guilty of crimes against peace only] took into account the fact that aggressive war was not universally regarded as a justiciable crime when they made war. Many international lawyers of standing still take the view that in this regard the Pact of Paris [of 1928] made no difference." 引自博伊斯特、卡莱尔编：《远东国际军事法庭文献》，牛津大学出版社2008年版，第638页。

〔3〕英语原文如下："Another consideration is the very advanced age of some of the accused. It may prove revolting to hang or shoot such old men." 引自博伊斯特、卡莱尔编：《远东国际军事法庭文献》，牛津大学出版社2008年版，第638页。

罪等罪行宣判罪犯死刑时，法庭为了挽救已决犯性命应该会行使赦免权。”[1]但是，虽然如此，韦伯并没有主张应该将天皇绳之以法。韦伯的个人意见书阐明天皇的不起诉问题从一开始就属于韦伯自身“权限之外”的问题，并指出“我相信天皇不起诉是考虑到所有同盟国最大利益后所下的决定(His immunity was, no doubt, decided upon in the best interests of all the Allied Powers. [2])，”他明确自我立场不想对同盟国高层的政治决断说长道短。

关于其他法官对韦伯庭长如上死刑反对论作出了什么反应的问题，尚存今后进行探讨的余地，而且我们可以推测每名法官都对量刑持有各自的意见，这也应该另行进行探讨。当下能作出的判断是纽伦堡审判和东京审判的法官所持有的意见可能各异，但是就结果论而言，在量刑类型上存在共性：反和平罪的定罪结果是无期徒刑或其以下刑期；因虐待俘虏和对普通市民的暴行被判有罪时的定罪是死刑或其以下刑期。可以说这体现了当时不管东西方之别，“国际军事法庭”这一综合体具有某一种一贯的量刑思想(关于量刑问题也可参考陈新宇的论文)。

被判绞刑的7名被告在审判结束后的1948年12月23日被执行死刑，其他被判无期徒刑或有期徒刑的战犯则和其他未决和已决的战犯一起继续被关押在巢鸭监狱。[3] 但是，除了狱死人员以外，重光葵等A级战犯后来被释放，而且日本政府向同盟国要求释放战犯的请愿交涉起到功效，使得在巢鸭监狱服刑的其他战犯也在1958年前都被释放。到那时为止一直象征着战败和战犯问题的巢鸭监狱也被拆除，取而代之的是高楼大厦，已全然没有当时的踪影。只有设立在该处的“巢鸭战犯纪念碑”还叙述着当时的历史。[4]

---

[1] 英语原文如下：“[B]ut a British Court in passing sentence would, I believe, take into account, if it could, that the leader in the crime, though available for trial, had been granted immunity. If, as in cases of murder, the court must by law impose capital punishment, the prerogative of mercy would probably be exercised to save the lives of the condemned.” 引自博伊斯特、卡莱尔编：《远东国际军事法庭文献》，牛津大学出版社2008年版，第638页。

[2] 博伊斯特、卡莱尔编：《远东国际军事法庭文献》，牛津大学出版社2008年版，第639页。

[3] 《东京审判手册》，第71页。

[4] 同上，第136、139页。

二、国内外有关东京审判的评价与研究动向

东京审判开始时，日本的普通市民刚刚接受战败的事实，而且大多数人还在战争末期猛烈的本土空袭中丧失了家园和亲人，且没有食物和工作，维持日常的生活已是非常困难。因此，很难断定极其普通的市民还有多少余力来关心东京审判的进展。但是，在主要学术机构重新展开活动后的知识界，有不少知识分子将东京审判看作是同盟军在日本实施非军事化与民主化改革的一个部分，积极赞同东京审判的实施，这可以从文献资料上找到证据。在知识界特别显著的见解如下：① 反和平罪这一司法理论的导入在审理战争本身的犯罪性质上具有法制史上划时代的意义，通过采用这一司法原理，东京审判能为其后国际和平秩序的形成作出巨大贡献(东京帝国大学国际法学者横田喜三郎、法学院教授戎能通孝等学者)；② 关于战争犯罪追究个人刑事责任的尝试是实践"世界市民法"(东京帝国大学刑法学者团藤重光)，也就是保护个人权利免受因滥用国家权力带来侵害的一种活动，这也应该被看作是东京审判的巨大贡献；③ 原内阁成员广田弘毅和重光葵等战犯被判定在战争犯罪方面具有个人刑事责任，扩大了"追究个人责任的原有界限范畴"，这点极其重要(时事通信社记者入江启四郎)；④ 东京法庭广泛认可在战前和战争时期常被忽略的犯罪嫌疑人的辩护权利，这对战后日本国民法律意识的提高具有很大意义(团藤重光等学者)；⑤ 东京法庭上采用以当事人主义为中心的英美法庭的先进技术，对于在战后司法改革中从原来以欧洲大陆法为榜样的法庭职权主义向英美法当事人主义转换的日本而言，东京法庭提供了优良的"实物教育"(东京帝国大学法学部教授内田力藏)；⑥ 大日本帝国对中国及其他周边国家实施侵略战争是不可动摇的事实，公开的法庭对这一事实进行了认定，这非常有价值(九州帝国大学国际政治学者具岛兼三郎；当代日本史学者井上清等)。如上所述，当时关注审判进展的日本学者从各个专业领域的角度对东京审判所适用的司法理论、司法手续、法庭技术、事实认定等各方面的问题进行了查证并做了积极的评价。〔1〕

---

〔1〕 详见拙著《东京审判》第8章。

但是,当初对东京审判持否定态度的人也有不少,其中有两个值得关注的知识界潮流,这种潮流从审判开始至整个战后在日本国内不断地扩展开来。根据下文所要说明的理由,我想把这种潮流称为"胜者审判论"。

其中的一种"胜者审判论"来自东京审判的被告和他们的辩护人。被告们强烈反对将历史尚浅的司法原则反和平罪作为适用法导入到法庭宪章和起诉书中,法庭上辩护方反证的大部分精力集中在反驳有关反和平罪的诉因问题上。辩护方的观点是:侵略战争的计划和实施或者为实现这些目的而实行的共同谋议,在战前和战争时期都未曾出现过根据国际法将它裁定为负有个人刑事责任的犯罪的事例;因此,如果要以反和平罪审判东条英机等 25 名战犯的话,那只是事后法的适用而违反罪刑法定主义这一司法原则。[1] 这种主张认为东京审判单方面将胜者的逻辑强加给战败国,也就是"胜者的审判"。在认为曾被美化为太平洋战争的亚洲太平洋战争被战胜国打上了犯罪烙印的日本国民(特别是保守派)阶层,此观点具有说服力而逐步在战后日本蔓延开来。

推动这一见解在日本国内被接受的一个因素是撰写了 3 个个人反对意见书之一的印度法官帕尔。东京审判的判决书(即多数派判决)中被告方的辩论大部分被驳回。而帕尔的反对意见书并没有那么做,几乎原样采纳被告的辩论内容,甚至展开了某种程度上比被告更加激进的否定审判论调。这份反对意见书的摘要可以概括为以下 6 点:① 首先关于反和平罪,帕尔所表明的立场是:就如辩方辩论的要点那样,那是罪刑法定主义的违反,反和平罪的适用是胜者的越权行为;② 帕尔认为:即使把它看作不违反罪刑法定主义,只要战时的日本政府和军部领导人持有"真实的信念"认为(bona fide belief)自己国家受到威胁,就可以把从"九一八"事变到太平洋战争的所有军事行为看作是合法的自卫战争;③ 帕尔认为日本看作是"威胁"并可以以军事力量对抗的诸事项中不仅包括敌对国的军事行为(乃至军事威胁行为),还包括中国共产主义的发展等意识形态问题,以及像抵制日货等政府和民间层面的政

〔1〕 关于辩护方的司法见解详见高柳贤三:《远东审判与国际法》,有斐阁 1948 年版。

治运动。可以说这是帕尔几乎照搬采纳了日本政府曾经为了正当化对华军事行为而展开的中国威胁论;④ 根据以上 3 条见解,帕尔认为就反和平罪而言,全体无罪;⑤ 关于普通战争犯罪的诉因,帕尔对领导人责任论也持怀疑态度,在这一项的所有诉因上都认定全体被告无罪;⑥ 帕尔还对国际法本身持质疑意见,认为国际法在理念上确实讴歌世界和平与世界市民的福利保护,但实际上成为强国实施帝国主义扩张政策的手段,因此无法承认现有国际法在道义上和法哲学上具有普遍性。[1]

帕尔反对意见书和其他 4 份个人赞成或反对意见书一样,虽然都成为正式公判记录的一部分,但是都没有在法庭上宣读。然而,这些个人意见书的存在却很早就被被告、被告支持者们所知晓,在占领军撤退后不久,其摘译本在日本出版介绍给日本国民,那就是由田中正明编撰的《帕尔博士所述 审理的判决 日本无罪论》(太平洋出版社,1952 年)。其后,帕尔法官个人反对意见书的全文也被翻译成日文,同其他若干研究论文一起以文库本 2 卷的形式出版,也就是东京审判研究会编写的《共同研究:帕尔判决书》(东京裁判刊行会,1966 年,着重号为笔者所加),并在日本全国逐步普及。原文(英语)的摘选版与全文也由日本国内的出版社分别在 1976 年和 1999 年出版。[2] 而关于东京审判多数派判决和其他个人赞成或反对意见书,判决书的日文版首先由每日新闻社以《东京审判判决:远东国际军事法庭审判判决书》(每日新闻社出版)为题在 1949 年出版,估计因出版册数有限没怎么普及开来。但是,通过广播和报纸报道,审判的过程被同期传达给普通市民,而且朝日法庭记者团的法庭审理实地报道的《东京审判》在开庭后的一段时期内陆续出版,其中的第 8 卷为《判决篇》,判决书的内容被编为普及版的书籍后加以出版。[3] 1962 年该书被修订后再版,最后的第 3 卷中编入了日

〔1〕 详见拙著《东京审判》第 9 章。

〔2〕 帕尔:《日本辩护论》(英文书名:*In Defense of Japan's Case*)全 2 卷,研究者出版 1976 年版;英文书名:*The International Military Tribunal for the Far East: Dissentient Judgment of Justice Pal*(国书刊行会 1999 年版)。

〔3〕 关于当时报道的相关资料集可参考:内海爱子、永井均监修、解说:《从报纸史料中看东京审判、BC 级审判》,全 2 卷,现代史料出版 2000 年版。

文版的东京审判判决书和5个个人赞成或反对意见书。此书在1995年又以文库本2卷的形式由朝日新闻社出版。日文的法庭记录《远东国际军事法庭庭审记录》(10卷)也于1968年由雄松堂出版(不包括书证)。这样,东京审判的基本文献作为公开出版资料在日本国内能够被广泛地获取乃至阅览。但是,就普及程度而言,帕尔的反对意见书很早就渗透到草根层面,其被研究的程度也高出包括多数派判决书在内的其他意见书。而且,印度法官帕尔从1952年至1966年三次亲自来到日本,从大亚洲主义的观点在日本各地讲解东京审判和远东战犯审判整体的不当性。因此,战后日本的东京审判论中,把帕尔法官的个人反对意见视为正论的风潮弥漫开来,使得保守派的胜者审判论异常活跃。2005年在供奉战犯的靖国神社境内设置了表彰帕尔法官的纪念碑,这如实说明了帕尔反对意见书对日本国内舆论产生的巨大影响,也暗示着帕尔法官在日本的知名度之高[1](有关帕尔法官史的研究,可参考中里成章的论文)。

如上所述的"胜者审判论"将反和平罪作为批判的焦点并拥护帕尔的反对意见书,这种论调传播开来时,从1970年代至1980年代在国内形成了批判性地探讨东京审判历史意义的另一种"胜者审判论"。此处所涉及的新知识潮流以战后出身的进步知识分子为代表,他们并非把东京审判追究日本国家领导人的战争责任作为批判的对象,而是批判同盟国在追究战争责任不彻底的情况下终结了东京审判这个问题。具体而言,对以下例举的战犯问题的免责表示了不满。

(1) 天皇不起诉问题。本来应该最先被指定为战争主要犯罪人的人物由于同盟国的政治决断没有被指定为被告。

(2) 支持侵略战争的财界人员没有被追究刑事责任。

(3) 除了田村浩和丰田副武以外,伴随着东京审判的结审当初被指定为战争主要犯罪人拘留在巢鸭监狱的嫌疑人也都全体未被起诉而释放。其中包括太平洋战争时期担任商工大臣的岸

---

〔1〕 拙著《东京审判》,第322～331页。

信介。

(4) 在"满洲国"开发了细菌兵器并实施人体实验,令人发指的七三一部队的相关人员也由于政治上的判断逃脱了刑事追诉。

(5) 对亚洲普通市民的犯罪在起诉努力中遭到轻视。(不过,这一批判未必正确反映了东京审判的实际情况。[1])

(6) 日本人在战前和战争时期对殖民地朝鲜和台湾人民所实施的暴力和犯罪行为也没有被追诉。

(7) 各同盟国自身的战争罪行也没有被追究。如在日本本土B29地毯式的轰炸和在广岛、长崎投掷原子弹的行为。

东京审判的起诉事项中确实包含诸多犯罪事件,他们对南京事件的立证努力也给予了积极评价。但是由于同盟国在政治上的判断,将以昭和天皇为首的重要案件从审判范畴中剥离的做法被看作是出于胜者的某种机会主义,这给进步知识分子留下的印象是东京审判没有摆脱政治的束缚。从这种意义上来说,东京审判还是"胜者的审判",这样的一种论调也逐步形成。此类胜者审判论与另外一种胜者审判论在政治思想起点上截然不同,但在一点上是相同的,那就是将东京审判看作是"美国等强国逻辑强加给战败国日本,具有很强政治性的历史事件"。

以第二种"胜者审判论"为基调,在战后中期以降着手新的审判研究的学者是立教大学的粟屋宪太郎。粟屋专注挖掘和研讨美国国立公文书馆当时公开不久与审判相关的大量资料(特别是国际检察局资料),研究天皇不起诉等舞台背后的政治交易的真相,并以《通往东京审判之路》为题,将研究成果连载在《朝日周刊》上(共 26 回,1984—1985 年),他将研究焦点放在至今不为所知的一些事实真相,震惊了日本的学会内外。[2] 而且,以粟屋为中心的研究团队还致力于不断整理出版在美国发现的新公文书,从 1980 年代至 2000 年代,完成了庞大的国际

〔1〕 参考拙著《东京审判》第 5～7 章。
〔2〕《朝日周刊》连载的论文后经修改成册:《通往东京审判之路》,讲谈社学术文库 2013 年版。

检察局内部文书的出版工作。[1] 粟屋的史料挖掘工作不仅包括美国公文书馆,其后还涉足澳大利亚公文书馆,从围绕远东国际军事法庭的设立与开庭的澳方外交和政治力量(特别是与天皇不起诉问题相关的澳大利亚的动向)等崭新的角度,开拓了围绕审判的政治、外交问题的研究领域。同时,粟屋还热心于培养青年研究人员,可以说以粟屋为源流的东京审判研究从 20 世纪 90 年代至 21 世纪初取得了新的进展。最好的事例就是日暮吉延所著《东京审判的国际关系:国际政治的权力与规范》(木铎社,2002 年版),此书将粟屋的研究又向前推进了一步,从东京审判的角度探讨了国际政治。另外,永井均着眼于东京审判中菲律宾参与形式进行的研究《菲律宾与对日战犯审判:1945—1953》(岩波书店 2010 年版)也承续粟屋的研究,将国际政治的视角作为研究的基调。

以粟屋为起点的新型审判研究的特色是:他们认为东京审判具有一定的成果,而将研究焦点置于审判周边的政治外交问题,国家间以及检察局、辩护人、法官、被告等相关人员之间在幕后展开的政治交易等事项占据研究的重要部分。这样的研究视角对于解明东京审判中的不起诉问题的经纬非常有效,正如从 1980 年代至 1990 年代开始的粟屋的研究所显示的,其研究成果是丰硕的。另外,这一研究的劣势应该是因其主要关注围绕审判的政治、外交问题,所以往往对法庭审理本身的分析显得不够充分,对于东京审判作为审判具有的成果的相关评价略显粗泛,缺少实证方面的严密性。粟屋的研究工作促成了国际检察局新资料的整理和出版,但没有涉及对审判记录本身的重新整理或目录编撰等工作,可以说这也充分反映了粟屋研究的学术倾向。事实上,法庭审理的事实取证、以及法庭判决书和 5 份个人赞成或反对意见书的比较研究等研究动向在粟屋团队的研究中没有出现。

但是非常耐人寻味的是,1990 年代冷战结束后不久国际社会居然

---

〔1〕 以粟屋为中心的学者所编撰的国际检查局相关资料如下:《东京审判资料:木户幸一询问笔录》,大月书店 1987 年版;《东京审判资料:田中隆吉询问笔录》,大月书店 1994 年版;《东京审判询问笔录》,全 52 卷,日本图书中心 1993 年版;《东京审判与国际检察局:从开庭到宣判》,全 5 卷,现代史料出版 2000 年版;《通往东京审判之路:国际检察局政策决定相关文书》,全 5 卷,现代史料出版 1999 年版。

卷起了审判研究的新风，出现了从外部来弥补历时 40 多年的国内审判研究弱点的势头。直接的契机是 1990 年代爆发的原南斯拉夫的民族屠杀事件和非洲卢旺达在 3 个月内杀害约 80 万人的大屠杀事件。国际社会虽然从外交渠道或媒体报道知晓屠杀事件的爆发，但是没能采取措施及时阻止这样的行为，可以说是作为补偿，通过联合国决议在荷兰海牙和坦桑尼亚的阿鲁沙设立特别国际法庭，在事后分别追究了残杀事件责任人的刑事责任。海牙和阿鲁沙法庭的设立显示了国际人道法史上新时代的到来，国际社会日益关注对其他战乱地区发生的残暴行为进行起诉的可能性。在如此背景下国际法庭作为实现国际正义的场所开始快速成长后，之前在日本国内一直被批判为“胜者审判”、在国际上隐藏在纽伦堡审判光环之后而遭遗忘的东京审判骤然受到了关注。那是因为在追求国际正义这一当代社会的现实问题上，东京审判跟纽伦堡审判一样好歹是尝试这一具体行动的历史先例。特别是海牙和阿鲁沙法庭设立后不久，纽伦堡法庭和远东国际军事法庭裁定的领导人责任的司法理论成为热门话题，因其被认为极具现实意义而受到国际法庭法官们的关注。

当初被认为最为难解的是能适用于军部司令官和国家领导人等战犯的所谓“不作为责任论”问题。在具有怎样的条件和证据的情况下不作为的责任才能成立？对于不属于军队指挥系统的政府文官等人员，除作为责任以外，依据怎样的司法理论才能追究不作为的刑事责任？海牙和阿鲁沙法庭的法官们向当初的纽伦堡审判（1945—1946 年）、12 个纽伦堡后续审判（1946—1949 年）、山下审判（1945 年）和东京审判（1946—1948 年）寻求这些难题的解决办法，并且还关注各同盟国在同一时期实施的战犯审判，积极提及这些审判的司法见解。关于东京审判，他们的关注点不仅涉及南京事件中被判有罪和绞刑的原中支那方面军最高指挥官松井石根，还言及原外相广田弘毅的案例，法官们认为那是探讨不属于军队指挥系统的文官个体领导人责任论上具有划时代意义的一个先例。[1] 到 2013 年现在为止，海牙特别国际法庭已设立

---

〔1〕 拙著《东京审判》，第 206～207 页。

20 年，案例累积数量也日益增多，因此纽伦堡审判和东京审判也可能逐步变得不那么被提及。但是，在国际法学者之间已经普及的看法则是认为这两次审判是国际人道法与国际刑法发展道路上的里程碑，可以说没有这两次审判就无法探讨国际刑事审判的历史。

受以上国际社会变化的影响，之前对于对德审判、对日审判等过去的战犯审判未曾给予过多兴趣的欧美国际法学者中，出现了使用审判记录正式着手审判研究的学者。这样的趋势在 2000 年前后变得明显，而后研究人员的数量不断增加，研究军事史、政治外交史、当代亚洲史的历史学者也加入这一研究并从冷战后的新视角着手审判研究，因此审判研究作为一个研究领域呈现出非常活跃的景象。现在 2013 年年底，即使说世界上出现了“空前的战犯审判研究热潮”也未必是夸张的说法。上海交通大学东京审判研究中心正是在这样的新型审判研究的潮流中诞生，潜藏着引领今后战犯审判研究的巨大可能性，其将来的研究成果也非常值得期待。

关于新生代研究人员的研究特点，简言之就是在认识到先前研究已解明的战犯审判的政治、外交问题的同时，将在国际法制史上如何定位审判研究作为其研究的一大焦点。因此，与战后中期在日本国内已成为基调的审判研究形成对比的是，审判记录本身（也就是庭审记录、书证、判决书等审判基本文献的研究）的实证性研究成为研究的核心。而且，另一个特点就是不只把研究对象限定在东京审判上，还把各国实施的审判也广泛纳入研究视野。但是，各国实施的审判的很多记录尚未刊发，而且保存在各国公文书馆其检索查阅条件也未必良好。因此，收集、整理和出版如上资料成为优先工作也是一个特点。另一方面，不太习惯历史研究的国际法学者不怎么重视以往日本国内的研究所重视的检察官、辩护人、法官等法庭成员的内部文书、同盟国和日本政府的外交文书、被告等人员的回忆录等审判周边的历史资料，也能看到的实际情况是他们在语言上也有一定的障碍（例如，有日语解读能力的欧美国际法学者较少）而无法将研究推进到那一层面。但是，新生代学者还实行尝试同历史学者共同研究等举措，把多领域、多语言的审判研究作为研究目标这一特点也非常耐人寻味。

若要举例，立刻能联想到的是《东京审判的再评价》(Neil Noister and Robert Cryer, *The Tokyo International Military Tribunal: A Reappraisal*, Oxford University Press, 2008)这部著作。此书是英国和新西兰的两位法学学者将东京审判作为司法事件的正式研究，尝试从与国际法制史发展关系的角度来定位东京审判，是具有划时代意义的一部专著。同时，这两位学者也关注东京审判的历史文脉，通过英译本对主要的日文文献也尽力涉及，是国际法学者学术书中的突出成就。此书以《東京裁判を再評価する》(日本评论社，2012 年版)为书名已被翻译成日文得以出版。这两位学者的业绩中另一项备受关注的是《东京国际军事审判文书》(*Documents on the Tokyo International Military Tribunal: Charter, Indictments and Judgments*, Oxford University Press, 2008——尚无日文版本)的同时出版。此书网罗《波茨坦公告》和法庭宪章、起诉书、判决书和 5 份个人赞成或反对意见书等资料，并且将这些资料的全文都纳入一册书籍。在欧美确实从战后中期整理和出版了庭审记录、判决书和 5 份个人意见书，[1]但是此书是第一次以这种非常便于使用的形式编撰的审判基本文献。此书面世后，我们可以期待今后英语圈内的东京审判研究会有飞跃式的进步。

另外一项新研究事例是澳大利亚墨尔本大学法学院亚洲太平洋军法研究中心(Asia Pacific Centre Military Law)着手研究的澳方实施的战犯审判研究项目。[2] 这一科研项目是以此大学院教授蒂姆·麦柯马克为代表，由另外两位优秀的研究员奈勒·莫里斯和乔治娜·菲茨帕特里克，以及澳大利亚战争纪念馆的军事史学家史蒂文·布拉德等核

---

〔1〕 在英语圈内已出版的东京审判庭审记录如下：*The Tokyo Judgment: The International Military Tribunal for the Far East* (*I. M. T. F. E.*), *29 April 1946 - 12 November 1948*, ed. B. V. A. Röling and C. F. Ruter (Amsterdam: APA-University Press, 1977); *The Tokyo War Crimes Trial*, 22 vols., annot., comp. and ed R. John Pritchard and Sonia Magbanua Zeide New York and London: Garland, 1981); and *The Tokyo War Crimes Trial: Index and Guide*, 5 vols., annot., comp., and ed. R. John Pritchard and Sonia Magbanua Zaide (new York and London: Garland, 1985). 普利查德等编撰的庭审记录和目录近年以新订本再版：*The Tokyo Major War Crimes Trial: The Complete Transcripts of the Proceedings of the International Military Tribunal for the Far East*. 110 volumes of transcripts, 10 guide volumes, The Mellen Press, 1998 - 2008.

〔2〕 有关该科研项目的概要可参考以下网址：http://www.law.unimelb.edu.au/apcml/research/australia-s-post-world-war-ii-war-crimes-trials.

心成员组建的研究团队，对澳大利亚曾实施的约300场对日战犯审判加以系统的分析和探讨。其成果将以3种形式进行出版：①“判例汇编”，即节译每个审判内容制成各个册子便于法学学者和法官使用；[1] ② 按澳大利亚各个法庭实施地编撰论文集各一册（澳大利亚战犯审判地在南太平洋地区有9个）；③ 按主题编撰论文集各一册。现在为了出版这三类研究书编撰工作正在进行。此研究项目的特色也在于重视法庭审理和判决这一点，也要求其他的十几名参与者和论文执笔者在严格的基准下对法庭记录进行实证性研究（本人也是成员之一）。这一科研项目的意义在于为今后各国实施的审判研究提供了一个范本，完成时将给审判研究领域带来的影响值得期待。而且，庭审记录本身由澳大利亚国立公文书馆进行了数字化处理，在网络上无论谁都能使用。这样的数字化处理在其他原各同盟国的公文书馆中并无先例，可以说澳大利亚的事例是具有划时代意义的（但是并不能够进行全文检索形式的数字化处理）。

另外，包括澳大利亚实施的战犯审判在内的远东地区的各国审判和东京审判一样，在战后日本也形成了“胜者审判”的评价。在某种意义上，这一批判也许比之于对东京审判的批判显得更加精准。那是因为或许是东京审判是在日本首都大规模实施的历史上罕见的国际审判，其对审判手续、被告权利等考虑比较周到，但是据说在各国实施的法庭上存在着审判被简约化、被告权利没有得到彻底保障等诸多问题。翻译很粗陋，没有给予被告充分辩护的时间，审判在1—2天内结束，在拘留所经常虐待未决嫌疑人等各种信息经由相关人员的证词和回忆录所披露，相关的出版物已达非常庞大的数量。[2] 但是，我们还是可以认为即使是被认为具有这么多问题的战犯审判也有充分的学术研究价

〔1〕 澳大利亚实施的战犯审判的判例汇编的仿效对象是二战后盟军战争文员会编撰的如下资料：United Nations War Crimes Commission (ed.) *Law Reports of Trials of War Criminals*, 15 volumes, 1947–1949。该系列资料在美国国会图书馆（Library of Congress）网站上能全部阅览。网址为：http://www.loc.gov/rr/frd/Military_Law/law-reports-trials-war-criminals.html.

〔2〕 在此仅例举与各国审判相关的各种回忆录中记录未决、已决战犯具有代表性的两部著作：巢鸭遗书编撰会编：《世纪遗书》，巢鸭遗书编撰会刊行事务所1953年版；巢鸭法务委员会编刊：《战犯审判的真相》，1952年（再版，不二出版1987年版）。

值。就理由而言有以下三点：

第一，和已提及的各国审判记录的公开情况有关。关于东京审判，庭审记录和判决书已经以各种形式在国内外出版，近年日本国立公文书馆还作为“亚洲历史资料中心”数字化项目的一项工作，使包括书证在内的日英文公审记录在网络上能够进行检索。[1]（但不能进行全文检索）。但是，各国审判记录在相关国家的公开情况和形式各异，资料的整理工作要比东京审判滞后得多。英美各国在战后中期开始把法庭公审记录向民众开放，而另外的原同盟国还未公开或只是限定公开。日本国立公文书馆所藏的庭审记录资料虽有各种规制，但近年已逐步公开。（澳大利亚把全部的审判记录都公开，而且进行了数字化处理，属于例外）。因此，就当下的研究状况而言，实际上是资料的公开和整理大幅度滞后，因此可以说尚处于在能判定各国审判是否是“胜者审判”之前的阶段。确实与各国实施的审判相关的出版物在日本国内有很多。但是，其大部分都是已决战犯、辩护人、教诲师等人的回忆录或是死刑犯的遗书集。这些出版物的作者大部分都因得不到同盟国当局的同意而不能把庭审记录带出法庭，而只是凭借自身的记忆描述的战犯审判情形。[2]其结果是这些文献资料作为调查各国审判的法庭审理和判决实况的史料尚存多种不足。毫无疑问，回忆录和遗书集等文献作为口述史所具有的史料价值很高，但是为了使研究更加接近审判本身的真相，必须将它们与审判记录的收集和实证性研究结合起来。

第二，笔者认为有必要从与东京审判的关系这一角度来考虑研究各国审判的价值。如上所述，同盟国在政策上规定远东国际军事法庭所管辖的主要是反和平罪。因此，东京审判确实判定若干人员有罪，而且也探讨了军部和政府领导人的刑事责任，但是对于日军暴行全貌的解明和责任人的追究还是以不彻底的形式终结了审判。东京审判被告25人中，只有10人被判有罪而其余无罪的判决很好地说明了国际检察局对于普通战争犯罪追诉得并不充分。那么，东京审判中未完成的战

---

〔1〕 亚洲历史资料中心网站：http://www.jacar.go.jp。

〔2〕 关于各国审判庭审记录的收集工作的难度可参考：丰田隅雄：《戦争裁判余録》，泰生社1986年版，第460～483页。

争犯罪责任人的追究是在哪儿实行的呢？那就是各国实施的战犯审判。而且也可以把东京审判的后续审判也包括其中。因为调查权限由国际检察局转交占领军当局法务局后，田村和丰田被看作是战争犯罪的嫌疑人，而且在实际的审判中也仅仅是由于战争犯罪而受到起诉。考虑到同盟国的这些决策过程后，我们在研究普通战争犯罪的责任问题时，调查对象应不仅包括东京审判，还需要调查各国审判（包括东京审判的后续审判）。

第三，是因为审判史料中能看到的真实情况的多样性。试着查阅已公开的审判记录后我们可以看出各国实施的审判在内容上差异很大，不能以“胜者审判”一言概之。这一点也很明确地体现在熟悉各国审判的学者林博史的研究成果中。〔1〕令人质疑认定各国审判是“胜者审判”之妥当性的具体事例当属菲律宾当局在马尼拉对原十四方面军司令官黑田重德（山下奉文的前任）实施的审判（1948—1949）。〔2〕黑田审判中，菲律宾法庭在尊重被告辩护权利方面所给予的考虑非常有特色，可以推测那是由于独立不久的菲律宾想向世界展示“菲律宾能够依据公平性和人道主义精神实施审判”。其结果是，菲律宾的“老大哥”美国本来理应给菲律宾作出模范，但在实施山下奉文军事审判时出现了诸多问题，然而在黑田审判的法庭上菲律宾实现了更高的公平性。被告最终被判有罪，但未被判死刑而被判终身监禁，1951 年得到菲律宾总统特赦而被释放，成为自由身后回到日本，作为自由人在 1954 年去世。〔3〕另一

〔1〕 林博史著作颇多，在此例举其代表性的著作 3 部：《被审判的战争犯罪：英国的对日战犯审判》，岩波书店 1998 年版；《BC 级战犯审判》，岩波新书 2005 年版；《战犯审判研究：从战犯审判政策的形成到东京审判、BC 级审判》，勉诚出版 2010 年版。

〔2〕 黑田审判的庭审记录保存在美国公文书馆。Entry UD 1323，RG 331，SCAP，Legal Section，Prosecution Division，Philippines V. Various Japanese War Criminals Case File，1947 - 49，Boxes 1699 - 1702. 笔者在获得该审判的庭审记录的过程中得到了熟谙菲律宾审判的沙龙・张伯伦氏的帮助。

〔3〕 沙龙・张伯伦：《正义与和解：历史和记忆中的战后菲律宾对日战犯审判》（博士学位论文，2010 年 1 月），第 113～115 页。山下被告的辩护人不服有罪判决结果而向美国联邦政府提交了要求人身保护令的申请，但被驳回。法官莫菲和鲁特雷兹表示异议，强烈批判指出：(1) 山下被告是在不当的司法手续下接受审判的；(2) 在美国军法史上尚无先例的个人责任理论下被不当判决为有罪。联邦法庭的判决书和 2 份反对意见在网络上可以阅览：Justia. com，US Supreme Court Center. http：//supreme. justia. com/cases/federal/us/327/1/case. html. Accessed May 19，2013.

个事例是东京审判的后续审判之一丰田审判。这也是质疑胜者审判论妥当性而值得关注的案例，首先丰田审判集结了在东京审判中积累了实战经验、具有能力的检察官、辩护人、和熟练的法庭翻译、速记员，成为体现远东实施的战犯审判精髓的一次司法事件。从庭审记录也可以略知法庭审理的质量之高。〔1〕丰田被告的辩护人之一岛内龙起曾说限于辩护团而言，“那是最高能力的集结”，〔2〕实际法庭上的辩护能力或许是驾驭在东京审判的辩护团之上的。丰田被告在太平洋战争的后半期担任联合舰队总司令官，接受指令统率没有胜利可能的绝望性海战，因其任期内海军军人在各地实施战争罪行而被追究指挥官责任(command responsibility)。检方的追究极其严厉，但是在法庭审理中辩护方力战到底，在法庭结审日 1949 年 9 月 6 日丰田被告在所有起诉内容上都被宣告无罪而当庭释放。同黑田一样，丰田也成为自由身，并于 4 年后结束了波澜起伏的一生。〔3〕以上的两个事例颠覆了已传播开来的各国审判的形象，可以认为今后批判性地探讨围绕各国审判的胜者审判言论和其真实情况的工作非常重要。

基于以上理由，今后的审判研究的对象不仅限于东京审判，还将其拓展到各国审判，从多角度加以推进应该是非常有意义的工作。21 世纪的审判研究在意识到新时代知识潮流的同时，可以从以下的三个领域继续展开：第一，战后日本审判研究中已形成基调、关注审判周边政治、外交问题的研究；第二，利用审判记录，继续解明日军战争、军政、暴行事实的研究；第三，从司法、法律学的角度出发的审判研究。从以上三个方面积累实证性研究应该是今后更加正确地评判东京审判功罪的关键。在此基础上，期待着能够跨越各个世代再次开展建设性的对话来思考东京审判的历史教训以及在 21 世纪的日本和亚太地区普及个

〔1〕丰田审判的庭审记录保存在前文提到的美国公文书馆(微缩胶卷资料)：M1729，“Records of the Trial of Accused War Criminal Soemu Toyoda, Tried by a Military Tribunal Appointed by the Supreme Commander of the Allied Powers, Tokyo, Japan, 1948 - 1949,” 7 volumes; M1661, “Transcripts from the Case of the United States of America vs. Soemu Toyoda and Hiroshi Tamura, 1946 - 1948,”

〔2〕岛内龙起：《东京审判》，日本评论社 1984 年版，第 262 页。

〔3〕同上，第 266 页。

人责任和司法支配等原则的历史教训等问题。

本论文考察了迄今为止的审判研究动向和今后的审判研究的方向。战犯审判不仅资料庞杂，而且题材本身横跨多领域和多语言而具有复杂性，今后的审判研究比以往更需要多方面的人才、多领域的研究方法以及从多角度进行分析等研究态度。另外，虽然建议多角度的审判研究，但本论文意在强调将战犯审判作为审判(trial qua trial)开展的研究——也就是作为司法事件进行审判的研究模式。强调这一研究方针的理由不一定在于因为笔者是审判正当论的一员。毋宁说，笔者认为在正否论问题之前，更为重要的是要将这些历史事件在形式上和本质上都是刑事审判事件作为大前提，并以此为起点进行审判功罪的批判性判断。本来不仅是东京审判，所有的审判都是人类的产物。因此，一方面强调“司法支配”或“实现正义”，但另一方面却在我们的实际社会中日常性地实施着远离这些理想的审判，这是全世界共通的事实。但是，即使是真的非常恶劣的审判我们也应该暂且把它看作是审判，并以此观点出发来批判性地考察这一审判的功罪。第二次世界大战后所实施的战犯审判也完全能够以同样的研究方法来考察。

但是，人们可能会驻足考虑远东国际军事法庭作为审判进行研究的真正意义在于哪儿，为什么我们当初需要涉足审判的研究，我们想从这些审判中获取什么等问题。这些问题的答案应该是各种各样的。但是，我自身是这么考虑的：战犯审判研究乃至法制史研究是通过对审判功罪的考察来为我们自身的司法意识进行某种测试甚至探讨的行为；而且，审判研究的意义就在其中。换言之，我认为审判研究就是我们追求“司法支配”或“实现正义”时像照镜子那样展露出我们向法庭期待什么的模样。当然，我们所进行的是历史审判的研究，所以我们应该没法以当今的审判为基准来评判过去的战犯审判的功罪。但是，我认为我们对适用法、司法手续、被告权利、个人刑事责任的司法理论等问题的探讨正是从这些历史审判中暗自吸取教训来考虑当今和今后我们应该如何解决“司法支配”和“实现正义”这一人类的普遍性难题的一个过程。若是如此的话，笔者认为战犯审判研究的意义就在于审判研究是我们坚持探索司法和正义的对话和实践过程中的一个有效手段。笔者衷心期待着会有如此的发展。

（陈爱国　译）

第五节　世界史上的东京审判

荒井信一*

一、东京审判的三个不足

关于东京审判，有几个问题从很早之前起就被指出。第一是所谓亚洲缺席的问题。参加审判的对日占领管理机构远东委员会是11国，其中直接受到战争灾难的主要被害的亚洲国家只有中国、菲律宾、印度3个国家。其结果造成了受害人数不足一成的国家，占了七成的法官。“东京审判成了正在从亚洲被驱逐的欧美殖民地体制最后作为权力者施展的胜场”（长尾龙一语）的侧面也不能否定。

殖民地宗主国代表占多数的东京法庭，没有成为直接审判加诸当地民众受害的场所。然而，正如林博史最近研究强调的那样，第二次世界大战后大国主导的战争犯罪审判，是在世界史上由受到轴心国的战争和非人道行为的被害的受害者、受害国和中小国家的愤怒为出发点，不是在报复而是明确由法的制裁将战争犯罪和反人道犯罪违法化的道路的潮流的具体化。另外，在撰写起诉书的阶段，经美国以外的各国检察官的努力，亚洲太平洋地区的日军残暴行为的众多证据被提出，“普通战争罪”的内容被充实也是重要的方面（林博史《战犯审判的研究——从战犯审判政策的形成到东京审判·BC级审判》，2010年）。

就中国而言，当时的国民政府向东京审判送去了法官和检察官，直接参加了法庭的组建。然而，在我的印象中，中国法官与检察官活动的实际情况和作用还未充分明了。这样的亚洲缺席也是可以在东京审判研究中指出之点。

东京审判的第二个问题点是对“反人道罪”未加追究。“反人道罪”追究的不仅是战时，直至战前的杀戮、集体屠杀、奴役、放逐等行为和基于政治、人种的理由的迫害等都作为对平民的犯罪，但作为诉因却未被独立，而是以“反人道罪和普通战争罪”被包括。

* 日本茨城大学名誉教授。

相对于纽伦堡审判的有罪判决多包涵“反人道罪”，东京审判受到有罪判决的25人中包涵“反人道罪”的一位都没有。即使作为日军犯下残暴事件中最著名的“南京事件”（1937年12月以降）的责任人受到绞刑判决的松井石根（陆军大将）也不过是受到违反“普通战争罪”的范畴而受到有罪判决。

至今没有以“反人道罪”追究日本战争领袖的战争责任，这对战后赔偿问题等几乎所有问题的都产生了很大的影响。

第二次世界大战后实体化的“反人道罪”的一大特征是规定直至战前包括对本国国民的平民的非人道行为和迫害行为为战争犯罪。“反人道罪”的这一侧面对我国而言最显著的特征是在总力战阶段对当时作为日本国民的朝鲜、台湾殖民地的人们的非人道待遇和迫害。

以纽伦堡审判将法西斯对包括本国国民在内的犹太人的非人道行为作为犯罪处罚的同样思路，日本对当时作为日本国民的殖民地人们犯下的非人道行为也应以“反人道罪”处罚。然而，东京审判对此作了回避。在审判的准备过程中曾经作为犯罪地举出过朝鲜，但很快就消失了。这与亚洲缺席的问题也有关联吧。“反人道罪”的缺失，不正是可以看到在殖民地体制崩溃之际由殖民地拥有国的法理进行的审判的历史局限么？

东京审判的第三个问题点是审判的提前结束。在纽伦堡审判的场合，中心审判结审后继续审判仍在进行。成为被告的177人中有142人受到了有罪判决，在有罪的诉因中压倒多数的是“反人道罪”。以残暴的人体实验为对象的医师审判、以司法杀人为问题的法律家审判之外，巨大企业的经济掠夺和对外国人的奴役等也成为审理的对象。

然而，东京审判很快就结束了。1948年11月12日宣判，12月23日对死刑犯处决。次日，占领军司令部宣布不再进行A级战犯审判，岸信介、儿玉誉士夫等17名A级战犯嫌疑人就这样未加审判的释放了。

审判的结束是在因“杜鲁门主义”（1947年3月12日）而显化的国际冷战的激化中，美国等部分旧盟国的领导层对战犯审判和战争领袖处罚的热心迅速减退的结果。由美国推进的对日和约（旧金山和约），在苏联和中国等主要盟国成员不参加的情况下于1951年9月签订。

日本政府在讲和条约第十一条中接受东京审判和 B、C 级审判，承诺继续执行对战犯的科刑。然而，实际正相反，岸信介在和约生效后立即回归政界，1957 年起连续三期担任首相，释放后不足十年就成为保守政界的领袖。儿玉誉士夫成为至 1970 年代为止操持政界暗中势力的“黑幕”。这些都给了日本保守领袖以免罪意识和被害者意识，不久就酿成了大骂“东京审判史观”的氛围，以至于反而将追究战争责任和战争犯罪的论者视为加害者。

二、战后审判未审的轰炸问题

不能否定，纽伦堡审判和东京审判确有“胜者的审判”的一面。但以联合国为中心的国际社会肯定地接受了审判的结果，特别是对“普通战争罪”和“反人道罪”的精密化的发展作了努力。2003 年为了制裁个人的战争犯罪，在荷兰海牙设立了国际刑事法庭。条约规定的“反人道罪”，反映了包含以慰安妇问题为主的“性奴隶”等围绕人权的新的动向，值得瞩目。

在此，再一次回到东京审判，作为现代战争中战争手段的一大特征，可以例举将一般市民卷入其中的无差别轰炸。从法理论上说，纽伦堡审判和东京审判接受“地域轰炸和恐怖轰炸”是完全有可能的。

规定纽伦堡法庭构成和管辖的国际军事法庭（IMT）宪章（1945 年 8 月 8 日）中“战争犯罪”含有“因军事需要而非正当化地对城市、街区及村落进行不当的破坏和荒废”，“反人道罪”包含“对一切平民进行的反人道行为”。然而，“（大战中）由于双方在破坏都市的竞争中，盟军方面远为成功，所以没有追诉德国和日本的根据，……事实上，这样的追诉也没有提出。……同盟国方面也好，轴心国方面也好，即使空袭轰炸极其广泛和残酷，纽伦堡和东京都未将此问题作为战犯审判部分提出。”〔1〕

瑞典历史学家斯文·林奎斯特认为：空袭轰炸历史的转折点是 1920 年代西班牙对殖民地摩洛哥人的空袭轰炸所带来的破坏和大量杀戮；迄今为止从空中对无防备的市民屠杀是个禁忌，从此以后，欧洲的

---

〔1〕 Mark Selden '*A Forgotten Holocaust*' Japan Focus, 2007/05/12.

战术家们对轰炸对于一般居民的战争进行能力能起什么作用，有了完全的理解。因此，第二次世界大战中有名的轰炸，从殖民地输入的战术实践："是帝国主义者的种族杀害的产物"。

另外，他认为以美国对欧洲的轰炸和对日本的轰炸相比，美国空军对东京的轰炸是战史上最恶劣的屠杀平民，作为无意识的动机，对日本和其他亚洲人的根深蒂固的敌意。

空袭轰炸比单一战争手段的其他形态战争有着基本的不同，空袭轰炸所产生的广泛的效果，以对周围居民无法区别的目标的军事有效性为特征。可以断言，这样杀伤非战斗员的"炸弹的根据"（bomb's birthplace）是违反国际人权法的基准的[1]。

林奎斯特提出的问题是极具论争性的异议，无疑是提出了修正空袭历史的新视角。提出的问题也是如前所述的"亚洲缺席"。

第二次世界大战后，特别是在越战中，轰炸的手段、方法的发展，比起大国之间的战争，更能反映和后发展国家（地区）之间战争的性格。飞机和炸弹的制造、供给需要高度的技术和大规模的产业设备。这一点，大国和殖民地之间的大差距在空袭轰炸的战争手段中直接得到了反映。据指出第一次世界大战战死者中平民占 5%，到第二次世界大战为止平民占 66%，而从越战开始，1970 年代以来的战争被杀的平民，据推算占了 80%以上。在一般居民受害这一点上，非对称性战争的性格明显，对后发展国家的损害激增。现在美国和巴基斯坦间成为问题的无人飞机的场合，操纵者在美国本土的基地看着电脑画面，对巴基斯坦的边境轰炸，给一般居民带来很大的牺牲。

进入 1990 年代，冷战开始消解，在大国间核战争危险后退的背景下爆发了海湾战争。仅仅一个半月的战争，月投弹量就和越南战争几乎匹敌。而且空中的战争几乎是多国军对一方的特点，非对称的战争在空袭中得到集中体现。形式上世纪最后的 90 年代开始了全面发展。

扩大的空袭轰炸的规模表：

---

〔1〕 Sven Lindqvist, Linda Haveerty Rugg, *A History of Bombing*, the New Press, 2003.

战　争	投掷的炸弹量(吨)	时间(月)	一个月所当量(吨)
第二次世界大战	2 150 000	45	4 778
朝鲜战争	454 000	37	12 270
越南战争	6 062 000	140	43 300
海湾战争	60 624	1.5	40 416

三、东京审判未审的日军对华暴行

最后我们看一下中国的例子。据东京审判时统计的中国被害者，死者为33万6 000人，负伤为42万6 000人。(《全国空袭伤亡损失估计》，韩启桐著《中国对日损失之估计》，中华书局，1946年)此外国民政府航空委员会防空总监部用统一的市、县为单位的"人命死伤调查票"进行的战时全国调查，死者为9万4 522人，负伤者为11万4 506人，这是后方都市的被害统计，不含战场及附近的损害。(《抗战期间敌机空袭损害统计表》)。

抗战中对中国的空袭

年　份	次　数	机　数	投下炸弹数(燃烧弹)
1937	1 269	2 254	10 740
1938	2 335	12 512	36 124(13 623)
1939	2 603	14 138	58 412(1 762)
1940	2 069	12 767	47 566(2 552)
1941	1 858	12 211	43 308
1942	828	3 279	12 435
1943	664	3 543	12 349(1 293)
1944	917	2 071	16 652(614)
1945	49	131	3 718
总　计	12 592	62 906	24 304(19 844)

日中战争进入持久战阶段的1938年12月2日，天皇对华中派遣军司令官下达主要是华中、华北的空战"特别对敌人的战略中枢要压制和扰乱"，接受这一命令的参谋总长在以毁灭军队和政府的中枢为目的，

可以使用毒气。为了挫伤中国抗战的意志,允许进行无差别轰炸。

日本军在中国各地进行毒气战。毒气主要在地面作战使用,但从空中投掷毒剂炸弹,而使毒剂在地面散布之例也很多。据国民党军政部的统计,即使限于已明了的由空投进行的化学战也达到 79 次。

真正的细菌战于 1940 年 9 月以降以浙江省、湖南省等的诸都市为目标实施。装有带着鼠疫菌跳蚤的特殊炸弹的投下特别有效。1941 年 11 月受到鼠疫炸弹攻击的湖南省常德经过 5 年仍有感染和发病。

常德在 1996 年组织的民间调查机构“细菌战受害者调查委员会”,经过 7 年的调查,结果在 2002 年确定死亡人数为 7 643 人。其中常德县城内的死者确定为 334 人,另有记述死亡的 600 人的记载,因此可以推定约有千人。前记 7 643 位死者,分布于城内之外的 13 县、70 乡、486 村落,可以认为实际的被害远超过这一范围。〔1〕

1925 年《关于禁止毒气的条约》《日内瓦条约》已制定,以毒气及细菌的手段使用于战争已被禁止。东京审判当时,毒气和细菌战也被作为“普通战争罪”而禁止使用。内容该当“反人道罪”。然而,东京审判对日本军的细菌战、化学战,法庭未举证、审理。有关细菌战,美国为了排他的独占对细菌战研究、制造、实施的 731 部队的人体试验研究成果,有必要避免由审判公开事实,连起诉书也不记载。化学战则可以认为因为美国投下原子弹的关系和美国自身考虑今后使用毒气的可能性作为免责的理由。〔2〕

《日内瓦条约》的前言中作为毒气等禁止的理由,例举了“文明世界的正当非难”。然而,在“文明世界”的现场的空战专家们中间无视或轻视这一限制的气氛浓厚。1930 年代以后的战争,意大利和日本作为例外未被使用禁止武器是事实,然而这是顾虑在对等的“文明国”之间的战争使用禁止武器会遭致对手国以同样的手段进行报复。批准《日内瓦条约》的大多数国家都保留了如果遭到先发制人的攻击将以同一手

〔1〕 陈致远:《1941 年日军常德细菌战对常德地区和平居民的加害》,“战争遗留问题”中日关系国际学术研究会提交论文,2004 年 9 月。

〔2〕 季学仁著、村田忠禧译:《日本军的化学战——中国战线上的毒气战》及解说,大月书店 1996 年版。

段报复的权利。然而，对无法使用对等的报复手段的非“文明”国，禁止的武器公然被使用，躲避国际法的规制，而使国际法实质的无效化。日本军在中国的细菌战、化学战未被提出，东京审判是一个很好的例子。

关于毒气战，因为 1993 年禁止化学武器条约订立，日本政府也已签订，日本政府对在中国遗弃的大量化学武器负有废弃的义务。关于细菌武器，浙江省的 180 位原告在 2005 年 7 月提出了要求谢罪和赔偿的诉讼。东京地方法院在判决中承认细菌战的事实和中国受害者超过万人，但表示了谢罪和赔偿由国会确定的态度。对于原告方的控诉，最高法院最终以放弃上诉而确定原告方败诉。这期间，国家对事实问题不争，取沉默而不承认国家责任的态度。

（程兆奇　译）

第六节　东京审判与“东京审判史观”

——关于东京审判研究的方法论考察

步　平*

第二次世界大战结束后，对德国和日本的战争犯罪分别进行的纽伦堡审判和东京审判，对结束战争建立战后新的国际关系格局产生了重要作用。所以，如何认识与评价国际审判的意义，与处理新的战后国际关系有密切的关系。

东京国际军事法庭对日本战争犯罪审判的正义性，在国际社会本来是不争的事实。尽管在审判之际对战犯的辩护中有诸多涉及否认审判正当性的意见，但是战后初期的一段时间，日本政界和学术界尚未形成正面挑战东京审判正义性和基本政治判断的势力。由于东京审判与日本的战争责任认识问题密切相关，所以在战后初期，以“日教组”（日本教职员工会）为首的进步教师团体，认识到了战前皇国史观对历史研究的负面影响，在推动日本社会反省侵略战争责任的过程中，利用东京审判的成果，颠覆此前的“太平洋战争观”，形成了肯定东京审判正义性的主流意识，也促进了日本媒体揭示“历史真相”，批判充斥皇国史观内容历史教科书的活动。战后初期，这样的活动曾得到以麦克阿瑟为首的盟军驻日总司令部（GHQ）的认可。

但是，“到1970年代，出现了重新审视东京审判的动向”〔1〕。那就是随着冷战局面开始后国际关系格局的变化，日本的保守势力通过“太平洋战争肯定论”质疑东京审判，提出了所谓的“东京审判史观”的概念。不过当时对“东京审判史观”的理论界定尚不清晰，只是认为经过东京审判后确立的历史认识是“被GHQ强加的”。〔2〕

1980年代中期，部分日本政治家提出应对战后40年进行“政治总决算”，明确主张在东京审判中做出的“日本军国主义者曾经发动了侵

---

* 中国社会科学院近代史研究所研究员、东京审判研究中心教授。

〔1〕［日］大沼保昭：『東京裁判・戦争責任・戦後責任』，東信堂2007年版，第7页。

〔2〕［日］秦郁彦：『陰謀史観』，新潮社2012年版。

略战争，在亚洲实行了殖民统治，应当进行反省和谢罪”的结论是GHQ强加于日本的，障碍日本成为政治大国，所以应当对东京审判的裁判原则和判决结论重新评价。[1] 这样，“东京审判史观”就成为保守势力批评东京审判的特定概念。进入1990年代中期，持历史修正主义的日本学者明确提出“将日本作为犯罪国”的东京审判的结论是盟国方面武断做出的，是对日本的年轻人进行“历史洗脑”的非常错误的历史观。[2] 他们认为这种历史观被植入了“过去的日本是最恶劣的”、“日本必须反省与谢罪”的认识，而战后日本的近代历史教育则原封不动地接受了这种对日本的批判，所以贬低了日本历史上值得自豪的一面，将日本永远置于黑暗之中。于是，“东京审判史观”被明确地定位为“自虐史观”、“黑暗史观”。[3]

由此可见，战后日本关于战争责任的认识即历史问题，始终与对东京审判的认识与判断紧密地联系在一起，也就是与关于东京审判研究的方法论联系在一起。

日本保守势力对东京审判的指责大体在两个方向上，一是针对东京审判的程序及法理方面，也就是在东京审判之际由当时的日本辩护团提出的所谓“胜者对败者的审判”。这一指责貌似强调审判的法律层面意义，但是完全排斥从历史角度对审判的判断。虽然检察方在当年的法庭上对此进行了分析，但在审判结束60余年后的今天，仍有必要从历史学的角度进行深入分析；另一方向则是针对东京审判对军国主义日本战争罪行的谴责，保守势力借所谓“盟国的战争犯罪”而力图使日本的战争犯罪相对化。为何正义的审判却给明明背负战争加害责任的日本方面提供那样的理由？是不是审判本身存在的漏洞被那些人抓在手中故意引向其希望的方向？这也是在今天我们研究东京审判的时候需要思考的。

战后在美国占领日本的特殊形势下，保守势力针对东京审判的“指

---

〔1〕［日］《月刊自由民主》，1985年第9期。

〔2〕［日］歴史・検討委員会编：『大と亜戦争の総括』，展転社1995年版，第201页。

〔3〕［日］新しい歴史教科書を作る会编：『新しい日本の歴史が始まる』，幻冬社1997年版，第29页。

责”虽然一度被排除在主流意识之外，但是在冷战局面开始后，当美国需要日本那一“不沉的航空母舰”的时候，那些对东京审判的非理性的质疑便不断“发酵”，以致一直影响到今天日本的战争责任认识。所以，围绕东京审判的研究方法进行科学地梳理很有必要。[1]

一、东京审判的酝酿与准备——审判程序的合理性与合法性

远东国际军事法庭宪章第一条明确提出“以公正且迅速地审理及处罚远东的重要战争罪犯为目的”，这一条可作为东京审判的直接的法律依据。仅从上述文字看，似乎并未规定法庭只审判日本战犯，但东京与纽伦堡的国际军事法庭是属于同一性质的揭露轴心国侵略和令人发指的残暴行为的国际军事法庭，东京审判参照较早开庭的纽伦堡审判的原则显而易见。纽伦堡国际军事法庭宪章第一条则明确指出：“以公正且迅速审判处罚欧洲各轴心国的主要战犯为目的”，第六条又明确“法庭为了各轴心国的利益——具有审判并处罚犯有上述罪行之一者的权限”。纽伦堡国际军事法庭宪章之所以明文规定审判“欧洲各轴心国”，很重要的原因是苏、英、法三国均受到纳粹德国的严重伤害，遭受了莫大的人与物的损失，所以对纳粹进行审判的目标十分明确。美国代表曾想在纽伦堡国际军事法庭宪章关于犯罪的定义上体现“普遍性”，但因英、法、苏等国拒绝而没有成功。[2] 这一情况反映了国际社会关于战争违法认识的演变过程。

从 19 世纪到 20 世纪初，正义战争论衰落，不区分战争的正义与非正义性的“普遍性”战争观一度占据统治地位。这种战争观视战争为超越法的现象，即认为战争不违背国际法。但以第一次世界大战的惨状为契机，将侵略(进攻性)战争视为违法的认识终于显现出来。一战之后的国际联盟规约、1928 年的非战公约、1931 年国际联盟的不承认主

〔1〕 日本的保守势力同时认为前苏联及中国等社会主义国家持的是否定日本的“共产国际史观”。20 世纪 90 年代抬头的“自由主义史观”则声称自己超越“东京审判史观”和“共产国际史观”的窠臼，超越日本好人史观和坏人史观的简单逻辑。其实，“自由主义史观”的主张与“太平洋战争肯定论”非常接近。

〔2〕 1945 年 6—8 月，美国代表 R・H・杰克逊在决定纽伦堡审判的伦敦会议上曾有提议。

义(对违法战争结果的条约、领土状态等不予承认)决议等应运而生。这说明旧的战争概念被放弃,将战争区分为侵略性和正义性已经成为国际潮流。日本在中国和亚洲的侵略及扩大成为的亚洲太平洋战争,德国对波兰入侵开始的在欧洲大陆的行为,都是对国际社会上述努力的挑战。所以,纽伦堡审判、东京审判的创设和实施,就是为了揭露轴心国发动的侵略战争和在战争中令人恐惧的残暴罪行,同时也要证明盟国对轴心国战争具有的无可怀疑的正当性。

近代以来通过维新改变日本面貌的多数日本政治家和军人,在"脱亚入欧"的思想指导下,主动与欧美同化,认为在世界规模的优劣竞争中取胜是"天经地义"的现象,认为提高自己的国际地位,可以不择手段地对待"落后"的亚洲以及普通的有色人种。他们把对中国的战争以及太平洋战争只看作孤立的历史事件,"从来没有看成是问题"。〔1〕所以,那种将"东京审判史观"指责为"自虐史观"、"黑暗史观"的一个主要"理由"是:为什么只将日本的战争犯罪在法庭上加以审理,而"无视同盟国方面的战争犯罪"?若谴责以日本为代表的东洋文明,那么,西洋文明是否更应受到谴责和判罪?所以,那些人质疑参与审判的各国是否真的具有作为普遍文明的资格,认为仅仅审判日本表明了欧美列强的傲慢,由此得出东京审判是"胜利者对失败者的审判",是"不公平"的"政治性而非司法性的审判"的结论。〔2〕

上述对东京审判程序的合理性与合法性的质疑其实在审判开始之际就由日方律师团提出,〔3〕直到审判结束60多年后的今天,从法律层面质疑东京审判的观点仍不时出现在一些日本学者的研究成果中。不过,任何法律层面的问题也都是在一定历史条件下产生的,所以对上述问题的判断,首先应当回到当时的历史过程与历史事实中进行考察。

首先,对日本战争犯罪的关注、思考是与对德国纳粹战争犯罪的关注、思考同时进行的,并非自日本战败开始。

---

〔1〕[日]大沼保昭:『東京裁判・戦争責任・戦後責任』,東信堂2007年版,第10页。

〔2〕[日]伊藤隆:『昭和政治史研究の一視角』,『思想』1979年6月号。

〔3〕以在东京审判中担任日方辩护团副团长和东条英机首席辩护人的清濑一郎的言论为代表。其主要意见表达在其晚年以连载的方式发表于《读卖新闻》上的《秘录 东京裁判》上。

早在1942年1月，被德国占领了国土的欧洲9个国家（比利时、捷克斯洛伐克、法国、希腊、卢森堡、荷兰、挪威、波兰、南斯拉夫）流亡政府代表就在伦敦讨论了对轴心国战争犯罪的制裁问题，发表了处罚战争犯罪宣言，即圣詹姆斯[1]宣言。

宣言提出：文明诸国认为对被占领国一般市民的暴行属于政治犯罪，应对战争罪犯进行 审判。这一宣言表明了对战争犯罪进行审判的态度，是具有历史意义的。作为观察员参加宣言签字仪式的中国代表当时曾表示："这一原则应用于占领中国的日本"。[2] 后来，苏联与中国也表示了对该宣言的赞同。[3] 是年10月，英国大法官西蒙[4]到美国与罗斯福总统讨论了设立盟国战争犯罪调查委员会（UNWCC）的问题，同时发表声明，得到盟国各国赞同。

进入1943年后，盟国开始注意到日本在亚洲的战争罪行。美国连续发表了抗议日本虐待美国俘虏和平民的声明。10月，美英苏三国外长举行会议，20日，宣布在伦敦成立"盟国战争犯罪调查委员会"（UNWCC），三国首脑发表了系列的莫斯科宣言，[5]其中《关于德国暴行的宣言》提出了审判实施了暴行的德国军官、兵士和纳粹党徒的原则，可见同盟国对在战争中犯下暴行的德国军人及纳粹分子犯罪行为的认定已经达成明确的认识。关于对罪行的认定原则，开始是根据1899年海牙会议上通过的《陆战法规惯例公约》。从第一次世界大战时开始，违背《陆战法规惯例公约》原则的战争犯罪，被称为"通例的战争犯罪"，根据公约原则，这一犯罪应受到惩处。但是，当时已经注意到："通例的战争犯罪"只针对具体的战争犯罪，而未能将发动战争导致大量伤害产生的犯罪行为囊括进去，所以需要将这一相对狭义的战争犯

---

〔1〕以英国君主的正式王宫圣詹姆斯宫（Court of St. James's）的名字命名。

〔2〕Neil Boister，Robert Cryer：*The Tokyo International Militery Tribunai：A Reappraisal*，日译本『東京裁判を再評価する』，日本評論社2012年版，第24页。

〔3〕［日］豊田限雄：『戦争裁判余録』，泰生社1968年版，第26～27页。

〔4〕约翰·西蒙（John Allse brookSimon，1873—1954），英国政务活动家。二次世界大战和温斯顿·丘吉尔和比弗布鲁克男爵均在内阁的三人之一。1940年5月丘吉尔组阁后，改任英国大法官至1945年。

〔5〕当时通过的有"中苏美英关于普遍安全的宣言"、"苏美英三国关于意大利的宣言"、"苏美英三国关于奥地利的宣言"、"苏美英三国关于德国暴行的宣言"等。

罪原则加以扩大。

盟国考虑对日本战争犯罪的处理，比考虑对德国的战争犯罪处理略晚一些，这仅仅与战场的发展变化情况有关。

继美英苏三国莫斯科宣言之后，针对日本战争犯罪的处罚，中美英在 1943 年 12 月 1 日发表了开罗宣言。宣言明确提出惩罚日本的主张，称："我三大盟国此次进行战争之目的，在于制止及惩罚日本之侵略"，并表示要坚持长期作战，直到"日本无条件投降"。〔1〕关于处罚日本的具体内容，参与起草宣言的中国代表团曾提出："应与莫斯科三国会谈后采纳的处罚战争犯罪的原则相同"，不过，在开罗会议上似乎并未讨论。所以，就处罚战争犯罪的考虑，开罗宣言不如莫斯科宣言具体。这可能是因为就当时的战争局面来说，日本虽然开始处于守势，但还不能说已经进入了必然失败的局面。但是进入 1944 年后，局面发生了重大的变化，日本的败象已经十分明显。所以盟国对日本战败后的处理问题的考虑摆上日程，也开始了各种促使日本投降的工作。〔2〕

1944 年 5 月，鉴于伦敦会议后成立了针对德国战争犯罪的委员会(UNWCC)，所以中国提议在重庆设立战争犯罪委员会远东太平洋分会，专门针对日本的战争犯罪。美国提议分会应将在日本策划与推行战争的战争罪犯的资料整理后送给在伦敦的总委员会。分会的第一次会议于 11 月 29 日在重庆召开，有 17 个国家的代表〔3〕参加了会议。该委员会每隔两三周召开会议，从 1945 年开始，开始就处罚日本的战争犯罪问题进行了证据资料的搜集和法律问题的讨论。〔4〕该委员会分会在重庆共召开 23 次会议。1946 年 3 月，被远东国际军事审判法庭派到中国进行日本罪行调查的莫罗上校曾参加过第 32 次会议。从 1946 年 6 月起，该分会地点转移到南京，又召开了 15 次会议。经常出席会议

---

〔1〕《国际关系史资料选编》，上册，武汉大学出版社 1983 年版，第 725 页。

〔2〕[日] 竹前荣治：『对日占领政策の形成と展開』，『岩波講座日本歴史 22　現代 1』，1977 年。

〔3〕Neil Boister, Robert Cryer: *The Tokyo International Militery Tribunai: A Reappraisal*，日译本『東京裁判を再評価する』，日本評論社 2012 年版，第 26 页。17 个国家是：澳大利亚、比利时、加拿大、中国、捷克斯洛伐克、法国、希腊、印度、卢森堡、荷兰、新西兰、挪威、波兰、南非、英国和美国。

〔4〕*Foreign Relations of the United States*, 1945, Vol. 5, pp. 898 - 902.

的有美国、英国、荷兰与中国的代表。

该分会在确定战后应被追究与审判的日本战犯的名单方面起了重要的基础性作用。1945 年 7 月，分会提出了 26 份共计 3 147 人的日本战争罪犯具体名单。这一名单与伦敦的战争犯罪委员会提出的有所不同，其中美国提出 218 人，澳大利亚提出 18 人，法国提出 345 人，英国提出 43 人，中国提出 2 523 人。该名单后来分送伦敦战争犯罪委员会和东京的盟军总司令部。此后，各国根据这一名单分别逮捕战争罪犯嫌疑人，分别进行审判。当然，这里的大部分罪犯属于乙丙级战犯。〔1〕

其次，审判战争犯罪的原则，是在同盟国之间进行酝酿并确定的，其针对的当然是发动了侵略战争的轴心国方面的德国与日本。

在 1945 年 6 月的伦敦会议上，美、英、法、苏四国代表深入讨论了战争犯罪的审判问题。8 月 8 日，四国代表缔结了“关于追究与处罚轴心国主要战争罪犯的四国协定”，同时通过了附属的《国际军事法庭宪章》，成为战后审判德国与日本的重要法律依据的基础。

《国际军事法庭宪章》包括七部分，详细阐述了法庭的组成、管辖权、权力和程序。

宪章最核心的部分是“权限和一般准则”，明确规定法庭有权审理和惩处所有战犯，“不论其为个人或为某一组织或集团的成员”，而三项可起诉的罪行即为“对和平的犯罪”、“对人道的犯罪”和“通例的战争犯罪”。其中“对和平的犯罪”指“策划、准备、发动或进行侵略战争……或为实现上述行为而参与共同计划或共谋”，“对人道的犯罪”则指“由国家或集团实施的队一般国民的以谋杀、灭绝为目的的大规模屠杀和奴役、流放及其他的非人道行为”。〔2〕宪章还提出了“共同计划或共谋”的概念，在宪章第 6 条的最后一段专门强调：“凡参与拟订或执行旨在犯有上述罪行之一的共同计划或共谋的领导者、组织者、发起者和同谋者，他们对为执行此类计划而犯罪的任何个人的一切行为均负有责任。”考虑到将来在审判中有可能对“共同谋议罪”的战争犯罪立案出现

〔1〕［日］粟屋憲太郎：「東京裁判への道」，講談社 2006 年版，第 64 页。
〔2〕［日］日暮吉延：『東京裁判』，講談社現代新書 2008 年版，第 20 页。

现实的问题与困难，美国陆军部长史汀生后来还特别对“共同谋议罪”进行了解释。这就将“通例的战争犯罪”不能包括的“策划于密室”的高层的战争指导者的犯罪囊括了进来。

《伦敦四国协定》和《国际军事法庭宪章》的签署、公布，为在纽伦堡和东京进行的审判奠定了法律基础。将起诉的战争犯罪具体为上述三项罪名，说明此前相对狭义的战争犯罪原则扩大了，但那是一战以来，特别是自 1942 年思考审判战争犯罪以来关于战争犯罪认识的顺理成章的发展。

1945 年 7 月 26 日，盟国发表的《波茨坦宣言》第 6 项即指出：“欺骗及错误领导日本人民使其妄欲征服世界之威权及势力，必须永久剔除。盖吾人坚持非将负责之穷兵黩武主义驱出世界，则和平安全及正义之新秩序势不可能”，在第 10 项中提出：盟国“无意奴役日本民族或消灭其国家，但对于战罪人犯，包括虐待吾人俘虏者在内，将处以法律之严厉制裁。日本政府必须将阻止日本人民民主趋势之复兴及增强之所有障碍予以消除，言论宗教及思想自由以及对于基本人权之重视必须建立”。[1]

与开罗宣言比，波茨坦宣言对惩罚战争罪犯的表述更加明确，其中“欺骗及错误领导日本人民使其妄欲征服世界之威权及势力”即指日本军国主义者的宏观层面的责任，亦即“对和平的犯罪”，而“虐待吾人俘虏者”等问题则指具体的直接的战争犯罪，即指包括“对人道德犯罪”和“通例的战争犯罪”。宣言虽然并未明确规定具体的战争犯罪的范围与处罚的方法，能够看得出来，此时对战争犯罪的认定，已经在以往的“通例的战争犯罪”的基础上有了新的发展。这一发展即体现在与此同时召开的伦敦会议上。

第三，东京审判所确认的审判时间和被告人范围，明确针对的是日本的战争责任与战争犯罪。

东京审判所涉及的时间是从 1928 年张作霖事件及 1931 年的“九一八”事变开始，即通过这两件事说明审判要触及的是发动战争的责任问

---

〔1〕《国际关系史资料选编》上册，武汉大学出版社 1983 年版，第 739 页。

题。在判决书中,也将上述两件事作为日本向中国大陆膨胀的第一阶段,同时也证明军部在决策中的重要地位。在审判中指出政府与军部的矛盾,指出了军部的特权是导致战争扩大的原因。一方面让日本民众了解了日本参谋本部在扩大战争中的作用,但是也指出了日本民众支持战争的实际情况,目的在于促使日本国民对今后发动战争动向的注意与警惕,进而建立制止战争的责任意识。

东京审判根据"通例的战争犯罪"的原则,重点对以南京大屠杀为代表的日军暴行进行了审判,指出日军将中国俘虏作为"匪贼"加以镇压与屠杀,目的是"通过屠杀以抑制乃至消灭中国民众的抗战意志"。"通例的战争犯罪"还包括虐待俘虏及对被俘的盟国飞机驾驶员的问题。东京审判中关于中日战争的立证过程和判决还澄清了这样的问题,即卢沟桥事变后战争扩大的责任在日本方面,扩大战争的中心势力则是军部。

东京审判中,国家指导者层面的战争责任主要是根据"对和平的犯罪"的原则进行起诉的,但同时,根据"通例的战争犯罪"的原则,也追究到了中央机关、军队指挥官的责任。这样做对于日本民众认识战争对亚洲的战争加害责任,解决战后关于战争责任的历史认识问题是很有意义的。[1]

尽管东京审判确认的审判实践和被告人范围明确指向日本的战争犯罪,但也需要指出仍存在缺陷,正如有的学者指出的:"东京审判事实上是作为美国占领政策的一环进行的,而且对于战争本身,也是将'太平洋战争'作为日美之间的战争来看待的。因此,东京审判很少从日本对亚洲的责任这一侧面来提出问题","迄今为止在日本国民的历史认识中,把1941年到1945年的战争一味看作'太平洋战争'——'日美战争',对始于1931年的对中国侵略的侧面则重视不够"。[2]

二、"自主审判"与"上诉"——东京审判程序中漏洞的被利用

东京审判明确的目的就是审判日本的战争犯罪,而日本的一些政治家故意提出同盟国的战争犯罪,当然是企图将其战争罪行相对化以

〔1〕 山田朗等編著:『東京裁判・歴史認識問題の原点』,学习之友社2008年版,第43页。
〔2〕 [日]大沼保昭:『東京裁判・戦争責任・戦後責任』,東信堂2007年版,第21页。

混淆视听。但这种将自己的罪行相对化的行径,不仅是在东京审判开始之后,其实在审判前,即当日本政府特别是军部首脑在不得不接受即将被审判的现实的同时,就处心积虑地思考减轻责任回避审判的策略了,所谓"自主审判"就是那一策略之一。

早在当日本国内在讨论是否接受波茨坦宣言的时候,军部首脑就曾强调要以"维护国体"为基础,同时增加包括自主解除军队武装、自主处理战争犯罪、实施保障占领等要求。8 月 9 日深夜,在天皇参加的御前会议上,陆军大臣阿南惟几和参谋总长梅津美治郎还坚持主张:关于战争犯罪的问题,不要只任凭对方进行审判,日本方面也应进行审判。[1] 虽然当时考虑到各种因素,天皇通过所谓"圣断"采纳了东乡的主张,即接受波茨坦宣言,没有采纳军部的与同盟国讲条件的主张,但是后来的日本政府仍然对是否可能进行"自主审判"抱有幻想。

美国在占领日本后就已经明确了根据纽伦堡审判的模式进行在东京设立远东国际军事法庭对日本战犯进行审判的原则,并且对审判的准备、法庭的设置、运营等方面以及对确保驻日盟军总司令即麦克阿瑟的权限方面有所思考。1945 年 9 月 11 日,麦克阿瑟已经发出了对日本战犯的第一批逮捕令。与此同时,美国国务院和陆海军三部门协调委员会(SWNCC)的远东小组在 1945 年 9 月 12 日提出了关于在远东针对包括乙丙级战犯在内的战争犯罪人的逮捕、处罚的原则,即"SWNCC57-3 方针"。[2] 该原则在三部门协调委员会(SWNCC)第 26 次会议上通过后经杜鲁门总统批准,于 10 月 6 日发给驻日盟军总司令部。麦克阿瑟根据这一指示成立由盟军最高统帅领导的检察机构,"负责调查战争罪行的报告;收集、分析证据;安排逮捕、迅速审判嫌疑犯;准备、监督和从事起诉将在国际军事法庭审判的嫌疑人"。[3]

---

〔1〕[日]田中伸尚:『ドキュメント昭和天皇』第 5 巻敗戦(下),緑風出版 1990 年版,第 481、498~501 页。

〔2〕*Foreign Relations of the United States*, 1945, Vol. 6, pp. 926-936.

〔3〕Reoprt by the State-War-Navy Coordinating Subcommittee for the Far East, Washington, Sep. 12, 1945. United States Department of State: *Foreign relations of the United States: diplomatic papers*, 1945. *The British Commonwealth, the Far East*, Vol. 6, Washington, D. C.: U. S. Government Printing Office, 1969, p. 930.

10月18日，美国国务卿伯恩斯[1]约见在日本投降书上签字的英、中、苏、澳、荷、加、法、新西兰驻华盛顿的外交机构负责人，通报"SWNCC57－3方针"中美国关于对远东战争犯罪人的逮捕、处罚政策，同时也转达了麦克阿瑟的意见，即希望各国向远东国际审判法庭派遣要员，军人或文人不限，但希望能够使用英语，英、中、苏三国各5人，其他各国各3人，麦克阿瑟将在其中选择适当人选作为检察官。[2] 伯恩斯还说：虽然关于战犯的逮捕、处罚的方式等需要在远东资讯委员会(FEAC)上讨论决定，但是考虑到时间紧迫，希望各国抓紧时间提出上述人选，以便迅速处理战后事宜。

在麦克阿瑟9月11日发出逮捕令，逮捕了东条内阁的大部分成员及一些外籍嫌疑人后，以皇族东久迩稔彦为首相的日本内阁终于意识到日本将同德国一样面临盟国的军事审判，而盟国方面提出战犯名单也是不可阻挡的事情。但是，内阁成员最担心的是一旦与德国一样处于被告的地位，天皇将首当其冲地成为战犯。所以在12日召开的内阁会议上决定向盟军总司令部提出"天皇没有战争责任"的说明书，同时，会议讨论并确定为使"支配层的牺牲减少到最少"而实施"自主审判"和在审判时候的辩护方针。[3] 也就是说，在不得不承认盟国对日本进行审判的现实，并且日本也不得不表示相信盟国审判公正性的同时，也要积极提出日本自己进行调查和"自主审判"的要求。其目的当然是通过所谓的"自主审判"削弱国际审判的意义。同时，会议还确定了为防止出现在对每个战犯嫌疑人的审讯中触及天皇战争责任的问题，提出由日本政府出面组织辩护团的原则，即通过所谓优先于个人辩护的"国家辩护"，达到不涉及天皇战争责任的目的。当天下午，首相东久迩向天皇奏报内阁关于"自主审判"的决议，但面对"以天皇的名义审判积极参与以天皇名义发动战争的人"这一矛盾的逻辑，天皇自己也感到难以解释，于是要求内阁再议。

---

〔1〕 詹姆斯·弗朗西斯·伯恩斯(James Francis Byrnes，1879－1972)，或译为贝恩纳斯。美国政治家，曾任最高法院大法官，1945—1947年任美国国务卿。

〔2〕 *Foreign Relations of the United States*，1945，Vol.6，p.947.

〔3〕 [日]田中伸尚：『ドキュメント昭和天皇』第6卷占领、緑風出版1990年版，第219页。

13 日，外相重光葵将“自主审判”的构想试探着向盟军总司令部提了出来，针对盟国批评日本虐待战俘的问题，他还特别强调其实天皇也是关心俘虏问题的。[1] 盟军总司令部明确告诉日方：不接受日本对战争指导者和军队指挥官的审判，但可以惩处犯下了虐待俘虏等罪行的实施者。也就是说没有接受日方提出的所谓“自主审判”的主张。重光葵将盟军总司令部没有接受日本“自主审判”主张的答复结果上报天皇，但是日本政府还是召开了临时内阁会议，仍然固执地通过陆军军法会议开始所谓的“自主审判”，声称日本政府应对战争犯罪人进行公正的审判，并决定对外发表声明。

在所谓“自主审判”中，被审判的日本军人其实只有 8 人，这些人的“罪名”是曾在台湾、越南的西贡和印度尼西亚的西里伯斯岛上杀害当地居民，另外也对在“巴丹的死亡行军”中负有责任的本间雅晴进行了“审判”。但是，审判的结果是：那些明明白白地犯下了杀人罪行的军人，仅获得从 8 个月到无期徒刑的惩处；对本间雅晴，则只予以取消其陆军中将礼遇的行政处分，而没有任何惩罚。[2]

将大量的日本军人的战争犯罪仅仅归结为上述几人，本来就是滑天下之大稽的闹剧，而上述判决结果更是明显的企图掩人耳目。所以，盟军总司令部在 1946 年 2 月 19 日发布“关于刑事审判权的备忘录”，明确提出根据波茨坦宣言的精神，日本法庭不得审理对盟军的战争犯罪。这样，日本政府的“自主审判”闹剧不得不匆匆收场。

日本政府之所以提出所谓“自主审判”，当然是想在战后的审判中“蒙混过关”，不过也是企图在美国主导的战后审判中找到可资利用的漏洞。虽然日本政府主导的“自主审判”由于盟国总司令部的拒绝未能得逞，但是在东京审判后期在美国最高法院对被告的所谓“上诉”的应对问题上，漏洞还是被日本方面利用，甚至险些落入对方的圈套。

东京审判自 1946 年 5 月 3 日开庭后，经过近 2 年的审理，于 1948 年 4 月 16 日结审，11 月 12 日宣布对 28 名被告的审判结果。判决后，

---

〔1〕［日］江藤淳：『占領史録(1)：降伏文書調印経緯』，講談社 1989 年版，第 287 页。
〔2〕［日］豊田隈雄：『戦争裁判余録』，泰生社 1986 年版，第 50～52 页。

首先是原内阁总理大臣广田弘毅向美国最高法院提出减刑的要求，接着，土肥原贤二、木户幸一、冈敬纯、佐藤贤了、岛田繁太郎、东乡茂德也相继提出。1948 年 11 月 29 日，上述 7 人通过辩护团向美国最高法院正式提出上诉。[1] 麦克阿瑟虽然对此很不满意，但还是下令暂缓执行处决。

上述被告之所以向美国最高法院提出上诉，是基于当时的辩护团中以清濑一郎为代表的部分律师主张：东京审判法庭是受美国最高法院管辖，受其制约的。因为法庭的设置、犯罪的确认均为美国政府，所以根据美国宪法给予联邦议会的权限，向最高法院提出上诉。其实，将这一上诉提交美国最高法院，其深层的目的就是要否定东京审判法庭的国际性。一旦美国最高法院接受上诉，等于承认东京国际审判法庭是隶属美国最高法院的国内法庭，而那样一来，所有的审判都成为根据美国国内法进行的审理，清濑一郎等人一再强调的审判是“胜者对败者的审判”，是“政治性审判”的主张便有了口实。

围绕美国最高法院是否有权对东京国际审判法庭的决议进行讨论，当时产生了激烈的争论。东京审判法庭的多数法官认为：东京国际军事审判法庭是根据 1943 年 1 月开罗宣言、1945 年 7 月 26 日波茨坦宣言，1945 年 9 月 2 日日本投降书、1945 年 12 月 26 日莫斯科会议的原则建立的。美国法官还声明：法庭成立根据的是远东委员会的联合商议，在成员同意基础上进行的，所以东京审判法庭属于“国际法庭”。美国最高法院首席法官也承认东京审判法庭的国际法庭性质，称法庭是“基于莫斯科宣言设立的，根据远东委员会所通过的政策指令行事的”机构，是由驻日盟军总司令部设置的。美国最高法院明确指出：麦克阿瑟公布的法庭宪章是根据远东委员会的 FEC007/3 号文件，所以是在远东委员会的指示下行动的。

但是，在美国最高法院诸法官在 12 月 6 日表决的时候，竟然有 5 名法官赞成接受上诉，首席法官等 4 人的主张则成为少数。根据这一表

---

〔1〕 Neil Boister，Robert Cryer：*The Tokyo International Militery Tribunai：A Reappraisal*，日译本『東京裁判を再評価する』，日本評論社 2012 年版，第 40 页。

决,美国最高法院决定于12月16日开庭审理7人的上诉。这一结果显然对被告有利,于是,木村兵太郎、武藤章、重光葵、梅津美治郎4人也向美国最高法院提出上诉。

美国最高法院的决定在日本及东亚引起巨大震动。中、英、苏等国驻日代表团7日立即表示反对,认为美国最高法院的决定是"破坏盟国军事法庭威望之惊奇行动"。连在日本的英美人士也对这一决定十分不满,认为是国际事务上的一大错误。

出席东京审判的中国检察官向哲濬和法官梅汝璈当时就发表声明,指出美国最高法院无资格讨论东京国际军事法庭的判决决定。他们向记者表明:向美国最高法院提出上诉,其实是一种拖延策略,"实等于质问麦克阿瑟元帅以美国公民资格之个人权力"。[1]

12月14日,《申报》发表文章,抗议美国最高法院接受日本战犯的上诉,文章称:

"美高法院无权接受日战犯的'上诉',更无复审国际法庭判决的权力。依美国宪法的规定,最高法院对美国军队设立的军事法庭所为的战犯判决,并无复审之权,其立法主旨,在于表征司法的纯正,而不干涉军法行政。日本并非美国的殖民地,而美国军队进驻日本,是执行盟国的占领任务,美国驻日军对并无军事法庭审判日本战犯;美国与其他10个同盟国对于日本战犯的审理,依波茨坦宣言及盟国协定,系委之于远东国际军事法庭,这个法庭不仅名为'国际'性,法庭组织的法官和检察官,也由十一国指派全权代表主持,其组织并不根据任何一国的国内法,完全系以国际法和先例做根据。美国法律不超过于任何一盟国的法律,美国最高法院也不高于国际军事法庭;因之,它的权力是不能损及国际军事法庭所为的任何判决。广田、土肥原向美最高法院提出'上诉',是一种无耻的偷生心理;美高法院接受日战犯的'上诉',完全蔑视国际法及国际法庭。这是我们必须提出抗议的。"

文章继续称:

"远东国际军事法庭系盟军总部设立,盟总并不干涉战犯审理,国

---

[1] 《申报》1948年12月2日、4日。

际法庭是独立的、合法的。众所周知，审判日战犯并非美国一国作主的事，它是根据波茨坦宣言和盟国协定而成立的，麦帅在法律上是以一个盟军统帅的地位，代表各国成立并执行这个法庭的成立，麦帅在行政上的上级，应该是十一国的远东委员会。诚然，麦帅是美国人，其自身的行为应当受美国法律的约束，可是，麦帅身任盟国驻日军队的统帅，其行政措施是对远东委员会负责，而非对美国负责的。因此，盟总负责设立国际军事法庭是合法的措施；盟总复核判决书予以原判执行，同样是有法律依据的。我们有权利抗议美国最高法院接受日战犯的'上诉'，同时有权利提出要求，盟总不接受任何干扰，迅速执行广田、土肥原、东条灯七名的绞刑，和木户、嶋田等的无期，重光等的有期徒刑，以维国际军事法庭的信誉。"

"美国的司法组织纯正而开明，向为举世所尊重；1946 年 2 月，日驻菲司令山下奉文要求人身保护状，美高法院慨然予以拒绝，深为各国司法界所赞美。第二次世界大战发生以来，美最高法院对盟军和美军的任何一桩军法判决，完全保持客观的态度，不予干涉或干扰，足征美国司法界是崇向理性，尊重国际习惯的。这次竟突然接受日战犯的'上诉'，真实咄咄怪事，我们除了抗议这种违反法律，违背习惯的措施外，希望美最高法院作明智而纯正的处断，以免本案拖延情事。要之，本案的拖延即是正义的拖延，美国司法神圣，不应对正义公理怠工。这是我们的意见。"[1]

美国最高法院的态度在美国国内也引起轩然大波。美国政府意识到此举在国际社会将引起麻烦，甚至将损害盟国机构的活动和利益。于是，政府通过美国副检察长普尔曼以美国政府执行机关的立场正式行文最高法院，表示美国政府对此极表关切，认为最高法院贸然接受战犯的上诉，必然要引起国际纠纷，发生极不愉快的后果。美国国务院和远东委员会也发表正式声明，强调东京国际军事审判法庭"实一合法组织"，"日本战犯东条等七名即由该法庭判处死刑，美国最高法院无权受

---

〔1〕《申报》1948 年 12 月 14 日。

理其上诉。”[1]

在这样的批评中，美国最高法院于16日对上诉进行了第一次审理，17日听取辩论，于18日进行秘密投票表决，计划在20日公布结果。在这一期间，美国最高法院得到了25名日本甲级战犯均拟提出诉讼的消息，普尔曼则明确告诉最高法院，称“麦帅有权不理会该院之任何命令。”

迫于各方面的压力，美国最高法院于21日再次投票表决是否接受东京审判被告的上诉，这次最高法院关于上述判决书的投票结果是6∶1，即拒绝接受东京审判被告的上诉，完全扭转了原来的表决结果。表决后的判决书通过广播向世界播放，判决书称：“上诉人系由远东军势法庭判决，该法庭乃美国及现在占领日本之各盟国所组成。麦帅乃被推选之盟军统帅，军事法庭之判决已由麦帅批准，在此情形之下，美国法庭无权检讨、承认、搁置或废止此种判决，为此理由，各该上诉人援引人身保护法之要求，当予驳回。”不久，美国最高法院再次以6∶1的投票结果，否决了后来向其提出上诉的重光葵等人的要求。

麦克阿瑟在接到美国最高法院的通知后，立即下令了对东条英机等人执行绞刑的命令。12月23日，东条英机等7人被执行死刑，一场风波终于平息下来。

上述风波的产生，暴露出美国政治家对东京审判的国际性地位认识不足的漏洞。其实这种不足在东京审判的初期，即在法庭设置时就已经明显地表现出来了。因为名义上是盟国共同实施的国际军事审判，其实法庭的设置、主要成员的任命、战犯的调查与逮捕、起诉和审判等权限均委以驻日盟军总司令（SCAP），也就是说，美国在审判中拥有主导权。但如果不能很好把握这一主导权，当然也应承担在审判中出现漏洞的责任。

1945年8月16日，美国陆军参谋长马歇尔致函在马尼拉的麦克阿瑟，指示他在处理日本的问题上参照德国的例子，所有函件同时送抵驻德国的美军司令官。26日，美国国务卿致函美国驻英大使和麦克阿瑟，

〔1〕《申报》1948年12月17日。

说明了根据国际军事审判法庭宪章第6条对A级战犯审判的规定成立审判日本主要战争犯罪人法庭的情况。由于日本问题在美国战后处理中的位置越来越重要，国务院和陆、海军部均有介入，容易产生分歧，所以由上述三部门组成了协调委员会（SWNCC），其下专门设立了远东小组。该委员会在1945年11月成立，在后来制定并实施对日政策与决策的过程中，成为具有重要作用的机构。

1945年11月20日，在德国纽伦堡已经设立了审判战争犯罪的国际军事法庭。尽管东京审判法庭可以全面借鉴纽伦堡审判法庭的经验，但是由于同盟国各国在处理亚洲问题上有各自的考虑，并且日本在战争责任认识方面与德国也不相同，所以东京审判法庭与纽伦堡审判法庭存在差异。特别是在纽伦堡审判中担任首席检察官的美国大法官罗伯特・H・杰克逊根据在纽伦堡审判中体会到的各国之间协调沟通比较困难的问题，向美国助理国务卿艾奇逊〔1〕建议：对日本的审判固然可根据德国的基本原则，但在设置法庭、实施规则与规定战争犯罪的概念等问题上，与其等待各国之间的协定，不如授权麦克阿瑟迅速决定为好。

艾奇逊对杰克逊的建议十分重视，并且也认为应让麦克阿瑟拥有从选择检察官到法庭设置的所有的权限。与此同时，美国陆军部也强烈要求给予作为盟军总司令官（SCAP）的麦克阿瑟以相应的权力，提出各国指名的检察官应由麦克阿瑟直接任命。

1945年11月29日，杜鲁门总统任命季南〔2〕为搜查、起诉日本战争指导者战争犯罪法律顾问团团长。12月6日，季南率美国检察官组成的38人代表团前往东京，当他们到达时，最后一批甲级战犯嫌疑人的逮捕工作已于同日完成。〔3〕8日，季南被麦克阿瑟任命为盟军总司

〔1〕迪安・古德哈姆・艾奇逊（Dean Gooderham Acheson，1893－1971），美国律师、法学家、政治家，曾任助理国务卿，美国国务卿，总统顾问、民主党外交委员会主席。

〔2〕约瑟夫・季南（Joseph・Keenan，1888－1954），远东国际军事法庭首席检察官兼盟军总司令部国际检察局局长。

〔3〕根据梅汝璈先生的回忆，盟军最高统帅部，对日本战犯嫌疑人一共进行了四次抓捕，最后一次在1945年12月6日。参见：梅汝璈：《远东国际军事法庭》，法律出版社1988年版，第128～143页。但根据美国外交文件的记载，1946年1月17日麦克阿瑟逮捕了最后一批共110名战犯嫌疑人，但绝大部分都是乙级和丙级战犯嫌疑人。

令部直属的国际检察局(IPS)局长。

12 月 8 日,美国国务院向英、中、澳、荷、加、法、新西兰各国(苏联在 29 日收到)驻华盛顿外交机构送交了一份备忘录,备忘录称:有必要尽快以“对和平的犯罪”名义审判日本的主要战犯,所以,已经给予驻日盟军总司令以设置该审判法庭、确定实施规则、任命检察官、法官的权限。备忘录称审判途径将与纽伦堡审判采取同样方式,但要与远东国际环境相适应。备忘录还通报说已经任命盟军总司令部直属的国际检察局(IPS)局长季南为首席检察官,其他检察官则由上述 8 国加上印度和菲律宾指定成员,由盟军总司令任命。法官 3～9 人,由在日本投降文件上签字的 9 国指定成员构成,包括首席法官均仍由盟军总司令任命。因盟军总司令预定在 1946 年 2 月 1 日提出起诉状,所以希望上述 8 国在 1 月 5 日前指定检察官、法官各一名。从上述内容上可以看出,名为备忘录的文件,其实就是美国单方面就既成事实向其他国家的通报。

远东国际军事法庭宪章再起草的过程中虽然基本参考纽伦堡审判法庭的原则,但是在组织形式上的确有重要的差别。主要的特征是:

首先,在法官的设置上,纽伦堡审判法庭的法官是由美英法苏四国各委派一人,同时各任命一名预备法官。做出判决决定时,四名法官均须在场,如有缺席,由预备法官出席。每次审理前推举一人主持,原则上每次审理轮换。但是远东国际军事审判法庭的法官则是由参与远东委员会的 11 国各出一名,没有预备法官,只要过半数即可开庭。[1]。

其次,两个法庭虽然均遵循少数服从多数的原则,但纽伦堡法庭在做出有罪认定和量刑的时候,需要四分之三多数,而远东国际军事法庭则只要取得出席法官过半数即可,在可否意见相同的情况下,由首席法官定夺。

第三,在检察官的设置上,纽伦堡审判法庭的检察官是由美英法苏四国各委任一名主任检察官构成检察委员会,以少数服从多数为原则,委员会议长原则上由四国轮流担任。远东国际军事审判法庭则由驻日

〔1〕[日]粟屋憲太郎:『東京裁判論』,大月書店 1989 年版,第 55 页。另外,印度与菲律宾法官都是在审判开始后才抵达东京的,所以审判从一开始就始终存在缺席法官的问题。

盟军总司令任命一名首席检察官，其他有关国家指派的参与检察官仅仅作为首席检察官的辅佐。

另外，在法官回避、缺席审判禁止再审等方面，远东国际军事法庭宪章与纽伦堡审判法庭的原则也有差异。

这些差异均与保证美国在审判中的主导权有直接的关系，说明盟军国际检察局在起草宪章的时候，其实是深受美国国务院和陆海军三部门协调委员会（SWNCC）远东小组"SWNCC57－3方针"的影响。

三、免除战争责任——真正应被质疑的东京审判的缺陷

提出所谓"东京审判史观"的问题，似乎是在用批判的眼光关注东京审判的研究，其实是想通过否定东京审判的基本原则达到否认日本的侵略战争责任。当然，在肯定东京审判正义性的同时，确实也应指出审判过程中的缺陷，这才是对东京审判的科学的研究态度。东京审判的真正缺陷恰恰在于对日本侵略战争责任追究的不彻底。

首先，日本天皇战争责任的被"免责"是导致战后日本社会战争责任认识产生混乱的根源，不能不认真反思。

明治宪法规定日本天皇是"总揽统治权"的国家元首，是日本军队的"大元帅"即最高责任者。昭和天皇在战争中通过向"帝国臣民"发出参战命令深深地介入了战争指导与作战指挥，"作为军人的资质和素养在战争中得到充分的发挥"，"以政治家与战略家的双重身份随时观察世界形势与战况，作为握有统帅大权的大元帅对统帅部时而激励、时而苛责"地指挥作战。[1] 所以，天皇的战争责任"无论在国内、国际、法律上、政治上、道义上的各方面都是十分清楚的"。[2]

固然，在战争时期的某些阶段和某个特殊的事件中，天皇曾对军队的极端主张和独断专行表示过愤怒，他也不喜欢军队的冒险主义精神，并没有鼓励军队同英美开战的主张。[3] 但仅仅根据这些态度认定天皇在日本的政策决策集团中最具和平倾向，则是十分牵强的。事实上，

---

〔1〕［日］山田朗：『大元帥昭和天皇』，新日本出版社1994年版，第310～311页。

〔2〕［日］高橋哲哉：『戦後責任論』，講談社2005年版，第23页。

〔3〕《木户日记》、《西园寺公与政局》等第一手资料，都表明了天皇的这一倾向性。

尽管天皇对“独走”甚至“暴走”的军人表示过不满，但仍然予以事后的承认，甚至给予奖励和激励，更多的则是默认了政治、军事上的领导人所走的战争道路。〔1〕有的学者认为，天皇至少在以下三个方面应当承担战争责任，即作为唯一的统辖国务与军务的领导者的责任；作为唯一的发布大本营军事命令的指挥者的责任；作为统帅权的实际行使者的责任。〔2〕

日本的帝国宪法第三条规定“天皇神圣不可侵犯”，也就是说在日本帝国的国内法中没有制定从法律上追究天皇责任的条款，〔3〕但是作为国际军事审判法庭的东京审判，不应受日本国内法的制约，国内法不能成为妨碍追究其破坏和平罪以及普通战争犯罪等国际法上犯罪的根据。〔4〕并且有人主张，即使从法上将天皇作为被告追究确实困难，那么最低限度让天皇作为证人加以传讯是完全可能的，那样做也是全面弄清日本战争进行过程所不可缺少的一环。但尽管如此，天皇不仅没有作为侵略战争的责任者受到追究，甚至没有作为证人受到传讯。

在日本被迫接受波茨坦宣言之际，政府和军部最担心的就是天皇的战争责任是否被追究及与之相关的以天皇制为核心的日本国体是否被改变的问题。事实上，“战争刚结束时，围绕战争责任，连保守派都具体考虑到了昭和天皇退位的可能性”。〔5〕不过，面对即将失败的局面，日本没有在这一问题上与同盟国讨价还价的资格，所以采取的是将战争责任推到内阁及军部的策略。

早在日本发动的战争已经露出败象的 1945 年 2 月，首相近卫就向天皇提出了“上奏”，将战争责任推到军队革新派的身上。他认为日本之所以从“九一八事变”走向太平洋战争，是军阀与极端的国家主义者

---

〔1〕［日］山田朗：『大元帥昭和天皇』，新日本出版社 1994 年版，第 312～313 页。

〔2〕［日］山田朗：『昭和天皇の軍事思想と戦略』，校倉書房 2002 年版，第 371～372 页。

〔3〕上杉慎吉：《帝国宪法逐条讲义》，日本评论社 1935 年版，第 12～14 页；佐佐木惣一：《日本宪法要论》，金刺芳流堂 1932 年版，第 193～194 页；美浓部达吉：《宪法撮要（全）》修订第五版，有斐阁 1935 年版，第 256 页。

〔4〕远东国际军事法庭宪章第六条规定：“被告在任何时期所处之公的地位，都不足以免除其被控所犯任罪行之责任”。虽然它不像纽伦堡宪章那样一目了然，但可以理解为从法律上追究天皇并非不可能。

〔5〕［日］大沼保昭：『東京裁判・戦争責任・戦後責任』，東信堂 2007 年版、序言第 4 页。

的责任，即军部中的一部分军人(其背后是一部分官僚与右翼)的推动，那些人伪装左翼提出“共产革命”。而在战争发展到今天的时候，那些人又宣扬“一亿玉碎”，企图利用混乱达到他们的革命目的。所以，为了防止“共产革命”，需要维护天皇制的日本国体。这就是所谓的“近卫上奏文”[1]。日本投降后，近卫与麦克阿瑟在1945年10月4日会谈时也重申了这一观点。

接近战败的时候，日本皇室的态度是不仅将军部推出，并且也将内阁推到被审判的位置上。战后担任首相的皇族东久迩曾说：当时的“和平派”批评东条把事情搞糟了，认为所有的责任都应让东条来负。因为如果模糊了内阁的责任，就有把战争责任引到皇室的危险。他还期待将东条与希特勒相提并论地视为战争元凶，将攻击的目标集中到他们的身上。[2]

其实，1945年10月22日，美国国务院和陆、海军三部门协调委员会(SWNCC)在第28次会议上通过了“SWNCC57－6方针”，提出关于天皇裕仁是否违反国际法，是否作为战犯审判的问题，由担任日本占领军总司令的麦克阿瑟在搜集资料的基础上做出判断。

而麦克阿瑟在这之前的9月27日也已经与天皇进行了第一次会谈，并且在心中有了为使美军在日本进行有效地占领，即使占领“圆滑化”，要最大限度地利用天皇，不追究天皇的战争责任的“腹案”。[3]不过，为了不引起有关同盟国的批评，麦克阿瑟并不急于表示这种态度。

但是，设在伦敦的“盟国盟国战争犯罪调查委员会”(UNWCC)首先对美国的做法提出质疑。该委员会委员长、澳大利亚人莱特早就提出确定对日战犯政策的主张，明确指出应将天皇列为战犯。但是，美国委员霍金斯则以日本的投降条款尚未明确为由，阻挠委员会工作的开展。直到1945年8月29日，委员会通过了“关于日本战争犯罪及残虐行为的报告”，[4]但是否追究天皇的责任，美国方面则迟迟不表示意

---

〔1〕[日]矢部貞治：『近衛文麿』，弘文堂1952年版，第193～194页。
〔2〕[日]『近衛日記』，共同通信社1968年版，第10～11页。
〔3〕[日]粟屋憲太郎：『東京裁判論』，大月書店1989年版，第198页。
〔4〕*Foreign Relations of the United States*, 1945, Vol.6, pp.913－918.

见。于是,莱特坚持要求实现该报告的宗旨,明确指出应将天皇列为战犯。9月25日,莱特提出应在东京设立"盟国盟国战争犯罪调查委员会"(UNWCC)的分委员会,10月31日,他再次敦促英国政府邀请盟国成员召开政府级别的会议。

1946年1月22日,麦克阿瑟收到了美国陆军参谋本部(JCS)的电报,告诉他澳大利亚已经在伦敦的"盟国战争犯罪调查委员会"(UNWCC)上提出了以天皇为首的62人的日本战犯名单。由于澳大利亚不仅一直坚持追究天皇的战争责任,并且反对美国越过同盟国进行战后处理的态度[1],麦克阿瑟才有了紧迫感,于是马上在25日回复陆军参谋长艾森豪威尔,称已经尽可能进行了全面的调查,"给我强烈的印象是:直到战争结束为止,有关的国家大事,几乎都由天皇左右的大臣们负责","没有发现天皇犯罪的明确的证据,不应将其作为战犯进行追究"。他还强调说,如果将天皇作为战犯加以追究的话,就要对美国的占领计划进行重大的变更。因为要应付日本国内的游击活动,至少还要补充100万军队和数十万行政官员,还要确立战时补给体制。[2]

美国政府显然被麦克阿瑟这一耸人听闻的电报所打动,从顺利有效地实施占领政策的角度判断天皇是非常有用的人物,认可了不追究天皇战争责任的立场。而这一立场又与确立战后日本宪法的改定、确立象征天皇制等问题密切相关。

这一立场也立即为担任东京审判国际检察局长及首席检察官的季南接受,配合麦克阿瑟在法庭中为免除天皇的战争责任进行了一系列活动。首先进行的就是在1月29日公布的东京审判法庭的宪章中,取消了纽伦堡审判宪章中的"国家元首"的表述。

---

〔1〕 澳大利亚政府曾就日本天皇的战争责任提出了备忘录,称:"虽然不怀疑天皇个人持有和平性愿望及自由主义思想,但根据日本帝国宪法的规定,宣战、讲和及缔结条约的权限在天皇,故认可侵略战争是其作为战犯的个人的责任。天皇虽然对九一八事变中朝鲜军司令官林铣十郎的独断出兵、日军出击锦州和1935年日军越过长城发出过停止的命令,但是后来均加以承认。另外,正式认可1937年侵略中国的战争,太平洋战争的开战诏书也出自天皇。美国国务院认为偷袭珍珠港的行为是天皇被军国主义者胁迫,所以主张免责,其实天皇根本没有被军队胁迫。如果她真的是和平主义者拒绝战争的话,就应以退位或自决的方式表示抗议。如果认为战争不好,但是又认可开战,本身就是责任"。见同上,第201页。

〔2〕 转引 *Foreign Relations of the United States*,1945,Vol.6,第199页。

纽伦堡法庭宪章的第7条称：无论国家元首，抑或政府各部负责人，其公务性地位均不得作为解除责任或减刑之考虑理由；第8条称：即使被告人在其政府或上司命令下行动，并不能解脱被告人之责任。然本法庭承认正义合理之要求，可考虑以减刑方式对待上述行为。

但是在远东国际军事法庭的宪章中，将上述两条合并后为第6条，内容是：被告人无论何时具有公务性地位，或依据其政府或上司之命令行动，其本人被起诉之战争犯罪责任均不足以被免除。然本法庭在承认正义合理之要求条件下，可考虑以减刑方式对待上述行为。

以上可看出：与纽伦堡法庭宪章相比，远东国际军事法庭的宪章中去掉"国家元首"的概念，显然是为了免除天皇的战争责任。而在审判的过程中，为了从东条那里引出免除天皇责任的证言，季南检察官挖空心思地说教诱导，甚至到了滑稽的地步，这在今天已为世人所知。[1]由此可以看出，为了占领政策，美国不惜无视最本质的问题，采取政治优先、机会主义的政策，导致审判出现了重大缺陷。

当然，天皇及其近臣在强调军部和东条英机的战争责任的同时，也在从事着另一方面的"努力"。因为他们深知：即使追究了军部的战争责任，但也没有理直气壮地免除天皇战争责任的理由。特别是当包括梨本宫在内的59人被捕，一些国家的检察官和法官明确指出天皇应承担战争责任，澳大利亚政府甚至提交了告发天皇战争责任的备忘录后，天皇及其近臣更加紧张。他们越来越意识到：必须制造出天皇反对战争扩大，并且只有根据天皇的"圣断"才能够结束战争的"神话"，才能将责任全部推到军部和内阁，才能证明天皇的和平主义精神。[2]于是，在天皇近臣们的努力下，《昭和天皇独白录》出台，东条英机也适时地表示自己要承担一切扩大战争的责任。

这样，以美国为中心的选定战犯执行委员会在向检察官会议提出的战犯名单中就没有了天皇的名字。在4月8日的检察官会议上，澳大利亚政府和检察官郑重提出将天皇作为战争罪犯的主张被否决，通过

---

〔1〕 参照儿岛襄：《东京审判(下)》，中央公论社1971年版，第10章。
〔2〕 [日]高田万亀子：『新出資料から見た「昭和天皇独白録」』、『政治経済史学』299号，1991年。

了美国方面提出的战犯名单。[1] 目前尚未看到围绕这一问题的具体的讨论，但是到4月17日，最后来东京的苏联检察团参加了拟定战犯名单的会议，曾经主张审判天皇的苏联方面，居然也没有对没有天皇的战犯名单表示异议，可见天皇的免责就是这样在美国的一手操纵下实现了。而战后日本在官方政治的场合下，几乎从来没有谈论过天皇的战争责任。

无论从哪一角度看，无论是天皇对亚洲的战争责任还是其对于国际法上的责任都是无法掩盖的。但东京审判无视要把天皇作为"战争罪人"起诉的国际舆论，仅仅出于美国占领政策上的需要和日本方面的"国体护持"的需要，确定了对天皇免于起诉的原则。

免除天皇的战争责任，最大的影响其实并不在天皇本人，导致战后日本社会关于战争责任认识的混乱才是最重要的问题。因为真正的战争责任被免除，就为右翼保守势力将战争责任问题模糊和相对化提供了口实。

其次，美国出于自身利益免除日本违背国际公约实施细菌战和化学战责任，也是影响日本的战争责任认识和战后东亚国际秩序的重大问题。

远东国际军事审判法庭设立后，根据法庭宪章，日本违反1899年7月29日在海牙缔结的关于窒息性毒气的国际宣言，违反上述国际宣言附件第23条甲以及布鲁塞尔条约第171条，在战争中开发研制细菌武器以及在战场上使用化学武器的问题自然成为法庭必须追究的战争责任问题。[2] 所以在国际检察局中，专门组成了调查组，组长为美国军事法官托马斯·H·莫罗(Thomas H. Morrow)上校。在国际检察局的分组中，莫罗负责B组，调查与中日战争有关的日本战犯的罪行，与中国检察官向哲濬在同一组。

不过，需要注意的是，在日本刚刚宣布投降，麦克阿瑟抵达东京两

---

〔1〕 Robin Kay ed., *Document on New Zealand External Relations, Vol. 2: The Surrender and occupation of Japan, Wellinghon*, 1982.

〔2〕 [日]粟屋宪太郎:『未决の战争责任』,柏书房1944年版,第44页。

天之前，美国就派出了一支由 11 位专家组成的科学技术调查团抵达东京，[1]他们的任务是调查日本在核、生物和化学武器方面的技术情况以及其他的军事情况。从该团的团长由美国总统直接任命这一点，足见美国对这一问题的重视。而在德国投降的时候，美国也向那里派出了执行同样任务的调查团，并且获得了德国开发神经毒气的重要情报。所以，这一科学技术调查团关心的是日本在细菌战与化学战方面的技术能力和水平，与后来以莫罗为首的国际检察局的调查所关注的战争犯罪目的几乎没有任何关联。

美国早在 1939 年就已经发现日本正在从事生物与化学战的动向。但开始的时候，美国对日本的技术能力还有怀疑，认为尚不具有实战的能力。但是在 1941—1942 年，日本在中国许多地区实施细菌战的情报不断传来，美国觉得自己也必须实施细菌战计划。1943 年，美国陆军化学战部在马里兰州建立了细菌战研究基地，1944 年在犹他州还建立了新的实验场。由于美国是当时大国中最后着手开发细菌武器的国家，其技术水平甚至比一些小国家还落后，而日本军队使用活人进行试验的特殊条件使其细菌战能力超过美国。对日本开发细菌武器的技术及实验结果的关注是科学技术调查团的根本任务。[2] 调查团中的军医中校、医学博士马勒・桑德斯是美军生物化学战武器开发中心的成员，专门负责调查日本生物化学武器的研究开发的问题。桑德斯的调查结果直接向麦克阿瑟最信任的负责情报（GⅡ，参谋第 2 部）的副参谋长威罗比直接汇报[3]。

科学调查团讯问的对象主要集中于技术领域，如询问日本内阁陆军省大臣下村定、参谋总长梅津美治郎、陆军省医务局长神林浩，以及与日本关东军 731 细菌部队部队长关系密切的军医大佐增田知贞、医学博士内田良一[4]中佐、军医少佐早川清以及军医大佐出月三郎、军

---

〔1〕团长是美国马萨诸塞工科大学的理学部长 E・L・莫兰德，顾问是该学校校长 K・T・昆普敦，所以也被称为莫兰德调查团或昆普敦调查团。

〔2〕［美］哈里斯：《死亡工厂》中译本，上海人民出版社 2000 年版，第 255～257 页。

〔3〕［日］常石敬一：『医学者たちの組織犯罪』，朝日新聞社 1994 年版，第 32 页。

〔4〕内田良一在 1939 年曾向美国洛克菲勒研究所要求提供黄热病病毒，并许以 3 000 美元，引起过美国的关注。见哈里斯：《死亡工厂》中译本，上海人民出版社 2000 年版，第 248 页。

医大佐井上隆朝等人。专门负责技术方面工作的桑德斯根据对这些人的询问撰写了报告，基本搞清了日本军队的细菌部队的基本组成；以“防疫给水”为掩护的实质；生物武器的技术水平等问题。在调查过程中，得知负责日军细菌战的主要人物、关东军731部队部队长石井四郎中将一直藏匿在山间别墅，没有被作为战犯逮捕，美国便决定与石井四郎之间进行一笔“交易”。

1947年5月6日，麦克阿瑟发给美国国务院的电报（C52423号）中谈到将日本军队的细菌武器研究的情报通过秘密手段搞到手的问题，电报谈到在与石井四郎交涉的时候，石井四郎提出：若能够得到免除其自己与部下战争责任的正式文件，他愿意将细菌战研究的成果全部交出。1947年9月8日，国务院远东委员会给麦克阿瑟的“备忘录”（SFE188－2）指示：“关于从石井及其部下手中搞到的必要的情报问题，因为这些情报是美国从秘密渠道得到的，可以不向那些日本人承诺不将这些情报作为‘战犯’的证据来使用。如果有那样危险的承诺，将来很有可能使美国处于被动局面。所以作出承诺不是好的办法。但是从安全保障的角度，阁下不应将石井及其部下作为战犯起诉，不作承诺，像过去那样必须将那些情报一件不漏地继续抓到手。”在另一份1947年12月12日完成的名为《关于细菌战调查的概要》的报告（AP0500）中，还记载美国为得到细菌战的有关部门资料花费了25万日元。[1]

可见，美国的确是从本国的安全保障的角度思考为题的，它认为细菌战的资料对于美国的防卫是必要的，而且从秘密渠道得到的资料必须垄断性地保存。而条件则是免除了对日本细菌战战争责任的追究。

关于免除日军化学战战争责任的过程，与上述情况有所不同。

日本在战争中使用化学武器的问题早就为中国方面所揭露。1938年5月，中国国民政府的代表顾维钧曾在国联会议上指出日本军队违反国际法和国际协定在中国使用化学武器的问题。此后，中国国民政

---

〔1〕［日］松村高夫、金平茂紀：『ヒル・レポート—七三一部隊の人体実験に関するアメリカ側調査報告(1947)』(上)『三田学会雑誌』84巻2号、1991年7月。

府在军政部中设立了防毒处,记录日军使用化学武器的情况。所以美国方面对这一情况一直是关注的。

日本军队在1941年10月的宜昌战斗中大规模地使用了包括芥子气和路易氏气在内的毒气武器后,美国陆军部的军事情报部(G2)于1941年11月15日整理了《关于日本在中国使用毒气情况给总参谋长的备忘录》,备忘录表明美国那时已掌握了自1937年中日全面战争开始后直到宜昌作战期间日本军队使用毒气的情报。国防部接到了这一情报后,考虑了以发表声明的方式对日本提出警告的方案,但是没有实施〔1〕。

日美开战后,鉴于日本仍在中国使用化学武器,蒋介石曾在1942年5月9日致电外交部长宋子文,要求宋向国际社会谴责日本的行为,并争取美国的支持,电报称“需谋求对我国抗议的舆论支持。近来,英国首相发表声明,警告德国说:如在俄国战线开始使用毒气则进行报复。应依照这一方式对日本施加压力,应与美国政府交涉,希望获得其措辞严厉的声明”。〔2〕同时,中国驻美使馆也将日军在华使用化学武器的报告转交美国国务院。于是,6月4日,美国总统罗斯福发表了谴责和警告日本使用毒气的声明,指出:“美国政府已经得到了确凿的情报,证实日本军队在中国的许多地方使用了毒气(poisonous gas)和有害的气体(noxious gas)。如果日本继续对中国或其他盟国使用这一非人道的战争手段(inhuman form of warfare),我国政府将视其为对美国的战争行为,因此将毫不犹豫地使用同样的手段给予最大规模的报复。我想对此是毫无疑问和明白无误的,现在正在进行报复的准备,而一切责任,应由日本方面承担。”〔3〕

此后,1943年3月6日,美国陆军部在《对指控日军使用化学武器及毒气事件的证据的调查》中列举了日军在中国、东南亚及太平洋区域

〔1〕 Department of State Decimal File 740.00116 Pacific War/1-5.

〔2〕 Department of State Decimal File 740.00116 Pacific War/31.

〔3〕 Department of State Decimal File 740.00116 Pacific War/1-32, RG 59, Entry Decimal File 1940-44, Box 2927, NARA.

使用毒气的例子[1],11 月常德作战后,盟军第六战区化学战军官斯特克威尔大尉提出了《关于日军在第六战区的化学战行动的调查》,列举了日军在常德作战中的 74 次使用毒气的战例。[2]

而国际检察局的莫罗在调查中也通过军政部防毒处的资料掌握了日军在中国战场大量使用化学武器的证据,并且将其写入了起诉书中[3]。但是,在开始宣读起诉书后,莫罗突然被召回国,本来要宣读的起诉书中日军化学战的相应部分被掩盖了,检察团最终放弃了对这一罪行的指证。[4] 于是,东京国际军事法庭终止了对日本的化学战战争责任的追究。

美国掩盖日本化学战责任的原因,在后来成为美国总统而当时的陆军参谋总长艾森豪威尔 1946 年 6 月 1 日通过麦克阿瑟发给首席检察官季南一封机密电报中暴露出来了。电报希望季南注意到:如果根据起诉书附录 D 对日本在中国的化学战责任进行追究的话,将与美军《野战基础教范 FM27-10》的原则相矛盾。[5] 也就是说,如果追究日本的化学战的战争责任,将是对美国军队今后使用化学武器的束缚。1946 年 11 月 29 日,国际检察局将从盟军总司令部化学部借用的有关日本军队化学战的资料归还给化学部,称那些资料对于审判已没有作用。也就是说,检察方已经彻底放弃对日本化学战的追究。

美国对待日本生物武器技术以及使用化学武器责任问题的态度,是其以国家利益为基本原则作为考虑国际关系问题出发点的证明。这种态度造成的对战争被害国的伤害,以及模糊战争加害国战争责任认识的问题,也是在研究东京审判过程中值得注意的。

---

〔1〕 "Survey of Incidents and Indications Showing Japanese Intent to Resort to Chemical or Gas Warfare" RG165, Entry77, Box2141, March 61943, NARA.

〔2〕 W. P. Stockwell, "Investigation of Recent Japanese Chemical Warfare Activity, Sixth War Area, China" Feb. 22, 1944, RG165, Entry77, Box2135, NARA.

〔3〕 莫罗将根据中方提供的证据写入检察官的起诉书附录中(附录 D,《通行的战争犯罪与反人道罪》中关于违反行为的细目第九节。

〔4〕 [日] 吉见义明:《毒气战与日本军队》,岩波书店 2004 年版,第 269 页。

〔5〕 Chief of Staff, War Department to CINCAFPAC (For Keenan, IPS) WAR89849, June 1, 1946, R 6-9, Incoming Messages, Box 99, Douglas MacArthur Archives. USAFPAC, AG, Radio and Cable Section Messages 1944-1946, RC 496, Entry 245, Box 1884, NARA.

1946—1948 年进行的东京审判，到现在已经过去了半个多世纪。东京审判将日本发动的侵略战争造成的悲惨和残酷的事实揭露出来，指出了日本军国主义对世界和平的危害和巨大的危险，所以才有战后半个多世纪的东亚及世界的新格局的产生。从这个意义上，东京审判的正义性不可抹杀。不过，半个多世纪以来始终活跃的否认东京审判正义性的翻案活动将东京审判的过程和结果归结为日本人“自虐”的“东京审判史观”，则从另一方面告诉我们对东京审判的局限性也不可忽视。我们需要从历史发展的大趋势、战后国际形势的需求、国际社会对侵略战争的谴责的大方向的角度进行把握，认识东京审判的正义性，同时要科学、准确地认识美国在东京审判中若干表现的缺陷，即全面认识和评价东京审判的基本意义。

第三章　东京审判、纽伦堡审判与国际法

第七节　韦伯战争罪判决草案

——东京审判判决的另一视角

大卫·科恩*

一、问题和背景

远东国际军事法庭庭长威廉·韦伯爵士的协同意见和多数意见判决一起公布，并为学者广泛引证。但韦伯从未发表的题为“庭长判决”的文件就不那么出名了，而且也从未公开发表。〔1〕韦伯完成并修改了一份《庭长判决》草案，但他最终决定用他提供给远东国际军事法庭简短的多的文本作为他的协同意见。《庭长判决》是一份内容复杂、全面的文件，打印稿大约有 637 页。这简直就是又一份完整的有关审判和 25 名被告人法律责任根据的说明。韦伯虽然同意多数法官所有被告人都应被裁决有罪的意见，但是几乎在其他一切方面，他都与他们意见相左，尤其是在审判适用的法律上、有罪裁决的法律依据和事实依据方面。韦伯的《庭长判决》值得我们关注，因为它提供了多数意见判决严重缺失的东西：对事实裁决（factual findings）的依据和结论前后一致、论证充分和逻辑合理的说明。假设韦伯的《庭长判决》为法庭采纳作为多数意见判决，法庭受到的许多批评可能就会避免。

当然，韦伯非常有资格拿出一份如此合理的判决意见。作为远东国际军事法庭的庭长，在诉讼过程中韦伯起了主导作用，庭审期间出席的次数远多于他的许多同僚（特别是那个缺席出了名的法官帕尔）。他

---

* 美国夏威夷大学、斯坦福大学教授。

〔1〕为避免引起混淆，韦伯未发表的手稿以韦伯给出的题目“庭长判决”来指称。韦伯发表的判决意见称为“韦伯的协同意见”。

也是一位卓著的、经验丰富的澳大利亚法官，是当时昆士兰最高法院的首席大法官。最后要说的是，凭借在战争期间执掌由澳大利亚政府委派对日本战争罪行进行调查和报告的韦伯委员会，韦伯对诉讼标的的了解远多于任何其他一位法官。不同于多数法官意见也不同于帕尔法官的异议意见，在他的判决意见中，有关法律责任的最终结论是建立在对庭审记录手抄本和作为证据提出的证件或者证物仔细审查之后得出的系统性的事实裁决基础上的。同样与这两份记述不同的是，韦伯的判决意见清晰表述了将适用的法律标准，并且确实把这些法律标准细致地适用于每一被告人的事实裁决上，除了几处明显例外。

鉴于多数意见判决书的大部分内容是对发动侵略战争这一阴谋笼统的叙述，倾向于模糊参与者个人的作用，韦伯集中讨论了在导致日本对中国以及随后其他国家进行攻击的一连串复杂事件中每一个人的作用。在多数意见判决书中，个人裁决部分占去了法庭发布的总共 1 211 页原始打印稿中的 66 页，或者大约总量的 5%。而在韦伯的判决书中，个人裁决部分占去了全部 637 页中的 374 页。这意味着《庭长判决》几乎 60%的内容都集中于对每一被告人个人的特定事实裁决上。当读到多数意见判决中的裁决部分时，很容易得出这样的结论，他们经常并不为有罪结论提供实质证据依据。的确，前面已经指出裁决是如何经常不参考证据的，甚至不参考占据判决书大量篇幅的叙述部分提出的不利于那一特定被告的证据。因此判决的批评家们会得出裁决是基于“胜者的正义”而不是被告个人的行为这一结论或许是可以理解的，因为他们不熟悉 42 000 页手稿内容和检控方提出的超过 5 000 项的支持性证据。针对每一被告人系统性的事实裁决的缺失是多数意见判决非常明显的缺陷，而这恰是《庭长判决》要处理的问题。韦伯的判决，而不是多数意见判决，对每一被告人系统性的事实裁决，为评估针对个人的裁决究竟是有证据支持还是由偏见或政治操控提供了更好的依据。为评估适用于这些事实裁决的法律框架是否前后一致地支持个人有责性结论，韦伯的判决也提供了一个很好的焦点。

通过法律分析和事实分析，韦伯得出全部 25 名被告都应被裁决犯有战争罪的结论，我的论文是对这种分析提供评价。有关他对破坏和平罪或者侵略罪的事实裁决留待必要的时候再分析。韦伯对全部 25 名被告有关战争罪指控中的个人有责性进行了广泛分析，鉴于目前的时限，对这种分析，不可能全面讨论。我将着重分析东京审判中的几位被告，讨论韦伯裁决的法律依据和事实依据。我将就事实裁决简要比较一下韦伯的判决与多数意见判决，也稍微与帕尔的异议意见比较一下。

当韦伯起草他自己的判决意见时，很显然他的脑海中萦绕着纽伦堡判决，他注意到了东京审判中缺少宣告无罪与纽伦堡审判中沙赫特、冯·巴本和弗里切等人被宣告无罪形成的鲜明对比这一现象。在《庭长判决》第六部分《个案》起始部分，他声明道，“像沙赫特和其他人在纽伦堡审判中的宣告无罪在这儿是不可能的。希特勒的对外政策显得摇摆不定，根据纽伦堡的事实裁决来看，直到 1939 年入侵波兰，他的侵略战争目的才仅被少数德国人知道。”[1]不管韦伯有关纽伦堡判决的说法有什么价值，他对个人法律责任所作分析的起点，却是从他在第四部分《日本诉诸战争》中的一般性事实裁决和他做出的针对每一位被告的事实裁决得出的结论，即“我发现要相信，这些处于公职的被告坚称的他们对法庭确认的有关日本态度方面的一切毫不知情是不可能的。任何参与他知道或者应该知道这是一场非法或者犯罪战争的人，无论是士兵还是平民，都没有豁免权。”[2]这是韦伯在破坏和平罪上的总的立场，他又是如何分析证据情形大为不同的战争罪呢？

回答这个问题我们必须谨记两个因素。首先，关于破坏和平罪，韦伯能够利用直接产生于许多被告个人角色的大量证据。有大量关于这些个人在内阁会议、帝国会议和国会演讲上说了什么和报告了什么的证据，以及在各种其他场合他们表述观点的证据。这类证据与特定被告在有关中国以及嗣后亚太战区的政策制定和执行过程中个人态度、沟通情况和参与程度直接相关。例如，这种证据表明了那些基于外交目的而把日本在中国的战争描述为一次“事件”的人是如何在事实上承

---

〔1〕 韦伯：《庭长判决》，第 268 页。

〔2〕 同上，第 267 页。修改这份判决时，韦伯对“没有豁免权”加了一个说明性注释：“没有法律原则或者正义允许豁免……”在这句引用语之后紧跟着插入这样一句：“并非仅有战士有责任或许是权宜之计，但是本法庭不能给予豁免，法庭没有权力改变法律，只能确认法律并适用它。”

认了那是一场战争，或者用现在的词汇来说，一次国际性的武装冲突。

尽管大量的此类证据能够说明个人在有关战争策划方面在政策层面上所起的各种作用，然而，涉及日本武装部队对占领区平民人口和战俘的行为时，情况却迥然不同。出现这种情况，首要原因是这类问题在最高政策层面不和像攻击谁、怎样攻击以及何时攻击这种至关重要议题的总体性战争策略及决定一样重要，能够产生那种广泛的、不间断的政策层面的辩论和讨论。尽管国际社会针对日本给予平民人口和战俘待遇的抗议在内阁层面已众所周知，但我们却只拥有相对较少的直接证据，证明许多被告对与这类所谓的战争罪相关的具体问题的知晓程度或者明示观点。第二个原因与对记录的破坏有关，这些记录毫无疑问将更能说明这些问题。韦伯自然对这一点很清楚，在《庭长判决》中直接谈到这一问题。至于从大日本帝国陆军总部发出的销毁全部文件、隐匿罪行的命令，韦伯推断这表明政府层面对大规模的暴行已然知晓。例如，他参照的由战俘情报局发出的一份命令中规定，“那些虐待战俘和被拘留者的人员……获准通过……逃得无影无踪来处理好此事。”〔1〕

战争罪指控在证据依据上不同于破坏和平罪的第二个理由与这些罪行的性质有关。正如帕尔法官指出的，就纽伦堡审判而言，检控方持有一些命令，它们能够直接把在政策层面上的特定个人与针对平民和战俘的犯罪行为联结起来。臭名昭著的政委命令就是这样一个例子，“夜与雾”法令则是另一个例子。〔2〕但是也应记住，这些法令，即便是关于这类问题的高层讨论，也从来没有直接谈到谋杀或者虐待。即使

〔1〕《庭长判决》，第260页。

〔2〕然而，帕尔夸大了这一案例。例如，检控方没有来自希特勒的直接命令和政策层面在波兰建立灭绝中心的命令。这些命令是一些特别措施的依据，通过采用这些措施，数百万的波兰和苏联国民（犹太人和非犹太人）被系统化地以射杀的方式大规模地处死，但是它们没有直接授权这种屠杀而是用委婉语或者其他曲折的说法创建一种行动范围，那些执行命令的人不需要明确的书面授权就能明白该干什么。正如阿道夫·艾希曼后来证实的，关于最终解决方法的命令，“在欧洲的犹太人问题的最终解决方案”（本身是模糊的委婉语），按照希姆莱所言，由希特勒口头传达给他，后来他口头传达给海德里希，海德里希又依次口头传达给参与万湖会议的官员。关于这一点，参见希尔伯特《欧洲犹太人的毁灭》（1985）第163～168页。海德里希收到的为执行后来称为“大屠杀”的任务仅有的书面授权（戈林签署，非希特勒）异常的笼统：“为补充完成1939年1月24日的指令早已分派给你们的任务，即通过迁徙或者撤退，在时间允许的情况下，完成尽可能有所助益的解决犹太人问题的方案，我特此命令你为完全解决在欧洲的德国影响范围内的犹太人问题，做好一切组织的、功能的、物质上的准备。”（为希尔伯特引用，参见163页）

在1942年1月召开的万湖会议上，海德里希和一群部长级官员在不到两个小时的时间里就勾画出了一个体制框架，系统性地灭绝特为这一目的而建的屠杀中心里的成千上万人，却没有明确提及这一任务的真实性质。海德里希解释说犹太人“撤退”到“东方”现在是一种“终局可能”，并且在这一撤退的执行过程中，许多人可能“因为自然衰退而灭亡”，那些没有“自然衰退”的人会得到“相应的待遇”。[1]尽管这些语言晦涩难懂，现在每一个人都明白那确切是什么意思，对身处各种职位的部长的确切要求又是什么。然而执行这项大规模的屠杀计划，他们也仅仅用官僚式的委婉语“迁徙”、“重新安置”以及“迷失”。[2]

因此，无论是在二战背景下还是在1992—1995年的波斯尼亚战争情况下，我们都不应期待找到有罪政策的直接表述。直接表述是例外而不是惯例。正如齐格蒙特·鲍曼和劳尔·希伯格所证实的，参与有罪活动的官僚机构通过委婉语来运作，这掩饰了对他们正在执行的政府政策的性质和目标的集体理解。这是官僚主义者和政府官员撇清政策后果责任的主要方式之一。也正是基于这一点，无论在纽伦堡、东京还是国内法庭上，当他们被传唤进行说明时，他们力图否认这种责任。对于东京审判中被告否认知道、否认有责这一点，我们再也不应该像我们对待纽伦堡被告提出的类似诉求和辩护理由那样信以为真。但是我们也必须一直记得，作为历史学者，不论我们对这些否认有何看法，在对这些人的审判现场，证明这种无罪声明的虚假性以及被告超出合理怀疑有罪的举证责任永远在检控方。另一方面，法官在这类审判中的职责是分析辩护方和检控方提供的所有证据，对检控方是否就每一被告被特别指控的每一项罪行已经履行举证责任提供一个合理的解释。

在日文语境中，从要求烧毁文件和要求涉案人员“消失得无影无踪”的命令，到实际系统化销毁文件的证据，我们知道确有日本人认为可以入罪的证据。假如这种证据保存下来，就像在纳粹德国做的那样，记录下作战中有罪军事行动的执行情况，东京的检控方或许会发现他

〔1〕 希尔伯特：《欧洲犹太人的毁灭》，第166页。
〔2〕 同上，第167页。

们的处境大不相同。但是有一点再怎么强调也不为过，总体上，针对高级别官员的战争罪审判通常是基于从各种各样的“情况证据”得出的推论，而不是每一位战争罪调查人员所梦想的“正在冒烟的枪”这种确凿证据。在这一点上，涉及战争罪，东京审判是一个典型而非特例。让我们简要考虑一下这些证据的性质，作为我们审查韦伯是如何得出他的结论的序曲。

从二战到卢旺达、波斯尼亚、柬埔寨或者科索沃的大规模暴行案例中，有充足证据表明发生了大规模的针对平民和其他受保护人员的罪行。那些吹捧帕尔法官的人或许应该更仔细地研读他的异议意见，因为帕尔不断重复陈述，日本军队犯下的他称为“邪恶的和恶魔般的”罪行如此普遍，它们毫无疑问是发生了。〔1〕然而他的结论却是，尽管那些在战场上实际实施的人在国内法庭因这些罪行受罚是正当的，但在东京审判中被指控的高层与他们下属的“狂热行为”没有任何关联，因此不能认定他们是有责任的。〔2〕

在审判高层被告人时，把他们与那些通常发生在他们没有见过的遥远地区、并由他们从来没有遇过的人实施的罪行联系起来，这恰恰是检控方面临的挑战。在现代国际和混合型刑事法庭，检控方区分“犯罪基础证据”(crime-base evidence)和“联结证据”(linkage evidence)。犯罪基础证人为他们个人经历或者见证的谋杀、强奸、驱逐出境或者酷刑作证。这些证人通常对正在接受审判的高层被告的作用毫不知情，或者对可能已导致这些罪行的蓄谋、政策、命令、或者决定毫不知情。就大范围的犯罪和暴行案例来说，确立犯罪基础通常相当简单明了，只要证明与进行这类犯罪直接相联的那些人的法律责任就可以了。然而，把这些被告与所犯罪行以及与对他们确切的角色和责任的描述联系起来有可能是相当难的，而且这种联系经常建立在从有关罪行的范围、罪行

〔1〕参见，例如，帕尔关于南京大屠杀的结论，“……即使考虑到不利于证据的一切因素，日本士兵在南京的行为毫无疑问也是残暴的，这种暴行在接近三周的时间里极其严重，在总共六周的剩余时间内，继续非常严重……”(《帕尔意见书》，第1099～1359页)

〔2〕关于当地日本指挥官的“狂热”行为，帕尔承认是对死亡铁路上成千上万的“苦力”和战俘死亡的解释，参见《帕尔意见书》第1183～1190页，这一词组被帕尔不断重复使用。

实施的性质和方式的证据得出的推论上。法官之间关于这种推论的确定性存在的分歧,就在最近,在前南法庭产生了三项极具争议的有关南斯拉夫冲突中高层军事和安保指挥官的宣告无罪。[1]

从这个角度来看,评价韦伯和多数法官在远东国际军事法庭的判决意见的两个关键争论点是:① 依据什么证据和从那一证据得出的什么推论,判决把每一位被告人和他们被宣判的罪行联系起来?② 就每一位被告人而言,法官依赖于什么责任理论确定他们的有责性?

二、个案

为了评价韦伯关于被控犯有战争罪的个人的法律责任分析,我们不得不看一下《庭长判决》两个截然不同的部分,把它们放在一起读一下。其中第一部分是《庭长判决》第五部分,《传统战争罪和违反人道罪》。第二部分是《庭长判决》第六部分,《个案》。第五部分相对简短,仅有25页。这种相对简短的处理手法可能有两个根据。首先韦伯作为在澳大利亚两个委员会的首领,对于这些庞杂的证据非常清楚,他可能认为与“犯罪基础”有关的证据问题简单明了、不成问题。第二个,相关联的理由,就每一个案来说(第六部分),他对不利于该被告的特有证据做了大量的分析。换言之,他无疑是强调联结证据和他的责任理论在事关每个人的证据上的适用。在这一点上,正如在许多其他方面一样,他的判决意见和多数法官的判决意见形成鲜明对比。如果这种解释是正确的,那么第五部分根本上是为第六部分做准备。第五部分为被告被控罪行的范围提供了全方位的说明,并且阐述了第六部分将要适用的责任理论。

第五部分的结论部分《暴行共谋结论》[2]总结了第六部分中裁决的根据:“日本武装部队犯下的战争罪行……如此之多、如此恶劣,引发了如此大的遍及盟军世界的抗议风暴,所有日本领导人必定都已经知道,这些被告更应该知道。然而他们没有采取任何有效的措施制止这

[1] 我指的是Gotovina、Perisic和Stanisic案的宣告无罪。

[2] 这一部分起初的题目仅是《结论——共谋》。韦伯手写划掉了,并写下了上面给出的这个题目。

些罪行。"[1]这是韦伯责任理论的核心。这一理论的要件与现代上级责任原则中的一些要素非常接近。[2] 在韦伯的观念中，当日本领导人知道战争罪行已然发生或者即将发生，或者有足够的信息警示他们对此应有做进一步调查的注意（or information sufficient to put them on inquiry notice），但是他们没有采取有效措施阻止这些罪行或者惩罚那些对罪行负有责任的人，他们就是有责任的。[3]

与现代原则的关键区别是现今证明被告和罪行实施者之间的上下级关系是一个先决条件。这种关系被界定为"事实有效控制"，即有权力阻止罪行或者惩罚那些对犯罪负有责任的人。韦伯看上去在明确表述这样一种版本的理论，这种理论坚称处于国家领导人职位的那些人，由于所处的核心部长级职位和内阁成员的身份，当他们知晓这种罪行可能已然发生或者将要发生的风险，有采取有效预防性措施的职责。我们可以称这种版本的上级责任理论为"内阁责任"。但对韦伯来说单有官方职位不足以据其确定责任。知道，或者足够的引发调查注意的信息，也是必须的。[4]

注意到这与多数意见判决的根本性不同是很重要的。多数意见判决的责任理论是，日本武装部队的罪行分布如此之广，但在各种不同地理区域却沿用如此类似的模式，以至于这些罪行必定是由被告"秘密命令或者蓄意允许的"。[5] 韦伯明确同意这些犯罪有一种模式，但却毫不含糊地否决这种推理在定罪上的充分性，因为还可能有说明这种相似性的其他原因，例如，陆军或者宪兵队的训练以及纪律方法。[6]

在他的判决草案中有关战争罪部分的结尾段中，韦伯对他认为的多数意见判决和帕尔异议意见中的错误观点做出了回应。他说道，"当

---

〔1〕《庭长判决》，第 261 页。

〔2〕例如《前南国际刑事法庭规约》第 7 条第 3 款和《卢旺达国际刑事法庭规约》第 6 条第 3 款的规定。

〔3〕在前南法庭切雷比奇上诉案判决（检察长诉德拉里奇及其他人案）中有明确表述。

〔4〕在法律术语中，这是指有罪过的必要条件，对风险的或者明知、疏忽、或者蓄意忽视的主观心理状态。

〔5〕多数意见判决采用了马尼拉美国军事委员会山下一案判决的用语。

〔6〕可帕尔否认有一种模式，因此拒绝罪行反映了一种政策的见解。参见《帕尔意见书》，第 1165/1391 页和第 1171～1394 页。

然，被告不能因为陆军和警察是实际的罪行实施者而免责。”这句话显然是直接回应帕尔不断重复的论断，即对暴行负有责任的那些人已经在国内法庭受到了惩罚，这种报应已经足够了，因此，没有必要再去惩罚东京审判中的被告，依帕尔来看，这些人在任何事件中都与那些罪行没有丝毫联系。[1] 相反，韦伯的观点是，“即便是被告中的文职官员，如东条英机和广田弘毅，也处于应向天皇抗议和请愿的境地，如有必要，为了阻止暴行，可以在日本政府引发一次危机。”他继续说道，这是身居高职要背负的：在他看来重大责任伴随着重大职责，而没有履行那些职责，即当他们知道或者理应知道犯罪正在发生，而他们没有在他们的职权范围内尽一切努力阻止这些罪行，是他们应承担法律责任最根本的依据。[2]

与多数意见判决的另一个关键区别在这里出现了，在个人裁决部分，韦伯对这一区别做了进一步的强调。鉴于多数意见判决也得出结论，拥有核心内阁职位的被告应该已经把这些问题提交给全体内阁会议，他们有意避免在这种语境中提到天皇。这符合英美转移天皇责任的策略，却遭到了澳大利亚人的强烈反对。而另一方面，正如我们将要看到的，韦伯一直在声明他们有职责把这一问题提交给内阁，如果那儿没有有效措施，就提交给天皇本人。[3]

现在转向韦伯对个别被告的分析，我么可以从平沼骐一郎开始，他是枢密院副议长，后来成为枢密院议长，也成为首相。韦伯耗费了大量时间详述他已经证明了的平沼骐一郎在1930年代日本对中国的政策形成过程中所起的关键性作用。例如，他引述了平沼骐一郎在国会的演讲，在这次演讲中，他说别无选择除了“灭绝那些坚持反对日本的人”。[4] 这种声明可能也会影响平沼骐一郎对发生在中国的战争罪行

---

〔1〕 参见，例如，《帕尔意见书》，第1145～1381页，仅引用了他的意见书中许多例子中的一个。

〔2〕《庭长判决》，第262页。涉及心理要素时韦伯的语言与现代理论非常相似。例如，在第267页，他指出身居高职的那些人“知道或者必定已经知道”，并说如果他们对具体的裁决内容和证据不是明知的话，他们充分地“至少被警示应予进一步调查”，从而推断他们知道。

〔3〕 尽管韦伯很清楚由于同盟国(参见《庭长判决》第274页，也就是美国和英国)政治上的权宜决定天皇不会出庭，他用《天皇的豁免》这部分强调天皇是最高权威：“他是日本唯一能在和平和战争上做决定的人……天皇会根据大臣的建议行动这种提议与证据相悖。”(《庭长判决》，第272页)

〔4〕《庭长判决》，第334页。

的看法这一议题。相比之下，韦伯对平沼骐一郎战争罪责任的讨论并非过度详细，而看上去像是依托于前面描述的职位，拥有像首相这种高职位的人被强加了一种特别义务。韦伯得出结论，鉴于他的职位和他能够掌握的信息，平沼骐一郎对暴行“必定已经知道”。“作为首相，他有完全的权利，他也有让这一问题引起天皇和内阁注意的义务，他们本能够结束这些(也就是，这些罪行)，他必须为他的不作为后果负责。”〔1〕

对于其他文职官员，韦伯更加深入地集中在他们所能获得的信息和他们必定已经听说的证据上。例如，有关重光葵任外务大臣时(1943—1945)的履职，韦伯全面审查了他的声明和所作所为。重光葵作为外务大臣时受到了持续不断的有关战俘待遇的抗议。韦伯阐明重光葵因此是如何已经知道的(或者至少有足够的信息警示他应进一步调查)，但是他用虚假的信息回应盟国的质疑和抗议，并拒绝允许对相关的战俘营进行视察。韦伯举出了多个这种行为的例子，并且援引日本政府的文件证明他的答复是一派谎言。〔2〕韦伯把重光葵处于大使这种低级别职位上的职责与当他上升到内阁级别时所应承担的职责进行了对比。在内阁那种级别上，他有责任采取有效措施保护战俘和占领区平民。韦伯发现他无视这一职责，没有“做出适当的调查并且也不允许瑞士或者红十字国际委员会的代表那样做”。他也从来没有与内阁或者天皇讨论这一议题，“更别说辞职或者强力促成一次危机”。

假设那个标准看上去严格，大家可以查阅国际军事法庭的“后续审判”纽伦堡军事法庭的部长案例。在那里，例如，恩斯特·冯·魏茨泽克，外交部的国务秘书，职位远远低于重光葵，被认为对在苏联和波兰实施的大规模屠杀和暴行负有责任，因为当他意识到这些罪行的时候，他没有辞职(因为还没达到内阁级别，他不能直接影响政策)。法庭依据这一点宣判他有罪，尽管法官们明确认识到他留任继续工作是为了抵抗希特勒。尽管帕尔和罗林提出了严正声明，但是在二战的背景下，

〔1〕《庭长判决》，第344页。

〔2〕TPH563～566页。关于木村，韦伯得出了一个类似的结论。木村在1942年1月建议外务省日本应遵守《1929年日内瓦战俘公约》。他受到了关于虐待战俘的抗议，但是除了给出虚假信息，没有予以回应。

根据这样一种依据，对外务大臣定罪没有什么特殊。韦伯得出了类似的结论，例如，关于陆军大臣板垣征四郎。韦伯发现他听说过在中国实施的战争罪行，他的陆军次官发出了一道命令，要求从中国回来的士兵不要讨论或者透露正在那儿发生的暴行。尽管作为陆军大臣通过诉请内阁或者天皇他本应采取有效措施，但是他什么也没做，因此违背了他的职责。

至于有军职的被告，韦伯对他们作战的真实背景进行了更加细节性的探讨。这是必须的，因为他们在国家政策层面的内阁之下作战，并且他们的法律责任基于与具体暴行的直接联系，假如能证明的话。韦伯对松井石根将军涉及南京的行为进行了非常详尽的证据分析，由此确立了韦伯的结论，即他知晓暴行，并且为制止暴行采取了有效的措施。尽管松井石根发布了要尊重平民人口的命令，但是这些命令没有得到遵守，他也清楚它们没有被遵守。他没有采取有效措施确保他的命令得到执行。在当今的国际法领域仍然是这种情况，指挥官不能通过仅仅发布命令就能免除责任，除非他也采取了他职权范围内的一切措施确保这些命令能被遵守。同样，对于被告人武藤章、冈敬纯和佐藤贤了，韦伯分析了相关证据，这些证据表明它们令他满意地达到了他清晰表述的标准。韦伯得出结论：这种证据证实了他们知道罪行、知道他们特定的责任范围、知道他们积极行为的职责和他们的不作为。

又一个例子可能说明韦伯对待内阁级别被告和拥有官僚职位被告方式上的区别。例如，被告佐藤贤了，是军务局局长（从 1942 年起）和国会战争部事务政府委员。在他作为军务局局长的职能范围内，他负责战俘营的建设和答复那里对虐俘的抗议。他参加每两周一次的会议，包括东乡茂德宣布所有战俘必须工作的会议。审查所有证据后，韦伯得出结论，“佐藤贤了并不满足于仅是一名士兵或者公务人员：他忙于重要的政治活动。”作为对战俘负有适当照顾责任的军务局局长，他没有做任何事阻止他们在与战争相关的工程上对劳力的剥削或者确保他们在其他方面不被虐待。换言之，佐藤贤了的法律责任像松井石根、武藤章、冈敬纯以及其他人的一样，植根于他们特定的活动领域和完成特定职责和任务的方式。在更高层级，在权利和威望显赫位置上的内阁成员，对有关暴行信息的掌握足以要求他们采取职权内一切步骤去改变他们政府的政策，甚至把问题呈给天皇或者假设他们的抗议没有效果的话，自己当政。在韦伯的分析中，没有处于内阁职位上的被告有这种行为，因此像广田弘毅、贺屋兴宣、重光葵和平沼骐一郎等人不得不承受“他们行为的后果”。对于荒木贞夫，韦伯却发觉单有内阁议员的职位不足以确立他对南京大屠杀以及其他违反人道罪和战争罪的责任。韦伯也发觉，没有证据证明作为文部大臣他收到的关于在中国的战争罪行的信息足以警示他应有做进一步调查的注意。为此，韦伯宣告他在有关战争罪指控上无罪。

三、结论

韦伯对被控犯有战争罪的被告个人法律责任的分析，正如这篇精简概述表明的那样，总体上，在适用清晰的责任标准方面是平衡、细致且前后一致的。他引用具体事实证明被告知道，或者为推定被告超出合理怀疑地知道这一推论提供充足的根据。而多数意见判决没有充分地把对被告个人涉及战争罪指控的分析与对战争罪的总体背景讨论部分相联系。因为多数意见判决对个人的裁决主要集中于对策划和发动侵略战争的指控上，而对于为战争罪指控进行宣判的证据依据，往往仅粗略地参考一下。这并不是说这些证据不存在，而是多数法官不像韦伯那样，通常没有对证据进行任何深入的分析。假如韦伯的判决草案被多数法官采纳，我们或许会有一个完全不同的视角去审视被告的有罪判决。

最后，韦伯的判决草案极为强调各被告个人的责任，多数意见判决过分强调发动侵略战争的阴谋理论，这在判决书中占了很大比例，倾向于淡化具体个人的作用而代之以把一个抽象的集体“阴谋者”推到前台的一掠而过式的叙述。对许多被告来说，尽管不是全部，多数法官看上去几乎是在事后才考虑他们在战争罪指控中的作用。

帕尔的异议意见在某种意义上走得更远了。他似乎忽视了审判是有关个人罪行的，不是国家有罪还是无罪。远东国际军事法庭是对检控方已经证明超出合理怀疑有罪的各被告人的审判，法官有责任为其中的每一位对确立他们有罪或无罪结论的事实裁决和证据提供一个合理的解释,可帕尔为日本政府开脱或者把他们作为一个集体表述的热望让这一事实黯然失色。帕尔完全怠忽了作为一名法官的基本职责,他没有为他认为无罪的每一名被告提供一份个人的合理裁决。这不足为奇,在某种意义上,因为他的所谓"异议意见"与政治檄文而不是法院的"判决"拥有更多的相似性,帕尔本人好像把法官与被告辩护律师的角色混淆了。可韦伯,在他的判决草案中,充分履行了法官的角色,他依次权衡了不利于每一位被告的每一项指控中的证据,为每一个案提供一个合理的决定。他避免了判决草案假如以协同意见发表的话可能引起的多数法官的尴尬。然而不幸的是,他不采纳其作为他的协同意见的决定给后代一种法庭证据不完整的感觉,而在韦伯看来,正是这些证据证实了被告判决的正当性。

(柴玉美　译)

第八节　东京审判对国际法的发展与贡献

朱文奇*

对东京审判的研究，属于国际刑法领域，它是关于对国际罪行进行起诉、审理和惩治的国际法律规范的学科，具有明显的强制性。

与国际法其他法律学科相比，国际刑法是一门新兴学科。国际形势的发展变化，会带动国际法的变化。在过去的20年里，国际经济法、国际环境法、国际组织法、国际人道法，以及国际人权法等，都有了很大的发展，出现了不少新的规则和规章制度。但相比较而言，国际刑法是这其中发展最快的。自冷战结束以后，国际上又成立了不少国际刑事司法机构，如前南国际刑事法庭、卢旺达国际刑事法庭、柬埔寨特别法庭、塞拉里昂特别法庭、黎巴嫩特别法庭以及常设的国际刑事法院等。但如果究根溯源，二战后成立的纽伦堡与东京国际军事法庭则开启了国际刑法的实践，在国际法上具有开创性的意义。

东亚是国际刑法的摇篮之一。东京审判对国际法的发展与贡献体现在方方面面，其中最主要的就是开启了国际刑法的实践、确立了国际法上追究个人刑事责任的原则以及官位不免责等。

一、开启了国际刑法的实践

纽伦堡与东京国际军事法庭的审判，与第二次世界大战结束后当时的形势发展有关。在1945年5月德国投降以后，英、美、苏三国同年7月在柏林举行了会议，签订了著名的“波茨坦议定书”，并在该议定书的第六章(标题为《战争罪犯》)里，重申了对于希特勒德国的主要战犯必须严予法律制裁之决心，并“认为尽速开始审判此等主要战犯乃极其重要之事”。〔1〕在此前举行的苏、美、英三国领袖克里来亚会议上，惩办希特勒德国的主要战犯问题也得到了他们的重视。会议并决议要

---

* 中国人民大学国际法教授、博士生导师。

〔1〕“波茨坦议定书”中有关惩处战犯之条款，见《国际条约集，1945—1947》(北京世界知识出版社编)，第87页及第88页。

"……使所有一切的战争罪犯,驰以公正与迅速之惩处。"[1]

根据同盟国在战时和战后迭次表示要惩办法西斯战犯的意愿,苏、美、英、法四国代表在伦敦举行了会议,专事讨论组织国际法庭审判组织国际法庭审判纳粹主要战犯的问题,并于1945年8月8日签订了关于设立国际军事法庭的四国协定和作为协定附件的纽伦堡国际军事法庭宪章,宪章规定了法庭的组织、职权和审判程序的基本原则。[2]

四国协定和法庭宪章签订颁布之后约两个月内,国际法庭的组织工作便告完成。纽伦堡国际军事法庭在1945年10月18日接受了对戈林、赫斯等22名首要纳粹战犯的起诉,正式审讯于1945年10月20日开始。继纽伦堡国际军事法庭成立以后,远东国际军事法庭也根据"波茨坦公告"、"日本投降文书"和"莫斯科会议"等一系列的国际文件成立,并通过远东盟军最高统帅部的授权而开始正式运作。

波茨坦公告是中、美、英三国政府在1945年7月26日宣布的,后来苏联也附署参加了这个公告。公告的目的是促令日本武装部队尽速无条件投降;公告并规定了日本投降时必须接受的各项条款。公告第6项规定:"欺骗及错误领导日本人民使其亡欲征服世界者之威权及势力,必须永远剔除;盖我人坚持非将不负责之黩武主义驱出世界,则和平及正义之新秩序势不可能。"公告第10项规定:"吾人无意奴役日本民族或消灭其国家,但对于战犯,包括虐待吾人俘虏者在内,将处以严厉之法律制裁。"[3]

1945年9月2日,当时的日本外务大臣重光葵和参谋总长梅津美治郎代表日本签订并向同盟国九国受降代表麦克阿瑟等所呈递的日本投降文书完全接受了被茨坦公告中的条款。投降文书上写道:"我们谨奉天皇、日本政府及日本帝中大三营之命,并代表他们接受美、

---

〔1〕 苏、美、英三国克里米亚(雅尔塔)会议公报,载《国际条约集,1945—1947》,第8页。

〔2〕 苏、美、英、法四国"关于控诉和惩外欧洲轴心国主要战犯的协定"及附件"欧洲国际军事法庭宪章"俱载《国际条约集,1945—1947》,第94～103页。截至1945年底为止,加入本协定的国家有澳大利亚、比利时、捷克、丹麦、埃塞俄比亚、希腊、海地、洪都拉斯、印度、卢森堡、荷兰、新西兰、挪威、巴拿马、巴拉圭、波兰、乌兰、乌拉圭、委内瑞拉和南斯拉夫。

〔3〕 1945年7月26日"中、美、英三国促令日本投降之波茨坦公告",载《国际条约集,1945—1947》,第77～78页。

中、英三国政府首脑7月26日在波茨坦宣布的及以后由苏联附署的公告各条款。”第6条声明：“我们为天皇、日本政府及其后继者承允忠实履行波茨坦公告之条款。”[1]日本既然接受了波茨坦公告中的一切条款，当然也就接受了其中“对于战犯，……将予以严厉的法律制裁”的条款。

“波茨坦公告”规定了日本必须接受的投降条款，但在形式上还需要一个盟国授权的具体的法律根据。这个根据便是1945年12月在莫斯科召开的苏、美、英三国外长会议所通过的一项决议，这个决议中国也同意了。因此，它便成了对日作战四大国的一致性决议。决议规定“盟国驻日最高统帅应采取一切必要措施，以使日本投降及占领和管制日本各条款一一实现”。这个决议给了盟国最高统帅庞大、广泛的权力；同时，在法理上说，他对同盟各国也负有实行“波茨坦公告”中各条款（包括严惩战犯的条款）的义务。根据莫斯科会议的这个决议，当时的远东盟军最高统帅麦克阿瑟经过同受降各盟国的外交磋商之后，便在1946年1月19日颁布了一项“设置远东国际军事法庭的特别通告”，通告的全文如下：

“由于美国及其同盟共同反抗轴心国所进行非法侵略战争的各国曾迭次发言，申明它们决意对战争罪犯要加以法律制裁；…… 由于美国、英国和苏联在1945年12月26日莫斯科会议上研讨了日本履行投降条款问题后，已经议定（中国亦曾同意）：最高统帅就颁布所有为实施投降，特令规定以下各条：

“第一条：设立远东国际军事法庭，负责审判被控以个人身份或团体成员身份，或同时以个人身份兼团体成员身份，犯有任何足以构成破坏和平之罪行者。

“第二条：法庭的组织、管辖权和职仅详载于本日经我核准的‘远东国际军事法庭宪章’中。

“第三条：本命令丝毫不妨碍为审判战犯而在日本或在某一与日本处于战争状态的联合国家内任何地区所建立或必须建立的任何国际法

[1] 1945年9月2日“日本投降书”，载《国际条约集，1945—1947》，第112～114页。

庭、国内法庭、占领区法庭或委员会或其他法庭之管辖权。”〔1〕

在发布这个通告和公布远东国际军事法庭宪章后不久(即 1946 年 2 月 15 日),盟军最高统帅部根据各同盟国政府的是名还任命了十一名远东国际军事法庭的法官,于 1946 年 5 月 3 日开始了国际检察处(远东国际军事法庭的起诉机关)对东条、广田、平沼、小矶、松井、板垣、土肥原等 28 名日本主要战犯的公开庭讯。

对于这类主要战犯或甲级战犯由正式组织的国际法庭依照法律手续加以审讯和制裁,是第二次世界大战后国际生活中的一件重要的事情,也是国际法和国际关系上的一个创举。在这以前,一个战败国的领导人物,即使他们是发动侵略战争的罪魁祸首,一般都是通过国家签订条约进行赔款的形式,其个人从来没有受过法庭的审判和法律的制裁。所以,战胜德国法西斯和日本侵略者以后在欧洲纽伦堡和远东东京分别设立了两个国际军事法庭,并对发动侵略战争和犯有国际法严重罪行的德国和日本法西斯进行起诉和审判,这是国际社会的创举,它从国际司法实践方面肯定了惩罚战争罪犯的原则,分别以大约 10 个月和两年半的时间完成了对战争罪犯的审理和判决。这在国际法和国际关系的历史上是一次伟大的创举。

从国际法的角度来看,惩治战争罪行的法律制度是经过纽伦堡和远东国际军事法庭审判而确立起来的新的理念。它们的确立,表明了国际法一个新的发展。很久以来,在国际法上就有正义战争和非正义战争的区别的理论,而在现代,这种区别表现为侵略战争和非侵略战争的区别。虽然侵略战争和反侵略战争的区别在严格意义上说还没有形成确定的国际法规则,但是,谴责侵略战争和追究个人的刑事责任已经是人类法律意识的一部分,也已经成为国际法新内容的一部分。惩罚战争罪犯就是从区分侵略战争和非侵略战争以及谴责侵略战争这样的原则引申出来的,而反过来又推动了这样的原则向前发展,从而使它们在国际上的地位得到了确立。因此,第二次世界大战后的两次战犯审

---

〔1〕 东京盟军最高统帅部特别通告第一号,1946 年 1 月 19 日,载 U. S. State Department. *Trial of Japanese War Criminals*(Publication NO. 2613)。

判——纽伦堡和东京的战犯审判，在国际法的发展史上自有其不可磨灭的功绩。它们开启了国际刑法的实践。

二、追究个人的刑事责任的原则

纽伦堡与远东国际军事法庭，是人类历史上全新的国际司法机构。这两个国际法庭的实践，确立了国际法上追究个人刑事责任的先例。也就是说，国家要遵守国际法，个人也要遵守。任何个人如果犯有国际罪行，就要被追究其个人刑事责任。

第二次世界大战期间，纳粹德国在欧洲战场犯下累累罪行，其中尤其是以屠杀 600 万无辜的欧洲犹太人而臭名昭著。纽伦堡国际军事法庭于 1945 年 10 月 18 日开庭(第一次开庭在柏林，后转移到纽伦堡)，历时 10 个多月，共审判战犯 24 人，其中戈林等 12 人被判处绞刑。党卫军、盖世太保等被裁定为犯罪团体组织(criminal organizations)。

众所周知，日本军事主义在第二次世界大战爆发之前就已经入侵中国。期间，日本对中国人民犯下了滔天罪行，尤其是震惊全世界的南京大屠杀。所以在日本无条件投降后，盟军统帅部就日本在第二次世界大战期间所犯下的滔天罪行，决定设立“远东国际军事法庭”来审判并惩治日本甲级战犯。由于审判地点设在东京，所以也被称为“东京审判”。中国政府派遣的法官和检察官分别为梅汝璈和向哲濬。该法庭于 1946 年 5 月 3 日正式开庭，到 1948 年 12 月结束，历时两年半多，共审判甲级战犯 28 人，其中东条英机、土肥原贤二、松井石根等七名首恶被处以绞刑。

个人刑事责任观念直接源于纽伦堡和远东国际军事法庭的实践，它们在国际法实践中开创了追究国际犯罪者个人刑事责任的先例。这两个国际军事法庭创设了关于个人刑事责任原则，规定有权对犯有该法庭管辖权范围内罪行的“所有人员进行审判和惩处”(to try and punish all persons who committed the crimes within the jurisdiction of the Tribunal)，这在人类历史上是第一次。它标志着传统国际法上关于“国家责任”、“特权豁免”、“国际罪行”等理论和原则都发生了重大的变化。法庭通过的判决，其实是否定了传统国际法上所主张的只有国

家是国际法主体,个人不可能因为违反国际法而承担刑事责任的主张:

"有人提出,由于国际法和主权国家行为有关,所以就不能对个人进行惩罚;并且当有关行为是国家行为时,实施该行为的人就不应负个人责任,而应受到国家主权原则的保护。在法庭看来,所有这些主张必须被驳回(must be rejected)。国际法为个人规定了义务和责任,就如同为国家规定了的一样,这长期以来被承认……(法庭)宪章的精髓(essence)是个人具有国际义务,这些义务位于各个国家规定的服从国家责任之上。如果授权采取行动的国家超越了国际法的权限,违反战争法的人当依据国家授权而从事其行为时不能得到豁免(cannot obtain immunity)。"[1]

法律实体是法律上一个较为抽象的概念。但无论哪一种国际法罪行,其政策的制定、操作以及执行都是由具体的个人(自然人)予以实施,因而有必要更加精确地区分个人和法律实体的刑事责任。同时还要对法律实体刑事责任的结果进行鉴别,政策制定者和政策执行者实施的法律禁止行为,作为下级行为人的自然人以及那些仅仅是这种实体的成员,其个人的作用并不构成禁止性的行为等等。

国际刑法对个人的国际罪行进行追究,使得个人是否属于国际法主体的理论发生了很大变化。两个国际军事法庭的判决意味着,违反国际法中关于在某种情形下保护国家代表的原则,不能适用于国际法中已经被斥为犯罪的行为。做出这种行为的人不能用官员的身份掩护,而应受到惩治。

联合国大会在纽伦堡国际军事法庭审判结束之后,指示国际法委员会将该国际军事法庭的原则予以编纂并通过决议,一致肯定由该法庭的《宪章》和法庭审判所确认的国际法原则,这就是国际法上的"纽伦堡七原则"[2]。该"纽伦堡原则"规定如下:

"原则一:任何人实施构成国际法下一项犯罪的行为都应负责并受

---

〔1〕 转引自:Ian Brownlie, Principles of Public International Law, Fourth Edition, Clarendon Press, Oxford, 1990, pp. 59 - 60。

〔2〕 见联合国大会 1946 年 12 月通过的 95 号(1)决议。

到惩罚；

原则二：国内法不对构成国际法下犯罪的行为进行刑事惩罚这样的事实不能免除实施此行为的人在国际法下的责任；

原则三：一个人作为国家元首或负责任的政府官员而实施构成国际法下罪行的行为这样的事实不能免除他在国际法下的责任；

原则四：一个人根据他的政府或上级的命令而行事这样的事实不能免除他在国际法下的责任，如果当时实际上对他来说有精神上选择的可能的话；

原则五：任何被指控犯有国际法下罪行的人都有权得到根据事实和法律而进行的公平的审判；

原则六：下列规定的罪行是国际法下应受到惩罚的罪行：

A：破坏和平罪

B：战争罪

C：反人道罪

原则七：共谋实施原则六规定的破坏和平罪、战争罪或反人道罪是国际法下的犯罪。"

自 1945 年订立《伦敦宪章》、建立两个国际军事法庭以来，不论国家是否愿意承认，也不论国际法关于主体部分在学术理论上如何被解释，国际法罪行在实践中已明确无误地适用于个人。事实上个人已成为国际刑法的属人事由，并开始了国际法上追究个人刑事责任的实践。它们在审判中所体现出来的国际法原则，通过联合国大会的决议得到了整个国际社会的承认。

三、官方身份不免责的原则

在现在的国际刑法实践中，"官方身份不免职"已是一个被普遍接受的原则。这个原则也是从第二次世界大战结束后的军事法庭审判中开始确立起来的。这个刑事责任模式不仅涉及高官的非法行为，而且还涉及因为他们的位置而对其手下负责的"不行为"。

根据现在国际刑法中的"指挥官责任"的理论，一个上级（指挥官）在其部下实施了战争罪、反人道罪或种族灭绝罪等国际犯罪行为时、如果知道或者应当知道正在或将要实施的这些犯罪行为而没有采取合理、必要措施来阻止或惩罚该犯罪者,则不能免除该上级(指挥官)的刑事责任。“指挥官责任”原则现已被普遍采纳。例如,成立于2002年的常设国际刑事法院《罗马规约》第28条规定“军事指挥官或以军事指挥官身份有效行事的人,如果未对在其有效指挥和控制下的部队,或在其有效管辖和控制下的部队适当行使控制……,应对这些部队实施的本法院管辖权内的犯罪负刑事责任。”

国际刑事法院关于“指挥官责任”的这条规定,其实最早是在纽伦堡和东京国际军事法庭的实践中确立起来的。第二次世界大战结束后,国际社会为了惩治德国和日本罪大恶极的战犯(major war criminals),通过制定《纽伦堡宪章》和《远东国际军事法庭宪章》成立了两个国际军事法庭。虽然在这两个法律文件中没有规定指挥官责任问题,但其中却有与指挥官责任相联系的“官方身份无关性”的原则。根据这一原则,被告曾任的官职不能用来免除其被指控罪行的责任。所以,处于指挥官位置的军事或国家领导人都不能因为是其下级人员实施了战争罪而被免除刑事责任。

尽管纽伦堡宪章和远东国际军事法庭在各自的《宪章》没有关于指挥官责任的规定,但第二次世界大战结束后审理的案子中却有不少涉及指挥官责任问题。其中最有代表性的案例就包括了“山下奉文将军案”。

山下奉文将军(Tomoyuki Yamashita)是日军在菲律宾的最高司令,被称为“马来之虎”,1945年10月2日,就在日本无条件投降后一个月,山下奉文被起诉并被指控犯有如下罪行:

“日本军队将军山下奉文,于1944年10月9日至1945年9月2日期间,在菲律宾群岛的马尼拉和其他地方,作为当时正和美利坚合众国及其盟国处于战争状态的日本武装部队的指挥者,非法地无视(unlawfully disregarded)并且不履行指挥官控制在其指挥之下部队成员行动的义务(failed to discharge his duty),允许他们对美国及其盟国以及中立国民众,特别是对菲律宾民众,实施残酷的暴行(brutal atrocities)以及其他严重的罪行;山下奉文将军因此违反了战争法(thereby violated the law of war)。”[1]

与一般起诉书不同，山下奉文将军被起诉并不是他亲自杀了多少人，或亲自对多少人造成伤害，他被起诉是因为其部队在实施大规模的屠杀美国及其盟国和属国人民，尤其是菲律宾人民犯有残酷暴行时，他作为一个指挥官听之任之。所以，山下奉文被指控触犯了战争法，不是自己做了什么违法之事，而是因为他没有尽到一个指挥官应尽的职责和义务。

山下奉文一案从 1945 年 10 月 19 日开始审理。法庭听取了 286 位证人的证词，并接受了 423 件文件作为物证。所有这些出庭的证人、证词和证据表明，共有 500 多名妇女遭到强奸，32 000 多名菲律宾平民和被俘的美国军人遭受虐待和杀害。[2] 庭审于 1945 年 12 月 7 日结束，山下奉文被法庭判处绞刑，理由是其未能履行一个军事指挥官的职责以控制其下属成员的行为，未能阻止他们实施残酷的暴行和其他犯罪。

继山下奉文案件的审理之后，指挥官责任原则在国际刑事法律的实践中得到了较大的发展。1993 年 5 月 25 日，联合国安理会通过第 827 号决议，成立了前南斯拉夫国际刑事法庭。该法庭《规约》第 7 条第 3 款就明确规定了指挥官责任：“本规约第 2 条到第 5 条所指任何行为由一个下级实施这样的事实不能免除他上级的刑事责任，如果他知道或有理由知道下级准备实施这样的行为或已经这样做、但没有采取必要与合理步骤以防止这样的行为或惩治违法者的话。”

1994 年 11 月 8 日安理会又通过第 955 号决议，成立了卢旺达国际刑事法庭。该法庭《规约》第 6 条第 3 款也是关于指挥官责任的规定，其用语与前南国际刑事法庭《规约》的一样。

根据两个特设国际刑事法庭《规约》关于指挥官责任的规定，一个上级(指挥官)在其部下实施了战争罪、反人道罪或种族灭绝罪等犯罪行为时、如果知道或者应当知道正在或将要实施的这些犯罪行为而没

---

〔1〕 U. N. War Crimes Commission, 4 Law Reports of Trials of War Criminals 3 - 4 (1948).

〔2〕 The record of the trial is found in the United States of America v. Tomoyuki Yamashita, a Military Commission appointed by General Douglas McArthur by Special Order 110, para 24 Headquarters United States Army Forces, Western Pacific, dated 1 October 1945, at 23; quoted in quoted in Charif Bassiouni, Crimes against Humanity in International Criminal Law, Martinus Nijhoff Publishers, 1992, p. 373.

有采取合理、必要措施来阻止或惩罚该犯罪者，则不能免除该上级（指挥官）的刑事责任。

国际法上的指挥官刑事责任，既包括军事指挥官也包括其他上级（平民指挥官）因为下级实施了犯罪而应当承担的刑事责任。然而，军事指挥官责任为 Command Responsibility；而上级指挥官责任为 Superior Responsibility，使用词语不同，它反映出来的罪行构成要件也有所不同。

第二次世界大战后成立的两个国际军事法庭在其各自的法律上没有确定指挥官刑事责任的概念，但在法庭的实际案例中有很多涉及指挥官刑事责任理论的判决。因此，指挥官刑事责任理论在二战后的纽伦堡军事法庭和远东军事法庭的审判中得到了充分的发展。其中不同的是，远东军事法庭审判的日本战犯既包括军事指挥官也包括非军事人员，而纽伦堡军事法庭则只限于追究军事指挥官的刑事责任。

指挥官责任概念刚形成时，是作为能追究军队指挥官个人刑事责任的一种法律依据。但远东国际军事法庭对日本战犯的审判突破这一限制。例如在按照指挥官刑事责任原则被判决有罪并被执行死刑的日本战犯中就有一个是非军队指挥官，这就是日本前首相广田弘毅。

广田弘毅曾经是日本第 31 届首相，在日军侵华期间任日本外相，不属于一般意义上的军事指挥官，不负责也不指挥侵华日军。但他在南京大屠杀期间担任日本外务大臣，由于职务上的原因，当日本军队进入南京城后、1937 年 12 月至 1938 年 2 月在南京施行震惊世界的、骇人听闻的暴行时，他作为外务大臣立即接到关于这类暴行的报告。由于这些犯罪行为施行的范围是如此之广，发生时间是如此之长，广田弘毅本人认为报告是可信的，也曾将这项问题咨照陆军省。他从陆军省得到保证，说这种暴行将停止。但在保证以后的至少一个月中仍续有关于暴行的报告。正是在这一背景下，远东国际军事法庭起诉他犯有罪状第 55 项，即“故意或者怠忽职责而未能采取足够的措施以阻止暴行”。国际军事法庭根据审判中所展示的证据，最后认为：

“根据本法庭的意见，广田没有在内阁会议上主张立即采取措施以便停止暴行，以及他未采取其他可能的任何措施来停止暴行，这是他对本身义务的怠忽。他明知上述保证没有实行，每天都进行着数以千计的杀人、强奸妇女，以及其他暴行，却以此种保证为满足。他的怠忽已达到了犯罪的程度。”[1]

远东国际军事法庭根据指挥官刑事责任原则认定广田弘毅有罪，并根据其成立的三项罪状判处其绞刑。广田弘毅被远东国际军事法庭审判并认定其有罪的案例表明，指挥官责任不仅包括军事指挥官、而且还包括政府高级官员。远东国际军事法庭判决在解释战俘问题上追究政府官员个人责任时说：

“在履行对战俘的义务时政府必须通过个人。实际上在这个意义上负责任的政府就是那些指挥和控制政府运行的人。在本案以及在上述方面我们关心的是日本内阁的成员。对战俘的义务不是基于政治抽象的没有意义的责任。在第一个案件中它是由那些组成政府的人实施的对战俘的特别义务。在现代政府涉及的众多义务和任务中必然存在一个精心的分支和义务委托体制。在战争时期政府对战俘义务案件中那些组成政府的人对他们的战俘有主要的和持续的责任，即使他们将维持和保护的义务委托给他人也一样。

总的来讲，日本对战俘的责任可以说由下列人员承担：

(1) 政府成员；

(2) 控制着拥有战俘的部队的军事或海军官员；

(3) 和战俘的福祉有关的那些部门的官员；

(4) 直接控制战俘的民政、军事或海军官员；

负有这些责任的官员有义务寻求对战俘的适当待遇，并且通过建立和寻求适合于这些宗旨的一个成体制的持续有效的工作来防止对他们的虐待，如果发现下列事项那么他们就没有履行自己的义务并且要为虐待战俘而承担责任：

(1) 他们没有建立这样的一个体制。

(2) 如果已经建立这样的一个体制，那么他们没有寻求它持续和有效的运行。

---

[1] http://www.nationmaster.com/encyclopedia/Koki-Hirota.

这些人中的每个人都有义务确保体制运行，并且如果他忽略自己义务的话他将承担责任。他因为仅仅建立一个适当的体制却在此之后未学会如何适用而没有履行自己的义务。例如，一个军事指挥官或一个战争部长，必须同样兢兢业业的确保在这方面其下属对其命令的服从，就像他在就头等重要的事项发布其他命令时要求其下属服从一样。”[1]

从上述案例中可以看到，东京审判对国际法上确立“官方身份不免职”的原则作出了开创性的贡献。

四、尾声

国际社会通过成立这两个国际刑事法庭，从国际司法实践方面肯定了惩罚战争罪犯的原则，分别以 10 个月和两年半的时间完成了对战争罪犯的审理和判决。这在国际法、国际关系和人类历史上都还是第一次。所以，对战犯进行审判并定罪更是第二次世界大战后国际法和国际关系中的一件大事，也是人类发展史上的一个创举。

国际刑法的目的是为了维护整个国际社会的共同利益。世界由单个国家所组成，但它们在政治、经济及文化等方面却有共同的需要。现代国际社会形成了共同的利害关系及利益追求，产生了共同的道德判断标准和价值取向。有些国际犯罪，如侵略罪、种族灭绝罪、反人道罪、战争罪等，由于其性质，致使这些犯罪行为的受害者不仅仅只是犯罪的直接受害者，而是全体社会的共同利益，所以被认为是对全人类的罪行。

纽伦堡与东京军事法庭审判的罪行，震撼了整个国际社会的“公众良知”(conscience of mankind)，是对国际社会具有很大危害性质的严重罪行。这两个国际军事法庭为了保护整个国际社会的利益，将犯这些罪行确定为国际罪行，这对于维护整个国际社会的共同利益来讲，具有防范的作用，从而对现代国际法的发展作出了巨大的贡献。

---

〔1〕 International Military Tribunal for the Far East, The Tokyo War Crimes Trial, November 1948, reprinted from Friedman, L (ed.), The Law of War, A Documentary History, New York, Random House, vol. 2, 1972, pp. 1037 - 1038.

第九节　东京审判与纽伦堡审判

芝健介*

关于东京审判与纽伦堡审判的比较研究迄今已有各种各样的形式。这些研究大体上都是尝试将审判欧洲轴心国尤其是纳粹德国主要战犯的纽伦堡国际军事审判(即“纽伦堡审判”),与审判亚洲轴心国日本主要战犯的远东国际军事审判(即“东京审判”)相比较。尽管有一段时间这两大审判实际上是同时进行的,即从 1946 年 5 月初至 10 月初的这五个月,但纽伦堡审判无疑是东京审判的先行者。纽伦堡法庭宪章,尤其是其中三种战争犯罪的概念(反和平罪、狭义的战争犯罪、反人道罪),以及以执行上级命令为根据的免责问题的相关原则(如果命令明显违法,命令的执行者不被免责)等,这些被称为“纽伦堡原则”。正如“纽伦堡原则”这一说法所显示的那样,东京审判将纽伦堡审判的各种要素作为标准来遵循。纽伦堡审判在多方面影响了东京审判,这是不能忽略的事实。

这篇报告基于历史的来龙去脉,而前人的比较研究所指出的要点亦被纳入考虑范围之内,报告首先列举两大审判之间几个重要的区别,在此基础之上,重新审视历来的比较方法是否妥当。

一、审判的框架结构

首先,如果没有美国的主导,就不会有这两大审判中的任何一个。但即便能够将这一共同点当作重要前提来把握,两者的差异也是不能忽视的。盟国占领军的总司令麦克阿瑟在纪念珍珠港事件 4 周年之后,在总司令部设立国际检察局,任命总统派来的首席检察官季南为国际检察局的代表,使其起草远东国际军事审判宪章(以下简称“东京审判宪章”),该宪章在翌年 1 月由麦克阿瑟亲自公布。相比之下,尽管美国的首席检察官在纽伦堡国际军事审判宪章(以下简为“纽伦堡宪章”)

* 东京女子大学教授。

的起草过程中起了很强的主导作用，但纽伦堡宪章是经过美国、英国、苏联、法国四国代表的协商而起草的。连同此前四国代表在盟国战犯委员会里的商讨共有数年时间，之后在伦敦由四国商定，于1945年8月上旬(广岛原子弹爆炸与长崎原子弹爆炸之间)发表。因此，东京审判与纽伦堡审判的主体结构有决定性的区别。

二、法庭宪章的异同

其次，关注一下法庭宪章本身的区别。关于纽伦堡审判法庭宪章第7条，如果国家承认有违背战时国际法的行为，那么违背国际法的个人不能以国家权威为理由而免除刑事责任。该条规定："不论被告是国家元首，还是在政府部门承担职责的官吏，不必考虑他们在公务上的地位以免除或减轻其刑事责任。"与这一"责任不免除"条款相对应的是东京审判法庭宪章第6条。众所周知，在该条中没有提到"国家元首"，以避免追究昭和天皇的战争责任。

围绕第一次世界大战的战犯审判　提及国家元首的战争责任问题，这使人想起一战德国战败之后，基于凡尔赛条约的战争责任条款，德国皇帝威廉二世险些被追究战争责任一事。当时的日本是战胜国协约国的一员，支持追究威廉二世的战争责任。但是，停战协定签订之前德国爆发革命，身在比利时斯帕(当时被德军占领)德军总司令部的威廉二世逃亡到中立国荷兰，荷兰政府此后一直拒绝协约国的引渡要求，协约国本来的目的无法实现，又提出引渡896名战犯嫌疑人的要求，德国表示拒绝，同时承诺仅对其中的45名(大约是协约国所要求人数的1/20)士兵、低级军官进行自主审判。若将一战后的德国自主审判(莱比锡审判)与二战后的纽伦堡审判、东京审判相比较，会发现德国自主审判有意料之外的重要历史意义。在莱比锡审判中，有11件案子是真正意义上的战犯审判，而作出有罪判决的只有4件。其中一件案子中，德国潜艇击沉载有英国伤兵的医护船，并射杀紧抓救生艇的遇难者，这就是兰德福瑞·卡斯尔(Llandovery Castle)事件。这是违反战时国际法的行为，相关的国际法规则是人所周知的，莱比锡的德国最高法院确认这些规则的适用性是毋庸置疑的。这一事件中上级的命令符合国内法，并且军人应当服从上级命令，基于这两点的行为却受到作为外部标准的国际法的否定。尽管量刑非常轻微，但这种行为受到刑事制裁这一事实本身，本应作为先例而具有重大的意义。但是，这一事实却在纳粹运动抬头的过程中被遗忘了。

在二战后的审判中，人们又面临如何处理国家元首的问题。不过，由于希特勒在纽伦堡开庭大约半年前已经自杀，纽伦堡审判事实上不可能追究元首的责任。纽伦堡审判辩护方认为国际法处理的是主权国家的行为，国际法没有处罚个人的有关规定，成为问题的行为是国家的行动，贯彻这种国家行动的个人不但没有承担责任的必要，反而受到这种“国家主权论”的保护。不过，这种观点在法庭上遭到失败。当然，被告的行为几乎都是基于希特勒的命令，但即便被告以贯彻这种命令的行为无法归责为由提出申诉，法庭裁决却认为，被告基于政府乃至上司的命令而行动的事实无法成为阻止刑罚的理由。纽伦堡审判的判决表明：“通常保护国家代表者的国际法原则并不适用于国际法上的犯罪行为，不能让犯了相关罪行的人躲在‘执行公务’的名义背后逃过正规审判的处罚。”可以说，纽伦堡审判的判决改变了历来主权者即国家元首不被问责的传统。

三、审判的构成

笔者尝试从审判的构成角度比较两大审判：① 首先，纽伦堡审判需要所有法官，即代表美国、英国、苏联、法国四国的 4 位法官全员出席，且每位法官都有各自的预备法官。与之相对，东京审判的法官由美国、英国、苏联、法国、中国、澳大利亚、加拿大、荷兰、新西兰九国（即在日本投降条约上签字的九国）各国法官加上印度、菲律宾两国的法官共 11 位组成，不设预备法官，每次开庭只需过半数的 6 位出席即可。② 纽伦堡审判中法官团的决定取决于多数，可否相同的情况下取决于审判长的意见，而有罪认定与量刑通常需要 4 位法官中 3 位的赞同。与之相对，东京审判的一切决定取决于出席法官的多数意见。③ 纽伦堡审判中首席检察官的任命权由四国共有，而东京审判中首席检察官由盟军最高司令部任命，美国以外的其他 10 国各任命一位“参与检察官”，以辅佐首席检察官。与纽伦堡审判相比，东京审判的参加国更多，尽可能避免混乱，这也体现了两大审判的差别。

四、宪章规定与诉因

反人道罪　两大审判的法庭宪章所设的第三类犯罪均为反人道罪，反人道罪在纽伦堡审判起诉状的诉因中占有重要的位置。其与普通战争罪在纽伦堡审判中是分开起诉的，而在东京审判的起诉状中基本上没有和普通战争罪分开，这点上东京审判与纽伦堡审判不同。(a) 反和平罪(b) 普通战争罪(违反战争法规与惯例)(c) 反人道罪这三大正式战争犯罪(纽伦堡法庭宪章第 6 条)中，(b)项普通战争罪的追究有丰富的先例，因而也有牢固的基础。(a)项是关于侵略战争的准备、开始、实行的罪行，纽伦堡审判美国首席检察官杰克逊在审判准备阶段强调这种罪行是“最邪恶的犯罪”，开庭后也反复确认“发动侵略战争不仅不合法的，而且是犯罪”，“发动侵略战争是重大的国家犯罪”。发动侵略战争与残虐行为的关联由于发动侵略战争本身而成为可能，如何认识这一点是问题的要害所在。(c)项是为了应对前所未见的大规模有组织战争犯罪的划时代的犯罪概念，这种战争犯罪以纳粹体制对欧洲犹太人的灭绝政策为代表。纽伦堡审判之后的半个世纪，冷战体制瓦解，以苏联为首的社会主义阵营的大量史料已被公布，因而现在对 Holocaust(纳粹对欧洲犹太人的大屠杀)的研究比以往都要繁荣。如果以现在研究所达到的事实认识的水平来衡量，我们不得不承认当时国际军事法庭的法官、检察官对种族屠杀的实际情况的把握程度是令人怀疑的。尽管如此，由于“反人道罪”这一罪名不仅涵盖了针对一般平民的杀害、消灭、奴役及其他非人道行为，而且也涵盖了以集团为目标、基于政治、人种或宗教的迫害行为，国家战时乃至战前对本国国民的有组织犯罪也在反人道罪的覆盖范围之内，因此，被追究反和平罪的主要战争罪犯中，同时被追究反人道罪且判有罪的被告人数达到 9 人。而在东京审判中，反人道罪为何不得不失去其本来的意义？这是尚未说明清楚的重要问题。审判方对亚洲、太平洋战争中反人道罪的真实状况认识不足，我们也不得不承认，关于如何认识日本对其殖民地人民的犯罪及残虐行为，这方面还有重大的问题尚未解决。除了亚洲、太平洋战争本身的复杂性之外，不能忽视的一点是：参加审判的欧美盟国与日本一样，其轻蔑亚洲的态度以及亚洲视角的欠缺是根深蒂固的。

犯罪组织的认定　纽伦堡法庭制定了如何认定犯罪组织的规定，而东京审判的法庭宪章却没有这样的规定，这种差别或许反映了德、日两国国家体制、战争体制上的差异。纽伦堡审判中，党卫队（SS）、盖世太保/党卫队国家安全部（SD）、纳粹党政治领袖集团这三者被定为犯罪组织。作为纳粹党高级暴力组织的党卫队（SS）一开始试图将国家秘密警察（普鲁士的政治警察，简称“盖世太保”）与各州的警察组织合并。而战争爆发之后，党卫队以盖世太保与保安服务处（党卫队的情报机关）为核心，设立国家安全部；成立称为“特别行动队”（Einsatzgruppen）的杀人部队，置于党卫队国家安全部的指挥之下。特别行动队在前线德军后方的占领区域对犹太人实行彻底的消灭。毋庸赘言，这种极权主义警察国家体制之下的国家恐怖导致了平民巨大的牺牲，纽伦堡审判对此极为重视。

五、围绕被告的选定与“第二国际军事审判”的问题

东京审判的被告中，军人占了压倒性的多数。与之相对，纽伦堡审判的 24 名被告以戈林为首，他是空军总司令，兼任军备总负责人（四年计划厅长官），是一度当作希特勒继承人的纳粹党内大人物；还有包括党卫队国家安全部长官卡尔滕布伦纳在内的纳粹党干部 15 名（其中 6 名兼任部长），国防军干部 4 名，政府阁僚及其他身份者 4 名；另有企业家 1 名，因重病而免于起诉。对东京审判而言，计划包含政府高官与企业家的第二东京审判最终未能实现；对纽伦堡审判来说，由苏联、法国主张的以企业家为主要被告的第二国际军事审判，因为英国的极力反对，也没能实施。

纽伦堡后续审判　然而，在纽伦堡审判尚未结束的 1946 年 8 月，美国占领军军政府从列于名单的 5 000 名嫌疑人中最终选定 185 名作为被告，决定将其分为 12 组进行审判。纽伦堡审判结束后，在同法庭审判了这 185 名被告，这就是所谓的“纽伦堡后续审判”，这一审判一直到

1949年5月结束，东京审判已在一年之前结束，一个月之后，德意志联邦共和国成立。笔者将后续审判的第一号至十二号事件分为五类，概述如下：① 东南战线军官审判（第七号事件）与国防军最高统帅部审判（第十二号事件），这些是军官审判（高级军官26名）。② 党卫队经济与管理部审判（第四号事件），该部是统辖并管理集中营的上级组织；党卫队人种与移居部审判，该部负责策划了对其他民族的强制迁移与杀害（第八号事件）；特别行动队指挥官审判（第九号事件）。这些是党卫队、警察审判（干部56名）。③ 弗利克（Flick）审判（第五号事件）；法本（Farben）公司审判（第六号事件），该公司是欧洲最大的化工企业，与奥斯维辛死亡集中营关系密切；克虏伯（Krupp）公司审判，该公司是当时最大的兵器制造企业。这些是以大企业犯罪为中心，追究经济界责任的审判（企业家、经营者42名）。④ 航空部次官米尔希（Milch）元帅审判（第二号事件）、中央机构审判（第11号事件）（部长、政府高官22名）。⑤ 医生审判（第一号事件）、法务专家审判（第三号事件）等，审理纳粹时期职业精英所实行的人体实验及医院或其他医疗设施内杀人，以及司法、法务当局所实行的“司法杀人”（全国医生协会、军医及法律界最高端人士39名）。

1949年4月针对德国中央机构高级官员的审判（第十一号事件）的规模超过纽伦堡审判，是最大规模的国际军事审判（公审记录228 000页、证据资料9 067份、打字判决书833页）。这次审判中，德意志第三帝国外交部次官恩斯特·冯·魏茨泽克（Ernst von Weizsäcker）、纳粹统治的十二年间一直担任财政部长且在希特勒死后成为政府首脑的什未林·科洛希克（Schwerin Krosigk）、粮食与农业部长达雷（Darré）、党卫队全国领袖希姆莱的左膀右臂党卫队行政本部长官贝尔格（Berger）都坐在被告席上专心听审。被告中犯有反和平罪者3名，普通战争罪者3名，反人道罪者14名，参与犯罪组织罪者11名。后续审判专门新增了经济掠夺罪与使用奴隶劳动罪，以前者追究者8名，以后者追究者6名。这些被告中判刑最重的是贝尔格，判有期徒刑25年，另有判10年、20年徒刑者各2名（整个后续审判中，除去自杀、病死以及无法审判的重病者8名之外，尚有包括两名女性在内的177名被告，其中35名判无罪,24 名判死刑,其中真正执行死刑者 12 名,其余被判有罪的被告后来因大赦而释放,到 1958 年为止原先在监狱服刑的后续审判被告已全部释放)。

六、证人、证词,文件的处理

纽伦堡审判中,与反人道罪的重要性不符的是,检方证人 139 人中只有 11 人是纳粹反犹屠杀的幸存者。其实,正如这一事实所显示的那样,对检方来说,与反犹大屠杀这种罪行的对抗,只不过是次要的主题之一,这是纽伦堡审判的另一侧面。检察官杰克逊给基本方针定的调子是:“我们不考虑单凭被告敌人的证词而认定被告有罪。文书、记录不能证明的罪行,一件也不会载入起诉状。”这样的审判所留下的问题是:牺牲者、被害者所发出的声音有多少会回响于纽伦堡审判的法庭之上,并留存于后世?东京审判好歹还有满洲国皇帝溥仪出庭作证这一具有代表性的轰动场面。不过,由于文书记录资料的缺乏,东京审判对证人证词、讯问记录的依赖甚于纽伦堡审判。不过,两大审判都缺乏女性证人的证词,这构成了性别上严重的不平衡。在现在的视野范围内,我们可以提出这一批评。

决定性的文书史料 1942 年 1 月 20 日,以德国外交部为首的相关部门确定了灭绝欧洲犹太人的“犹太人问题最终解决方案”。商议实施这一方案的万湖(Wansee)会议,其会议记录(记录出自负责强制移送犹太人的艾希曼之手)在中央机构审判过程中被发现(中央机构审判为整个战犯审判的最后阶段增色不少),此时已是共 12 场后续审判的最后阶段。可以说,由于得到这份记录,审判方终于掌握了能据以认识犹太人大屠杀整体面貌的重大证据。另一方面,上述事实也反过来揭示了此前的国际军事审判中存在的问题,即此前审判方并没有掌握能反映第三帝国决策过程本质的文件。

七、围绕比较对象的范围、审判间的相互影响的问题

在现在的德国,“纽伦堡审判”一词的“审判”部分用的是复数形式,可以说,这种情况下的“纽伦堡审判”是包括纽伦堡国际军事审判与 12

场后续审判在内的共 13 场审判的总称。如上文所概述，后续审判的重要意义不亚于此前的国际军事审判。此外，盟国管制委员会法第 10 号规定，凡是采用纽伦堡宪章基本条款的审判，其开庭事务由该委员会委托各占领区的司令官负责。因此，说后续审判具有国际性的维度，这并非夸大之词。基于后续审判的上述意义，我认为今后比较纽伦堡审判与东京审判时，有必要尝试将后续审判也考虑进去。

通过新视角而浮现的纽伦堡审判的特征　反人道罪的管辖权问题在于，国际军事审判仅仅追究战时针对盟国军人与平民的人道犯罪。而到后续审判时，轴心国在战前对本国公民的犯罪（尤其是对犹太人的迫害）被完全纳入视野之中。后续审判深入探索了反人道罪的法理依据，而大屠杀的组织化及其逻辑与心理的全貌、由第三帝国全体职能精英所贯彻的消灭"作战"、由国家机关所实行的国家犯罪的整体构思，这些问题也都鲜明地浮现出来。企业的战争犯罪由于冷战的缘故后来没有受到什么追究，不过我们也不能忽视这一事实，即到后续审判为止，法庭将企业的战争犯罪问题作为奴役劳动与经济掠夺问题进行了追究。若要回到比较研究的原点，那么非常有必要将纽伦堡后续审判纳入视野之内。今后这种认识会更加强烈。

在东京审判中，对于没有采取足够措施以防止虐待、杀害俘虏与平民的有关人员，其不作为与懈怠也被认为有罪。在纽伦堡审判与东京审判之前，美军的马尼拉战犯法庭开始了对山下奉文的审判，山下身为指挥官而疏于防止部下的犯罪，因此被判有罪。该判例给纽伦堡后续审判带来显著的影响，这可以证明欧洲与亚洲的战犯审判之间的影响并不是单向的。从审判本身所应达到的标准来看，山下审判被视为问题而受到重视。若要弄清楚问题的源头，则可以追溯到一战后的莱比锡审判，莱比锡审判则发端于德国皇帝的责任问题。这意味着，对纽伦堡审判也应根据广阔的历史脉络重新思考。

在历史与记忆的语境下，关于战犯审判，无法忽视的首要问题是：迄今为止，无论是对审判无条件支持、肯定的人，还是那种难以接受审判的意义而持否定立场的人，抑或是想站在前两者之间保持中立的人，他们是否都在以事实为基础的审判认知、对审判持尽量正确的历史认识这两个前提下展开讨论？日本在昭和天皇的名义下发动了战争，在二战后东京审判之前，对于这场战争中的战犯嫌疑人，日本曾试图在同一天皇的名义下举行小规模的“自主审判”，以逃避盟国的追究。出人意料的是，日本试图进行“自主审判”一事并非人所周知，不久之前《每日新闻》对国会议员的问卷调查说明了这点。不顾上述事实，认为“日本本应进行自主审判（以避免战犯审判成为胜者单方面）”的议员不在少数。重要的事实被无视，错误的历史图像不断扩大，与之伴随的是无所顾忌的议论，对大规模战争犯罪中大量无辜、无告的牺牲者中的每一个人来说，这是不堪忍受的吧。在正视大规模犯罪所造成的惨害之后，将审判的面貌尽可能准确地传给后世，我们现在不就正在为此尽最小限度的责任吗？

（乔志勇 译）

第四章　东京审判中的人物

第十节　印度的帕尔法官

——围绕其政治·思想地位[1]

中里成章*

一、帕尔主张日本无罪的理由

东京审判的11名法官当中，有3名来自亚洲的代表。他们是印度的帕尔(Radhabinod Pal)[2]，中国的梅汝璈和菲律宾的德尔芬·哈那尼拉(Delfin Jaranilla)。英国有意加入缅甸的代表却未能实现，缅甸代表仅仅加入了英国的法官小组。原本应该考虑从日本的殖民地朝鲜选派法官代表，联合国却似乎未曾讨论过这个问题。

3名法官中，梅和哈那尼拉都支持多数派做出的全体被告人的有罪判决。帕尔却是11名法官中唯一一名主张全体被告人无罪的法官。帕尔主张全体被告无罪的法律理由，至今为止的学术研究已经明确验证。大致可以归纳如下：

(1) 东京审判以联合国最高司令官公布的远东国际军事法庭宪章为基础，法官的任命也同样要遵守该宪章。帕尔认为宪章虽然合法，各个法官仍可以参照凌驾于最高司令官权威之上的“法律”来进行判断。他认为，既然法官是凭借个人资质加入东京审判，那么，审判在伦理上

---

〔1〕 本论文除去第五节有关印度亚细亚主义的部分之外，均基于拙著《帕尔法官——印度·民族主义与东京审判》(岩波新书2012年版)之上。各具体论点与论据，请参照该书相应部分。

* 日本东京大学教授。

〔2〕 英文名。孟加拉语写作为“Rādhābinod Pāla”。但是由于现代孟加拉语的发音中没有短母音和长母音的区别，再加上词尾的「a」通常不发音，写作假名应为「ラダビノド・パル」。日本广为使用的「パール」，无论从英语发音还是从孟加拉语发音都不正确。东京审判当年的报纸上使用的是「パル」。「パール」最早出现于1950年代初期，由田中正明氏首次使用。

的正当性就应该依靠法官们“道义上的操守”。

（2）帕尔将宪章的基本框架，特别是“反和平罪”和“领导人的个人责任”的法理用“这些行为被实施时存在的国际法的各项规定”来解释，认为当时的国际法并不承认这些法理。也就是说，他基本上认同了被告辩护团有关法庭管辖权提出的异议，认为东京审判是基于事后法的非法审判。

（3）在各个事实的认定上，帕尔对检察方提出的是由于被告人进行了“全面的共同谋略”推动了侵略战争，还是战场上的将兵犯下的“普通战争犯罪”而需要追究“领导人责任”的问题上，认为没有充分证据可以证明“全面的共同谋略”和“领导人责任”。

帕尔意见书的真意在于，东京审判不仅仅是基于事后法的非法审判，即使承认其合法，也由于无法提供充足的证据证明被告人的有罪，结果仍是全体无罪。只是，帕尔这种主张全体无罪的理论遭到了各方面的批评，如今，恐怕没有任何一位法学家会完全接受这份“帕尔意见书”。例如在日本，虽然有不少人接受帕尔意见书，主张东京审判乃基于事后法的非法审判，然而更有力的见解是，禁止事后法这一原则只是用于国内法中为保护市民人权不受国家恣意立法的践踏，而不能直接适用于规定国家关系的国际法中。

另外，不断有人对帕尔意见书提出疑问，为何帕尔会提交全面否认东京审判、与众人意见截然不同的意见书呢？其思想和政治背景究竟何在？从今天的目光来看，这个问题也许比帕尔的法学理论更为重要。还有一点，这份主张东条英机在内的全体被告人无罪的《帕尔意见书》，在日本国内被偷梁换柱用作洗脱日本国家罪责的“日本无罪论”，从而被极具政治意图地利用于美化亚洲太平洋战争上。这一倾向逐渐明显，2005 年在靖国神社的游就馆前建了一座“帕尔博士显彰碑”。2007 年，安倍晋三首相特意前往印度加尔各答会见帕尔的长子。报道称，首相有违多年以来的主张选择不参拜靖国神社，这次突然访问是为了安抚国内右翼支持者们的举动。帕尔这名印度法学家，被推到了日本新民族主义和历史修正主义浪潮的中心位置上。

帕尔是亚洲出身的法学家这一点，加重了他在日本国内政治上的地位。在亚洲太平洋战争遭受迫害的亚洲出身的法学家,提出美化亚洲太平洋战争的理论,不得不说帕尔意见书拥有特别的分量。

从这种日本的特殊背景来看待帕尔意见书时,仅仅指出其法律见解上的矛盾和不足来对其进行历史评价和批评显然是不充分的。有必要明确造就帕尔这名法学家的政治和思想背景,以及其与日本战前的大东亚共荣圈和八纮一宇思想,战后的新民族主义和历史修正主义的潮流之间有何种关联性。到目前为止的研究中,虽然对帕尔意见书的思想和政治背景有种种推测,然而遗憾的是目前尚未能完全解决这个问题。我想在本篇论文上阐述自己的看法,希望能进一步加深讨论。

二、构筑本文证据的取径

本篇论文的课题是日本国内,以及东亚国际政治舞台上政治争议的焦点问题。要切入这些问题,就必然会涉及本人的真实意图。如果对真实意图置疑,并左右动摇的话,那么问题将被再次扔回到政治论争中,引起无穷无尽的争论。另外,事实上,自从后现代主义思想出现后,何为历史事实? 历史学家们能否认识到? 有无认识上的特权? 等,这些哲学性的问题不断被反复提出。

虽然研究现实问题的历史学家可以说是被夹在其中,在后现代主义的质问上,本论文也许无法重现真正的事实,却有可能(重新)构筑接近真实的事实,也采取了这一必然立场。〔1〕

其次,本论文引以为据的"事实",来自印度独立后急速发展的实证主义近代史研究手法上的归纳推敲。这一手法有三大支柱。第一是个人访谈。在加尔各答,对帕尔的长子、三男、女婿和加尔各答司法界的领导人物等进行了采访。其中与帕尔长子的访谈尤为重要,前后共五次,历时十四个小时以上。第二,是对文书馆,图书馆的公文书和私信的调查。印度曾经是英国的殖民地,文书馆比日本要完备得多,对印度近代史的研究也基本都立足于文书馆的文献调查基础上。这一调查在

〔1〕 关于此点,受到泰萨·莫里斯·铃木观点的启发(泰萨·莫里斯·铃木:《过去不死——媒体·记忆·历史》,岩波书店 2004 年版,第 33～34 页)

印度国内利用了印度国立公文书馆(德里)、西孟加拉州立公文书馆(加尔各答)、西孟加拉州长官邸文书室(加尔各答)和尼赫鲁纪念图书馆(新德里),国外则是大英博物馆(伦敦)、英国国家公文书馆(伦敦)、澳大利亚国家图书馆(堪培拉)、帕尔·下中纪念馆(箱根)、大仓精神文化研究所(横滨)、国会图书馆宪政资料室(东京)和国立公文图书馆(东京)等等。第三是方言资料的调查。在研究帕尔问题上,孟加拉语的传记资料十分重要。

这些调查是否充分,是否达到了能够构筑接近真相的事实这一水平,这个判断只能依靠诸位同仁们。作为本篇论文作者,我只能说,目前的研究已经进行到了相当的地步。

三、帕尔并非所谓的"甘地主义"者

那么,《帕尔意见书》的政治、思想背景如何呢? 帕尔法官究竟是个何等人物呢?

目前,日本流行着帕尔是甘地主义者这一说法。最早提出这种说法的是下中弥三郎(平凡社社长、大亚细亚协会理事长,战败后被开除公职),东京审判后,1952 年帕尔再次访日时,下中与帕尔有过亲密接触。2007 年中岛岳志氏出版的传记研究《帕尔法官》,使帕尔法官 = 甘地主义者这一观点得到了广泛认知。中岛氏在该书中如此写道:[1]

帕尔就是热烈信奉这种甘地思想和运动的"甘地主义者"。他反复把自己定位于"一贯的甘地主义者",表现出对甘地主义的高度赞扬。他毕生都自认作"甘地主义者",从绝对和平主义的角度开展了各种各样的活动。

可以推测,中岛氏不仅是原帝国大学的北海道大学的法学部副教授,他还在媒体上广泛发言,是很多日本人能接受这个观点的原因。

但是,不得不说的是,帕尔法官 = 甘地主义者这一观点并没有根据。把帕尔视作甘地主义这一观点,虽在日本的出版物和报纸杂志上

〔1〕 中岛岳志:《帕尔法官——东京审判批判与绝对和平主义》,白水社 2007 年版,第 40、298 页。

屡屡登场，奇怪的是在印度方面的资料中却不见踪迹。最先提出这一观点的下中弥三郎，虽然是出版界成功的著名社会运动家，对印度却缺乏详细的了解。即使是把早先的下中理论引申到当代的中岛，也不过是结合日本报纸杂志上的只言片语而做出的推断。

我在加尔各答对帕尔的长子布拉善托·帕尔进行了访谈。当时我提出的几个重要问题中，其中有一个问题大意为：日本的中岛氏等人认为帕尔法官是甘地主义者，您是如何看待的？而布拉善托的回答让我印象深刻。他断然否认，并没有再深入这个话题。用了无头绪这个词来形容他的反应是最恰当不过的。不仅如此，布拉善托丝毫不记得与中岛氏的谈话，在同席的外甥提醒下才好不容易想了起来。与此形成鲜明对照的是，布拉善托清楚地记得与户谷由麻的见面，甚至告诉我她下榻的饭店。中岛氏的访谈之说流传的原因尚不清楚，不过可以推断，帕尔法官＝甘地主义者这一观点是否正确，可能并未得到帕尔长子布拉善托的证实。

另外我还要强调一点，关于帕尔是否是甘地主义者这一论题的真伪，我在每次访谈中都必定会提问。然而，他的三子 Pratīp Pal 和女婿德比普罗萨德·帕尔，以及他视若己出的义子 Bimal Ray，乃至加尔各答司法界的领导人 C·慕克吉，以及原孟买高院法官和举办帕尔法官记念演讲会并发行了其记录的比哈里·瓦杰帕伊，都明确地加以否决。

实际上，只要认真阅读《帕尔意见书》和帕尔的著作，就能立即发现，帕尔并非是甘地主义者。例如，帕尔主张倘若不推进工业化，东洋各国就无法抵抗来自西欧的压力，与严厉批判西欧文明提倡农本主义的甘地处于极端的对峙立场。《帕尔意见书》虽然提到了尼赫鲁——这种提及是批判性的，却没有提到甘地。况且，甘地严厉批判日本侵略中国，在他的非暴力思想中，根本就不可能会主张日本的战争指挥者们无罪，这一点也至关重要。

那么究竟是什么原因，造成了帕尔法官＝甘地主义者这一奇怪的论调在日本流传呢？虽然仍是推断，下中提出这一观点是在 1950 年代，当时日本社会对第二次世界大战的记忆栩栩如生，反军情绪、全面议和与非武装中立的意见、反战和平运动等十分激烈,可以说不存在全盘接受帕尔全体无罪的判决的氛围。对此,帕尔的祖国印度在朝鲜战争引起国际关系高度紧张的环境下,独自开展了和平外交,作为体现和平与正义的亚洲大国登上舞台,战略性地把帕尔与印度形象重叠在一起,将主张全体无罪的帕尔意见书包裹在和平国家印度的这一形象中而使其得到普及。

四、帕尔获命法官出于意外

帕尔并非是甘地主义者。那么,他是个拥有何种政治、思想背景的人物呢?

作为分析的前提,让我们来看看帕尔的经历。拉达比诺德·帕尔1886年1月27日出生在印度亚大陆东部的孟加拉州纳迪亚县,1967年1月10日在加尔各答病逝。他出生在原以制陶壶为生的卡斯特种姓家庭——在孟加拉地方的种族序列中处于"中上"地位——已经不再制造陶器,改做经营学堂了。他的亲戚也多为商人。把帕尔放在殖民地印度的社会构成中来看的话,他出身的种族虽不及婆罗门高贵,却能够纳入印度教徒上位的四分之一内,从经济角度来看,虽然规模不大却拥有房屋和农地,并将农地租给农民耕种。从整体上可以看作为中层农民。然而,由于早年丧父,帕尔的前半生充满了苦难。

帕尔学习勤奋,1905年,他以稍长于同龄人的年龄考入了当时的精英学校院长学院(Presidency College),迎来了人生中的转折点。毕业后,他就职于地方城市,受到当时颇有威望的法学家兼教育家慕克吉的知遇之恩,在他的推荐下搬迁到加尔各答开始从事律师业,同样由于慕克吉的推荐在加尔各答大学法学部任教。此后,帕尔的生活特点便是作为大学教授从事法学教育和法制史的研究,同时又兼顾律师的法律实践。在学术界,帕尔作为一名优秀的教师,以研究印度法史而出名,在高等法院方面,又是一名专门诉讼所得税法有关的著名律师。然而这两方面都与国际法、刑法没有关联。在评价帕尔意见书时,帕尔既不是国际法,也不是刑法的专家这一点是很重要的事实。

也许是他的勤奋受到瞩目,1941年到1943年,帕尔曾经两次共计两年零两个月被任命为加尔各答高等法院的"代理法官"。当时,"代理法官"是个临时职位,不保证能够升格为"正式法官"。换而言之,原本不应该就此把帕尔称作是从事过加尔各答高等法院法官职务的人。随后的 1944 年,他被任命为加尔各答大学的副校长,任期一届两年,直到 1946 年。当时通常是连任两期四年,可见他当副校长受到了特殊对待。可以认为,帕尔在加尔各答大学时属于上面提到的 Asutosh 慕克吉的儿子、年纪轻轻就担任过副校长职位的政治家 Syama Prasad Mookerjee 的派别。Syama Prasad Mookerjee 是右翼政党印度教大会党(Hindū Mahāsabhā)的领袖。

帕尔受到特殊对待解除副校长的职务后,1946 年 4 月,当时的印度殖民地战争局突然上门要求他担任东京审判的印度法官代表。帕尔立即应允,1946 年 5 月他前往东京,直到 1948 年 11 月宣布判决,他担任了两年半的印度法官代表一职。但是事实上,帕尔并不是第一候选人,而是英国殖民地政府在苦于挑出合适人选情况下考虑的法学家中的第三人。东京审判的法官应从高等法院的法官或是有同等经历的人物中选出,如上所示,帕尔只不过是"代理法官",并不符合这一标准。等到殖民地政府的其他部门后来注意到这个问题时,已经生米煮成熟饭了。帕尔不是由独立印度政府、而是由殖民地政府选任,其选任手续具有重大疑问,以及英国急于任命而未充分进行调查的情况下做出的任命,这三点在思考帕尔意见书上极其重要〔1〕。

---

〔1〕 关于帕尔被任命的经过,依据印度国立公文书馆收藏的公文书来记述。然而,中岛岳志氏对于该史料做了如下记述,我想事先明确该史料公开情况的事实情况。"印度的……国立公文书馆里,保存有关于印度派谁去担任东京审判法官的交涉文件。但是,直到现在这些文件原则上都不予公开,无法引用。我在出版《帕尔法官》一书后,在当地终于得以确认这些文件的详细内容,目前的情况下却无法将其公开。"(中岛岳志·西部迈:《重审帕尔判决——"日本无罪论"的真相》,讲谈社现代新书 2008 年版,第 53 页)。

中岛氏的这番话让人无法理解。中岛氏所说的史料,主要是印度外务省战争局的第 27-W/46 号文件,本人办理正当的阅览手续后在 2008 年 1 月 15 日、2009 年 3 月 26 日和 2010 年 1 月 4 日三次阅览,当然也没有任何公开发表上的限制,因此在论文和著作中加以引用。不仅如此,本人之前已有三人阅读过该史料,最早的阅览时间是在 1990 年 7 月 23 日。至少证明,这份史料最迟在 1990 年 7 月前已经得到公开。

另外,有人也许会奇怪为何要对特定的文件调查得如此仔细,其理由在于印度国立公文书馆对所有的文件,都采取了在文件的封底内侧填写阅览者姓名和阅览年月日的体系。可以说,学者们之间很容易确认谁在何时看过这份文件,没看过的文件不能自称为看过。很遗憾,本人在这份文件的封底内侧里未能发现中岛氏的名字,特此阐明。

1952年,帕尔被选作联合国国际法委员会的委员,直到去世。当时,该委员会的重要任务是,将纽伦堡审判的“反和平罪”、“反人道罪”,“领导责任”和“共同谋议”等构成的各项原则格式化并制作成法典草案。帕尔自始至终对这些原则的立法持反对意见,然而多数委员们都表示支持,并向联合国总会提交了《反人类和平安全犯罪的法典草案》。如今,这份《法典草案》在国际刑事法院成立前的半个世纪的历史中,成为一个重要的里程碑。

另外,帕尔有意涉足政坛,1953年,他在印度国会众议院的候补选举中受到印度国民议会派的推荐参选,却最终落选。这次选举中,有报道指出,帕尔并非会议派培养出来的候选,而是来自外界的推荐。

帕尔曾经获得过印度政府颁发的莲华大徽章(1959年)、以及日本政府的功勋一等瑞宝章(1966年)等数项荣誉,实际上他的晚年生活并不如意。他自己的专业原本是所得税,却由于拖欠税费被政府起诉,卖掉自己的巨宅搬往加尔各答南部租房而居,并在当地死去。

五、帕尔在印度政治中属于右派

帕尔出身贫寒,依靠苦学出人头地,职位显赫,是属于知识型的学历派精英。反而言之,他并不是拥有坚定的人生哲学或政治信条、严于律己的知识分子类型。因此,要想试图从他的生活中找到明确的、首尾一致的政治、思想背景难免太过牵强。应该把他视作普通的知识分子和精英人物,行动上难免出现错误,有时也会见机行事,来度过激烈动荡的时代。然而,也决不能断定,帕尔对政治不感兴趣。他和普通的知识分子以及精英们一样,对政治敏感,并根据当时的政治形势变化,在民族主义政治舞台的边缘上摸索自己的生存方式,采取各种称不上是首尾连贯的微小的政治行动,甚至有时候利用政治来实现自己的人生目标。

以上述内容为前提,从帕尔的传记性研究中能够抽出哪些东西作为帕尔意见书的政治、思想背景,在本论文的最后,我想总结出几个要点。

印度的民族运动并不是单一的,其中有各种色调的潮流存在。从左翼数到右翼，主要有印度共产党、会议派社会党、会议派左派（尼赫鲁等人）、会议派中央派（甘地等人）、会议派右派（帕特尔等人）、革命恐怖团体以及印度教大会等。此外的重要潮流还要提到穆斯林政党穆斯林联盟以及地区各政党。在政党的构成图中，帕尔应该是接近印度教大会的法学家。这一点从他与大会领袖 Syama Prasad Mookerjee 的亲密关系中也可以看出。不过，当时的加尔各答司法界中，支持大会的潮流十分强大，不能说只有帕尔采取了特殊的立场。大会虽然是与暗杀甘地有关的右翼政党，其中 Syama Prasad Mookerjee 率领的团队拉拢穆斯林试图脱离国民政党，帕尔应该接近这支稳健的队伍。之后经过变迁，形成了今天提倡印度教民族主义的印度人民党（BJP）。[1]

然而，印度独立后，会议派的权力日渐稳固，慕克吉病死后，帕尔又转向接近会议派，受到会议派的推举成为候选人，甚至获得了尼赫鲁授予的莲华大勋章。

在思考帕尔的政治立场问题时，除了他通过慕克吉与印度教大会的关系外，认识到他对 1930、40 年代享有极高声望的孟加拉政治家苏巴斯·钱德拉·鲍斯（Subhas Chandra Bose）及其领导的印度国民军（Indian National Army）的肯定这一事实也很重要。[2] 与帕尔在院长学院的同一学年中，就有钱德拉·鲍斯的兄长沙拉多·钱德拉·鲍斯（Sarat Chandra Bose），英帕尔战役（1944 年 3 月开始）时，他的密友中有人收听钱德拉·鲍斯来自东南亚的广播，制作成传单并在加尔各答市内秘密散发。1945 年 11 月，抗议印度国民军审判的学生游行队伍与警卫队发生冲突出现了死者，帕尔与 Syama Prasad Mookerjee 一道赶赴现

---

〔1〕 对 Syama Prasad Mookerjee 缺乏优秀的研究。暂且参照 Bal Raj Madhok, *Portrait of a Martyr: A Biography of Dr. Shyama Prasad Mookerji*, centenary ed. (ew Delhi: Rupa, 2001)。有关印度教民族主义最重要的文献为，Christophe Jaffrelot, *The Hindu Nationalist Movement and Indian Politics, 1925 to the 1990s: Stratetegies of Identity-Building, Implantation and Mobilisation* (New Delhi: Viking, 1996)。

〔2〕 在钱德拉·鲍斯问题上，参照了 Leonard Gordon, *Brothers against the Raj: A Biography of Sarat & Subhas Chandra Bose* (New Delhi: Penguin Books, 1990) と Bidyut Chakrabarty, *Subhas Chandra Bose and Middle Class Radicalism: A Study of Indian Nationalism, 1928 - 1940* (Delhi: Oxford University Press, 1990)。关于印度国民军的文献虽然众多，其中，Joyce C. Lebra, *Jungle Alliance: Japan and the Indian National Army* (Singapore: Asia Pacific Press, 1971)（日译：Joyce C. Lebra《钱德拉·鲍斯与日本》，原书房 1968 年版）的可信度较高。

场,对学生们采取了同情的态度。东京审判中与帕尔共事的荷兰法官代表贝尔特·罗林曾回忆道,“日本的这场战争口号为把亚洲从欧洲人手里解放出来的‘亚洲人的亚洲’,真实地触动了他(帕尔)的心弦。他甚至和曾与日本一同对英作战的印度军(=印度国民军)有关”。[1]先不论帕尔是否真的与印度国民军有关联,他对鲍斯和印度国民军寄予同感却是不争的事实。而东京审判中最重要的被告东条英机,就曾把试图武力解放印度的鲍斯聘请到日本,将支援印度国民军作为日本的国策。

那么,帕尔为何会对“亚洲人的亚洲”这一口号产生如此单纯的共鸣呢?实际上,印度,特别是孟加拉已经出现了亚洲主义的思潮,估计帕尔在1930年前后就有了接触。[2]

印度最初出现亚洲主义这一思想,是在19世纪后半期的加尔各答。起先是Keshub Chunder Sen曾表示,“我为自己是亚洲人而喜悦……,对,我感到自豪。耶稣·基督教也是亚洲人吗?”(1866),或是,“我是亚洲之子。亚洲的悲哀就是我的悲哀,亚洲的快乐就是我的快乐。整个亚洲形成了一个巨大的家庭、巨大的民族和一个被扩大的血缘集团。我为此而骄傲。”(1883),后来为Swami Vivekananda、Rabindranath Tagore、Chittaranjan Das以及尼赫鲁等人继承下来。这股潮流于1927年在加尔各答诞生了名为“大印度协会”(the Greater India Society)的组织,“协会”的领袖卡立大斯拉格Kalidas Nag身为加尔各答大学的印度古代史教授与帕尔是同事,与帕尔关系密切,让帕尔帮他写

〔1〕B. V. A. Röling and Antonio Cassese, *The Tokyo Trial and Beyond: Reflections of a Peacemonger* (Cambridge: Polity Press, 19u93), 28.

〔2〕インドのアジア主義の問題は、近年研究が増えはじめた新しい研究テーマである。差し当り次の文献を参照されたい。Birendra Prasad, *Indian Nationalism and Asia (1900 - 1947)* (Delhi: B. R. Publishing Corporation, 1979); Stephen N. Hay, *Asian Ideas of East and West: Tagore and His Critics in Japan, China, and India* (Cambridge, Mass.: Harvard University Press, 1970); Susan Bayly, 'Imagining "Greater India": French and Indian Visions of Colonialism in the Indic Mode', *Modern Asian Studies* 38, 3 (2004); Carolien Stolte and Harald Fischer-Tiné, 'Imagining Asia in India: Nationalism and Internationalism (ca. 1905 - 1940)', *Comparative Studies in Society and History*, 54, 1 (2012); *The Journal of the Greater India Society* (Calcutta, 1934 - 1959. Reprint, 7 vols., New Delhi: Aditya Prakashan, 1987, with preface and index by Lokesh Chandra).

著作的推荐信，1954年访日时，还带来帕尔的问候亲手转交给众参议院的议长。[1] 1930年代末期，拉格在日本国际文化振兴会（现国际交流基金）的援助下，于加尔各答开设了“日本图书室”，表现出亲日的举止，[2]部分文献记载，日本一参战，就受到了英国的拘禁。帕尔曾经置身于这股潮流中，使其对“大东亚共荣圈”、“八纮一宇”等口号感到亲切，而遮蔽了这些口号后面的虚伪性和侵略性。

剩下来的疑问是，英国为何会选择帕尔这种具有政治和思想倾向的法学家，硬是让他当了东京审判的印度法官代表呢？这从先前提到的选任手续上的错误可以进行说明。

印度的偏右政治与日本的偏右政治，印度的亚洲主义与日本的亚洲主义可以说是不尽相同。如果要把天皇制的问题和亚洲主义作为亚洲主义膨胀、美化战争这个角度来看非常明确。然而，其共通的侧面、共振的因素存在这一点也很明确。如果把帕尔的政治、思想背景明朗化，就能够很自然地理解帕尔在东京审判中提交了被告人全体无罪的“意见书”，东京审判后，他与岸信介等甲级战犯嫌疑人以及甲级战犯中谷武世、下中弥三郎等“大亚细亚协会”的有关人员、东条英机遗孀为首的战犯遗族来往密切。

---

〔1〕 Kalidas Nag, *Discovery of Asia* (Calcutta: Institute of Asian and African Relations, 1957), book jacket, 736.

〔2〕 目野由希〈1930年代卡立大斯与日本的文化交流〉《亚洲日本文化研究中心纪要》〈国士馆大学〉4 (2009).

第十一节 天皇的战争责任*

山田正行**

一、视角(Perspective)——认识论(Epistemology)

(一)个人与社会、特殊与普遍、主观与客观的综合

战后历经六十八年,如今的社会主流已经是战时那代人的孙辈和曾孙辈的人物了。我注意到卡尔·马克思在《资本论》第一版的序言中所提出的观点可以作为考察战争责任的一个视角:"我的观点是把经济的社会形态的发展理解为一种自然史的过程。不管个人在主观上怎样超脱各种关系,他在社会意义上总是这些关系的产物。同其他任何观点比起来,我的观点是更不能要个人对这些关系负责的。"〔1〕

我之所以在开头引用马克思,是为了在中华人民共和国的研究报告与讨论能有更丰富的成果。2003年3月25日,我以同样的视角在清华大学历史系作了主题为"从日本的民族性看天皇制的地位"的演讲。当我提到战后日本对美国的服从以及向战前的反动回归与右倾化的所谓"政策逆转"之时,有本科生和研究生向我表达了我"一味在讲美国的问题,而回避了日本的责任"的意见。而我认为从全球化这个大局的趋势来看,日中之间的对立对美国而言是渔翁得利的事情,所以要讨论日本政府右倾化的问题必须将美国纳入视野,但这并不是为了推脱日本的责任。然而,我的这个观点当时没有得到理解。

即便在战前,各种思潮就已经开始了交锋:纳粹主义(由象征权力和武力单词"fasces"而来)与反纳粹主义,资本主义、帝国主义列强与被支配和掠夺的殖民地,西方的霸道与东方的王道,国际主义与民族主义、国家主义等等。其中已涉及了中国革命、大亚细亚主义以及日中关

---

* 本文出版有删节。

** 日本大阪教育大学教授。

〔1〕 卡尔·马克思著,弗里德里希·恩格尔编,大内兵卫、细川嘉六监译:《资本论》第一卷第一册,大月书店1968年版,第10~11页。译文参见《马克思恩格斯选集》第2卷,人民出版社2012年版,第84页。

系。当时局面已极度复杂，而现在的复杂程度又远超之前数倍。

原本毛泽东和周恩来等人主张追究一部分军国主义者的战争责任，而其他人则是被强迫或是被欺骗，故而不予追究。这是因为他们根据马克思主义的阶级论认为中日两国人民可以团结合作。这也是战后一直贯彻的将日本当权者与“日本人民”区别开来的政策，以此作为中日友好的基本面。

然而还是有学生提出了类似前面的意见。在中国，人们对毛泽东和马克思应该有一定的认识，何况还是大学生，却出现了这种情况，所以我在一开始才引用了《资本论》。

马克思主义是站在从事劳动以及生产价值的劳动阶级的立场，致力于研究通过发展生产力来解放人类的普遍性课题。以此为立足点，他提出了特殊性与普遍性的综合，这是主观性与客观性在认识论上的综合（主客二元论的超越），超越了所谓偏重客观性的客观主义的主观性，也就是说马克思和恩格斯的哲学并非客观主义，而是着眼于每个个体的主观性，再对凌驾于其上的客观规律进行研究。而毛泽东和周恩来就日本战争责任问题所做的判断便印证了这种思想。

（二）马克思和韦伯

马克思就主观与客观、理论与实践的统一进行阐述，并提出了“理论一经掌握群众，就能成物质力量，（略）理论只要彻底，就能说服人。所谓彻底（radical），就是抓住事物的根本”的观点。[1]

在十八世纪，“群众”处于尚未被组织起来，极少有机会学习“理论”。在此种背景下提出这一创造性的新观点，还具有与既有体制的意识形态相对抗的意义。但是，一旦“群众”被组织起来，一旦“物质力量”以社会运动的形式扩大开来，就出现了通过组织的力量将“理论”正当化的趋势。这并非理论与实践的综合，而是理论将实践当作根据的趋势。

这一点为马克斯·韦伯所认识并进行了批判，继而提出了“价值中

〔1〕 卡尔·马克思/城塚登译：《论犹太人问题·黑格尔法哲学批判》，岩波文库1974年版，第85页。

立”的理论。1917年11月7日，时值俄国爆发二月革命和十月革命后的第一次世界大战末期，他在给学生作演讲时鼓励教授学问的人要做忠于自己的研究，同时提倡控制自己，不强制学生接受自己学说的“价值中立”说，而且对保守知识阶层的虚伪和自欺欺人进行了批判。[1]

他还从“社会学及经济学的价值中立的涵义”的角度论证如何“评价在大学授课的实践活动”，提出了“自主独立的教师”一说，并围绕“价值判断”对“社会事实的实践评价”进行了讨论。[2]马克思所说“基于人的论证”有强烈的运动与实践的倾向，可以看出，韦伯对此持尖锐的批判立场。

因此，将马克思和韦伯相互对照[3]并对两者进行比较分析，不论在思想上还是理论上都是有意义的。其中，“价值中立”的观点主张“以学术为业”，指的是在阶级理论（无产阶级、资产阶级、小资产阶级等等）下，知识分子选择什么样的立场，做什么样的事会有助于学术和研究。韦伯在《社会科学和社会政策中的客观性》（富永祐治、立野保男译，折原浩补译，岩波文库，1998年）中指出，“价值中立”与“客观”的认识有着密切的关联。这是一种追求个人自由而同时逼近整体客观性的客观和主观——不同于马克思主义的——在社会学上的统一。

的确，站在韦伯的这个立场上将法制型支配、传统型支配和卡里斯马支配下的种种社会现象客观地进行类型化是有意义的。不过，与马克思的彻底批判相比，韦伯在辩证法的展开上较弱，故而对事物运动的捕捉不够充分，很容易发现他对学术与体制之间的关系批判得不够彻底。但是韦伯有着与马克思不同的批判精神和问题意识。他在《论俄国革命》一书中，逐一论证了美国的“慈善封建制度”、德国的“福利设

---

〔1〕马克思·韦伯著，尾高邦雄译：《以学问为业》，岩波文库，1936年初版，1980年重译。本文所引尾初版第49、62、69页等处。以及木本幸造监译《社会学和经济学“价值中立”的涵义》，日本评论社1972年版。

〔2〕木本幸造监译：《社会学和经济学“价值中立”的涵义》，日本评论社1972年版，第19～21页、第41页。

〔3〕大塚久雄：《社会科学的方法——韦伯和马克思》，岩波新书1966年版，同《社会科学与人类》，岩波新书1977年版。并参考了高岛善哉：《社会科学入门——新国民思考》，岩波新书1954年版，同《马克思和韦伯——人类社会的认识方法》，伊纪国屋书店1975年版。

施”以及俄国的“工厂基本法”到处都在制造“新的迈向奴役的铁笼”。[1]

“我们今天能探讨的哪里是‘民主主义’或‘自由’的远大发展问题，只不过是在高度资本主义支配之下，确保它持续下去究竟有否可能。实际上，不管是‘民主主义’还是‘自由’只会存在于这样的国家：其国民保持着不愿像羊群一样接受统治的坚决意志。正因为如此，抵抗物质上的利害得失——这是走在‘个人主义者’道路之上，拥护‘民主主义’制度的人们的命运。那些大谈‘发展趋势’，想成为风向标的人，永远都不会想与这样古老的理想打交道。我们完全可以让这些人迅速离开。”

这是韦伯对十九世纪马克思所在时代开始发展起来的“高度资本主义”的批判和思考。1919年初，韦伯给比他年轻的同事和朋友格奥尔格·卢卡奇写了一系列重要的书信，信中警告卢卡奇“俄国的鲁莽试验可能会在100年以后夺走社会主义的声望和权威”。[2]

韦伯(1864—1920)和卢卡奇(1885—1971)在海德堡大学进行了深入交流，之后卢卡奇在匈牙利加入了共产党，在纳吉—伊姆雷的政权中担任主管教育的人民委员。在这种意味之下，对马克思和韦伯进行比较研究，可以说对于深入理解《资本论》的视角十分重要。

二、主题·对象的框架——象征天皇制

(一) 群岛组成的大陆、半岛与南方的联合·混同

有很多人将马克思主义的唯物论用于日本，援以批判天皇制。尤其是在战争责任方面，例如井上清的《天皇的战争责任》(现代评论社，1975年)，家永三郎对其评价说“对相关的史料进行了最为广泛地网罗、搜集和引用。尽管对个别史料的解释和论证方法我未必赞同，但其作为一部综合性的史料介绍十分有用。”[3]另一方面，针对马克思主义的批判也不少，以柏林墙的倒塌为发端，东欧、苏联社会主义体制的瓦解

〔1〕 韦伯著，雀部幸隆、小岛定译：《论俄罗斯革命》(全二卷)，名古屋大学出版会，1997—1998年，引自第1卷第135页。此外还有林道义译：《论俄罗斯革命》(福村出版1969年版)第80～81页。

〔2〕 F. 费赫尔、A. 赫勒、G. 马尔库什著，富田武译：《对欲望的独裁——“现存社会主义”原理的批判》。

〔3〕 家永三郎：《战争责任》，岩波书店1985年版，第269页。

提供了超越各种争论的根据。但是由马克思主义所提出的劳动榨取问题并未得到解决，或者说这个系统向全球化发展，经济差异不断扩大。因此，在二十一世纪的今天，如果要立足于各种事实来理解作为研究主题对象的天皇制，首先要讨论大陆、半岛、南太平洋诸岛等相关事情。正是从这些方向流入的影响，塑造了列岛上日本人的形态。在富山和小竹的贝冢中发掘出的人类骨骼表明在绳纹文化早期就已经有了北方和南方系人类的混合。（2014年1月17日"北陆中日新闻"）

（二）学习外来文化：日本的习性

从被认为是天皇制起点的重要文献《古事记》来看，《琴歌谱》中记有"一（某）古事记"还有《释日本纪》所引的《土佐风土记》轶文也记有"多氏古事记"[1]，故而可以推论《古事记》原有多种版本，但流传至今的只有一种。由此可以认为，以"古事记"来标榜正统的王室也不止一个，但后来被统合成为一支，他们的影踪仅残留于现存的《古事记》当中。也就是说，日本群岛上的若干个王族最后统一到了一个皇族之下，并被当作正统的历史，而与之不符的历史则被封印起来。在《古事记》以前的"帝纪"和"旧辞"文献都已散佚不传，而仅被汇集在作为正统历史的《古事记》中，这些文献可能是遭到了舍弃（焚书）。在这个过程中，汉字传入之前所使用的神代文字消失了。只不过由于汉文不同于和文的缘故，与汉字同时出现的还有万叶假名、片假名、平假名等文字，他们共同推进了文化及文明的发展。而通过这些文字来创造和活用"象征"也由此产生。

追溯更早的历史，根据上山春平、上田正昭、福永光司等人的研究，与天皇制密切相关的神道教与道教之间存在着关联。吉野裕子还指出神道教与阴阳五行也有关系。[2] 在远东的群岛上，统治者无需以中原地区为中心的中华思想来证明自己的正统性，于是由那些概念生成的融合了道教和阴阳五行学说的民间信仰，远道而来传入日本列岛，与本土的既有信仰和祭祀形式相汇合，再混入南北方的文化习俗，便形成了

---

〔1〕 直木孝次郎：《〈古事记〉、〈日本书纪〉的成书过程》，《别册历史读本》第53号，1977年9月，第26页。

〔2〕 文末的参考文献中上山的《天皇制的深层》第53页："'天皇'一词源出道教"。

日本独特的神道教。其源头可溯至邪马台国卑弥呼女王的祭祀活动，从中国文献中可见“事鬼道，能惑众”的记载。(《魏志·倭人传》[1])

此外，也有观点认为神道教是由东渡而来探寻神仙的徐福带来的(约公元前三世纪，秦朝，齐人)，以及认为道教是老庄思想之外的神仙信仰。

司马迁《史记·淮南衡山列传》记载秦始皇听闻徐福奏禀“东方三神山有长生不老之灵药”之后，“遣振男女三千人，资之五谷种种百工而行”，而“徐福得平原广泽，止王不来。”对此乌越宪三郎论述道：“徐福的求仙之行因没有达到目的而失败。(略)他由于害怕遭到惩罚而说了谎，我不认为他的第二次出海是要认真地寻找东海神仙。(略)应该在近海附近徘徊之后秘密登陆，藏身于某处吧”[2]。出于对暴君的恐惧而抱有尽可能远离追捕者的想法也是很自然的。即便不是徐福本人，也有可能因为怕家族遭到株连，而使用著名到可以在《史记》中出现的“徐福”之名。此外，竹内实则介绍了卫挺生的理论，即“现存徐福墓规模过小，不应该是真墓”、“徐福东渡说在日本历史中的传承出现过中断，因此这种说法是虚构的。是有人读了中国文献知道了这个史实之后才造出一个徐福墓”。[3] 不过也不可否认因惧怕暴君而将坟墓做小的可能性。

就这样，徐福东渡说遭到了来自客观主义和实证主义的诸多批评。但是从心理史学的角度来看，我们无法轻视这样一种现实性(reality, actuality)，即此种说法的传承在日本许多地方至今仍然根深蒂固。只不过，据此认为徐福成为天皇的想法未免武断。根据司马迁的说法，可以认为徐福，抑或是其族人成为诸“王”之一。

正是由于自古以来受到来自中国的影响，至今为止日本天皇的年号几乎都来源于中国的古典文献。如“平成”来自《史记》“内平外成”和《书经》“地平天成”、“昭和”来自《书经》“百姓昭明，万邦协和”、“大正”

---

〔1〕 即《三国志·魏志·乌丸鲜卑东夷传》——译者注。

〔2〕 乌越宪三郎：《“倭人”的含义》中《对徐福传说的解释》，中西进、王勇编《日中文化交流丛书·第10卷·人物》，大修馆1996年版，第44～45页。

〔3〕 竹内实：《纪行 日本中的中国》，朝日新闻社1976年版，第19页。

来自《易经》“大享以正天之到也”、“明治”来自《易经》“圣人南面而听天下、乡明而治”、“庆应”来自《文选》“庆云应辉”。甚至“靖国”一词也来自《春秋左氏传》。

其次来看半岛给日本带来的影响。我主张距离朝鲜半岛十分接近的壹岐岛的月读神社是“神道教发祥地”。壹岐的月读神社作为元宫，而请神祭祀等活动则放在京都的月读神社，这与《日本书纪》中有关阿闭臣事代和忍见宿祢的记述相符合。天皇家族以天照大神为祖神，而与太阳崇拜〔1〕互为表里的便是月崇拜的月读神社了，日与月便代表着阴阳。

日本皇室血统与半岛的联系是明确的。日韩世界杯之前的2001年12月23日，平成天皇在自己的生日之际曾表示：“《日本纪》记载恒武天皇的生母乃是百济国武宁王的后裔，我感到了与韩国之间的关系。由于武宁王与日本深厚的关系，从此日本便开始邀请五经博士前往日本。并且武宁王的儿子圣明王也因为向日本传播佛教而为人所知。”与此相同的，我认为朝鲜半岛也是道教传入的路径之一。

道教就这样通过大陆和半岛若干路径传来，被神道教吸收并形成天皇制。而站在诸王及贵族顶点位置的人就是天皇了。

进一步来说南方地区施加的影响，鲁思・本尼迪克特在《菊与刀》第三章中关于太平洋诸岛的“神圣领袖(Sacred Chief)”有着相似的论述。相关的，日本人用带子背负婴儿的风俗与太平洋诸岛上的人们将布搭在肩上有着共通性(《菊与刀第一、二章》)，还有一个类似的例子是年轻男子和姑娘的组织“Aumaga”和“Aulaluma”(玛格丽特・米德《萨摩亚的思春期》第六章〔2〕)。

天皇制确立之后，儒教和佛教成为它的思想哲学体系。这一点可以从圣德太子制定并颁布的“十七条宪法”中反映出来。其中的第一条“以和为贵”就和中国的《礼记》“儒行”篇和《论语》“学而”篇的文言相同。

---

〔1〕 天岩户的神话等等，并参考了卑弥呼(日御子)的存在可能。冈原国男：《日御子(卑弥呼)》，晃洋书房1979年版。古田武彦：《卑弥呼・ひみか》ミネルヴァ书房2011年版。

〔2〕 中译为《萨摩亚人的成年》——译者注。

即便在近代的教育敕语(1890,明治 23 年)中“我臣民克忠克孝”、“尔臣民孝于父母,友于兄弟,夫妇相和”都是从古代中国儒家所强调的道德准则“五伦”(君臣有义、父子有亲、夫妇之别、长幼有序、朋友有信)或者“十义”(父慈、子孝、君仁、臣忠、夫义、妇听、长惠、幼顺、兄良、弟悌)中而来。也就是说千百年以来这个基调并没有什么变动。

天皇制便是这样汲取多方信仰和文化而形成。在这个过程中,“八百万神”的泛灵论或者如卑弥呼那样的巫术不是作为“卡里斯玛”,而是作为一种象征纳入统治,天皇制也由此形成。如果单独看这些要素的话也许可以适用于某些欧美的概念,但作为一个整体却是日本独有的社会体制。

除此之外,如果应用西田几多郎和三木清关于“生成”(genesis)和“制作”(poiesis)的辩证法应用,就能认识到在天皇制形成的心理历史过程中,自然发生性和目的意识性的交汇和混合。〔1〕如果我们进一步援引皮埃尔·布迪厄的关键性概念“habitus”(带有“习惯”及“习性”的复合意味),日本的“habitus”可以说是以复合的外来文化为动因(moment)的学习指向和爱好。这并不是墨守(墨子的由来)外来文化,而是模仿学习、理解、选择、汲取并消化的精神,日本的精神正是通过不断地学习而形成传统。这个社会体制的表现形态之一就是象征天皇制。

(三)象征天皇制的作用

现在不妨围绕天皇制进一步讨论其象征作用。

公元 645 年的大化革新中,中大兄皇子(后来的天智天皇)与中臣镰足(后来的藤原镰足)一起暗杀了皇极天皇跟前的苏我入鹿并发动了政变(乙巳之变),但之后并没有登上皇位,而是到 668 年才即位(至 672 年 1 月 7 日驾崩)。但是政治实权则由藤原镰足(614—669)、藤原不比等(659—720)及整个藤原氏所继承。后来进一步发展成由辅佐天皇的“摄政”和“关白”掌权的“摄关政治”,并在藤原道长(966—1028)和藤原赖通父子掌政时期达到顶峰。

---

〔1〕关于生成和制作的辩证法,可参照山田正行:《战争与和平的教育与非教育的辩证法》(《非“教育”的理论》,明石书店 2009 年版)。而合流·混合的观点可参照宫原诚一,见《和平教育的思想与实践》第一章。

此后摄关政治逐渐衰退，出现了由在位天皇的直系长辈太上天皇（上皇）代替天皇行使政务，即所谓“院政”的现象。尽管实权回到了皇室手中，但天皇还是处于象征的地位。

之后经过保元之乱（1156）、平治之乱（1160），武士逐渐掌权，权力由平氏转移到源氏，再进一步转移到辅佐源氏的“征夷大将军”的“执权”[1]手里（如镰仓时代北条氏的执权政治）。这个时期征夷大将军由象征性权威的天皇所任命，而握有实权的则是辅佐征夷大将军的执权。反过来看，象征性的权威（天皇）任命象征性的征夷大将军，天皇相当于一个二重象征的存在。而另一方面，执权握有的权力则可以达到动员全国武士，二度击退蒙古的军队（1274 年文永之役和 1281 年弘安之役）的程度。

天皇的这种象征性地位，在历经武士掌权的室町时代、战国时代、安土·桃山时代和江户时代之后都不曾改变。尽管有后醍醐天皇亲政的“建武新政（中兴）”，但那只是 1333—1336 年一段极短的时期。而继承了天皇亲政的南朝[2]在后醍醐天皇驾崩后亦由武士掌权。

从下往上看，农民和其他平民之上有武士阶层，武士服务于大名，大名则听命于将军，而天皇在其中既无直接又无实质性的关联，更像是个“云端上的存在”。

幕府末期和明治维新时期，尊皇思想作为一种观念被用来推翻江户幕府，直到这时候的封建分权体制中，天皇才成为这套中央集权体系里的顶点。其权威和地位据此大幅上升，1889 的大日本帝国宪法规定天皇为“神圣不可侵犯”的元首，但实质的权力仍然握在藩阀[3]和军阀手中。像迁都（从京都到江户/东京）这样关乎国家根本的事情也没有正式的宣布，而只是用“行幸”（天皇外出）这样的名目。就这样，近代作为君主立宪制的象征天皇制就开始了。

此后尤其到了大正时代（1912—1926），出现民主化潮流（大正民

---

〔1〕 辅佐将军的执政官——译者注。

〔2〕 即日本历史上“南北朝”之南朝——译者注。

〔3〕 对明治年间占据政府和军队要职的西南诸藩（长州、萨摩、土佐、肥前）出生集团的称呼，西方称为明治寡头制——译者注。

主)，以美浓部达吉等人的“国家法人说”为基础，“天皇机关说”开始受到提倡，但1935年(昭和10年)贵族院公开对此说进行抨击，作为敕选议员的美浓部以不敬罪的嫌疑而接受调查(暂缓起诉)。他随后辞去了贵族院议员的身份，其著书《宪法撮要》、《逐条宪法精义》、《日本国宪法的基本主义》也被认为是违反出版法而禁止发行。

不过，昭和天皇本人对天皇机关说是持赞同态度的，并且对美浓部遭受抨击以及学术自由遭到侵害感到忧虑。[1] 天皇明白个人无法承担起近代国家体制，因此有此判断是理所当然的。这件事表明了天皇制的绝对化并非是由天皇主导，而是有人利用天皇制推进事态的发展。亦即天皇制被绝对化是由于全体主义和军国主义对它的利用作为象征而存在，实权是由军阀、财阀和官僚(组织进行总力战必须由官僚系统来运营管理)掌握的。

而赋予这一切合法性的是学者们所代表的文化资本。加藤周一在《日本文化的混杂性》(初载于《思想》1955年6月号，后多次续载)中论述到：“仅仅国学派一家对近代战争思想的形成并没有起作用”，“京都哲学派与日本浪漫派”、“受德国哲学影响的京都哲学派”等作为“舶来的道具”为了“日本及其传统文化在世界史中的使命”，“为了将战争正当化而推崇天皇，同时也是对日本文化的推崇”。但是“杂种文化论”并不适用于西田和三木所独创的统合西洋和东洋思想的哲学思想，只不过是停止了模仿。至于西田关于战争合作的程度(尤其是1943年的《世界新秩序之原理》以及对《大东亚共同宣言》的参与)，我已在前述《关于战争与和平之教育与非教育的辩证法》中论及。

另一方面，在全体主义和军国主义的强化过程中，三木被关进监狱(战后仍然被关押，最终死于狱中)，或者说追随者们都被利用了。也可以说加藤的“混杂论”便是基于此而成为主流学派，但不能由此而忽视非主流意识形态的内在含义。并且我们必须根据其动态发展对大东亚共荣圈和东亚协同体的心理历史进行多角度的考察和评价。

---

〔1〕 伊藤隆他编：《本庄繁日记》，山川出版社1982—1983年版，原田熊雄述、近卫泰子记录、里见弴等补订《西园寺公和政局》，岩波书店1967年版。

我将战后的天皇制定义为“与议会制民主主义相结合的象征天皇制”。上山曾论述到“日本这个国家,维持了自公元八世纪所确立的单一君主制,即‘天皇’作为法律上的君主处于国家顶点的位置,(略)在这个最大限度的民主宪法中,同时列入了古代君主制的遗制和超现代的限制军备理念”,这是“日本作为一个国家最引人注目的特色”[1]。我明白加藤的“混杂说”,能从中体会到一些积极的侧面,这是乐于向各方学习汲取的日本“惯习(habitus)”的成果。

然而处于现代高度信息化社会中的象征天皇制与战前已然不同,我认为必须要注意“象征资本”(皮埃尔·布迪厄)被滥用的可能。尽管还没有这种现象,但必须要有所预防。

概言之,尽管历史上的天皇时强时弱,但纵观摄关政治(平安时代)、执权政治(镰仓时代)、武家政治(室町—江户时代)、君主立宪制(明治、大正时代)、全体主义和军国主义(昭和前期)各个时期,天皇的地位一贯都是象征性的。的确,当它与具有强大凝聚性的日本集团主义的组织力一起产生作用时,会导致不同意见很难发出自己的声音,不容易修正错误的弱点。军国主义的失控就是其后果。象征天皇制与军国主义相结合的时候,会导致强烈的“象征的暴力”(布迪厄),战后民主的象征天皇制就建立在对此的反省之上。

三、研究象征天皇制的视角与认识论——孔子、康德和布迪厄

前文使用了布迪厄的主要概念,因此下文将论述它对象征天皇制研究的有效之处。

他从“文化的再生产”角度来考察“秩序的维持”,尤其明确了惯习的服从与支配之间相互作用功能的重要性。这是人们以自发地服从来维持秩序,并再生产支配的惯习的特点,是理解像天皇制这样非实权的象征性支配的重要概念。同时它也与前述之关于个人与社会、主观与客观的统一、均衡、调和的超越主客观二元论的认识论相关联。

这种“自发的服从”与孔子所说的“纵心所欲,不逾矩”(《论语·为

---

〔1〕《天皇制的深层》前揭『天皇制の深層』,p. xiii。

政篇》)和伊曼努尔·康德所倡导的“定言命式”(即“这样行动,就好像你的准则会因为你遵从你的愿望的准则而成为普遍的法则”)互为表里。[1]然而这些理论一旦成为空洞的唯心论,就变质成伪善和欺瞒,将“矩”或“格律”误认为支配性的意识形态,自己主动服从并再次确认,并使之成为自我的想法。这种心理社会的向量与之完全相反,但两者的差异十分微妙,略用修辞即可导致误读和再度解读。布迪厄对这个问题进行了探讨。[2]

布迪厄认为惯习具有象征暴力与“必然性的德性=活力(necessite vertu)”这一特性,并指出其中存在将服从支配误认为必然的“直接服从”的问题,具体如下所述[3]:

“即使能有规则地观察到科学建构的客观可能性(例如,接近各种利益的机会)与主观期待(‘动机的形成’与‘欲求’)之间非常紧密的相互关系,那也不是因为像竞技者(joueur)掌握自己胜利机会的全部信息后会调整比赛(jeu)那样,当事人不是因为意识到自己的希望而使其符合对自己成功机会的正确评价。实际上,因客观的各种条件中所具有的各种可能性与不可能性、自由与必然、推动与禁止而受到教化的心理倾向(而科学将之理解为通过统计的规则性被客观连接到集团或阶级的可能性)产生出与那些条件客观并存的心理倾向,而且是可以说事先适应这些条件所要求之事的那种心理倾向。在各种检验之前,以无法想象的东西这一名义,自己排除最没有可能性的实践,其结果就产出了必然性的德性=活力(necessite vertu),也就是直接服从秩序,一种拒绝要被拒绝的东西、期待不可避免之事倾向的秩序。”(强调为原文所注)

应当说,孔子的箴言和康德的“定言命式”是共通的概念,对于“自由和必然”的统一,或者说两者之间的紧密关系,两人都提到了崇高的道德及其价值。而布迪厄所指出的就是“持续被教化的心理倾向”,即

---

〔1〕 康德·伊曼努尔著,篠田英雄译:《道德形而上学原论》,岩波书店1960年版,第64、89页。

〔2〕 相关研究发表在《惯习与象征暴力:对象征天皇制问题的分析》(《民主教育研究所年报》第4号,2003年1月),以及《皮埃尔·布迪厄的实践社会教育研究》V(《大阪教育大学纪要》,2010年)。

〔3〕 前引《实践感觉》,第85、90页。

“直接服从秩序”，也就是“事先适应这些条件所要求之事的那种心理倾向”。

这与孔子和康德在探索崇高人生的过程中所达到的自由与必然、个人与全体、特殊与普遍的高度统一处于同一水平的程度。然而布迪厄却从一个完全相反的方向，即个体自发的服从是被全体的象征性支配所统合这个问题去追究其中的意味，于是形成了“服从”通过调和来与“支配”相吻合，或者说“紧密地相关”、人们通过“事先适应”来“拒绝被拒绝和希望必然之事”的论点。这个问题意识极为重要，前述的“象征暴力”也以此为依据。

基于以上概念的理解，接下来进一步考察“必然性的德性＝活力(necessite vertu)”概念所拥有的逻辑。布迪厄在以上引文之后还使用了“德性＝变为活力的必然性(necessite faite vertu)”(强调为原文所注)这个概念来论述惯习。“必然性的德性＝活力”并不是随处可见的一个用语，因此我们可以再次确认这概念正是包含了重要逻辑的一个关键概念。

今村达将这个概念翻译为“做该做的事(＝将应做的事当成美德来做)”以及“成为美德的必然”。这是对法语的惯用语“faire de nécessité vertu(愉快地做该做的事)”恰当的翻法。从这种“美德”层面来考察“vertu”的视角与孔子或康德的做法相同，而布迪厄则从自发服从和象征支配的相互调和与吻合进行了反思。

而且，关于这样的“德”的考察方法，爱利克・H・埃里克森在其渐成发展论中也论及“virtue”包括“美德”与“活力”这一点非常重要。(法语的 vertu 与英语的 virtue 拉丁语源相同)

不过，埃里克森是在发展论中论述这个问题的，较之布迪厄，其方向更接近孔子或康德。从埃里克森把“virtue”与“人的坚强”连结在一起这一点尤其可以看出这个特点。[1]

此外，埃里克森考察了身份认同和认识观念的关联，将青年期的品质(vertu)规定为“忠诚(fidelity)”。这是一种自发服从的心理机制，指

〔1〕 埃里克森著，鑪干八郎译：《洞察与责任》，诚信书房 1971 年版。

的是脱离双亲养育后向自立过渡的青年向比家庭更高层次的社会存在(包括个人和集体)展现其忠诚,就好像要将自己的人生赌在那里一样进行决断。

在这一层面上,我们可以说埃里克森的发展论"美德 = 活力(virtue)"是统合了孔子、康德与布迪厄的想法,将认识发展到了更高一个层次。然后我们再来关注布迪厄的问题意识(problematique)时,可以知道布迪厄指出这种"必然"不仅是客观(客体)的,而且还是像"事先适应这些条件所要求之事的那种心理倾向"那样,是主观(主体)的。

而且,从认识论来考察这种"事先适应的心理倾向"的话,可以以埃德蒙德・胡塞尔在《经验与判断》(绪论)中论及的"既已时常"这一存在论来重新考察。从这样的存在个性产出"直接服从"这一点我们可以认为所谓惯习的"服从"是指"既已时常""事先适应"这一自发而必然的"服从"。

关于这一点,布迪厄指出那是"既无意识又无意志的自发性",而且"诸惯习都具有再次确认诸惯习自发互认的各种表现的倾向。"[1]也就是"愉快地做该做的事"这一"必然性",即"美德"和"活力"的这种状态是因为其本质上具有"自发性",而重要的是那是像"既无意识又无意志的自发性"那样,具有必然性。而且,如果这种"自发性"通过结构的再生产归结到"事先适应"支配并服从的话,我们可以知道这种支配与服从的结构比露骨的物质上的压抑显得更加坚固。若是后者,支配是在人已经意识到的基础上形成的服从,因此也有可能人意识到这一支配后把它转化为抵抗支配的一种条件。而前者是人意识不到这种压抑或支配,所以无法产生抵抗的意志,不如说是人逐渐无意识、不知不觉、自发地"适应"这种支配。

从这一层面来说,我们可以知道象征暴力比物理暴力在支配上显得更加有效。因此,象征天皇制贯穿整个日本历史而延续下来,至今也以"日本全体国民意志为基础"(日本宪法第一条)作为制度而存在。所以象征天皇乃是日本的"惯习"。换言之,也可以说是"没有协议的企图

---

[1] 《实践感觉》,第179页。

(conspiracy)”与“无形的共谋”[1]。如果援用迈克尔·波兰尼的理论的说法就是“隐性知识”的现象形态。

在以上考察的基础上，后文将探讨天皇战争的责任问题。

四、主题·对象——天皇的战争责任

(一) 不起诉天皇和天皇制的维持

东京审判(远东国际军事审判)的法官来自英国、美国、中华民国、法国、荷兰、澳大利亚、新西兰、加拿大、苏联九个国家加上英占印度帝国、美占菲律宾两个地区，法庭判决为多数判决。

审理过程中，“随着审判的进行，法官团的分裂不断加深，一度濒临审判崩溃的危机”[2]，不过最后还是通过制作少数反对意见(个别意见书)得以结审。持反对意见的帕尔(印度)、勒林(荷兰)、贝尔纳(法国)指出他们“在判决书撰写过程中遭到疏远”[3]。应当把这种情况看作是美国的主导还是少数派意见得到尊重这是一个微妙的判断。他们之中的帕尔认为审判违法，尤其是针对A级战犯的“反和平罪”为事后法(法的不溯及原则)，应为不当，故主张全员无罪(然而他没有否定法庭证据和陈述)。关于法的不溯及原则与“文明的审判”相关，本文的第七点将再行讨论。

日暮认为帕尔判决书不仅仅是“反轴心国主义”的“多数判决”，而且还带有“反西方帝国主义”的“政治性”，比多数判决要“好得多”，表达了其“偏袒”之情。[4] 而中里成章认为帕尔是立场与“印度人民同盟”相近的亚细亚主义者，他被选为法官乃是由于英国出现了“手续上的错误”。而我本人把这个“错误”看作是印度策划的结果。如果纵观大东亚会议、英帕尔战役再到印度独立的过程，就会知道印度对英国实施欺瞒战略是很自然的。在这种情况下帕尔出任法官应该是抵抗西方帝国

[1] 玛丽琳·弗格森著，松尾弌之译：《宝瓶革命——变革80年代的“透明”才智》，实业之日本社1981年版，第2页，堺屋太一的序文。本书中文译为“宝瓶同谋”——译者注。

[2] 日暮：《东京审判》，第244页。

[3] 同上，第265页。

[4] 同上，第274～277页。

主义的亚细亚主义在暗中谋划的结果。

此处将英帕尔战役联系起来并非随意，关于这场战役失败的讨论始终没有停止过，从黑岩正幸《自杀命令——英帕尔军队战记》（光人社，1984 年）等人所记载的惨状来看，“万骨皆枯”的程度是一种无法表现的严肃的想法。战力的损失和士气的低下之后，相继而来的则是人心的涣散。

这些少数意见在法庭内部引起了论争，在法庭外更是出现了各种各样的批判和异议。收录它们的文献也非常多（本文参考文献是其中一部分）。尤其要说的是远东委员会（由美、英、苏、中华民国、荷兰、澳大利亚、新西兰、加拿大、法国、菲律宾、印度组成）强烈支持废除天皇制的论调。而被安置了象征天皇制的日本国宪法在东京审判结审之前的 1946 年 11 月 3 日公布，并于 1947 年 5 月 3 日实施，据说这是为了造成一种既成事实。

在这种紧急的危机情况下，菲律宾的哈那尼拉法官提出了严惩的要求，甚至韦伯庭长对判决也提出了少数意见。[1] 而最终天皇还是免予起诉追责，这可以说是从盟国全体利益最大化的角度进行考虑的结果。

首席检察官季南指出不起诉天皇是一个“高度政治层面的决定”[2]。尤其是关系到结束战争的问题上。的确，如果天皇有终战的权威，那他同时也有开战的权威（这正是 1941 年 12 月 8 日与英美开战的主要争议点）。不过相比后者，前者的执行更为有效。正如北美长期作为教科书使用的由费正清、赖肖尔和格雷格共著的《东亚：传统和变革》（*East Asia，Tradition and Transformation*）所表述的那样：除了做出投降的决定，天皇并不是决策者，其实际的政治作用甚微。[3]

既然判决内容是在“高度政治化的层面上”被“决定”的，那么可以说这是国际社会错综复杂的强权政治下所得出的最好或者说次好的策略了——实际上，日本政治在迂回曲折的同时也向着民主主义与和平

---

〔1〕 详见户谷由麻：《东京审判——第二次世界大战后对法与正义的追求》，みすず书房。

〔2〕《纽约时报》1946 年 6 月 18 日。引自武田第 309 页。

〔3〕 皮特・魏茨勒著，森山尚美译：《昭和天皇和战争——皇室的传统与战时的政治和军事战略》原书房，2002 年版，第 i、ii、vi 页。

主义前进这一点就是个很好的证明。同时作为一次“文明的审判”，东京审判与现在的联合国安理会、国际法庭、联合国维和活动、人道介入和人道支援都存在关联。

除了以上这些，这个决定还传递出“对日占领统治不可以没有天皇”的判断——尽管没有明示，但儿岛就指出“能感到一些暧昧不明的气息”[1]。实际上，纽伦堡审判从1945年11月20日到1946年10月1日用了一年左右，而东京审判从1945年5月3日到1948年11月12日花了超过两年的时间，此外德国有十二个法庭继续进行审判直至1949年，而日本则没有。

之所以会这样的主要原因，不光是由于硫磺岛、冲绳岛的激战和神风特工队导致的(盟军)士气问题，还有战后民众表现出的社会秩序，即日本在尚有战斗力的情况下能以整体解除武装来回应“玉音放送(圣断)”。本尼迪克特对此概括为“天皇开口，战争便告结束”、并认为这是“日本固有的强大的(略)自身对‘忠’的要求的能力，以至于战斗力尚未崩溃却能接受无条件投降的代价”[2]。

与皇室关系密切的贺川丰彦，在身为基督教徒的同时主张“斗志高昂”。在1945年8月30日《读卖新闻》刊登的“致麦克阿瑟总司令”一文中，他这样说道：“日本人民做好了战斗到最后的打算。恐怕没有人会意料到恐怖的原子弹不久之后就要落到自己身上来。即便是粉身碎骨，日本人也丝毫不会怀疑‘战争必须在陛下的指挥下继续下去’这个事实。然而，陛下的诏书完全改变了战争的走向，迎来了和平。”与之相应的，曾在1944—1945年担任皇宫护卫的近卫师团中卫荻野清隆(后宇多天皇的后裔)则说：“天皇说停止战争，战争就结束了。如果天皇发生什么事，我不知道日本军队会怎么做，应该会像贺川对麦克阿瑟说的那样吧。如果当时(盟军)伞兵部队从上空攻击，我们已经做好了战斗到最后一卒的觉悟。”(2013年10月30日，放送大学大阪学习中心)。

---

〔1〕儿岛襄：《东京审判》，中央公论社1971年版，下卷，第117、140页。还有当时作为医学生的山田诚也(以后成为作家，山田风太郎)在其11月12日的日记中写道“他们没有绝对废止的自信”。(《战中派不战日记》，角川文库2010年版)

〔2〕长谷川松治译：《菊与刀——日本文化类型》，社会思想社1967年版，第153～154页。

他甚至还说到“玉音放送前一日开始，就有若干个企图阻止（包括使用武器）的行动，我也被召集参加。但我没有去，只是专心做的警卫工作。参加的人大多出身幼年学校和士官学校（指日本陆军幼年学校和日本陆军士官学校——译者注）。”〔1〕除了这些极端的危机情况，停战显得庄重有序，随即社会就转入和平状态。日本人的这种规律或者说是纪律对同盟国来说是个重要的信息，必须对这种全体主义和可能导致的危险性进行慎重的评估。

于是天皇没有退位，天皇制得以维持。而且在9月20日的木户日记中可以找这么一段话：“同盟国要求在我国进行战争罪犯的处罚，此事已由阁议决定”，而天皇则表示“敌人所谓战争罪犯，尤其是所谓责任者都只是些尽忠的人。我不忍以天皇之名对他们裁断，必须有复议的余地才可以。”尽管日本政府的这个要求没有实现，国际军事法庭最终还是成立了，然而还是回避了以天皇的名义进行处罚。也就是说天皇既不接受审判，也不施加审判，这样就维持在一个超然的立场上。

在此之后的1969年秋，韦伯在澳大利亚布里斯班接受儿岛的采访时说“我认为天皇应该感到对战争负有责任，只不过是作为立宪君主没有阻止战争的道义上的责任”。对于是否是“战争罪犯的责任”，韦伯的回答是“不”。〔2〕

此外在关于胜者的审判这一点上，韦伯说“要将审判战争罪犯付诸现实，如果不经由胜者的力量恐怕很困难吧？”〔3〕这是基于当时现实的一个判断，所以可以说法庭的判决是在高度政治层面上做出的决定。韦伯自己通过少数意见书对判决提出了异议，同样可以从这个角度切入——他是一个通晓政治的法官。

---

〔1〕十五日的《木户日记》中记到：“今晨一时半左右近卫师团一部分人发生了叛乱，（略）八时左右三井侍从过来解决了问题”、“四时左右，有七八名自称宪兵特高队的人”自“赤坂宅的大火废墟而来，对我进行了搜索，一名警官负了伤”。我自己对于木户日记的分析会在之后进行。研究者们致力于对这段历史建立起经得起检验的论述。这决不是木户为了免受批判才进行的书写，和不写可能会受到批判的内容恰恰相反。而且也不会是虚假的内容（错误则另当别论），因为有着虚假内容被揭发的不可预测的风险存在（何况不光是自己，还涉及天皇）。尽管还不清楚如何解读未来体制（全体主义、民主主义等）的变迁过程，但木户只可能是忠于事实地记录。我想我和木户是站在同样的立场。

〔2〕儿岛襄：《东京审判》下卷，第138页。

〔3〕同上，第139页

而根据麦克阿瑟的回忆，在9月27日与天皇的第一次会面中，谈到昭和天皇以"勇于自责的姿态"声明自己负有全部责任。不过在日方的记录中，天皇的原话则是"这场战争是我极力要避免的，但目睹了战争这一结果，是自己最为遗憾的事"[1]。对"最为遗憾"四个字的解释，可以说极为微妙。而且这也符合"高度政治层面"、"暧昧不明"、"十九人的天皇"的那些状况。

而且同一天的木户日记里记载了麦克阿瑟一番颇有意味的话："我相信最了解国民和政界要人的就是陛下了。今后也请多多向我提建议"，同时也写道"麦元帅充分了解陛下始终在为和平而努力，说了不少刚才这样的话"。

另外可作为参考的是，木户在两人会见前一个月即8月29日的日记中写道天皇说"把战争责任者交给盟国真的让人十分痛苦，难以忍受。我想我一人退位可以了结此事吧?"不过木户对此回应到"盟国对于这个位置恐怕并不了解"、"皇室的基础将要动摇"、"恐怕最后会出现要求民主国家组织（共和制）的呼声"，因此"我回答天皇必须要充分慎重地考虑对方的态度"。本文将要谈到的南原提出的"退位论"与此也有关联。南原认为提出可以认为退位是为了试探"对方的态度"，或者说是被迫出演的一个角色。

（二）天皇在总力战集团领导体制中的位置

集团领导体制并不限于战时，而是日本集团主义的一种现象形态。不夸张地说，它的变迁过程从日本自实权和象征分离以来贯穿了整个日本历史。换言之，日本从未确立过独裁体制，所以天皇与皇帝两者不尽相同。

在总力战体制中，实权不在天皇手中而由军部、财阀和官僚掌握。而在各种意见互相交织的决策过程中，天皇是其中的轴心。这就是前面论述的"不经协商的阴谋"、"看不见的共谋"的这种默认的一致意见。只不过这不是完全的意见一致。木户在1945年3月28日的日记中记

---

[1] 道格拉斯·麦克阿瑟著，津岛一夫译：《麦克阿瑟回想录》，朝日新闻社1964年版；儿岛襄：《奥村胜藏会面手记》（《文艺春秋》，1975年11月号），以及儿岛襄：《天皇和战争责任》（《文艺春秋》1988年版，第68～76页）。

录了他就“统帅的一元性问题”进行了“研究”，但陆军和海军对此都表现消极。

家永曾论述到“天皇受其周围的辅佐者及元老重臣们的影响很大，对于战争的姿态并不是始终连贯的。他有时候希望尽可能以外交交涉的方式达成妥协，有时候却相当积极地重视起军队的意向，就这样摇摆于两者之间。”他引用木户1942年2月16日和3月9日的日记，指出日记中记载天皇当时“发自内心的喜悦的样子”〔1〕。只不过，直到6月5日—7日的中途岛海战之前，大多数日本人也是“发自内心的喜悦”，天皇和大多数人的步调是一样的。

韦茨拉尔进一步论述道“战前的日本并非由一个人来作出决定，而是由高层官员组成的非正式群体为了形成一个总意见而进行讨论，并由此形成‘决断’。尽管各自的意见时有不同，但一部分人持有对其他人的影响力。包括天皇在内的所有人同时都负有责任，但同时谁都没有责任”、“日本的天皇并不承担像西欧的最高司令官那样作出决策并实行的职责，他的作用是作为一名精英加入到日本的多元主义政治体系中。……裕仁天皇对军事方面的情报有着充分的掌握。他通过自己所处之地位与日本式的政策形成方法相调和而成的形态，作为日本帝国的君主、皇室的家长加入政治、军事的决断”〔2〕。赫伯特·比克斯的《昭和天皇》(讲谈社，2002年)、丸山真男的《有关“国体”的臣民无限责任》和《有关天皇制的无责任体系》(《日本的思想》岩波新书，1961年，31页之后)中的比较研究体现了对日本集团主义里的天皇地位的深刻理解。

(三)关于回应战争责任的集团领导体制——围绕东条大将的自杀未遂而展开

行文至此可以导出一个关于东条英机自杀未遂的新的解释。这个解释与保护天皇有着密切的联系——除了从战争责任的角度考虑，这一点也不可轻视。

〔1〕《战争责任》，第266～267页。
〔2〕《昭和天皇和战争——皇室传统与战时政治的政治、军事和军事战略》，第50、51页。

关于这一点，笔者从保阪正康“对盟军来说，憎恨东条的国民感情也是占领统治的有效武器”以及“可以推测东条应当是把自己作为历史的祭品，并以此感到满足”等论述作为线索，[1]同时参考了前述维茨拉尔的《昭和天皇与战争——皇室传统与战时的政治、军事战略》第一章“东条和裕仁”、第四章“东条和天皇”。

日本在接受波茨坦宣言之后，“国体护持”，即守护天皇成为日本所面临的最大问题。通过前面的论述，不难理解同盟国围绕没有天皇的占领统治所需要的高昂成本所进行的几次激烈讨论。然而，战争责任又不能不进行追究。

将这个问题和同盟国的战略合成到一起就成了：是天皇下了结束战争的英明“圣断”(玉音放送)，而另一方面则是愚蠢蛮横的军人们制定了发动战争的框架和计划，这个结果确实符合军部单独行动的情况(秦郁彦所说“下克上”的表现[2])。

如果要在其中找一个主演，那么这个人非东条不可。东条以他对天皇毫无私心的忠诚而为人熟知，皇宫对此也予以认可。[3]正是这样一个一心奉公、无私尽忠的东条，守护天皇的任务即便是和他本人意志完全相反，他仍然可以胜任这个角色。

本来宪兵出身的东条是不应该自杀失败的，所以说他不堪等等的恶评很多。然而，别说是“不应该”，就算是极度屈辱的失败，对一个全心全意尽忠的人来说也会断然地实行。

综合东条的信条和立场来看，他面临着一个绝对的矛盾：他下了“勿受生擒为俘虏之辱(战阵训)”的指令，因此他必须自杀，但同时又必须由自己承担起战争责任，不能将之推及天皇。为了把两者统合起来，就必须敢于做出极其惨痛的失败行动出来。

所以他实施了一次漂亮的“自杀未遂”，即避开要害，击中心脏附

〔1〕 保阪郑康：《天皇十九人——战后种种》，角川文库2009年版，第131、184页。
〔2〕 秦郁彦：《南京事件——“大屠杀”的构造》增补版，中公新书，第226页以后。
〔3〕 根据木户幸一日记，1945年3月21日小矶国昭首相(陆军大将)拜访了木户，谈及战况说到“敌人必将登陆至内地”，但已无应对之策，“人心已与内阁相离”。24日小矶再次“突然来访”，谈及“难以物色值得信赖的后继者(略)，如果是通敌者的话就很麻烦。(略)这一点东条大将对我的辞职也很担心，这也是我们在考虑的问题”。

近，造成在治疗后还可以出庭的伤害程度。不得不说这是一次沉着冷静的成功行动，而不是慌乱导致的失败。

这样一心尽忠，也可以说是愚直。东条在法庭上致力于证明"陛下是非常不情愿地承认开战的"，并控诉"做臣子的人，违背万乘之君的旨意，做假证说战争由天皇发动，他们可以去死了吧"。不过即便这样，这些人也是"知晓"为天皇免责而做的努力。[1] 所以他们在事前商量好的回答是"内阁和军队最高机关不得不做出了开战的决定，天皇对此说'这样啊'"[2]。

审判就这样进行着，然而东条在面对"木户内大臣是否采取了反对天皇和平意愿的行为"的质问时给予了当场否认。他回答道"日本的臣民不会做出违反陛下意志的事情，何况是日本的高官。"[3]这次"失言"成为表明天皇是最高责任人的证据。儿岛对此论述到"恐怕东条大将的注意力都集中在决定太平洋战争开战的事情上，其他有关天皇责任的问题都没有想到吧。"（尽管有这次失言，天皇还是没有被追究责任。）

我认为，正是因为这样的愚直，东条才能够去表演一场比死更耻辱的失败自杀。在听到法庭判决后，东条"摘去了耳机，向法官深鞠一躬就退庭了"[4]——也许是因为不起诉天皇决定已下，他已感到满足。我从他退场的姿态中感到了"竭尽全力的相扑力士在输掉之后，行礼并退离相扑台"的那种日本式的尊严。

而在接受了这个任务的基础之上，也存在着一种默契的信赖关系：被处决后仍可以维持自己的名誉。的确，在靖国神社的合祀里有东条的名字，他并没有遭到"无数的官兵以'勿受生擒为俘虏之辱'的方式死去的同时，自己却恬不知耻地活着"这样的恶评。

此外，作为A级战犯中唯一一名文官身份的广田弘毅几乎没有为自己辩解，可以认为他也是出于不让天皇背负责任的考虑。而在1948年11月12日结审之后，他和土肥原贤二、木户幸一等共同于11月29

---

〔1〕 儿岛襄：《东京审判》下卷，第118页。
〔2〕 同上，第120页。
〔3〕 同上，第122页。
〔4〕 富士信夫：《我所见到的东京审判》，讲谈社1988年版，下卷，第505页。

日向美国最高法院就美利坚合众国军人非法拘禁行为起诉麦克阿瑟，并申请人身保护令状，最高法院认为东京法庭是盟军的机关，因此不能接受针对该法庭的上诉，以此为由驳回上诉（广田对麦克阿瑟事件及广田判例）。广田弘毅在庭审中不辩解，到结审之后才提出上诉，原因在于他为维护天皇而甘受审判，但判决之后仍要抵抗到最后一刻。

集团领导制在战后仍然存续，表明了日本的集团主义的强大，而这也成为日本重建的潜力。

（四）伴随着总力战的集团主义向全体主义的倾斜

有人会问既然日本拥有可以阻止战争的力量（象征力量），为什么在之前没有进行阻止。这仍然是集团领导制的结果。说是时机判断失误的人，应该都是错误地使用集团主义来进行分析。造成这种失误的主要原因在于集团主义向全体主义的倾斜，使得多角度的考察和修正变得困难。丸山真男对此论述道"日本的这种'全体主义'与其说是权力的统合，不如说是'拥抱主义'（可参见翼赞体制的过程和经济统治），效率非常之低下。但是他们至少有着一致的意识形态，这点'根基'让希特勒只有羡慕的份"。[1]而且，即便没有选择最好的时机，用天皇的权威为手段向全国下达战争中介的指示，也充分发挥了其效果。

的确，集团主义和全体主义是十分严重的问题，战前就有人对它进行批判和抵抗，但他们最终都被权力彻底地镇压，从国民当中被排除出去成为"非国民"。集团主义招致的自发的服从不断地向全体主义进发，最终形成了总力战体制。于是形成了这样一个恶性循环：天皇主义被绝对主义和军国主义所利用而导致暴政，暴政产生暴民，而暴民又进一步导致暴政。[2]在这一点上，无法对"一亿总忏悔"（东久弥宫内阁）让单个领导者逃避责任进行批判，因为不能不考虑利用这种批判来逃

〔1〕 前述《日本的思想》，第31页。

〔2〕 参照鲁迅"暴君下的暴民，大抵比暴君更暴。暴君的暴政。暴君的暴政，时常还不能餍足暴君治下的臣民的欲望。"（增田涉译：《暴君的臣民·随感录六十五》，《鲁迅选集》，第六卷，岩波书店1964年版，第57页。）这个暴君放在日本，就是集团主义的领导体制。

避责任的情况。[1]

广田和子(生于1939年)表示"不能完全赞同那些认为只有一部分领导人才负有责任而绝大多数国民都是受害者的观点。我小的时候见过的鬣狗一般嘴脸的大人,对于战后一代的我来说,他们所有人都是加害者"。[2]"鬣狗一般嘴脸的大人"是孩子所作出的重要证言。

的确,不能不注意到对天皇的责任被过度低估的问题。尽管有人指出过军部单独行动和"下克上"的情况,1945年2月14日,此时距离被称为"铁之风暴"的无差别攻击的冲绳激战以及种族灭绝的广岛·长崎原子弹爆炸为时不远,近卫曾委婉地向天皇进言"虽然遗憾,但战败迟早都会来",为此必须要下决心"重建军部,从军国主义向和平转换"(近卫上奏文)但这番建议并没有被接受。只不过,如果要就此追究下去,导致无数非战斗人员被杀害的无差别攻击和种族灭绝等问题也应该被平等对待。

不过还要参考另一种说法,即昭和天皇基本上是一个和平主义者,只是被独断专行的军部(财阀和官僚的背景)所利用。此说认为尽管天皇在战后也参拜靖国神社,但要注意到1978年A级战犯在靖国神社合祀后天皇就没有参拜过。尽管并没有论证这一关联的资料,但根据实际情况来看这种解释是合理的。

(五)和德国的比较

在战争责任、战后赔偿以及相关历史认知的评论中,日本屡次被拿来和德国相比较。关于这一点,秦氏注意到"日德两方在战场上狭义的战争犯罪横竖都是恶行,单纯进行比较存在困难",而德国方面由于"普遍纪律比较严谨",并且出于"保持德国人的血统和名誉"的民族主义(1935年9月制定的纽伦堡法案),禁止与"劣等人种"发生性关系,于是战时性暴力的"抑制机能发挥了效果"[3]。

---

〔1〕例如安田将三、石桥孝太郎:《读罢惊奇:朝日新闻的太平洋战争记事——现在理想的报道方法》,リヨン社、二见书房(发售)1994年版。(同时参照了再版《朝日新闻的战争责任——对战争记录的彻底检验:东京体育社的惊诧》,太田出版1995年版)

〔2〕广田和子:《证言记录从军慰安妇·看护妇——战场生还女子的恸哭》,新人物往来社1975年版,第233页。

〔3〕秦郁彦:《南京事件》,第232~233页。

而日暮则指出“直到1950年代，日德两者间的共通点要多于不同点”、两者之间的差异仅仅在于“轻易地强调战前日本对德国的崇拜之类的事情吧”[1]。以灭绝犹太人（Holocaust）为重要组成内容的万湖会议，其相关文献和记录并没有佚失。而德国（从东西分裂期开始）和波兰的历史共同认知和教育是在联合国教科文组织（UNESCO）作为第三者介入之下进行的，经过扎实的调查研究，奥斯维辛集中营的遇难者的数目在百万以上到四百万之间（犹太人全体遇难者六百万以上的数目不会变）。在认真地采纳这个成果之后，才能说定下了评价德国的基础。

关于纳粹的本质论，已有埃里希·弗罗姆的《逃避自由》、狄奥多·阿多诺的《权威主义的人格》、汉娜·阿伦特的《艾希曼在耶路撒冷：关于恶的平庸性的报告》等逃亡犹太人所作的研究。与此类似的，日本有丸山的“有关‘国体’的臣民无限责任”、“有关天皇制的无责任体系”以及前文提到的“拥抱主义”。我便是在这些研究之上致力于对日本的战争与和平以及战争责任的心理历史进行研究。

德国承认希特勒和纳粹高层的责任并表示反省是一方面。另一方面，在奥斯维辛集中营对囚犯实施强制劳动的法本公司（I. G. Farben）已被分割成拜耳、赫希斯特和巴斯夫三家企业，而他们主张无后继企业就无义务，对赔偿事宜不予回应。不过不能忽视的是具有政府背景的西门子等企业存续至今。并且也不能忽视蒋介石政权从纳粹德国引进的军事顾问团和武器。[2]限于学识，我对拉贝和武器输入之间直接关系的证据并不知晓，但以他的立场（职务、安全区）来看，很难说两者之间毫无关系。

如果从民族主义的角度来看，日本的贵族院只不过从战争末期的1945年4月才开始有朝鲜和当时台湾地区的敕选议员，对此可以解释为预见了战败而做的不在场证明（战败后随统治权的丧失而废止），但在他处也有启用朝鲜人的情况。

---

〔1〕 日暮吉延：《东京审判》，第321～322页。
〔2〕 田岛信雄：《纳粹·德国和中国国民政府：1933—1937》，东京大学出版会2013年版。

崔南善(1890—1957)起草了1919年的三·一独立运动的《独立宣言书》,却在1928年担任了朝鲜总督府的朝鲜史编修会委员以及1939年的"满洲国"建国大学教授。还有李光洙(1892—1950)的"转向"和对日合作,尤其是大力推进"创氏改名",他自己就改名为香山光郎。战后他们都遭到了批判,但现在应该从21世纪的视角进行多角度的探讨。

朝鲜的"慰安妇"会反驳日本士兵"我这个身体,和日本人难道有哪里不一样吗?"、"我和日本人吃的是同样的米,和日本人尊奉同一个皇上,所有的地方都是一样的!"〔1〕、"朝鲜婊子、朝鲜婊子地叫着,多么愚蠢!"、"瞧瞧你这副丑样,这也算皇军吗?这也算神州男儿吗?你这个白痴!"〔2〕等等痛骂的情况都有。这些情况与彻底排斥犹太人的纳粹主义和种族屠杀有完全的不同。以我的陋见,也没有听说过犹太人说服德军士兵的例子。

此外,就象征权威而言,马丁·海德格尔作为纳粹党员的一员对此问题表现消极,坚定地维护这种权威。日本的西田几多郎可与之相类比,但西田没有政治组织的背景。进一步从学术传承上看,汉娜·阿伦特放弃了批判转而拥护海德格尔与三木清死于军国主义体制的监狱中形成了对照。也就是说,与海德格尔·阿伦特相比,西田·三木的思想和实践更经得住历史的检验。

在以上论述的基础上再来看关于天皇的问题,集团领导体制中的天皇的象征位置及其作用与作为独裁者的希特勒是不一样的。而终止日本军队战争的"终战诏敕"(玉音放送、圣断)乃由天皇发出,希特勒并没有做到这一点。"终战诏敕"的草案是在发布五天前,即十号的御前会议上达成一致。而天皇在深夜2点32分到38分之间对木户说"一直都是计划和实行不相一致。这样如何才能赢得战争呢?让忠勇的军队解除武装,对战争责任者进行处罚等等,彼等都是尽忠之人,不用说我每念及此便难以忍受。而我想今天是再难忍也必须忍耐下去的时刻。

---

〔1〕 金春子:《女人的兵器:一个朝鲜慰安妇的手记·女人战记第一卷·北支那战线》,近代战史研究会,浪速书房1965年版,第208页以后。

〔2〕 菊池义邦:《从军慰安妇回想记》,载于《季刊中归连》第五号,1998年6月。引自中国归还者联络会网站,2013年9月21日阅览。

想起明治天皇在三国干涉还辽时候的心情，饮泪赞同这个草案”。（当天木户日记）

（六）象征的制裁

尽管在东京审判中，天皇和皇族都被免责（只有梨本宫守正王被指定为战犯一度关押在巢鸭监狱，半年后即释放），但下文将论述所谓象征，也可以说是给予一种象征的制裁。

天皇与麦克阿瑟初次会见时（9 月 27 日）的那张照片让以前不可想象的天皇权威被大大压低——不系领带的麦克阿瑟从容叉腰，而穿着晨礼服的天皇则僵立不动——日本当局本欲对报道进行压制，但在GHQ〔1〕命令之下，第二天各家媒体同时刊登了这张照片。在当时这张照片的确起到了“象征的制裁”的作用。不过随着时间流逝，从历史角度来评价的话也可以说较之麦克阿瑟，天皇一方符合礼仪而不失体面。

而结合东京审判来看，起诉书提交在 1948 年 4 月 29 日（昭和天皇的生日）。而 1948 年 11 月判决后，7 名被告绞刑的执行时间是 12 月 23 日零点，当天是皇太子明仁亲王（现在的平成天皇）十五岁生日（翌日岸信介等 19 名 A 级战犯嫌疑人被释放）。还有，法庭开庭的 1946 年 5 月 3 日，是第二年实施的日本国宪法的纪念日。

战败以及此种种象征性质的制裁，使得天皇制陷入了极端的危机状况中。〔2〕为此，1946 年 1 月 1 日《关于新日本建设的诏书》（即“人间宣言”）在颁布之后，天皇从 2 月份开始将他的精力放在全国范围内的巡幸上。而在 12 月 16 日贵族院关于皇室典范案的讨论中，南原繁议员〔3〕表示应对天皇的“退位手续”做出决议，而国务大臣币原喜重郎以“如果通货膨胀严重而为此设置货币贬值的规程的话，还不如让经济混乱下去”作为比喻，回应说“退位手续”的规则不公开为好。这个比喻

〔1〕即驻日盟军最高司令部（General Headquarters）——译者注。

〔2〕武田清子：《天皇观的矛盾——1945 年前后》，岩波书店 1978 年版。保阪郑康：《天皇十九人——战后种种》，角川文库 2009 年版。

〔3〕南原尽管主张天皇退位，不过在 1945 年 9 月 7 日、10 月 11 日和木户幸一有过“面谈”（木户日记）。这可以和后文将叙述的 8 月 29 日木户日记中所记载的“对方的态度”关联起来考虑分析。

中,“平价”和“陛下”碰巧成了双关语[1]。像大臣们开这些“无聊笑话”的事,在战前是不可能发生的。宫泽曾经说过“皇室会谈的时候,就算是私人的谈话,也经常有人从坐垫上滑下去(这不是夸张,而是铁板钉钉的事实)”[2]。这类举动即便是战后出生的我也几度耳闻。

更进一步还有追究天皇责任和废止天皇制的运动。日本共产党自从1922年成立后就一直主张废除天皇制。战后重建之后,1945年12月的日共第四次全国协议会上再次提出了“打倒”天皇制的要求。不过野坂参三在与毛泽东达成了承认天皇制的共识(这一点将在后文叙述)后,于1946年1月12日经由釜山从博多登陆,发表了“爱共产党”和“同志的将来”为题的演讲并受到欢迎。[3]尽管在下个月的第五次全国协议会上提出了对天皇战争责任的追究,但由于1950年5月的赤色清洗而再次被打压。在这个过程中野坂实际上是以间谍的身份指导共产党的工作而未被发觉(他在1992年被发觉和除名)。

此外,日本社会党在成立之时,属于中间派的浅沼稻次郎呼吁“国体护持”,与贺川丰彦等人一起三呼“天皇陛下万岁”(在内部与左派对立)。而且贺川还被认为是第一个会见麦克阿瑟的民间人士。这一点可以看作日本集团主义向社会党的扩张。

通过这个过程,天皇制得以维持下去,并且从绝对主义的全体主义向民主主义转变。在对天皇主权的大日本帝国宪法进行全面修正的时候,日本国宪法草案第一条没有使用“国民的主权”而代之以“至高的全体意志”,但最终的表述是“天皇是日本国的象征,是日本国民整体的象征,其地位以主权所在的全体日本国民的意志为依据”,明文规定了国民主权。[4]宫泽认为“象征天皇”可视作“‘虚器’”。我认为并不是“虚”,而是有效地将象征转化为现实的机能。

不过迄今为止使用“天皇制”用语的主要是反体制派,体制派用的

---

[1] 宫泽俊义:《宪法讲话》,岩波新书1967年版,第2页以后。日语“平价”和“陛下”的发音相同——译者注。

[2] 同上,第5页。

[3] 《朝日新闻》1946年1月5日。

[4] 前述《宪法讲话》,第103~104页。

是"国体"这个词。对"天皇机关说"的抨击就是一种不使用"天皇"的"国体明征"的表现。后来甚至连"天皇"这个词的使用都成为禁忌,而是用"诚惶诚恐"代替作为开场白,再往后则省略主语"天皇"而专门用敬语来进行暗示,确实是将天皇神化为现世的神。

但是随着民主化的进展,"国体护持"的声音渐渐转入地下。从1946年的国民体育大会开始,"国体"作为专门的略称开始使用。但是必须注意到"国体明征"和"国体护持"这些用语和天皇制都是为了历史上的全体主义而掩人耳目。

(七)小结

到现在为止我们讨论了通过各个要素的相互作用而形成的围绕天皇制生成和制作的辩证法机制、不起诉天皇、象征天皇制的流变过程,以及在对辩证法的认识上如何以危机(危险 + 机会)为发条从全体主义、军国主义到民主主义、和平主义的发展。

其中的转折点在于昭和天皇和麦克阿瑟,这两人虽没有登上东京审判的法庭,但两人最初的会面却产生了最为重要的成果,尤其是前文说到的对于"极为遗憾"一语的翻译和解释是一通极其微妙的发言。以此作为时期的划分,从敌对关系经由占领期过渡转变为同盟关系。而这个变化确实让日本向着自由、民主、人权进步,故而我认为这是有所发展的。

以21世纪的角度来看这种发展,即从1945年8月15日接受波茨坦公告、9月2日在东京湾美军战舰密苏里号上向联合国签署投降文书、1951年9月8日签署对日和平条约(旧金山条约)和日本安保条约、第二年申请加入联合国,因苏联等国反对未能通过、1956年10月日苏共同宣言与日苏恢复邦交、同年12月18日联合国大会上一致通过日本加入,这是具有历史意义的事件。之后于1972年与中华人民共和国实现邦交正常化。

只不过关于联合国对德国和日本的敌国条款,尽管在1995年12月11日在联合国大会上已经以多数赞成通过了删去联合国宪章第53条和第107条的决议,但由于批准此项决议的国家尚未达到让决议生效的数目,直至今日敌国条款依然原封不动地存在于宪章之中。可以说日本还没有脱离第二次世界大战的框架。

东京审判的审理及其判决就这样在近现代历史中占据了一席之地。它有关反和平罪的思想逐渐为国际社会所接受,成为判定纷争和战争的基准。

五、战后中国的回应

(一)蒋介石和国民党

蒋介石的国民党政权依"以德报怨"、"仁爱宽大"之原则,仅对一部分军国主义者进行惩罚后便停止了(南京审判等等),反而对于汉奸(卖国贼)的追究极为严厉。[1]

只不过蒋政权的腐败和孱弱已经广为人知。例如南京城陷落时无责任的撤退、无视民众的焦土作战、豫湘桂会战的失利、约瑟夫·史迪威的批评以及后来的内战败北等等不胜枚举。

更甚者,1971 年退出联合国时,"中华民国"尽管失去了安理会常任理事国的中国代表地位,但还保持着的一般成员国席位的可能性,不过最后还是放弃了该席位。因为如果选择在联合国中保留"中华民国"的身份,而中华人民共和国又同时加入其中,则不啻表明蒋介石承认存在两个中国,这样做的代价过分巨大。

一旦出现"两个中国",蒋介石的领土实际上就会只限定于台湾、澎湖、金门和马祖几处地区,而以"中华民国是代表中国的正当政府"为根据的"终身议员"制也就不再有理由成立。由于当时各选区都已经在中国共产党控制之下,代表中国各省的立法委员和国民大会代表势必要进行改选。但在前述的这块领土上进行选举的话,蒋介石不但会失去"终身议员"的特权,也会导致其权力的崩盘。而且当时台湾本地人对国民党有着极强的反感,故而蒋介石坚持"一个中国"、放弃联合国成员国的地位是优先考虑了自己的权力基础和利益。其结果就是台湾几乎被包括联合国在内的所有国际机构排除在外,至今仍然不被世界主要国家承认为国家。

相较而言,共产党比国民党更加引人注意。

---

[1] 益井康一:《汉奸审判史》,Misuzu 书房 2009 年版。

（二）毛泽东和中国共产党

1945年5月，在延安召开的中国共产党第七次全国代表大会上，冈野进（野坂参三）就废止作为专制政治机构的天皇制做了报告，报告中提及由于天皇制有着半宗教性质的作用，故应采取“慎重”的态度，“战后天皇的存废应该由普通民众投票决定”。[1]同月，毛泽东给了野坂一封信，表明了他对战后日本废除天皇制的消极态度。[2]从野坂的间谍身份角度考虑，这一点十分重要。

的确，战后毛泽东及中国共产党在对待战争责任的态度上是强调责任只是一部分军国主义者的，而其他人或是被强制，或是被欺骗，故采取不追究责任的宽大回应。共产主义的目标在于解放被压迫和被剥削的人，被送往中国的日本士兵大多都是贫苦的劳动者和农民，尽管他们拿起武器成为敌人，但放下武器就是同一阶级的兄弟。

抚顺和太原的战犯管理所根据“三大纪律八项注意”制作了“对待战俘六条”，规定不许虐待和侮辱战俘，伙食则上提供“白米”。并且不会有死刑或无期徒刑的判决。后来归国的俘虏们为表示感激组成了“中国归还者联络会”，致力于推进反战和日中友好的活动。

毛泽东在1956年和1957年与原陆军中将远藤三郎为团长的日本旧军人代表团会谈之时说“如果见到你们国家的天皇，请转达我对他的问候”。[3]而至1956年时，A级战犯都获得了赦免和释放（佐藤贤了是最后一个）。这是美国国会从1952至1955年最终通过了同意战犯释放和赦免决议之后，在旧金山和约的基础上，经相关十一国的同意执行的（BC级战犯的释放直至1958年）。

关于日本共产主义者在中国的活动，自1929年6月佐野学在上海被逮捕后继之以冈野进（野坂参三）的活动，但由于其间谍的身份使得

---

〔1〕《野坂参三选集——战时编1933—1945》，新日本出版社1967年版。引自前述《天皇观的矛盾——1945年前后》，第186～189页。

〔2〕2004年2月12日共同通信和东京新闻、2月18日朝日新闻报道。加藤哲郎在《文艺春秋》6月号发表了《野坂参三、毛泽东、蒋介石来往书信》，之后又在他的网站公开了网络版（2013年8月28日阅览）。

〔3〕中国共产党中央文献研究室编《毛泽东年谱》，中央文献出版社2013年版。引自时事通信（2013年12月23日），这天是昭和天皇的长子和继承人平成天皇的八十寿辰，也恰逢毛泽东诞辰120周年（26日）前夕，此时报道的象征意义不应被忽略。

中日之间共产主义者的联合与合作极为不易(东京审判国际学术讨论会,2013.11.13,上海交通大学主办,曹大臣报告文章)。在1928年(昭和三年)3月15日的"三一五事件",山本悬藏以"在家休养"之名被软禁,后逃离警察的监视,同年6月秘密坐船前往苏联。而野坂为了追赶山本仍以疗养的名义偷渡出逃。[1]之后,以山本为发端,苏联进行了对日本共产主义者的清洗活动,野坂则与妻子一起逃脱。

六、从"教育"的观点看作为"文明的审判"的东京审判

至今所论述的关于事后法(法律不溯及既往)的论点,在一次大战后的莱比锡审判中就出现了服从上级命令即便不违反国内法,但如果违反国际法仍然要进行判决的情况(如击沉搭载英国伤病士兵的医院船、射杀救生船上的幸存者的兰德福瑞城堡号事件等等),这是国际法凌驾于国内法的一次重要的先驱事件。

原本战争犯罪的罪名中并没有规定"反和平罪"这一项,但法的思想和精神是贯穿整个文明史的。正因为如此,在纳粹时代尚不存在的以色列对战犯进行关押和审判的惩罚行为得到了国际社会的认可。

后来,法学家韦伯对儿岛说"我在法庭上已经听到非常多的关于用事后法裁决不当的议论",即使如此还是下了"反和平罪"的判决,"不过,好的想法不管什么时候产生都是好想法"[2]。这所谓"好的想法"指的就是普遍价值。并且正因为这样的思想和精神才让东京审判有"文明的审判"之谓。

而从国内法来说,根据大日本帝国宪法第三条"天皇神圣不可侵犯",天皇无需被问责。家永认为"根据君主不问责的规定,天皇不承担法律上的责任这一点是明确的"。[3]家永进一步论述到如果要追究与法律责任相区别的"政治及道德上的"相关责任,那就是关乎人道的道

---

〔1〕 参考《生于动荡:遗稿马岛僩自传》,日本家族计划协会1971年版。尽管存在质疑,我认为该书是具有可信度的。

〔2〕 儿岛襄:《天皇和战争责任》,第137页。

〔3〕 家永三郎:《战争责任》,岩波书店1985年版,第257~258页。

义上的问题了。[1]

其次来看作为军人的麦克阿瑟，他先是于1950年10月15日在威克岛与杜鲁门总统进行交谈，次年5月3日又在美国国会上院军事外交共同委员会上发言。他在后一次演说中谈到对战争犯罪的审判并没有起到警告的效果，“根据日美双边协定，我认为和谈之后美军也会驻扎在日本。”(1951年5月4日载于《朝日新闻》)

与其说这是对东京审判的否定，不如说是麦克阿瑟作为军人对变化的情势做出的应对，特别是在1950年6月25日朝鲜战争爆发，同年10月19日中国人民解放军(人民志愿军)参战之后。故而这是一次围绕东京审判进行的对战犯的惩罚和追究而导致的对共产主义势力扩大进行反省的一次发言。所以他认为事到如今已然不能期待警告的效果，“双边协定”等同于日美安保条约，美军应该据此继续驻扎下去。

以上是法学家和军人的观点，接下来要谈谈学者的观点。武田在前引《天皇观的相克——1945年前后》一书中谈道：“我认为，处于‘占领下’的这种特殊状况，是一种非西方社会，即亚洲或非洲等传统社会与外来文化中的政治、经济影响共同变化的场所。是一个土著文化内在价值观的各个要素如何增减的问题——换句话说即内在和外在要素相互交织、重新构造的问题。占领下的社会就是将这个问题扩大之后展现出来，可以将之视为一个意义深远的实验。”[2]她进一步引用了荣格、列维-斯特劳斯、伊利亚德等人的观点认为应当进行“彻底的民主化”、“民主化和日本本土文化价值之间的相克未必是坏事”。[3]

此外在1949年3月的“日本科学工作者关于战争与和平的声明”、1950年1月“关于和谈的和平问题谈话会声明”、1950年9月“关于第三次和平”的呼吁中，武田都加入了联名声明。只不过她的论点带有很强的“先进的西方—落后的亚洲·日本”范式的色彩，因此在提倡尊重原住民文化价值和多样文化的今天，需要注意到这一点。我认为应该重新审视以“相克”的矛盾为发展契机的辩证方法论。

---

〔1〕 家永三郎：《战争责任》，岩波书店1985年版，第258页以后。
〔2〕 武田：《天皇观的矛盾——1945年前后》，第329页。
〔3〕 同上，第335页。

而鹤见和子看到了东京审判的“教育”和“成人社会化”的意义，指出“不管什么样场合的教育，教育者自身都应该做好被批评的觉悟。”[1]也就是说，法庭的判决(尤其是反和平罪)对于战胜者乃至联合国而言都是一把双刃剑。事实上“反而”在后来走向了越南战争。[2]

而日暮认为东京审判与纽伦堡审判一样，发挥了“民主化”的“触媒”的作用，将“危险的日本以及德国无害化”，具有“杀一儆百的‘教育’逻辑”[3]。就其效果而言，“在当时并没有表现出即时效果，而更像是遭受重击后随着时间逐渐显现的效果”[4]。事实上，尽管有“政策逆转”等等的迂回曲折，但审判的确推进了民主化进程。而麦克阿瑟的警告看上去尽管没有什么效果，但从宏观大局来看还是发挥了重要的效果。

这种情况可以从日本社会原本就具有的民主环境和土壤的角度来考虑。我准备引用山田吉彦的一段话来说明：[5]

> 战后刚刚两三年的时间，美占领当局委托当时住在八王子市郊外恩方的作家山田吉彦(Kida・Minoru)，希望他能就民主主义的问题发表广播谈话。山田长期在西方居住，对于西方独立不羁的个人主义精神有着很深的了解。他欣然接受了这个请求，并通过麦克风向他们说明‘民主主义在日本是新的观念’是一个明显的误解。在日本，个人关系较多的场合相比于国家层面的场合上要民主得多。在理发店里，即便是首相这样身居高位的人也没有谁会忌惮，可以完全平等地进行对话。不过，这段录音最终并没有向公众广播。

---

〔1〕 鹤见和子：《逝者的声音——旧日本军人的非转向和转向》，《鹤见和子曼荼罗》Ⅲ・智之卷・社会变革与个人，藤原书店 1998 年版，第 104 页。

〔2〕 同上，第 148 页。

〔3〕 日暮：《东京审判》，第 38 页以后。

〔4〕 日暮：《东京审判》，第 388 页。

〔5〕 阿尔弗雷德・斯穆拉著，长塚隆二、尾崎浩译：《日本被误解了》，日本教文社 1988 年版，第 126～127 页。

换句话说，他被期许成具有法兰西式的教养和思考方式的日本人，但由于没有对当局的意图进行推广，故而最终没有广播出去。

日本一直有着“座”、“讲”、“惣”、“町人自治”、“环濠自治”、“入会地”等等方式通过协商而达成一致的传统，经济活动中也有“三方有利（对卖家有利、对买家有利、对社会有利）”这样的精神，山田的这种想法绝不是对日本的美化。

他对于日本的评价并非片面，对那种“自发的服从或自我限制”的心理及习性都有所批判。[1] 这是日本集团主义的心理历史的特点。

说起来日本社会是集团主义与民主主义相互混合的。武士（军人）为了“本领安堵”而尽心尽力，在所谓“御恩奉公”的主仆关系中形成互惠的双边关系。正是有着这种协商决定的传统，才有了西乡隆盛和胜海舟的谈判和对话，防止了幕末维新时期内战的全面爆发，实现了江户城的和平“无血开城”。

这种非暴力的精神及其实践在战后也得到了认可。上山认为在两次原子弹爆炸的种族灭绝以及日本接受波茨坦公告后，“宪法的修正无可避免”，“批准后的日本国宪法就如同原子弹爆炸圆顶一样，以伤痕累累的姿态示之于众”。他还提到广岛和平公园慰灵碑的碑文“愿逝者安息/不要再回到过去”，这样的心意让人“很想坦率地接受，但这却是站在原子弹爆炸这个侧面的单纯被害者所无法看到的吧？”[2]这是超越了受害者的怨念和暴力报复的回应，是对和平宪法精神的具体现象形态的表现。

按时间顺序排列，通过《联合国宪章》（1945 年 6 月 26 日，旧金山会议 51 国签名）、日本帝国接受波茨坦宣言，终战诏书（8 月 15 日）、东京审判（1946 年 5 月 3 日—1948 年 11 月 12 日）这一系列事件，日本和平宪法在其中也占据一席之地（1946 年 11 月 3 日—1947 年 5 月 3 日）。

与此同时，以联合国为中心，世界范围内的战争得到了有效的阻止。尽管仍有局部冲突持续爆发，但日本和平宪法（尤其是第九条）中

〔1〕 山田吉彦：《日本部落》，岩波新书 1976 年版，第 8 页。
〔2〕 上山春平：《天皇制的深层》，朝日新闻出版社 1985 年，pp. v－vii。

关于不使用武力作为冲突的解决手段的国际关系理念和精神，是与国际和平趋势同步的。对东京审判，及其不起诉天皇的决定，应该做出这样的历史评价。

进一步的，不光是核爆，还有东京空袭和大阪空袭等等无差别攻击都没有进行追究，但随着信息社会的发展，这些手段都已经不能公然使用。审判者自己决定判决结果、国际社会从武力向法治转换，这些仍然是东京审判的意义所在，需要通过教育将之传续下去。

除此之外其他的事件，尤其是南京大屠杀/事件和日本军队“慰安妇”的例子。我在《阅读“南京大屠杀”》的“解说”篇中对前者有所论述。关于后者则在“关于对复合暴力之自我教育的思想和实践的研究(IV)——爱(Eros)与死亡(Tanatos)的复合心理历史研究(1)”(《大阪教育大学纪要》第62卷第2号，2014年2月)一文有所论述。

(赵玉蕙　译)

第十二节 中国法官梅汝璈

梅小侃、梅小璈*

一、负笈临远

先父梅汝璈，字亚轩，1904年11月7日出生在江西省南昌市朱姑桥梅村。与湖广江浙相比，江西新风迟开。然而，我们的祖父，一位头脑清醒、识见高超的开明士绅，毅然将长子——即先父——送进了彼时彼地尚不多见且不受推崇的新式学校——江西省模范小学。1916年，先父12岁，在祖父的坚决支持下考取了设在北京的清华学校。

先父远离家乡，毫无背景，当时连官话（普通话）都讲不好。对他而言，求学清华遇到的困难着实不小。半军事化的作息制度必须严格遵守，西式体育锻炼必须积极参加，任何一门功课都不能马虎，否则便有留级甚至被开除的危险。不少外籍教师用英语授课，多数同学都具备一定的英语基础，而先父听不懂英语，几乎无法听课。怎么办？他决心从头学起，迎头赶上。

那时，每当晨曦初露，在清华园内的荷花池畔，“水木清华”匾额下，便会出现两个少年的身影。他们口中念念有词，时而一问一答，时而各自吟诵，由生涩而流利，由简单而复杂。这便是先父和我们的叔祖——只比先父大4岁、同期从江西老家考入清华学校的梅旸春——在一起补习英语。叔侄二人起早贪黑，英语水平迅速提高。扫除了语言障碍，其他课程的学习得到了促进。八年之中，梅氏叔侄以优异的学业成绩，令老师和同学刮目相看。梅旸春后来成为著名的工程师，主持过南京长江大桥等重要桥梁的设计和施工。

升入高年级以后，先父视野日益开阔，兴趣逐渐广泛。他担任过清华校刊的主编，还与施滉、冀朝鼎、徐永煐等同学一起组织过名叫“超桃”的进步团体。施滉、冀朝鼎、徐永煐均为中国共产党早期党员。施滉英年遇难，冀朝鼎、徐永煐长期从事革命工作，在20世纪50～60年代

---

* 东京审判研究中心，东京审判中国法官梅汝璈之女、子。

曾担任重要领导职务。

1924年，先父赴美国留学。他先后就读于斯坦福大学和芝加哥大学，于1928年底获得芝加哥大学法学博士学位。身居海外，他始终关注着祖国的命运。为响应国民革命军"打倒北洋军阀"的北伐行动，他与先后赴美的施滉、冀朝鼎、徐永煐等同学发起成立"中山主义研究会"，在留学生乃至更大范围中积极宣传革命主张。

1929年，在欧洲游历伦敦、巴黎、柏林、莫斯科之后，他回到了阔别将近五年的父母之邦。

二、公心法意

从学成归国到二战结束后出任国际法庭法官，大约十六年间，先父先后任教于山西大学、南开大学、武汉大学，讲授民法概论、刑法概论、英美法、国际法、政治学等课程，还在复旦大学、中央政治学校以及司法部法官训练所兼职授课。从1934年起，他成为国民政府立法院委员，参与若干立法工作，并曾代理立法院外交委员会委员长。他还兼任中山文化教育馆副主任和《时事类编》(半月刊)主编，撰写、翻译、编辑了大量法学、外交和国际政治方面的文章。

先父这一时期的著述，内容涉及英美法、大陆法、中西法学思想、中国宪法和刑法等领域，多数发表在专业刊物和各大学学报上，如《盎格鲁—撒克逊法制之研究》、《拿破仑法典及其影响》、《苏俄革命法院之历史及组织》、《现代法学的历史、派别与趋势》、《中国旧制下之法治》、《宪法初稿中"宪法保障编"之批评》、《对于刑法修正案初稿之意见》，等等。视野开阔，论题宽广，道器并重，成果丰硕，是其学术研究的特点。正是长期的教学、调研、阅读和写作，奠定了他在法学理论和法律实务两方面的坚实基础，客观上为日后执法东京审判做了充分准备。

基于法律学者的眼光，先父明确指出，国民党"一党专政"的政治体制，"党权是高于一切，政府只须本乎党义做事，对党负责，无须与人民缔约，对人民负责。换句话说，就是党对人民只有权利，没有义务。"(《训政与约法》)针对法律被当成权势者的工具、法治精神无法光大的现实，先父尖锐地发问："现在摧残人民自由和剥削人民权利的，是真正

的法律，抑或是法律以外的‘官力’‘武力’和‘暴力’?”(《宪法草案初稿修正案评议》)

另外，可能是根据教学实践中的观察，先父对当时的法律教育持激烈的批评态度。法学、法律本来是严肃的，“然在中国则法律变成一种最浅薄而最无聊的货物”，越来越多的所谓法律教学实际上是“鬼混”，主办混学费，学员混文凭，导致“社会上总把法律当作一种‘混饭吃’或‘打把戏’的工具技能，而不把它当作一种学术或科学看待。中国法治之所以不能昌明，法律事业之所以被人蔑视，原因虽多，而法律教育之腐败，实为其中主要者之一。”(《关于英美法课程的教本与参考书之商榷》)

以上所举，管窥而已，虽不能彰先父法学观点之万一，但在今天也许仍具启发意义。(引文均见《梅汝璈法学文集》，中国政法大学出版社2007年)

彼时的中国，山河破碎，民生多艰。先父本为一介书生，想到年事渐高的父母和诸多亲友正为躲避日本侵略者的追击颠沛流离，想到中国军民正在前线浴血奋战，想到敌占区同胞正在侵略者的铁蹄下痛苦挣扎，又看到某些政府官员大发国难财，“前方吃紧，后方紧吃”，他的心情就像山城重庆上空的浓雾一般阴郁、灰暗。与此同时，马寅初先生对战时经济的精辟分析，《新华日报》、《大公报》发表的一篇篇闪烁着真知灼见的评论文章，都给他留下了深刻印象。尽管现实世界的状况极其严峻，然而，作为中国法学家，先父心中公平正义的理想绝不会泯灭，所需要的，只是时机。

三、东瀛折冲

中国人民和全世界爱好和平的人民一起，经过惨烈抗争，付出了高昂的代价，终于赢得了反法西斯战争的胜利。战争结束以后，国际社会在德国纽伦堡和日本东京设立军事法庭，德、日两国的重要战争责任者分别在这两个法庭上受到审判。1946年2月，盟军最高统帅部根据各同盟国政府的提名，任命了远东国际军事法庭(“东京法庭”)的九名法官(后增加到十一名)。经有关人士推荐，先父受命代表中国，坐上了庄严的审判席。

从1946年3月到1948年底，先父在近三年东京法庭法官任期内的业绩和生活，被宣传较多者，盖有“同胞赠剑”、“座次折冲”、“力主死刑”、“临海明誓”等“桥段”。在本书所收《远东国际军事法庭》（未完成稿）第二章中，先父较为详细地介绍了开庭前发生的法官座次之争，并揭示了这场争执对维护国家利益和民族尊严的意义。至于量刑问题上的激烈争辩，从本书首次公布的《东京审判期间的部分函电》中可见端倪（“经长久讨论，热烈争辩……况经过复杂奇离，非片言可尽，且此际亦未便泄露”云云）。十分可惜的是，由于“文革”，先父未能完成《远东国际军事法庭》一书的写作，后人已无法详细知晓当时法官们宣誓保密的量刑讨论情况。

本书还包括先父从起程奔赴东京到开庭后数日共五十多天的日记。他一向有写日记的习惯。在这五十多天的日记后面，他写了一行字——“（1946年5月）14日起见另册”。“另册”经“文革”已杳无踪影。仅从上述篇幅不大的日记中，我们也可以部分地感受到他当时的心境。他受过系统的法学训练，明了英美法系中法官和检察官的严格分工，熟悉无罪推定、控辩平等、法官中立、有利被告等诉讼原则。看到向哲濬检察官为收集证据、草拟起诉书昼夜奔忙，他不但不能施以援手，还得注意避嫌，向别人解释法官和检察官之间的工作关系，这让他感慨不已。

实际上，东京法庭既是法律场合，又是政治、外交场合，不能将它等同于普通法庭。各国利益诉求不同，世界格局发生变化，都不可能不影响东京法庭的审判。同时，这里也存在着类似“实体正义”与“程序正义”那样的纠葛。无论是“法官倾向”问题，还是“死刑存废”问题，教科书阐述的一般原则和学术讨论中出现的某些观点，不宜作为评判情况特殊的东京审判之标准。

对日本社会的观察与思考，对祖国命运的担忧与祝福，是先父在东京法庭从事审判工作的同时从未停止过的。他敏锐地看到，战后日本经济的状况并不像他们宣传的那样糟糕，他们有可能在“装穷装苦”。就精神面貌和健康水平而言，日本民众比中国民众强。他在日记中写道:“我真奇怪为什么麦帅总部还天天替日人叫粮食恐慌,为他们无微不至地打算,这样的战败国也可算是‘天之骄子’式的战败国了。比起我们多劫多难的战胜国,我们真不能不自叹弗如!”(1946 年 5 月 2 日)“然而宽大之外,我们应该警惕!……我最关切的是他(麦克阿瑟)统治日本的政策是否有损于我祖国的利益或妨碍我祖国的发展——这个问题今天一直盘旋着在我脑筋里。”(1946 年 4 月 12 日)

尽管先父受的是西方教育,中国知识分子传统的家国情怀在他心中仍然根深蒂固。“处身外国的人,对自己国家不争气最感痛苦。”(1946 年 4 月 9 日)“‘止谤莫如自修’,中国还得争气才行。”(1946 年 4 月 26 日)“各国派来的都是有经验有地位的老法官,我得兢兢业业郑重其事,决不马马虎虎。”(1946 年 4 月 10 日)“我今天能高居审判台上来惩罚这些元凶巨憝,都是我千百万同胞的血肉换来的,我应该警惕!我应该郑重!”(1946 年 5 月 3 日)纵览先父日记,可以发现,“争气”和“郑重”是反复出现的词语。先父在 1948 年 4 月 24 日致时任外交部长的电报中说:“璈职责所在,自当竭其绵薄,为我国在此次空前国际法律正义斗争中之胜利尽其最后之努力。”使命感和大局观跃然纸上。不难看出,东京审判之所以能够取得差强人意的成果,与先父的努力密不可分。

四、遗家爱国

东京法庭工作告一段落,正值中国大陆政权更迭。先父拒任“政务委员兼司法部长”,拒赴台湾谋生,辗转香港,抵达北京。新中国政务院总理兼外交部长周恩来签署任命书,先父于是出任中华人民共和国外交部顾问。

归国之初,待遇优渥,生活平安,业务上颇受尊重。一方面其乐融融,先父可以在宽敞的庭院中哼京戏,在结霜的窗户上勾漫画,教女儿唱家乡童谣,给儿子买玩具刀剑。而另一方面却又紧张无奈,汇报思想、改造世界观、学习俄语,还有一场接一场的政治运动,都是无法回避的。不过,外交部毕竟不同于一般的机关或院校,有周恩来、陈毅等前辈贤哲直接领导,多数同事素质较高,“小气候”尚属宜人。即使在经过院系调整，社会学、政治学被取消，法学近乎“全盘苏化”的形势下，外交部的老专家们仍然能够开展对国际法、国际政治领域中某些问题的研究，在为现实服务的同时可以兼顾学术理论。迨至“文革”，周鲠生、刘泽荣等老前辈出版了学术专著，先父的《远东国际军事法庭》完成了一半，还撰写了《战争罪行的新概念》、《关于谷寿夫、松井石根和南京大屠杀事件》等论文。尽管在1957—1958年的反右运动中受到不公正待遇，先父还是一如既往地爱国，认真严肃地自省，且不断有研究成果问世。

“文革”骤至，外交部不能幸免，那令人眷恋的“小气候”不复存在。先父被扣上“反动学术权威”的帽子，为写作积累的资料，包括笔记、卡片、剪报，以及日记多册均遭没收，不知所终。《远东国际军事法庭》已经不可能继续撰写。除了被监督劳动，他还不得不消耗大量时间、精力，去写那些“外调材料”、“检查交代”，加上纷至沓来的某老友自杀、某同事遇害的噩耗冲击，导致他的健康状况急剧恶化。他最终没能看到“文革”结束，于1973年4月23日溘然长逝，享年只有69岁。

与诸多以天下为己任的知识分子一样，先父在生命的最后几年中，并没有因为自身处境尴尬而停止思考和抗争。针对一些打着“革命造反”旗号，实际上伤害公共利益、损毁国家声誉的恶劣行径，如焚烧英国代办处、抢夺机关领导权等，他不顾个人安危，毅然上书中央，建议制止、查办，不要信任那些私欲膨胀、“走马灯一般”轮番夺权的人们。顶着“反动学术权威”、“反对中日友好”、“美化美日反动派”、“时刻妄想复辟”的罪名，他小心翼翼地辩解：“我实际上只是一本破烂过时的小字典而已。”“我学无专长，连一本像样的著作都没有……”“众所周知，我是多年来揭露美日勾结复活军国主义野心最力的一个人。”“我是一个被国民党政府通缉的要犯。说句笑话，真要是复辟了，我人头落地恐怕还在各位青年同志之先呢！”

时至今日，在先父那些意味深长的议论中，被引用得最多的当属他在《关于谷寿夫、松井石根和南京大屠杀事件》一文中说的那段话：“我不是复仇主义者。我无意于把日本帝国主义者欠下我们的血债写在日本人民的账上。但是，我相信，忘记过去的苦难可能招致未来的灾祸。”

可是，谁能想到，恰恰是那句“忘记过去的苦难可能招致未来的灾祸”，曾经给他招致“诬蔑我党健忘”的灾祸。其实，再早几年，他那些招致不公正待遇的议论同样发人深省：“有些东西不是关系到人的，是制度不好。如过去刘青山贪污几十个亿，这在国民党时代也不可能。应进行一些制度方面的改革。”“好大喜功、主观主义、打肿脸充胖子的现象（在经济建设方面）相当严重。”“奉苏联为神明，把苏联专家的话当作金科玉律，是严重的教条主义，崇外思想。”

朱弦一拂遗音在，却是当年寂寞心。

敬爱的父亲离开我们已经整整四十年了。展检故物，手泽如新，而墓木拱矣。诚堪欣慰者，祖国的法治已初具规模，对东京审判的研究正在深入展开。或许，仰赖各方俊彦戮力同心，先父写作中断、资料丢失之巨大遗憾终致弥平。果如此，先父并国家又何幸之甚！

第十三节　中国检察官向哲濬

向隆万*、孙艺**

一、中国代表团及检察官团队的组成

1945年8月29日同盟国战争犯罪委员会根据波茨坦公告，提议设立远东国际军事法庭。9月11日起，盟军最高司令部一访面开始逮捕东条英机等战争犯罪嫌疑人，一方面加紧组建法庭。10月22日国民政府驻美大使魏道明致电重庆外交部：

> 第三八七号　二二日
>
> 重庆外交部 美国外交部函称关于审判远东战犯组织国际法庭事 联军总司令请求各国推荐适当人员以便由其选派 因此美政府特请中英苏各推五人 澳坎(即加拿大——笔者注)法荷纽(即新西兰——笔者注)各三人 并愿其中有文人为代表 故望选文武官员以通晓英文者较为便利 至逮捕与审讯战犯政策当在咨询会议讨论 尤望此时各国能推定适当人员 俾法庭可早日组成。
>
> 原件航寄 魏道明"〔1〕

得此信息后，外交部已发文至有关部门，要求推荐赴日人选。军令部部长何成濬在11月9日致函王世杰，推荐滇缅铁路军法监部督察官吕节和二阶秘书石毓嵩"赴日审判战犯"〔2〕；11月15日司法行政部致函外交部："函复关于审判远东战犯组织国际法庭事抉择人选案 本部拟派向哲濬倪征\u{2000}二人"。〔3〕

十月二十二外交部长王世杰致电魏大使，询问派人事宜

---

* 东京审判研究中心名誉主任，东京审判中国检察官之子。

** 上海交通大学硕士研究生。

〔1〕 台湾"国史馆"藏远东国际军事法庭审判资料：172-1-0899(2)Epson 0097第17页：外交部收电第61263号。

〔2〕 同上：172-1-0899(1)Epson 0094第36～37页。

〔3〕 同上：172-1-0899(1)Epson 0094第38页：外交部亚东司收文东34字150号。

关于远东战犯国际法庭三八七号电悉 美外交部原件尚未到 政府现正考虑我方人选 惟(一)其他有关各国对此事如何办理 美方派何人(二)此时是否仅须提出人选名单 抑即须派员前往(三)该法庭组织及选派办法最近有无变更 以上各点希即电复　王○○”[1]

11月30日魏大使复电外交部,概要回答了上述问题:

第四五〇号　三〇日

重庆外交部 第六三七号电敬悉 美国外交部所送文件誊十月廿日寄出 顷举美国外部称(1) 英法荷澳等国均在磋商中 坎拿大(即加拿大——笔者)纽丝纶(即新西兰——笔者)或不参加 苏联未答复 美国法官人选未定 惟已派定前司法次长 JOSEPH KEENAN 为检察长 彼拟于十二月初旬筹备 深望有关国亦能指定人员助其实现 (2) 美方拟仿前例先审重要政治犯 极望各国速派遣一人或二人 一俟各国派定即赴日本(3) 法庭组织以美国所拟各点为讨论据各国自可提出修改 将由检察长会同各国检察官磋商(4) 至法官仍由麦克阿瑟指派 美外交部昨复催旬 希速示

魏道明[2]

根据派五人的要求,外交部帮办林定平拟定了八名候选人的方案呈交部长和次长:

关于组织远东国际法庭审判战犯,我国应派代表五人参加一案,经函准司法行政部、军令部及军法总监部机关函,荐向哲濬、倪征䁂、刘方矩、吕节及石毓嵩等五人。本部鉴于此项人选有关法庭之声威,及我国国家之体面,并拟推荐国内司法界名流吴经熊、燕树棠、梅汝璈等三人。一共八人以供核选。然后呈请行政院以令

〔1〕 台湾"国史馆"藏远东国际军事法庭审判资料:172-1-0899(1)Epson 0094 第27页:外交部发文第637号。

〔2〕 同上:172-1-0899(1)Epson 0094 第54～55页:外交部收电61844页。

指派。究竟如何核选之处理，合同该八人简历，呈请鉴核。祇遵谨呈

部长

次长

职林定平谨呈　十一.廿二日

八人简历：

吴经熊　美米西根大学法学博士　立法委员及法制委员会委员长　拟由本部荐

燕树棠　西南联大法律系主任　仝上

梅汝璈　立法委员　美支加哥法学博士　武汉大学教授 内政部参事　仝上

向哲濬　华盛顿大学法学士　曾任最高检察署检察官及上海高等法院首席检察官等职　司法部荐

倪征日奥　美国司丹佛大学法学博士及约翰霍普金斯大学法学研究院荣誉研究员　仝上

刘方矩　日本士官炮科军令部上校科长　军令部荐

石毓嵩　朝阳大学法律系毕业　第一届高考及格　曾任军法执行总监部西南运输处办事处处长　军法总监部荐

吕节　日本士官学校毕业　军法总监部派驻滇缅铁路军法部督察官及各飞机场军法办事处主任　仝上[1]

外交部在这八名推荐者中选定梅汝璈、向哲濬、倪征日奥、刘方矩、吕节等五人，于11月29日由外交部王世杰部长呈报国民政府主席蒋介石：

经职部就司法行政部、军令部、军法总监部及我部等机关所推荐之人选中，核选向哲濬、梅汝璈、倪征日奥、刘方矩、吕节等五人为我国代表，并经面呈钧座处。兹拟请令饬行政院明令指派。理合检呈该五员简历表一份，备文签请鉴核！谨呈委员长蒋[2]

〔1〕台湾“国史馆”藏远东国际军事法庭审判资料：172-1-0899(1) Epson 0094 第56～57页。
〔2〕同上：172-1-0899(2) Epson 0097 第17页。

蒋介石最终选定向哲濬和梅汝璈二人，12月8日由行政院代为回复外交部：

外交部王部长勋鉴 十二月七日签呈及附件均悉 拟以向哲濬梅汝璈等二人为远东国际法庭我国代表一节已交行政院照派矣 中正亥庚府交[1]

12月10日外交部致电魏道明大使，通报中国政府的决定：

驻美魏大使

四五〇号电悉。关于组织远东国际法庭事，我国已派向哲濬、梅汝璈两人为代表。向哲濬系上海高等法院首席检察官。梅汝璈系立法委员兼立法院外交委员会代理委员长。希转告美方。外交部"东"[2]

12月11日行政院再发致外交部的训令：

奉国民政府主席蒋本年亥庚府交字第一一七四号代电据该部呈报关于审判远东战犯组织国际法庭事 联军总司令部请我国推荐适当人员以使由其选派 经该部核定 向哲濬梅汝璈两名为我国代表 请由院明令指派 电希照办等 因奉此 除令派呈复外 合行检发派令 令仰转发给领为要此令呈计检发向哲濬梅汝璈派令两件[3]

12月29日司法行政部谢冠生部长致函向哲濬，通报任命：

上海北浙江路高等法院向首席哲濬兄勋鉴 关于派赴日本远东

---

〔1〕 台湾"国史馆"藏远东国际军事法庭审判资料：172-1-0899(1) Epson 0094 第70页：国民政府代电交字第1175号，外交部亚东司收文东34字第1693号。
〔2〕 同上：172-1-0899(2) Epson 0098 第2～3页：外交部亚东司发文东字第533号。
〔3〕 同上：172-1-0899(2) Epson 0097 第25页：外交部亚东司收文东34字第1705号。

国际法庭法官事 我方先派兄与梅汝璈充任我国代表 业已知照美方 兄任检察官 梅任法官 据美方转告 兄应即赴日协助美检察长准备一切 请速飞渝于一星期内到达 以备洽商 并电复王世〇 谢冠生[1]

同日,外交部甘乃光次长致函梅汝璈,通报任命:

汝璈吾兄惠鉴:关于派兄为远东国际法庭我国代表事,已与孙院长洽妥。且接魏大使电。谓已将此事转告美方。故

兄不必再行推辞,并请迳谒孙院长洽谈,并即来到渝一行为荷。

专此并颂

勋绥

弟 甘〇〇谨启[2]

1946 年 1 月 3 日王世杰部长致电魏道明大使:

向哲濬(Hsiang Che-Chun)任检察官,梅汝璈(Mei Ju-ao)任法官,向即赴日,梅俟法庭组成后前往,希洽美国务院转电麦帅,予以入境及运送之便利。王〇〇东[3]

1 月 8 日外交部亚东司急电驻美大使馆:

向哲濬任检察官梅汝璈任法官即转知美方[4]

时间匆促,经外交部批准[5],向哲濬选用东吴法学院毕业的裘劭

---

[1] 台湾"国史馆"藏远东国际军事法庭审判资料:172-1-0899(2) Epson 0098 第 2 页:外交部发文东书字第 205 号。
[2] 同上:172-1-0899(2) Epson 0098 第 5 页:外交部发文东字第 601 号。
[3] 同上:172-1-0899(1) Epson 0094 第 12～13 页:外交部发文 740 号。
[4] 同上:172-1-0899(1) Epson 0094 第 21 页:外交部亚东司发文东字 35—28 号。
[5] 同上:172-1-0899(3) Epson 0098 第 9 页。

恒律师为秘书，1月22日到达上海，准备尽早赶赴日本。2月8日外交部驻沪办陈国廉致电重庆外交部：

重庆外交部部次长钧鉴 远东盟国审判战犯军事法庭我国代表向哲濬偕秘书裘劭恒上月廿二日抵沪后即由本处代向美军空运指挥部接洽交通工具 经于昨（七日）晨乘美军运输机赴日 谨电报请备查。[1]

2月9日向哲濬从东京用英文致电王部长（中译自笔者）：

重庆外交部王部长

偕秘书裘劭恒7日抵东京。8日会见季南检察长

向哲濬[2]

从美国外交部通知中国可派五人参加审判到向哲濬代表中国到达东京共77天。据向哲濬夫人周芳晚年回忆录《良师爱侣忆明思》中曾提到当年组团情景：

明思（向哲濬的字——笔者注）是王宠惠先生推荐给蒋介石的。当时让他挑选，当法官还是检察官。一般人可能认为，法官似乎地位更高，但明思的想法不同。他觉得，日本军国主义在中国犯了滔天罪行，必须向全世界揭露。为了完成这一使命，检察官的责任更重，所以他选择了检察官而不是法官。同时，他向政府推荐了清华的学弟梅汝璈先生出任法官。梅先生曾于美国芝加哥大学获法学博士，是学业精深的法学家，曾在多所大学任教，并于1934年被任命为立法院立法委员。[3]

---

〔1〕台湾"国史馆"藏远东国际军事法庭审判资料：172-1-0899(1) Epson 0095 第8页：外交部驻沪办代电沪壹35-181号。

〔2〕同上：172-1-0899(1) Epson 0095 第9页：外交部亚东司收文东35字第320号。

〔3〕向隆万：《东京审判·中国检察官向哲浚，上海交通大学出版社2010年3月第1版，第254～255页。

上述回忆应出自向哲濬夫妇间谈论，虽无官方文件佐证，但可备考。

稍后外交部增派东吴法学院毕业的方福枢为中国法官秘书，梅汝璈法官和方秘书先后于 1946 年 3 月 20 日于和 4 月 10 日乘美国军用飞机到达东京[1]。

东京审判采用英美法系，对任何疑犯均无罪假定，必须由检辩双方提出人证物证，由法官认定后进行量刑。远东国际军事法庭定于 1946 年 5 月 3 日开庭，至晚 4 月 29 日国际检察局要提出《起诉书》。中国受日本侵略的时间最长，牺牲最大，但时间匆促，手中证据不多。4 月 8 日梅汝璈日记中有如下记述：

> 明思说这几天很感痛苦，因为中国所能提出的战犯证据实在太少，而论理说日本侵华战争至少有 15 年之久，我们可以提出的证据应该是最多。[2]

中国检察官助手仅一人，显然难以胜任。当务之急是扩大团队。尽管外交部稍后增派一名法官秘书，即清华大学毕业、时任中国驻横滨副领事的罗集谊，但根据法庭宪章，检察官和法官的工作严格区分，为此向哲濬请示外交部，要求增派一名秘书。外交部非常重视，立即选定燕京大学政治学系毕业的刘子健，4 月 5 日外交部王世杰部长亲自发函给行政院：

> 经本部呈请
>
> 钧院鉴核备案各在案，兹以该项法庭组织分法庭与检察处两处，梅代表担任中国法官，向代表担任中国检察官，工作上势须隔离，其秘书人员不能兼用，除已指定罗集谊方福枢为梅代表之秘书，裘劭恒为向代表之秘书以专责成外，现据向代表请添派秘书一人以利工作等情，前来业经核派刘子健一员充任除通知外理合，检具该员简历备文。
>
> 呈祁

〔1〕 梅小璈、梅小侃：《梅汝璈东京审判文稿》，上海交通大学出版社 2013 年 11 月第 1 版，第 110～117 页。
〔2〕 同上，第 65 页。

鉴核备案 谨呈

行政院

外交部长王世杰

履历表

姓名　刘子健

籍贯　贵州贵阳人

学历　燕京大学政治学系毕业

经历　曾任中国大学国际政治讲师

现任燕京大学本校国文讲师[1]

同年6月,外交部又增派朱庆儒为向哲濬的秘书。6月8日外交部亚东司司长杨云竹致函时在中国调查取证的美国助理检察官塞顿(David Nelson Sutton):

朱庆儒先生最近被指派为向哲濬检察官的助理,正在等候到东京的飞机。如蒙允许在您的飞机加座,将不胜感激。[2](中译自笔者)

由于法庭工作语言是英文和日文,大量证据证言要从中文译为英文,急需翻译。向哲濬经盟军总部同意,利用回国举证的机会,于1946年4月到上海进行招聘。应聘者之一的高文彬晚年有如下回忆:

六十三年前,正是在东京审判开庭前夕,有幸认识了向先生。当时向先生作为十一个同盟国之一的中国检察官,受国际检察处的委托到中国招聘既懂法律又精通英语的人才担任英语翻译官。1945年7月我刚从东吴大学毕业,我的老师刘世芳教授推荐我去应聘。1946年4月的一天,我到华懋饭店(即现在的锦江饭店)参

〔1〕 中国第二历史档案馆藏行政院档案,行政院收文礼字第18272号。
〔2〕 台湾"国史馆"藏远东国际军事法庭审判资料:172-1-0899(2) Epson 0096 第15页:外交部发文第2721号。

加测试。主考官就是向哲濬先生。向先生非常和蔼,一点没有官架子,完全是学者风度。他让我坐下,从《申报》中摘一段让我译成英文,又问我家庭和学校的情况,还递给我一杯咖啡。由于东吴法学院是中国唯一一所除了大陆法外还教授英美法的学校,比较有优势。几天后接到向先生电话,我被录用了。当时一共有五位翻译。除我之外,还有向先生的妻弟周锡卿,他是交大铁道管理毕业生,又到美国宾夕法尼亚大学获得硕士学位回国;张培基,圣约翰大学英语系毕业;刘继盛,刘世芳教授的侄子,毕业于重庆东吴法学院;郑鲁达,上海东吴大学法学院和我同一届的同学。

我们5月10日左右从上海江湾机场乘军用运输机到达东京,立即着手把中文证言翻译成英文。我们的薪水由盟军国际检察处IPS(International Prosecution Section)支付。当时翻译按资历和水平分成12级。我们5个人中周锡卿最高,定为7级;张培基次之,定为6级;我和刘、郑都定为5级。

东京审判按日本侵略事件的先后安排。日本侵华最早,从1928年关东军策划"皇姑屯事件"炸死张作霖开始,直到"九一八事变"、建立溥仪伪"满洲国"傀儡政府、"卢沟桥事变"、南京大屠杀,然后才是日军侵略香港、菲律宾,发动太平洋战争。所以从5月到10月,翻译担子很重,我们特别忙。10月之后,翻译工作基本告一段落,盟军也停发我们的薪水。这时向先生把他们4位介绍到中国驻日军事代表团任职,留下我随他工作。〔1〕

1947年初,裘劭恒回国,向哲濬于4月3日致电外交部:

本处秘书裘劭恒因病辞职,职曾转请照准。并请准予就近以前经美陆军部派在国际检察处服务期满函宜回国之东吴大学法学士高文彬候补 久未奉批 诚恐邮呈遗失 查东条等已开始积极辩护 本处人少事繁 高君成绩优良 深资臂助 拟请分别照准电令祗达 职

〔1〕 向隆万:《东京审判·中国检察官向哲浚》,上海交通大学出版社2010年3月第一版,第1~2页。

向哲濬[1]

经外交部批准，高文彬成为向哲濬最后一任秘书。

除翻译工作外，举证、辩论更需要精通英文、日文的法学工作者。1947年初，利用法庭审理非中国地区日军侵略罪行的时机，向哲濬回国聘请顾问。首席顾问是刚从欧美考察归来的倪征燠。倪氏也毕业于东吴法学院，后在斯坦福大学获法学博士，曾与向哲濬在司法行政部和上海特区法院两度共事。倪征燠晚年有如下回忆：

> 向哲濬回国告急，并请立即增员支援，而且还点名要我前往，因为我刚从美英两国考察司法制度回来。…向哲濬经与我熟商后，决定增派4位顾问。具体人选为上海律师鄂森和桂裕以及南京中央大学法学教授吴学义，并以我为首席顾问。[2]

当年2月11日《申报》曾作如下报导：

> 【本报讯】吴学义、鄂森、倪征燠、桂裕四人，自受任远东国际军事法庭聘任为顾问后，吴鄂倪三氏曾赴华北，收集日战争罪犯种种罪证，在北平曾访吴佩孚上将故居，获得华北沦陷时日特工魔头土肥原屡次强迫吴佩孚出任伪职之证据多件。三人因远东国际军事法庭开庭期近，乃于前日下午九时，乘美军飞机赴东京。桂裕尚留沪，继续收集日战犯罪工作，亦将于近期内赴日。[3]

由于上海律师事务繁忙，裘劭恒和方福枢两位秘书于1946年末回国，梅法官增聘东吴法学院毕业的杨寿林任秘书。总之，在长达近三年的东京审判进程中，中国代表团先后有17位成员：

---

〔1〕 台湾"国史馆"藏远东国际军事法庭审判资料：极东军事法庭重要案件 Epson 0079 第1页：外交部收电第4036号。

〔2〕 倪征燠：《淡泊从容莅海牙》，法律出版社1999年4月第1版，第104～107页。

〔3〕 向隆万：《东京审判·中国检察官向哲浚》，上海交通大学出版社2010年3月第1版，第202页。

法　官：梅汝璈；秘书：方福枢、罗集谊、杨寿林

检察官：向哲濬；秘书：裘劭恒、刘子健、朱庆儒、高文彬（兼）；

顾问：倪征𠸄（首席）、鄂森、桂裕、吴学义；

翻译：周锡卿、张培基、高文彬、郑鲁达、刘继盛。

二、中国检察官团队的贡献

面临人手少、时间紧、举证艰难的不利条件，向哲濬和他的团队殚精竭虑，不辱使命。主要贡献有以下几个方面：

（一）开庭之前的工作

远东国际军事法庭定于1946年5月3日开庭。从各国检察官到达东京到开庭不到三个月，有几项必须进行的工作，中国检察官作了重大贡献。

1. 确定审理日本战争罪行的起始日期

1945年8月15日日本天皇宣读投降诏书，国际检察局对日本战犯罪行算到投降日为止非常一致，但何时起始却有分歧。梅汝璈曾做如下回忆：

> 有些人说：远东国际法庭审理的是第二次世界大战中日本战犯的罪行，而日本对外侵略之所以变为世界大战的一部分是由于日军偷袭珍珠港。进而引起它对一系列国家的战争，所以1941年12月7日日军偷袭珍珠港事件应该作为犯罪日期的起点。有的人说：日军之所以偷袭珍珠港以及随之而来的对一系列太平洋国家作战，都是为了要解决它对中国的战争，前者不过是后者的继续和延长，因此1937年7月7日日军在卢沟桥发动全面侵华战争应该被认为是犯罪日期的起点。又有人说：1937年卢沟桥事件不过是1931年9月18日日军侵占沈阳和开始吞并满洲（中国东北四省）的继续和延长，事实上中日战争自那时起便已开始，因此“九一八事件”应该被认为是犯罪日期的起点。更有人说：1931年“九一八事件”之所以发生，其导因是1928年4月日军在皇姑屯战死张作霖事件，从那时起日本侵占全中国的企图便已暴露无遗。而中日实

际敌对状态那时便已发生,是故正本清源,被告战犯们的犯罪日期应从 1928 年算起。[1]

提出战犯犯罪日期从 1928 年 1 月 1 日算起的正是中国检察官,并最终被国际检察局认可。但是这一点被被告律师强烈反对。

1946 年 5 月 14 日上午,美籍日裔律师乔治·冈山(George Yamaoka)首先就日期问题发难:

> 对于中国,起诉书涉及的整个期间,日本和其合法政府处于和平状态。……日中之间并未处于交战状态。必须承认,即使是这个政府,在 1941 年 12 约 9 日之前从未向日本宣战,因此从 1928 年 1 月 1 日到 1941 年 12 月 9 日起诉书宣称的战争罪行事实上或在法律意义上不存在。[2](中文译自笔者)

当天下午,向哲濬在他第一次发言中立即予以驳斥:

> 我请求法庭给我几分钟谈谈一些看法,作为对今天上午辩方提出请求的回答,他们的请求尤其涉及中国,即我的祖国。我们精通法律的辩方律师说中国和日本之间不存在战争,因为日本从未向中国宣战。当然,这是一个关于战争正确定义的问题。然而,从 1931 年 9 月 18 日以后,日本在中国采取了战争性的行动,杀死了数以百万计的中国人,包括士兵和平民。十四年以前,1937 年 7 月 7 日,日本在卢沟桥发动战争,一个晚上杀死数百人。随后,日本向全中国出兵,杀死了数以百万计的中国士兵,还有儿童、妇女和无助的平民——非战斗人员。我认为那些是全世界都知道的事实。如果这不是战争,我想问,还有什么是战争?从 1931 年起,在中国方面没有任何挑衅的情况下,日本派兵到全中国,到各个省

---

〔1〕 梅小璈、梅小侃:《梅汝璈东京审判文稿》,上海交通大学出版社 2013 年 11 月第 1 版,第163 页。

〔2〕 东京审判文献丛刊委员会:《远东国际军事法庭庭审记录》(英文),上海交通大学出版社,国家图书馆出版社 2013 年 7 月第 1 版,第 220～221 页。

份。无论日本是否向中国宣战,尽管中国到1941年12月9日才向日本宣战,我主张这就是战争。我认为本法庭会在审判中注意这方面的事实。[1]

1948年2月11日向哲濬在宣读关于沈阳事变的总结词中重申:

我们无法逃避这样的结论:从谋杀张作霖到沈阳事变期间,所有活动都是一个阴谋的各个部分。然而,即便承认在这起案件中作为辩护理由提出的一系列奇怪巧合存在一些蹊跷因素,谋杀张作霖不是这场阴谋中第一个公开的行动,1929年以后的活动和沈阳事变涉及许多相同的人,其中包括一些目前被起诉的人。这种活动肯定是阴谋变化的一部分,其目的是推动那场阴谋。这种活动是由日本陆军,关东军和平民实施的。[2]

2. 确定日本甲级战争嫌犯名单

根据法庭要求,由各国向盟军总司令部提出战争嫌犯名单,经初选后予以逮捕;最后由季南检察长会同各国检察官会商后挑选出28名甲级战争嫌犯作为被告受审。这28名按英文拼写次序为:

荒木贞夫、土肥原贤二、桥本欣五郎、畑俊六、平诏骐一郎、广田弘毅、星野直树、板垣征四郎、贺物兴宣、木户幸一、小矶国昭、松冈洋右、南次郎、武藤章、永野修身、冈敬纯、大川周明、大岛浩、佐藤贤了、重光葵、岛田繁太郎、白鸟敏夫、铃木贞一、东乡茂德、东条英机和梅津美治郎。

中国第一批提出18名战犯:矶谷廉介、梅津美治郎、土肥原贤二、和知鹰二、酒井隆、本庄繁、板垣征四郎、阿部信行、畑俊六、东条英机、

---

〔1〕东京审判文献丛刊委员会:《远东国际军事法庭庭审记录》(英文),上海交通大学出版社,国家图书馆出版社2013年7月第1版,第273页,向隆万:《东京审判·中国检察官向哲浚》,上海交通大学出版社2010年3日第1版,第5~6页

〔2〕同上,第39 083页。向隆万:《东京审判·中国检察官向哲浚》,上海交通大学出版社2010年3月第1版,第56~57页。

谷寿夫、桥本欣五郎、多田骏、影佐帧昭、秦彦三郎、小矶国昭、南次郎、喜多诚一。

其中本庄繁已死，谷寿夫作为乙级战犯被押解到南京军事法庭受审并被处决。其他16名中有8名列入甲级战犯名单，占50%。

特别要指出，日本投降时，土肥原贤二在国内，一度不在28名被告之列，由于向哲濬力争，才把这个在中国罪恶累累的特务头子绳之以法，最后逃脱不了上历史绞架的命运。[1]

3. 撰写《起诉书》

1946年4月29日国际检察局向法庭递交《起诉书》，中国受害时间最长，牺牲最大，中国检察官理所当然成为主要撰稿人。向哲濬晚年在一次谈话中曾回忆：

> 作为检察官，我参加了对战犯罪行的起诉工作。大量人证物证表明，日本军国主义分子对中国人民犯下的侵略罪行真是罄竹难书，令人发指。起诉书于1946年4月29日向法庭提出，列举了五十五项罪状，其中与侵略中国有关的就有四十四条之多。[2]

4. 寻找证据

无论是撰写《起诉书》，还是为开庭审理战犯作准备，证据是关键。向哲濬到东京后不到一周就接连发电向国内提出要求。由于开始阶段中文通讯不畅，电报多通过盟军司令部用英文书写。

2月11日的英文电文如下：

> 重庆外交部 远东国际军事法庭检察局紧急要求知悉有关下列各项之详细事实与证据(一) 关于1931年沈阳事件和1937年卢沟桥事件日本违反条约及协定之阴谋；(二) 战争期间日本军队在松井石根及畑俊六二人统率之下所作之暴行及其他违反国际法之行

---

〔1〕 粟屋宪太郎：《东京裁判论》，大月书店1989年7月1日第1次印刷，第100～101页。(中文译自王选)

〔2〕 向隆万：《东京审判·中国检察官向哲浚》，上海交通大学出版社2010年3月第1版，第332页。

为;(三) 日本公私方面为欲达到敛财弱华之目的而作之毒化行为,望能详述种植鸦片及贩运物品之实际情形及中国军民生命及公私财产由于各种侵略行为而受损失之估计数字。以上信息为以约瑟夫 B.季南为首的国际检察局所急需请尽可能速将材料寄来。〔1〕(中文节译自笔者)

2月15日外交部发文给军令部、司法行政部、军政部、内政部、行政院赔偿调查委员会、中统局、军统局、国际问题研究所公函,事由就是

请检送松井石根及畑俊六所率部队之暴行及日军毒化我国之事实等资料,以凭转复我出席远东国际军事法庭检察官向哲濬〔2〕

2月21日向哲濬直接致电王部长:

重庆 外交部

王世杰部长

国际检察局为撰写判决书之目的,急需日本在香港、新加坡、泰国和其他太平洋地区对中国人犯下的暴行证据和证人,特别是可追溯到由日本高层军政官员负责的暴行。请指派寄至东京。

向哲濬〔3〕(中文译自笔者)

外交部和其他各部门进行了积极配合。2月25日法官秘书罗集谊赴东京时携带了若干文件,包括:

(1) A new digest of Japanese war conduct 日本战争行为类纂

---

〔1〕 台湾"国史馆"藏远东国际军事法庭审判资料:172-1-0899(1) Epson 0095 第11～13页:外交部亚东部收电东35字第320号。

〔2〕 同上:172-1-0899(1) Epson 0095 第14页:外交部收电东字第158号。

〔3〕 同上:172-1-0899(2) Epson 0096 第29页:外交部亚东部收电东35字第353号。

新编

(2) A digest of Japanese war conduct 日人战争行为集要

(3) The war conduct of the Japanese (I) 日人战争行为论要

(4) Three weeks of Canton Bombing 广州会日记

(5) The war conduct of the Japanese (II)

(6) 起诉文一件(日战犯卅名起诉文稿)[1]

3月20日重庆外交部致电南京外交部叶德明:

希抄送九一八、八一三、七七有关战罪之证据文件交向代表哲濬[2];

海外华侨也积极参与搜集日军当地暴行的证据。4月4日中国驻河内总领馆致电经外交部:

外交部钧鉴 关于调查敌人暴行表 经以河字一一五九号代电送呈在案 兹又叠据海防南定两埠中华会馆呈送上项调查表四份来馆 理合随电送呈鉴核 驻河内总领事馆总领事袁子建叩 卯支印[3]

3月中旬向哲濬本人回国,并陪同季南检察长到中国调查取证。3月8日8致电王世杰部长:

重庆外交部王部长雪艇并恳转王秘书长亮畴谢部长冠生钧鉴

远东国际军事法庭检察长季南拟先后分赴我国及太平洋各地调查日军暴行及破坏和平违反战争法规情形 并搜集证据及其他资料 定日内偕盟军总部检查组美方军官律师六人会同哲濬及秘书裘

[1] 台湾"国史馆"藏远东国际军事法庭审判资料,172-1-0899(2) Epson 0098 第23页。

[2] 同上,172-1-0899(1) Epson 0095 第40页。

[3] 同上:172-1-0899(1) Epson 0098 第17~18页。

劭恒飞沪 谨先呈报 向哲濬 寅[1]

3月17日《申报》曾作如下报导：

东京盟军总部国际检察处处长兼远东国际军事法庭检察长季南率同国际检察处属员霍克斯、赫斯特、洛克李佛尔等一行，昨晨由东京乘专机飞沪，下午五时许抵达江湾机场，当赴旅邸休憩。闻季南等在沪将会同四日前飞抵此间之我方检察官向哲濬氏，调查战犯证据及征询证人。略作逗留，即将偕同向氏飞渝，晋谒蒋主席致敬。预订十日内同返东京。[2]

4月7日《申报》再作有如下报导：

东京远东国际军事法庭，为搜集有关南京大屠杀中罪犯之证据及人证，特派检察官马鲁上校、调查专员柯莱暨中国检察官办事处秘书裘劭恒来京，已于四日到达，下榻京市上海路七十三号，现已开始向各方调查中。现在南京或已移居外埠之人士，曾于南京沦陷当时亲见南京大屠杀情形，且能举出真确事实，足以为证者，可向马鲁上校等之罢工处详报。如能至法庭作证，即可同往东京，闻证人所需之旅费及因赴日作证而损失之月薪或生活收益，均由该机关供给，并有酬报。[3]

这些调查工作为开庭后起诉和审理打下不可或缺的基础。

（二）检察阶段的工作

从1946年5月3日开庭到1948年4月16日是检察阶段，长达七百多天，开庭八百多次。由于日军侵略中国的时间最长，在检察阶段，

---

〔1〕 台湾“国史馆”藏远东国际军事法庭审判资料：172-1-0899(2) Epson 0098 第12页：外交部收电第02904。

〔2〕 向隆万：《东京审判·中国检察官向哲浚》，上海交通大学出版社2010年版，第184页。

〔3〕 同上，第184～185页。

中国检察官团队发挥了主力军的作用。向哲濬不仅参加了全部庭审，还作了20次发言。第一次发言在1946年5月14日，最后一次发言在1948年4月16日，几乎覆盖了检察阶段的全过程；在48 412页庭审纪录中有92页出现向哲濬的名字，发言纪录长达200页。下表是中国检察官团队在庭审纪录中的出现频率及法庭讲话的次数[1]：

姓名(法庭用英文名)	职务	庭审纪录中出现页数	法庭讲话次数	法庭讲话日期
向哲濬(Hsiang Che-chun)	检察官	306	20	1946：5/14，7/22，8/14，8/26，8/27；1947：1/17，1/20，2/27，5/7，5/8，6/11，9/17，9/18，10/6；1948：1/13，1/14，2/11，2/12，2/24，4/16
倪征 日奥(Nyi Judson)	首席顾问	626	16	1947：4/23，4/28，5/1，6/11，9/16，9/17，9/18，10/6，10/7，10/8，10/9，10/10；1948：1/14，1/15，2/9，2/12，2/19
桂裕(Kwei Yu)	顾问	9	4	1947：10/6，10/7；1948：2/11，2/12
鄂森(Ao Daniel S.)	顾问	7	1	1947：4/9
吴学义(Wu Hsueh-yi)	顾问	2	/	/
裘劭恒(Chiu Henry)	秘书	28	2	1946：8/28，8/29
刘子健(Liu T. C. James)	秘书	6	/	/

检察阶段中国检察官团队的主要贡献如下：

1. 继续寻找人证物证

在整个检察阶段，寻找人证物证的工作没有停止过。最常用方式还是直接联系，往往就一些具体问题询问外交部等有关部门。例如1946年6月7日向哲濬致电外交部：

南京外交部部长王钧鉴(一)内蒙自治委员会成立月日饬查电

[1] 东京审判研究中心编：《远东国际军事法庭庭审记录索引、附录》，上海交通大学出版社2013年12月第1版。

示(二) 塞顿(指美国助理检察官 David Nelson Suttun——笔者注)律师奉派来京沪商洽证人飞日出庭事宜,请饬协助(三) 杨领事光泩被害文件请饬寄下 职向哲濬[1]

除直接和国内联系外,中国驻日本军事代表团是要求国内补充材料的重要渠道。开庭后不久,1946 年 5 月 22 日驻日代表团团长朱世明将军连发两次电报至外交部,转达向哲濬的函件和要求:

南京外交部转军令部司法行政部 佳(为向哲濬致函朱世明的日期代码——笔者注)向检察官哲濬函 以对于日二十八主要战犯已会同各同盟国检察官向远东国际军事法庭提起控诉 亟待补充(1) 土肥原贤二,桥本欣五郎,畑俊六,板垣征四郎,松井石根等五名在我国各地作恶之证据及有关资料;(2) 广州、武汉、长沙、衡阳、桂林、柳州失守当时日军暴行之证据及有关资料,除就地搜集外拟请迅速设法搜集并将重要者电示。职朱世明[2]

南京外交部 远东国际军事法庭检察官办事处需要七七事变前,日本经由韩国向我东北及华北增兵之情报以证明日本计划准备战争,又需要我国依照俘虏待遇公约处理日俘有关事件证明,拟恳钧鉴,即将增兵华北特务机关之活动及处理日俘有关之卷宗交梅法官汝璈或军令部李元立带至东京,由林专委定平负责办整理应用。职朱世明[3]

又如 1947 年 2 月 28 日驻日代表团致电外交部,事由是:

为总部外交组函以国际军事法庭需提供证件数种抄呈原函请

[1] 台湾"国史馆"藏远东国际军事法庭审判资料:172-1-0899(2) Epson 0096 第 19 页:外交部收电 2492 号。
[2] 同上:172-1-0899(2) Epson 0096 第 11 页:外交部收电 1911 号。
[3] 同上:172-1-0899(2) Epson 0096 第 8 页:外交部收电 1912 号。

搜寄[1]

在所附的盟军总部所需资料中包括日文版的《上海日报》、《上海每日新闻》、《大陆新报》等。

由于日军在战时就封锁消息，投降前更大肆销毁罪证，中国检察组花了大量精力搜集和分析日本媒体战时的报导，并到日本军部翻阅档案。对此，首席顾问倪征燠有生动的回忆：

> 中国检察组经过反复考虑后，决定通过中国驻日军事代表团，要求盟军总部让远东国际军事法庭的中国检察组人员进入已被封闭的日本前陆军省档案库，以便找寻日本对华侵略战争中有关土肥原和板垣等人的罪证。这个交涉很快就得到顺利解决，但是前陆军省档案库内卷帙浩繁，找寻'有力'、'有针对性'的证据，谈何容易。好在中、日两国文字有相似之处，辨别文件的类别和标题并非难事。加以中国检察组中有刘子健和吴学义两位素谙日文，可以胜任无疑。经过一段时间的昼夜奋战，竟然找出不少很有用处的文件。[2]

这些资料发挥了重要作用。

纵观向哲濬在法庭的主要发言，都基于证据文件，几乎没有情绪性的言辞。试举数例：

1946 年 8 月 27 日的讲话内容是"关于日本绑架并诱导被废黜的宣统皇帝来领导满洲独立运动"。检方提供的文件就是 1931 年 11 月 1 日和 3 日日本驻天津总领事桑岛致日本外交部长币原喜重郎的两次密电、1931 年 11 月 2 日日本驻上海总领事村井致币原外长的两次密电[3]

---

〔1〕 台湾"国史馆"藏远东国际军事法庭审判资料：极东军事法庭重要案件 Epson 0079 第 11 页：外交部收电第 5563 号。

〔2〕 倪征燠：《淡泊从容莅海牙》，法律出版社 1994 年 4 月第 1 版，第 114 页。

〔3〕 东京审判文献丛刊委员会：《远东国际军事法庭庭审记录》(英文)，上海交通大学出版社、国家图书馆出版社 2013 年 7 月第 1 版，第 4 360～4 369 页。向隆万：《东京审判·中国检察官向哲浚》，上海交通大学出版社 2010 年版，第 21～30 页。

1947年6月11日的讲话内容是关于护送叛逃的汪精卫自河内到上海的秘密行踪。检方根据的文件包括1939年4月19日、4月20日、5月23日、5月30日土肥原机关的特务头子影佐帧昭致总务长官的密电,1939年影佐致外交大臣有田八郎的密电等[1];

1948年2月11日宣读"沈阳事变的前因后果",证据达94件[2];

1948年2月12日宣读"从满洲国的控制和占领扩张到整个中国",证据达80件[3];

1948年2月24日宣读"对被告板垣征四郎的起诉总结",证据达80件[4];

1948年4月16日"提出检方对代表被告土肥原辩护总结的回复"和"代表检方就板垣一案对辩护总结的回复",引用证据更是达到111次[5]。

1947年9月16日开始被告土肥原贤二的个人辩护阶段。首席顾问倪征(日奥)成功运用了1935年关东军《奉天特务机关报》一则报告和1931年日本驻天津总领事桑岛的电报,使美籍辩护律师华伦和证人桑岛本人理屈词穷,不得不退下辩护人和证人讲台[6]。

高文彬秘书也有生动事例。他回忆说:

> 有次我在一份《日日新闻》(《每日新闻》的前身)看到两个日本军官向井敏明和野田毅用军刀'杀人比赛'的消息,一个杀了105人,一个杀了106人,还登了这两个野兽手握军刀的照片,我愤怒

[1] 东京审判文献丛刊委员会:《远东国际军事法庭庭审记录》(英文),上海交通大学出版社、国家图书馆出版社2013年版,第24 151~24 162页。向隆万:《东京审判·中国检察官向哲浚》,上海交通大学出版社2010年版,第41~55页。

[2] 同上,第39 083~39 111页。向隆万:《东京审判·中国检察官向哲浚》,上海交通大学出版社2010年版,第56~81页。

[3] 同上,第39 191~39 218页。向隆万:《东京审判·中国检察官向哲浚》,上海交通大学出版社2010年版,第85~110页。

[4] 同上,第40 984~41 021页。向隆万:《东京审判·中国检察官向哲浚》,上海交通大学出版社2010年版,第111~148页。

[5] 同上,第48 215~48 248页。向隆万:《东京审判·中国检察官向哲浚》,上海交通大学出版社2010年版,第149~179页。

[6] 倪征(日奥):《淡泊从容莅海牙》,法律出版社1999年4月第一版,第116~117页。

极了。当时南京军事法庭正在审判日本侵华乙级战犯，庭长石美瑜作过向先生讲习班的学生，和倪征晪先生曾同时在上海特区法院任推事，关系很好。当时我把这份材料印了三份，一份留在我们办公室，两份由倪先生寄给石美瑜。南京大屠杀主犯之一谷寿夫在法庭百般抵赖，拒不认罪。石非常重视我们寄去的这份材料，确实是有力的证据。他立即通过中国国防部公文直送盟军麦克阿瑟总司令部。盟军总部侦缉处经过几个月的侦查，终于将这两名已经退役回崎玉县，在家摆地摊的日军少尉缉拿归案，然后用中国驻日军事代表团的定期飞机押到南京受审。最后这两名刽子手和谷寿夫一起，在南京雨花台被枪决，结束了可耻的生命。[1]

寻找恰当的证人出庭，是中国检察组更为艰难的任务。1946 年 6 月 10 日向哲濬急电外交部：

急南京外交部请译转朱团长公亭兄勋鉴 巳齐电敬悉(一) 美方邀我方何人出庭作证 经美方授权检察人员塞顿律师在华相机面洽办理 此间并无具体决定(二) 美方检察人员面约秦次长(指国防部次长秦德纯——笔者注)作证 已邀面见 至翁副院长(指行政院副院长翁文灏——笔者注)作证一节未被认及(三) 我方证人较多自属甚好 大员出庭作证 在法治国家当属常事 国际法庭亦可直接传询证人 惟我国大员此时公务繁重 远适异国 须重复陈述 一再反复诘问 是否相宜自成问题 行止似应由被邀大员酌定(四) 倘出庭作证 宜就所问事件尽量携带有关资料 对于事实作有系统之准备 惟大员临时因公不能出庭作证时 似可书面陈述(五) 检方于六月十三日开始提出证据 我方证人作证 当在本月下旬开始 弟向哲濬巳佳[2]

---

〔1〕 向隆万：《东京审判·中国检察官向哲浚》，上海交通大学出版社 2010 年版，第 3～4 页。

〔2〕 台湾“国史馆”藏远东国际军事法庭审判资料：172－1－0899(2) Epson 0096 第 17～18 页：外交部收电 9011 号。

不仅检方可请求法庭传证人出庭，辩方也有同样权利。1947 年 1 月 10 日向哲濬致电王世杰部长：

查美、中、英、苏、澳洲、加拿大、法国、荷兰、新西兰、印度及菲律宾等十一国检察官于一九四六年即“中华民国”三十五年四月二十九日，共同向远东国际军事法庭诉请审讯日本主要战犯东条英机等二十八名（被告大川周明一名自上年六月三日起因病未到庭受审，松冈洋右及永野修身二名因病先后死亡。现在到庭受审者尚有二十五名，业经分别呈报。）。自同年六月起，分别提出人证物证，大约在本月一月十五日左右可以提完。嗣后被告方面将竭美国日本律师数十人之全力及日本朝野之协助，大举辩护。探闻辩护方面将取之步骤，与我国有关者甚多。兹谨开列数项于左。

（一）派美籍辩护律师数员前来我国调查并搜集证据。

（二）请求法庭传左列人员来日出庭作证：

甲. 九一八事变七七事变前后我国曾与日方折冲谈判之人员；

乙. 作战期间经日方请求或第三国斡旋参加中日关系商谈之我国人员；

丙. 曾来日出庭作证之我国人员；

丁. 现仍留华之日本文武人员；

戊. 现仍留华之第三国人员。

（三）向我国政府机关调取有关文件。

谨按英美等法治国对于刑事被告必予以充分辩论之机会，对于辩护律师执行职务必予以法律上之保障与便利。自在钧座洞鉴之中。如被告辩护方面采取上列各步骤并请求协助时，我国政府应如何应付

钧部必权衡至当，毋待渎呈。理合将探悉情形备文呈请

鉴核

谨呈

外交部部长王

远东国际军事法庭中国检察官向哲濬[1]

由此也可见，远东国际军事法庭依据严格的法律程序。那种认为东京审判只是"胜利者的审判"，如非别有用心，也系无稽之谈。

在整个检察阶段共有 11 名中国证人被传出庭。他们是秦德纯（"卢沟桥事件及其之前的形势"），溥仪（"满洲建国事情"），王冷斋、梁廷芳（"卢沟桥事变及其后的形势"），刘耀华、翟树荣（"日军在中国各地的暴行"），陈大受（"对满洲及中国的经济支配"）以及许传音、尚德义、伍长德、陈福宝（"和中国相关的暴行（普通战争罪）与鸦片输入"）。[2]在中国问题的审理中，检方还有不少外籍证人，这里不一一枚举。

（三）南京大屠杀的揭露

从 1928 年的"皇姑屯事件"、1931 年的"九一八事变"、1937 年的"七七事变"，到溥仪、德王、梁鸿志、汪精卫等伪政权的策划和建立；从用鸦片毒害中国民众，到日军在中国各地烧杀、强奸、掠夺的暴行，中国检察组都在有力证据的基础上提出起诉。经过辩论、反诘、总结等审理程序，终于使侵略元凶被送上历史的绞刑架。本文不准备细述这些过程，有兴趣的读者可以参阅参考文献。下面本文将着重介绍中国检察组在揭露日军南京大屠杀过程中的工作，这也是两年艰苦工作的集中表现。

从 1937 年 12 月 13 日日军攻占南京起至 1938 年 2 月，日军对平民和俘虏进行灭绝人性的屠杀和强奸暴行。梅汝璈认为："南京大屠杀无疑地是第二次世界大战日军暴行中最突出的一件，它的残酷程度在整个第二次世界大战中或许仅次于纳粹在奥斯威辛对犹太人的大屠杀。"[3]本文不详述关于南京大屠杀的史料及研究，读者可参阅[4]。虽然在南京大屠杀当时就有中外媒体的零星报道，由于日军封锁消息和

〔1〕 台湾"国史馆"藏远东国际军事法庭审判资料：极东军事法庭重要案件 1 Epson 0078 第 6～8 页：外交部收电 2006 号。

〔2〕 东京审判研究中心编：《远东国际军事法庭庭审记录索引、附录》，上海交通大学出版社 2013 年 12 月第 1 版。

〔3〕 上海交通大学东京审判研究中心：《东京审判文集》，上海交通大学出版社 2011 年 4 月第 1 版，第 212～246 页。

〔4〕 张宪文主编：《南京大屠杀史料集》（共 72 卷），江苏人民出版社、凤凰出版社 2005 年 7 月第 1 版。张效林译：《远东国际军事法庭判决书》，群众出版社 1986 年 2 月第 1 版。

销毁罪证，世人对南京大屠杀的规模和程度并不了解。如何为法庭提供充分的人证物证是关键。

前文已引述，早在开庭之前，向哲濬、裘劭恒和季南及若干美国检察人员已到中国实地调查南京大屠杀的证人和有关证据。

中国朝野非常重视，1946 年 6 月各界成立"南京大屠杀案调查委员会"，共 51 名委员，由南京市临时参议会陈裕光议长和副议长陈耀东负责。委员中包括伍崇学等 16 位参议员、外交部杨兆龙和杨云竹等两位司长，以及法律、新闻等各界贤达。还聘请了 17 位顾问：立法院副院长魏道明、文官长吴鼎昌、教育部长陈立夫、军政部长陈诚、外交部长王世杰、国防委员会秘书长王宠惠、内政部长张厉生、社会部长谷正纲、行政院秘书长蒋梦麟、国民党宣传部长彭学沛、宪法促进委员会秘书长邵力子、南京市长马超俊、天主教南京总主教于斌、最高法院院长夏勤、检察长郑钧。〔1〕

6 月 23 日委员会举行首次会议。9 月 12 日发出致外交部议公：

> 查本会前奉，国民政府主席蒋谕协助调查南京大屠杀案，当经本会驻会委员会提付讨论进行方法，经决议组成调查委员会，除本会参议员一体参加外，并聘请有关机关团体之负责人员担任调查委员，更分区设置调查小组，计分个案调查与普通调查两种方法进行。务期调查工作置普遍与确实，迄现时止已经调查有确实之证据。而足为敌人罪行之证明者，计有一千八百四十余案。其中有柏鸿恩殷有余二人系于敌人实施集体屠杀时，从九死一生中逃出，而已身受重伤者。又有陆李秀英一人，系被数敌人欲实行强奸而与之拼力格斗，身受刀伤三十三处之多，几濒绝命。卒赖鼓楼医院医师施救而能幸存人世者。此三案情形极为惨重，而证据亦极确凿，本会因鉴于东京战犯法庭正在审讯南京大屠杀案之罪犯。为提供作证起见，业经本会驻会委会决议，先将柏鸿恩等三案连同调查表照片等件电请中国驻日代表团上海通讯处姚更生先生转我国驻日检察官向哲濬先生，提向东京战犯法庭，征调作证。至其余案

〔1〕 台湾"国史馆"藏远东国际军事法庭审判资料：172-1-0899(2) Epson 0101 第 14～15 页。

件类此情形者固多,现正在整理审查之中。当再陆续检送作证。除分呈司法行政部国防部外,相应送达

查照为荷 此致

外交部

议长 陈裕光

副议长 陈耀东[1]

1946年7月中旬至8月中旬,法庭审理日军南京大屠杀的暴行。检方8名中外证人出庭。他们是:

金陵大学医生威尔逊(Robert Wilson,美国籍),

南京安全区国际委员会(International Committee for Safety Zone in Nanking)住房委员会负责人许传音博士,

南京居民尚德义、伍长德、陈福宝,

金陵大学历史教授、南京安全区国际委员会创始人贝茨(Miner Searle Bats,美国籍),

南京圣公会教堂牧师马吉(John G. Magee,美国籍),

中国上尉梁庭芳。

这些证人中有的是侥幸逃出的受害者,有的是日军暴行的目击者。特别是马吉牧师,曾冒着生命危险用16mm电影摄影机拍摄长达105分钟的胶片,记录了日军烧杀抢劫强奸的真实场面。他在8月15日和16日连续两天作证,给所有在场的人留下不可磨灭的印象。[2]

同时,法庭宣读了多份书面证据,包括:安全区文件,首都地方法院首席检察官报告,1938年南京美国大使馆电报,德国西门子公司商务代表、南京安全区主席拉贝信件、德国大使陶德曼致德国外交部的信、检方证人证词(包括3名美籍证人:斯迈思、菲奇、麦卡伦和15名中国证人:程瑞芳、孙远震、李涤生、陆沈氏、吴经才、朱勇翁、张继祥、黄江氏、

〔1〕 台湾“国史馆”藏远东国际军事法庭审判资料:172-1-0916 Epson 0086第61页,外交部收文东35字第1209号。

〔2〕 张宪文主编:《南京大屠杀史料集》(共72卷),江苏人民出版社、凤凰出版社2005年7月第1版,第7卷第41~133页。

哈笃信、王陈氏、吴君清、袁王氏、王潘氏、吴张氏、陈贾氏)。[1]

法庭还确认了早在开庭前对被告松井石根和武藤章等人的审问记录。[2]

由于中国检察组和美国检察人员的努力,日军南京大屠杀惨绝人寰的暴行公之于众,惊心动魄,震惊世界。在《判决书》第八章"违反战争法规的犯罪"中专列一节"南京大屠杀",长达9页。详尽描述了日军暴行,指出:

> 南京大屠杀……一九三七年十二月十三日早晨,当日军进入市内时,完全没有遭遇抵抗。日本兵云集在市内并且犯下了种种暴行。……日军单独地或者以二三人为一个小集团在全市游荡,实行杀人、强奸、抢劫、放火。当时是任何纪律也没有的。……在日方占领南京市的最初两三天内的期间,至少有一万二千人的非战斗员的中国男女和儿童被害了。……在占领后的一个月中,在南京市内发生了二万左右的强奸事件。……据后来估计,在日军占领后最初六个星期内,南京及其附近被屠杀的平民和俘虏,总数达二十万人以上。[3]

被告松井石根虽然只有一项罪状,即"怠于防止违约行为",但作为南京大屠杀日军部队的司令,难辞其咎。1948年11月12日被韦勃庭长宣布被判处绞刑[4]。另一名被告武藤章在南京大屠杀期间任松井的参谋,虽然法庭认为他居于下属地位,不能采取制止的措施,因而没有责任;但他在苏门答腊期间日军广泛进行了残虐行为,作为责任者,

---

〔1〕张宪文主编:《南京大屠杀史料集》(共72卷),江苏人民出版社、凤凰出版社2005年7月第1版,第7卷第147～219页。

〔2〕同上,第7卷第219～289页。

〔3〕张效林译:《远东国际军事法庭判决书》,群众出版社1986年2月第1版,第484～488页。东京审判文献丛刊委员会:《远东国际军事法庭庭审记录》(英文),上海交通大学出版社、国家图书馆出版社2013年7月第1版,第49 605～49 612页。

〔4〕同上,第588～589页。东京审判文献丛刊委员会:《远东国际军事法庭庭审记录》(英文),上海交通大学出版社、国家图书馆出版社2013年7月第1版,第49 814～49 816页。

他犯有7项罪状，最终也被判处绞刑[1]。同日被判处绞刑的还有法西斯头子东条英机和在中国罪恶累累的土肥原贤二、板垣征四郎，以及广田弘毅和木村兵太郎。[2]

宣判结束后，出现一段荒谬插曲，广田和土肥原等被告不服判决，向美国最高法院上诉，美最高法院竟然接受了。向哲濬正准备回国，立即向报界发表反对意见。12于月2日《申报》发表如下报导：

【中央社东京一日电】出席远东国际法庭之我国检察官向哲濬本日谓：美国最高法院无权考虑广田及土肥原等之上诉。渠指出审判该批廿五名日本甲级战犯，乃国际事项，美最高法院无资格检讨远东国际军事法庭所宣布之判决。检讨判决之最后权力在于麦克阿瑟元帅，而麦帅之权力系远东委员会畀予者。向哲濬在日工作二年半，定于本月六日搭西北航空公司机回国。[3]

在许多同盟国发对和国际舆论的压力下，美国最高法院驳回了上诉。12月23日凌晨，东条等7名甲级战犯在巢鸭监狱内执行死刑。[4]

档案资料显示出向哲濬及其团队所受压力之大。

由于法庭采用的英美法体系程序复杂，各类卷宗浩如烟海，各同盟国代表又多有分歧意见，东京审判拖得很长。国人并不理解，普遍感到不耐烦。1948年1月初杭州市参议会首先具文敦促从速处决日本战犯。1月21日曾到法庭作证的秦德纯将军代表战争罪犯处理委员会致函外交部：

外交部王部长雪艇兄勋鉴，准行政院秘书处通知单以奉国民

[1] 张效林译：《远东国际军事法庭判决书》，群众出版社1986年2月第1版，第590～592页。东京审判文献丛刊委员会：《远东国际军事法庭庭审记录》（英文），上海交通大学出版社、国家图书馆出版社2013年7月第1版，第49 819～49 821页。

[2] 同上，第608～611页。东京审判文献丛刊委员会：《远东国际军事法庭庭审记录》（英文），上海交通大学出版社、国家图书馆出版社2013年7月第1版，第49 854～49 857页。

[3] 向隆万：《东京审判·中国检察官向哲浚》，上海交通大学出版社2010年版，第209～210页。

[4] 同上，第210页。

政府交办杭州市参议会建议，敦促远东国际军事法庭从速处决日本战犯奉交核办等由，并抄附原代电，相应抄同原代电请查照参考为荷，战争罪犯处理委员会主任委员秦德纯(卅七)子篆熙政。附件如文

抄原件

国民政府主席蒋钧鉴，查远东国际法庭成立已有两载，对于日本战犯迄今未有所处决，近且昌言和议不复提议及此一旦事过境迁，恐将成为悬案。回顾德国战犯早经分别惩处，两相比较宽严迥异。日本侵略战争吾国受害最烈，人民水深火热迄今未解除。在他国影响较轻不妨姑予宽纵，惟图永久和平因当加以惩处，吾国追维以往余悸犹存，更应据理力争已杜乱源。爰经提交本会第六次大会第八次会议，决议一致通过记录在卷，除分电外特电察核采择施行。杭州市参议会议长张衡 亥。〔1〕

很快，浙江省的永嘉县、义务县，长春市、福建省、台湾省参议会纷纷附议。1 月 24 日外交部致电国防部和驻日代表团：

抄发杭州市参议会建议敦远东国际法庭从促从速处决日战犯案 杭州市参议会建议案已电饬驻日代表团并转梅法官向检察官知照〔2〕

当时检察阶段正处于关键时期，向哲濬备感压力。而媒体的不实报导更他们处于忍辱负重的境地。

1948 年 1 月 10 日上海《大陆报》、《大美报》和《字林西报》等英文报刊登载一则报导：

【中央社东京九日电】关于廿五名甲级日战犯暴行罪证经国际

〔1〕 台湾"国史馆"藏远东国际军事法庭审判资料：极东军事法庭重要案件 1 Epson 0080 第 16～17 页；外交部收文东 37 字第 208 号。

〔2〕 同上：极东军事法庭重要案件 1 Epson 0080 第 18 页；外交部收文东 37 字第 201 号。

军事法庭认可之三千七百份文件照片中，仅有三十份系由中国供给。关于所有被告暴行中最重要部分之罪证，中国迄今只提出十七份。而其他盟国则有六百份之多。此十七份文件中，尚有若干无足重视者。例如其一只证明日军于侵陷湖南衡阳时宰杀二鸡及殴打三农民之事实。然据谓此文件即中国用以支持其控告日军于衡阳杀戮数万平民及无武装士兵之罪证。(中文于当年 1 月 26 日译自外交部文员骆人俊)〔1〕

向哲濬极为震怒，不仅感到委屈，更认为是误导民众。除发电报简略陈述意见外 1 月 24 日他致函王世杰部长，详细驳斥中央社的不实报导：

案查本月二十一日准司法行政部刑事司王科长式成航函附寄一月十日上海大美晚报所载中央社一月九日东京电消息一则，内容略谓中国检察官在远东国际军事法庭所提日本在华军事暴行之文件为数稀少，情节轻微。“法庭中某法官对此殊赶迷惑，将来判决时，可能于中国不利”。该电讯又称“中国检察处于接见记者时，声明中国方面有关机关对东京审判持不合作与冷淡之态度，故此种证件难于获得”等语。查职及本处各员，既未接见任何记者，亦未发表上项谈话。该电讯前段所载提证件数一节，亦与事实绝对不符。当以东京上海重洋相隔，消息误传，予人以不良印象。职与本处各员是非功过虽可不问，而事实上之真相则不可不明，国家之体面更不可不顾。故立即向我驻日代表团图书室调阅上海各报，查悉除一月十日大美晚报登载事项消息外，尚有大陆报及字林西报亦于同日登载同一电讯。因即电邀中央社东京记者李嘉来处，以便查究消息来源。并就电讯中所谓中国检察处接见记者一节提出质问。除经子养子梗两电略陈概要外，兹谨将经过情形分陈于左。

〔1〕 台湾“国史馆”藏远东国际军事法庭审判资料：极东军事法庭重要案件 1 Epson 0080 第 22 页。

（一）远东国际军事法庭自三十五年五月开始审判，至三十六年年底为止，共接受证件三千六百八十六件。其中二千三百九十一件为检察方面所提出。仅就日军在华暴行一节而言，迳由本处在国内搜集向法庭提出者有九十九件。其他大部分文件，均为证明各被告之侵略阴谋，并同时证明该被告等因职务关系对于军队暴行亦应负其责任。以上各证件有在检方提证及反诘被告阶段由职等提出者，亦有在去年本处添置顾问以前，由其他盟国检察官协同提出者，均有法庭纪录可考。至今年一月，职与倪首席顾问征瞍于反驳（Rebuttal）阶段所提出的证件三十余件尚未计算在内。中央社本月九日所载中国方面就全案仅提证件约三十件，其中关于日军暴行者仅十七件云云，核与事实绝对不符。

（二）远东国际军事法庭成立时，吾国国内复原未久，交通梗阻，调查困难。惟经数个月之工作，暨各有关各机关之协助，仍能搜集有关日军暴行之证件甚多。其中陆续携带来日。作为资料者不下七百余件。又按检方举证之需要，并依法庭程序之规定，严格审查，择要提出。其情节较轻者予以剔除。中央社消息关于吾方所提重要证件均置不提，而独对于琐细之点，特加渲染，故甚其词，此与事实不符者二。

（三）纽西兰因其国土未遭日军蹂躏，故关于日军暴行之资料甚少。其向法庭提出者，卷查仅有经法庭列为一八八〇 A 号之文件一件。中央社载称某法官曾指出纽西兰尚能提供暴行证据达三百件之多云云。相差如是之钜，此与事实不符者三。

（四）凡身任法官者，应知案件未判决前，不得就案情对外发表意见。中央社所载法庭某法官与记者公开讨论案情，甚至推测将来或有不利于中国之判决，殊堪诧异。且职与本处各员并未接见记者，而中央社载中国检察处发表声明云云，毫无根据。此与事实不符者四。

本年一月二十一日接准王科长函笺，即约定中央社记者李嘉于翌日来处谈话。该记者届期并未守约前来，迟至二十三日来访。职比即会同倪首席顾问，面询一切。据该记者承认，该稿系其所发。关于远东国际法庭中国检察处提证之消息，事先确未向检察处采访。内容实多谬误，当场表示歉意外，并承诺立即重新发稿，翔实报导，以资更正而明真相。旋又问其上项错误消息之来源，据称系得自法庭某法官，但拒绝指出其姓名。惟为彻查消息来源起见，业于同日另电梅法官汝璈，请其协助查究。谨查职自奉命来此，办理检察事务，事繁人少，与在事各员，昕夕从公，未敢懈怠。远东国际法庭所采诉讼程序，大率仿效英美法系刑事案件，胥赖检察方面主动，审判方得顺利进行。本处各员，因职责綦重，莫不勤谨从事，去年十月下旬蒙钧部赐电嘉奖，同月月稍钧长适日，复蒙慰勉有加。职与本处各员，同深感奋。此次无端受人凭空指摘，远道传闻失实，难免引起各方误会。中央社记者虽允发稿更正，而消息来源既未查明，同人等咸感惴惴不安。经职劝勉再三，均仍照常努力工作。复查远东国际法庭审判日本主要战犯，与我国关系既重且钜，此次事件，自亦不便对外声述。故除继续密查并已于子养子梗电陈概要外，理合将详细经过呈请

鉴核

谨呈

外交部部长王

计附呈附件如左

(一) 中央社一月九日东京电(二) 中央社一月二十三日东京电

远东国际军事法庭中国检察官向哲濬(印鉴)[1]

激愤之情溢于言表。中国检察组既是非分明，又顾全大局；这封函件中也是他们艰苦工作、成绩斐然的小结。

中国检察官的贡献是有目共睹的。向哲濬到东京最早，回国最迟。面对责任和压力，他和同事如他所说：“昕夕从公，未敢懈息”。从他抵达东京后，1946 年 2 月 11 日第一封电报，到宣判之后回国前夕，即 1948

〔1〕 台湾“国史馆”藏远东国际军事法庭审判资料：极东军事法庭重要案件 1 Epson 0080 第 37～40 页。

年11月16日最后一封电报，据不完全统计，他在东京向国内发出电报在83封以上(其中1946年28封；1947年25封；1948年30封)[1]难怪向哲濬和他的同事得到外交部长的嘉奖。法国学者的专著中也特别提到向哲濬的突出作用[2]。

向哲濬能在困难的条件下作出历史性贡献，既与时代背景有关，也和他本人的人格素养分不开。他出生于1892年，中国处于满清王朝腐败统治之下。两年后爆发甲午海战，以中国签订丧权辱国的《马关条约》告结束。他在初中阶段就在衣襟上血书“匈奴未灭，何以家为”的字样。以后以优异成绩考上背景的“游美肄业馆”(清华大学前身)，在耶鲁大学学习时，学校档案表明：“他曾是耶鲁中国学生会和耶鲁世界学生会会长，并在华盛顿会议上任八个中国人民联合组织的秘书，还是中国学生月刊的助理编辑。”【[2]第222页】

学成回国后，在北京大学任教期间，参加了“收回法权筹备委员会”，目的是取消不平等条约规定的外国领事裁判权。以后进入司法界，第一件工作就是取消外国领事裁判权。在上海法院工作时，日本特务曾企图绑架他做汉奸。他和倪征日奥化装逃出上海，一家人到湘南逃难，颠沛流离，度日维艰。【[2]第231～248页】所以他对日本的侵略，可谓国仇家恨，感同身受。参加东京审判对他而言是历史与时代的责任，一定竭尽全力予以完成。由于他学贯中西，法律造诣精深，英语纯熟流利，并能团结和领导检察组同事，同心协力，排除万难。

东京审判结束后，向哲濬束装回国，在大学任教。他【[2]第222页】终身淡泊名利，从未以东京审判中的贡献而炫耀。1987年溘然长逝，享年96岁。2008年笔者动笔编纂[2]时，收到许多题词。

当时还健在的参加东京审判三位同事的题词是：

亦师亦友　可歌可泣

裘劭恒　　2008年2月【[2]封7页】

---

〔1〕上海交通大学东京审判研究中心：《东京审判文集》，上海交通大学出版社2011年4月第1版。

〔2〕E. Jaudel,"Le procès. de Tokyo: Un Nuremberg oublié"(《东京审判：被忘却的纽伦堡》)，Odile Jacob (2010)，P35(中文译自杨亚平)

法律界杰出先辈

正直的学者

慈祥的师长

张培基　2008年春　于北京【[2]封7页】

一代司法圭臬　他

处事严肃认真

待人慈祥宽厚

高文彬　　2008年6月[1]

向哲濬三所母校校院长的题词是：

清华大学校长题词

正义之剑母校之光

清华大学顾秉林　2008年3月28日[2]

耶鲁大学校长题词(中译自笔者)

耶鲁对向哲濬的赞词

2008年3月28日

耶鲁大学校长理查德 C. 列文

当我们以向哲濬及其对中国和世界的贡献为荣时,我很高兴地代表耶鲁大学致此赞词,他曾于1920年在此获文学士学位并开始学习法律。

我的耶鲁同事们和我个人赞赏向哲濬在耶鲁和中国的许多成就。他属于到耶鲁早期为数不多的中国留学生,这些学生中包括第一个来自中国并在美国大学毕业的1854级容闳,以及被尊称为"中国铁路之父"的1881级詹天佑。这些年轻的先锋们为以后其他中国人到耶鲁学习铺平了道路,他们获得奖学金和研究地位,后来有的成为学校教师。

---

〔1〕向隆万:《东京审判·中国检察官向哲浚》,上海交通大学出版社2010年版,第7页。

〔2〕同上,第8页。

我们也很崇敬向哲濬在耶鲁学习之后所走的道路，进一步学习法律，成为许多中国大学的教授，并在远东国际军事法庭作为中国检察官。

向哲濬应当为他的母校近年来和中国及其他国家建立学术合作和促进国际间互相了解的突飞猛进而骄傲。耶鲁已经和中国教育机构在许多方面进行了开创性的合作，包括两国间学者和研究项目交流，从而致力于两国间不断发展的友谊。

这里引用 1795 到 1817 年任耶鲁校长的提木希・德伟特教士的话："我们应当鼓励我们的学生和同胞认识到，他们既不是村夫，又不是短暂过客，而应当是世界的居民。"耶鲁感谢向哲濬帮助我们实现着这样的使命。

理查德 C. 列文(签字)〔1〕

乔治・华盛顿大学法学院院长题词(中译自笔者)

2007 年 8 月 31 日

女士们先生们：

我书此证明向哲濬先生从 1923 年 1 月 16 日至 1925 年 2 月 23 日在乔治・华盛顿大学法学院学习。向先生于 1923 年从耶鲁法学院转学到乔治・华盛顿大学法学院。向于 1925 年 2 月 23 日在乔治・华盛顿大学法学院获得法学士学位。

我们知道毕业后向回到他的国家中国，他成为北京大学、北京交通大学、东吴大学、复旦大学以及上海财经大学法学教授。我们还知道向先生后来作为代表中国出席远东国际军事访法庭即东京审判的检察官。以此身份，他努力证实了某些被告的战犯罪行。

我们很荣幸能在法学领域帮助对向先生进行教育，我们也为在乔治・华盛顿大学法学院结识向先生而骄傲。他发扬着我们许

〔1〕 向隆万：《东京审判・中国检察官向哲浚》，上海交通大学出版社 2010 年版，第 326～327 页。

多卓越校友推进正义的传统，对此我们深表感激。

诚挚的

弗雷德里克 M. 劳伦斯(签字)[1]

这些题词是对向哲濬重大贡献的肯定。

〔1〕 向隆万:《东京审判·中国检察官向哲浚》,上海交通大学出版社 2010 年版,第 328 页。

第五章　中国对日审判及中国与东京审判

第十四节　抗战胜利后中国国民政府审判日本战犯概述

刘　统*

1945 年 8 月日本战败投降后，根据同盟国的商定，中国(重庆)国民政府开始筹备战后审判，并对战争罪犯展开调查。1945 年 11 月 6 日，中国国民政府成立"战争罪犯处理委员会"，原属陆军总司令部，后隶属国防部。委员会拟定了《战争罪犯审判办法》等文件，对日本战犯进行逮捕，拘押和引渡。

从 1945 年 8 月到 1947 年 5 月，中国各地共逮捕日本战犯 2 357 名。在北平、沈阳、南京、广州、济南、汉口、太原、上海、徐州、台北 10 个城市设立了专门审判战犯的军事法庭。其中，南京军事法庭直属国民政府国防部，其他 9 个军事法庭隶属于各战区、绥靖区或行辕。从 1945 年 12 月至 1947 年 12 月共计审判日本战犯 2 435 人，其中判处死刑 149 人，实际执行 145 人(4 人在执行前病死或减刑)。其余的判处无期或有期不等的徒刑，也有部分因证据不足释放。

1946 年 1 月 19 日，远东最高盟国统帅部根据同盟国授权，公布《远东国际军事法庭宪章》，宣布成立远东国际军事法庭，在东京审判日本战犯(又称东京审判)。中国国内审判作为东京审判的组成部分，积极提供证据，特别是南京大屠杀事件的揭露，为东京审判做出了重要的配合和贡献。

战后对日本战犯审判，是在英美等国放弃在中国的治外法权后，中

---

* 上海交通大学历史系教授。

国政府对日本战犯进行的独立审判。这对长期遭受日本侵略的中国人民来说，是一件宣示主权、伸张正义的重大事件。在没有先例、没有经验的背景下，独立进行如此大规模的国际审判，对中国的司法工作者也是一次严峻的考验。公正地说，国民政府中的诸多外交、法律、军事人员，尽自己的能力，完成了这次规模浩大的审判，成绩是有目共睹的。

但是，这样一次重大审判，包括东京审判，长时间在中国国内很少提及，研究成果也微乎其微。不能不说是非常遗憾的。其历史原因，主要有两点：

（1）政治方面。新中国成立后，中国共产党一直不承认国民党政府的对日审判。《毛泽东选集》第四卷包含两篇文章：1949 年 1 月 28 日《中共发言人关于命令南京政府重新逮捕前日本侵华军总司令冈村宁次和逮捕国民党内战罪犯的谈话》和 1949 年 2 月 5 日《中共发言人关于和平条件必须包括惩办日本战犯和国民党战犯的声明》。将国民政府军事法庭宣判冈村宁次无罪释放斥之为“出卖民族利益，勾结日本法西斯军阀的犯罪行为”。[1] 因此，中共在建国后一直不承认国民政府对日审判的合法性，致使这段历史长期被湮没，无人提起。

（2）历史资料方面。由于当年的审判均为军事法庭操作，档案文献保存在当地军事首脑机关。后来沈阳、济南、徐州等地都经历了战争，军事档案荡然无存。北平和平解放后，“华北剿总”档案曾移交解放军。但建国后几经搬家，也找不到下落。我们只能从当年的报纸上寻找有关审判的消息。虽然报纸上也刊登了部分战犯的起诉书和判决书，但多数情节过于简略，难以恢复全貌。这是造成研究空白的主要原因。20 世纪 90 年代以来，国家开始重视对日审判的历史研究，特别是南京大屠杀的研究。南京大学编纂的多卷本《南京大屠杀史料集》，其中一卷《南京审判》还原了当年国防部军事法庭的审判内容，但是其他九个城市的审判情况，还远不清楚。

近几年来，随着日本右翼势力否认日本侵华罪行的逆流泛滥，中国人民开始重新审视当年对日本战犯的审判，以历史事实回击日本右翼

〔1〕《毛泽东选集》第四卷，人民出版社 1993 年版，第 1394 页。

势力的言论。由中共中央党史研究室牵头，各省市党史和地方志部门历时十年，开展中国抗战损失调查，搜集日本侵华罪证。台湾方面也开放了当年国民政府外交档案，上海交通大学成立东京审判研究中心，全面开展东京审判及相关审判研究。这都为研究国内对日审判提供了条件。我们就目前所见资料，对 1945—1949 年国民政府审判日本战犯的过程，做一个初步的概述。

一、审判的筹备与罪行认定

国民政府对日本战犯审判的筹备工作，是在英美盟国的带动下展开的。这个过程，左双文先生根据台北国史馆藏民国外交部档案，介绍得比较详细。[1]

1942 年 1 月 13 日，在英国伦敦举行了欧洲九个被占领国惩治德国法西斯暴行会议，邀请中国参加，中国驻荷兰公使金问泗出席。会议通过宣言，战后将对德国侵略欧洲暴行进行惩治。中国代表也发表宣言称，应以同一原则惩治日人在华暴行。

1943 年 10 月 20 日，同盟国各国代表为设立“联合国调查战争罪行委员会”在伦敦召集会议，顾维钧等代表中国政府参加。会议主席英国大法官说明：英美两国已在 1942 年提议成立调查战争罪行委员会，现在“已届不容再有延迟”之时。顾维钧表示完全赞同，但对这项调查在中国的起始时间问题提出保留，因为“中国遭受敌人侵略远较出席各国为早”。会后，委员会宣告成立，总会设于伦敦。

同年 12 月，重庆国民政府司法行政部会同外交部、军政部拟定“敌人罪行调查委员会组织规程”草案 16 条，行政院通过并请国防最高委员会核定。1944 年 2 月 23 日，敌人罪行调查委员会在重庆成立。由原外交部部长王正廷任主任委员。委员会成立后，开始了初期的日军罪行调查工作。但在战争期间，广大沦陷区内无法展开具体工作，只能在大后方难民中开展调查。初期没有经验，只要集中在战争损失调查，人员伤亡等方面进行统计。

---

〔1〕 参见左双文：《国民政府与惩处日本战犯几个问题的再考察》，《社会科学研究》，2012 年 6 期。

1945 年 8 月日本投降后，各地日军相继向国民政府投降，等待遣返。国民政府在接收过程中，得以开始实质性的调查和惩处战犯工作。10 月 8 日国防最高委员会第 173 次常务会议上，参谋总长何应钦报告接受日伪军投降情况并提及对日伪罪犯、战犯处理问题，指出“战争罪犯调查委员会亦似应积极展开工作，毋使战争罪犯永久逍遥事外。”

考虑到日本侵略中国早在二次世界大战开始之前，时限应提前到 1931 年“九一八”事变。侵略东北和中国华北的日军首领，都应列入战犯名单。这个工作由中国独立进行，不受美国及盟国的限制。为确定日本战犯名单，国民政府相关部门召开多次会议，就此前调查掌握的情况进行讨论。1945 年 9 月 11 日，国民政府由外交部牵头，会同中央秘书处、司法行政部、军令部、中宣部、国际问题研究所联合召开讨论战犯名单会议，会议议定的名单包括日陆军罪犯、海军罪犯、政治罪犯等类别，其中政治类共 48 名，包括近卫文麿、东条英机等政府首脑，杉山元、板垣征四郎、畑俊六等军事将领，广田弘毅、松冈洋右等历任外相，小仓正恒、河田烈等历任藏相。

一些特殊人物，虽然职位不高，也列入战犯名单。如芳泽谦吉，1923 年就任驻北洋政府公使，参与处理一系列中日冲突及 1928 年日本出兵侵略山东。1930 年出任驻法大使兼国际联盟代表，为日本侵略中国东北作辩护。1932 年任犬养毅内阁外务大臣，在对华政策上同军部发生矛盾。1932 年辞官后不再担任实职，严格说来，日本全面侵华后，他已不在决策层。但由于他参与早期侵略中国的许多决策，中国人对他非常熟悉，因此列入战犯名单。

还有大谷光瑞，日本西本愿寺的第 22 代法主，探险家。1902 年率大谷探险队前往中亚、新疆等地挖掘文物。后来派橘瑞超等人发掘调查吐鲁番、库车等地，获得大量出土物。他长期留住中国，在上海设置电台，从事谍报活动。1933 年移居大连，积极支持侵华活动。作为宗教人士，大谷从未在政府任职，但他对中国的文化侵略影响极大，所以也被列为战犯。类似的人物还有中西毓宪（满铁理事），田中国重（明伦会主持人），早泽玉成（外交时报主笔）等人。这个名单，远远超出后来东京审判裁定的战犯名单。反映出国民政府在酝酿时，考虑到日本侵略中国的全过程中起过重要作用的人物,不仅局限于政府要员和军事首脑,而且涉及经济、文化等多方面。

据徐永昌日记,9 月 29 日与 10 月 2 日,“开会讨论日本战犯名单事。”10 月 12 日徐向蒋建议:“日战犯似不可多所罗织,只择其实不容恕者,如九一八、七七当时之实行凶犯足以对内对外与膺惩似即可矣。”10 月 16 日“办公厅开会讨论日本战犯,蒋先生手定仅先提出最著者十二人。”据蒋介石手稿,这份名单原有 20 人,然后又按顺序标出 12 人,还用红笔圈去二人。12 名重要战俘为:1. 土肥原贤二,2. 本庄繁,3. 谷寿夫,4. 桥本欣五郎,5. 板垣征四郎,6. 矶谷廉介,7. 东条英机,8. 和知鹰二,9. 影佐祯昭,10. 酒井隆,11. 喜多诚一,12. 畑俊六。其余 8 人为:梅津美治郎,多田骏,秦彦三郎,小矶国昭,大谷光瑞,阿部信行,南次郎,甘粕正彦。最后大谷光瑞、甘粕正彦用红笔圈去。这份一再精简的名单,主要考虑这些罪犯在侵华战争中起的作用和参与的重大事件中应承担的责任。圈掉的两个人是文化罪犯。大谷光瑞已见前述,甘粕正彦虽然是日军少佐,但长期担任“满洲电影株式会社”董事长,主持拍摄了很多歌颂日本军国主义、奴化中国人思想的电影。他没参与战争,但名气很大,所以列入战犯名单。

战犯名单的确认,有两个特殊人物不在其中。

一个是日本天皇裕仁。国民政府最初认定的战犯名单,天皇裕仁排在首位。但是战后美国为了长久控制日本,考虑还是保留天皇制度,因此杜鲁门与蒋介石磋商后,国民政府最终确定的战犯名单中没有日本天皇。尽管外界舆论强烈要求追究天皇的罪责,但国民政府还是与美国立场保持了一致。

另一个是冈村宁次。作为日本“华北方面军司令官”,及“中国派遣军总司令官”,当然是侵华首恶之一。但冈村在抗战期间主要的对手是共产党和八路军,日本投降后,冈村积极配合国民政府,拒绝向八路军投降,等待国民政府的接收,使蒋介石感到满意。在商议战犯名单之初,1945 年 9 月 13 日,何应钦就致电外交部的王宠惠、王世杰,特别关照不要将冈村宁次列入,以免影响接受日军投降和遣返等工作。这就不是从法律方面去考虑,而是现实政治的原因。

关于日本战犯罪行的认定，国民政府组织敌人罪行调查委员会后，外交部曾致函军令部，“请调查敌寇暴行部队长官姓名及官职”。司法行政部初步调查，列举日军下列暴行：

(1) 民国二十六年八月二十三日敌陷察省万县城后，杀我平民三百余名。

(2) 同年八月二十六日陷张家口又杀三百余名。二十八日敌占领山西灵丘县，杀我居民六百余人。

(3) 同年九月初旬，敌军攻入山西天镇县城时，杀我无辜一千八百余名。以上皆系敌酋板垣部队所为。

(4) 民国二十六年九月十六日敌侵入察省蔚县，到处奸我妇女，因逃避或拒绝而被害者，不下四五百人。现盘踞伪蒙疆之敌均如是。

(5) 民国二十八年春间，敌倭举行冀南大扫荡时，将我驻南宫一带之第三十九集团军特务团被虏官兵十余名一一枪决。

据此，司法部要求军令部“将上开各案暴行之部队番号、主管长官或其高级长官姓名、官职设法查明见示。”

这种调查与认证，还是很初级的。到战后大规模审判日本战犯时，需要对罪行认定有一个全面的、合乎法律规则的明确、具体的界定。中国政府在这方面也没有经验，于是首先参照了国际法的有关规定，特别是《海牙公约》中的《陆战法规和惯例公约》、《战时海军轰击条约》及《日内瓦红十字会条约》。1946 年 7 月按照联合国战犯审查委员会伦敦总会的规定，列举了 34 项罪行：

(1) 谋害与屠杀——有系统之恐怖行为。

(2) 将人质处死。

(3) 对平民施以酷刑。

(4) 故意饿死平民。

(5) 强奸。

(6) 拐劫妇女，强迫为娼。

(7) 流放平民。

(8) 拘留人民，予以不人道之待遇。

(9) 强迫平民从事有关敌人军事行动之工作。

(10) 军事占领期间有僭夺主权之行为。

(11) 对占区居民强迫征募兵役。

(12) 企图奴化占领区居民或剥夺其公民权。

(13) 抢劫。

(14) 没收财产。

(15) 勒索非法或过度之捐款与征发。

(16) 贬抑货币与发行伪钞。

(17) 施行集体刑罚。

(18) 肆意破坏财产。

(19) 故意轰炸不设防地区。

(20) 毁坏宗教、慈善、教育、历史建筑物及纪念物。

(21) 未发警告,且不顾乘客与水手之安全而击毁商船与客船。

(22) 击毁渔船与救济船。

(23) 故意轰炸医院。

(24) 攻击与击毁病院船。

(25) 破坏其他有关红十字会之规定。

(26) 使用毒气。

(27) 使用爆裂弹及其他非人道武器。

(28) 发布尽杀无赦之命令。

(29) 虐待俘虏与病伤人员。

(30) 征用俘虏从事不合规定之工作。

(31) 滥用休战旗。

(32) 井中置毒。

(33) 集体拘捕。

(34) 实行毒化政策。

考虑到这些罪行未必都符合中国国情,根据中国刑法,国民政府1946年10月23日公布《关于战犯审判条例》,对上述罪行做了调整和补充,开列如下:

(1) 有计划之屠杀、谋杀或其他恐怖行为。

(2) 将人质处死。

(3) 恶意饿死非军人。

(4) 强奸。

(5) 掳掠儿童。

(6) 施行集体刑罚。

(7) 故意轰炸不设防地区。

(8) 未发警告,且不顾乘客与船员之安全而击毁商船或客船。

(9) 击毁渔船或救济船。

(10) 故意轰炸医院。

(11) 攻击或击毁医院船。

(12) 使用毒气或散布毒菌。

(13) 使用非人道之武器。

(14) 发布尽杀伤无赦之命令。

(15) 在饮水或食物中置毒。

(16) 对非军人施以酷刑。

(17) 诱拐妇女,强迫为娼。

(18) 放逐非军人。

(19) 拘留非军人加以不人道之待遇。

(20) 强迫非军人从事有关敌人军事行动之工作。

(21) 军事占领期间有僭夺主权之行为。

(22) 强迫占领区之居民服兵役。

(23) 企图奴化占领区居民或剥夺其固有之国民地位权利。

(24) 抢劫。

(25) 勒索非法或过度之捐款与征用。

(26) 贬抑货币价值或发行伪钞。

(27) 肆意破坏财产。

(28) 违反其他有关红十字会之规则。

(29) 虐待俘虏或受伤人员。

(30) 征用俘虏从事不合规定之工作。

(31) 滥用休战旗。

(32) 滥用集体拘捕。

(33) 没收财产。

(34) 毁坏宗教、慈善、教育、历史建筑物及纪念物。

(35) 恶意侮辱。

(36) 强占或勒索财物。

(37) 夺取历史艺术或其他文化珍品。

(38) 其他违反战争法规或惯例之行为,或超过军事上必要程度之残暴,或破坏行为,或强迫为无义务之事,或妨害行使合法权利。[1]

从引进参照国际法设立的34条罪行到自主修订的38条罪行,体现了中国法律界的一个突破。在确认罪行的过程中,充分考虑到日本侵略中国的事实,特别针对日军对国人的大屠杀、虐待、掠夺历史文物等罪行,设立相应条款。对后来的审判工作,起到了指导作用。

成立"敌人罪行调查委员会",确认战犯和制订《战犯审判条例》,是审判日本战犯的基础工作。1945年11月6日,国民政府由军令部、军政部、外交部、司法行政部、行政院秘书处、联合国战犯审查委员会远东分会等单位联合组成战争罪犯处理委员会,由军令部牵头,开展国内对

[1] 张宪文主编:《南京大屠杀史料集》第24卷《南京审判》,江苏人民出版社2006年版,第29~32页。

日战犯的审判工作。会议制定了《战争罪犯处理办法》和《战争罪犯审判办法施行细则》，并于1946年1月报请国民政府批准通过。确定了指导机构和相关法规原则后，国内审判工作得以全面展开。

为了将战犯及时抓捕归案，不使其逍遥法外，在日军遣返之前，国民政府指示各地政府和法院，向民间大量征集调查日本战犯的罪证。根据1945年10月行政院颁发的《敌人罪行调查办法》，各县市政府、国民党各级党部和各战区司令长官部协助，进行大规模的敌人罪行调查。

《调查办法》规定：各地方法院检察处、县司法处和兼理司法的县政府，一方面布告周知并接受人民的申诉报告，另一方面由各检察官、审判官直接进行调查取证。调查时要填写《敌人罪行调查表》，写明被害人姓名、性别、年龄、籍贯、职业、住址；犯罪人姓名、官职、所属部队机关名称和犯罪日期、地点、事实、犯罪种类等项。并附上人证、物证。其中人证一项为甲、乙两种具结文书。结文(甲)是受害者本人的申诉，陈述被害事实后，须注明："以上所述，全系事实，并无虚伪。如上项敌人罪行将来可受法庭审判时，余愿居于告诉人或证人之地位。倘有虚伪，愿受诬告或伪证之处罚。"结文(乙)为见证人的证词，证词后须写明："陈述前已告以具结之意义及诬告伪证之处罚，陈述后又令具结人阅览并向其朗读，经承认无异。"最后由具结人和调查人签名、盖章，写明年龄、籍贯、职业、住址。这样完备的证词，方具有完备的法律效力。北京市档案馆现存3 000余份这样的证词，是当年河北高等法院调查取证的一部分。北京市档案馆选编了762份证词，使我们得以了解当年的取证内容。久居北平的国民政府参军长商震将军带头，申报了自己在北平的三处房产分别被日本驻"华"大使楠木、宪兵队长内川占据的事实，并列出损失的家具等清单。参与调查的北平警察局长汤永咸出具证词，证明商震的申诉属实。[1]

从北京档案馆公布的证词来看，多集中在北平、天津、保定等河北境内的城市，事实以日军屠杀百姓、烧毁破坏房产财物、抢劫、酷刑、拘捕虐待、勒索征发、劫掠劳工为主。而犯罪人员也多集中在当地驻守的

---

〔1〕 北京市档案馆编：《日本侵华罪行实证》，人民出版社1995年版，第1～9页。

日军军官和宪兵。需要指出的是：由于当时政治形势的原因，华北广大的农村，特别是共产党领导的抗日根据地都未列入调查范围。日军在华北进行的多次大扫荡和战争罪行，在这些罪证中基本没有反映。这就使取证的范围和数量大大低于实际存在，难以达到全面客观的覆盖。

各地的调查取证工作也不顺利。据1947年8月《广东高等法院检察处工作报告书》反映：1945年9月法院接到政府命令，开始调查敌人罪行事件，但是各种表格到11月底才颁发到院。随后高院通令各属地方法院加紧办理，但调查工作遇到种种困难。主要原因有：

(1) 沦陷区人民迁徙仍频，当时被害之人恒多他适。

(2) 人民习惯每易善忘，时过境迁，恒不愿举报。

(3) 被害地区辽阔，各处交通不便，难以普查。

(4) 调查旅费浩繁，表结用纸亦多，各地方法院限于经费，颇难措办。

报告说："本院为排除以上各项困难起见，当谋一普遍策动之方。一面分函省政府、省党部、省青年团、省临时参议会等机关团体，通令各市县政府、各市县党部、各市县青年团、各市县临时参议会同时策动，协力调查。一面通令各地方法院检察官与各该县机关团体取得密切联系，并令各地方法院转令各区乡镇公所暨各保甲长等负责举报。必要时检察官亲往受害较巨之各区乡村庄，实地劝导，调查具报。至调查费用，准其据实列报，另造预算，呈请核发。经此督促后，各地方法院检察官纷纷亲往各地，实地调查。经调查所得之表结等，先后呈报到院。经初步审核后，分批转呈察核。先后得12批14 567件，其由各属地方法院迳行呈部者，计5 285件。"[1]

这个报告具有代表性，可以想见当年调查取证工作的艰辛。尤其是战争罪行的取证最为困难，因为在战争期间，受害一方很难确认日军的番号、更难以确认日军的身份和姓名。战争期间失踪者下落不明，难以确定生死。施暴的敌军由于调动迁移，异地申诉也很难寻找元凶的下落。所以当年的战争罪行调查不可能将日军罪行全部查清，没有达

[1] 广东省档案馆藏，全宗7(2)8号。

到预期的目标。尽管如此，各地法院和政府还是尽量搜集证据，特别是配合东京审判后，取证工作掀起了一个高潮。这些证据，为后来的审判日本战犯提供了充分的依据。

二、上海美军法庭的复仇审判

当国民政府还在筹备对日审判时，1946 年 1 月，美军在上海成立军事法庭，率先对日本战犯进行审判。

日军 1945 年 8 月投降后，麦克阿瑟立即下令逮捕与美军作战有关的日本战犯，并开始组织审判。最先受审的是在菲律宾与美军激战的山下奉文大将。在证据确凿的情况下，美军法庭本着从重从快的原则，在 1946 年 2 月判处山下死刑，并处以绞刑。东京审判尚在酝酿之中，美军已经全面展开对日本战犯的审判。这种审判不是追究战犯在战争全过程中的罪行，而是局限于与美军有关的罪行，所以我们称之为“复仇审判”。

1946 年初，美国中国战区参谋长兼驻华美军总司令魏德迈奉命在上海组建美军军事法庭，审判日本军队在中国大陆和台湾地区杀害美国空军被俘人员的有关案件。军事法庭设在长阳路 147 号提篮桥监狱内一幢 6 层监楼。它原先是狱内专押外国籍男犯的地方，亦称“西人监”。

1946 年 1 月 24 日上午，美军军事法庭开庭。法官、检察官、辩护士、翻译、记录员等工作人员均由美军军官担任。法官密德顿准将，检察官由韦斯德上校等 2 人担任。被告 18 名日本战犯为侵华日军第 34 军参谋长镝木正隆少将、汉口宪兵队司令福本龟治大佐，其他 15 人是少佐酒井定次、大尉小阪庆助、准尉藤井勉、曹长增井庄造、久松宾、军曹山口久吉、塚田孝吉、竹内良行、松田耕一、藤井纯一、上等兵白川舆三郎、西川庄次、水田优、以及汉口日领事馆工作人员滨田正平、真锅良一。

开庭后检察官宣读起诉书，指控日本战犯镝木正隆等 18 人于 1944 年 12 月在汉口杀害美国飞行员的罪行。当年 11 月 21 日，美国一架飞机在汉口上空被日军击毁，3 名美军飞行员被捕，受到百般折磨，12 月

16 日，这 3 人又遭到日军毒打，处以绞刑后焚化。1945 年 6 月，镝木调回日本任第 55 军参谋长。日本投降后，12 月 24 日，他被从东京引渡到上海受审。

2 月 11 日和 18 日上午，美军军事法庭两次公开审讯镝木正隆等 18 名日本战犯。负责调查此案的美国少校蒙乃可、上尉伯斯丁及目睹美国飞行员被日本战犯杀害的中国平民杨德有、宋文通等人到庭陈述、控诉日本战犯在汉口对美俘飞行员所作的种种非人道暴行。经法庭调查、律师辩护、被告的答辩等法定程序，2 月 28 日美军法庭对 18 名日本战犯作出宣判：判处镝木正隆、藤井勉、增进庄造、松田耕一、白川舆三郎等 5 人死刑，判处福本龟治无期徒刑，判处酒井定次有期徒刑 20 年，判处久松宾、山口久吉、西川庄次有期徒刑 15 年，判处塚田孝吉、竹内良行、藤井纯一有期徒刑 12 年，判处小阪庆助、真锅良一有期徒刑 3 年，判处加藤匠有期徒刑 2 年，判处水田优有期徒刑一年半，滨田正平无罪释放。

4 月 22 日上午 8 时，5 名日本战犯由美国宪兵押解到这幢监楼 3 楼绞刑房，按照军阶大小先后执行绞刑。镝木正隆第一个被处以绞刑。5 人行刑完毕，对尸体实行火化。[1]

美军上海审判，主要追究虐待美军战俘的日本军人。1946 年 3 月，原上海江湾战俘营翻译主任石原勇出庭受审。法庭指控他在战俘营期间，对美军战俘实行各种酷刑。但是战俘营的其他人却没有受到指控。因为石原懂英语，审讯美军都在场，美军战俘对他印象最深，仇恨最大。虽然他不是具体的刑讯者，只是翻译，但他却最先被举证和受审。[2]

3 月 12 日，美军法庭审判原日军沈阳集中营管理员三木遂。沈阳集中营曾关押战俘 1 200 余人，其中有 200 名美国海、空军战俘。法庭指控三木虐待美战俘威灵顿。威灵顿在关押期间，接受同情他的中国人香烟 15 包，被日人看守查获。三木要他交代来源，威灵顿拒不招供。于是三木用酷刑拷打，并将其关押在禁闭室，致使威灵顿死亡。三木战

---

〔1〕《上海监狱志》第 12 章专记第 4 节。
〔2〕《申报》，1946 年 3 月 5 日。

后避居上海，被美军搜捕归案。这些案例都表明：美军审判的对象非常明确，主要是战争期间虐待美军的当事人。

东京审判展开后，美军审判转向日军将领和主官。原日本华南派遣军第23军司令田中久一中将，1946年5月作为日军侵略华南地区的首犯，在广州由广州行辕军事法庭审判。1944年底，田中曾兼任香港占领地总督，犯有主持杀害美军飞行员的罪行。6月底，美军上海法庭要求将田中引渡到上海受审。[1]中方答应了美方要求，8月底将田中引渡给上海美军法庭。9月3日，美军法庭判处田中久一死刑。判决后报请南京美军驻华总部核准，但广州军事法庭庭长认为：田中在华南罪行，远较在香港杀害美军飞行员为甚。无论美军法庭判决如何，对广州军事法庭审判此案绝无影响，因此该战犯仍须交回中国军事法庭审理。广州行营报请南京国防部与美军交涉，将田中久一提回。[2]9月底，广州军事法庭再度公审田中，10月17日，判处田中久一死刑，1947年3月27日，经蒋介石亲自下令核准，田中久一在广州执行枪决。这个过程，反映了国民政府坚持司法独立，不受美军法庭影响，以田中久一在华南犯下的多种罪行审理判决，使他得到应有的惩处。

由于美军的复仇审判，而不涉及日本战犯对中国人犯下的罪行，在审理过程中出现了对日本战犯从轻判处的错误。1942年8月，日军驻沪第13师团司令泽田茂中将主持军事法庭，将被俘的美军飞行员霍玛中尉、法罗中尉、史巴滋军曹判处死刑，对哈德中尉、巴尔中尉、尼尔逊中尉、梅特少尉进行虐待，并判处无期徒刑。但美军法庭审判后，于1946年4月15日宣判：泽田茂判处有期徒刑五年。参与当年此案的日本军事法庭职员冈田隆平中尉、田外次郎少尉均判处有期徒刑五年。只有虐待美军战俘的日本江湾战俘营主任和光勇靖上尉判有期徒刑九年。聆听判决后，泽田茂口嚼橡皮糖，表情轻松。其余战犯不料判刑如此之轻，无不喜出望外。泽田率众人向法官深鞠躬致谢，日本被告辩护律师，也喜极而笑。[3]为什么会出现这样的结果？美国法官认为：泽

---

〔1〕广州《中山日报》，1946年6月29日。
〔2〕同上，1946年9月6日。
〔3〕《申报》，1946年4月16日。

田茂等人的行为是执法行为，而不是战争行为。所以从轻处罚。

三、中国军事法庭审判

根据国民政府和战犯处理委员会的有关规定，1945 年 12 月起，战犯处理委员会根据军事区域划分，在南京、汉口、广州、沈阳、太原、北平、徐州、上海、济南、台北 10 个城市设立审判战犯军事法庭及战犯拘留所，南京的法庭直属国防部之外，其余 9 所分别隶属各地区的最高军事机构。南京国防部军事法庭庭长石美瑜，检察官为陈光虞、李璿；武汉行辕庭长唐守仁，检察官悟俊；广州行辕庭长刘贤年，检察官蔡丽金、吴念祖；沈阳东北行辕庭长岳成安；太原第二战区庭长刘之瀚，检察官胡俨；北平第十一战区庭长余彬，检察官任钟垿；徐州绥靖公署庭长陈珊；上海第一绥靖区庭长李良，检察官林我朋；济南第二绥靖区庭长李法先，检察官李鸿希；台湾警备总司令部庭长钱国成，检察官施文藩。（东北行辕法庭起初设在锦州，第十一战区驻河北保定，为方便审判法庭设在北平。）〔1〕

在此之前，上述各地高等法院已经开始了大规模审判汉奸，并取得了一定的经验和相关证据。各地日军罪行调查委员会搜集民众提供的证据同时，在投降的日军中逮捕战犯和相关责任人。

审判初期受到美军法庭的影响，各地法庭的主要目标是日军宪兵、监狱官员。他们在当地作恶多年，民众容易指认。1945 年 12 月 4 日召开的战犯处理委员会第四次会议上，讨论海军教导总队队长唐静海提案："日本宪兵在华无恶不作，似应全部列为战犯"。会议决议："仍按一般战犯处理，转饬各受降区汇集宪兵罪行，并设法将宪兵名册呈报军令部，以备提列。"〔2〕

广州法庭审理的第一案，是驻汕头日军宪兵杀害国民党军队情报人员的案件。1945 年 7 月，汕头日本宪兵吉川悟保、黑木正司等，捕获国民党军 186 师驻汕头情报主任郭伟杰及属下 11 人。8 月 13 日，日军

〔1〕 台北国史馆藏《战争罪犯处理委员会对日本战犯处理政策会议记录》附表 2：《各审判战犯军事法庭概况表》，1946 年 10 月 24 日南京国防部制。
〔2〕 台北国史馆藏档案 172-1-0895(1)，战争罪犯处理委员会会议记录。

宪兵将这12名国民党情报人员杀害于汕头机场。在法庭上,吉川、黑木等承认了罪行。但汕头宪兵中队长松永平司大尉拒不认罪。声称他当时在广州开会,回来后才得知此事,所以不能承担责任。[1]然而同案犯证实:松永早已掌握了郭伟杰等在汕头从事情报工作的线索,指示部下相机行动,所以松永作为宪兵主官,应负首要责任。据此,广州法庭于6月12日宣判,将松永、吉川、黑木三人判处死刑。[2]

《申报》1946年1月30日报道,日军驻上海宪兵1 028人,由国民党宪兵23团负责看押。上海民众纷纷向法院、检察机关和宪兵23团递交诉状,控诉日本宪兵在上海杀害平民、严刑拷打等罪行。上海战犯管理处副处长邹任之少将非常重视,亲自前往日军宪兵关押地点,告诫日本宪兵队长山崎直吉大佐等军官,反省自己的罪行。并应美军要求,将中川、酒井等四名宪兵,引渡给美军法庭审判。

因此,上海法庭审判的第一案是宪兵汤浅寅吉。此人曾任日军上海战俘收容所管理员,检察官起诉书称:1943年初大阳山之战,国军27军被日军俘获数百人,后转往上海战俘收容所。汤浅在职期间,酷刑折磨国军战俘,并参与杀害国军上尉钱寿夫、少尉李志忠等军官7人。江苏常熟日本宪兵队长米村春喜,绰号"常熟之狼"。上海法庭在当地搜集证据,因民愤极大,上海法庭特地在常熟开庭审理米村。曾在宪兵队内任翻译的陆某举证:米村为了邀功晋级,在当地大肆搜捕无辜,酷刑逼供,并将犯人送往上海处死。受害人家属举证时,法庭一片哭声。[3]为此,上海法庭在常熟四次开庭审理米村,落实证据。直到1947年1月5日,才宣判米村死刑。为一个日军中尉花费如此大的精力,可见日军宪兵民愤之大。

1946年11月26日,武汉行辕法庭审判前汉口日本宪兵队分队长田中二二男,指控他"于民国三十年旧历六月,发觉中山公园附近军用电线被窃达200丈,乃饬汉奸徐子明传知各居民,谎言按日发米,并调查户籍,如户口册上无田中之签章,即认为有与政府通谋嫌疑,逼迫集

〔1〕 广州《中山日报》1946年5月17日。
〔2〕 同上,1946年6月13日。
〔3〕 《申报》,1946年10月24日。

中于广东医院下首之空围场地内，因此受其害者达7 000余人。时正炎夏，日晒夜露，暴雨听任淋落，饥渴不顾，只准站立，三日期间备受其铁棍抽打、灌水等虐待。”庭审时田中“一再狡赖，对所犯事实坚不承认。嗣即传讯被害人代表何海清、当时伪联保主任周子成及有关证人到庭对质后，庭谕收押，听候宣判云。”〔1〕12月17日法庭宣判：“田村二二男拘留非军人，加以不人道之待遇，处无期徒刑，抢劫处无期徒刑，执行无期徒刑。”〔2〕

还有一些被审判处决的日军军官，属于情报系统。因为他们中文流利，与中国人交往方便，故罪证易于搜集和确认。原日本宪兵队宁波、金华情报组长芝原平三郎，被上海法庭指控犯有杀人、强奸、酷刑非军人罪。芝原在法庭上用流利的中文答辩，可见平日与中国人交往便利。〔3〕还有日军上海情报员浅野准尉，因专门搜捕中方在上海的秘密情报人员，遭到指控。芝原于1947年11月22日被处决，浅野于1947年12月10日被处决。〔4〕江苏溧阳日本军曹富田德，1945年3月因搜捕杀害以翻译官身份做掩护的国军策反专员，也被法庭判处死刑。〔5〕

对这些日本低级军官的审判，主要是他们长驻一地，对中国人所犯罪行易于取证，并且证据确凿。但军事法庭初期在这些宪兵、特务身上费时过多，而对侵华战争中犯下重大罪行的日军高级将领未进行重点审理，偏离了审判的大方向。1945年12月16日，苏、美、英在莫斯科举行会议，决定组成由美国、中国、英国、苏联等11个国家参加的远东国际军事法庭。根据《远东国际军事法庭宪章》，以破坏和平罪、普通战争罪、违反人道罪三种罪行对日本甲级战犯进行审判。经过取证和筹备，远东国际军事法庭于1946年4月29日接受了盟军最高统帅部国际检察处对东条英机、广田弘毅等28名被告的起诉，并于同年5月3日在东京对这批日本主要战犯进行了审判。

---

〔1〕 汉口《华中日报》，1946年11月27日。
〔2〕 同上，1946年12月18日
〔3〕 《申报》，1947年11月23日。
〔4〕 同上，1947年12月11日。
〔5〕 同上，1947年8月15日。

东京审判为中国对日审判明确了大方向。为了广泛搜集证据，东京审判罪行调查组回国，5 月 11 日在南京举行联席会议，督促各地法庭搜集证据。据《申报》记者 1946 年 10 月 15 日采访上海法庭检察处，得知上海法庭自 1945 年 11 月到 1946 年总共搜集证据 30 638 件。涉及日本宪兵、军人和侨民。但能举证日本具体犯罪人和部队番号的仅有 488 件。其中谋害与屠杀的 71 件，对平民施酷刑的 98 件，强奸指控仅有 3 件。证据虽多，但质量明显不够，多数无法为法庭采信。为此，南京国防部派出战犯罪行调查督导组，分赴各地进行指导。据广东高等法院检察处工作报告称：1945 年底，南京部派专员毕乃蹇来广州督导，指示各地检察机构搜集日军证据。工作展开后，到 1946 年 3 月，各地调查所得表结汇总共 12 批，14 567 件。各地法院直接呈报南京的证据，计 5 285 件。“查各表结中，累计较多之敌人，计有 104 师团长官未藤知文、安藤利吉等 19 名。于去年(1946)3 月 19 日日俘行将遣返回国之际，开列名单，电话前军事委员会广州行营，致核办理，已将所列日军 104 师团长官未藤知文一名逮捕。”“又敌人在广州附近之增城、从化、东阳三县所施暴行重大事件，为集体屠杀，滥施毒刑等，复令各地法院检察官重行调查，并取表结，合订一册，于上年(1946)5 月 20 日军事委员会、行政院战犯罪行调查小组由组长柴子尚率领，到粤搜集敌人罪证时，经已提供参考。”[1]

《报告》中提到的军事委员会、行政院战犯罪行调查小组，由组长柴子尚及南京政府军令部、军政部、司法行政部和外交部代表，以及远东国际法庭检察官克劳莱、温德士上校一行 7 人，5 月 18 日由上海飞抵广州，在会见广州行营主任张发奎后，对广州法庭进行督导，并转赴桂林、汉口、长沙、衡阳等地取证。[2]

在东京审判的引导下，国内审判将重点集中到日军在华制造的集体屠杀事件上，并重点审判负有战争罪行责任的日军将领。广州法庭最重大的审判，是针对日军驻华南派遣军指挥官田中久一中将。

---

〔1〕 广东省档案馆藏，全宗 7(2)8 号。
〔2〕 广州《中山日报》，1946 年 5 月 19 日。

田中久一，日本兵库县人，先后毕业于日本陆军士官学校、陆军大学。1937年晋升陆军少将。1938年初被任命为驻台湾军参谋长，正式参加侵华战争。1938年9月，日军进犯广东，熟悉华南情况的田中久一调任第21军参谋长。他派密探到广东沿海侦察布防情况，主持制定了侵粤作战方案。10月4日，田中久一下达侵粤军事行动第一号命令。日本空军出动飞机百余架，对广东各地进行狂轰滥炸。仅广州一地，死伤平民达10余万人。10月12日，田中久一在军舰上指挥日军7万余人从惠阳县的大亚湾等处登陆。日军很快占领淡水、惠州、博罗等地。10月21日广州沦陷。1940年8月，他晋升为陆军中将。1941年田中久一奉命将在粤日军编为华南派遣军第23军，他先后任该军参谋长、司令官。同年12月，他指挥日军攻占香港。1944年12月，他亲率该军主力参加"湘桂会战"，攻陷柳州、南宁等重镇。同年12月，他兼任香港总督。侵华战争后期，田中久一是侵粤日军最高指挥官。

田中久一在广东期间，犯下多起战争罪行。广州法庭审判需要证人出庭，将审判集中在两起罪行上。1944年7月，田中久一为准备参加"湘桂会战"所需物资，命令部下派人到台山县勒索粮食，该县三社乡民众奋起反抗。日军800多人将三社乡团团围住，杀死乡民245人。与此同时，日军进攻开平南楼，俘获中国守军7人，拖至附近中国银行楼前，屠杀肢解，并将尸体抛入水中。1946年7月11日广州法庭对田中进行第二次庭审时，开平南楼证人司徒克罗当庭作证。田中申诉下属所做之事，他不知情，也不能负责，应该去问当事的部队指挥官掘本大尉。〔1〕鉴于田中不认罪的态势，广州法庭检察官追加起诉，根据战犯处理条例中的38项罪名，指控田中犯有破坏和平、违反战争法规、滥炸不设防地区、劫掠等14项罪名。7月15日继续庭审，田中的违反战争法规罪事实为：1942年1月进攻惠州时，屠杀平民2 000余人，1944年10月攻占广西蒙墟后，将俘获的国民党军士兵集体屠杀。违反人道罪事实为：1942年1月出动飞机六架，对惠州若瑟医院进行轰炸。〔2〕这

〔1〕广州《中山日报》，1946年7月12日。
〔2〕同上，1946年7月15日。

样，就将田中的罪行上升到战争犯罪的高度。

此时，上海美军法庭追究田中杀害美军飞行员的责任，将其引渡到上海受审。广州法庭认为田中在华南罪行严重，不能由美军宣判，又将田中引渡回广州。经过长达四个月，十几次庭审，在9月30日终审时，田中终于承认："日中之战争，实由日本政治家观察错误，至有今日之祸，应接受审判。在战争中日军不免有可责备之处，但日军并非全般如是。停战之时，23军尚有14万之众，稍有不慎，后果不堪设想。而广东之交接与秩序，比各地日军为佳，希审判长予以注意。部下如有非法犯罪行为，本人甚表遗憾。"〔1〕1946年10月17日，广州军事法庭根据中国刑法第5条、巴黎条约第1条，华盛顿国际法第1条，以战争罪等14项罪名，判决田中久一死刑。判决时宣布南京国防部又转来田中罪行文件700余份，整理后如有重案，将再行处理。〔2〕1947年3月27日，田中久一在广州执行枪决。同案的开平南楼惨案制造者掘本武南大尉，也被判处死刑，于1947年4月4日在广州执行枪决。

广州法庭审判田中久一，在各地法庭中历时最长，庭审次数最多，表明中国审判人员为了对日本战争罪犯进行公正审判，付出了极大的努力。通过大量取证，将日本战犯的罪行由单纯的杀人、掠夺、酷刑上升到破坏和平罪、反人道罪，为中国人民伸张了正义，也使日本战犯低头认罪。从而体现了中国审判水平的迅速提升，这在中国法制史上也是值得充分肯定得成就。

东京审判关于日军在中国罪行部分，重点集中在1937年11月底到12月，日军占领南京后对城市居民和流散军人进行的大屠杀。在东京法庭上，中国检察官出示了大量证据，向全世界揭露日军这一极为野蛮的罪行。指控松井石根大将对南京大屠杀负有主要责任。攻陷南京并进行残酷屠杀的共有4个师团，即谷寿夫第6师团、中岛第16师团、牛岛第18师团、末松第114师团。这四个师团的指挥官是日本华中派遣军总司令官松井石根。正是因为这一原因，松井石根被列入日本"甲级

〔1〕 广州《中山日报》，1946年10月1日。
〔2〕 同上，1946年10月18日。

战犯”之中。在东京审判中，松井石根是根据“指挥官责任”原则而被定罪的。

为了配合东京审判，南京国防部军事法庭广泛搜集证据，对南京大屠杀中犯下罪行最多的部队指挥官谷寿夫提起诉讼，并将其引渡到南京受审。与其同时引渡回南京受审的还有日军第 16 师团步兵 19 旅团第 9 联队第 3 大队少尉向井敏明、野田毅两人。当时的日本报纸突出报道了他们在南京被日军占领之后进行“百人斩”的杀人比赛。南京审判与东京审判相配合，出示了大量证据和中外证人，使谷寿夫等战犯低头认罪。虽然谷寿夫以职务定为乙级战犯，南京军事法庭经过一年的审判，判决书中定性“谷寿夫为侵华最重要战犯，尤为南京大屠杀之要犯。”于 1947 年 3 月 10 日在南京军事法庭判处死刑，4 月 26 日被枪决。1947 年 12 月 4 日，南京法庭对向井敏明、野田毅这两名战犯进行审判后，以战争罪和违反人道罪等将他们两判处死刑。

南京审判是中国对日审判的高潮，关于这个过程，国内外已有详细论述，并就其中的许多问题展开辩论和考证。本文限于篇幅，不再重复叙述。

四、对相关特殊案件的审判

中国军事法庭除了对日本战犯进行审判外，还对与其相关的一些案件进行了审理。

对日本侵华以前和侵华战争期间，以外交官和各种身份在中国从事特务间谍工作的日本人，国民政府都将其列入战犯。1946 年 1 月 22 日战争罪犯处理委员会第 11 次会议决议：“日本在华特务机关长茂川秀和大佐一名，奉主席蒋代电饬列战犯。已于本月 24 日函移司法行政部遵办。”1 月 29 日第 12 次会议决议：“北平日本历任特务机关长松井太久郎等及北平历任宪兵队长赤藤庄次等，与历任该队特高课长西永少佐等 30 名，奉政府代电饬以战犯处理。”

1946 年 9 月 2 日第 40 次会议，军统局长毛人凤来函：“① 敌伪期间在上海日领馆工作之清水及广州、香港两地领事户根，皆系负责之特工。闻仍在外务省照常任职，我方并未要求盟军逮捕。② 台湾人杨某抗战期间在厦门开设大新旅社，内设特务机关为敌工作。该犯已解福建高等法院，当为汉奸处置，应否将其改为战犯。”这些情况表明，国民政府对追查日本特务间谍罪行的工作，是重视和抓紧的。

因此，各地日本特务机关的头目，都受到严厉惩处。广州行辕军事法庭于 1947 年 4 月 25 日判处日本驻澳门特务机关长泽荣作死刑。判决书称：“自（民国）三十年至日本投降止，该战犯利用在澳门之特殊势力，专事搜刮物资搜集情报，监视各国驻澳人员活动。并收买汉奸黄公杰组织密侦队，供给枪械，专事暗杀我方人员。前后于三十一年 1 月，狙杀我国民党驻澳支部委员梁彦明，三十三年 11 月，狙杀我国民党驻澳支部委员林卓夫，三十四年 2 月狙杀我中山县侦缉队长黄仪，三十四年 3 月捕我第七战区第三纵队情报主任李秉元，诱杀我特务人员鲍家琪后，复押李秉元往关闸枪毙。”据此，法庭宣判将泽荣作及其下属宪兵少尉山口久美处以死刑。[1]

在抗战期间与日本人合作或共同犯罪的外国人如何处理，1945 年 12 月 4 日战争罪犯处理委员会第四次会议提出了这个问题：“外籍人士于沦陷期间与日人沟通、勾结、犯法者，是否可列为战犯？”决议为：“① 外籍人士与日人勾结，危害中国及盟邦，构成战罪者，系属共犯，可依战争罪犯处理办法第 14 条处理之。② 军令部以分函将上述决议分行外交部、司法行政部及行政院查照。”[2]

1946 年 5 月底，广州行辕将逮捕的海斯等 7 名纳粹德国间谍引渡到上海，交美军法庭审理。新闻报道说：“查海斯特务机关，系在华南主持谍报工作，直属上海德方阿尔哈尔德特务总机关，此系其华南支部，由德陆军大尉海斯主持。日常用无线电进行谍报工作，并勾结德国在广州纳粹党徒，施行危害中美之阴谋。该谍报机关于卅二年二月在广州设立，常窃听由渝拍至外国之电报，中印军运无线电报，其工作至 1944 年已达到最高峰，所得情报每十日向上海总机关通报一次，并与日军联络，刺探我方军情。至重庆与美苏交通状况等，亦负有调查任务。

〔1〕 广州《中山日报》，1947 年 4 月 26 日。
〔2〕 台北国史馆藏档案 172－1－0895（1），战争罪犯处理委员会会议记录。

该机关主要阴谋,企图分化我中央与地方间关系,协同日方奴化我沦陷区。并设立公司为掩护,勾结奸商套取我物资。企图建立敌伪华南经济基础,破坏我战时经济体系。其使用密本器材及其一切情形,均已由我与美方详细查实。”[1]

外籍间谍的线索,主要是美军提供的。1946 年 1 月 29 日战争罪犯处理委员会第 12 次会议讨论“美军葛雷中尉检举法国维基政府驻澳门领事西门及意大利女子贝安加谭二人危害盟国,业经第二方面军羁押,暂交法领馆看管,该犯等罪行资料请予审查,以便处理。”决议:“饬广州行营将该犯引渡,交我军事法庭审判。”[2]据此,广州行营拘捕贝安加谭,于 1946 年 6 月将此案移交广东高等法院检察处审理。检察处发出传票,对贝安加谭进行侦讯。“对其于战争期间,往来沪粤港等地,与日敌周旋,及与西门领事同居各经过,均做详细之研讯。”[3]因证据不足和南京方面没有进一步指示,广州行营将贝安加谭与日本华南首要战犯田中久一一起关押在拘留所内。1946 年底,记者前往采访,贝安加谭诉苦:“羁押十三个月,没有一次公审,只是经过法院两次侦讯。有罪应该快点判决,无罪就该快点释放。我的律师六个月前曾代我请求移解到上海去,所得的答复总是‘很快就可以决定了’。然而很快就过去了半年多,看样子随便可以搁置十年了。”[4]直到 1947 年 4 月 19 日,贝安加谭生完小孩后,法院才再次对她进行侦讯,还是没有判决。最后的结局,目前尚未查明。

日军侵华战争中,作为占领地的韩国和台湾地区有很多人被征召参军,与日军一起对中国军民犯下罪行。战后国民政府下令调查,与日本战犯同样处理。武汉行营发表通告:“近奉令以各地之韩台籍俘虏中,多数原改用日人姓名,充任日军职务,恶迹昭著,嗣以日本投降后,乃又改为韩台人原有姓名,当局为彻底查捕计,严密察查,并准人民检举告发,予以逮捕,按战犯讯办,希各界人士注意,迅予检举,以便当局

〔1〕 广州《中山日报》,1946 年 5 月 30 日。
〔2〕 台北国史馆藏档案 172 - 1 - 0895(1),战争罪犯处理委员会会议记录。
〔3〕 广州《中山日报》,1946 年 6 月 27 日。
〔4〕 同上,1946 年 12 月 20 日。

依法捕讯而儆奸顽。”北平第11战区也同时宣布：“胜利前韩台籍人民多有改用日人姓名任日军职务者，其间尤不乏虐待我国人民之分子，至日本投降乃复改用原名，希免罪责，十一战区长官部尊奉陆军总部电令，对于此项战犯，正在彻查，并准人民检举。”〔1〕

1946年12月9日，武汉行辕军事法庭公审韩国籍战犯李炳华对平民施以酷刑，并勒索财物一案。该犯系鸭泽部队翻译，于民国卅年旧历六月间，因贺胜桥附近被破坏，即带队将附近居民李口卿(不详)等13人拘到鸭泽部队酷刑拷打，羁押月余，共罚日钞800元。迭经被害人到庭质证属实，被害人伤痕累累，李炳华无法抵赖。〔2〕又有人举报李于同年旧历四月初二，带领日军20余人将秦钦明逮捕，并将其父、叔、弟、兄等6人捕送日军军部审讯，并奉其长官之命，对秦继施用酷刑，拘禁至30日始行释放。日军投降后，被告道经贺胜桥，为当地民众扭送武昌民富乡公所，解由武昌县政府移送军事法庭起诉。12月28日，武汉行营法庭宣判：李炳华共同对非军人施以酷刑，处有期徒刑12年。〔3〕

1947年4月18日，广州行辕军事法庭判处台籍战犯李安死刑。李安原系日军驻广东增城警备队翻译，1944年间，因强买不遂，将平民陈光痛殴，致使其重伤身死。又因勒索平民蔡森未遂，指其为游击队，指使日军将蔡拘捕残杀。军事法庭以勒索残杀罪指控李安。因李安系天主教徒，大主教于斌曾两次致函军事法庭，请求查清事实。经法院审讯，并由蔡森之母出庭作证，法院遂判处李安死刑，并于4月18日在广州执行枪决。〔4〕

台湾人陈锦添，曾任日本海军驻龙穴岛警备队长。曾将平民数十人指为游击队，加以屠杀。陈亲手杀害十余人，并贩卖鸦片。1946年8月9日，广州军事法庭以残杀平民和贩卖鸦片罪，判处陈锦添死刑。〔5〕

武汉行辕军事法庭审判台湾战犯江安。“江安，台湾高雄县人，自

〔1〕《武汉日报》，1946年2月28日
〔2〕同上，1946年12月11日。
〔3〕同上，1946年12月29日。
〔4〕广州《中山日报》，1947年4月19日。
〔5〕同上，1946年8月10日。

民国二十九年10月间至投降时止，充任汉口日军农场第五班班长，因供给日军菜蔬，连续抢夺李克勤等多数人之菜蔬及菜篮、扁担、小秤等物不计其数，如有延少，即纵恶狗咬人或用他物殴人，或罚苦工，使当时或将来之被夺人不敢违抗。日军投降后，经被害人控诉于汉口警察局辗转解由本庭军法检察官侦查起诉，经依法判决有期徒刑10年。"[1]

在审判过程中，有人对台湾籍战犯与日军等同身份提出质疑。1947年5月13日，广州《中山日报》发表崔龙文的文章《战时台籍人犯不应作战犯论》，指出："战时台湾籍人为敌人服务，倚敌人势力，危害我国及民众的犯罪者，现时概作战犯罪。原因是根据行政院卅五年一月十二日的通令：'台湾籍人民于卅四年十一月二十五日始复国籍。'故于此日以前就认台湾人非本国籍，一概俱作敌人。""台湾人犯作为战犯论，实有不当。因敌人始称战犯，台湾人根本是我国同胞，不是敌人。台湾人在战时若有为敌人做爪牙，倚其势力加害民众的行为，即应作汉奸论罪，不当作战犯论，其中界限不可不分清。"

在战争期间为日本侵华提供战略物资和对中国进行经济掠夺的日本商界和产业界人士，也被军事法庭以战犯罪名审判。1947年2月18日《武汉日报》报道："卢沟桥事变发生后，日本以预定计划侵略我国家，除用军事、政治压迫外，兼以商业统制。武汉为南北交通之枢纽，汉市更为长江流域广大之商场，日本利用一贯之政策，使日商人等吸收物资，以供军用。藤冈规中，武藤幸定为三井、三菱两洋行收集军粮；小本芙雄为日棉实业洋行收集棉花；本吉谷市太郎为日华麻业洋行收集麻类；赤座真龟太、岩本松本、矶田泰为儿玉机关、万和洋行、昭和通商收集钢铁；高山突、高冈光男为瀛华银行、吉田产业、三井洋行收集军用一切物资；由山定雄则经营中山制钢洋行，以所营铁工厂供给军用器具；伊藤静夫经营日东制粉公司专为日人制粉，以供军用；梅村吉彦专为日本制造日需用品，拒绝我国人民购买其物。故胜利后，上列各犯，经有关当局逮捕，转送武汉行辕审判战犯军事法庭，侦查终结，以战争犯及侵占罪起诉。"

---

〔1〕《武汉日报》，1946年10月2日。

日本商人在中国采购战略物资，直接或间接制造军用品，为日本侵华战争提供后勤帮助，因此受到军事法庭审判。还有一些日本金融界人士，为汪伪政权建立金融体系，也属于经济战犯。1947 年 3 月 20 日，武汉行辕军事法庭审判日籍战犯上田龟次郎、远藤进均。指控他们于民国三十三年奉伪中央储备总银行命令，先后来汉充任伪中央储备银行汉口分行顾问，辅佐与在逃之日军经理部金融班科长中野正治、总顾问木村增太郎等，本其国家侵略之观念，扰乱我国金融，主持该行发行储备券 1 481 亿 8 736 万 7 100 元；以重贴现借给正金、台湾两银行汉口分行 290 亿元，俾其吸收物资；复封锁汉口资金，不准人民自由汇兑，管制各商业银行无法营业，致国币之价值，随之贬抑。胜利后，经汉口地方法院检察处调查罪行，移送武汉行辕审判战犯军事法庭军法检查〔察〕官侦查起诉，曾判决各处有期徒刑 12 年，经国防部发还更审，该庭于昨(20)日上午 9 时开庭复审。〔1〕

另有意大利籍人巴达底尼，原系意大利海军驻沪指挥官。日军占领上海后，巴达底尼及其所属百余人转至日本人控制的江南造船厂，为日军生产军火。上海法庭对其进行审讯后，于 1947 年 2 月 8 日，判处巴达底尼无期徒刑。〔2〕

还有一些日本军人制造的民事犯罪，也受到军事法庭审判。广州法庭曾审判一起日本军人窝藏中国儿童案。1946 年 8 月 9 日，广州法庭审理日军富田部队大尉副官川久保龟吉及属下六名士兵，1944 年 9 月从梧州撤回广州期间，在开平掳掠中国儿童陈国兴、吴东明、何志强三人，强迫其充当厨役。日本投降后，日军于 9 月 16 日乘车开赴集中营。川久保等将三小童藏匿车上。途中因撞一手推车。车夫与司机纠缠不休。中国警察上前排解时，发现车上木箱中藏匿中国儿童，即将日军七人及儿童一起归案。〔3〕 10 月 15 日。广州军事法庭审理此案，日军辩称三儿童不是掳掠来的，而是在梧州时一日军曹托付带回广州。在军中无强迫劳役之事，请求法庭调查。12 月 5 日法庭宣判：川久保

〔1〕《武汉日报》，1947 年 3 月 21 日。
〔2〕《申报》，1947 年 2 月 9 日。
〔3〕广州《中山日报》，1946 年 8 月 10 日。

等三人以强迫人民当夫役罪,各判处有期徒刑三年,其余三人宣判无罪。[1]

以上各种类型案例表明:国民政府对日审判范围相当广泛,不仅审判日军犯下的罪行,而且追究了与侵华战争相关的间谍、外籍罪犯,以及为虎作伥的韩国、台湾籍战犯。对起到支持日军侵华的经济犯罪,也给予相应处罚。这些案件的审理,从不同侧面证实且进一步深化了日军罪行的揭露。

五、政治因素对审判的影响及冈村宁次的无罪判决

在肯定国民政府对日审判成绩的同时,我们也要指出:由于国内国际政治因素的影响,国内各军事法庭的审判工作进展参差不齐,留下了许多遗憾,甚至是历史的错误。

例如东北行辕法庭的工作,始终没有真正展开。东北为日本侵略时间最长,日军犯下的罪行数量很大。对日审判开始后,战争调查委员会到东北搜集证据。1946 年 10 月 16 日,战犯处理委员会东北督导组到上海,组长邹任之少将向各界揭露日军侵占东北十四年所犯罪行。他列举了几项重大事件:1931 年 12 月沈阳"大检举",1932 年 4 月安东"大检举",1935 年 2 月吉林"大检举",都是日本人大肆逮捕抗日进步人士的罪行。1934、1938 年"东边道"大讨伐,1935 年敦化地区大扫荡,日军残杀抗日武装和百姓数千人。还有日军制造的抚顺平顶山惨案和万宝山惨案,都是震惊全国的屠杀国人事件。调查组还揭露了大连日本"关东州"警察局档案中对中国人的捉捕和酷刑,以及在东北经营贩毒等毒化中国的罪行。[2] 这些罪行,本应由东北行辕军事法庭审理。但是苏联红军占领东北后,将几十万日本"关东军"战俘押往远东,从事劳役。1945 年 12 月 4 日战犯处理委员会第四次会议曾有决议:"在东北九省之战犯,由战犯处理委员会函请外交部照会苏联政府,转饬远东红军总部逮捕后交付。"[3]但苏联方面未予受理。直到中华人民共和国

---

〔1〕 广州《中山日报》,1946 年 12 月 6 日。
〔2〕《申报》,1946 年 10 月 17 日。
〔3〕 台北国史馆藏档案 172-1-0895(1),战争罪犯处理委员会会议记录。

成立后，苏联才将东北地区日本及伪满战犯引渡回中国，1956 年由中华人民共和国组织的特别法庭进行审判。

还有一个特殊的例子，是太原第二战区的对日审判。在这里受审的日本战犯，多数来自日军驻山西的华北派遣军第一军。司令官澄田徕四郎中将在战争期间，对八路军作战很有经验。日军投降后，第二战区司令长官阎锡山策划将日军编入他的部队，以增强战斗力。

据 1956 年中华人民共和国特别军事法庭在太原对日本战争审讯记录，城野宏在 6 月 13 日的供词中说："日本投降时，有关'残留'问题最初会面的第一人是赵瑞。那是 1945 年 8 月末 9 月初的事。赵瑞作为阎锡山的代表，与日军第一军代表岩田清一参谋进行把日本军改编为阎锡山军的交涉时，我受赵瑞之邀，充当翻译。这时明确了阎锡山要把日本军大量的留在这里，并向岩田清一建议：对此项工作，第一军应竭尽全力。我于 8 月会见了阎锡山的代表、首先进入太原城的赵承绶。曾向他提出：国亡了，回去也没有办法，愿意留在这里协助阎锡山。阎锡山回到太原后不久，我和顾问辅佐官吉村吉松、小西康孝、田中忠三郎一同会见阎锡山。阎对我们四人说：过去为山西出了力，今后也希望同样的干下去。对此我回答说：要努力干。"〔1〕

1945 年 8 月 31 日阎锡山返回太原后，亲自拜会日本华北派遣军第一军军长澄田徕四郎中将，劝说他把第一军留下，做为雇佣军同共产党作战。这令澄田非常震惊，两人密谈后，阎锡山还亲自去日军营地视察，演讲，允诺种种优厚待遇，如日军官兵待遇在现有级别上提高三级，希望大家留下来。澄田中将与部下密谋，感到回国可能被当作战犯审判，不如留在这里，起码生活上有着落。当时宫崎参谋提出异议，根据南京国民政府关于遣返日俘的命令，第一军官兵应该全部回国。但是澄田和岩田、山冈等将领同意留下来，这些将领的密谋决定了士兵的命运。2 600 名日本官兵被改编为"暂编独立第 10 总队"，纳入第二战区(后为太原绥靖公署)阎锡山部队编制。澄田中将本来是榜上有名的战

---

〔1〕《正义的审判：最高人民法院特别军事法庭审判日本战犯纪实》，人民法院出版社 1990 年版，第 575 页。

犯，在阎锡山的庇护下担任第二战区国民党军队的军事总顾问。板津旅团长任太原市警备司令。

在澄田和阎锡山策划下，第一军假解散。大部分安排遣返回国，留下来的宣布去修铁路。实际上日本军人并没有去修铁路，而是分配在国民党军中担任技术兵，如炮手、坦克手、机枪手、军械修理等。这些留用的日本军人，号称"蚂蚁部队"。〔1〕

有这样的秘密交易，可以想见，第二战区太原军事法庭的审判，无论判决如何，都变成了走过场，实际并未执行。这些日本军人后来参与阎锡山部队与解放军的作战。1949 年太原被解放军攻克，澄田徕四郎提前潜逃，残存的一千余人被俘，后来被解放军关押在河北永年的劳改农场和山西大同煤矿进行改造。1954 年，新中国政府将大多数战俘遣返回国，少数战犯留下来，1956 年受到公开审判。

国内对日本战犯的审判，国民政府一直和美国保持一致。麦克阿瑟占领日本后，为了将日本变成美国在远东最可靠的盟友，提出对日本的宽容政策，包括保留天皇，不追究天皇的战争责任，放弃对日的战争索赔等。蒋介石配合美国政策，也提出对日本的宽容政策。因此，1946 年 10 月 25 日战犯处理委员会在南京国防部召开对日战犯处理政策会议，国防部长白崇禧主持会议并讲话："本会集议之目的，在决定对日战犯处理政策。当抗战胜利时，主席蒋对日广播，已揭示我国战后对日政策。本'仁爱宽大'、'以德报怨'之精神，建立中日两国永久和平之基础。故处理日本战犯，亦当秉承昭示。且联合国对纽伦堡主要战犯之处置，采取教育及示范性之惩戒政策，与麦克阿瑟将军对日管制之重视收揽人心，恰同我国宽大精神相符合。忆本席在渝参加中枢对重要战犯审查会议时，主管机关各提名单百余，而奉主席批准核列者仅三十余名。其处理之宽大审慎可知。故现今决定对日战犯处理政策，宜循主席意旨，详加研讨，厘定方针，务期宽而不纵，使正义公理与民族情谊，兼筹并顾。"

根据白崇禧的定调，会议作出六项决议。内容包括：

〔1〕 参见池谷薰导演的电影：《蚂蚁部队》。

“对日本普通战犯之处理，应以宽大迅速为主。已拘战犯，限于本年底审理，查明罪行。若无重大之罪证者，予以不起诉处分，释放遣送返日。业经判决徒刑之战犯，移交日本内地执行。

与南京及其他各地之大屠杀有关之首要战犯，应从严处理。

对于此次受降，日军负责执行命令之尽责人员而有战罪者之处理，俟东京战犯审判告一段落后，再行决定。”〔1〕

这个政策确定之后，对日本战犯的审判加快进行。由于上级要求限期结案，各法庭的审判不可能深入细致，出现了成批审判，匆忙结案的现象。因没有时间详细搜集证据，判决无罪的也越来越多。到1947年下半年，北方因国共内战日趋激烈，审判日本战犯工作也受到影响，一些法庭只得草草收场。

国民政府对日审判的最后一幕，是对冈村宁次的审判。

冈村宁次，1884年生，1904年陆军士官学校毕业。1913年陆军大学毕业。1914年调任参谋本部战史课参谋。次年2月被派赴青岛搜集资料，第一次踏入中国土地。此后从事对中国的情报工作。1924年到上海任日本领事馆武官，后被孙传芳聘为军事顾问。1932年任日本“上海派遣军”副参谋长，8月到中国东北任关东军副参谋长，指挥关东军进攻热河等地，并代表日方签订《塘沽协定》。1938年任日第11军司令官，指挥进攻武汉作战。1940年4月晋升陆军大将。1941年7月就任日华北方面军司令官，指挥日伪军对华北各抗日根据地进行了多次“扫荡”作战。1944年11月就任日本“中国派遣军”总司令官，指挥除东北和台湾之外的全部侵华日军。

冈村宁次在华北是共产党、八路军最强劲的对手。1941年，冈村宁次调集数万日军，对华北抗日根据地进行残酷的大“扫荡”，造成约270万平民的死亡。八路军陷入被动局面，丧失了一半根据地和人口，平原富庶地带全部变成游击区，总兵力由40万减至30万。太行山深处的前方总部被日军特种部队突袭，参谋长左权战死。彭德怀1945年2月在延安华北工作座谈会上曾深有感触地说：“冈村宁次的这一套极其残酷

〔1〕 台北国史馆藏档案172-1-0895(1)，战争罪犯处理委员会会议记录。

复杂的形式、方法，我们都是一直不熟悉的，这套办法给我们造成的痛苦是很大的，也因此被动。华北根据地缩小（五台只有阜平，太行只剩涉县、黎城、平顺，冀鲁豫只剩范县、观城，共剩六个县城），根据地人口，1941 年 10 月统计，只剩 1 300 万，为最低时期。根据地遭到了严重的损失、破坏，人民生活突然降低，敌特、K（国民党）特大肆活动。人民中的积极分子更加仇恨敌人，而落后的更加悲观，甚至有被骗向敌占区偷跑的，干部也有逃跑的。但也有另一方面，就是铁路两侧附近人民在敌人统治下，真有活不下去的愤慨。”

彭德怀还说：“冈村宁次这个家伙，是很厉害的一个人，他有许多地方也是值得我们学习的。山田（山田一郎为在华日人反战团体“日本士兵觉醒联盟”成员）医生告诉我，他是日本三杰之一，要注意他，这使我得了些益处。冈村有很多本事，能实事求是，细致周密。每次进攻，他都要调查半年之久，做准备工作。没有内线发动配合‘维持’，他不进行‘蚕食’。他不出风头，不多讲话，不粗暴，你从他的讲话里看不出他的动向来。他经常广泛地收集我们的东西，研究我们的东西。他是朝鲜、东北的参谋长，老练得很，是历来华北驻屯军 6 个司令官里最厉害的一个。”[1]彭德怀对一个日军将领评价如此之高，是很罕见的。

日本投降后，冈村执行重庆国民政府的命令，指挥日本军队统一向国军投降，而不向靠近华北日军的八路军投降。冈村的行动受到国民政府的欣赏和嘉许，抗战胜利后，国共矛盾导致 1946 年内战爆发。冈村具有和共产党作战的丰富经验，为国民党军方倚重，虽然冈村与其他日本战犯一起被关押，实际上充当了国民党的军事顾问。所以冈村被捕之后，延迟到 1947 年 8 月 23 日，才首次出庭受审。后因冈村患肺病，审讯拖延，而国民党高层酝酿为冈村开脱罪责，作无罪判决。为执行命令，南京国防部军事法庭费尽心机，起草判决书。1949 年 1 月 26 日上午对冈村进行象征性的重审后，下午即行判决。石美瑜庭长宣读判决书：

“按战争罪犯之成立，系以在作战期间，肆施屠杀、强奸、抢劫等暴

---

〔1〕《彭德怀传》，当代中国出版社 1993 年版，第 236 页。

行。或违反国际公约，计划阴谋发动或支持侵略战争为要件。并非一经参加作战，即应认为战犯。此观于国际公法及我国战争罪犯审判条例第二、第三各条之规定，至为明显。

本案被告于民国33年11月26日，受日军统帅之命，充任中国派遣军总司令官。所有长沙、徐州各大会战日军之暴行，以及酒井隆在港粤、松井石根、谷寿夫等在南京之大屠杀，均系发生在被告任期之前，原与被告无涉（酒井隆、谷寿夫业经本庭判处死刑，先后执行在案）。且当时盟军已在诺曼底及太平洋塞班岛先后登陆，轴心既形瓦解，日军陷于孤立。故自被告受命之日，以迄日本投降时止，阅时八月，所有散驻我国各地之日军，多因斗志消沉，鲜有进展。迨日本政府正式宣告投降，该被告乃息戈就范，率百万大军，听命纳降。迹其所为既无上述之屠杀强奸抢劫，或计划阴谋发动或支持侵略战争等罪行，自不能仅因其身份系敌军总司令官，遽以战罪相绳。至于在被告任期内，虽驻扎江西莲花、湖南邵阳、浙江永嘉等县日军，尚有零星暴行发生，然此应由行为人及该辖区之直接监督长官落合甚九郎、菱田原四郎等负责。该落合甚九郎等业经本庭判处罪刑，奉准执行有案。此项散处各地之偶发事件，既不能证明被告有犯意之联络，自亦不能使其负共犯之责。综上论述，被告既无触犯战规，或其他违法国际公法之行为，依法应予论知无罪，以期平允。”

冈村宁次聆判退庭后，请求谒见石美瑜庭长，以表谢意。石庭长不予接见，但嘱翻译官转知：“如罪证确凿，当判处死刑。现既无罪证，自应依法宣告无罪，故不必言谢。”〔1〕

对冈村的判决，是非常牵强的。特别是把冈村的定案，仅仅局限在他1944年11月到1945年8月任中国派遣军总司令这不足一年的时段内。那么冈村此在关东军、华北派遣军这些年的经历，为什么连提都不提？在整个审判过程中，国民政府从来没考虑日军在共产党抗日根据地范围内犯下的战争罪行。特别是冈村指挥的华北大扫荡，其罪行是非常明显、证据确凿的，但法庭有意忽略不谈，表现出明显的袒护。这

〔1〕《申报》，1949年1月27日。

个判决书实际为冈村提供的辩护书，其行文用词，都带有明显的政治倾向，是站不住脚的。

冈村被判无罪，引起国内舆论的强烈不满。1 月 28 日中共中央发表要求重新逮捕和惩办冈村的声明后，上海《申报》在 2 月 1 日转载了中共的声明全文。在国民党统治区敢于发表中共的言论，是很罕见的。表明上海新闻界对国民党的判决敢怒不敢言，而借中共声明表达自己的心声。

为此，国民党当局也很为难，2 月 2 日，石美瑜庭长发表谈话，对冈村的辩解依然按照判决书的口径，不多一词。谈到冈村与以前判决的矶谷廉介等 260 名战犯从中国押解到日本东京鸭巢监狱关押一事，他说："因京（南京）沪毗邻战区，依照疏散监狱办法而紧急之处置。战犯为盟国共有之战犯，东京系盟国管下之安全区域，故将彼等疏散转押，并非迳予释放遣归。且上开判决无罪各案，现尚未经最高统帅核准。如经发回复审，则各该犯仍应押解回国，重行审理。"〔1〕

对冈村的无罪判决，是国民政府审判日本战犯最大的败笔，因此也抹煞了其他法庭审判日本战犯的成绩，教训是深刻的。

综上所述，本文可以得出以下结论：

(1) 中国国民政府对日本战犯的审判，是中国近代史上第一次对侵略者的正义审判。在没有先例、没有经验的情况下，国民政府的有关部门从借鉴国际经验入手，结合本国具体情况，进行了大量前期准备工作。从制订审判法规、组建军事法庭、搜集证据、对战犯的界定和罪行认定等方面，为后来的审判奠定了基础。在审判过程中，根据不断出现的新情况、新问题及时协商，修订政策，对两千多名日本战犯进行了空前规模的大审判。为中国人民伸张了正义，众多审判人员和相关工作人员付出了艰辛的努力，他们的历史功绩是应当充分肯定的。

(2) 中国审判是对东京审判的重要配合。日本在亚洲的侵略行为主要表现在中国境内，因此中国方面提供的证据构成了东京审判的主

〔1〕《申报》，1949 年 2 月 3 日。

要内容。尤其是中国方面搜集的南京大屠杀的证据，为东京审判裁定日本战犯犯有反人类罪、反和平罪提供了最主要的法律依据。同时，东京审判也引导了国内审判，使国内审判由最初的复仇审判转到对重大犯罪事件的审判，惩办了一批日军高级将领战犯，提高了审判的质量。在相互协调和引渡战犯等方面，中美双方的合作也是好的。

（3）必须指出，当时中国国内的政治形势，对审判有很大的负面影响。在组织审判、搜集证据时，国民政府没有涉及共产党的抗日根据地范围。致使日军的许多罪行没有被收录，造成很大的缺陷。由于国共战争，阎锡山需要日本军人的帮助，将大量日军官兵纳入自己的编制，致使太原的对日审判流于形式。国民政府考虑到冈村宁次在日本战败投降时抗拒共产党的接收，服从国民政府的命令，竟然宣判冈村无罪。因为这个错误的宣判，使共产党全面否定了国民政府的对日审判。这些都不利于中国对日本侵华罪行的揭露和批判，历史的教训是值得记取的。

第十五节　东京审判与中华人民共和国对日审判

丰田雅幸*

本报告关注东京审判与BC级战犯审判关联性的同时拟考察以下几个问题：中华人民共和国（以下称为“人民政府”或“中国”）对日战犯审判的特征（审判“什么”；“如何”审判）；以及导致这些审判特征的审判政策又是什么。

一、审判“什么”

抚顺战犯管理所和太原战犯管理所关押的1 109名日本人战犯中，被起诉的有45名战犯。这些战犯是于1956年6月至7月在辽宁省沈阳和山西省太原设立的两个特别军事法庭分四个案件受到审判的（参见表1）。被起诉人究竟是怎样的人物？以下按案件分类逐一进行确认。[1]

（1）与陆军相关的案件（沈阳法庭）——所属关东军的军人约占战犯的一半，而被起诉的只有8人（参见表2）。按官制来看，被起诉的将官有5人、佐官2人、尉官1人，而下士官和兵卒没有一人被起诉。

根据各自起诉书所记载的犯罪事实，我们能了解到将官5人与佐官1人（船木健次郎）是因所属部队实施犯罪行为时他们作为师团长、旅团长和连队长负有指挥命令责任而被起诉的。特别是船木，起诉书揭露他指挥的部队所实施的毒气战让许多人蒙难，我们可以认为起诉佐官时重视的是指挥命令责任这一点。榊原秀夫也是佐官，从他的职务我们可以知道他被起诉是因为731部队的细菌战问题。在被关押的与731部队有关的战犯中，榊原是级别最高的。尉官中唯一受到起诉的鹈野晋太郎是由于斩杀多名俘虏和平民而被追究责任。鹈野回国后在其笔记中记载了自身的诸多罪行，“自己执行的有44名，其中用军刀斩首杀害42名，用手枪射杀2名”，而且，和其他战犯相比反省态度也不

* 日本立教大学。

〔1〕 各案件的被起诉人的相关信息参考王战平主编：《正义的审判——最高人民法院特别军事法庭审判日本战犯纪实》，人民法院出版社1990年版。

好。[1]

如上所述，与陆军相关的案件中被告的选定以师团长、旅团长以及连队长等负有责任的人员为中心，除此之外就是实施细菌战和暴行的典型战犯。

(2) 与“满洲国”相关的案件(沈阳法庭)——这起案件中被起诉的战犯最多，有28人(参见表3)。按被告的职务可以分成5类：行政官、司法官、宪兵、铁路警护军、警察。

其中，行政官(3名)和司法官(4名)是在“满洲国”的中央和地方担任要职的高级文官(武部六藏、古海忠之、中井久二)，他们分担“满洲国”各种法令、政策的审议和立案工作、作为领导人在该地区积极实施这些政策和法令的行为受到了追究。唯一作为检察官被追责的战犯是沟口嘉夫，他被追究的是日本即将战败时在未经许可的情况下下达了处死已决犯的罪行。

这样的高级文官由于占战犯总数的比例较小，可以说他们被起诉的机率很高。我们可以知道中国注重的不仅是在“满洲国”发生的每个战争罪行，还着力追究作为其背景而存在的日本殖民统治“满洲国”本身。

“宪兵”(10名)、“铁路警护军”(3名)、“警察”(8名)都是在“满洲国”行使警察权力的人员。因此，因镇压抗日组织和抗日人员、拷问和屠杀俘虏与平民等行为而受到追究。这些战犯基本上阶层和职位也较高，被追究的是作为领导人所负有的责任。

(3) 与特务间谍相关的案件(太原法庭)——这起案件与战犯富永顺太郎一人有关(参见表4)。富永先前是在满洲等地担任俄语翻译将校的陆军军人。“九一八”事变后成为预备役军人，在南满洲铁道株式会社(满铁)、“满洲国”铁路总局和华北交通株式会社等处从事情报宣抚工作和特务活动。日本战败后留在中国协助国民党，并结成国防部第二厅北平工作队等组织从事特务间谍活动，这些行为被定罪为企图复活日本军国主义、破坏中国人民解放事业的阴谋。

---

〔1〕《菊花与日本刀(上)》，谷泽书房1985年版，第278页。

(4) 与“残留山西”相关的案件(太原法庭)——这起案件是与战后以复活日本军国主义为目的而“残留”在山西省的8名战犯有关(参见表5)。这些战犯受到追究的问题是：与山西省掌权人阎锡山勾结企图创立武装组织；进行武装组织的煽动行为，或者参加这一组织；“残留”后协助阎锡山部队反对解放战争。特别是城野宏与永富博之是“残留”工作的主要人物。

这一案件中日本战败前行为也被追究，行政官员城野宏和笠实、陆军相乐圭二、菊地修一和住冈义一、警察大野泰治、神野久吉都以跟其他案件相同的诉因分别受到了起诉。

综上所述，被起诉的45名战犯中，与陆军和“满洲国”相关的人员都居较高的阶层和职位，被追究的也是其作为指挥官和下发命令将官的责任。作为个别战争犯罪的实施者而被追责的情况偶尔也有，但是那仅限于重大犯罪的场合。另外，在太原法庭的两个案件中被起诉的战犯仅限于战争时期阶层和职位并不高而战后基本上是在“残留”等活动中负有主要责任的人物。

若除去因战时和战后特务间谍活动而被起诉的情况，这些案件中裁决战争犯罪几乎都遵循同一宗旨。那就是追究积极参加或支持帝国主义侵略战争以及违反国际法和人道原则的罪行。

其次，与“满洲国”相关的案件中，增加了在满洲积极实行侵略政策等相关问题。具体而言，其罪行包括：操纵或分管“满洲国”政府；篡夺国家主权；镇压、奴化和通过鸦片政策毒化东北人民；策划、决定或执行掠夺东北地区资源、财产的政策、法令和对策等。另外，与“残留山西”相关的案件中，增加了如上所述的战败后的问题。

法庭在如上战争犯罪追究的框架下，对各被告的“主要犯罪事实”进行了裁决。若按案件来看审判特征，首先陆军相关案件(包括“残留山西”案件中战败前罪行)的大部分是杀害俘虏和平民的罪行。也就是“三光政策”(杀光、抢光、烧光)，在“扫荡”、“讨伐”和“警备”时的各种杀害手段都被揭露，新兵锻炼胆量的“刺杀训练”等罪行也得到了判决。

另外，对女性的性暴力以及让平民和俘虏从事军事上的劳役、为了制造“无人区”(无人居住地带)而驱逐民众、破坏公共财物、掠夺财产等罪行都得以揭露。而且，一部分被告因为毒气战、细菌战以及人体试验等在国际上也被认为是反人道主义的罪行都得到了审判。

与“满洲国”相关的案件中，宪兵、警察等相关人员较多，因此大部分是逮捕、拷问和杀害等镇压行为，对象包括抵抗日本侵略的人员、俘虏和平民。这些可以说是与陆军相关案件中出现的罪行相同。但是，如上所述，这个案件最大的特征在于它追究了暴行背后的殖民主义政策。在法庭审理过程中，以总务厅长官为首，由各部次长和总务厅各局长组成，实质上决定“满洲国”政策、法令、预算、人事以及其他对策的最高机关“次长会议（周二会议）”的存在也得以暴露，各种侵略政策得到了裁决。

与“残留山西”相关的案件中，法庭严厉追究了以复活日本军国主义为目的而留在中国并支持反革命势力阎锡山破坏人民解放事业，以及煽动、支持如上活动等行为。同时，包括留在山西的日本兵在内的阎锡山部队多次战败以后，策划和实施从日本国内招募“义勇军”的活动也受到了追究。

如上所述，由于战犯都是“满洲国”相关人员与主要在山东、河北、河南、山西等华北地区执行战争行为的陆军相关人员，因此就地区而言，战争犯罪限定于东北和华北（一部分包括华中）。然而，就内容而言，在审判A级战犯的东京审判（远东国际军事法庭）以及蒋介石国民政府主导的对日审判中没有提及或未得到充分审理的问题，如细菌战、毒气战等问题都得以揭露，日本在华战争犯罪的诸多层面得到了裁决。另外，BC级审判中，“普通战争犯罪”是其审理对象，而中国实施的对日审判不仅止步于此，还将“满洲国”的殖民政策、战败后的残留等问题也作为审理对象，在这一点上和其他BC级审判是有很大区别的。

二、如何审判

上述战争罪行是如何被审判的呢？在此我想指出以下三点：

第一是有关审判手续层面的问题。就BC级审判整体而言，其整体情况尚未在实证层面得到完全确认，但已知事项中包括在拘留时期存在的暴行、人物误认、以及证据、证人、翻译和律师不充足等诸多问题。

但是，中国的对日审判基本克服了BC级审判所具有的这些问题。当然这也由于存在客观条件的差异，那就是中国的审判开庭时期大幅度滞后使得法庭拥有充分时间做准备。可以说这使得审判的"公正性"得到了保证。

第二是量刑问题。BC级审判中，不存在最下级的二等兵被执行死刑的情况，但是就如宪兵等下级士官也被判严刑的案例那样，一般而言BC级审判留给我们的强烈印象是即使只是遵从命令的下级士兵也会被判严刑。[1]而在中国对日审判中，尽管高阶层、高职位战犯受到了审判，但没有一人被判死刑，都是有期徒刑8至20年。而且，判决日前的拘留时间也被算在服刑期内，所以实际刑期极短，而且许多战犯在刑期满了前就已回国。

第三是罪状供认问题。中国的对日审判中，包括被起诉战犯在内的大部分战犯都在战犯管理所内供认了自己的罪行。因此，起诉书上所载犯罪罪行在法庭上并未加以论辩的情况下就成为最终的判决。这一过程在事前就已作为政策做好规划，实际上量刑也在审判开始前就已确定。

三、独具特色的战犯处理政策——从严罚主义到"宽大政策"

如上文所确认的，中国的对日审判最终变得很"宽大"。但是，中国共产党起初对战犯处罚问题的基本态度是从严处理。例如，1945年9月14日《解放日报》的社论按战犯类别列举了具有代表性的战犯，并主张"只有迅速严惩所有战争罪犯才能为和平与安全构建牢固的基础。"而且，其对象甚至还包括天皇。

这一严惩的态度也体现在中国共产党对实际上审判了战犯的美国和国民政府的批判中。例如，1948年12月24日，当美国释放岸信介等A级战犯（嫌疑人）完成主要战犯的处理事宜后，中国共产党严厉批判美国对战犯处罚不彻底，主张拥有审判被释放A级战犯的权利。[2]同

〔1〕林博史：《BC级战犯审判》，岩波新书2005年版，第69页。
〔2〕《人民日报》，1949年1月5日、2月6日。关于A级战犯嫌疑人的释放、战犯审判的结束，可参照粟屋宪太郎：《通往东京审判之路（下）》，讲谈社2006年版。

时也反复批判国民政府对日审判的不彻底性。[1] 而且，前述《解放日报》中被定为重要战犯的支那派遣军总司令员冈村宁次在国民政府实施的对日战犯审判中被宣判无罪，冈村和已决战犯 260 人被遣送回日本后，中国共产党多次要求再审并主张引渡战犯的权利。[2]

中华人民共和国建国以后也和苏联保持同一步调要求审判在东京审判中没有受到起诉的天皇与细菌战的相关人员，并严厉批判将要释放关押在巢鸭监狱内的已决战犯的动向。[3]

另外，朝鲜战争爆发后，日本再次实行军备化，东京审判中被判有罪的重光葵假释出狱，而且将中国与苏联排除在外的对日讲和构想也趋于表面化，中国政府认为释放战犯的行为相当于重建日本的侵略势力，反复要求严厉处罚战犯。其后中国政府也重复提出这样的主张，战犯问题与反对、批判美国的对日、对华政策成为一体被反复提及。[4]

然而，关于中国国内存在日本人战犯及其相关待遇问题，在很长一段时期内一直没有被公开。1952 年 12 月 1 日北京的广播电台[5]播报了战时日本国民的回国问题，还提到了存在日本战犯和将要对其实施审判等事宜，但在日本国民回国问题的交涉过程中，虽然日方试图推动战犯问题的解决，但中方始终没有给出明确的答复。

在这样的形势下，事态有了很大转机是在 1954 年。1954 年 7 月 29 日，中国红十字会会长李德全在与日本访华和平代表团的谈话中提到了相关战犯信息，告知日方基于中国人民解放军的宽大政策，曾犯下各种罪行的原日本军人中的一部分将获得宽赦。[6] 8 月 19 日，中国人民政府革命军事委员会总政治部通过赦免释放了 417 名"战犯"。[7]

---

[1] 《华商报》，1946 年 12 月 30 日。《新中国资料集成》第 1 卷，日本国际问题研究所 1963 年版，第 369、462 页。《人民日报》，1947 年 7 月 7 日。

[2] 《毛泽东选集》，第 4 卷，北京外文出版社 1968 年版，第 425～435 页。《人民日报》，1949 年 2 月 6 日。

[3] 《人民日报》，1950 年 2 月 6 日，5 月 16 日。

[4] 《新中国资料集成》第 3 卷，日本国际问题研究所 1969 年版，第 213 页。《人民日报》，1951 年 8 月 16 日，9 月 7 日。

[5] 外务省亚洲局第 2 科：《中共对日重要言论集——从一九五二年十二月一日至一九五五年三月底》，1955 年 7 月，第 2 页。

[6] 同上、外务省：『中共对日重要言论集』，第 76～77 页。

[7] 丰田限雄：《战争审判余录》，泰生社 1986 年版，第 494 页。

但是，这些被释放的战犯是原来被关押在“西陵农场”的相关人员，并不是上述战犯管理所内的战犯。因此，他们既不同于普通民众也与战犯管理所的战犯有所区别。

由于史料有限，这一时期突然出现这一转机的原因并不明了。但是，在1954年初关于战犯的处理问题作出相关决定后，中国国内正式开始了调查工作；而且作为日本国民集体回国工作的答谢，日方邀请中国红十字会访日事宜也一直没有得到解决。我们可以认为这些因素影响了事态的发展。

其结果是这些“战犯”得到赦免后，日本政府之前一直没有对邀请中国红十字会访日事宜作出答复，但这次最终作出了邀请决定，这样战犯问题就开始出现了新的进展。

同年10月11日，中方邀请日本国会议员团和学术文化视察团访华，国务院总理周恩来接见访问团时谈到中国红十字会访问日本期间将讨论战犯问题，而且表明将基于人民解放军的历史传统以宽大政策处理战犯问题，并且首次谈到处理战犯时方针是：存在特别重大问题的战犯，因这些人情况不同需要研究别的处理办法；但对于大多数战犯将采取宽大政策，妥善处理。[1] 而且，议员团还得到许可参观了抚顺战犯管理所，了解到了管理所内战犯的生活等情况。[2]

之后，悬而未决的以李德全为代表的中国红十字会访日事宜也于10月30日得以实现，中方向日方递交了日本人战犯的名单，正式告知日方战犯1 069名和死亡战犯40名的信息。[3] 另外，两国间还就通过“宽大措施”让“绝大多数人员”回国事宜交换了备忘录。[4]

战犯问题在1954年突然有了进展的背景中，包括中国对日政策上存在的可以说是最重要的课题，那就是日中邦交正常化问题。朝鲜战争结束后，国际形势趋向稳定，日中之间的民间交流也得到了发展。但

〔1〕《世界》，第108号，岩波书店1954年版，第100～115页。

〔2〕《朝日新闻》，1954年10月19日、27日。

〔3〕《日本侵华战争罪犯名册》（由中国归还者联络会提供。此名册由该会根据中方公布的信息进行翻译和增补修订而成）。

〔4〕外务省中国科监修：《日中关系基本资料集》，财团法人霞山会1970年版，第62～64页。

是,中国政府还没有与日本等西方国家确立正常的邦交关系。因此,为了摆脱在国际环境中的孤立局面,中国试图开展和平共处的人民外交与日本建立正常的邦交关系。[1] 这样的做法正是在这一时期出现了更加明确的趋向。

因此,战犯问题的处理不仅是摆在日中两国面前的各种问题之一,还被定位为"恢复正常关系的真正努力"和为了恢复两国关系而采取的"具体措施"。[2] 在这个意义上,我们可以认为战犯问题的进展是面向邦交正常化的一个部署。然而,面对中方的这一动向,日本对于恢复两国邦交关系并没有作出具体的行动,之前告知的对战犯的"宽大措施"也一直没有得以实现。[3]

在这样的情况下,日方提出通过政府间的交涉来推动包括战犯在内的日本人居留民的回国事宜的解决。[4] 但是,日本在政府间交涉上的基本立场是搁置邦交关系正常化问题,彻底将其作为人道上的问题来加以处理。[5] 然而,中方也没有改变他们的立场,坚持认为战犯处理是中国的主权问题,邦交关系正常化才是首先要解决的问题。[6] 因此,从 1955 年 7 月开始至 11 月结束的政府间交涉没有取得具体的进展。

但是,没法期待政府间交涉以后,中方坚持先恢复邦交关系再处理战犯问题的基本态度发生了一些变化。[7] 1955 年年底,毛泽东和周恩来等领导人向访华的片山哲(社会党)和日本记者团表露了要释放 600

---

〔1〕 有关这一时期中国对日政策的前期研究有以下论著:古川万太郎:《战后日中关系史》,原书房 1988 年版;田中明彦:《日中关系:一九四五至一九九〇》,东京大学出版会 1990 年版;林昭代(渡边英雄译):《战后日中关系史》,柏书房 1997 年版;廉舒:《中国的对外政策与日本(一九五三至一九五七):"人民外交"政策再考》,《法学政治学论究》第 50 号,2001 年。

〔2〕《人民日報》社论:《论日本和中国恢复正常关系》,1954 年 12 月 30 日。

〔3〕 虽然 1955 年初没有实现,但释放战犯计划已经立案。详见:大泽武司:《梦幻的日本人"战犯"释放计划与周恩来——以中华人民共和国外交部档案为线索》,《中国研究月报》第 61 卷第 6 号,2007 年。

〔4〕 关于交涉过程详见以下论著:厚生省援护局编:《续篇:援助战争回国人员记录》,kuresu 2000 年版,王伟彬:《关于在华日本国民回国问题的考察》,《修道法学》,第 27 卷 2 号,2005 年。

〔5〕 外务省中国科监修:《日中关系基本史料集》,财团法人霞山会 1970 年版,第 87~89 页。

〔6〕 同上,第 90~92 页。

〔7〕《朝日新闻》,1955 年 12 月 7 日。

至 700 名日本战犯的意向。[1] 而且，这个时期在中国国内已经为释放战犯和审判一部分战犯开始了具体的准备。[2]

关于以上对策变化的具体过程并不明确，但应该是试图通过表明释放战犯这一更深层次的具体措施来促成两国邦交的正常化。

战犯处理的准备从 1955 年底至 1956 年初有了较大进展。特别是在周恩来的指示下，由最高人民检察院副检察长谭政文（抚顺调查活动的责任人）、最高人民法院刑事审判庭长贾潜和曾代表中华民国出任东京审判法官的梅汝璈（外交部顾问）组成的量刑研究小组开展了具体的专门讨论。[3] 研究小组对释放和审判战犯的法律依据、起诉案件和法庭的构成、被告的选定及其量刑等问题开展讨论后，逐步形成了后来得以实施审判的基本框架。而且，在周恩来主持的中央政治局会议上，中国政府决定了宽大处理日本战犯的原则（从轻判决，都不能判死刑或无期徒刑）。但是，当初在选定被告和讨论量刑的过程中，曾设想被告数量会超过 100 人，量刑有死刑和无期徒刑。

在这样的准备过程中，依据国内外政治形势的变化和宽大处理日本战犯的原则，被告的数量逐步减少，量刑也变得轻缓。而日本战犯的最终处理方针是在 1956 年 4 月 25 日召开的全国人民代表大会常务委员会上决定的。[4] 其要点是：① 对非主犯和改过自新非常明显的战犯可以给予宽大处理，免除起诉。② 对于罪行重大的战犯，要根据各自的罪行和拘留期间的表现给予宽大处理，判定刑期。而决定这一方针的理由是鉴于日本投降后 10 年来的形势变化和当今的形势，考虑到大多数战犯在拘留期间虽有程度上的差异但都有改过自新的表现，将依

〔1〕《朝日新闻》，1955 年 12 月 14 日。

〔2〕山西省人民检察院编著：《侦讯日本战犯纪实（太原）》，新华出版社 1995 年版，第 57 页。新井利男资料保存会编：《中国抚顺管理所职员证词》，梨木舍 2003 年版，第 97～98 页、416 页。同上，山西省人民检察院编著：《侦讯日本战犯纪实（太原）》，第 156 页。《中央会议文件　关于侦察日本战犯的主要情况和处理意见的报告》，1956 年 3 月 16 日，中華人民共和国外交部档案馆藏（105－00501－07）。

〔3〕《关于审判日本战犯的伪满汉奸的几个问题向中央的请示报告草稿》，中華人民共和国外交部档案馆藏（105－00501－06）。以下如无特别注明，有关“量刑研究小组”信息都来源于此资料。

〔4〕《关于处理在押日本侵略中国战犯中战争犯罪分子的决定》；《中華人民共和国主席令》，王战平主编：《正义的审判—最高人民法院特别军事法庭审判日本战犯纪实》，人民法院出版社 1990 年版，第 1～2 页。『新中国资料集成』第 6 卷，日本国际问题研究所 1971 年版，第 204～205 页。

据宽大政策逐一处置这些战犯。根据这个方针，1956 年 7 月至 9 月，被免除起诉的战犯得到释放并回到了日本。

如上所述，1956 年的处理方针以“宽大政策”为基础，是在考虑了日中关系的基础上通过政治判断而得以实现的。与此同时，日本战犯在战犯管理所的生活中承认、坦白和反省自我罪行的行为也促使这一“宽大政策”成为可能。

综上所述，中国审判的重要性在于它使东京审判没有充分探讨的战争罪行得以明确。不过，法庭上审判的战争犯罪是各罪犯的“主要犯罪事实”。因此，若与罪犯们在管理所写下的“亲笔供述书”中的犯罪事实进行比较，就能看出法庭上所追究的犯罪事实只是其中的一小部分。譬如，法庭上与毒气战相关而被追究的被告有 3 名，犯罪事实有 4 项，但是供述书中记述着更多的事例(参见资料 6)。因此，期望有关方面全面公开有助于解明中国战线和“满洲国”战争犯罪事实的亲笔供述书。

另外，战犯的处理问题牵涉到邦交关系正常化这个非常重要又非常敏感的政治案件，就如最终的处理方针所见，其中明显包括政治上的考虑，从某种意义上来说，我们能看出它和东京审判的共性。有关这些决策过程还有诸多没有解明的问题，所以这也有待相关资料的公开。

从国际司法发展的观点来考察中国审判时，我们能看到战犯们自我认罪、坦白和反省的行为是东京审判中的被告们所没有的，这些事实所具有的意义应该是非常重大的。另外，较长的未决拘留期间的存在促成了战犯的这些变化，包括这一事实，中国审判绝对应该是探讨审判战犯问题时的重要事例。

（陈爱国　译）

第十六节　国民政府对东京审判的态度评析

——以《中央日报》报道评论为中心

王卫星*

日本投降后，盟国在日本东京成立了远东国际军事法庭，对日本甲级战犯进行了长达两年半的审判。中国作为东京审判的参与国，对远东国际军事法庭的成立、法庭的审理，以及对日本甲级战犯最终判决持何种立场，其态度究竟如何？本文拟以当时中国最重要的官方报纸《中央日报》的报道评论为视角，就国民政府对东京审判的态度与立场进行评析与探讨。

一、远东国际军事法庭的成立及中国的参与

1945 年 7 月 26 日，美国、英国和中国发表了《美英中三国促令日本投降之波茨坦公告》，提出解除日本武装、惩办战争罪犯、实行经济赔偿、盟军占领日本、实施《开罗宣言》条款等条件，敦促日本无条件投降。[1] 然而日本对《波茨坦公告》置之不理。8 月 6 日和 9 日，美国分别向日本广岛和长崎投掷了原子弹。原子弹"威力比超级堡垒二千架所载两万吨炸弹之爆炸力尤为厉害"，[2]对日本来说"诚为重大之威胁"。[3] 8 月 9 日，苏联对日宣战，苏联红军出兵中国东北，迅速消灭了盘踞东北的日本关东军。至此，"日本国内之现状，除非实行何等特别新奇之措施，否则战争实无法继续"，"观大势战争已不可能，除迅速请求方法，结束战争外，别无它途"。[4]

1945 年 8 月 10 日，日本通过瑞士政府照会美、英、中、苏四国，表示接受《波茨坦公告》，但照会附有一项"谅解"，即不改变日本天皇对国家

---

* 江苏社会科学院历史研究所研究员。

〔1〕《美英中三国促令日本投降之波茨坦公告》，世界知识出版社编：《国际条约集》(1945—1947)，世界知识出版社 1959 年版，第 77～78 页。

〔2〕《徐永昌日记》第八册，"中央研究院"近代史研究所 1991 年印行，第 143 页。

〔3〕近卫文磨著，孙识齐译：《日本投降内幕》，国际文化服务社 1947 年 1 月版，第 95 页。

〔4〕近卫文磨著，孙识齐译：《日本投降内幕》，国际文化服务社 1947 年 1 月版，第 90、96 页。

的统治现状。8 月 13 日，盟国答复称："自投降之时刻起，日本天皇及日本政府统治国家之权利，即须听从盟国最高司令官，该司令官将采取其认为适当之步骤以实施投降条款。"[1]由于不知盟国是否接受日本所谓的"谅解"，日本政府对于投降与否仍举棋不定。然而战争形势严峻，日本失败已成定局。8 月 13 日夜，日本天皇裕仁召开御前会议，表示接受《波茨坦公告》。8 月 14 日，天皇裕仁通过广播宣布所谓《终战诏书》。8 月 15 日，日本政府正式宣布停止一切军事行动，无条件投降。

日本投降后，美国出于战后全球战略的考虑，决定在其主导下占领日本。1945 年 8 月 28 日，美国先遣部队抵达日本，两天后，太平洋盟军最高统帅麦克阿瑟飞抵东京厚木机场。从 8 月 30 日到 9 月 6 日，美军第 6 军和第 8 军分批进驻日本，占领了日本各大城市和战略要地。

1945 年 9 月 22 日，美国发表了《战后初期美国对日方针》，阐明了美国处置日本的原则立场。《方针》共分四个部分，其中第三部分提出：① 解除日本武装和日本非军事化。解除日本陆海空军[2]的武装，日本不得拥有陆海空军、秘密警察及民用航空器。大本营及一切军国主义组织、机构必须解散。② 惩办战犯。被指控犯有战争罪行的战犯必须受到惩罚。③ 鼓励日本人民争取个人自由和要求民主的愿望，以及学习欧美等民主国家的制度等原则。[3]

早在战争期间，盟国即表明了惩办战争罪犯的基本立场。1943 年 10 月 20 日，中、英、美、法等 17 国在伦敦成立了"联合国家战争罪行委员会(United Nations War Crime Commission)"，[4]着手进行战争罪犯的调查工作。中国驻英大使顾维钧参加了该委员会筹备会议，并就委员会的工作提出了建设性意见和建议。1944 年 12 月，联合国家战争罪

---

〔1〕《美国国务卿给瑞士临时代办关于中苏美英四国对日本乞降照会的复文》，世界知识出版社编：《国际条约集》(1945—1947)，世界知识出版社 1959 年版，第 104 页。

〔2〕原文如此，日本并无空军军种，其航空部队分别隶属于陆军和海军。

〔3〕*U. S. Initial Post-Surrender Policy for Japan*, http: //www. ndl. go. jp/constitution/e/shiryo/01/022shoshi. html.

〔4〕此联合国家非 1945 年成立的联合国，也译为"盟国战争罪行委员会"，澳大利亚、比利时、美国、加拿大、中国、法国、印度、荷兰、新西兰等国代表参与了该委员会的工作，苏联虽未参加，但与其进行了合作。

行委员会拟定了《联合国战罪法院公约草案》，中国是该《草案》的发起国之一。《草案》第一款即明确规定："应设立联合国战罪法院，审判即惩罚被控违犯战争法规及习惯之罪犯。"[1]1943 年 10 月 30 日，苏、美、英三国在莫斯科正式签署《关于严惩战犯的宣言》，也明确提出战后将审判战争罪犯的基本立场。

中国也积极主张惩办战争罪犯。早在战争期间的 1943 年 12 月 15 日，国民政府即着手筹设"敌人罪行调查委员会"等机构，并拟定了《敌人罪行调查委员会组织规程》，明确了"敌人罪行调查委员会"的工作和任务："调查敌人对我国及人民违反战争规约及惯例的一切罪行"。[2]1944 年 11 月 29 日，盟国在重庆成立了由美国、英国、澳大利亚、荷兰、比利时、法国、印度等 10 国驻华使节组成的联合国战罪审查委员会远东及太平洋分会（亦称"重庆委员会"），"以为咨议及审查战罪之机构"，[3]中国外交部长王宠惠当选分会主席。日本投降后，该"分会检讨中国政府所提日本战争罪犯之控告，同时控告日本战争罪犯之其他案件。亦向伦敦委员会提出，委员会之特别远东委员会，奉命对此研讨，并提出建议，以备拟定处置日本战争罪犯之计划。"[4]

日本投降后，国民政府也积极筹划对日本战犯的审判工作。据 1945 年 5 月至 1946 年 1 月行政院工作报告记载，1945 年 10 月，"由军令部、军政部、司法行政部、外交部及本院秘书处，合组战争罪犯处理委员会，以便商讨处理战犯事务。先后拟定战争罪犯处理办法，及战争罪犯审判办法俱已呈经军事委员会委员长核准施行，战争罪犯审判办法施行细则，亦经该会拟就，呈送核定，此项战犯，依情形分别由同盟国特

〔1〕《国民政府外交部附抄联合国国际战罪法院公约草案公函》（1944 年 12 月 1 日），郭必强、姜良芹等编：《日军罪行调查委员会调查统计》（上），张宪文主编：《南京大屠杀史料集》第 19 册，江苏人民出版社 2006 年版，第 12 页。

〔2〕《行政院抄发敌人罪行调查委员会组织规程训令》（1943 年 12 月 15 日），郭必强、姜良芹等编：《日军罪行调查委员会调查统计》（上），张宪文主编：《南京大屠杀史料集》第 19 册，江苏人民出版社 2006 年版，第 33 页。

〔3〕秦孝仪主编：《中华民国重要史料初编——对日抗战时期》第二编"作战经过"（四），中国国民党中央委员会党史委员会 1981 年印行，第 423 页。

〔4〕《严惩日本战争罪犯 联合国战罪委会声明已备名单送各国批准》，《中央日报》，1945 年 9 月 10 日，第 3 版。

设之机构及我国军事法庭审判之”。[1] 由此可见,国民政府对审判日本战犯的态度是明确的,立场是鲜明的。

1945 年 11 月 10 日,美国参谋长联席会议致电麦克阿瑟,告知美国已邀请所有盟国参与远东国际军事法庭的审判工作,最高统帅可根据各国提名任命法官。如果这一邀请被盟国接受,最高统帅便得到盟国以及美国有关建立国际法庭的明确授权,日本人也就没什么可以反对的了。如果这一邀请未被接受,那么建立国际法庭的设想“只是一个纯学术问题了”。[2] 与此同时,美国国务卿贝尔纳斯于 1945 年 10 月 18 日照会中国等盟国驻美大使,要求盟国派员参与东京审判,并要求中国、英国、苏联各派 5 名军官或民事官员;澳大利亚、加拿大、法国、荷兰和新西兰各派 3 名官员,以便盟军最高统帅任命。11 月 21 日,贝尔纳斯再次照会中国驻美大使魏道明,要求中国尽快答复美国国务卿 10 月 18 日的照会。与此同时,美国国务院远东事务办公室主任约翰·文森特还就派员参与东京审判问题与中国和英国驻美大使进行了会谈。1946 年 1 月 5 日,国民政府提交了参加远东国际军事法庭的人员名单。

1945 年 12 月 16 日至 26 日,苏、美、英三国在莫斯科召开外长会议,通过了占领和管制日本的决议,中国事后也认可了该决议,因此,其成为对日作战四大盟国的一致决议。该决议规定,设立“远东委员会”和“盟国管制日本委员会”,“盟国委员会将设于东京,由盟军最高统帅(或其代表)任主席,其目的在于与最高统帅商讨及建议关于实施日本投降条款,对日占领与控制,及其他补充之命令,并为行使文本文件所赋与之管制权。”[3]这一规定赋予了驻日盟军最高统帅广泛的权力,“同时,在法理上说,他对同盟各国也负有实行《波茨坦公告》中各条款(包括严惩战犯的条款)的义务。”[4]

根据莫斯科三国外长会议的决议,驻日盟军最高统帅麦克阿瑟在

---

〔1〕《行政院工作报告》(1945 年 5 月—1946 年 1 月),国民政府文官处印铸局编:《国民政府公报》第 2618 号,国民政府文官处印铸局公报室,1946 年 9 月 7 日。

〔2〕 *Memorandum for Mr. Keenan Through Mr. Darsey*. M 1668, Roll 10. National Archives.

〔3〕《苏美英三外长莫斯科会议公报》,世界知识出版社编:《国际条约集》(1945～1947),世界知识出版社 1959 年版,第 124 页。

〔4〕 梅汝璈:《远东国际军事法庭》,法律出版社 1988 年版,第 7 页。

征得盟国同意后，于 1946 年 1 月 19 日发布《设置远东国际军事法庭的特别通告》。《通告》称：

> 本人麦克阿瑟作为盟军最高统帅，为落实投降书中关于严惩战犯的要求，现在根据授权，特发布如下命令：
>
> 第一条 为对犯有包括破坏和平罪在内的个人、团体以及兼具此双重身份而被起诉者加以审理起见，特设立远东国际军事法庭。
>
> 第二条 关于本法庭的组成、司法权限和职能，均依本日由本统帅批准之远东国际军事法庭宪章解释之。
>
> 第三条 本命令所规定之任何事项，均不得妨碍为审理战犯而在日本或与日本处于战争状态之联合国成员国所设置及行将设置的任何国际、国内及占领地法庭或委员会，以及其他法庭行使司法权。[1]

在远东国际军事法庭筹备阶段，国民政府高层曾多次商讨审判日本战犯问题。作为商讨的参与者，军事委员会军令部长徐永昌在日记中记述说："不可多吁罗綮，只择其实不容恕者如"九一八"、"七七"当时之实行凶犯，足以对内对外与膺惩似即可矣。"[2]在确认日本战犯名单时，国民政府高层多次召开会议，会上虽有意见分歧，但"蒋先生手定仅先提出最著者十二人"。[3] 1946 年 2 月，远东国际军事法庭中国检察官向哲濬抵日后，即向国际检察局提交了国民政府提出的首批 12 名日本战犯名单。3 月，国民政府又通过美国向盟军最高统帅部提出了第二批 21 名日本战犯名单，两批共 33 人，其中包括后来被确定为甲级战犯的土肥原贤二、板垣征四郎、东条英机等人。此外，以中国为主开展活动的盟国战争罪行委员会远东太平洋分会也提出了近千人的战犯名

---

〔1〕 Special Proclamation-Establishiment of an International Military Tribunal for the Far East (19 January 1946), Neil Boister and Robert Cryer (eds.), *DOCUMENTS ON THE TOKYO INTERNATIONAL MILITARY TRIBUNAL*, *Charter*, *Indictment and Judgments*, New York, Oxford Univesity Press. 2008, P5.

〔2〕《徐永昌日记》第八册，"中央研究院"近代史研究所 1991 年印行，第 174 页。

〔3〕 同上，第 176 页。

单,但这些战犯绝大多数属于乙级战犯,因此未被列入远东国际军事法庭审判对象名单。

在派遣中国检察官与法官问题上,国民政府的态度也是明确而积极的。1945 年 12 月上旬,国民政府接到驻日盟军统帅部邀请中国参加东京审判的通知后,立即指示外交部和司法行政部遴选参加东京审判的相关人员。时任外交部长的王世杰在 1945 年 12 月 12 日的日记中记述说:“美国政府将组法庭审判日本战罪要犯,请中国遴法官参加。中国外交部决定派向哲濬、梅汝璈两人参加。”[1]从王世杰日记的时间来看,外交部在接到盟军统帅部的通知后,很快即确定了参加东京审判的中国检察官与法官人选,可见国民政府有关部门在派遣中国法官和检察官参与东京审判问题上是相当积极的。

二、《中央日报》对远东国际军事法庭成立的报道

对于远东国际军事法庭的成立,中国报纸进行了广泛报道。《中央日报》是国民党中央机关报,也是当时中国最重要的官方报纸,因此,《中央日报》的报道与评论,代表了国民政府的立场和态度。

在远东国际军事法庭成立之前,《中央日报》即多次报道了驻日盟军将成立国际军事法庭,对日本战争要犯进行审判的消息。1945 年 8 月 19 日,日本投降仅四天,《中央日报》即报道称:“远东战犯调查委员会刻正在伦敦开会,名单上列名之日人,均将拘往犯罪地国家之法庭审判。”[2]1945 年 9 月 10 日,《中央日报》以《严惩日本战争罪犯 联合国战罪委会声明已备名单送各国批准》为题,报道了顾维钧任主席的联合国战罪委员会远东分会提出的日本战犯名单,这些战犯均犯有诸多罪行。[3] 两天后,《中央日报》又以《严惩日本战犯 战罪委会发表备忘录日军之罪行一如纳粹》为题报道称:“中国政府对于日本战犯之控诉,业

〔1〕《王世杰日记手稿本》第五册,“中央研究院”近代史研究所 1991 年印行,第 229 页。

〔2〕《日本战犯将押犯罪地受审》,《中央日报》,1945 年 8 月 19 日,第 3 版。

〔3〕《严惩日本战争罪 犯联合国战罪委会声明已备名单送各国批准》,《中央日报》,1945 年 9 月 10 日,第 3 版。

加侦查，同时其他日本战犯之所犯案件，亦已提交伦敦之本委员会。”[1]

1945年10月21日，美国国务院远东司司长范宣德发表美国关于远东政策的演讲。第二天，即10月22日，《中央日报》发表题为《处置日本与安定远东》的社论，认为对日本应“采取一种合理适当的处置，以谋根绝侵略的火种，保证永久的和平”，并从安定远东大局出发，提出了中国政府对处置日本的原则立场：

第一、管制日本必须严格而彻底，但须于消极中含有积极的作用。盖此次掀动世界大战，使人类于二十余年之间两受战争惨祸的，在东方是日本，在西方是纳粹。因此，日本应与纳粹同科，方可确保远东的安定，防止侵略死灰的复燃。但我们在消极工作中必含有积极的作用，必须使日本民族在深切惩创中发生觉悟，日本民意在积极鼓励中得到新生。……只有日本民主自由的民意能够有所表现，才是日本侵略主义真正消除的明证。

第二、远东咨询的机构，必须及早成立，切实磋商。……我们希望此会能够不再延期，并希望有关各国届期一致参加，共同讨论，以切实规划实施日本投降条款的政策，及其具体步骤，并进而普泛交换关于安定远东一般问题的意见，在安定远东的大前提下，合理解决处置日本，及由处置日本而引起的一切问题。

第三、有关远东问题的各国，尤其是各主要盟国，对于处置日本与安定远东的一切问题，要有适宜的分工与基本的合作。我们知道日本的侵略毒素，经过了历史性的长期传播，受祸与中毒的区域，绝不限于日本本土，广泛的说，日本军阀从前所唱“大东亚共荣圈”的范围，就是日本散播侵略毒素的理想范围。遭受日本侵略毒祸的区域，既极广泛，因此我们消毒与重建的工作，也不能以处置日本本土满足，而需要在这广泛区域中，从事于分工与合作。昨日

〔1〕《严惩日本战犯 战罪委会发表备忘录 日军之罪行一如纳粹》，《中央日报》，1945年9月12日，第3版。

美国国务院远东司长范宣德氏发表远东政策的演讲,广泛论及对日对韩以远及对东南亚最近事态的各种政策,尤其致意于协助我国,俾发展为统一强大合作与民主的国家,并认我国为美苏在远东的桥梁。美国当局对我协助的诚意,固可佩慰;同时我国如能对远东盟国的合作,有所尽力,藉以促进远东整个的安定,以尽其本身应尽的责任,尤符合于我们的初衷与愿望。只有在合作的原则之下,来分工处置日本于与安定远东,才能实现联合国共同的利益与目的。

总之,日本的处置,即有关于远东整个大局的安定,远东的安定,更有关于世界整个大局的安全。现在处置日本的工作在麦克阿瑟元帅的主持之下,已经有了相当的成效;而远东咨询委员会开会在迩,更将进一步的求一般远东问题的合理解决。我们希望由此促进各主要盟国间更密切的合作,在联合国共同目标与利益的大前提下,彻底处置日本,并解决有关远东安定的一切问题。〔1〕

显然,该社论是针对9月22日美国发表《战后初期美国对日方针》,以及10月21日美国国务院远东司司长范宣德发表关于远东政策演讲的回应,充分反映出国民政府对包括审判日本战犯在内的战后处置日本,以及彻底铲除日本军国主义产生的根源,防止军国主义死灰复燃,以保证"远东安定"的基本原则立场。

1945年12月2日,《中央日报》又报道称:"审理主要日本战罪之美国首席法律顾问金兰于司法部招待记者时称:东京所设之国际法庭将审判犯主要战罪之日人七百名,彼等犯罪时间远自一九三七年七月以迄一九四一年十二月。……联合国将提出战罪审判官姓名,由盟国最高统帅麦克阿瑟将军加以挑选,国际法庭亦遵麦帅命令行事。……但望在司法公正与证据充分之基础上,从速促其实现。此次审判,决不以战胜者对战败者态度出之,如何惩罚,俱由法官决定。"〔2〕

〔1〕《处置日本与安定远东》,《中央日报》,1945年10月22日,第2版。
〔2〕《东京国际法庭即将审讯战犯 天皇受审与否尚未决》,《中央日报》,1945年12月2日,第3版

上述报道阐明了国民政府对审判日本战犯的基本态度：第一，审判应建立在“司法公正与证据充分之基础上”，“如何惩罚，俱由法官决定”；第二，明确提出“绝不以战胜者对战败者态度出之”。这表明国民政府既不是简单地从受害方的民族感情出发，使审判带有强烈的“复仇”色彩，也不以“战胜者”自居，对“战败者”“随意处置”的基本立场与态度。

此外，《中央日报》还就设立远东国际军事法庭的程序问题及法庭的成立进行了报道。远东国际军事法庭正式成立前，各国检察官即齐聚东京，商讨审判战犯的相关程序问题。1946 年 1 月 8 日，《中央日报》报道称，远东国际军事法庭成立的初步工作是将举行检察官会议，商讨内部组织细则及决定起诉程序。[1] 1946 年 1 月 19 日，驻日盟军最高统帅麦克阿瑟颁布了《设置远东国际军事法庭的特别通告》，第二天，《中央日报》即以《麦帅颁令 设军事法庭 审讯远东战争罪犯 东京即将首次举行》为题，就通告内容进行了解读和报道。[2]

远东国际军事法庭正式开庭前，《中央日报》还连续报道了日本重要战犯的逮捕归案、战犯的自杀，以及国民政府参加东京审判的检察官向哲濬和法官梅汝璈赴日等消息。这些报道全面而及时，充分反映出国民政府惩办日本战犯的决心和积极态度。

三、《中央日报》对法庭审理及判决的报道

在远东国际军事法庭审理及判决过程中，《中央日报》给予了高度关注并进行了全方位的密集报道和评论，其中既有对一般事实的报道，也有针对某一问题表达观点及态度的评论。为使读者更加直观地了解和认识东京审判，《中央日报》还在特定版面配发了照片。

1946 年 5 月 4 日，即远东国际军事法庭正式开庭的第二天，《中央日报》详细报道了法庭开庭的经过，并特别指出，“我国法官梅汝璈座席

〔1〕《审讯日本战犯 先开检察官会 国际法庭筹组约两周后开庭 战犯由利中尉首被判处绞刑》，《中央日报》，1946 年 1 月 8 日，第 3 版。

〔2〕《麦帅颁令 设军事法庭 审讯远东战争罪犯 东京即将首次举行》，《中央日报》，1946 年 1 月 20 日，第 3 版。

仅次于魏卜”,[1]中国检察官“乃中华民国上海地方法院首席检察官向哲濬氏”。[2] 该报道突出了中国法官和检察官的地位,表达了中国国际地位提高的自豪感。

1946 年 7 月,远东国际军事法庭开始审理南京大屠杀案,在审理过程中,许多证人出庭作证,指证日军在南京的暴行。对此,《中央日报》给予了及时报道。7 月 30 日,《中央日报》报道了金陵大学历史系美籍教授贝德士出庭作证的情况,报道称,贝德士在法庭上陈述他亲眼目睹了日军在南京奸淫妇女、烧杀抢掠的暴行,以及在南京公开进行毒品贸易的情形。[3]

《中央日报》还跟踪报道了远东国际军事法庭审理日本主要侵华战犯的情况。《中央日报》连续大篇幅报道了被蒋介石定为日本侵华头号战犯土肥原贤二被捕和受审的情况。1945 年 9 月 22 日,《中央日报》报道了麦克阿瑟下令拘捕土肥原贤二的消息,并特别指出,土肥原贤二为“前任在我东北平津之日军特务机关长,专从事勾结汉奸,失意政客军阀,制造我国内乱,为沈阳事变祸首之一”。[4] 三天后,《中央日报》又报道了土肥原贤二在麦克阿瑟发出拘捕令两天后向美军自首的消息。[5] 1946 年 7 月 6 日,《中央日报》刊登题为《中美英苏十一国 共同控诉日战犯 荒木土肥原等廿七名 犯破坏和平与杀人罪》的报道,控诉土肥原等 27 名[6]日本首要战争罪犯误导日本人民、发动侵略战争,并与纳粹沆瀣一气,残杀无辜人民、虐待战俘、强迫被侵略国家人民充当苦力、掠夺资源等罪行。[7] 7 月 24 日,《中央日报》又援引中央社的消

[1] 《国际法庭昨开审日战犯 庭长宣读检察官起诉书 审判长魏卜宣布今晨续庭训》,《中央日报》,1946 年 5 月 4 日,第 3 版。魏卜即澳大利亚法官、远东国际军事法庭庭长威廉・韦伯爵士(Sir William Webb),又译作卫勃、威勃、威比等。

[2] 《国际法庭昨开审日战犯 庭长宣读检察官起诉书 审判长魏卜宣布今晨续庭训》,《中央日报》,1946 年 5 月 4 日,第 3 版。

[3] 《日军在南京之屠杀 系有组织性之暴行 贝德士在远东法庭作证》,《中央日报》,1946 年 7 月 30 日,第 3 版。

[4] 《麦帅令拘捕土肥原》,《中央日报》,1945 年 9 月 22 日,第 2 版。

[5] 《日本拟派谢罪代表团向中美英求恕战罪 日罪魁土肥原前日自首就擒 麦克阿瑟将召见日皇》,《中央日报》,1945 年 9 月 25 日,第 2 版。

[6] 松冈洋右已于 1946 年 6 月 27 日病逝。

[7] 《中美英苏十一国 共同控诉日战犯 荒木土肥原等廿七名 犯破坏和平与杀人罪》,《中央日报》,1946 年 7 月 6 日,第 3 版。

息，刊登题为《远东国际战罪法庭 秦德纯作有力答辩 土肥原为侵略阴谋主使者》的消息：

> 【中央社东京二十三日专电】我国防部次长秦德纯将军今晨二度出席远东国际战罪法庭作证，对土肥原贤二之辩护律师司诚真宜所作之辩护辞，予以反驳。秦氏称："东北之劳伦斯"土肥原，向使宋哲元将军及渠深感头痛，土肥原在华北所施之压力，颇为猛烈，宋氏及渠难为维持华北和平，而同意冀察政务委员会之设立，但从未支持华北之"自治运动"。至此土肥原之辩护律师司诚真宜遂出示中国画一卷，企图力使秦氏承认宋哲元将军及渠，皆欢迎土肥原在华北之"努力"。据称：该画系由宋哲元将军赠与土肥原，以"感谢其合作"，当该画在秦氏面前打开时，秦氏面露微笑，并立即答称："此卷国画系土肥原离开中国时所赠者，两国官员交换礼物在我国乃极普通之事，故绝不能以此作为有利被告之证据。"被告辩护律师司诚又图解释九年前日军在中国领土举行军事演习之特权。秦氏即驳以"然则中国事先应获通知，地方当局始可布告当地居民周知。"秦氏并加补充谓：日军在丰台事件之前，屡次举行军事演习，使我国居民受惊不浅，我政府虽屡次向日方提出抗议，但终无用。[1]

从上述报道可见，秦德纯在法庭上陈述了土肥原蓄谋侵略中国已久的罪行，并指出"九一八事变"、华北自治运动、丰台事件、"七七事变"等均与其有关，实为日本侵华幕后主使者。

1948年11月4日，远东国际军事法庭开始宣读对日本战犯的判决书。11月9日，《中央日报》报道称："号称'东北劳伦斯'之土肥原，为东北事件之主要鼓动者，内称，土肥原之行动使吾人除认为渠乃筹划执行并发动沈阳事件之主要顾问及联系人以外，别无其他结论。"[2]第二

---

〔1〕《远东国际战罪法庭 秦德纯作有力答辩 土肥原为侵略阴谋主使者》，《中央日报》，1946年7月24日，第3版。

〔2〕《日甲级战犯廿一名 策划侵略罪行确定》，《中央日报》，1948年11月9日，第3版。

天，《中央日报》还刊登了题为《日本侵华四大战犯 坂垣 土肥原 广田 南次郎》的报道，指出土肥原“为在我东北贩卖鸦片毒丸之日关东军军官中首要分子之一。”[1]

1948 年 11 月 12 日，《中央日报》报道称，“土肥原贤二、板垣征四郎、南次郎、武藤章、东条英机、梅津美治郎诸人罪状最重”，“日本占领南京之部队乃‘野蛮之部队’……曾屠杀平民及俘虏廿万人”。[2]《中央日报》还报道称：

> 远东国际法庭顷决定二十五名被告中之十八名应负战时日本于占领区及本土各种暴行之责任。与纽伦堡审判不同者，远东法庭规定对于日军之暴行，日本内阁阁员及政府高级官员应与部队长官同负责任。因之，广田弘毅、南次郎、梅津美治郎及贺屋兴宣等人，均为法庭认为应负世界暴行史上‘最残酷事件’之南京大屠杀之责。一百卅五页之日本暴行判决书，主要系讨论四大罪状：即（一）南京大屠杀。（二）巴丹半岛之押解处死。（三）杜立特飞行员之处死。（四）对盟军战俘之虐杀。……各种暴行之重要负责者为松井石根、武藤章、东条英机、广田弘毅及板垣征四郎等人。法庭认为前二者应付日军于占领南京后六周内屠杀中国人民廿万之主要责任；东条及畑俊六应负巴丹事件及杜立特飞行员被杀事件之主要责任。至日本虐杀战俘政策之计划执行及参与者为重光葵、大岛浩、铃木贞一、木村兵太郎、板垣征四郎、梅津美治郎、武藤章、土肥原贤二、畑俊六、东条英机、佐藤贤了、小矶国昭及东乡茂德等人。[3]

《中央日报》对远东国际军事法庭审理过程的报道，集中关注对日

---

〔1〕《日本侵华四大战犯 坂垣 土肥原 广田 南次郎》，《中央日报》，1948 年 11 月 10 日，第 3 版。
〔2〕《日本战犯最后判决国际法庭今可发表 廿五名罪魁将无一免罪 南京大屠杀为最野蛮之暴行》，《中央日报》，1948 年 11 月 12 日，第 3 版。
〔3〕《日本战犯最后判决国际法庭今可发表 廿五名罪魁将无一免罪 南京大屠杀为最野蛮之暴行》，《中央日报》，1948 年 11 月 12 日，第 3 版。

本侵华战犯的审理，因为对日本侵华战犯的审理关系到中国人民的民族感情。近代以来，尤其是“九一八”事变以后，日本不断扩大对中国的侵略，最终发展为全面侵华战争。在长达14年的侵华战争中，日本侵略者给中国人民带来了深重灾难。如果东京审判对日本侵华战犯的审理有失公正，中国人民的民族情感将难以平复。

1948年12月23日凌晨，远东国际军事法庭在东京巢鸭监狱对日本甲级战犯东条英机、土肥原贤二、广田弘毅、板垣征四郎、木村兵太郎、松井石根、武藤章执行绞刑。第二天，《中央日报》即报道称：

> 【中央社东京二十三日专电】战前在华从事搅乱活动十余年之日本陆军特务首脑土肥原贤二中将，为被判死刑七战犯中于昨午夜稍后死于绞架上之第一人。美军军医于麦克阿瑟邀请之中国代表团团长商震及盟国委员会其他人员监视之下，于午夜后七分半宣布土肥原业已毙命，其后三分钟东条英机亦宣告毙命，武藤章及松井石根处于同时处绞刑之第一组四人中。九一八事变时任关东军参谋长之板垣征四郎，前首相广田弘毅及木村兵太郎，均在第二组。盟军总部正式宣布：各犯自行走至绞架，遗尸将焚骨扬灰，与其他处死之战犯同等待遇。行刑时，日人无在场者，巢鸭监狱之芳山信胜[1]原要求参观行刑，曾护送各战犯至行刑室，唯迄未进入，各犯行“最后之一里”路程前，芳山曾为诵经。据总部监刑人称：七人中之数人，于绞绳放下时，曾诵佛经，唯无一人发言。东条之最后一餐，为渠事先要求之日本式餐，其他诸人对于日式餐及经常之军粮均乏胃口；各犯于行刑前数小时中，或书写信件，或与芳山和尚谈话。[2]

同一天，《中央日报》还详细报道了日本战犯被执行绞刑的情形：

---

〔1〕该报道有误，应为花山信胜。

〔2〕《东条土肥原等在监执行绞决 我代表商震曾监视行刑》，《中央日报》，1948年12月24日，第3版。

【中央社东京廿三日合众电】东条英机已于今日清晨绞决,其火化后之骨灰已随风播散。其他六犯亦然。绞刑系于午夜零时一分开始,三分内即告完毕。尸体均用美国军用卡车装载,由美宪兵驾吉普车押送至横滨。上午七时四十五分以前,各尸体均依美国仪式停置。七时四十五分钟时,即已送达横滨市立火葬场。火葬于八时十分开始,九时半即告完成,骨灰分盛于七黑色小盒内,并分别由吉智七郎带出火葬场播散。据麦帅之亲近称:麦帅未作任何有关执行刑法之声明。执行时,麦帅究在何地,亦不得而知。渠等并不愿说明各犯处决时麦帅系如何获悉,但众科系由美第八军于行刑一小时前以电话通知渠者。首被绞决者为土肥原贤二、松井石根、东条英机及武藤章四犯同时行刑,第二组同时行刑者为板垣征四郎、广田弘毅及木村兵太郎。盟国对日委员会之美、英、苏、中诸国委员均参与观刑……

【中央社东京廿三日专电】据为东条、土肥原、广田等七甲级战犯举行宗教仪式之芳山信胜法师谓:该七人步向绞台时,曾由松井石根及板垣征四郎分别领导,两次高呼天皇及大日本万岁各一声。土肥原、松井及板垣于就刑前曾谓:希望彼等之死能使中日关系因此改善。板垣谓:余希望吾死将真正使中日关系更见友好,如此,余愿欣然就刑。土肥原谓:渠祈祷上苍使中韩两国繁荣兴盛。已皈依佛教之松井石根谓:渠希望中日两国能共同信奉佛教。土肥原临死前曾撰致“亲爱之中国人民”短诗一首,对渠过去行为表示遗憾。东条就刑时,未戴假齿及眼镜,而将此两物及祈祷书托芳山转交家属,此七人步上刑台时皆戴手铐,就刑前曾相互握手。[1]

从《中央日报》对远东国际军事法庭判决结果及行刑过程的连续报道中可以看出,这些报道并没有使用“情绪化”的“形容词”,而是以平实的语言,客观翔实地报道事实。尤其是这些报道对日本侵华战犯临刑

〔1〕《日战犯绞决经过 松井土肥原等同时行刑 死前忏悔希望中日友好》,《中央日报》,1948年12月24日,第3版。

前希望中日友好的“遗言”及呼喊“天皇及大日本万岁”等情节也未予回避，而是客观、全面、如实地加以报道，这从一个侧面反映出国民政府对审判日本战犯的理性态度。

四、国民政府对审判结果的态度及《中央日报》的报道

经过两年半的漫长审理，1948 年 11 月 4 日，远东国际军事法庭开始对日本战犯进行最终判决。这一判决决定了 25 名日本甲级战犯的最终命运，因此引起了国际社会的高度关注，“记者摄影者，亦以未曾有之大阵容许可进入之。”[1]日本战犯的亲属也都到庭旁听。庭长韦伯于开庭后开始宣读《远东国际军事法庭判决书》。

《远东国际军事法庭判决书》共十章，其中第五章“日本对中国的侵略”部分共分七节，详细列举了日本对中国的侵略步骤和手段，包括“侵略和占领东北”、“统一和开发满洲的‘二位一体’制”、“进一步侵入中国的计划——天羽声明”、“从卢沟桥事件(一九三七年七月七日)到近卫声明(一九三八年一月十六日)”、“华北伪‘临时政府’”、“所谓‘大东亚共荣圈’”、“日本对满洲及中国其他地区的经济支配。”[2]第五章开篇就一针见血地指出，日本当政者将侵略中国说成是“中国事件”或“中国事变”，妄图掩盖发动战争的侵略性质。《判决书》逐一列举了日本战犯在中国犯下的罪行，从“田中奏折”到暗杀张作霖；从“九一八”事变到“七七”事变等等。《判决书》还将南京大屠杀案单独列出，详细记述了日军在南京的暴行：1937 年 12 月 13 日日军占领南京后，“或单独，或三五成群地在城中游荡，实施谋杀、强奸、抢劫和纵火，无任何纪律可言”，“南京被占领的第一个月中，南京城里发生了将近 2 万起强奸案”，“士兵们无故地焚烧市民的家，几天后，这样的纵火似乎成了一种固定的模式，并持续了六星期。”《判决书》认定：“在日军占领后的最初六个星期内，南京城内和附近地区被屠杀的平民和俘虏的总数超过 20 万。”[3]

---

〔1〕《东京战犯法庭今开庭 廿五首级罪魁将宣判》，《中央日报》，1948 年 11 月 4 日，第 3 版。

〔2〕张效林译：《远东国际军事法庭判决书》，群众出版社 1986 年版，目录。

〔3〕《判决书(有关南京大屠杀)》，杨夏鸣编：《东京审判》，张宪文主编：《南京大屠杀史料集》第 7 册，江苏人民出版社 2005 年版，第 607～608 页。

1948 年 11 月 12 日，远东国际军事法庭最后一次开庭，庭长韦伯宣读《判决书》的第十章“判决”，并宣布所有日本被告有罪，接着逐一宣读对各战犯的判决。远东国际军事法庭共判处 7 名日本战犯绞刑、16 名无期徒刑、1 名 20 年有期徒刑、1 名 7 年有期徒刑。7 名被判处绞刑的战犯为：在侵华战争中犯有重大罪行的土肥原贤二和板垣征四郎；南京大屠杀时日军指挥官松井石根和武藤章；“广田三原则”的鼓吹者广田弘毅；在近卫、东条内阁中担任陆军次官的木村兵太郎；极端军国主义分子东条英机。

国民政府对远东国际军事法庭的判决结果表示满意。判决结束后第二天，《中央日报》迅速予以报道，并称“国际法庭中我方要员及中国驻日代表团团长商震将军，对法庭判决结果咸表满意”：

> 【中央社东京十二日专电】远东国际法庭今日中午于最后一日内宣判处以绞刑之日本战犯七名，均与日本对华侵略有密切关系，七人中首为秽名四播之“满洲劳伦斯”土肥原贤二，次为前关东军参谋长及陆相板垣征四郎，其余有主以武力摧毁中国之前首相及关东军参谋总长东条英机、“南京大屠杀”暴行负责人松井石根、“广田三原则”倡议人广田弘毅、军务局局长武藤章及近卫东条内阁中陆军次官木村兵太郎。国际法庭中我方要员及中国驻日代表团团长商震将军，对法庭判决结果咸表满意，此外有战犯十六名被判无期徒刑，廿五名战犯中以上海胜利进行时被炸断一腿之日本前外相及驻华公使重光葵判罪最轻，为七年徒刑，重光葵现年六十一岁，已在巢鸭监狱中度过三年，今后仅须监禁四年。在法庭最后判决中，谓重光葵对中国抱和解态度，且反对日本之向南扩展。商震团长今日下午于两年半战犯审判结束后，告中央社记者称：渠将接受麦帅之请，于十一月廿二日就今日下午对廿五名战犯之判决，对麦帅“提供意见，并共商讨”。[1]

---

〔1〕《七名罪魁判死刑 商震将军表满意》，《中央日报》，1948 年 11 月 13 日，第 3 版。

然而，一些日本战犯不服判决，想方设法通过各种渠道向驻日盟军最高统帅麦克阿瑟“申诉”，试图获得减刑。根据《远东国际军事法庭宪章》的规定，法庭最终判决结果要经过驻日盟军最高统帅的核准。国民政府通过中国驻日代表团向驻日盟军最高统帅部表示，完全支持远东国际军事法庭的最终判决，并认为判决结果公允，无修正之必要。1948年11月18日，《中央日报》对此进行了报道，表明了国民政府的基本态度：

> 【中央社东京十七日专电】今晨自可靠方面探悉：中国将支持国际战犯法庭对二十五名日战犯之判决，中国代表团长商震已接获麦帅之邀请，参加二十二日举行之盟国对日委员会各委员及盟国驻日代表团团长之会议，发表对判决书之意见……我方之见解认为判决书甚属公允，而无修正之必要。[1]

《中央日报》还报道了远东国际军事法庭中国法官梅汝璈“对于法庭之判决表示满意，并谓：最低限度吾人所提出审判之被告均绳之以法。”[2]梅汝璈还在日本《东京朝日新闻》发表《告日本人民书》指出：“日本人民刻自此次审判中获悉日本军界领袖之罪恶行为暨虚伪之宣传，中日过去之主要责任，即应由渠等担负”，“远东国际法庭之判决，不仅支持人道主义为对国际法之一种进步见解，且对中日之和平合作良有助益。”梅汝璈还特别强调：“除非中日首先获得和平，否则亚洲即无和平之可言。”[3]

1948年11月22日，麦克阿瑟召集各盟国驻日代表团团长开会，就远东国际军事法庭对日本战犯的判决结果交换意见，中国代表团团长商震出席了会议，再次表明了中方立场。11月23日，《中央日报》报

---

〔1〕《日战犯对判决不满 少数拟申请减刑 我将支持判决书原判》，《中央日报》，1948年11月18日，第3版。

〔2〕《梅汝璈谈日战犯定谳》，《中央日报》，1948年11月14日，第3版。

〔3〕《梅汝璈告日人书 称颂法庭支持人道主义 威比意见对日引起影响》，《中央日报》，1948年11月16日，第3版。

道称：

【中央社东京廿二日专电】我国驻日代表团团长商震将军，今日会后告中央社记者称：同盟国各国代表均于今日正午前往会晤麦克阿瑟元帅，除一国代表外，所有代表皆赞成远东国际法庭对日本二十五名战犯所宣告之定谳。仅印度代表团团长加卡拉瓦帝声援印度出席国际法庭代表巴尔之意见，发表反对论调，商氏称：各国代表均以一句或两句简短言辞，表示个人之观点，惟麦帅本人在今日会中未发一言，故会中未见有任何暗示透露盟总可于何时能将法庭判决书审核完竣。苏联代表团团长兼出席盟国管制委员会代表狄里夫杨科，今亦出席会议，惟始终保持沉静，仅发数语，表示完全支持法庭之判决。由于今日会议之结果，一般咸信，目前唯一有权减刑之麦帅，对法庭之判决将不至于作任何修正。按国际法庭之定谳判决死刑者七人，无期徒刑者十六人，有期徒刑者二人，一般又认为麦帅必将审阅此项判决，此批战犯之最后命运，于一二日内即可决定。〔1〕

从《中央日报》对远东国际军事法庭的成立、法庭对日本战犯的审理，以及最终判决结果的报道（尽管部分报道与事实有所出入）中可以看出，国民政府对远东国际军事法庭审判日本战犯的态度是理性的，立场是鲜明的。一方面，国民政府希望严惩日本战犯，以奠定东亚和平之基础，另一方面，国民政府认为审判应建立在“司法公正与证据充分之基础上”，应秉持司法公正，并明确表示“绝不以战胜者对战败者态度出之”。国民政府对东京审判结果的态度也是积极与明确的，因为土肥原贤二、板垣征四郎、松井石根、武藤章、广田弘毅等在侵华战争中犯有重大罪行的日本战犯被判处绞刑，这是对饱受日本侵略的中国人民最好的交代，也是对在日本侵华战争中伤亡的千百万中国人民的最好告慰，

〔1〕《日战犯最后判刑 本周内可作决定 麦克阿瑟发表声明》，《中央日报》，1948 年 11 月 23 日，第 3 版。

同时也表明人间正义的伸张，公理的不灭。[1] 更为重要的是，国民政府希望通过对日本战犯的审判，使日本人民觉悟，从根本上铲除日本军国主义滋生的土壤，以保东亚之安定。正如《中央日报》在社论中所指出的，“此次掀动世界大战，使人类于二十余年之间两受战争惨祸的，在东方是日本，在西方是纳粹。因此，日本应与纳粹同科，方可确保远东的安定，防止侵略死灰的复燃”，“必须使日本民族在深切惩创中发生觉悟……只有日本民主自由的民意能够有所表现，才是日本侵略主义真正消除的明证。”“日本的处置，既有关于远东整个大局的安定，远东的安定，更有关于世界整个大局的安全”，“在联合国共同的目标与利益的大前提下，彻底处置日本，并解决有关远东安定的一切问题。”

〔1〕《正义伸张 公理不灭》，《申报》，1948 年 12 月 24 日，第 3 版。

第十七节　东京审判与中国

——研究成果和课题

小林元裕*

一、日本对东京审判的研究

日本对东京审判的研究历史尚浅，可以说进入1970年代后才刚刚着手。从1948年东京审判结束直到1960年代，关于该审判的出版物首先要提到朝日新闻社记者团编写的《东京审判》上中下册，于1962年出版，从其中概说性的记录可以俯瞰到东京审判的内容[1]。在东京审判中担任辩护人的人物回想录，最早出版的是泷川政次郎的《东京审判之审判》(1952年、1953年)，强调了东京审判乃“胜者的审判”这一侧面，然而在社会上引起轰动的，应该要算是在东京审判中担任辩护团团长的清濑一郎的《秘录・东京审判》(1967年)吧[2]。随后，1968年出版的《远东国际军事审判速记录》，成为1970年代后展开的东京审判实证性研究的基础资料。[3]

利用以上文献，再加上对东京审判的相关人员进行访谈而进行总结的研究是儿岛襄的《东京审判》(1971年)。[4]儿岛详细地追踪了东京审判从开庭到闭庭的审判的进行以及审判涉及的内容，明确了东京审判的整体情况。然而，儿岛的视角和上述的辩护人们相同，在将东京审判视作“胜者的审判”这一点上没有特别的新颖之处，后来的研究也证明，其中几处存在事实误认。

与这些“胜者的审判”论持不同观点来分析东京审判的是，1975年

* 日本新潟国际情报大学教授。

〔1〕朝日新闻法庭记者团《东京审判》上・中・下，东京审判刊行会1962年版。

〔2〕泷川政次郎：《东京审判之审判》上・下，东和社1952年、1953年版，后发行为《新版 东京审判之审判》上・下(创拓社1978年版)、《东京审判之审判》(慧文社2006年版)、清濑一郎《秘录・东京审判》(读卖新闻社1967年版，后来中公文库1986年发行)。其他以辩护方立场的著作有菅原裕的《东京审判的真面目》(时事通信社1961年版)、东京审判研究会编的《共同研究・帕尔判决书——太平洋战争的看法》(1966年版，后出版为《共同研究 帕尔判决书》上・下，讲谈社学术文库1984年版)。

〔3〕《远东国际军事审判速记录》全10卷(雄松堂1968年版)。

〔4〕儿岛襄：《东京审判》上・下(中公新书1971年版)。

出版的大沼保昭的《战争责任论序说》[1]。他从国际法这一法律的角度论证了纽伦堡审判与东京审判，总结了作为东京审判前史的战争审判理论形成的过程。与此相同的“战争责任论”，还有粟屋宪太郎的研究，他分析了联合国与历史的政治史。[2] 粟屋发表论文后，到美国收集东京审判的相关资料，其中他挖掘了国际检察局（IPS）的资料，并以此为根据写下了《通往东京审判之路》。[3] 粟屋详细地分析了国际检察局对包括A级战犯在内的其他战犯嫌疑人的审讯，阐明了围绕选定战犯的联合国之间的交涉与审判进行等以往研究不曾涉及的东京审判开庭的前史，并在很大程度上提高了大部分依赖日语资料的东京审判研究的可能性。粟屋从IPS资料中也别翻译并出版了重要的木户幸一审问调查书、以及我也参与了编辑的田中隆吉审问调查书，[4]并编辑、出版了《国际检察局（IPS）审问调查书》共52卷，使东京审判的相关资料能够为大众更为方便地使用。[5] 进而，粟屋又在此基础上总结出《东京审判论》，为之后的东京审判研究发挥了先驱作用。[6]

日本的东京审判研究的转折点是长篇纪实电影《东京审判》（小林正树监督、1983年制作）的公开，以及以担任这部电影的“史实考核”的细谷千博和安藤仁介两人为中心召开的《“东京审判”国际研讨会》（1983年5月28、29日）。[7] 电影《东京审判》是一部纪实影片，它将法

---

〔1〕大沼保昭：《战争责任论序说—“反和平罪”形成过程中的意识形态与拘束性》（东京大学出版会1975年版）。之前立足于国际法观点的研究有横田喜三郎的《战争犯罪论》（有斐阁1947年版）、高柳贤三的《远东审判与国际法—远东国际军事审判中的辩论》（有斐阁1948年版）。大沼将其之后的研究总结为《从东京审判到战后责任的思想》（东信堂1985年版）一书。该书先后四次再版（至1997年），之后又追加、删除了数篇论文，改为《东京审判・战争责任・战后责任》（东信堂2007年版）至今。

〔2〕粟屋宪太郎：《战争责任论》（神田文人编：《体系・日本现代史》第5卷，日本评论社1979年版）。

〔3〕〈通往东京审判之路〉1～26于1984年10月12日至85年4月12日连载于《朝日月刊》，后出版为《通往东京审判之路》上・下（讲谈社METYE2006年版，讲谈社学术文库2013年版）。

〔4〕粟屋宪太郎等编：（冈田信弘译）《东京审判资料　木户幸一审讯调查》（大月书店1987年版）、粟屋宪太郎・安达宏昭・小林元裕编（冈田良之助译）《东京审判资料　田中隆吉审讯调查》（大月书店1994年版）。

〔5〕粟屋宪太郎・吉田裕编：《国际检察局（IPS）审讯调查》全52卷（日本图书中心1993年版）。

〔6〕粟屋宪太朗：《东京审判论》（大月书店1989年版）。

〔7〕电影《东京审判》后来被制作成DVD（KINGCODE000年版）、国际研讨会后被细谷千博、安藤仁介、大沼保昭编写成书《国际研讨会　思考东京审判》（讲谈社1984年版，讲谈社学术文库1989年版）。

庭的记录胶卷和其他的纪实胶卷共170小时加工为4小时37分钟的电影。东京审判中的被告人数与市谷法庭中设置的被告席数量一致等,可以看到几处受到儿岛襄的《东京审判》影响而与事实不符之处,却未采取任何政治立场,只是利用纪实胶卷真实地追踪了东京审判的经过。

另外,国际研讨会认为,以往对待东京审判的"日本人的姿态"为"站在检察方和多数意见判决一方,是全盘接受其结论,还是反过来站在辩论方否定整个审判"这种对立,从而妨碍了对东京审判的客观分析,决定其召开目的是"通过批判性地分析该审判的法律判断以及史实评价,来揭开东京审判的局限性与可能性"。[1] 以东京审判中担任了荷兰代表法官的贝尔特·勒林为首,日本、美国、苏联、西德、韩国、中国和缅甸的国际法、国际政治、现代史学家和评论家等出席了研讨会,从"国际法"、"历史"、"摸索和平"等不同观点以及"今日的意义"等分为四个小组,讨论了东京审判的意义和存在的问题。可以说这场研讨会的召开,使东京审判的研究进入到一个新的阶段。而前面提到的粟屋的《通往东京审判之路》,正是立足于研讨会上提出的东京审判的"局限性与可能性"这一观点上的新研究。

综上所述,东京审判研究在1980年代至1990年代进入了新的阶段,此时东京审判研究的另一个特点是,利用东京审判时提交的检察方和辩护方的资料,来解明个别的历史现象,特别是日军在中国的暴行和罪行方面,有了很大的进展。东京审判以审判这一方式对日本的近代史做出了审判,这一点与以往的战争审判性质不同,其结果带来了发掘从九一八事变到日中战争、亚洲太平洋战争时期的庞大资料的契机。由此,特别是南京事件、"从军慰安妇"问题、日军参与鸦片、日本的化学战、细菌战等研究得到很大的进展。这些成果数量颇大,在此就不一一叙述了。

这一时期的其他特点还有,虽然数目不多,日本以外的国家也出版了关于东京审判的重要文献,并发行了日语版。正因为有这些动向,1983年的国际研讨会才得以召开,而其成功又为以后的东京审判研究起到了促进作用。其代表作有东京审判中担任苏联检察官的列夫·尼古拉维

---

〔1〕《研讨会召开之际》(前出《国际研讨会　思考东京审判》讲谈社学术文库)第9、10页。

奇・斯米尔诺夫等人，1983年也参加了国际研讨会的理查德・H.麦尼尔的研究等[1]。1990年代后，又出版了东京审判中以UP(UNITED PRESS)通讯社记者身份来往于法庭的阿诺德・C・布拉克曼，以及贝尔特・罗林的回忆录，后来又增添了L.范・普尔海斯特的东京审判论[2]。

以粟屋宪太郎为首对东京审判相关英文资料进行发掘，并在研究中加以利用，再加上日本以外的国家出版了东京审判相关人物的回忆录等等，进入2000年代后，从国际性的视野来分析东京审判的手法更加深了一步。特别是审判结束60周年的2008年，出版了大量的研究文献，其中日暮吉延的《东京审判的国际关系—国际政治中的权力与规范》(木铎社、2002年)、户谷由麻的《东京审判 第二次大战后的法律与正义之追求》(2008年)、武田珂代子的《东京审判中的翻译》(MISUZU书房、2008年)等年轻学者的研究备受瞩目[3]。另外，N・博伊斯特、R・卡莱尔的《重新评价东京审判》则奠定了东京审判在国际刑事法发展史中的地位。

东京审判的研究必然会从A级、BC级战犯研究，扩大主题至战争罪行研究、战争责任论研究至今。这里虽不能一一列举，不过林博史、永井均等人的BC级战犯研究、芝健介和清水正义等人将其与纽伦堡审判进行对比的研究等，在验证东京审判上极其珍贵。

以上列举的东京审判的研究，特别是东京审判开庭前的经过、美国与审判成员国之间的关系及交涉，以及使用提交给审判的资料等，可以说解明了日本近代史与东京审判的相关史实。我本人也重新研究了曾经在东京审判的被告中作为唯一一名文官被处以死刑的广田弘毅的战

---

〔1〕 斯米尔诺夫、扎伊采夫(川上洸、直野敦译)：《东京审判》(大月书店1980年版，原著于1978年出版)、理查德・H.麦尼尔安藤人介译)：《胜者的审判　何为战争审判・战争责任》(福村书店1972年版，原著于1971年出版。1985年改名为《东京审判　胜者的审判》)。

〔2〕 阿诺德・C・布拉克曼(日暮吉延译)：《东京审判——另一个纽伦堡》(时事通信社、1991年)、贝尔特・勒林、A・卡塞斯编(小菅信子译)：《罗林法官的东京审判》(新曜社、1996年、后改名为《东京审判及其后　某个和平者的回忆》，由中公文库发行，2009年版)、L・范・普尔海斯特(水岛治郎、塚原东吾译)：《东京审判与荷兰》(MISUZU书房1997年版)。

〔3〕 对这些2000年代以后的东京审判研究，请参照N・博伊斯特、R・卡莱尔(粟屋宪太郎、藤田久一、高取由纪审议、冈田良之助译)《重新评价东京审判》(日本评论社2012年版、原著于2008年出版)中收录的“审议者解题”(粟屋执笔)。粟屋没有谈及到的文献，如清水正义的《何为战争责任——关于东京审判论争的50问50答》(鸭川出版2008年版)、盖里・辛普森、蒂姆・马克的《再论东京审判——审判了什么、未能审判什么》(大月书店2013年版)。

争责任[1],后来,又在上面提到的《东京审判资料·田中隆吉审问调查报告》的"解说"中,验证了田中隆吉在东京审判中发挥的作用,其中田中作证提到的中国问题以及日军参与鸦片的问题等。其他几篇论文也分析了日本的鸦片、毒品问题[2],无一例外都使用了东京审判的相关资料,如果没有东京审判,要解明这些问题是不可能的。

二、中国对东京审判的研究

用英文发表的东京审判研究,如上所述虽有一些,却称不上很多。根据 Jeanie Welch 对东京审判英文文献和研究成果的介绍,作为战争审判制裁了纳粹犯罪的纽伦堡审判的研究已经有了大量的积蓄,而英文的东京审判分析仅仅限于上面提到的一些研究而已[3]。猜想其理由是由于日语资料读解上的困难造成的。

那么,作为东京审判的成员国之一,由于日中战争在联合国受害最深的中国,又是如何研究和谈论东京审判的呢?

审判结束后,最早出版的有关东京审判的文献有倪家襄编著的《东京审判内幕》(亚洲世纪社、1948 年)和张效林翻译的《远东国际军事法庭判决书》(五十年代出版社,1953 年),[4]能够称得上研究著作的,直到 1980 年代中期以后才出现。它们分别是余先予、何勤华的《东京审判始末》(浙江人民出版社、1988 年),以及胡菊容的《中外军事法庭审判日本战犯——关于南京大屠杀》(南开大学出版社、1988 年)这两部著

---

〔1〕 小林元裕:《广田弘毅有无战争责任》(粟屋宪太郎、今井清一、宇野俊一、藤原彰编《日本近代史的虚与实》第 3 卷,大月书店 1989 年版)。

〔2〕 小林元裕:《围绕鸦片的日本与汪兆铭政权的"相克"》(《年报日本现代史》第 3 号,现代史料出版 1997 年版。这篇论文后来被译为英文,后又翻为中文)〔《激烈的鸦片战争:日本对汪精卫政权》,弘侠译《鸦片政权》,黄山书社 2009 年版〕。该书还将我的名字误写为"小林元广"。同"Drug Operations by Resident Japanese in Tianjin", Opium Regimes *China*, *Britain*, *and Japan*, *1839 - 1952*, ed. Timothy Brook and Bob Tadashi Wakabayashi, University of California Press, 2000. 之后也被译成中文,以《日本人在天津从事的毒品活动》被再次编入到前出的《鸦片政权》中。同〈里见甫与宏济善堂——关于《华中宏济善堂内容概记》等——〉(《年报日本现代史》第 13 号、现代史料出版 2008 年版)。以上均收录在拙著《近代中国的日本居留民与鸦片》(吉川弘文馆 2012 年版)中。

〔3〕 Jeanie Welch(高取由纪译):《东京审判 英文文献·研究指南》(现代史料出版 2005 年版。原书出版于 2002 年)。

〔4〕 关于中国对东京审判的研究史,参考了韩华的〈东京审判研究综述〉(《抗日战争研究》2012 年第 2 期)。

作。虽说它们揭开了东京审判研究的帷幕，然而其内容比起审判本身，重点更放在中国对战犯问题的处理以及南京时间等日中战争中日本战争罪行的解析等方面。

对东京审判本身进行正规性考察的是，东京审判中担任中国代表法官的梅汝璈的《远东国际军事法庭》（法律出版社、1988 年）。〔1〕原本，作者准备分为七章执笔，却由于文化大革命未能完成，仅仅留下了① 东京审判的设立与其管辖权、② 东京审判宪章与组织、③ 主要战犯的逮捕与起诉、④ 东京审判的审讯手续这四章的手稿。遗憾的是我们最感兴趣的史实，即有关判决书的制作等内容无从得知。不过，这丝毫不影响《远东国际军事法庭》奠定了中国东京审判研究的基础。

1980 年代后半期，除了上述文献外，东京审判相关资料的翻译书籍出版，〔2〕也发表了几篇研究论文，1990 年代后的东京审判研究却未能留下醒目的成果。不仅仅是中国学者，专门研究中国学科的外国学者们对东京审判的研究并不热衷，其理由首先是中国可以使用的基础资料不充分，其次是语言问题，还有就是其他课题更为优先的缘故。最后一点是，东京审判的开庭时期恰逢中国的国共内战时期，这一时期的研究多聚焦在国民党和共产党的问题上，必然导致了中国国际关系的研究中心为其与美苏的关系史。再加上从 1949 年持续到 1990 年代初的美苏冷战构造也有一定的影响。因此，中国学者以及从事中国研究的外国学者们对日本占领时期的日中关系史研究未见有何进展，即使有的话也只是局限在对日赔偿问题以及中国国内对日本人 BC 级战犯的处理问题等课题上。〔3〕

然而，进入 2000 年代后，东京审判的相关研究突然活跃起来，涌现了大量的论文。其理由与日本的历史认识问题有很大关系。刚才提到

---

〔1〕该书于 2005 年再版，后被收录在梅小璈、梅小侃编写的《梅汝璈东京审判文稿（东京审判研究丛书 3）》（上海交通大学出版社 2013 年版）。

〔2〕朝日新闻法庭记者团《东京审判》、スミルノーフ/ザイツェフ《东京审判》分别由吉佳翻译（河北人民出版社 1986 年版）、李执中等翻译（军事译文出版社 1987 年版）出版，另外，连载于《朝日月刊》中的粟屋宪太郎的《通往东京审判之路》未经粟屋许可，除部分外由里寅翻译为《东京审判秘史》（世界知识出版社 1987 年版）出版。

〔3〕殷燕军：《中日战争赔偿问题》（御茶水书房 1996 年版）等。

的1980年代的研究受到了1982年发生的日本历史教科书问题的影响，2000年代的研究则是由于小泉纯一郎首相在2001年后持续参拜靖国神社直接引起的，另外，在抗日战争胜利61周年中国制作的电影《东京审判》[1]也起到了推波助澜的作用。然而，很多论文虽以东京审判命名，但多是出自批评当时的日本政治的目的而论及东京审判而已，学术性未见得有多高。在这种情况下，从1980年代末期就始终坚持东京审判研究这一课题并将其深化的是宋志勇的研究。

宋志勇从天皇的战争责任问题与东京审判的关系开始着手研究东京审判，后来写成了博士学位论文《东京审判研究》(南开大学、2002年5月)。宋志勇从日本战败后中国进行的战争罪行调查以及制作、确定其组织、战犯名单这一中国与东京审判的视角，以及东京审判宪章、东京审判与国际法、法庭上的辩论和判决书、最后判决这一国际法的视角，再从东京审判的历史意义这一综合性的视角出发，还结合了台湾国史馆等的第一手资料概括了东京审判的整体形象。[2]希望这篇博士论文早日出版，可以广为阅读。

像宋志勇这样的实证性研究数量虽少，在资料方面，2000年代后东京审判最为宝贵和基础的资料陆续得到公开发行。梅汝璈的《远东国际军事法庭》(法律出版社、2005年)再版后，他的日记被命名为《东京大审判——远东国际军事法庭中国法官梅汝璈日记》(江苏教育出版社、2005年)被出版。该书中收集的日记从1946年3月20日至5月13日，以及东京审判刚开庭后，欠缺了东京审判研究中最重要的法庭期间，是其最致命的不足。然而，日记中记载了梅汝璈对天皇、麦克阿瑟、A级战犯、其他法官、日本以及所有日本人、GHQ的占领政策以及日本复兴

---

〔1〕 高群书执导的电影。香港影星刘松仁饰演梅汝璈、台湾人气组合F4的朱孝天饰演《大公报》的记者。为纪念抗日战争胜利61周年2006年上映(DVD《东京审判》半岛音像出版社，2006年)。

〔2〕 宋志勇有关东京审判的论文如下：
《裕仁天皇的战争责任与东京审判》(《日本学论坛》1989年第4期)，《终战前后中国的对日政策——以战争审判为中心》(《史苑》第54卷第1号，立教大学史学会1993年12月)，《东京审判与中国》(《抗日战争研究》2001年第3期)，《东京审判与日本的对策》(《日本学刊》2004年第1期)、《论东京审判的几个问题》(《中共党史研究》2005年第5期)。
对于宋志勇的研究，前面提到的韩华论文(第142页)与程兆奇(程兆奇、龚志伟、赵玉蕙主编的《东京审判研究手册》上海交通大学出版社2013年版，第4页)也和笔者同样做出了很高的评价。

的看法，和他对中国内战的担忧等，可以看到他的爱国主义和民族精神，无疑可以称得上是原始资料。

继梅汝璈日记之后，出版了东京审判的中国代表检察官向哲濬与其法律顾问倪征the記录，意义深远。[1]《东京审判·中国检察官向哲濬》对东京审判法庭中向哲濬的发言（英文及中文翻译）进行了拔萃收集，并摘录了《申报》对中国检察团的新闻报道，以及向哲濬的相关人物，特别是周芳夫人的长篇详细的回忆录非常有帮助。向哲濬和梅汝璈关于东京审判的记录都在文化大革命中遗失，可见文化大革命对东京审判研究也造成了巨大的负面影响。

向哲濬最小的儿子向隆万四处奔走，在东京审判开庭65周年的2011年，上海交通大学成立了东京审判研究中心，揭开了中国国内研究东京审判的新时代。该中心表示今后一段时期会集中在收集和编写中国国内外关于东京审判的资料，并翻译、出版有关文献和研究书籍。同时，还拟定了“中国代表团与东京审判”、“东京审判的对中国暴行犯罪研究”、“东京审判司法管辖权的综合研究”、“美国与东京审判”等课题进一步研究东京审判。[2]截至2013年，该中心以东京审判研究丛书的形式出版了《东京审判文集》、《东京审判研究手册》、《梅汝璈东京审判文稿》等。[3]还出版了东京审判的法庭记录和证据资料，东京审判文献丛刊编辑委员会编《远东国际军事法庭审判记录》全80卷（国家图书馆出版社、上海交通大学出版社，2013年版）、同编《远东国际军事法庭审判证据文献集成》全52卷（2013年）。因此，中国的东京审判研究在环境方面日渐充实，今后，不仅仅是中文资料，使用日语和英语资料进行实证研究也十分值得期待。

2013年11月12日至14日，由上海交通大学主办、苏州大学合办的东京审判国际研讨会召开。这是在中国首次召开的有关东京审判的

[1] 向隆万编：《东京审判·中国检察官向哲濬》（上海交通大学出版社2010年版）、倪征𣋉著（施觉怀、倪乃先、高积顺编）《倪征𣋉法学文集》（法律出版社2006年版）。

[2] 前《东京审判研究手册》，第6页。

[3] 上海交通大学东京审判研究中心编：《东京审判文集》（上海交通大学出版社2011年版），前出《东京审判研究手册》，梅小璈、梅小侃编：《梅汝璈东京审判文稿》（上海交通大学出版2013年版）。

国际研讨会。中国、日本和美国等国的学者提交了30部论文,确认了截至2013年阶段东京审判研究取得的成果。对于此次研讨会的成果留到下次机会再讨论。

三、应解明的研究课题

综上所述,目前对东京审判的研究在日本和中国都取得了很大的进展。在这种情况下,应该如何思考东京审判中中国发挥的历史性作用,并将其分析进一步深化呢?

中国作为受日军伤害最严重的国家,是如何对待东京审判的,以及是如何与其他联合国国家协调,并施加了哪些影响呢?我认为,有必要从以下具体五个方面来明确中国在东京审判中的政治和历史作用。

(一)作为东京审判的前史,中国对审判日本战争罪行的理论是如何构筑的?

1943年10月,由联合国17个国家组成的联合国战争罪行委员会(United Nations War Crimes Commission)于伦敦成立,直到1948年3月,一直探讨如何处理战争罪行问题。作为其下属组织,根据国民政府的提议,中国重庆设立了远东太平洋小委员会(Far Eastern and Pacific Sub-Commission),其活动时期从1944年11月到1947年3月。在思考中国与东京审判时该小委员会的存在意义重大。林博史把联合国战争罪行委员会的资料编辑成《联合国对日战争罪行政策资料》,[1]之后,又将联合国的战争罪行政策的形成过程归纳成为《战争审判的研究》一书(勉诚出版,2010年),其中指出,中国国民政府提供的日军战争罪行资料数量最多。[2]并且,小委员会在谈论是否应对太平洋战争爆发以前的战争罪行进行处理时,中国政府要求处理,并如愿以偿。[3]因此,对东京审判开庭前史中国在战争罪行委员会和小委员会中的作用的分

〔1〕林博史编辑·解说:《联合国对日战争犯罪政策资料》全15卷(现代史料出版2008年版)。

〔2〕林博史:《战犯审判的研究——战犯审判政策的形成到东京审判·BC级审判》(勉诚出版2010年版)第115页。

〔3〕同前第131页。

析不可或缺。林仅仅使用了英文资料分析了委员会的活动，除了上述内容外，几乎没有谈及到小委员会的情况。应该有必要分析，通过中国政府和中国代表委员的活动，中国是如何构筑战争审判理论的，这些又是如何延伸到东京审判的。〔1〕

（二）中国的法官、检察官的人选以及他们在审判中发挥的作用

东京审判开庭时，日本的媒体几乎没有提到以中国的梅汝璈法官和向哲濬检察官为首的中国检察组的情况。法庭内外有关法官和检察官的发言和举动等，也多以韦伯庭长和季南首席检察官为中心，在对中国侵略战争的确认阶段中，也只是把注意力集中到秦德纯、溥仪等一部分的中国证人身上。〔2〕法庭上揭露了日本对中国侵略的大量事实，日本人受到了很大的冲击，意外的是，中国检察组在澄清事实上发挥的贡献却没有得到报道。这可能与战败当时日本人对中国和对中国人的感情有关。日本的报纸对梅法官的手记和发言进行报道，是在审判结束之后的事情了。〔3〕

关于梅法官，上面也提到过，已经出版了他在东京审判开庭之前的日记以及有关审判的研究文献，宋志勇等人的研究也从一定程度上解明了梅法官的言行。然而在日本，2007 年 NHK 在制作东京审判的纪实片〔4〕时用了一部份梅法官的著作，尚不存在对他的详细研究。

梅汝璈在法庭上坐在澳大利亚代表、韦伯庭长的身旁，在审判时不时对韦伯提出建议，也受到了韦伯的高度评价〔5〕。在十一名法官中，梅法官采取了哪些行动，对东京审判的进行产生了哪些影响，并且，他作为多数派之一如何参与制定了东京审判的判决书，对梅法官的分析

---

〔1〕 伊香俊哉对 BC 级战犯审判，明确了“国民政府根据何种战争犯罪概念，审判了谁，如何审判”（伊香俊哉《战争是如何被记忆的——日中两国的共鸣与相克》柏书房 2014 年版，第 299 页）。

〔2〕 每日新闻政治部编（内海爱子、永井均监修、解说）《从新闻史料中看东京审判 · BC 级审判》第 1 卷（现代史料出版 2000 年版）以及《朝日新闻缩印版 1879～1989》（朝日新闻新闻数据库）。

〔3〕《为了将来的和平　梅法官的投稿》（《朝日新闻》1948 年 11 月 14 日）。《美大审院、无修正权限　梅法官谈（南京电台 2 日 = RP）》（《朝日新闻》1948 年 12 月 4 日）、《对释放 A 级不满　中国的梅法官谈（南京 29 日发中央社 = 共同）》（《朝日新闻》1948 年 12 月 31 日）。

〔4〕《NHK 特集　帕尔法官质疑了什么——东京审判 · 不为人知的攻防》（2007 年 8 月 14 日放映）。另外、前一天的 8 月 13 日放映了《NHK 特集　A 级战犯陈述了什么——摘自东京审判 · 审讯调查》。

〔5〕 前出《东京审判——另一个纽伦堡》，第 72 页。

至关重要。

向哲濬作为中国的代表检察官，不仅在法庭上，还在中国的现地调查、传唤证人的筛选上尽心尽力，为中国案件的立证发挥了巨大的作用。向隆万提供了向检察官的基础性资料，其行动也得以确认。[1] 然而，中国检察官对证人、证言人的筛选以及向法庭提出的证据类文书的制作过程、在国际检察局中发挥的作用，以及与其他国家检察组、中国驻日代表团的关系，以及对以下部分中提到的诉因形成等有何关联等等，尚有许多不明之处，有必要挖掘出倪征𣋉法律顾问等检察组其他成员的记录、以及台湾国史馆收藏的中国检察组与中国政府之间的来往记录等，进一步进行研究。

(三) 中国对战犯的选定起了何种程度的影响，与诉因形成有何关联？

中国对A级战犯的选定以及名单的制作方面，粟屋宪太郎和伊香俊哉等人的研究已经得到明确的分析。中国先后两次制作并提交了33名战犯名单，特别是在将土肥原贤二列入A级战犯问题上一再坚持。[2] A级战犯最终确定为28人，其中15人列于中国提出的名单当中。[3] 如此可见，中国放弃了将另外18人列入战犯名列。中国检察官与外国的检察官们做过何种交涉？在编写诉因时，中国检察组对日本侵略中国的案件、以及其他诉因产生了哪些关联？

(四) 中国在联合国中的作用和地位，以及与美国的关系如何？

在中国的对日占领政策中，东京审判具有何种意义、处于何种地位呢？石井明很早就尝试着对中国的对日基本政策、中国占领军的日本派遣问题、要求日本赔偿问题等中国整体的对日占领政策做出分析。[4] 然而，石井在论文中丝毫没有提到东京审判和战犯审判。无需赘言，日本的占领政策实质上是由美国来实施的，东京审判也是在美国

〔1〕 向隆万：《中国检察官向哲濬》(2013年11月12～14日在东京审判国际研讨会上提交的论文，《东京审判国际学术研讨会论集》第153～187页)。
〔2〕 前出《通往东京审判之路》(讲谈社学术文库版)第81、294页。
〔3〕 前出《战争是如何被记忆的》第370页。
〔4〕 石井明：《中国的对日占领政策》(《国际政治》第85号，1987年5月)。

主导下进行的。

中国国民政府向东京派出了以朱世明团长为首的驻日代表团。至今为止尚且没有对此驻日代表团的研究，更不用谈到它与东京审判的关系了。国史馆中收藏了该驻日代表团向外交部提交的东京审判的有关报告资料。[1]设置在东京的驻日代表团与中国检察组的关系，以及与其他的联合国代表团、特别是与美国的关系又是如何呢？

（五）中国对东京审判判决的影响力

东京审判并没有按照麦克阿瑟当初的意愿，而是延长了时日。这一点与上述的部分有关，即美国想仅凭太平洋战争这一诉因来制裁日本，中国却要求加入日中战争这一因素。可以说中国的存在极大地改变了东京审判的性质和方向。中国不仅仅是检察组，梅汝璈法官本人也怀抱坚决追究日本对中国的侵略责任这一意愿而参加了东京审判。然而，中国国民政府对东京审判的姿态，却由于受到国共内战和美苏冷战构造的巨大影响，而远远地跨越了梅法官和向检察官等人的想法。

根据国民政府外交部长王世杰的日记，可以了解到东京审判开庭时，想尽快从日本获得赔偿，用来与共产党作战。[2]该日记中丝毫未提及东京审判的记述。从外交部的资料中可以确认，身为外交部长的王世杰不断接到了驻日代表团的报告，不可能不知道东京审判的进行情况。他却没有在日记中做任何记载。当然，日记是极度的个人行为，不能说重要的政治问题就一定要写下来。然而，从他的意识中可以肯定，东京审判被置于国共内战以及要求日本赔偿之后。可以推测，这种意识同样存在于蒋介石国家主席等国民政府高官当中。[3]

伊香俊哉指出，国民政府提倡早日结束战犯审判的背景中，有基于蒋介石的"仁爱宽大"、"以德报怨"的精神，然而，恐怕国共内战的影响，

---

〔1〕《驻日代表团第二组工作报告（1946/12/28～1948/8/19）》（020000001228A、台湾国史馆所藏）。驻日代表团第二组于 1947 年 6 月后每隔两周向外交部、国防部报告一次东京审判和主要战犯的审讯情况。

〔2〕林美莉编辑校订《王世杰日记》上册（中央研究院近代史研究所 2012 年版）第 789、791、812 页等。

〔3〕例如《蒋中正总统档案　事略稿本》（国史馆 2012、2013 年版）对东京审判的开庭、闭庭以及七名 A 级战犯的处刑事实略有记录（第 65 卷第 466 页、第 77 卷第 450 页、第 78 卷第 225 页）。

要远在这一“宽大政策”之上吧。[1] 中国的此种对日政策，对东京审判的进行以及判决产生了何种影响呢?

台湾国史馆中资料多已制成电子版，东京审判的相关资料得以轻松阅览。大陆方面，上面提到以上海交通大学东京审判研究中心为首，与国家图书馆合作不断发行东京审判的有关资料。据说中国第二历史档案馆也将逐渐公开电子版资料。虽然尚不清楚中国第二历史档案馆中收藏了多少东京审判的相关资料，然而倘若该馆收藏了东京审判的有关资料，并能为众所用的话，那么东京审判与中国关系的相关研究应该会得到进一步发展。

中国对于东京审判的研究环境得到空前的完善，与中国学者们共同进行研究的基石也得以构筑。以日本为首的世界各国的学者们，今后将更加与中国学者紧密合作，以此来推动东京审判的研究。

（陈爱国 译）

〔1〕 前出《战争是如何被记忆的——日中两国的共鸣与相克》第355～357、360～362页。伊香也指出，这个时候〔1946年10月——小林注〕国防部提出早期终结的方针，让人感觉到7月份国共两党进入全面内战的影响(第357页)。

第六章 东京审判法庭辩论辨析

第十八节 国际条约与民族主义：东京审判中秦德纯之证词与质证*

曹树基**

一、从倪征［日奥］的回忆谈起

参与东京审判的中国检察官倪征［日奥］晚年撰文回忆他的东京审判之旅，生动而详实。据倪回忆，审判的第一阶段涉及中国受侵略的问题，中国方面本来认为这是战胜者惩罚战败者，审判不过是个形式而已，不需要什么犯罪证据，却没有料到在审判中，证据法的运用非常严格。“使中国检察方面工作处于很不利地位”。倪举例说：“当时国民党政府军政部次长（副部长）秦德纯到庭作证时说日军‘到处杀人放火，无所不为’，被斥为空言无据，几乎被轰下证人台。”[1]直到2009年，朱成山访问东京审判检查官秘书裘劭恒时，还说：“给裘老印象最深的是国民政府军政部次长秦德纯，这位曾在二十九军任职的证人，在法庭上只会讲日军在中国‘杀人放火，无恶不作’的空话，拿不出实证，令人十分失望。”[2]呈现在后人眼中的秦德纯，是一个猥琐不堪的证人形象。

秦德纯，字绍文，1883年生，山东沂水人。1916年毕业于保定陆军官校第二期步兵科，1921年毕业于陆军大学。1933年，任第三军团副总指挥。后任29军副军长。1935年6月，代理察哈尔省主席。同年10

* 教育部哲学社会科学重大课题《“东京审判”若干重大问题研究》，项目号：11ZD012。

** 上海交通大学历史系教授。

〔1〕 倪征［日奥］：《淡泊从容莅海牙》，法律出版社1999年版，第106页。

〔2〕 朱成山：《为远东国际军事法庭寻找证人——访当年检察官裘劭恒》，《南京史志》2005年第1期，第34页。

月，任察省主席。“七七”事变时，兼北平特别市市长、冀察政务委员会常务委员。事变后，历任军法执行总监部副监、兵役部次长、军令部次长、国防部次长、国防部代理部长、山东省政府主席、青岛特别市市长。1949年去台，1963年病逝台北。〔1〕

秦虽行武出身，却不能归为纯粹之军人之列。这是因为，秦曾担任多项重要政府职位。虽据秦德纯称，由于华北地区形势紧张，当时的地方行政领导，皆由军人兼任。〔2〕实际上，能够任职地方行政领导者，都不是颟顸无知的一介武夫。

1937年“七七事变”时，秦德纯任国民革命军第29军副军长，兼任国民政府北平市市长。七月七日下午，秦德纯在市政府邀宴北平文化界的领袖人物胡适之、梅贻琦、张怀九、傅孟真等20余人，交换对时局的看法。晚上十时众人散去，不到两小时，即晚十一时四十分，卢沟桥事变爆发。〔3〕秦氏向胡适之、梅贻琦等人征询对时局的看法，是北平市长向知识精英征求意见。一介武夫断不可能有如此动作。

欲查证秦德纯在东京审判法庭上的表现，最好的办法是查证东京审判文献。本文所引基本文献为秦德纯在东京审判出庭证词及质证，来自台湾国民政府外交部《审判远东战犯，组织国际法庭》第4册，主办单位为亚东太平洋司，档案号为073-13。原编档号为33/14，最后目录统一编号为172-1，案卷编号为0899-(3)，案卷内容自1946年7月起，至10月止。除此之外，本文还利用远东国际军事法庭公开法庭的庭审记录(英文)，以秦德纯为中心，对“七七事变”及相关事件中的人与事，重新斟酌与检讨。

本案卷是中华民国驻日代表用快邮方式从日本寄回国内的一份外交文件。案卷首页有文字如下：“外交部并请转国防部司法行政部，远东国际军事法庭七月二十二、三、四、五日公审，秦次长德纯出庭证词，

---

〔1〕台湾国史馆编：《国史馆现藏民国人物传记史料汇编》第20辑，国史馆1990年，第276～277页。

〔2〕秦德纯：《七七卢沟桥事变经过》，原载《传记文学》(台北)第1卷1期(1962年6月)，后收入秦孝仪主编：《革命文献第106辑：卢沟桥史料上》，中国国民党中央委员会党史委员会1986年，第21页。

〔3〕秦德纯：《七七卢沟桥事变经过》，第23页。

业已简电呈报在案。兹再依据法庭审讯原英文记录,摘要译陈,仰祈鉴核为祷。驻日代表团政叩。附审读词摘要乙份。中华民国三十五年七月三十一日。"[1]据此可知,秦德纯的出庭记录,是庭审结束后的一周内,从英文庭审记录中摘译的。不过,《中央日报》在1946年7月24日新闻报道中,对于7月23日秦德纯在庭审中的质证内容,即与日本辩护律师的答辩攻防,均有记录与评价。具体例证,详见下文。据此可以推测,秦德纯法庭质证内容的相当一部分,并不全是从英文记录中摘译的,而是现场记录的。在某种意义上,本文依据的这一案卷,可以称之为《东京审判中文摘要速记录》。

为什么不直接以英文庭审记录作为研究对象?这是因为,秦德纯的出庭证词,是在1946年4—6月份撰写并提交给远东国际军事法庭的。中华民国驻日代表从日本寄回的文件中,包括了秦的证词,那是秦氏撰写的中文原件,不需要再从英文译回。只有法庭交叉质证部分,即下文所引"问"与"答"部分,部分根据英文摘译,部分为现场记录。对于原本就是中文的文献,引用原始的中文文献显然比引用译文要好得多。

比照《远东国际军事法庭庭审记录》(英文),得知1946年7月22日至7月23日的质证内容,大部分内容为《审判远东战犯,组织国际法庭》第4册所摘,而7月24日至7月25日的质证内容,则为其忽略。本文拟采取以下三个步骤进行研究:首先以摘要版秦德纯出庭证词中秦与日本辩护律师之间的法庭质证为主要对象,再以庭审记录之英文原件进行比勘校正,最后以庭审记录之英文原件对法庭质证之中文摘要本的省略部分进行补充。比勘校正部分随文进行,而补充部分则见本文第四、第五部分的相关讨论。秦德纯法庭证词篇幅较长,只在必要时予以少量引用。

1946年7月22日,证人秦德纯向法庭提出证词。国际检察局的莫罗(Morrow)上校称:"尊敬的法庭,我知道这些证词都是十分严肃的,

---

〔1〕 外交部编:《审判远东战犯,组织国际法庭》第4册,第64页。

是一份由中华民国政府提交的真实、可靠的陈述。”[1]证词内容分为两个部分。其一,日本侵略华北,包括察北事件及所谓“秦土协定”之签订、日人对于冀察当局之胁迫等;其二,七七事变纪实。查庭审记录,知此两项分别编为第 198 号和第 199 号证据(PX198、PX199)。远东国际军事法庭工作语言为英文与日文,所以,秦德纯之法庭证词是译成英文后,由莫罗上校宣读的。

虽然第 198 号证据与第 199 号证据之间有相互交叉的部分,但关于 198 号证据的质证主要在证词宣读完毕的当天暨 7 月 22 日进行,而对于 199 号证词的质证则主要在 7 月 23 日进行。为方便分析及阅读理解,本文的讨论主要按两个部分的内容,而不完全按质证的时间顺序展开。

二、围绕“日本侵略华北”的庭审质证

按照倪征日奥的解释,大陆法采取纠问制,审讯提问主要由法官主持,而英美法采取告诉制或称对质制,审讯提问主要由双方律师担任。在决定证据的凭信力时,大陆法采取“自由心证主义”;而英美法采取“法定证据主义”,即证据的提出是否合法,以及证据本身有无凭信力,由双方进行辩论,法官如认为提出不合法或证据本身无可凭信,可以当庭拒收。[2]

莫罗上校宣读秦德纯出庭证词完毕后,转入法庭交叉质证。首先提问的日方辩护人是律师太田金次郎,他也是土肥原之辩护人。太田律师反复追问秦氏所撰证词是否经过起誓?秦的答复是:“我发誓,证词是先写出来,然后得到证明是正确无误的。”[3]接着,双方就“土肥原秦德纯协定”展开交叉质证,原文如下:

---

〔1〕 东京审判文献丛刊委员会编:《远东国际军事法庭庭审记录》(英文),上海交通大学出版社、国家图书馆出版社 2013 年版,第 394 页。中译文参《东京审判庭审记录·中国部分》,徐真译,2015 年将由上海交通大学出版社出版。

〔2〕 倪征日奥:《淡泊从容莅海牙》,法律出版社 1999 年版,第 105 页。

〔3〕 东京审判文献丛刊委员会编:《远东国际军事法庭庭审记录》(英文),第 432 页。

一问：世人所称之“土肥原秦德纯协定”，是否为天津市长程克与北宁路局长陈觉生斡旋之结果？答：所谓“土肥原秦德纯协定”实无其事，此为德纯奉中央命令与土肥原协商之暂时解决事件办法，其时程克与陈觉生系任交涉之翻译。[1]

在秦德纯的出庭证词中，根本没有出现“土肥原秦德纯协定”或“秦土协定”以及“协定”之类的字眼。律师太田的用意，是想用“协定”一词，将秦德纯描述的“察北事件”定义为事件后国民政府军第29军被迫撤出察北地区，以及察北地区其他主权的丧失，都说成是日军与中方协议的结果。秦德纯否定了“协定”一词。太田所提之陈觉生是广东人，陆军少将，早年留学日本，获得东京帝国大学农学学士和法学学士学位，曾任29军司令部少将顾问，冀察政务委员会外交委员会委员以及北宁铁路（北平至沈阳）管理局局长，与土肥原、宋哲元交往甚密。这就是秦土谈判时，请陈觉生充任翻译的背景与理由。

二问：察北事件是否因日军官兵四名，被张北县守城兵举枪射击，横加殴打，并拘禁五日？答：事实并不如此。日兵四名达张北县北门时，守城兵要求检阅通过证，依当时规定，此项证书应由日领事取得中国官厅同意发给。而日官兵拒绝检阅，守城兵为执行任务，虽有发枪之姿势，实未发枪，正争执中，一排长赶到，即偕其入城至一三二师司令部招待进餐，并向长官请示，似此进餐报告等自需时三四小时，该日人等决未被拘留。[2]

这是察北事件简单经过，秦德纯在出庭证词中已有更为详细的说明。虽然在事后记载中，有人指控这四名日本士兵是日本关东军驻内蒙古阿巴嘎旗特务机关的特务，由多伦潜入察哈尔境内偷绘地图，但在法庭上，秦氏并没有指出这一点。今天我们并不知道，关于这四名日本

〔1〕 外交部编：《审判远东战犯，组织国际法庭》第4册，第77页。
〔2〕 外交部编：《审判远东战犯，组织国际法庭》第4册，第77页。

兵违禁旅行的动机，秦氏手中是否有证据？但有一点很清楚，在日后订立的“秦土协定”中，有“必须对日本人的旅行予以方便，并协助进行各种调查”之条款。

> 三问：察北事件协商是否六月二十三日完毕，六月二十七日得中央政府承认？答：日子不能确记，约在六月二十日左右，事件即已解决。但此种解决自为中国政府为求得和平让步之结果。问：此项解决未如日方初提出条款，是否为日方为维持和平作相当让步之结果。〔1〕答：此问题得以暂时解决，足下谓为日方让步所致，不合事实。问：此项协商之成立不是也为中国人民所热烈欢迎吗？答：适才所云中国为寻求和平乃忍痛与日方解决此案，故此实非一协定，并非中国人民所心愿者。〔2〕

秦德纯的出庭证词将事件之起日称为六月，显系其因记不清日期或撰写证词不愿查证日期。秦氏强调这一解决结果是中国政府为求得和平让步所致，而日本律师则意欲将问题引入日方的和平让步。秦氏称此问题的解决是日方让步，“不合事实”，再无他言。其实，在秦氏的出庭证词中，他已列举涉事中方团长及军法处长免职，察北军队调出察北，中国政府不得在察北屯田移民，国民党撤出察省，取缔察北之排日机构及排日行为等诸项，每一项都是中国主权之丧失，都是中国政府之让步。所以，在此问之最后一小问中，秦氏才会说，这是“中国为寻求和平忍痛与日方解决此案，故此实非一协定，并非中国人民所心愿者”。再次强调这是一个具体问题的解决方案，而非两国政府之间订立的“协定”。

---

〔1〕比照英文版庭审速记录，太田的第三问中的第二个小问是这样的：问：“为了谈判能达成一致，也为了能得到一个和平的谈判协议，日中双方是不是都做出了较大让步？因为主观上希望能得到一个和平的谈判结果，和谈判初始开出的条件相比，日方做出了很大让步，是这样么？”督译：更正：“或许中方是做出了让步，但日本方面也因为希望和解，所以对最初做的协议作了妥协，所以协议的达成是双方都让步的结果，是不是？”见东京审判文献丛刊委员会编：《远东国际军事法庭庭审记录》(英文)，第435页。尽管存在翻译上的各种问题，但差别不是很大，不作更为细致的讨论。下文如遇此类问题，亦作同样处理。恕不一一说明。

〔2〕外交部编：《审判远东战犯，组织国际法庭》第4册，第78页。

7月23日，日籍律师太田继续提问，秦德纯回答如下：

一问：关于成立冀察政务委员会及华北自治运动，当时天津市长萧振瀛及北宁铁路局长陈觉生均表同意，并协力支持，是否属实？宋哲元将军亦表赞同否？答：关于成立冀察政务委员会事，萧、陈二人与土肥原时有接触及商讨。关于自治运动，日本政府提案经由陈觉生转达中央政府，宋将军同意成立冀察政委会，乃为维持平津区域之和平与秩序，但决未赞同此区域内之自治运动。问：宋将军于冀察政委会成立后，异常高兴，曾嘱陈觉生转请土肥原留居平津，负关东军与天津军之联络工作，知其事否？答：不知。余等当时受土肥原之压迫深感痛苦。问：现余将提出一宋赠土肥原之字画，为宋向土肥原表示感谢之礼物（辩护人当庭提出字画一幅）。答：余初见此物，此为宋赠送土肥原离开中国之纪念品，似此馈赠，亦两国官员交际上普通之事。[1]

冀察政务委员会是南京政府对日妥协的产物，虽由宋哲元出任主席，但并不能表示宋哲元赞同日本人策划的自治运动。关于中日两国就华北事务展开之交涉，秦德纯之庭审证词中设"日人对于冀察当局之胁迫"一节，所述甚详。关于"余等当时受土肥原之压迫深感痛苦"，讲的是宋哲元因日方交涉益繁，压迫愈重，被迫请假回籍。宋将与日本交涉责任交给秦氏，要求秦与日交涉，采取不接受不谢绝两种相反的原则。就这样，秦氏"忍辱负重委曲求全的应付了四个多月"。[2] 而有关宋向土肥原赠送字画一节，秦回答，这是两国官员来往交际之礼节，而非感谢，明确有力。

---

〔1〕 外交部编：《审判远东战犯，组织国际法庭》第4册，第79页。《中央日报》1946年7月24日第三版题为《远东国际战罪法庭，秦德纯作有力答辩，土肥原为侵略阴谋主使者》，关于土肥原对宋哲元施加压力部分："土肥原在华北所施之压力，颇为猛烈，宋氏及渠为维持华北和平，而同意冀察政务委员会之设立，但从未支持华北之'自治运动'"关于字画部分，秦德纯答曰："此卷国画系土肥原离开中国时所赠者，两国官员交换礼物在我国乃极普通之事，故决不能以此作为有利被告之证据。"两份文件内容相同，可见为现场记录。

〔2〕 秦德纯：《七七卢沟桥事变经过》，第22页。

就以上文字看，秦德纯之答辩张弛有度，有理有据。不过，辩护律师还是从秦之证词中发现了一个问题。故有本日之二问与答。

> 二问：证人陈述书“七七事变”记实中所谓“田中吞并世界第二步计划”并非事实，是否有误？答：此系根据在中国流通极广之印刷小册，由此得知田中征服世界分为四阶段。1. 占领满蒙；2. 统治华北；3、4. 阶段实行之证明，即 1941 年日本对珍珠港之袭击。〔1〕

在摘要版秦德纯证词中，并没有关于“田中奏折”的内容。在英文速记录的第 189 号证据中，有“他们期望河北、山西、山东、察哈尔以及绥远省都由此变成具有特殊地位的地区，进而实现田中将军征服整个世界计划的第二步”〔2〕一句。众所周知，关于《田中奏折》的真伪，学术界一直争论不休。虽然主流的意见持否定的态度，但从历史进程看，1929 年出笼的《田中奏折》确定的日本国策，无一不得到验证。“田中计划”中所称“然欲以铁与血主义实保中国东三省，则第三国之阿美利加必受支那以夷制夷之煽动起来而制我，斯时也，我之对美角逐势不容辞”，“将来欲制支那，必以打击美国势力，为先决问题”之句，与历史惊人的一致。秦德纯虽然缺乏《田中奏折》为日本政府真实文件的证据，但指出 1941 年日本偷袭美国珍珠港，与《田中奏折》所言相符，也就不能说《田中奏折》是一份伪造的文件。就从这一点看，秦氏的答辩技巧可以说是一流的。直到 7 月 24 日，美籍律师克莱曼（Samuel J. Kleiman）在质证中，再次提起“田中计划”，并将“田中计划”说成是共产党的宣传活动，将日本打扮成受害者。〔3〕质证过程冗长，此处不赘。

查庭审记录，太田律师在提出这一问题之后，紧接着提出了日本及其他国家军队是否有权在中国领土上进行军事演习一事。〔4〕这一主

〔1〕 外交部编：《审判远东战犯，组织国际法庭》第 4 册，第 79～80 页。
〔2〕 东京审判文献丛刊委员会编：《远东国际军事法庭庭审记录》（英文），第 421 页。
〔3〕 东京审判文献丛刊委员会编：《远东国际军事法庭庭审记录》（英文），第 568～570 页。
〔4〕 东京审判文献丛刊委员会编：《远东国际军事法庭庭审记录》（英文），第 470 页。

题的安排与摘要版秦德纯出庭证词有所不同。关于这一主题的质证论辩，留在下一节中详加讨论。

第三问有关“九一八事变”与土肥原之责任。摘要版秦德纯出庭证词中没有此内容，秦德纯之依据与观点，留待本文最后一节讨论。接着，另一名日籍辩护人伊藤，也是松井石根辩护人，与证人秦德纯开始新一轮问答。其文如下：

> 一问：十二月一日在天津西湖饭店所开中国大亚西亚协会发起人会，从记录上知宋哲元、韩复榘及足下均曾出席，尊意若何？答：宋哲元与余决未出席，余闻齐燮元曾出席，此人今正以汉奸论罪。余如列名其中，恐为陈觉生所书。[1]

聪明的日籍辩护律师企图将秦德纯拉入“汉奸”之列，以使其证词之可靠性大打折扣。秦完全不承认参加中国大亚西亚协会发起人会之事。日方所依据的仅仅是与会者记录，而与会者记录可能是假造或误录的。

> 二问：据口供书中所称撤退察哈尔省国民党活动及取缔排日行为二项，其意若何？在此地带有何种抗日组织存在？答：察哈尔省决无任何抗日团体与组织，当时中央决定政策：“和平未至绝望时期决不放弃和平，牺牲未至最后关头，决不轻言牺牲。”地方当局忠实执行此种政策，但日本军阀为达到侵略河北之目的，竟视政府机关及国民党为排日机关，认反对华北五省脱离中央独立之新闻记者、爱国学生之行动为排日行动。（嗣由伊藤提出书籍一种，证明中国在鸦片战争后所采排外教育之事实，包括英、美、法、德。）[2]

日方这一提问的目的很明确，其意为，如果不是这一地带存在抗日

[1] 外交部编：《审判远东战犯，组织国际法庭》第4册，第80页。
[2] 外交部编：《审判远东战犯，组织国际法庭》第4册，第81页。

组织，日方就不会要求察哈尔省的国民党机构退出，也就不会取缔察北地区的排日行为。秦德纯对此给予明确的否定性答案。此外，秦氏还重申并斥责日人将中国执政党视为排日机关的荒唐行为，并巧妙地将华北地区的所谓“排日”，解释为新闻记者及青年学生反对日人分裂华北的爱国行为。相反，伊滕提出的排外书籍，本来就属于言论自由之一种，不能构成日本侵略之借口。

总之，在1946年7月22日至23日的两场交叉质证中，作为证人的秦德纯很好地履行了他的职责。在关于“察北事件”及所谓“秦土协定”的解释及定义，关于宋哲元及他本人与日人军政当局的关系，以及察哈尔省是否存在排日行为的回答中，秦德纯的表现可圈可点。即便有关证据并不充分的《田中奏折》之争辩，秦也没有表现出丝毫慌乱与困窘，措辞得力，进退有度。

三、围绕“七七事变”的庭审质证

比较而言，7月23日11时2分登场的美籍律师沃伦（Franklin Warren）[1]质询的火力更猛，提问更为尖锐。沃伦与秦德纯的问答围绕“七七事变”的本身展开。为方便论述，兹将每问分拆为若干问，提问之编号为笔者所加。

> 一问：依据1937年10月6日国际联盟报告书第384页所述，在1937年7月日本在华北驻军计数七千，此项驻军权系根据1901年“辛丑条约”，再据1902年“辛丑条约”附属物协定，外国驻屯军有野外演习（P81）之权，不须通知中国官厅，似此足下何以谓在卢沟桥事件前，日军演习为违背国际法？答：余之陈述仍不变更，因吾人曾与日驻屯军约定，日军于演习前必须通告我方。[2]

沃伦提出了有关“七七事变”的一个关键性问题，即日本军方是否

---

〔1〕 外交部编：《审判远东战犯，组织国际法庭》第4册译为“华兰”。“沃伦”作为标准译名，据程兆奇、龚志伟、赵玉蕙编著：《东京审判研究手册》，上海交通大学出版社2013年版，第171页。

〔2〕 外交部编：《审判远东战犯，组织国际法庭》第4册，第81～82页。

有权在华北驻扎？并是否有权进行野外演习？且不须通知中国官厅。查《辛丑条约》第九款确有相关记载：

中国国家应允由诸国分应主办会同酌定数处留兵驻守，以保京师至海通道无断绝之虞。今诸国驻守之处，系黄村、郎坊、杨村、天津、军粮城、塘沽、芦台、唐山、滦州、昌黎、秦皇岛、山海关。〔1〕

很显然，根据辛丑条约第九款的规定，日本等国只有在京津唐地区铁路沿线12个驻军点上驻扎军队的权利。至于诸国驻兵的野外演习权，则见1902年《法意日本三国交还天津照会》的有关规定：

该军有操练、打靶及野外大操之权，无庸预先照会，但发弹子时应先时通知，且又竭力设法，以免各国之兵与华兵相滋事为要。故拟由中国国家禁止华兵距驻扎天津之军队二十华里内前进或屯扎。〔2〕

依此条约，日军在天津进行野外演习也是合法的。不但演习是合法的，而且不用预先照会中国政府。美国律师藉此提示法官，日军在中国的驻扎与演习均是合法的行为。不仅如此，查庭审记录中，有"督译"如下："我想更正下辩方律师问题的英文翻译：不仅是我们国家，其他签署《辛丑条约》的国家也同样有在中国领土上进行演习的权力。"〔3〕根据"利益均沾"的原则，一个国家与中国签订的不平等条约，其他国家可以分享其利益。只不过，在这里，列强在天津的权益被转化为在中国的权益。

不过，细加追究，与"七七事变"直接有关的日军驻地丰台并不见于《辛丑条约》规定的12个地名中。丰台成为日本驻军地，则要从1935年讲起。1935年6月27日，中国"汉奸"白坚武率领匪徒及日本浪人300

〔1〕北京外交委员会编纂处：《分类编辑不平等条约》上册，商务印书馆1929年版，第130页。
〔2〕北京外交委员会编纂处：《分类编辑不平等条约》上册，第134～135页。
〔3〕东京审判文献丛刊委员会编：《远东国际军事法庭庭审记录》(英文)，第470页。

多人强占丰台火车站，炮击北平市区，被中国驻军击败。[1] 11 月 27 日，日军宪兵 90 余人强占丰台火车站，经交涉后，日军规定禁止空车南下，不许载运军队。且 1936 年 6 月 21 日，日本华北驻屯军步兵旅团第一联队进驻丰台，在丰台建兵营，修碉堡。[2] 1936 年 9 月，发生了第一次“丰台事件”，秦德纯在他的出庭证词中对此说明如下：

> 一九三六年九月丰台事件发生，起因为日军一中队在丰台演习，通过我军守卫线时，被我守卫军阻止前进，遂发生冲突。此事虽旋即解决，日军竟借此为口实，增加丰台驻军为一大队，大队长为一木清直少佐。[3]

秦氏对于第一次丰台事件的描述过于轻淡，只字未提事件导致的直接后果是二十九军在日本逼迫下撤出丰台。不仅如此，就是在其篇幅较大的庭审证词中，尽管设有“日人对于冀察当局之胁迫”一节，却一字未提二十九军被日军逼迫撤出丰台一事。以今天的观点看，这一事件的严重性在于，日本军队占领丰台，已经突破《辛丑条约》的规定。而代表国民政府提交证词的秦德纯，在关键的质证节点上，失去了一次很好的表达机会。

关于日军演习，由于规定不用照会中方，所以，秦氏强调的“吾人曾与日驻屯军约定，日军于演习前必须通告我方”似乎无道理可言。不过，细加追究，1902 年订立的《法意日本三国交还天津照会》的基本精神是“竭力设法，以免各国之兵与华兵相滋事为要”。以此为原则，演习前的通报就显得十分必要。加之秦德纯称与日军有约定在先，那就更是合情合理的了。

沃伦律师并不这么想，他从秦德纯的回答中似乎找到漏洞。于是，

---

〔1〕关于白坚武的身份及与“丰台事件”的关系，详见中国社会科学院近代史研究所编，杜春和、耿来金整理：《白坚武日记》第二册，江苏古籍出版社，第 1236～1237 页。

〔2〕北京市丰台区地方志编纂委员会：《北京市丰台区志 · 大事记》，北京出版社 2001 年版，第 31 页。

〔3〕外交部编：《审判远东战犯，组织国际法庭》第 4 册，第 77 页。

就有了以下二问。

> 二问：中国地方当局不得中央政府许可，竟可置国际约定于不顾，自行另立协定乎？答：此非对国际条约有所损益，惟以日本军时常演习，吾人自应与之有所约定，期阻止暴乱与误解之发生。如今来作证之前宛平县长即与日驻丰台部队长订有协定。[1]

沃伦的提问相当棘手，地方当局的规定岂能高于国际条约？也就是说，在沃伦看来，秦德纯与日军的私下协定是无效的。如果这一质询成立，则有关"七七事变"的责任追究，中方并不占主动。辩护律师并没有要求秦德纯出示证据，即秦氏与日军有关演习须预先通报之协议文本，因为他们对这个协议不感兴趣。沃伦第三问如下：

> 三问：余并不关心当地协定之若何，所着重者为足下口供书中谓曾告知部属，日军演习违反国际法，系何原故？答：余之所以告知部属，日人违反国际法者，系谓日人不遵守约言，用此国际法之学术上名词，或因余手边无充分参考资料之故。[2]

确实，沃伦并不关心秦与日军的协定，而是关心秦德纯所说："日军演习违反国际法。"秦之回答显得不仅窘迫，而且有些慌乱。秦氏不得不对这句并不准确的判断进行重新解释，即不遵守约言，也就违反国际法之精神。而采用"国际法"这一名词，是当时情急之下，手边亦无充分参考资料之故。也就是说，秦已承认，他对士兵的如是说辞并不合适。从秦氏慌乱的回答来看，颇令人产生秦氏是被告的错觉。关于这一点，倪征日奥回忆说，当他问秦德纯对东京审判的感想时，秦叹了一口气说道："哪里是我们审判战犯，还不如说战犯审判我们。"[3]

沃伦律师紧接着开始了第四问，其文如下：

---

〔1〕 外交部编：《审判远东战犯，组织国际法庭》第 4 册，第 82 页。
〔2〕 同上。
〔3〕 倪征日奥：《淡泊从容莅海牙》，法律出版社 1999 年版，第 108 页。

四问：足下认为当地部队官长之口头协定或绅士协定，违反国际法与国际条约乎？答：余以为地方长官与外国部队长所订此种绅士协定，原为维持和平与秩序，并不违反国际法之精神，如演习前不通知人民，易生混乱，秩序将无法维持，势将违反国际法或辛丑条约之精神，因辛丑条约规定之外人铁路驻兵权，原为维持铁路线之和平与秩序及通海交通也。[1]

沃伦直接将中国军队与日军的口头协定，定义为违反国际法与国际条约。这一看起来相当棘手的问题，此时被回过神来的秦德纯轻轻化解。秦氏的理由很简单，无论是《辛丑条约》还是《法意日本三国交还天津照会》，其基本精神之一，是维持和平与秩序。两国军方的口头约定，正因维持和平与秩序而制定。在这个意义上，怎么能说两军之间的约定违反国际法或国际条约呢？

查《远东国际军事法庭庭审记录》（英文），7 月 23 日上午日方辩护律师还有以下一问：

问：按照《辛丑条约》有关条款，演习是在得到宋哲元将军确切许可后才进行的。那么在这些演习之前，还需要有更高层次的许可么？补充：难道日本军方从宋哲元将军处得到的许可不比《辛丑条约》规定的更加有效么？

答：第一点，就《辛丑条约》来讲，外国可以在铁路沿线附近进行演习，但并不允许在更远的地方演习。[2]

日本的辩护律师企图将日军的军事演习——包括导致“七七事变”的卢沟桥军事演习说成是得到宋哲元同意，事实并非如此。秦德纯也没有就这一点发表意见。秦要指出的是，在铁路沿线以外的演习是不被允许的。确实，在上引《法意日本三国交还天津照会》中，有以下规定：

---

〔1〕 外交部编：《审判远东战犯，组织国际法庭》第 4 册，第 82～83 页。
〔2〕 东京审判文献丛刊委员会编：《远东国际军事法庭庭审记录》（英文），第 471 页。

顺京至海通道，应设各军队之管带官，所得弹压治罪之权，延至距铁路两英里之远。在该约第九款内载数处有兵驻守之时，常应照此办理。

各国军队对铁路沿线的行政管理权，被严格限定在距铁路两英里之内。但据此还不能推及，各国军队在驻守处外，还有所谓演习权，更不论在离铁路驻兵地点更远的地方有演习权。以此理解《辛丑条约》及附属《法意日本三国交还天津照会》之精神，是合适的。这样一来，导致"七七事变"的日军演习，就是非法的。

7 月 23 日下午，这一问题再次被日方辩护人提起。秦拒绝回答，被再次要求回答后，便作了一个与当天上午相同的回答。不幸的是，秦德纯将 1900 年签订的协议，误为"鸦片战争后"。尔后的更正却是非常明确，其文如下：

1900 年签订的协议是在义和团——所谓的义和团运动之后，而不是鸦片战争之后。另外关于日军获得批准能够演习的地点，可以远离他们驻扎地点，但是不允许在丰台驻军，也不允许在南京附近演习。[1]

秦德纯明确表示，日本的丰台驻军破坏《辛丑条约》。他那归谬式地结论："不允许在南京附近演习"，也表达得相当有力量。秦氏的这一表达，与上文所引其当天上午对于丰台事件表达，迥然不同。查秦德纯回忆录，关于丰台事件，其说法相当怪异：

丰台密迩北平，为交通枢纽，驻有我冯师混成部队一营。日军亦基于《辛丑条约》之规定，在该处驻一大队。[2]

---

〔1〕 东京审判文献丛刊委员会编：《远东国际军事法庭庭审记录》(英文)，第 495～496 页。
〔2〕 秦德纯：《七七卢沟桥事变经过》，第 22 页。

秦德纯竟将日军在丰台驻军说成是依《辛丑条约》的合法行为，与7月23日下午在质证中所说完全不同。我相信这是秦德纯对于《辛丑条约》的错误理解，且一直存留在他的记忆中。这令我们想像，7月23日中午休庭时，秦德纯可能得到某位高人的指点。

指点秦德纯的这位高人可能是中国法官梅汝璈。作为11位法官之一的梅汝璈，坐在法官席上，出席了相关庭审，清楚知道秦氏在法庭上的表现。不仅如此，梅与秦同住帝国饭店，梅回忆说："法官们中午经常都是驱车回到他们居住的帝国饭店去用膳。"[1]因而有时间在中午与秦德纯见面，交换意见。或有人问，依照法律规定，法官不能与证人接触，更不能对证人面授机宜。历史事实却是相反，秦德纯回忆说："我同梅氏均住帝国饭店，他说每次被告辩护人提出问题，他都曾替我考虑如何答覆，结果我的话往往比他想的还适合，庭上亦均满意。"[2]秦氏回忆显然有吹牛的成份。如果将讨论聚焦于日本丰台驻军这一点，秦的话会比梅氏想的更适合吗？同样可以追问，梅汝璈对于秦氏在这一问题上的表现会满意吗？对于《辛丑条约》有着错误理解的秦德纯，不可能作出如此有力的表达，日本"不允许在丰台驻军，也不允许在南京附近演习"。

很显然，在秦德纯内心深处，他相信依《辛丑条约》，日军有丰台驻军的权利。可见，就《辛丑条约》的文本本身，秦德纯没有认真地加以研究。这一点，对于国民政府华北驻军的最高军事长官及兼任北平市长的秦德纯而言，几乎是悲剧性的。

总之，在7月23日的交叉质证中，尽管秦德纯也曾一度陷于被动，进退失措，但总体上看，他与辩护律师之间精彩的攻防论述，足以改变他在倪征��笔下的那个颟顸无知的武夫形象。站在事后诸葛亮的观点，如果在23日上午的质证中，就明确表明中国对于日本非法驻军丰台的观点的话，秦的表现可以算作完美。现在剩下的问题是，倪征��有关秦德纯几乎被轰下证人台的回忆从何而来？

---

〔1〕 梅汝璈：《远东国际军事法庭》，法律出版社1988年版，第49页。
〔2〕 秦德纯：《出席远东军事法庭作证》，《秦德纯回忆录》，传记文学出版社1981年版，第62页。

四、用英文庭审记录进行的补充

（一）秦德纯被“轰”真相

在秦德纯证词中，关于“七七事变纪实”的部分由以下几节组成。第一节，“前记”，摘要版中标为“前略”。查《远东国际军事法庭庭审记录》（英文），知摘要版证词省略了《序言》中“七七前夕华北之军政态势”中的“政治情况”一节，而关于“军事情况”一节，则省略二十九军及所属各部的驻防情况。在省略的部分中，与日军有关的论述仅为“驻扎在丰台地区的日本军队多次要求中国驻军撤出此地，也包括撤出长辛店地区，但都被我方明确无误地拒绝了”一句。需要说明的是，这句中的“此地”，指的是卢沟桥地区。[1] 由此可见，中国驻日代表对于秦德纯证词的摘要处理，是合适的。

在接下来的文字里，秦德纯讲述日军企图在丰台与卢沟桥之间地区修造军营与机场。与中方商议未果后，日方企图让当地居民将土地自愿出租给日军，而被居民拒绝。再接下来，就转入“日本侵略的几个阶段”之内容论述。第一小点题为《离间和疏远》，其内容如下：

> 日本方面试图离间华北地方政府同中央政府的关系，使两者关系疏远，他们用威胁、利诱等方式，试图将分散区域各个击破，所有方式都可以概括为：用行贿利诱，用武力威胁。然而，所有的尝试都遭到当地政府的断然拒绝。他们的阴谋昭然若揭。这是敌人侵略华北的第一阶段，时间大约是从1935年秋至1936年夏天。

这一段证词与秦德纯其他证词的风格与叙述方式大不相同。对于日本方面试图离间华北地方政府同中央政府关系的行为，秦德纯采用的是定性归纳的方式。此句结束，时间已到上午10：45分，法庭休庭。11时再次开庭，遂有以下记录：

> 麦克马纳斯先生：尊敬的法庭，我反对继续朗读这份文件。这

---

〔1〕 东京审判文献丛刊委员会编：《远东国际军事法庭庭审记录》（英文），第416～417页。

份文件很显然带有目击者的主观推测和意见，不仅限于事实的陈述。

庭长：它确实不应以那种形式呈现，但我想我们要接受它的证据价值，麦克马纳斯先生。

莫罗上校：我可以继续么，尊敬的法庭？

庭长：可以。

麦克马纳斯(McManus)为被告荒木贞夫的美籍辩护律师。这一段文字可能就是辩方律师“轰”秦德纯的主要依据。由于辩护律师要求中断证词宣读，给听众留下深刻印象。确实，仅以休庭前的这段文字而言，麦克马纳斯的指责似乎不无道理。尽管如此，庭长仍然拒绝了麦克马纳斯先生的要求。庭长认为，尽管这一段文字“不应以那种形式呈现”，但需要接受的是它的“证据价值”。

为什么这样一段看起来颇有些空洞的文字，仍然得到庭长的赞同，而使质证得以继续。仔细查之，原来，秦德纯有关“日本侵略华北”的证词(第198号)第二小节——题为《冀察政务委员会建立前后日本的引诱和威胁策略》，已经提前讲述了这部分内容。第199号证据《七七前夕华北之军政态势》中的内容，与第198号证据有部分重复与交叉。在第198号证据中，秦德纯除了列举日本方面对宋哲元所采取的各项引诱策略外，还举北平特务机关长松室孝良和日本驻华大使馆武官高桥坦的劝诱为例予以证明。秦德纯指出，在选举国民大会代表及高校学生集中军训两事上，日方发现宋哲元并不是一个合作者，所以转而采用了政治、经济和军事方面的各种威胁手段，诸如要求宋通电宣布华北自治政府成立，控制公众意见，尤其必须禁止那些反对自治政府的意见；建造天津—石家庄铁路，增加欧美国家的关税，减少日本货物的关税；在丰台挑衅中国驻军，与之发生冲突等。这些事实此前已向法庭陈述，上引文中的归纳，只是对出庭证词的一个补充。

这样，莫罗上校得以继续宣读秦氏的证词。

莫罗上校：(继续宣读)经济垄断。日本方面假借友善、平等、互惠之名，试图制造经济垄断。他们提出的具体要求有：a. 建造沧石铁路(在唐山和石家庄之间，均在河北南部)；b. 开发龙烟铁矿山(在察哈尔省)；c. 修改天津海关关税，以此提高欧洲和美国货物的关税，降低日本货物关税。[1]

实际上，这段文字已经见于第198号证据中相关部分。再下来，秦氏证词揭示“日本方面最终决定诉诸武力威胁”，而不再举丰台事件为例，似乎空洞，然在证人看来，再举例证则为重复。日本辩护律师企图用第198号证据与第199号证据中的重叠部分造成的省略，来指责证人是“主观推测”，只能理解为日本辩护律师的攻击策略，而非其他。

（二）关于日本侵略的再问答[2]

7月23日，在上引伊滕的第二问，即涉及反日书籍的问题之后，伊滕提出了有关国民政府对中国控制程度的问题。秦德纯回答，东三省、热河、河北以东等地除外，其余皆在国民政府控制之下。伊滕继续追问，南京政府有没有自己的侵略意图，即用战争手段来扩大自己的势力范围。在得到否定性的回答后，伊滕将话题回到对秦德纯的出庭证词上。

问：在A-1下面，你说：“自从这些日本侵略者毫不费力地入侵了中国的东三省之后，接着他们又入侵了热河省并发动了长城战役，所以他们觉得也能像这样轻而易举地占领华北地区的这些省市”，那么我想知道，这个说法的依据是什么？另外将军阁下，如果你有事实证明的话，我也想知道事实情况。如果你没有具体事实证明这个陈述，那你为何这样说？[3]

---

〔1〕东京审判文献丛刊委员会编：《远东国际军事法庭庭审记录》(英文)，第420页。在7月22日上午，莫罗上校提问秦德纯，问他提供的法庭证词是否真实。秦在回答中作了两处更正，其一是将“沧石铁路”改为“Tsin-Shih”铁路，即“津—石”铁路，即天津—石家庄铁路。第394～395页。

〔2〕本节引用的文献出自东京审判文献丛刊委员会编：《远东国际军事法庭庭审记录》(英文)，第486～489页。

〔3〕东京审判文献丛刊委员会编：《远东国际军事法庭庭审记录》(英文)，第487～488页。

伊滕的这段引文出自《远东国际军事法庭庭审记录》(英文)《序言》中“七七前夕华北之军政态势”中的“政治情况”一节,为摘要版秦德纯出庭证词所省略。在伊滕的这个质问中,仍然涉及有关具体事实的举证。于是,就有了秦德纯以下详细的回答。

答:九一八事变之后,日本占领了满洲里,1933年又制造了热河事件,在同一年日本进军至长城沿线,也就是古北口关口——冷口,喜峰口,古北口。上述提到的各个关口都是长城沿线的战略要塞,而长城以南地区地势平坦,是一个平原,防御十分困难。这就是为什么我们能够做出以下这个结论的原因:日本军队从北向南进军,越过我们的战略防御要塞,很明显,他们的目的就是要占领中国的华北地区。〔1〕

秦氏的回答已经足够详细与清楚,日军占领东北三省,制造热河事件,进军长城沿线。一旦突破长城,华北平原已无险可守。日军的目的,在于占领华北。这一陈述,难道还不够明白?伊滕并不满足,于是又有一问。

问:将军阁下,我想问的是你是否有事实依据,而不是结论。除了你做出的结论外,还有没有事实依据?

答:自从1933年的5月,日本军队抵达通州,那里距离华北政治中心北平只有40里,并且沿着通州一路到天津。事实很清楚,那就是日本想接管北平和天津。正因为如此,才有了5月31日《塘沽协定》的签订。根据我们被迫签订的《塘沽协定》有关规定,中国军队不得不撤出上述沿线地区——也就是通州到天津一线——不得不撤出该线以东所有地区。〔2〕

〔1〕 东京审判文献丛刊委员会编:《远东国际军事法庭庭审记录》(英文),第491页。
〔2〕 同上,第492页。

伊滕的第二问，还是追问事实。秦德纯不慌不忙，叙述日军抵达通州，占领北京与天津间之重要战略位置，中方被迫与日方订立《塘沽协定》，中国军队撤出通州到天津一线及以东地区。这就是日军对华北的逐步侵略，最后才有“七七事变”的发生。事实已经足够清楚，伊滕对于证人事实的穷追猛打，仍可算是辩护的策略。再换一个角度，作为证人的秦德纯，在法庭上的表现，真可谓可圈可点。而倪征燠的回忆，如果不是误记的话，或许与梅汝璈对秦在丰台问题上的表现不满有关。倪征燠于1947年初加入远东国际军事法庭之对日审判，有关秦德纯在法庭上的表现，非亲眼见，而是耳闻。而材料的来源，只可能是(无论直接还是间接)与梅汝璈(或其他人)有关。当然，这仅仅是一种猜测，事过境迁，当事的双方分别属于战后敌对的两个阵营，且分居两地，有些微妙的东西可能永远也说不清了。

五、国际法与“不平等条约”

以今天的观点看，在远东国际军事法庭上，证人秦德纯的表现近乎完美。现在的问题是，在回答美国律师沃伦的第三问时，秦德纯的困惑与慌乱从何而来?

美籍律师沃伦的提问，从一开始就聚焦于国际法，且每一问都围绕国际法。尤其是“日军演习是否违反国际法”? 更是直奔主题。站在日方的立场，日军演习并不违反国际法。1901年订立的《辛丑条约》赋予日本等国在中国12个地点驻军的权利，1902年订立的《法意日本三国交还天津照会》赋予日军在天津进行军事演习的权利。不仅如此，按照《法意日本三国交还天津照会》的规定，日方可以不通报中国官厅就进行军事演习。秦德纯在出庭证词中笼统地指责日方违反国际法，似乎留下了漏洞。

依上引1902年订立之条约，规定天津地区的中国军队不能驻扎在外国军队驻地的20华里内。退一步讲，既便在天津之外，从黄村火车站到卢沟桥头的直线距离为16.7公里，即33.4华里，日军的演习也已大大超过20华里的限制。日军破坏国际条约在先。可惜的是，质证中的秦德纯没有提及这一点。

最重要的是，以《辛丑条约》及附属条例为代表的国际法，对于中国人极不公平。它侵犯了中国的国家主权，对中国人民带来了侮辱性的损害。不仅对秦德纯，也包括对于同时代或我们今天这个时代的许多人来说，不公平的国际法还是可以依凭的国际法吗？这就是秦德纯在回答美国律师沃伦第三问时的困惑与慌乱所在。事实上，在华北主军与主政的时代，甚至战后，秦德纯似乎都没有认真研究过《辛丑条约》。

不仅如此，作为负责国民政府外交事务的外交部亚东司，也没有认真研究过《辛丑条约》，1946 年 7 月 24 日下午 4 时，国民政府驻日代表朱世明从东京给国民政府外交部长发出电报，称在"七七事变"之初，中方曾向国际单独声明，根据《辛丑条约》，日军无权在卢沟桥演习。朱世明要求外交部查出这项声明，"以便送察长及当地报纸"。8 月 5 日，外交部亚东司回电："查所称之声明，无案可稽。根据条约，日军演习，应事先通知，但卢沟桥演习未见通知，此点可注意。"[1]就日军演习事先通知一事而言，外交部亚东司对于《辛丑条约》的理解也是错误的。如果由他们审查秦德纯的出庭证词，当然不可能发现其中对《辛丑条约》理解上的错误。

然而，这并不能说明中国朝野上下真的没有人能正确理解《辛丑条约》及其相关条约。1940 年起出任国际联盟理事会副代表，并于 1942 年任国民政府外交部亚西司司长的徐淑希博士曾出版一本英文专著，讨论 1937 年的战争责任，其中对于相关国际条约分析甚详，理解也完全正确。[2] 很可惜，徐博士的论文用英文撰成，并不为他人所知。

回到东京审判的讨论中来。不管秦德纯是否承认，我相信在梅汝璈的点拨下，7 月 23 日下午，秦德纯找到了自己的立场。他以国际法——即便是不平等条约的国际法——作为自己的武器与立场，与日方律师展开控辩。上引秦氏一句结论，可谓掷地有声："于日军获得批准能够演习的地点，即便可以远离他们驻扎地点，但是不允许在丰台驻军，也不允许在南京附近演习。"再将此语与上引秦德纯回忆录所言对

---

〔1〕 外交部编：《审判远东战犯，组织国际法庭》第 4 册，第 1 页。

〔2〕 Shuhsi Hsu(徐淑希)，*How the Far Eastern War Was Begun*（《谁生厉阶》），Shanghai Kelly and Walsh，Limited，Hongkong — Singapore，1938，PP. 17 - 26.

照，我相信这句话原本出自梅汝璈而非秦德纯。这一论辩的力量在于，采用归谬推理，如果放任不予约束，日军就有可能在南京附近进行演习。

既便中日双方的交叉质证进行到这里，也不能说明日本辩护方处于下风。双方在《辛丑条约》的基础上展开新一轮质证。这一部分的问答不仅篇幅冗长，似乎与日本侵略罪行无关，以至于这一长段的内容，不见于摘要版秦德纯出庭证词。请读下文：

> 问：将军，你刚才说，根据 1901 年 9 月 7 日签订的《辛丑条约》，日本在华的驻军要比其他任何国家都要多。那么是不是说，在那时，日本也因为中国无纪律的武装人员以及土匪行为而遭受到比其他国家更多的人员生命和财产方面的损失？

提问者的用意很明显，日本侨民如果在中国受到的伤害很多，或比其他国家侨民更多，那么，日方就有理由突破《辛丑条约》的限制，扩大驻军与演习的地点与范围。秦德纯陈述的事实清楚，回答有力：

> 答：自从 1901 年条约签订以后，华北地区没有发生过导致任何一个日本人死亡的骚乱。那是因为日本一直在为侵略做准备，并且用和你一样的理由在华北地区集结兵力。事实上，在七七事变发生那会儿，华北地区，尤其是北平周围的秩序维持得是很好的，这一点，所有居住在北平的外籍居民，尤其是英国和美国人都知道。日本总是试图在华北制造混乱，并利用这些混乱作为其向该地区集结兵力的托辞和借口。在张北县就发生过这样一件事情。日本在那个地方雇佣流氓和所谓的浪人制造事端，但是当地政府都进行了很好地处理，秩序得以恢复。[1]

当沃伦表示不要听秦德纯的演讲式陈述，而只要他回答日本是不

〔1〕 东京审判文献丛刊委员会编：《远东国际军事法庭庭审记录》(英文)，第 500 页。

是遭受到更多的损失时，秦氏作了明确的否定性回答。作为庭长的韦伯忍不住了，他问沃伦："你的目的是要说明日本的所作所为是根据义和团运动以后的条约而来的，是有正当依据的?""侵略者，或者我们说是入侵者，也损失惨重?"韦伯最后的判断是："如果日本是侵略者，入侵者，我们会说，他能强迫人们同他签订协议，又说他也遭受了重大损失，这两个事情完全不相干。"沃伦大窘，他再次强调："日本也有比其他国家更多的侨民和更多的财产利益，所以需要更多的警察部队来保护他们。"

日方的这一立论如果成立，他们就有理由突破《辛丑条约》的限制，在中国更多的地方驻军，在更为广阔的地域进行军事演习。他们的论点受到来自证人与庭长韦伯的双重批评——一个从事实的角度，一个从逻辑的角度。沃伦话锋一转，提问卢沟桥事件中 7 月 14 日中日双方战火重起。

> 问：真实的情况是不是，将军阁下，冲突再起是由中国，而不是日本挑起来的，也就是说，7 月 14 日是中国军人首先开的枪？答：是日本人先开的枪。
>
> 问：所以你否认战争的再次发生是由中国而不是日本人挑起的，是不是？答：是。
>
> 问：将军阁下，对于那些边远省份以及那里的驻防部队，尤其是七七事变中与日本发生冲突的那支部队，中国中央政府对他们几乎没法控制，是不是事实？答：所有这些地方都听命于中央政府。[1]

在这一个主题的质证中，秦德纯开始用最简短的语言回答律师的提问。沃伦欲通过秦德纯本人之语，来证明由于中国各个部门、各个军队以及各指挥官，不执行蒋介石总司令的命令。果真如此，那么，不听上级指挥的中国军人首先对日军开枪，就有了一个逻辑上的基础。果

〔1〕 东京审判文献丛刊委员会编：《远东国际军事法庭庭审记录》(英文)，第 515～516 页。

真如此，在需要处理保护日本侨民时，日本方面找不到一个负责任的地方政府与之协商，那么，推翻中国的现有政府，建立服从日本的傀儡政权，也就有了充足的理由。当然，秦德纯的回答是否定性的。

尽管如此，沃伦还是以《李顿报告》所提及的事实，证明蒋介石没有能力掌握中国的政权与军权，中央命令不能下达。秦的回答依然简单有力，秦不断提醒日方，国际联盟的《李顿报告》完成于 1931 年，而“七七事变”发生于 1937 年。这使得庭长韦伯否认了沃伦在质证中使用《李顿报告》的可能。[1] 当沃伦不太情愿地放弃引证《李顿报告》后，不断对法庭陈述，日本找不到一个负责的中国政府与他们处理保护日本侨民的事务。秦回答:“那时日本在玩多重外交政策。一方面，他们与地方政府谈判，同时他们也在另一边同南京中央政府谈判。”“从来不存在你所说的类似的自治政府，不过日本倒是一直试图制造出几个自治政府。”总之，秦德纯的回答告诉法庭与世人，1937 年的国民政府，是一个中央集权的，负责任的，有效率的政府。中国军队遵守纪律，服从命令，蒋介石总司令掌握对军队的绝对领导权。言外之意，中国政府与军队能够并有能力遵守《辛丑条约》及相关附属条约之规定，日方突破《辛丑条约》及相关附属条约规定，是对中国主权的侵犯，是侵略行为。

尽管《辛丑条约》是一个不平等条约，但却是当时的中国政府，无论是清朝政府还是国民政府，都必须遵守的国际性条约。秦德纯在法庭质证之初，因给予这一条约以一个不怎么合适的解释，而受到来自辩方的攻击；尔后，他转变立场，以《辛丑条约》作为是非判断的标尺，很好地回答了来自辩方的提问。

六、讨论

细细比较秦德纯全部的庭审质证记录，包括本文引用与未引用的，就会发现，所问只要涉及秦德纯所辖防区及部下人与事，秦之思路清晰，回答准确。所问人事非秦德纯防区或部下，如关于“九一八事变”，秦则思路不清，回答含糊。本来，秦德纯只是“七七事变”之证人，但因

---

〔1〕 东京审判文献丛刊委员会编:《远东国际军事法庭庭审记录》(英文)，第 527～531 页。

其证词中涉及土肥原贤二之策划"九一八事变"，所以，在面对辩护律师的相关追问中，秦只有罪名之列举，而无事实之举证。如果秦德纯出庭证词专注于"七七事变"，秦在庭审现场的质证将会主动得多。

这让我推测，秦德纯在准备其出庭证词时，并无法学方面的人士介入。当然，也就没有人提醒秦德纯关注《辛丑条约》的文本，更没有人提醒质证的焦点可能会聚集于国际条约。回到本文开篇时引用的倪征日奥之回忆，中国方面认为东京审判是战胜者惩罚战败者，审判不过是个形式。中国方面所持为"惩罚"的思路，而不是"审判"的思路。这才是秦德纯在法庭上所遭遇的尴尬所在。

这样的尴尬仍见于今天的学术研究。有关抗日战争诸事件乃至中日关系史的研究，究竟持"惩罚"的思路，还是持"审判"的思路，就是摆在我们面前的一个绕不过去的大问题。如果持"惩罚"的思路，我们只要站在自己的立场，抑或称民族主义的立场；如果持"审判"的思路，则必须站在国际条约的立场。除了陈述自己的观点，还要学会倾听对方的观点。关于这一点，程兆奇以日本学者秦郁彦的《卢沟桥事件研究》一书考证"第一枪"以例，评论如下：

> 按照我们的惯性思路，这样的考证再精密也是徒费口舌，因为卢沟桥是我们的家园，日本强行驻军本身即是理亏。日本看法的不同在于，他们认为《关于北清事变的最终协议书》(《辛丑条约》)是民国政府也承认的"合法"国际条约，驻军有条约所本无可非议；至于《辛丑条约》在我们眼里只是声名狼藉的不平等条约，他们是不考虑的。所以，在这样的不同语境中，即使是屠杀派，在问题意识、持论根据以至于话语方式上，都与我们有所不同。我觉得这种"常识"的不同迟早我们也要面对。[1]

确实，既使在"七七事变"之后，一直到1938年，中国政府一直向日

〔1〕 程兆奇：《南京大屠杀研究的几个问题》，收入程兆奇：《歧羊斋史论集》，上海交通大学出版社2013年版，第23～24页。

本政府交纳《辛丑条约》规定的对日赔款。这是负责任的中国政府遵守国际条约的负责任的行为。然而，翻检近几十年来有关抗日战争之论述，以及近代中日关系、中日交涉之论述，中国学者大多站在民族主义之立场，声讨日本侵华之罪行，很少有人在国际条约暨国际法的框架中讨论问题。1987 年台湾学者李云汉的相关论文，可能是仅有的一例。〔1〕很显然，这样的讨论不可能得到双方满意的结论。也就是说，如果我们不能与我们的论辩对手在同一个平台上对话。已经得到解决——无论何种方式解决——的历史问题，有可能重新成为问题；而没有解决的问题，将永远得不到共识。

作一个假设的"历史"，秦德纯可以从开始构思出庭证词时，就以《辛丑条约》作为主线，阐述日方在华北各地，不断制造事端，一步一步突破条约的框架，实施对中国华北的侵略，乃至最后对中国的全面侵略。在这个意义上，1936 年的丰台驻兵可以看作日本对华北军事侵略具有实质性的步骤，而"七七事变"则是日本全面侵略中国的开始。或许，这一思路，可以成为编写中国抗日战争史或中日关系史的基本线索。

---

〔1〕李云汉：《卢沟桥事变：第二次中日战争的开端》，《中央研究院近代史研究所集刊》第 16 期，第 383～410 页。

第十九节　东京审判涉及的浦东电气公司*

——兼及中方资料对相关庭审记录的印证

程维荣**

1946年8月28日(星期三)下午1点35分,远东国际军事法庭开庭。本次开庭,由来自上海的中国检察官、国际检察局中方成员裘劭恒代表检方询问证人。证人为奉国民政府资源委员会指派赴日本为东京审判作证的童受民。在法庭上,童受民用英语发言,在作过宣誓和自我介绍后,他说明了抗战期间浦东电气公司受破坏和被劫掠的情况,随后由被告方的美籍辩护律师阿尔弗雷德·布鲁克斯(Alfred W. Books)和迈克尔·列文(Michael Levin)先后进行交叉质证。当日庭审到下午4点结束。

在辩论中,辩护律师否认日据时期日方对浦东电气公司造成破坏,童受民则不断举证,以证明浦东电气公司不但遭受日本占领当局之破坏,而且损失严重。在68年后的今天,童受民的法庭证词与答辩仍让我产生兴趣:浦东电气公司是否遭受日方破坏?破坏的程度有多深?本文主要以旧时报刊和原始档案等各种资料为依据,验证童受民证词的真实性。

日本侵华战争对中国经济造成巨大破坏。对于中方经济损失的清理以及对日方责任的追究,是涉及战后赔偿的重大问题,当然是东京审判的一项重要议题。然而,由于战争延续时间漫长,所涉案件众多,以及案情复杂,对于各项经济损失进行逐案审理是不现实的。比较而言,东京审判的重点放在政治与军事方面,本案是极少数涉及中国民族工业企业者,因此本案具有独特的研究价值。

本文引用的东京审判庭审记录以东京审判文献丛刊委员会编,上海交通大学出版社、国家图书馆出版社2013年英文版《远东国际军事

---

* 教育部哲学社会科学重大攻关课题:《"东京审判"若干重大问题研究》,项目号:11ZD012。

** 上海社会科学院法学研究所研究员。

法庭庭审记录》为底本，参照雄松堂1968年日文版《極東國際軍事裁判速記録》校对。所引报刊与档案资料主要来自上海图书馆与上海档案馆。

一、浦东电气公司的建立与初步发展

（一）战前浦电的发展

旧时上海工业主要集中在浦西。1920年代前后，英商资本开始渗入浦东。在浦东沿黄浦江一带，工厂、码头、货栈和油库等陆续兴建。浦东工商业的早期开发，有赖于电力工业的兴建。童氏家族在浦东电力工业建设中发挥了重要作用。

童世亨（1883—1975），字季通，嘉定钱门塘人，早年留学日本，毕业于东京高等工业学校电气机械专业。回国后赴各省考察，并研究电灯、电话和电气力学。1916年在浙江嘉兴开设永明电灯厂。

1919年1月，童世亨因“浦东地方宽广，交通便利，与南市及英美法租界仅隔一水”；如以“电灯电力”“供工商企业家之用，则浦东工厂之兴，市面之盛，可翘足而待”，[1]遂以“兴实业繁盛中国”之名，联合上海知名人士黄炎培、穆藕初、钱新之、张蟾芬等人，发起集资国币20万元，创办浦东电气股份有限公司（即浦东电气公司，又称浦电），“先收十万元，在张家浜南岸购地二亩”；1920年“经农商部核准注册，并租用春江码头10号（今陆家嘴游龙路）为事务所”，向当局“呈报开工”获得核准，经营浦东境内电气事业，并于5月召开了公司创立大会。[2]童世亨任总经理兼技术主任，张蟾芬任副经理。

浦电在塘桥建立的张家浜发电所当时安装有2台120千瓦煤气发电机组，同时架设浦东第一条2.3千伏供电线路。至当年12月，全部工程告竣，首台机组开始发电，使浦东南至塘桥、北至陆家嘴、东到其昌栈一带电灯率先放光。翌年1月，浦电正式对外营业。不久浦电又增资本为20万元，买进张家浜北岸基地九亩四分建造新厂。4月，第二台机

〔1〕《童世亨君创办浦东电气公司意见书》，《电气》1919年第25期，第114页。

〔2〕《中外纪闻：浦东电气公司呈报开工》，《电气》1920年第27期，第135页；《参观浦东电气股份有限公司报告》，1934年8月15日，见金城银行存查资料，上海档案馆Q320-1-1440。

组启用,双机轮流全夜发电。[1]

1923年5月,浦电向新通公司订购瑞士BBC公司(即布朗和博维公司,Brown and Boveri)制造的600千瓦、2.3千伏、60周波,"冲动反动合并式,与发电机、励磁机直结传动"的汽轮发电机组1台,不久又向英国拔柏葛公司(又译巴可可和维尔克公司,Babcock and Wilcox)订购"水管式,人工供煤"、每部热面积132.47平方米的锅炉2台,全套设备耗资8 800英镑。[2] 1925年1月,因受直奉战争影响,煤价飞涨,电力行业一度陷于窘境。不过,浦电很快从困境中自拔,至当年11月,资本达到30万元,"始将煤气旧机停开,改用汽轮新机发电"。同年"又招股款十万元"。从1929年5月起,"昼夜开机发电,唯逢星期日,每隔两周停发昼电一日,以便修理"。1930年已建有供电线路80公里,营业区域扩大到高桥、高行、陆行、洋泾、塘桥和杨思六区,灯、力用户3 055户。当时"新用户报请接电者络绎不绝,每户需用电量亦继长增高";"二十一年(1932)续收股本十万元,二十二年又议决增加资本三十万元,分二期招收。"[3]1932年,浦电的电灯用户发展到6 135户,公用路灯数1 407盏,电灯费收入为26.4万元,营业总收入37.7万元,营业总支出29.6万元。净利润8.1万元。[4] 毫无疑问,这一时期是浦电的快速发展期。

根据当时上海市政当局的统一发电计划,全市发电以闸北、南市为中心。为满足浦东用户需要,从1931年2月,浦电开始以趸购电力为主,先后向浦西华商电气公司和闸北水电公司签订购电3 200千瓦合约,并为趸购华商电气公司电力,至1934年分别在黄浦江中敷设南北

---

〔1〕 浦电开张伊始,就采取灵活的经营方式吸引客户,如"依灯数之多寡,酌定电费之增减","六盏至十五盏,每月收银三角二分;十六盏至三十盏,每度每月收银二角八分;三十一盏以上,每度收银二角五分"等,以至"各用户之报装电灯者日益增多",包括太古轮船公司,华通、浦东两码头也由浦电供电,"骤增电灯至数千盏之多"。见《浦东电气事业发达》,《电气工业杂志》1920年第1卷第6期,第142页;《浦东电气厂电力推广》,《电气协会会报》1921年第31期,第40页。

〔2〕 S.L.:《浦东电气公司之概况》,《新电界》1931年第11期,第1页。

〔3〕 《浦东电气公司第十三届营业报告书(中华民国十九年度)》,《电业季刊》1931年第4期,第1页;浦电编:《浦东电气公司开业十周年纪念刊》1931年版,第5～6页。当时又有川沙赵家桥、蔡家路、徐家路三镇民户、商店"联名函请供电,乃又备具书图,呈请将三镇附近扩充为本公司营业区域"。见浦东电气公司编:《浦动电气股份有限公司营业报告(中华民国二十四年度)》1935年版,第4页。

〔4〕 《浦东电气公司营业报告:中华民国二十一年度》1932年版,第9页。

5.5 和 6.6 千伏各两条水底电缆，利用浦西电力供应浦东用户。当时浦东电气公司并拟“自三林区起，敷设线路，供给陈行区各户用电，已奉建设委员会批示，事属可行，准予备案云”。[1] 随着供电范围的扩大，浦电先后收买和兼并了大川、川北等 8 家小型电厂，1936 年股本总额达到 150 万元，发、购电容量 4 900 千瓦，供电线路向南延伸到杭州湾，供电面积 1 450 平方公里。此时浦电发展到极盛，其营运业务包括发电、购电、配电及供电等各个部门，是当时浦东民族工业的成功典范，也是上海最重要的电力企业之一。

浦电经营过程中注重培养人才，健全规章，管理有序，推动了经营的发达，声誉日增，引起当局注意。1928 年，江苏省交通部就曾专门“咨请饬属保护”浦电，江苏省政府为之发布训令，“令具妥为保护”。[2] 1936 年国民政府建设委员会全国电气事业指导委员会对该公司之评语有：“浦东电气公司之历史仅十七年，其所占据之区域，亦为上海最冷落之地段。但事在人为，该公司自创办人总经理起，以至于下级职工，皆能依循正轨，克尽厥责。故近年来不仅获利甚丰，其事业与名誉与日俱增，为民营电业之楷模。最近十年，公司股本自三十万元增至一百万元，每年收入自八万元增至八十万元，营业区域由上海市扩充至上海、南汇、奉贤、川沙四县，供电内地，深入农村，管理规章、办事程序、图表统计，无一不趋科学化。”[3]

表 1 浦东电气公司 1929 至 1936 年经营指标

项目 年份	发电容量 （千瓦）	购电容量 （千瓦）	售电量 （万千瓦时）	架空线 （公里）	水底电缆 （公里）	年末电灯 用户数 （户）
1929	600	—	92.05	61.75	—	1 671
1931	600	2 000	252.25	116.60	1.51	5 256
1933	600	2 500	684.42	182.40	2.35	8 025

〔1〕《浦东电气公司扩充营业区域》，《新电界》1934 年第 3 卷第 16 号，第 13～14 页。
〔2〕《江苏省政府公报》1928 年第 36 期，第 33 页。
〔3〕《中国电力月刊十年来之中国电气事业建设》，转引自上海浦东供电志编纂委员会：《上海浦东供电志》，水利电力出版社 1994 年版，第 248 页。

续　表

项目 年份	发电容量 (千瓦)	购电容量 (千瓦)	售电量 (万千瓦时)	架空线 (公里)	水底电缆 (公里)	年末电灯 用户数 (户)
1935	600	3 400	1 136.82	349.92	3.51	11 127
1936	600	4 300	1 543.63	442.52	3.51	13 344

资料来源:上海浦东供电志编纂委员会:《上海浦东供电志》,水利电力出版社 1994 年版,第 6 页。

当时业界充分意识到浦电发展的灿烂前景:“浦东一带,必为工厂荟萃之区,故拟于电力一项力谋推广,前途适有发展希望”;“我国自农村衰落后,人民亦渐趋向工业途径,以谋生活。以浦东地位之冲要,工业建设方兴未艾,则该公司营业前途之发展,当无限量也”。[1]面对这种机遇,浦电提出了雄心勃勃的“筹设新厂自行发电之议”,同时酝酿投资于自来水事业,于是“在上海县第四区王家渡沿浦购得基地七十余亩,以供建筑新厂之用,并拟购置五千千瓦汽轮发电机及锅炉两组”;“最近该公司已将招标手续办理完竣,所需锅炉两座拟向英国拔柏葛厂订购……汽轮发电机组两座拟向德国蔼盖吉厂订购……该项新厂将于来年三月开始施工,明年十二月即可装竣发电”。[2]甚至到 1937 年 7 月 26 日,国民政府实业部还批准了上海市社会局关于浦电增资登记呈请,称“该公司所请增资登记,查核尚合,应予照准”云。[3]

(二) 童受民其人其事

东京审判中有关浦东电气公司的出庭证人童受民(1902—1983),名传中,出生于嘉定钱门塘,7 岁丧父,家境贫寒。1915 年小学毕业后,由其四叔童世亨,亦即浦东电气公司创始人资助考入江苏省第一商业学校,毕业后进入浦东电气公司。1922 年应邀兼任母校簿记和会计学教员,次年又应中华职业学校之聘,兼任簿记和会计学教员,同时参加

---

〔1〕 童世亨:《浦东电气公司第十二届营业报告书(民国十八年)》,《电业季刊》1930 年第 3 期,第 5 页;钱承绪:《中国工厂史略·浦东电气公司》,《循环》1932 年第 2 卷第 12 期,第 990 页。

〔2〕 《浦东电气公司筹设新厂》,《电业季刊》1937 年第 7 号第 1 期,第 1 页;《董事外报:浦东电气公司扩充计划(内地)》,《外论通信稿》1936 年(1649),第 3 页。

〔3〕 《实业部指令》(商字第五八三七一号),《实业公报》1937 年第 343 号,第 14 页。

美国和万国函授学校进修会计学，取得会计师证件。据说他曾编写《高级商业簿记》一书，由中华书局出版发行。[1] 1927年起，童氏担任浦电厂务主任兼总务科长。由于浦电日益发展，他辞去教务工作，专任浦电业务。1936年出任副经理，成为浦电经营的核心角色，此外还兼任南市的中国电力公司经理。庭审记录中童受民有叙述如下："我于1919年毕业于上海的江苏商业学校。离开学校后，我于同一年成为上海浦东电气公司的职员，1933年我被选为公司董事和(副)经理。然后我一直在那个职位上。"[2]所言是实。

当年"八一三"淞沪战役爆发，使浦电的经营与发展计划完全中断，童世亨、童受民等被迫带领员工撤离浦东，在浦西法租界设立临时办事处，安排部分留用人员办理债权债务等事宜。1938年3月，童受民在汉口被国民政府资源委员会委任为专门委员，指派在电业处工作。翌年8月，调重庆任资源委员会秘书处代理主任秘书，兼任财务委员会常务委员。1939年9月至1940年12月，曾因病返沪休养。返回重庆后，被派往甘肃玉门油矿筹备委员会任财务处长。1942年底离任返沪，其后一度担任中南电机厂厂长。

庭审记录中有如下一段：

问：战争期间您都在上海吗？

答：是的，我在上海，直到1938年3月我离开上海前往重庆方面的"自由中国"，以地方议员资格参加政府工作，以后成为国民政府经济部下属资源委员会(代理)主任秘书。

问：然后您在哪里？

答：我因病于1939年9月从重庆回到上海，1940年12月我经过香港再次前往重庆，但是我被健康状况困扰，于1943年1月再次回到上海休养。自从那时，我就一直生活在上海。[3]

---

〔1〕 上海浦东供电志编纂委员会：《上海浦东供电志》，水利电力出版社1994年版，第237页。

〔2〕《远东国际军事法庭庭审记录》英文版，第8册(下同，不再注册数)，第61页。

〔3〕 同上，第62页。

这段话真实地反映了抗战时期童受民的经历。

二、浦东电气公司在战争中的损失

早在1932年“一二八”战事后，全国民营电业联合会就曾致函浦电加以慰问，浦电回函称：“此次沪变发生，敝公司幸地居浦东，一水相隔，故所受影响不甚巨，堪以告慰。”[1]但是，“八一三”战事却令浦电在劫难逃，损失惨重。庭审中有关浦东电气公司的作证就是围绕其在被日本占领期间的损失问题，主要表现在停止经营、厂房设施遭受破坏与劫掠，并且未能获得任何赔偿等方面。

1. 供电的停止与日本的接收

庭审记录载：

> 问：在1937年8月中日两国军队之间爆发战事以后，您的公司怎么样？
>
> 答：我们尽一切努力维持战争期间的电力供应，但是我们在8月14日停止发电。因为浦东居民的电力供应受到影响，我们安排了在上海的其他电力公司发电。当年11月，在中国军队撤走以后，大约在11月7日浦东的电力供应中断了。
>
> ……
>
> 问：1937年及其以后中日军队在上海一带交战的结果，工厂遭到了直接损害吗？[2]

对这个问题，辩护人布鲁克斯认为其“无关和空泛”，因而“提出异议，这不是损害赔偿诉讼。我认为本案中，犯罪行为不会有任何赔偿。对工厂的损害，我看不出在这个案件中如何能被具体化”。根据他的说法，因为本案不是诉讼赔偿，所以不应该提出工厂遭受财产损失的问题。韦伯庭长以“整个案件都是以对财产的损害、对人的损害、人的死

---

〔1〕《文牍》(五月十二日),《电业季刊》1932年第2号第4期,第8页。

〔2〕《远东国际军事法庭庭审记录》英文版,第62～63、64页。

亡、所有此类事情、战争的蹂躏，以及所称的侵略战争为基础的”[1]为理由，驳回异议，这样就为相关作证扫清了障碍。当然证人所叙是否可靠，还需要有当时的资料加以印证。

根据浦电营业报告书，“八一三”爆发后第二天即8月14日，“闸北水电公司电源即告断绝”，浦电“发电所因在危险地带，无法开机。又以北部线路被毁甚多，本市高桥、高行、陆行、洋泾等区，遂皆被迫停电，仅将华商电气公司电源供塘桥、杨思二区以及上海、奉贤、南汇(除第二区外)三县所属各区之电，自来水厂原用闸北电源，故亦曾一度中断。嗣以该厂关系重要，即经派匠冒险工作，接通华商电源，恢复线路。各处线路虽屡遭毁坏，亦即随时派匠修复，维持通电，未敢稍懈。迨至十一月六日，日军在金山嘴登陆，浦东情势骤变，国军西撤，于是本公司南部区域内电流供给，亦同时断绝矣。”[2]

浦电中止营业后，“员工仆役，则分别给资遣散，仅留高级职员七八人组成保管委员会负责保管，并假爱多亚路228号铸丰搪瓷公司[3]发行所为通讯处，以便于董事股东互相联络”；自1938年6月起，全部资产由日方建立的华中水电公司接收，改名华中水电公司浦东营业所。[4]

2. 供电线路遭损坏

庭审记录载：

问：当您在1945年9月从日本人手中接受发电设备时，其状况如何？

答：它们处于受损严重的状况。公司大约有25公里——不，公司大约有500公里的头顶电线，其中50%至60%丢失了。剩下的被较细的电线所取代，有的地方甚至使用铁丝，情况惨不忍睹。我还要说水下电缆的情况。我们设置了——我们在黄浦江上下游

〔1〕《远东国际军事法庭庭审记录》英文版，第65页。
〔2〕《1937年营业报告书》，见《浦东电气公司概况调查》，上海档案馆Q78-2-15099。
〔3〕此为童世亨创设的另一公司。
〔4〕总经理童世亨所述，1946年3月，见《浦东电气公司概况调查》，上海档案馆Q78-2-15099；上海市电力工业局史志编纂委员会编：《上海电力工业志》，上海社会科学院出版社1994年版，第486页。

分别设置了一条水下电缆,以连接上海所有电力公司的供应线,每一条电缆包括 2 条 6 600 伏的水下线路。在 1945 年 9 月接收的时候,我们发现一条线路被丢失,另外三条线路破损不堪。[1]

根据资料记载,日占期间供电线路被华中水电公司任意拆迁、破坏,幸存部分用细铁丝代替导线。华商至浦东的过江电缆遭到严重破坏而中断。闸北过江的一条电缆被拆除,一条破损,"计有接头十余处之多",不能送电。期间浦东唯一电源是 1939 年 6 月由华中水电公司另行架设的一条 33 千伏线路,自杨树浦发电厂起,辗转闸北、沪西、南市经过江电缆至浦东曹家宅,接架空线绕道 50 余公里,到达张家浜和陆家嘴纶昌变电所,转供附近各区和郊县部分城镇用电。由于迂回供电,"不特电流损失甚巨,抑且故障易生",线损高达 20% 以上,用户减至不足 5 000 户;且线路"随便装设,多已过载";"保护设备,多付阙如"。[2]

战后媒体披露了输电线路受损失的状况:"在被占期内,各处杆线,或被破坏,或被窃盗。八年以来,面目全非。自接管复员后,派员实地覆勘,则南部奉贤县境,只有四团、新桥两镇;北部川沙县境,只有城区及小湾王家港两镇,杆线尚村,可通电流,其他如南汇县境之祝桥江镇杜行闸港一带,上海县境之陈行题桥王家渡等处,奉贤县境之西渡口南乔镇青村港,川沙之徐顾、曹龚各镇,全部杆线均已荡然无存。"[3]输电线路遭破坏,不仅直接影响浦西向浦东方向的供电,也使浦东各区域的供电遭受严重阻碍。

3. 设备遭毁坏或拆迁

庭审记录载:

问:当您从日本人那里接收工厂时,您发现那里的情况怎

〔1〕《远东国际军事法庭庭审记录》英文版,第 68 页。按,"每一条电缆包括 2 条 6 600 伏的水下线路",似应为每一条电缆包括 5.5 和 6.6 千伏各一条水下线路。

〔2〕《浦东电气公司接收复业报告》,第 5～6 页,见《浦东电气公司概况调查》,上海档案馆 Q78-2-15099。

〔3〕《浦东电气公司接收复业后情形》,《征信所报》1946 年第 27 期,第 3 页。

么样?

答:发电厂情况非常糟糕。我们原来在工厂安装了一台瑞士布朗和博维公司制造的汽轮发电机,600 千瓦,2 300 伏,3 相,60 轮;和两台英国巴可可和维尔克公司制造的水管加热器,每一个的加热表面大约 1 400 平方英尺,蒸汽压力 250 磅。[1] 在从日本人那里接收的时候,发现汽轮发电机、加热器和其他设施都无影无踪了。

问:您是否试图找回您所说的丢失的设备?

答:是的,我去找了。

问:您做了什么?

答:我在 1945 年 10 月致函实业部,要求他们命令华中水电公司的日本负责官员报告丢失的设备在哪里。

问:结果如何?

答:1945 年 11 月,我收到了来自实业部的复函,说华中水电公司副社长青木答称,上述设备被他们通过兴亚院华中联络部以大约 12 万日元的价格卖给了华中工业公司。日本人还说丢失的设备被运走,安装在湖北省的大冶铁矿。

问:收到这样一条由青木通过政府当局提供的信息以后,您做了什么?

答:按照青木通过政府当局提供的信息,我指示公司的一些干部前往湖北大冶铁矿进行调查;他们返回后向我汇报说丢失的设备找不到了。

……

我们还有大约 160 个变电器和总量有 1.1 万千伏的变压器,大约 1.5 万只电度表,以及总量达到 9 000 马力的大约 700 台电动机。我们发现这些变压器、电度表和电动机的大约 60% 不翼而飞了。

〔1〕 此即前述“瑞士 BBC 公司制造的 600 千瓦、2.3 千伏、60 周波汽轮发电机组 1 台和英国拔柏葛水管式锅炉 2 台”。

……

问：请简要告诉法庭在日占期间工厂是否遭受很大损害及物资遗失。

答：我们在发电厂安装有10台水力透平热水机和3台蒸汽涡轮发电机，总发电量1.6万瓦。从日本人那里接收的时候，我们发现这10个热水机和3台蒸汽涡轮发电机不见了。[1]

上述作证，阐明了战争期间浦电设备的损失。

根据总经理童世亨在战后所述："沪地沦陷以后，本公司财产被毁，营业被夺"；"无何如仅就力所能及者，将文卷账册材料钢箱电表马达等类之可以移动者，于飞机轰炸之下，设法迁往浦西旧法租界福履新村二号，自行保管。另有大宗电线，计铜丝一六一〇公斤，及三十七根十二号皮线二四〇，六码则暂行寄存于浦东美商大来栈内，取得栈单为凭"；"太平洋战事发生后，本公司寄存于大来栈内之大宗电线，又为敌军搜括以去，福履新村屋内，亦被敌宪兵搜索数次。幸早将重要物件，如文卷账册电表马达等项，移藏于铸丰搪瓷公司发行所及栈房之内，未被取去，亦云幸矣"。与此同时，浦电已经向国外订购的发电设备也被迫取消，并且不得不支付违约金："至战前，本公司向德国蔼益吉厂订购之单汽缸冲动式配以五千启罗华德三相交流发电机之汽轮两座，及向英国拔柏葛厂订购之每小时蒸发二十五公顿弯管式锅炉两座与其附属设备，均以战事发生，各该洋行要式取消合同，发送定金半数，以资了结。"[2]

资料记载，日占时期，浦电"并无校表设备，战前本公司所有之校表台，均被拆除，破坏无遗"。更加严重的是，浦电原有的"发电设备已于战时被拆"。[3] 沦陷期间，上述浦电安装于张家浜发电所内瑞士产600千瓦汽轮发电机一座、英国产锅炉两座及其附属设备，被日方拆除变

[1] 《远东国际军事法庭庭审记录》英文版，第65～69页，73页。

[2] 《浦东电气公司概况调查》，1946年3月，上海档案馆Q78－2－15099。

[3] 《浦东电气公司接收复业报告》，第6页，见《浦东电气公司概况调查》，上海档案馆Q78－2－15099；《浦东电气公司增资至五十亿》，《征信所报》1947年第374期，第4页。

卖,经多方调查寻找,系以12.10万日元售给华中矿业公司挑冲矿业所。

1946年6月浦电金慕尧《报告奉派赴湖北调查交涉确认本公司被拆涡轮发电机产权经过》载,当时派人去湖北大冶等处,调查本公司被拆往当地之600千瓦蒸汽涡轮发电机,在大冶等地访问源华煤矿公司之石灰窑无烟煤矿等多处,终无任何消息,无功而返。尤其值得注意的是,陆纯德等在《报告察看被拆之600千瓦发电设备现状经过情形》中称,了解到发电设备的去向后,浦电于1947年12月派员赴安徽荻港的华中矿务局桃冲分矿查看。其人员带着公司信函,坐船坐车,一路颠簸劳顿,到达当地,找到分矿查看清点设备。其报告称,汽轮机"附件大致均尚齐全",然"转数表之指针及玻面已无";储油箱中所储之油为植物性,故多沉淀而异常污浊,最近以气候严寒,油箱底之油塞经冰冻而破裂,致原有之少许存油亦均外流";凝汽器,"经将门打开检查,发觉铜管尚无大损而铁板上锈蚀至裂,均呈深红色,以凿手击之,易于分裂,是则由于水质所致也"。发电机控制板所装附件及表件,有的"在箱中",有的"在墙边",有的"已损坏"。"分路控制板上之电度表三具已缺"。"锅炉蒸汽泵原有两具,去年往桃冲时尚余一具,此次该蒸泵亦仅剩蒸汽缸,其下之泵已被拆去,墙上有'拆往板桥修理'等字样。"按,板桥系地名,距南京约18公里,设有华中矿务局机器厂。"到板桥询问该处负责人,回答是无所知。"[1]

战后,华中矿务局桃冲分矿为国民政府资源委员会华中矿务局筹备处接管,因此浦电向该会申请发还。以后在桃冲发电设备除已遗失者外予以归还。"公司旧有之600千瓦汽轮发电设备,敌人占领期间曾运迁至安徽,今公司已呈准政府准予迁回,运到后拟装在杨思镇,此配以该处原有之500千瓦蒸汽发电机,当可解决该区之供电问题。"[2]

战争期间局势混乱,日方统治下,也有其他公司设备被拆运往华中

---

〔1〕《浦东电气公司关于调查被拆发电设备现状报告》,1947年12月,上海档案馆Q576-1-179。

〔2〕吴钦炜、陈光:《上海各大电厂巡礼(三)·浦东电气公司》,《热工专刊》1949年第2卷第1期,第25页。

水电公司浦东营业所的。如将华商电气股份有限公司中山路变电所的3 000千伏变压器一座、各种规格油开关9座等搬运至浦东营业所。战后应华商电气公司要求，浦电经查实后给予了归还。[1]

4. 厂房遭破坏

庭审记录载：

> 问：当您从日本人那里接收的时候，建筑物状况如何？
>
> 答：我们发现我们张家浜发电厂的四幢建筑被彻底毁坏，而且——

这时，辩护人列文提出异议，称“其作证内容不适合、无关和空泛。我想其中关键一点是接收工厂，当然那是因为他们接收了工厂。如果他们错误地接收了工厂，无论他们接收的是良好的还是不好的状态，并无差异”。显然，其异议的目的在于以“错误地接收了工厂”为掩饰转移视线，否定浦电被占领期间建筑与财产受损失的情况。

对此，裘劭恒检察官指出：“我一直在试图揭示日本的经济渗透，我的目的是比较日本人占领这些设施前后的条件与情况。”这一点得到韦伯庭长的肯定：“这是显而易见的，驳回异议。”

证人继续作证：“如同我已经指出的，我们发现四幢建筑完全毁坏，两幢严重受损，在浦东王家渡的新发电厂设施遭到完全破坏，办公设施、交通设备包括轨道和汽船也遭受了沉重的损失”；“一些建筑被损坏，是严重损坏，其中有些已经多年失修。我们还有一个很大的可以容纳大约一百节电车车厢和拖引车的车棚，发现完全被日本人拆毁了，只留下一块空地”。[2]

“八一三”事件发生时，浦电“因战事发生，新厂房付之一炬”。沦陷期间，在建的王家渡发电厂厂房仓库、码头又遭毁坏。“王家渡新厂所筑办公室及门房货栈等，不幸于上年七月间复为匪徒纵火焚毁，今仅剩

---

〔1〕《华商电气公司关于接收华中水电公司要求归还电气设备等往来》，1945年10月—1947年2月，上海档案馆Q578-1-440。

〔2〕《远东国际军事法庭庭审记录》英文版，第69～70页，74页。

颓垣残壁供人凭吊，殊可慨矣。”[1]

浦电在战争及被占领期间因停止经营、人员遣散、厂房设备损毁拆迁造成的损失，以及战后调查、重建的花费总数是难以估量的。在交叉质证时，控辩双方围绕日方对浦电掠夺的金额问题进行了激烈的交锋。童受民列举数据，说明日方接收时将浦电“180万中国元的不动产价值”仅评估为“47万日元”，并且强调，在日方接收浦电时，“虽然日本人为公司财产作了评估，但公司从来没有从日本人那里收到一分钱”。即使到战后，浦电损失也未能得到任何赔偿，“我们从来没有从日本人那里得到一分钱”。此外，童受民的作证还涉及他所了解的南市中国电力公司、闸北水电公司、美商上海电力公司以及法商电力公司在沦陷期间的情况，涉及抗战结束时上海供电的整体状况。当时辩护人列文提出“我们反对这种细节的作证。我们认为当裘先生询问证人其实与他无关的其他工厂的损失的时候，我们推测也许是证人在他能够回答的范围内，提出了自己的观点。但是我们怀疑他是否能够回答，并且怀疑介绍日本人接收工厂和他们收回工厂的期间内千瓦数减少的详情的必要性”，遭到检察官裘劭恒的反驳。韦伯庭长也指出，证人“给我们提供的其他公司的情况只是传闻，但是细节累计起来，就更有说服力”。而辩护人布鲁克斯则在质证中指责证人“把情况说得一团黑”，并且说“我们不知道这些工厂是否被日本军事当局接收来为军队所用”。这显然是企图以民用为借口否定掠夺的存在。韦伯庭长答复：“它们被日本政府接收，这就足够了，使用的事情与此无关。”法庭支持了童受民的作证。[2]而这种作证大多数也得到了现存文献的证实。

三、接收浦电的“华中水电公司”

日本占领上海及其周围地区以后，需要建立一个专门机构，垄断当地的水电事业，于是建立了“华中水电股份公司”（又称“华中水电公

[1] 吴钦炜、陈光：《上海各大电厂巡礼（三）·浦东电气公司》，《热工专刊》1949年第2卷第1期，第25页；总经理童世亨所述，1946年3月，见《浦东电气公司概况调查》，上海档案馆 Q78－2－15099。

[2] 《远东国际军事法庭庭审记录》英文版，第76～80页，82页，85页。

司")。沦陷期间,浦东电气公司产业即由该公司接收。

1937年底,日本满铁株式会社及兴中公司就派人至华中调查现状,并对占领地域市的电力设备等进行应急抢修,以满足占领的需要。1938年4月,日本将占领的大部分华商水电公司移交给兴中公司委托管理。兴中公司组织当地10家日本电气公司组成华中电业组合,负责华中电气的恢复经营,自来水方面则由日本内务省联系东京、名古屋、横滨等城市的自来水部派遣人员到华中占领区进行自来水业的恢复作业。由于兴中公司的经营重点在东北,这只能是临时过渡。

1938年6月,华中水电公司成立,其负责统制经营租界以外的华商水电,并扩大到沪宁杭及长江沿岸地区的华中水电事业。当时该公司"筹备已有数月,资本达二千五百万元,规模甚大,所有上海四周及南京镇江暨大陆各处原有华商水电公司,均合于该公司统一经营,由中日官商双方协助办理。近已筹备就绪,特于六月卅日下午一时假座蓬莱路日本人俱乐部举行正式创立大会"。[1]

在华中水电公司设立要纲中,规定该公司以"复兴华中电气及自来水事业,并加以综合统制"为目的。公司资本金2 500万元中,现物出资1 500万元。日本将浦东电气、上海华商电气、闸北水电等8家华商水电公司的资产折价冲抵,作为华方的"现物出资"。日方承担的现金出资部分中,规定由(先期宣布华中振兴公司法案,成立于1938年11月,是向日本注册,总部设上海、分公司设在东京的日本特殊法人,经营各项产业与公共事业,主要对各子公司进行投资与融资的)华中振兴公司承担75%,其余25%由民间负担。该要纲规定华中水电公司统制要领为:本公司具有华中地区电气及自来水事业的垄断经营权。对此,维新政府须给予保证;除利用余电等特殊场合外,对于私用发电,不予认可;发电、送电全归日本公司经营。为保证公司的垄断地位,华中水电公司设立要纲规定了公司可享受的特权:准予募集已缴股款额两倍以内之公司债,及保证其本利之支付;课税减免,包括三年内免除复兴所要之重要机器材料之关税;免除设立公司之登记及登录税;免除国税以外之

〔1〕《实业月刊》1938年第2期,第219页。

地方税及公课;给予事业上必要之特权,例如土地收用等。[1]

华中水电公司在浦电张家浜发电所原址设立浦东电路系及浦东材料库,复于东昌路市范里租借门面楼房七幢,设立浦东营业所,共有职工90余人。

庭审记录载:

> 问:上海的战争爆发以后,您的公司被什么人或者什么公司接管了吗?
>
> 答:1937年11月日本人占领了公司,1938年3月日本人恢复营业。同年6月,华中水电公司接管了浦东电气公司,由日本人经营。公司原有固定资产总额180万(中国)元,日本人评估为47万日元,由华中水电公司投资。所取得的份额由傀儡维新政府实业部以所谓"所有者不在"为借口而占据。
>
> 问:谁经营和控制您所提到的华中水电公司?
>
> 答:就我所知,华中水电公司是华中振兴公司的子公司之一。名义上,它是中日合办商行,实际上由日本人一手经营和控制,由日本人制定政策,所有负责人——所有的上层职位都由日本人垄断。[2]

远东国际军事法庭确认了华中振兴公司和华中水电公司的性质。《远东国际军事法庭判决书》判决书第二部第五章第七节"日本对满洲及中国其他地区的经济支配"中提到:"为了实现上述计划(指日本掠夺中国计划),为了统一日本与此有关的努力,在一九三八年四月制定了设立两个国策公司的规定。这就是在华北的'华北开发公司'和在华中的'华中振兴公司'";"'华中振兴公司'也与'华北开发公司'的目的极为相似,实际上也是在日本政府的支配之下"。又指出:"一九三七年十二月在占领上海后,日方立即接收了各种公共事业公司。其中有以下

---

〔1〕 黄美真等:《日伪对华中沦陷区经济的掠夺与统制》,社会科学文献出版社2005年版,第319页。

〔2〕《远东国际军事法庭庭审记录》英文版,第63~64页。

各种公司。浦东电灯公司(笔者按,即浦东电气公司),在接收后成为华中水电公司的子公司。而华中水电公司也是由日方支配的。"[1]

由于破坏严重,浦东电气公司(华中水电公司浦东营业所)除洋泾、塘桥等附近市区外,只能对电力用户实行以煤换电。1945 年,售电量 75.71 万千瓦时,只及 1936 年的 5%左右。[2]

表 2 浦东电气公司(华中水电公司浦东营业所)战时经营情况

年份	1938	1940	1942	1944	1945 至 9 月底	总 计
收入	38 193.47	114 684.41	33 371.20	1 199 982.76	4 157 836.31	5 907 871.73
支出	56 772.35	22 632.19	37 605.30	784 281.24	4 309 571.04	5 782 467.23
盈余	−18 578.88	92 052.22	−4 234.10	405 701.52	−151 734.68	525 404.50

资料来源:总经理童世亨所述,1946 年 3 月,见《浦东电气公司概况调查》,上海档案馆 Q78−2−15099。

远东国际军事法庭庭审记录载:

问:关于占领期间对上海居民家用供电,您知道些什么?

答:对上海的家用电力供给一再被缩减,直到最后每个家庭——无论一家有几个成员——每个月只准用 7 度电。显然,这对于一个任何规模的家庭都是不够的。超量消费的要承担很重的罚金,如果违背规定二次或三次就要断电。

问:工业用电的供给情况如何?

答:对工厂的供电同样被一再缩减,直到最后所有的中国人工厂都不准使用电力,除了少数生产日本军队所需产品的工厂。申请电力供给当然很难得到批准。

问:您知道关于您所证明的这些供电的事情在今天怎样吗?

答:上海目前面临非常严重的电荒。所拥有的总发电量只有 150 千瓦即 15 万千瓦,无法满足对电力持续增长的需要。由于电

---

〔1〕《远东国际军事法庭判决书》,张效林译,群众出版社版 1986 年版,第 364、365、367 页。

〔2〕上海市电力工业局史志编纂委员会编:《上海电力工业志》,上海社会科学院出版社 1994 年版,第 486 页。

力原因，我们停止了扩大新的消费者，而且对已有消费者进一步制定了非常严格的限制。有时候我们不得不在某些区域，在一天中停止向消费者供电几小时。至少需要2到3年，发电能力才能恢复到战前水平。订购新的机器就需要一个很长的时间才能送到。[1]

华中水电公司成立后，以日军实行"军管理"的上海浦电等8家华商水电公司为基础，修复毁损部分后，开始发电供水，初时仅供军用，后来正式营业，陆续对上海租界以外地区供电。由于管理窳败，弊端百出，遂致窃电横行，无法取缔，乃创"集团购电"之办法，将洋泾和塘桥等邻近地区由该营业所直接管理，其余僻远地区由当地乡绅推举代表承包办理向营业所订约购电，转售卖各户提供照明用电。每户用电订有限度，超用者逐级递加，但所收的电费仍低于成本，造成逐月亏损。为此，对电力用户采用以煤换电的办法，每缴1吨煤可用电550千瓦/时。"虽曾收效一时"，但由于总体经营状况不佳，"不久即内外沟通，以多报少，而弊仍如故矣"。[2] 由于华中水电公司属军管性质，持有特殊任务，经济亏损在所不惜，这又反过来加剧了经营中的弊端。

表3 浦东电气公司1936年与1946年经营状况比较情况

项　目	1936年	1946年	增减百分比(%)
电灯售电量(度)	2 328 701	2 238 979	-3.9
电力售电量(度)	11 232 557	15 126 807	-34.7
路灯售电量(度)	517 722	55 471	-89.3
电灯用户数(户)	12 927	6 939	-46.3
用户电动机容量(马力)	9 408	13 620	44.8
路灯数(盏)	2 913	861	-70.4

资料来源：《浦电1946年营业报告书》，第10页，见《浦东电气公司概况调查》，上海档案馆Q78-2-15099。

华中水电公司浦东营业所经营中的严重问题，战后虽然由浦电接

〔1〕《远东国际军事法庭庭审记录》英文版，第78～79页。
〔2〕《浦东电气公司接收复业后情形》，《征信所报》1946年第27期，第3页；《浦东电气公司接收复业报告》，第1～2页，见《浦东电气公司概况调查》，上海档案馆Q78-2-15099。

收，但是发电能力迟迟不能恢复，“所有电流均由上海电力公司供给。(1946年)入秋以后，电荒日趋严重，乃不得不停接新用户，继则实施用电限度”，并向国外购置发电设备，才逐步恢复发电。〔1〕

四、讨论

远东国际军事法庭庭审中出现的辩论，主要围绕童受民关于浦电证词的真实性展开。童世亨、童受民叔侄接受过良好的教育，具有电气与管理的专业背景，亲身经历了战前浦东电气公司的创建与发展，并长期从事浦电的经营管理。战争期间，童受民在大后方继续从事电力事业，并且曾经返回上海治病休养较长时间，对当时浦东电气状况毫不陌生。战后，童世亨、童受民在接收浦电以及寻找追索被拆迁的设备过程中，亲眼目睹了浦电公司遭受破坏与劫掠的情况，其证词所具有的权威性是不言而喻的。不仅如此，童受民的证词，还得到了相关档案及其他资料的验证，具有亲身经历与文献印证的客观性与可靠性。由此可见，远东国际军事法庭最后采信童受民的证词与辩词，确认了日方对浦电的控制与掠夺，是正确的。不仅如此，远东国际军事法庭通过此案的审理，也确认了日本侵华战争对中国企业乃至对中国经济的破坏，这就为战后中国政府与中国企业对日索赔，奠定了基础。

由上文可知，童受民对于浦东电气公司的损失如数家珍，并有损失明细的具体说明。毫无疑问，如果需要提出浦东电气公司损失的资金总额，对于童受民而言，也不是一件很难的事。只是战后由于中国国内政治形势与国际形势的风云变幻，中国民族工业在战争中的损失被人遗忘，战争赔偿更无从谈起。直到1972年9月，中日两国发表联合声明。中国政府宣布：为了中日两国人民的友好，放弃对日本国的战争赔偿要求。问题在于，国家放弃战争赔偿，不能证明企业也放弃战争赔偿。国家与企业是不同性质的责任主体，任何国家都没有替代企业放弃战争赔偿。浦东电气公司及其他受损失的中国企业仍有向日本政府索赔的权利。

---

〔1〕《浦东电气公司增资至五十亿》，《征信所报》1947年第374期，第4页。

1954年浦东电气公司实行公私合营，童受民被任命为公司经理。童又于1955年12月调南市发电厂任副厂长，直到1963年8月退休。战争中蒙受损失的中国企业主体几经变更，是一个普遍性的现象。于是，由谁来向日本政府索赔，就成为一个问题，这值得中国法学界认真思考。

第二十节　东京审判辩护方的“中国焦土抗战论”

宦小娴*

东京审判，亦即1946年5月至1948年11月间，远东国际军事法庭在东京对日本A级战犯进行的大规模审判，它是对日军战争罪行的一次总的清理与结算。审判在美国主导下，主要依据英美法系的规则，给予了日方平等的辩护权。辩护方在审判过程中提出了众多的辩护证据来对抗检察官的指控，主要包括：被告与辩护证人的口头或书面证词、律师团的作证文件（包含军政文件、相关日记著述、照片影像等不同形式的资料），这些证据以辩护为中心阐述了被告方的见闻和思考，也展现了辩护者的辩护思路。若联系长期以来中日关于南京大屠杀的争论，集中观察辩护方在抗辩南京大屠杀罪名时的辩护证据，可以发现辩护方在审判中，一面极力否认对日军的指控事实或是淡化相关事件及影响，一面还叙述了中方的一些行为，暗示中方要为南京发生的事件承担一定的责任。本文集中于其中部分证据，关注辩护方主张的中国（主要指当时的国民政府军队）“焦土”行动在南京及周边造成的损害，姑且称之为“中国焦土抗战论”。

一、辩护方“中国焦土抗战论”的内容

在东京审判中，辩护方选择了“无罪”辩护，洗脱战犯的罪名、使战犯逃脱制裁是辩护方所期望的最佳结局。为达到这一目的，辩护方试图使战犯的行为正当化、合理化，或是想方设法否认行为事实的存在。而在“中国焦土抗战论”中，辩护方的切入点从日本军队本身转向了中国军队，以证词的形式试图“揭露”、指责中国军队在战场上的行为表现。

明确述及中国军队“焦土”抗日的有松井石根与中泽三夫、日高信六郎，三人的证词中分别出现了“焦土策略”与“‘焦土’政策”的词语，大

* 南京大学中国近现代史专业研究生。

体是指称中国军队有意摧毁破坏建筑设施的行为；类似含义的名词还有武藤章和助坂次郎所提及的“坚壁清野”。而在这些名词前往往可见限定性的词语，如松井石根称中国军队在从上海撤退前采用了“所谓的”焦土策略，[1]又如武藤章陈述中国军队“纵火烧房并称之为‘坚壁清野’”；[2]如果说前者还算是暧昧不明的暗示，后者则是明确将专用名词的来源限定为中国军队，直接将其视为中方的既定策略、作战行动。

除了直接述及相关名词的数人之外，还有小杉宏、饭沼守、中山宁人、樱内义秀、西岛武司等人在证词中表述了相关见闻。整合来看，“中国焦土抗战论”的内容大致呈现为以下几个层面：

第一，就述及的时空范围来看。由于本文集中于南京大屠杀罪名的抗辩，辩护证据中述及的“焦土抗战”行为，在时间上从淞沪会战后期就已经开始实施，并以撤退为实行的时机；在空间上，自上海至南京两大战场及中间行军沿途的各地都留有相关痕迹，而证词关于各地情状的叙述又以南京城内外较多，也较为琐碎细小。证词中的“焦土抗战”是伴随着中国军队从淞沪到南京的行军作战而普遍、频繁地进行的，是保卫南京以及准备与善后的全过程中中国军队抵挡日军的重要手段，助坂次郎甚至借中国人之口表示这是中国军队在准备撤退时的“习惯”。[3]

第二，就具体行动表现来看。辩护方所主张的“焦土抗战”行动主要针对建筑、基础设施及一些物资材料，主要通过火焚、炸毁来破坏，另有一部分被搬运、转移。而在不同行动中，火烧是最常见的“焦土”方式，一半以上的相关证词提到了焚烧、火灾等情况。榊原和江更是直指“日中两军都把纵火作为前线战术的一种方法，中国军队在撤退之前的纵火给很多地方造成了极大的损失”。[4] 此外，行动还涉及人员的转移。日高信六郎提出：“为了延缓日军的进攻，中国军队从一开始就实施

〔1〕《律师摘要宣读松井的宣誓证词与松井回答质证》，杨夏鸣编：《东京审判》（张宪文主编《南京大屠杀史料集》第7册），江苏人民出版社、凤凰出版社2005年版，第412页。
〔2〕《律师宣读武藤的宣誓证词（部分）》，杨夏鸣编：《东京审判》，第443页。
〔3〕《法庭上辩护方宣读的证词：助坂次郎》，杨夏鸣编：《东京审判》，第585页。
〔4〕《证人出庭作证与回答质证：榊原和江》，杨夏鸣编：《东京审判》，第468页。

所谓'焦土'政策,放火焚烧房屋和军火库,强迫军民撤离",而且南京城中"所有日常行政管理所必需的市民、土地和建筑材料全都被带走了"。[1]

第三,就造成的影响来看。证词称,日军在上海至南京之间的行军沿途,能见到一些被焚毁、破坏的房屋,大部分是粮仓等供给品仓库及军火库类的建筑;至南京城外,几乎所有的房屋,包括营房和学校内的建筑都被破坏。中山宁人甚至主张,大部分前线日军之所以违反命令擅自提前入南京城,正是因为中国人破坏和烧毁城外房屋导致日军在城外几乎无处驻扎。[2]在南京城内,多处可见火烧的痕迹,所有的水电设施、重要的市政建筑都被摧毁,而首都饭店"尽管从外表上看不出受损,但由于中国军队似乎在这里待过,其内部却受到极大的破坏"。[3]并且,设施、建筑、物资、人力等各方面的破坏、缺失使得南京的日常行政管理也都出现了问题。

辩护方的"中国焦土抗战论"通过被告、证人的细碎的陈述相互补充,强调了中国军队在撤出作战区域前有意进行破坏,给上海至南京一带的城市、村庄、百姓带来重大损害和消极影响。而更进一步的,他们在证词中不断借中国百姓之口来佐证相关事件。中泽三夫说他"直接从中国老百姓那里听说,战场上发生的大多抢劫和破坏多是由撤退的中国兵或是由那些竭尽全力挤进难民营的人所干的";[4]小杉宏表示他在询问村民时,"听说是撤退的中国士兵为了不让这些粮食落到日本军队手里",而有意烧毁了粮食。[5]这些证词刻意将国民政府军队与一般居民的立场加以区分进而对立起来,意图以一般居民为第三方来控诉中国军队实施"焦土"行动所带来的具体效果。此外,日高信六郎还认为正是由于中国军队实行的"焦土政策",导致"开战初期日本人就几乎没有与居民友善接触的机会,日军和中国居民这两者之间的关系自然变得越来越紧张,相互猜疑也越来越重。"[6]这是"焦土抗战"带来

[1] 《证人出庭作证与回答质证:日高信六郎》,杨夏鸣编:《东京审判》,第576~577页。
[2] 《证人出庭作证与回答质证:中山宁人》,杨夏鸣编:《东京审判》,第487页。
[3] 《证人出庭作证与回答质证:中山宁人》,杨夏鸣编:《东京审判》,第488页。
[4] 《证人出庭作证与回答质证:中泽三夫》,杨夏鸣编:《东京审判》,第448页。
[5] 《证人出庭作证与回答质证:小杉宏》,杨夏鸣编:《东京审判》,第457页。
[6] 《证人出庭作证与回答质证:日高信六郎》,杨夏鸣编:《东京审判》,第576页。

的另一层面的伤害。

由此，通过证据证词，辩护方向法庭传达了个人所目击、听闻的行为现象，展现出中国军队“焦土抗战”战术破坏性的实践结果，塑造出了中国军队在作战中进行无差别破坏的反面形象。

二、“中国焦土抗战论”中的辩护策略

从内容来看，“中国焦土抗战论”中的行为主体是中国军队，辩护方将这样的陈述置于一场对日本军队及其指挥者的审判中，不会是为了顾左右而言他的拖延时间。“中国焦土抗战论”对辩护的辅助和推动，有一个逐步推进的逻辑过程。

法庭审判中，“中国焦土抗战论”并没有直接否认日军在南京城内的大规模纵火破坏，并非对指控的直接抗辩，而是意图确认相关事件的责任主体。这一论断将视线投往南京建筑物的损伤、无差别的财物损失，从确认这一结果性现象，回溯到原因的构成，意图重新探究损害的产生经过。通过证词陈述，辩护方将中国军队在战场上进行“焦土”的自毁行为、及其破坏性后果都直观地展现出来，塑造了一支情绪偏激反抗极端的中国军队，使得中国军队至少要为战场范围内的一部分焚火、损毁事件承担责任。由此，破坏等事件的责任主体的构成发生了变化，从被检控的日本军队变成了在南京交战的双方，中国军队被拖入事件的究责之中，成为更突出的关注对象，进而为日军分担行为责任。就在这个推论过程中，辩护方首先要在听者的印象中进行偷换重点、转移视线的工作，这也就是“中国焦土抗战论”作为辩护证据之一要完成的第一步任务，而这一铺垫性的任务迂回得到的结果，是在责任的此长彼消中淡化、减轻日军的罪名。

事实上，这一任务目标在证词之外还有一个重要的佐证。在辩护方未提交的资料中，有一则题为“疯狂支那军大破坏，外国军事家瞠目结舌”的材料，〔1〕该材料据说是源自1937年12月8日纽约时报南京特

〔1〕 曹大臣编，雷国山等译：《东京审判日方文献及报道(上)》(张宪文主编《南京大屠杀史料集》第67册)，江苏人民出版社、凤凰出版社2010年版，第43～44页。

派员对专家考察南京结果的报道。其中分析称,中国军队的焦土行动完全源于其面对日军的劣势意识,“这种疯狂的残忍行为”是为了发泄内心郁结的愤懑,是由于其认为“在撤退时使被日军占领的土地成为不毛的原野和硝烟升腾的废墟,远比什么都不作就撤退更能提高他们的威信”;文中还不吝言辞地渲染了“数百万中国居民”“历代积累的数十亿财富”的损失,声称:“日军的空袭和炮击造成的损失仅仅限于军事设施,把这些都加起来也不及中国军自己亲手造成的破坏的十分之一”。这则媒体材料对中国军队的破坏性行为进行了集中陈述与强调,并通过主观揣测将故意纵火和破坏所造成的恶果归咎于中国军队的歪曲心理,是对中国军队破坏行为的直接控诉与斥责。尽管这则材料最终未能提交,但选中它作为辩护证据这一行为本身已在相当程度上显示出了其转嫁责任的意图。

同时,上述这则材料还显示了一个倾向,即辩护方着意于中日两军之间行为举止的对比。在法庭证词证物中也屡有相关内容出现。

辩护方首先将中国和日本两国军队的行为放在同一个层面进行了讨论。证词中多处提及松井石根在进攻南京之前的口头或书面命令,要求日军在进攻中注意避开南京城内文物古迹,还特意绘制了标明中山陵、明孝陵等的地图,而进城后则要严肃军纪;还有证人称,12 月 9 日夜准备攻城时还受到限制和警告,“必须小心不要炮击城内”。[1] 进城后日军曾张贴保护平民和禁止抢劫的布告,还制定了严惩的制度办法。证物中的照片与松井石根的声明及陈述也与此相关。而且证人还表示日军不仅注重军纪,还帮助维持城内的和平与秩序,其中也包括严防火灾,助坂次郎在断定南京城的浓烟源于中方的“清野”或不小心失火之后,紧接着强调“日本部队都严格警戒,防止意外的火情,占领南京后,我们的部队忙于灭火,从未有日军纵火的事件发生,我的部队也从未有过意外失火的情况”。[2] 一些证人在证词中最低限度地承认了存在个别的火灾、抢劫事件,但同时又强调士兵的行为是违反军纪的,后被交

〔1〕《法庭上辩护方宣读的证词:樱内义秀》,杨夏鸣编:《东京审判》,第 583 页。
〔2〕《法庭上辩护方宣读的证词:助坂次郎》,杨夏鸣编:《东京审判》,第 586 页。

由军事法庭审理并受到严惩。这些内容显示，在抨击中国军队的同时，被告与证人否认日军在南京有组织大规模的纵火、破坏行为，并且坚称日军在避免更大的战争损伤以及维持秩序、保证安全中发挥了重要的作用。

斥责中国军队的重大责任作为，补充对日军善行的称道，辩护方就纵火、破坏事件这一问题将中日双方作了鲜明的对比，辩护证词中常常可见，证人在一个段落中同时描述了中国军队与日本军队截然不同的表现。这种对比产生的效果是非常直接的，甚至有一些语意模糊的状况，在这种对比中也被赋予了极强的指向性。榊原和江还在证词中提出："中国军队在撤退之前的纵火给很多地方造成了极大的损失，并阻挠了我军的前进和占领后的安抚和救济工作。"〔1〕中国军队的纵火不仅与日军的安抚和救济形成巨大反差，甚至中国军队在破坏之余还阻挠了日军的善后。在这种对比衬托之下，辩护方所期望的是塑造日本军队军纪严明、举止有度、整肃有道的形象，将日军的破坏行为就这样淹没在溢美之词中，同时使庭审者对中国军队、中国政府乃至对检控方的印象大打折扣，最终把相关的责任被推脱给中国军队。

在这一过程中，辩护方利用为日军开脱的证词与"中国焦土抗战论"相对应，设想用一种代换的方式将一定程度的事件责任转嫁给中国军队。中国军队在辩护方的"中国焦土抗战论"之下取代日军成为对南京相当一部分损失负主要责任的行为方；相对的，日军造成的破坏程度被不断缩减，破坏范围也逐渐向战争损害的范围缩小，甚至连本身战争损害的程度都在尽可能被降低。

因此，辩护方总体上是迎合了庭审者的逻辑思维习惯，以"中国焦土抗战论"为基础和铺垫，首先在心理建设上加强了其抗辩的说服力，然后层层递进，自然的从抗辩过渡到了责任的认定，进而与直接的否认相配合，从正面和侧面两个角度对日军的罪行进行了辩护，整个过程实际上体现了一种转移判断重心、进而转移责任的辩护策略。"中国焦土抗战论"在辩护方对辩护证据的组织构造过程中所发挥的作用，是在辩

〔1〕《证人出庭作证与回答质证：榊原和江》，杨夏鸣编：《东京审判》，第468页。

护方直接否认起诉方指控之外进行重要的补充说明，是一种辅助和反衬，它作为辩护的一个重要环节和组成要素，推动着辩护的进行。故而，“中国焦土抗战论”虽然针对的是中国军队，但实质上仍是在为辩护服务，最终的目标在于尽可能地减轻日本的责任。

然而，辩护证据是辩护的基础，其正当性是辩护能够得到认同的关键。“中国焦土抗战论”的主干是中国军队的行动，而战场上的中国国民政府军队在事实上究竟是以什么样的面貌对抗日本军队，并不能简单地以辩护方的证词证据为凭依来认证。

三、“中国焦土抗战论”的失真

辩护方的“中国焦土抗战论”是通过辩护证词呈现出来的，这部分证词中有对陈词者在战场所见所闻的景象的转述，即对战场破坏景象、破坏程度的描述，也有陈述者或表达或暗示出来的结论性判断，即对中国军队破坏行为的表述、对中国军队作为破坏主体的强调。而无论是前者还是后者，都有很大程度的失真。

（一）国民政府的“焦土抗战”思想

“中国焦土抗战论”对史实的违背首先体现为对国民政府“焦土抗战”战略思想的曲解。

在中国的抗日中，确实存在着“焦土抗战”的主张，在可见的资料中可以追溯到“九一八”后的报抗日舆论，当时其中的“焦土”二字取自于日本“焦土外交”。[1] 而正式的“焦土抗战”论调应当起自李宗仁。1936年4月17日，李宗仁在广州就中日问题与记者谈话，其中述及应“上下一致，本焦土抗战之精神，毅然决然为民族解放战争而牺牲奋斗”。[2] 之后他又在《民族复兴与焦土抗战》《焦土抗战的主张与实践》等文中多次进行了补充说明，表示当“本宁愿全国化为焦土，亦不屈服之决心，用

---

〔1〕“日本现在外相内田，以焦土外交得名；吾人于此敢大声疾呼，请求政府为保持冀察，巩卫平津而实行焦土抵抗”。（《不惜“焦土”抵抗》，《世界日报》1933年5月15日。录于：《国闻周报》1933年第10卷第20期论评选辑，第5～6页。）

〔2〕李宗仁：《我对于中日问题的观察和主张》，周焕编：《李宗仁将军言论焦土抗战》，一星书店1938年版，第8页。

大刀阔斧来答复侵略者，表现中华民族自存自立之伟大能力与精神”，[1]并将“焦土抗战”的要义总结为三点：“第一，是要实行全面抗战。即是要总动员全国所有的力量，对日展开全线的自卫战争。”“第二，要实行攻击战，就是要进行战争的任务，以克服敌人，易抵抗为战争，以攻击代防御。”“第三，要实行持久战。就是要不惜重大牺牲，对日作不断的长期抗战，不达胜利的目的不止。”[2]

李宗仁领导的抗日反蒋的“六一运动”发生后，“焦土抗战”引起更多关注，报章舆论深入分析、褒贬不一，最激烈的争论在于军事层次上的“坚壁清野”。作为“焦土抗战”字面意义最直接却也最极端的实践表现，有人反对“坚壁清野”的战术应用，只肯定“焦土抗战”作为一种决心与口号的动员作用；[3]有人同意有选择有限度的实践，表示“何处土应焦，何处土不应焦，那只是战争进行中的战术问题，不是什么焦土抗战、非焦土抗战的问题”，有“战而焦土的做法”，也有“不战而焦土的做法”；[4]还有人推崇“坚壁清野”，主张彻底“焦土”，不给敌人留一草一木，甚至称“坚壁清野是主动的积极的打击敌人的方式的一种，焦土抗战是被动的消极的可也是不失为打击敌人的方式之一”。[5]面对争论的国民党当局对“焦土抗战”的各部分具体内容抱有不同程度的认知。全面战、积极的攻击战在日益紧迫的局势下很快得到倡导，而消耗战、坚壁清野在一段时间内并未有明确的认同表示，以“焦土抗战”为政治方针来表现决心动员作战的建议也并未被认可，“焦土抗战”之称在公开的政府会议、发言中鲜有提及。据陈杉木在《从函电史料观抗战时期的蒋汪关系》一书中的梳理，国民政府负责人中最早对焦土抗战加以明确定义的是蒋介石和汪精卫，汪精卫是在1938年1月发表于《中央日报》的《如何使用民力》一文中进行了详述，而蒋介石是在同月作为军事委员会委员长对各战区司令长官解释了“焦土抗战”。[6]

---

〔1〕 李宗仁：《我对于中日问题的观察和主张》，周焕编：《李宗仁将军言论焦土抗战》，第1页。
〔2〕 李宗仁：《焦土抗战的主张与实践》，周焕编：《李宗仁将军言论焦土抗战》，第24～37页。
〔3〕 《社言：焦土抗战》，《兴华》1937年第34卷第7期选评，第12页。
〔4〕 励之：《论焦土抗战》，周焕编：《李宗仁将军言论焦土抗战》，一星书店1938年版，第59～60页。
〔5〕 一凡：《坚壁清野与焦土抗战》，《时与潮》1938年第2卷第3期，第3页。
〔6〕 陈杉木：《从函电史料观抗战时期的蒋汪关系》，台湾学生书局1995年版，第173～176页。

国民政府“焦土抗战”代表性的战术实践在1938年，从5月花园口决堤到10月广州大火，及至11月长沙大火达到了顶峰。但武汉、长沙等地的惨景招致了舆论各方对“焦土抗战”的再度思考、议论，强烈的责难使当局在焦土行动问题上愈发谨慎。1939年5月，国民党出台《坚壁清野实施办法纲要》，对坚壁清野的实践作了明确而严格的规制。〔1〕

总体来说，“焦土抗战”在中国的提出是对抗日作战全局的思考成果之一，经过讨论探索形成了一种精神与实践意义兼具的思想，也在抗战发展中成为一类举足轻重的政治标识。“焦土”二字在相当程度上是贯穿其中的精神线索，引导着实践含义的思考讨论。而国民政府也在舆论发展中逐步调整着对“焦土抗战”的认知与应用。

比较来看，辩护方的“中国焦土抗战论”侧重于行为主体及实践结果的强调，实质上将“焦土抗战”与“坚壁清野”画上了等号，直击“焦土”行动的现实目的和效用，突出它在南京城及周边的军事实施，这是对国民政府的“焦土抗战”中一个部分的有意放大。而且，即便仅就“坚壁清野”方面而论，国民政府经过战争的长期发展才最终决定采纳应用，而且对组织指挥其实施的态度始终很谨慎，在实施纲要中，从具体分类到各类行动的实行范围、实施对象、实施前提及实施程序都得到了明确的限制约束，条件细致繁杂；而辩护方的“中国焦土抗战论”则在突出“坚壁清野”行为及其效果的同时，相应地弱化了实施背景、略去了实施条件，并联系对相关名词来源的提示和所谓中国老百姓的“证言”，使得国民政府的“焦土抗战”更多的作为一种激烈的、不顾后果的作战手段甚至报复行为展现出来。

因此，“中国焦土抗战论”虽然利用了中国的“焦土抗战”称谓，但并没有完整呈现其原意。如果依据这些从个人立场与角度得出的认知判断，简单直接地得出中国军队在指挥和组织下成为破坏责任者的结论，不仅片面而且武断。

（二）南京保卫战中的中国军队

如前所述，国民政府的“焦土抗战”是得到中央的接受与运用是有

〔1〕 纲要内容参见：《后方勤务》1939年第25期，第23～24页。

一个逐渐发展的过程的，而这个一直处在发展中的战略思想，是否如"中国焦土抗战论"所述的在南京战中产生了影响，还需要回到南京战场观察考量。

1. 南京保卫战的战略准备与战况

在淞沪战场败象渐显之时，南京战也逐步成为国民政府面临的最严峻的问题之一。作为中华民国的首都，南京战的战略讨论与军事准备必须慎之又慎，为此蒋介石多次主持召开军事会议，讨论南京是守是弃的问题。军事顾问法肯豪森与大部分将领都以防守困难、持久消耗战略要求保存实力为由，主张弃城或适当抵抗后撤退。尽管如此，蒋却顾虑南京是首都，同时还有国父孙中山的陵寝，弃城难以对国民交待，他曾在日记中写道："南京孤城不能守，然不能不守，对国对民殊难为怀也"。[1] 并且，蒋此时仍未放弃对外国干涉的幻想。一者陶德曼调停使蒋认为日军短期内不会进攻南京，二来南京为国际观瞻地，守城战能显示中国的决心和实力，有利于吸引和等待国际援兵，也有利于在对日谈判中持有更多筹码。由此，蒋下定短期固守的决心："南京守城，非守与不守之问题，在敌军火力优势，长江得自由航行之情势下，欲期保持，颇属难能，故只可希望较短时间之防守。"[2]但其防守命令中没有对具体时限进行说明。

受命为南京卫戍长官的是唐生智，他曾专职主导筹划抗日工作，主持了上海、南京一带的防御工作。11 月 20 日唐就任后，以重点防卫、固守南京的作战思想为指导，以固守南京复廓据点及城垣为目的，调整了防守部署，将调来的十余万大军分至外围阵地和复廓阵地，准备打阵地战，同时督率军民赶筑防御工事。唐信誓旦旦地表示："本人奉命保卫南京至少有两件事有把握。第一，即本人所属部队誓与南京共存亡，不惜牺牲于南京保卫战中；第二，此种牺牲定将使敌人付出莫大之代价。"[3]

---

[1] 蒋介石日记 1937 年 11 月 26 日。转引自：黄仁宇：《从大历史的角度读蒋介石日记（增订本）》，第 135 页。

[2] 江涛：《抗战时期的蒋介石》，华文出版社 2005 年版，第 59 页。

[3] 谭道平：《南京卫戍战》，文闻编：《我所亲历的南京保卫战》，中国文史出版社 2005 年版，第 15 页。

同是在11月20日，南京政府正式内迁，但蒋没有立即离开，一直等待德日交涉的结果。直至12月1日，日本下令进军南京，并对4日德国送交的调停中日和谈的备忘录置之不理，蒋遂决心以战求和，在南京使日本付出巨大代价，并由此对南京守城战寄予厚望。7日日军突破南京外围防线，蒋方才在炮声中秘密离开南京，走前再度得到了唐生智没有命令决不撤退的承诺。

另一面，中国守军从12月初起先后在句容、汤山、淳化等外围阵地与日军交火，战势激烈。中国军队英勇作战，苦战拼斗，然武器落后，加之经历了淞沪会战后精力难济，只能且战且退。最终，唐生智下令进行战略收缩，部队退至复廓阵地，准备以城垣为依托作最后的较量。12月9日，日军兵临城下，松井石根下令用飞机向城内散发劝降书，唐下达命令，要求“各部队官兵应以与阵地共存亡之决心，尽力固守，绝不许轻弃寸土，动摇全军”，〔1〕更以连坐惩罚和管制渡江的方式显示了破釜沉舟的决心，鼓舞了全军士气。10日日军未收到投降的消息，对南京发起了总攻，中国军队在各处阵地与日军短兵相接，以血肉之躯抵抗敌军的强攻。但军备、战斗力等方面的劣势与南京城易攻不易守的环境，决定了这场惨烈的战斗最终必然走向失守的败局。

12月11日，蒋介石曾于最后的危殆中指示唐生智“如情势不能久守时，可相机撤退，以策后图。”〔2〕但唐未立即行动。12日蒋又改变态度，致电唐称：“经此激战后，若敌不敢猛攻，则只要我城中无恙，我军仍以在京持久坚守为要。当不惜任何牺牲，以提高我国家与军队之地位与声誉，亦唯我革命转败为胜唯一之枢纽。”“如能多守一日，即民族多加一层光彩。如能再守半月以上，则内外形势必一大变，而我野战军亦可如期来应，不患敌军之合围矣。”〔3〕但就在12日，雨花台失守，紫金山也陷入危机，唐最终在下午四时召集长官部会议，正式下达凌晨草拟

〔1〕1937年12月9日南京卫戍司令长官部令。转引自：宋希濂：《南京守城战》，文闻编：《我所亲历的南京保卫战》，第231页。

〔2〕谭道平：《南京卫戍战》，文闻编：《我所亲历的南京保卫战》，第28页。

〔3〕《蒋介石致唐生智、刘兴、罗卓英电》(1937年12月12日)，蒋档，革命文献——淞沪会战与南京撤守。转引自：姜良芹：《从淞沪到南京：蒋介石政战略选择之失误及其转向》，《南京大学学报(哲学·人文科学·社会科学)》2011年第1期，第112页。

的撤退令和突围计划，随后离开南京。

但是拒降死守的命令与撤退令相隔时间太短，各级官兵没有撤退的心理准备和计划，再加上混乱的战局造成通信障碍，使得命令的下达和执行陷入一片混乱。有些部队长没有传达突围命令就一走了之，各部队、各部门得到消息的途径、时间、内容各不相同，突围或撤退的计划根本无从实施。而且，撤退计划原本以“大部突围，一部渡江”为原则，完全符合时间紧迫、人多船少的客观情况，但唐随后又口头补充命令，允许第87师等部队如不能全部突围选择轮渡渡江集结，于是卫戍军的撤退反而形成了“大部渡江，一部突围”的状况，渡江撤退的路途上混乱不堪，被踩踏致死、淹死于长江中的人不计其数。

因此，无论是战前还是战斗中，中国军队并没有做好“焦土抗战”的心理与军事准备，至撤退时更是由于撤退令在部署和传令上的重大纰漏而没能组织主动的撤退或突围，不仅缺失“焦土”的时机，更是造就了一场混乱的逃难。

2. 中国军队在南京的行为表现

在缺乏心理准备、军事安排与实践时机的情况下，中国军队在南京的“焦土抗战”要付诸实践是有一定困难的。对于这一点，当时的一些媒体报道、军事报告、时人回忆等可以作为参考。

不可否认的是，在城垣首都警察部队曾进行过“坚壁清野”的行动。就具体行动来说，12月8日的《纽约时报》有称：“中国军队仍在继续焚烧防御线以内的障碍物。昨天，就连坐落在中山陵内的中国高官豪宅也不能幸免。”[1]由此，至晚从7日起，中国鉴于不利局势，开始在外围阵地清除可能为日军提供掩护的建筑设施以拖延攻势。但除了这些前线房屋外，焚烧基本可以被局限于军事院校及一些军事机构、军事要地，目的主要在于清除相关军事资料、设施等，并防止敌军占据有利地形后对城内的轰炸袭击。而且，美国记者司迪尔在12月9日从南京发出的报道中有述：“村里的人在收集财物，准备到难民区去。据说是军

〔1〕《焚烧在继续》，《纽约时报》1937年12月8日。张生编：《外国媒体报道与德国使馆报告》（张宪文主编《南京大屠杀史料集》第6册），江苏人民出版社、凤凰出版社2005年版，第49页。

队下达了命令要放火烧村,所以必须在半夜前搬走。很多人像蚂蚁搬家似的一下子涌向了难民区。"[1]可见,"清野"前居民都得到了提前通知,居民有准备的时间以携带自己的财物在警察护送下渡江撤离避开战乱。[2]也就是说,当时的"坚壁清野"并不如辩护方所称,意味着对居民的迫害或是对私人财物的劫掠,而是在适当安排下进行的目的明确的行动,中国方面也曾尽力将这一无奈的战略所带来的损失减少到最低。

与在城外防御战相比,若作战发展到城内就意味着军队已再无退守的余地,故而政府很难公开提出或实施在城内的"焦土行动",特别是在短期固守的决心下,蒋介石战前还曾明确否认过"焦土"的传言。[3]中国军事当局在焚烧城外建筑、设施的同时,也曾不断做出努力消解城内居民的恐慌,宣称"除了可能会摧毁对日军有用的桥梁和供水设施以外,不会破坏城内的房屋。"[4]此即复廓战开始前国民政府官方对"焦土"的基本态度。为了印证这一立场,政府在实践行动上也很努力。12月10日,新街口以南的国家剧院对面的木材仓库着火,安全区国际委员会的成员见到了城市消防队积极救火,并成功阻止了火势向邻近建筑物蔓延,[5]显示了在当时南京当局对城内建筑物在某种程度上的有力保护。

到了难以守城不得不组织撤退的时候,军队指挥者曾在撤退令中安排第36师掩护各部渡江后再行渡江,并在撤退时尽量毁灭南京所有建设。[6]但是事实上36师并未能完成"焦土"的任务。根据36师长官宋希濂叙述,12日晚他下令部队在掩护长官部渡江后相继渡江,渡江前

---

〔1〕司迪尔:《等待命运的南京卫戍军,战仅仅是挽回名誉》,《芝加哥每日新闻报》1937年12月9日。张生编:《外国媒体报道与德国使馆报告》,第51～52页。

〔2〕参见:文辉:《南京保卫战中的首都警察部队》,《江苏地方志》1995年第3期,第51页。

〔3〕蒋介石:"外传南京如陷于敌手之危险,将付诸一炬之说,仅属谣言。"参见:斯夫等:《1937—1938南京政府大撤退》,团结出版社,1998年,第156页。

〔4〕《郊野被焚烧》,《北华捷报》1937年12月15日。张生编:《外国媒体报道与德国使馆报告》(张宪文主编《南京大屠杀史料集》第6册),江苏人民出版社、凤凰出版社2005年版,第17页。

〔5〕《关于南京城纵火的调查》,张生等编:《英美文书・安全区文书・自治委员会文书》(张宪文主编《南京大屠杀史料集》第12册),江苏人民出版社、凤凰出版社2006年版,第307页。

〔6〕见表格"南京卫戍军突围计划""附记"栏。参见:谭道平:《南京卫戍战》,文闻编:《我所亲历的南京保卫战》,第30页。

各旅分别负责各地区的警戒工作或集结待命，12时左右师司令部人员及直属队渡江后，由于“麇集下关之其他部队均向和记公司附近拥挤，第三十六师的部队多被冲乱，有些船被他们抢渡去了。”[1]在36师各部队长收到的命令中并没有提及对南京建筑的焚烧，而且36师的撤退也是一片混乱，没有进行“清野”的时机。因此在战后“金陵兵工厂全部资敌，所有铁道车辆器材亦未及破坏。……各官厅之堂皇建筑则全部为对方利用，如外交部之高楼作为敌军总司令部前后八年。”[2]甚至，有的机关部门在离开前连工作文件都未及销毁。当时的参谋部人员程奎朗回忆时说到撤退令的消息他在12日晚从一个传令兵口中得知，而当他“回到参谋处办公室已空无一人，壁上地图、桌上文件也没有收捡烧毁，就撤走了”。[3]

国际委员会在《关于南京城纵火的调查》中下了这样的结论：“有证据显示，交通部的建筑看起来是中国人自己放火烧掉的唯一的重要建筑物。”[4]时文也有述：“虽然也有些大火，但是只有一个政府建筑物的焚毁是出于中国士兵们敏捷的行动。那是以二十五万镑的代价建筑的交通部，一个存储大量军火的所在。”[5]此外，国际委员会还确认，在13日早晨“市内没有大面积火烧的地方”。[6]这些都显示出中国军队纵火烧毁建筑物的事情实际并不多见，而不像辩护证词中所述中国军队在撤退前四处焚烧留下大量痕迹。

综上所述，辩护方的“中国焦土抗战论”在中国军队的作战战略、在南京的实际行动等方面，都多有不尽不实的主观臆断和片面陈述，其中既有歪曲夸大也有杜撰捏造。这些失真的证词，体现着辩护方以辩护为中心在陈述内容上有意图地组织和串联，根本目标在于左右法庭判决。

---

[1] 宋希濂：《南京守城站》，文闻编：《我所亲历的南京保卫战》，第235页。
[2] 黄仁宇：《从大历史的角度读蒋介石日记（增订本）》，九州出版社2011年版，第137页。
[3] 程奎朗：《南京复廓阵地的构筑及守城战斗》，文闻编：《我所亲历的南京保卫战》，第46～47页
[4] 《关于南京城纵火的调查》，张生等编：《英美文书・安全区文书・自治委员会文书》，第308页。
[5] 清漪改译：《焦土政策》，《民族生命》1938年第2期，第10页。
[6] 《关于南京城纵火的调查》，张生等编：《英美文书・安全区文书・自治委员会文书》，第308页。

四、“中国焦土抗战论”的辩护结果

东京审判在最后的判决书中对日军在南京的暴行做了总结性的认定，其中这样陈述了纵火行为：“许多民宅和店铺被非法闯入和遭抢劫。抢劫完商店和货栈后，日本兵常常放上一把火。太平路——南京最繁华的商业街道，以及这座城市其他成片的商业区被大火烧毁。士兵们无故地焚烧市民的家。几天后，这样的纵火似乎成了一种固定的模式，并持续了六个星期。大约 1/3 的城市就这样被毁掉。”〔1〕

这样的判决表明辩护方针对该问题的辩护内容最终没有得到法庭的接受，“中国焦土抗战论”的辩护策略未能发挥效用，其中最关键的问题应当在于，作为“中国焦土抗战论”支柱的辩护证据（证词）有着致命性的不足。

而除了与史实的不符外，相关辩护证词中还存在着一些语焉不详甚至相互矛盾的语句，最明显的体现在对南京城内焚火损害情况的描述性证词中。例如，中泽三夫的宣誓证词中显示，“在南京城里，被火焚烧的痕迹也处处可见。据说，这都是中国军队在撤离前干的。”〔2〕中泽三夫将南京城的火烧程度描述的比较严重，所谓的纵火行为在涉及范围上被最大化了，对中国军队的指责也直接而严重。但是，这种描述与其他一些人的证词发生了冲突。小杉宏称：“这是我第一次看到南京城，但是我能看得出来，整体而言，这座城市原封不动地保护了下来。我没有看到有火烧的痕迹。”〔3〕西岛武司说：“当时（15 日）城里几乎所有的房子都完好无损。”〔4〕榊原和江的证词又稍有不同：“据我所知，南京城只有少部分地方遭遇火情。绝大部分都免受火灾。很显然，假如我们看看夫子庙周围或其他地方，我们会注意到它们和战前没有两样。”〔5〕饭沼守也表示：“在南京城里，确有几处烧焦的房子，但大多数都保持原样。”〔6〕总体上，后四人的证词积极肯定了南京城的保存状况

〔1〕《判决书（有关南京大屠杀）》，杨夏鸣编：《东京审判》，第 607 页。
〔2〕《证人出庭作证与回答质证：中泽三夫》，杨夏鸣编：《东京审判》，第 447 页。
〔3〕《证人出庭作证与回答质证：小杉》，杨夏鸣编：《东京审判》，第 457 页。
〔4〕《法庭上辩护方宣读的证词：西岛武司》，杨夏鸣编：《东京审判》，第 589 页。
〔5〕《证人出庭作证与回答质证：榊原和江》，杨夏鸣编：《东京审判》，第 468 页。
〔6〕《证人出庭作证与回答质证：饭沼守》，杨夏鸣编：《东京审判》，第 461 页。

而否定了中泽三夫的说法，而他们对保存状况的描述又不尽相同。以辩护方的立场，日军的进城标志着南京城主导权的变更，日军进城前南京城的状况理所当然由掌握南京城的中国军队负全责，因此，进城时南京城的焚火痕迹可以成为辩护方用来指责中国军队的重要证据。但是证词中的这些矛盾使得证据链断裂，导致辩护方的这类证据失去了吸引力和说服力。

辩护证据在根本上不具备足够的真实性，又进而导致难以顾全细节问题，无法避免证据链上的漏洞，最终使得这一部分内容在辩护的各环节中变得薄弱，也使得以“中国焦土抗战论”为工具的辩护整体上出现问题。加之在检察方的质证中，检察官集中于日军及战犯本人的行为，而并未追究“中国焦土抗战论”的相关证据，辩护方偷换重点、转移视线的步骤并没能完成。因此，尽管辩护方的策略逻辑设想完整，却最终没有发挥实际效用，对审判结果没能起到影响。

综上所述，辩护方的辩护证据中屡次提及中国军队的“焦土抗战”，构建了辩护方自己的“中国焦土抗战论”。但这一论断在实质上是有选择地对中国的“焦土抗战”的部分内容进行了放大和强调，混杂了杜撰与夸大的部分。这源于辩护方的立场，是辩护策略的产物和重要组成部分。辩护方意图利用“中国焦土抗战论”中展现的中国军队的行为，来减少日军在纵火等破坏事件中的行为活动，以中国军队的行为责任来部分地替换日军对在南京的暴行应当承担的责任。同时，“中国焦土抗战论”还配合了对日军行径的否认和淡化，进而多角度地为日军进行了辩护。但是这种策略终究没有足够的事实为支撑，相关的证词存在漏洞甚至是显见的谬误，日军的罪名不可能因此而消失或减轻。

事实上，除“中国焦土抗战论”之外，还有其他一些与中国军民的行为责任相关的辩护证据，例如中国人对日本人的挑衅和伤害，又如中国人伪装为侵犯外国人利益导致日方与其他国家的误会，这些辩护证据在最终判决中也同样没有能体现出效用。面对这类辩护证据，经过细致考证、冷静分析，梳理中国和日本两方在战争时期的行动，有助于从不同角度出发落实日军在南京所犯下的不容否认的罪行。此外，这些在实质上都以否认指控、减免罪责为目标的辩护证据，最终能够被排除在判决结论之外，并非源于审判方为制裁日本片面采纳检察方证据，反而恰恰能够应和对事实的衡量和判断。这一点也能够反映出，东京审判的判决是有着其自身的正当性与合理性的。

第七章　东京审判和B、C级审判

第二十一节　东京审判与B、C级战争犯罪

林博史*

进入20世纪80年代后，欧洲的纽伦堡审判研究和日本的东京审判研究开始有了进展。美国和英国的相关公文书得到进一步公开，在此之前不为人知的审判经过和审判舞台后的背景得到解明，基于资料上的研究开始展开。[1] 另一方面，在BC级战犯审判的问题上，虽然英国、美国和澳大利亚等国将资料进一步公开，相关研究才总算有了起步。[2]

然而在谈论战犯审判的问题时，似乎A级和BC级经常很自然地被区分开，然而这一区别并不是从一开始就有的。[3] 这两种战争犯罪(人)类型出现的过程本身也是重要的研究课题。对纽伦堡审判的研究——这也与反和平罪、反人道罪的形成过程重叠——也有所进展，却还是不够充分。只是从整体的倾向来看，纽伦堡审判和东京审判的研究对象仅仅限定于A级战争犯罪，与BC级战争犯罪的关系并没有被太多地放在视野内。

---

* 日本关东学院大学教授。

〔1〕 关于东京审判的文献有粟屋宪太郎的《东京审判论》，大月书店1989年版，同《未决的战争责任》，柏书房1994年版、粟屋宪太郎：《通向东京审判之路》，讲谈社2006年版，等等。
20世纪80年代之前的文献中，参照东京审判手册编辑委员会编的《东京审判手册》，青木书店1989年版。近年，除之后提到的研究外，还有牛村圭：《面对“胜者的审判”——重读东京审判》，CHIKUMA新书2004年版等牛村氏的系列著作；中岛岳志：《帕尔法官》，白水社2007年版；日暮吉延：《东京审判》，讲谈社新书二〇〇八年；保阪正康：《东京审判的教训》，朝日新书2008年版；武田珂代子：《东京审判中的翻译》，MISUZU书房2008年版等等。

〔2〕 林博史：《B、C级战犯审判》，岩波新书2005年版，同《被审判的战争犯罪——英国的对日战犯审判》，岩波书店1998年版等等。其他的相关文献，请参考两本著书的卷末参考文献。

〔3〕 A级和BC级的区别在战后得到普及，而且只有美国使用。战争时期一般用主要(major)战争犯罪(人)和非主要(minor)战争犯罪(人)来加以区别。

众所周知，在第二次世界大战之前，战争犯罪仅仅是“违反有关战争的法规惯例”，即“普通的战争犯罪”（相当于后来的 B 级犯罪）。第二次世界大战中，反和平罪（A 级）与反人道罪（C 级）的概念得到明确。

如何处理德国和日本等轴心国众多有组织性的残虐行为是同盟国面对的一个重大问题。在普通战争犯罪上，受害国可以独自设立法庭处罚加害方是当时战时国际法的一般性理解。然而摆在眼前的事态，不是用以往的战争犯罪这一概念就可以解决的。同盟国的讨论与政策的形成从对实况的认识开始进行。最终被分为两大类型的审判，一类即纽伦堡审判和东京审判的 A 级审判，另一类除此之外的 BC 级审判，然而为何会采取这两种审判形式，如果对此缺乏了解，就无法理解它们各自的审判性质。

关于大战中同盟国战争犯罪政策的形成过程，欧美方面在与纽伦堡审判的关联上有一定的研究积累。在日本则有大沼保昭氏的领先性研究，近年来还出现了清水正义氏和日暮吉延氏的研究。[1] 然而，欧美的研究一味地集中在纽伦堡审判上，日本问题尚未被纳入视野，也没有意识到 BC 级战犯的问题。

其中关于同盟国战争犯罪委员会的问题，之前并未受到太多的评价，而克查比提出了积极的评价，从中汲取了很多的启发。日本的研究方面，大沼氏的研究在反和平罪的形成过程方面是一项宝贵的成果，也是介绍同盟国战争犯罪委员会的领先研究。日暮氏的研究虽然是在包括东京审判在内的同盟国战争犯罪政策上的最初成果，然而，他不仅将 BC 级战犯问题放诸于视野之外，而且对本文的研究对象—同盟国战争

---

〔1〕 对欧美的同盟国战争犯罪政策形成方面的研究众多，例如 Bradley F. Smith, *The Road to Nuremberg* (New York: Basic Books, 1981), William J. Bosch, *Judgment on Nuremberg: American Attitudes Toward the Major German War Crime Trials* (Chapel Hill: The University of North Carolina Press, 1970), Arieh J. Kochavi, *Prelude to Nuremberg: Allied War Crimes Policy and the Question of Punishment*(Chapel Hill: The University of North Carolina Press, 1998)等等。日本有大沼保昭：《战争责任论序说》，东京大学出版会 1975 年版，清水正义〈领先却无疾而终的同盟国战争犯罪委员会的活动　关于一九四四年纳粹犯罪的处罚办法〉《东京女学馆短期大学纪要》，第二十辑，1998 年，同〈美国的共同谋议论的成立——资料介绍与解说〉《东京女学馆短期大学纪要》，第二十二辑，2001 年，同〈为何需要“共同谋议罪”〉《季刊战争责任研究》，第三十五号，2002 年 3 月，同《何为战争责任——围绕东京审判论证 50 问答》，鸭川出版 2008 年版、日暮吉延：《东京审判的国际关系》，木铎社 2002 年版，高取由纪：《东京审判中的美国与英联邦》（杉田米行编著：《美“帝国”失去的霸权》，三和书籍 2007 年版）等。

犯罪委员会的作用做出了极低的评价。我想这是因为他的理论构造仅仅是从大国权力下的国际政治这一视点来解释东京审判的缘故，而对大国以外的作用、法学家等个人和非政府机构的作用几乎未做出评价。清水氏首次将焦点对准了同盟国战争犯罪委员会的作用，他对于反人道罪和共同谋议论的有关意见很有参考意义。包括同盟国战争犯罪委员会的活动在内，笔者对同盟国的战争犯罪政策的形成过程已经发表了论文，在此基础上再次来探讨其过程。

东京审判确实存在"胜者的审判"这一面，然而，已经得到明确的是，它并不是胜者单方面的审判，而是具有日美两国统治者之间合作的性质。[1] 虽然这种性质是事实，可是仅仅从日美两国的框架来看，就很容易陷入仅用大国权力政治的理论来解释的危险。这一点我想重新进行论证。

近几年的研究论证指出，东京审判不仅对反和平罪做出了制裁，对普通战争犯罪的制裁也占了不少的比重。[2] 东京审判作为对A级犯罪和B级犯罪两者共同的审判，有必要从这一视点上来重新看待，包括验证东京审判的审判内容。[3]

带着以上这些疑问，本文为了明确对A级和BC级战犯共同审判的真相，战犯审判为何会采取这种形式，并讨论大战中同盟国的意见。并且，为了理解东京审判和BC级审判，我认为应该把A级和BC级结合起来看待。通过这些工作，我想在战犯审判研究上提出一个新的质问。

一、同盟国战争犯罪委员会的作用

(一) 同盟国战争罪行委员会的成立

德国在欧洲、特别是在东欧的一系列暴虐行为，或是日本在中国、

---

〔1〕 粟屋宪太郎氏的研究与吉田裕：《昭和天皇的终战史》，岩波新书1992年版等等。

〔2〕 梶居佳广：《东京审判中对"BC级战争犯罪的追究》，《立命馆法学（别册）学生论集》第四十二号1996年版，户谷由麻前出书等等。

〔3〕 参照日本的战争责任资料中心研究事务局（解说林博史）：《资料介绍　东京审判中被审判的"慰安妇"制度》，《季刊战争责任研究》第五十六号，2007年6月，林博史：《实证性的东京审判研究——与"慰安妇"问题的关联》，《现代思想》2007年8月，林博史：《重审战后和平主义——战犯审判、宪法第九条、围绕东亚关系》，鸭川出版2008年版（第一章）。

东南亚地区的残虐行为，都是以往的战争无法比拟的大规模的组织性行动，如何来处置这些暴虐行为是同盟国面临的重大问题。战时国际法应该如何处置这些暴虐行为，又能够如何对暴虐行为的执行者以及策划人、下令人等国家和军队、组织的领导人进行审判等等，出现了以往的战时国际法无法应对的情况。[1] 然而，以受害国为主的国家强烈呼吁，要求阻止一系列的暴虐行为，为防止将来再次发生，必须要惩罚罪犯。

最早的政府声明，要数1940年11月由波兰和捷克斯洛伐克政府发表的共同宣言。两国流亡政府都严厉批判，德国在本国实施的暴行在人类史上空前绝后[2]。

1941年10月25日美国总统罗斯福和英国总理丘吉尔分别同时发表声明，指出了德国在各地施加的暴虐行为，丘吉尔在声明中宣布，“惩处这些罪行应该也算是如今战争的主要目的之一”。随后的11月25日，苏联的莫洛托夫外相也发表声明谴责的暴虐行为，与英美采取了一致步调。

1942年1月13日，比利时、捷克斯洛伐克、自由法国、希腊、卢森堡、荷兰、挪威、波兰和南斯拉夫等欧洲九国聚集在伦敦的圣詹姆斯宫，谴责德国对市民行使暴力，决议“通过有组织的审判，在这些罪行上有罪或是有责的人，无论他们是下令或是执行，或是以其他方式参与其中，加以惩处并放入战争的主要目的之中”。作为旁听者出席的中国表示将对日本的占领者们适用同样的原则[3]。苏联之后也同意了这一宣言。

这些国家的本土均被德国占领，流亡政府设在伦敦，于是他们都对英国政府提出了要求。于是，同年10月，英美政府分别发表声明，将成立同盟国战争犯罪委员会。之后虽然停滞了一段时间，1943年11月1日，美、英、苏三国首脑发表了莫斯科宣言，宣布要惩罚战争罪犯。原则

---

〔1〕 这一理解是回顾战时国际法经过时的说明，对殖民地民众施加的暴虐行为却被忽视。这一点后面将要叙述。

〔2〕 *History*, p.87.

〔3〕 Ibid., p.91.

上由犯罪所在地进行审判，对“无特定地点限制”的主要罪犯则表明将放到今后讨论。

就在莫斯科宣言之前的10月20日，伦敦召开了同盟国外交团会议，一致同意成立同盟国战争罪行委员会。26日，召开了第一次非正式会议，翌年1月11日的第四次会议开始成为正式会议。委员会由14个国家组成（后来增加到17个），英国的塞西尔·赫斯特（Cecil Hurst）被选为主席。英国政府只允许委员会收集信息等，采取了限制的方针，却遭到了各国代表的反对，最终确定其“代表同盟国惩处战犯的唯一机构”（主席发言）的地位。委员会下面又设置了事实证据小分会、执行小分会和法律问题小分会这三个小委员会，开始讨论如何惩处战犯的问题[1]。

（二）委员会的重要论点

在此无法详细描述委员会的讨论内容，暂且介绍几个重要的议题。

首先是关于战犯概念的问题。在第一次会议上，捷克斯洛伐克的博胡斯拉夫·埃采耳（Bohuslav Ecer）提出应该扩大战犯的概念，他说，“灭绝一座村庄的行为虽然不是‘战犯’，却要按照罗斯福总统和丘吉尔、艾登说的那样必须要惩处。因此需要更广义的‘战犯’概念。（中间省略）“战犯”是过去的概念，被全面战争凌驾其上”。

第十三次会议（1944年3月21日）上代读了法国代表安德鲁·葛洛提交的文章。葛洛认为，“从这些观察中得出的结论是，（战犯）名单的编纂不符合现实情况。制定战犯名单也许在1918年还是个正确的想法。因为那时候的犯罪尚在个人可以承担的范围内。然而在1944年的今天，数十万人可以将其他的数百万人置于死地，或是进行恐怖活动，这种犯罪具有集体性格，个人的罪犯名单并不妥当。就算是同盟国的各国政府查明了所有的个人犯罪事实，德国犯下的暴虐罪行却远远超出了这些犯罪的总和。德国的犯罪组织体系才是罪犯”。

---

〔1〕 摘自同盟国战犯委员会会议记录（RG238/Entry180/Box1，TS26/67－68）。以下RG开头的文件全部来自美国国立公文书馆所藏，A开头的文件来自澳大利亚国立公文书馆所藏，其他字母开头的文件则来自英国国立公文书馆所藏。关于委员会活动的经过，拙著《同盟国战犯政策的形成》包括引用出处等有详细记述，本稿中省略了注释部分可以加以参考。

1944年10月2日，美国代表威廉·约瑟夫·泽巴不德（William Joseph Sebald）中校在给麦克罗伊（McCloy）陆军司令助理的报告中将问题归纳如下[1]：

“敌人发起的众多暴行，将它们看作是以往战争中出现的单纯是个人或是个人集团的犯罪行为是无法理解的。当然，它们也具备这种性质。然而这却不是最大的特点。现在的战争之所以如此残忍的特点是，在贯彻柏林下达的命令方针时，极端的犯罪行为持续被重复，并具有达到一定目的的计划性，为了实现目的而进行蓄意命令或是奖励。具体的例子有对犹太人的迫害战，对波兰知识分子的作战、强制收容所的恐怖行为、人质的大量处刑、虐待战争俘虏、集中营和SS屠杀以及大批地驱逐民众等”。

也就是说，德国的行为不是某个将兵单独的行为，而是德国这个国家，或者说是与纳粹国家一体化的组织进行的有组织有体系的行为，仅仅惩处末端的犯罪现场的命令人或是执行人是不能解决问题的。从这一认识出发，可以产生一个新的认识，那就是不能仅仅审判单个的犯罪案件的嫌疑人，而是应该把国家和纳粹、SS等组织的干部作为战犯来审判，才是必不可缺的。

以往的战犯概念是建立在针对个别的非人道行为，来审判它的命令人和执行人的基础上，然而，面对无法如此解释的一系列暴虐行为，如何理解战犯的问题被提了出来。

委员会上的讨论对象主要是纳粹德国，中国代表金问泗提出，“如果不严惩德国和日本侵略战争的始作俑者们，那么惩处战犯的努力就起不到防止战争的效果。如果再发生其他的战争，恐怕这种暴虐行为将更大规模、更残忍地被重复”（第三十五次会议），支持扩大战犯的概念，不言而喻，当时他指的是日本一系列的暴虐行为。可以说，澳大利亚代表当时也注意到了日本的问题。

这些认识，使得这种一系列的、有组织性的暴虐行为被理解为引起这些行为的战争本身就是战争犯罪。比利时代表马塞尔·德·贝尔

---

〔1〕 参考RG107/Entry180/Box1.清水正义：《共同谋议论在美国的成立》，第65页。

(Marcel de Baer)则在第一次会议上提出疑问,委员会不处理"战争这种罪行"吗?

1944年5月16日,法律问题小分会做成了题为"同盟国的惩处行动范围"的报告,就战犯的概念提出了以下四点,并放入委员会的管辖之下。

> (1) 无论这些犯罪所涉及的领域如何,准备战争或是有开始目的而犯下的罪行
>
> (2) 无论嫌疑人的阶级如何,在同盟国内犯下的罪行以及在同盟国外或是对空中、海上的同盟国军队成员或民众犯下的罪行
>
> (3) 无论犯罪地点如何,以人种、国籍、宗教或是政治信条为由,不分国籍或是包括对无国籍人员在内的任何人犯下的罪行
>
> (4) 妨碍恢复和平的罪行

以上对战犯的理解,除了第四点以外,一至三点则分别对应于反和平罪、通常的战争犯罪(违反战争的法规惯例)、反人道罪这三种类型。其内容可以说也是后来的纽伦堡审判管辖规定的原型。[1] 在第三点上,以往的战争犯罪概念,仅仅是指对敌国国民的暴虐行为,而对犹太人的暴虐行为,也包括对轴心国本国国民的行为在内,需要规定新的概念。另外,后来被定格为反和平罪的第一点,从委员会的讨论中可以知道,他们认识到是由于准备并开始战争而引起了庞大的、有组织的暴虐行为。

委员会对上述提议进行了审议(5月23日,第19次会议)。然而有人提出不知各国政府会如何考虑,而需要询问英国政府,该提议未被采纳。

关于是否将侵略战争当作战争犯罪来看待,委员会从1944年10月至12月进行了审议,却未能得出结论。法律问题小分会多数意见认为,侵略战争不是战争犯罪,英国外交部也认为不应当看作战争犯罪,

---

〔1〕 参照清水正义:《领先却无疾而终的同盟国战争犯罪委员会的活动》,第130页。

美国政府当时也正在讨论中未能拿出结论，美国陆军司令亨利·史汀生（*Henry Stimson*）指示美国代表交待委员会勿下结论等等，都是主要的原因[1]。中国代表金问泗在小分会上发言表示，“不能不对希特勒和东条等人加以惩处”（1944年9月）。

接受上官的命令这一辩解，能否成为战争犯罪的免责理由，1945年3月28日（第54次会议）采纳了《对于接受上官命令的报告》。会议确定了“仅凭按照上官命令行动这一事实，不能免去战争犯罪者的责任的意见得到了全场人员的支持”这一基本原则，做出了委托同盟国个别处理的判断[2]。

委员会的议论中涉及了反和平罪、反人道罪、犯罪组织的问题以及出自上官命令的辩解等等，可以说已经产生了之后在战犯审判问题上的基本想法。

（三）国际法庭构想

在第一次会议中，就已经提到了审判战争犯罪的法庭问题。捷克斯洛伐克的代表埃采耳（Ecer）不仅仅只是提出了要扩大战争犯罪的概念。他还提出，虽然战争犯罪可以采取由各国法庭进行审判的原则，然而对于此外无法惩处的犯罪和被告，则要提交到同盟国之间的国际法庭。其他参会者也提出了法庭问题的重要性。在第六次会议（1944年1月25日）上，埃采耳指出，第一次世界大战时，由于未能设置逮捕犯罪人并付诸审判的司法行政机构从而导致了失败，为了不再重复重大的失败，他要求成立“从地理上或是其他意义上具有国际性质的同盟国刑事法庭”。

美国代表赫伯特·贝尔（Herbert Pell）也赞同他的意见，作为执行小分会的主席，他在第十次会议（2月22日）上提议开始讨论国际法庭的组织，得到了委员会的批准。莫斯科宣言中没有明确表明的法庭问题，委员会决定率先提议。

---

〔1〕 斯廷森写给赫尔的信件、1944年11月27日（RG107/Entry99/Box5）。
〔2〕 Commission Documents，C86，M53（RG238/Entry52Q/Box1）.

之后，执行小分会制作了提案，从1944年8月至10月期间，委员会也进行了讨论。讨论的经过和内容在此就不做记述了，最后提交了两个国际法庭的方案。一个是根据同盟国之间的协约成立的同盟国战争犯罪法庭，另一个是由同盟国最高司令官设置的混合军事法庭。两者都是对"高层下达犯罪政策的团体""或是在数个国内法庭无法做出适当惩处的人"（赫斯特主席的发言）进行审判的法庭。

关于前者，在第三十三次会议（1944年9月26日）上一致通过了《同盟国战争犯罪法庭成立协议草案》。对于后者是否有必要，则进行了多次讨论。英美澳等国家则指出，前者的法庭是非军事法庭，成立需要花很长的时间，在"有效并且迅速地执行任务"上存在问题，主张应以补充前者的方式采用后者。对此，挪威、比利时和法国等大陆国家则提出异议，质疑这一提议从原理上违背了前者。最后确认并非取代前者，而是进行补充，以八比四通过（第三十四次会议、10月3日、十四个国家出席）。就这样，两个成立法庭的方案得到了批准。

首先来看前者的同盟国战争犯罪法庭成立协约草案，[1]根据同盟国之间的协约成立，属于非军事法庭。是否将侵略战争定为战争犯罪尚没有定论，其管辖权为"对战争法规和惯例的侵犯"，也就是被限定在通常的战争犯罪上，"注意到国内法庭惩处即没有好处也没有效果"的案件将在这所法庭裁决。当然，其前提是承认各国有在自己本国国内法院审判战犯嫌疑人的权利，不能侵犯这种权利。因此，可以看出这种犯罪是以复数国家范围内的国家和军队上层为对象的。

其次，是建议同盟国最高司令官成立混合军事法庭的劝告。[2]劝告中说明，等到同盟国战争犯罪法庭成立，可能会耽误时间，作为期间的暂时法庭，并且，在同盟国战争犯罪法庭设立后，为了避免"有效追诉战争犯罪人的所有手段确立并得到维持，以及由于不能迅速审判而使战争犯罪人免于审判或惩处"的情况产生，因此需要这所法庭。这是一所军事法庭，由各地区的同盟国最高司令官设立，同盟国各国选派法

〔1〕 Commission Documents, C50(1) (RG238/Entry52Q/Box1).
〔2〕 Commission Documents, C52(1) (RG238/Entry52Q/Box1).

官。具体内容则委托设立的司令官。也可以将它看作是国际法庭的一种。

这两个国际法庭草案于10月6日以赫斯特议长的名义提交给了英国外长罗伯特·安东尼·艾登(Robert Anthony Eden)。赫斯特请求英国政府召集外交会议来签署这部协议。然而,英国政府内部艾德礼首相以下提出了强烈的反对意见。其理由为,[1]在同盟国战争犯罪法庭问题上签署协约的交涉与成立需要花费大量的时间,很难让苏联加入等等。在混合军事法庭问题上,英国认为本国的军事法庭可以审判而无此必要,不过一旦出现本国的法庭无法审判的情况,混合军事法庭还是有帮助的,英国虽然持许可态度,不过既然是由最高司令官来判断,因此无需事先决定。1945年1月4日,英国政府答复为反对前者,保留后者。[2]

赫斯特对本国政府的态度感到不满,1945年1月17日,他辞去了主席一职,同时也辞去了委员会的英国代表一职。与此相比,美国代表Pell为了实现委员会的提议,积极地向罗斯福总统和国务省开展工作,尤其与国务省产生了对立。Pell主张,应将对犹太人的暴虐行为当作"反人道罪"而定为战争犯罪,国务长官却认为将它"当作战争犯罪来对待并不明智"而表示反对。[3]混合军事法庭这一构想原本是国务省内讨论的基础上,赫尔(Cordell Hull)将它记在写给总统的纸条上,由总统名义传达给了Pell。Pell按照总统的指示在委员会上做了提议,总统直接任命Pell作为委员会的美国代表,国务省对他感到厌恶,听任议会不批准他的经费支出,造成Pell无法再回到伦敦。于是,领导委员会的美英两国代表离开,委员会牵头讨论同盟国战争犯罪政策的形势也一去不返。

(四)委员会成员与战争期间战争违法化的努力

第一次世界大战后,吸取欧洲发生的大战的惨痛教训,开始出现要把侵略战争与自卫战争双方在内的战争本身,或是至少诉诸于战争这

---

〔1〕 英国外交部发往华盛顿英国大使馆的电报、1944年10月24日(TS26/84)。
〔2〕 也参考了Commission Documents, C68 (RG238/Entry52Q/Box1). *History*, pp. 453 - 454。
〔3〕 1944年7月15日(RG59/Entry1369/Box6).

一手段的行为看作是违反国际法的动向。也就是战争违法化。法学家等的意见为前者，然而在现实的国际政治现场上实际追求，并得以逐渐实现的是后者的想法。[1] 1919年签署、翌年1月生效的国际联盟规约的前文中，就明确规定了“缔约国承诺不可诉诸于战争”。

1924年10月，同盟国全体大会一致通过了《关于和平处理国际纷争的日内瓦议定书》，虽然最后未能获得批准，前文中明确记载“侵略战争构成了国际性罪恶”。随后，1928年8月在巴黎签署、日本也参加并生效的非战公约中第一条宣布，“否定使用战争手段来解决国际纷争，摒弃在相互关系中使用战争作为国家政策之手段”。

于是，在限制采取战争这种手段本身的同时，有人提出了对违反战时国际法的战争犯罪人的惩处问题。1919年，同盟国设立的“发动战争责任以及刑罚执行委员会”的报告书中提议，在战争犯罪问题上，包括国家元首在内的高层人物也将成为追究刑事责任的对象，各国设立的战犯法庭无法处理或是对复数国家的俘虏和国民实施暴行，或是下达此类命令、未能履行防止违反义务者，需要城里高等法庭来审判他们。报告书提议的高等法庭，由五大国和另外六个国家选出的法官们组成。

这部报告书的内容反映在日内瓦和平条约的条款中，德国皇帝威廉二世受到特别法庭的追诉。不过，这种情况区别于战争犯罪，由于皇帝流亡未能进行审判。[2]

之后，1920年2月，同盟国理事会为了设置常设国际司法法庭而成立了法学家咨询委员会。法学家咨询委员会采纳了成立“国际高等法庭”的提议，用作审判“侵害国际公共秩序，活着违反各国普遍法的犯罪”的法庭。同盟国理事会在此基础上向全体大会做出了提议，却被“时期尚早”为由未被采纳。

---

〔1〕关于这一时期战争违法化的动态，参照伊香俊哉《近代日本与战争违法化体制》吉川弘文馆、2002年、第一章。

〔2〕United Nations-General Assembly, International Law Commission, *Historical Survey of the Question of International Criminal Jurisdiction* (Memorandum submitted by the Secretary-General), New York, 1949, pp.7－8. 藤田久一《何为战争犯罪》岩波新书1995年版，第32～39页。以下关于第二次大战之前的动态，参照前者pp.8－18、藤田第69～70页以及大沼保昭的《战争责任论序说》第97～100页。

1922年,国际法协会提出成立常设的国际刑事法庭,在后来的1924年、1926年也讨论过这个问题。1925年后,国际议会同盟曾讨论过赋予常设国际司法法庭有关审判国际犯罪的权限。1934年,发生了南斯拉夫亚历山大国王暗杀事件后,同盟国开始讨论成立审判国际性政治犯罪,特别是恐怖活动的国际刑事法庭。1937年11月,成立国际刑事法庭的条约立案,却未能等到实现便突入了第二次世界大战。

基于以上的情况,剑桥大学法学部成员们为主的欧洲法学家们组成了"刑法的重建与发展剑桥委员会",并于1941年11月在剑桥召开了会议,设置了研究关于"对国际公共秩序犯罪"的规则和手续的委员会。该委员会总结的中间报告(1942年7月15日)中指出,"随着国际刑事法庭设置时机的成熟,多数战争犯罪包含在国内法庭的管辖之中"。并讨论了由国际法庭来处理各国独自的法庭无法解决的案件。

委员会由十名成员构成,其中六名是同盟国战争犯罪委员会的成员。在同盟国战争犯罪委员会中也发挥了重大作用的荷兰鹿特丹法庭法官德摩尔(De Moor),以及比利时的原布鲁塞尔控诉法院法官马塞尔·德·贝尔(Marcel de Baer)也是其中的成员,特别是贝尔,在剑桥委员会上也提出了战争犯罪问题,发挥了重大作用。

另外还要提到的是,在同盟国协会的支持下创立了伦敦国际会议。[1] 1941年10月,该会议将战争犯罪问题作为主要议题之一而提出。1942年3月成立了讨论战争犯罪问题的委员会,1943年6月,会议通过并采纳了题为《战争犯罪人的审判与惩处》的委员会报告。之后又继续深入研究,1943年10月总结出了一份超过四百页的详细报告书。[2] Baer担任该委员会的委员长。

会上讨论了战争罪行的定义,主张侵略战争是国际性的罪行,同时也确认了对犹太人的人种灭绝罪行等即使未能受到当地法律的惩处,也应该由国际法来处罚此类的反人类罪。大会确定各国拥有审判战争罪行的权利,并提议设置国际刑事法庭来处置各国无法处理的罪行。

---

〔1〕 关于此次会议的活动、*History*, pp. 99 - 104。
〔2〕 报告书全文为TS26/873。LCO2/2974里也有相关资料。

国际刑事法庭可以受理各国国内法庭没有管辖权的罪行，例如对犹太人和无国籍人士的罪行，涉及数个国家，或是对复数国籍人士的罪行，乃至由国家元首犯下的罪行等。

另外，处理“战争犯罪人的审判与重建问题的委员会的法律义务”的其他委员会于1943年9月，提出了《国际刑事法庭宪章以及赋予该法庭的管辖权》的报告，其中对国际刑事法庭审判战争犯罪人这一问题提出了详细的意见。Moor担任该委员会的委员长。[1]

伦敦国际会议上，除了在剑桥委员会上也发挥了重大作用的德摩尔和贝尔以外，同时参加的还有中国的梁鋆立（在美国大学获取法学博士的中国政府法律专家）、捷克斯洛伐克的博胡斯拉夫·埃采耳（律师，任职于捷克斯洛伐克亡命政府司法部）、法国的勒内·卡森（Rene Cassin）（巴黎大学教授）、卢森堡的维克多·博森（Victor Bobson）（法学博士，司法部长）以及挪威的埃里克·科尔本（Erik Colban）（驻英国大使，外交官）等人，他们后来也成为同盟国战争罪行委员会的成员。

同盟国协会的总会于1943年12月采纳了“战争犯罪人的审判与惩处”这一决议，其中规定：包括对犹太人的无差别屠杀等由于人种宗教偏见的行为在内，“如果可能，希望赋予审判战争犯罪人的法庭具有国际性”。[2]

再看看同盟国战争罪行委员会的其他成员，第一届议长塞西尔·赫斯特（Cecil Hurst）曾经担任过国际司法法庭的法官，并兼任英国外交部的法律顾问，第二届议长澳大利亚的莱特也是一名律师。澳大利亚的阿特金（Atkin）是法庭律师，也担任过高等法院的法官，法国的葛洛是大学的法学教授，波兰的格雷泽是教授刑法的大学教授。中国代表顾维钧是曾经担任过中华民国的国务总理兼外交总长的重要人物，1932年担任驻法国公使（后为大使），41年在担任驻英国大使的同时，代表中国政府对西欧各国和同盟国在揭露日本的侵略和残暴行为上发挥了重大作用。

---

〔1〕 LCO2/2972.
〔2〕 LCO2/2974.

综上所述，同盟国战争罪行委员会的成员多为法官或律师、大学教授等法律专家，他们之前也参加了有关国际法的活动，一直研究着战争罪行问题。美国代表佩尔（Pell）是纽约选出的下院议员，可以说是对犹太人组织和国际舆论动态十分敏感的一名政治家。

把战争视为违法，成立国际刑事法庭来审判战争罪行，是第一次世界大战以来各国的法律学家们的共同目标。面对第二次世界大战中发生的前所未有的战争罪行，他们代表各国政府聚集在同盟国战争罪行委员会，试图实现战时国际法的新的发展和国际司法制度。这些尝试和讨论，成为纽伦堡审判和东京审判的前提。

二、A级审判与B、C级审判

（一）审判方式的决定

1944年9月后，美国政府内部开始正式讨论战争罪行政策。与罗斯福总统私交甚密的财务部长小亨利·摩根索（Henry Morgenthau, Jr）提议，德国的首脑们一旦被逮捕可以不经审判立即处决，以国籍、民族、宗教和政治信条等为由大量杀人等反人道罪的罪行责任人应由同盟国的军事法庭来审判。罗斯福也一时倾向于立即处决这一意见。而陆军司令史汀生则提出反对，并指示陆军部的司令助理麦克罗伊负责商讨此事。

陆军部展开讨论的起点为同盟国战争罪行委员会的提议以及其中的意见。即否决立即处决的意见，提出根据基于国际条约成立的国际法庭来审判首脑，后来又将被定义为反人道罪的罪行也视作战争罪行等，并且在审判对这些暴行负有责任的首脑们问题上提出了共同谋议这一论点。[1]然而，通过政府内部的讨论，基于条约的国际法庭成为依据政府间协定的国际法庭，对此反对的海军宣布退出讨论，陆军部、司法部和国务院三位部长于1945年1月22日向大总统提交备忘录《纳

〔1〕 这一论题的出发点为1944年9月15日参谋第一部的特别计划科长バーネイズ中校的笔记《欧洲的战犯审判》(RG107/Entry180/ Box1)。

粹战争犯罪人的审判与惩处问题》,美国政府的政策最终才得以统一。备忘录中,立即处决的方式因“违反同盟国整体共识的最基本正义原则”被否决,提出由建立在政府间协定基础上的法庭来审判主要战犯。不过,得到总统的批准并正式成为美国政府的政策,是在4月杜鲁门当选总统之后。

这份备忘录恰好出台在同盟国战争罪行委员会的提议被英国政府否决之时,同时也是美国政府代替该委员会之后掌握主导权的一种表示。事实上,美国压制同盟国战争罪行委员会,而由自己来主导同盟国对主要战犯的政策实施。〔1〕

1945年4月,总统批准国际审判方式后,美国向英国提出了建议。英国由于希特勒的自杀,而改变先前反对美国方案的态度,转为赞成。六月底开始,四大国召开伦敦会议进行交涉,具体过程在此省略。直到8月8日,所谓伦敦协定以及作为其附属文件的国际军事法庭条例才得以成立。

国际军事法庭条例的第六条中规定了A. 反和平罪、B. 普通的战争犯罪、C. 反人道罪这三种战争犯罪的类型,管辖这三种战争犯罪的国际法庭来审判纳粹德国的首脑。后来被称为纽伦堡审判的四大国国际法庭由于对A级战犯进行了审判,被分类为A级审判。

如前所述,普通的战争犯罪的受害国有权根据各自的法令来举行战犯审判,对加害人加以审判。于是人们普遍理解为国际法庭是A级审判,各国法庭是BC级审判,实际上并非如此单纯。

在对日审判上,可以分为东京审判、GHQ审判和BC级审判三种。东京审判是管辖ABC级三种战争罪行的审判。GHQ审判是根据1948年1月GHQ制定的《战争罪行被告人审判章程》进行的审判,实际上只有丰田副武原海军司令和田村浩元陆军中将两人被追诉。这场审判也被称作准A级审判,虽然由美国主导,却有别于美国的BC级审判所适用的法规。

---

〔1〕 之后同盟国战争犯罪委员会的活动特别是与主要战犯问题相关,其挫折过程在本书第二章中有详细记述。

BC级审判,例如横滨审判中以盟军最高司令部(GHQ)制定的《战争犯罪被告人审判规程》为依据,在美国第八军的主导下进行。盟军承担审判的GHQ法务局中设立了英国、荷兰、加拿大、中国、澳大利亚等国的联络处,并分别有调查员来自这些国家。受害人非美国国民时,便要加入该国的调查员,军事委员会(相当于法院)的委员(相当于法官)中则加入对方国家的将校。

英国审判是根据英国国王敕令制定的《战争犯罪人审判规程》来进行审判的,负责对日审判有关政策的是同盟国东南亚司令部,实际进行审判的是下属的东南亚联合地上军司令部(英军为主力)。GHQ与东南亚联合地上军司令部同属盟军组织,与其他国家的BC级审判拥有的权限略有不同。例如,后者管辖除菲律宾以外的东南亚整个地区,不仅仅限于英国领属。又如,在法属印度支那被击落的美国军机搭乘人员遭受的残暴行径,从犯罪地点来看是法国,从受害人来看美国有权进行审判,事实上是由联合地上军来执行的。也就是说,在东南亚地区,如果当事国不进行审判,那么联合地上军有权进行审判。美军曾对从缅甸至中国云南省的缅甸中国战区的对美军战争罪行进行调查,后来把这些调查记录都交给了联合地上军,并委托其审判。

受害国如果为复数,受害国不进行审判(或无法进行审判)时,那么联合地上军就拥有进行审判的权限。

相反,被带往日本本土和朝鲜、中国台湾等地,受到非人道对待的英军俘虏们,则将审判委托给了GHQ。在对日作战中,盟军中设置了麦克阿瑟司令部和蒙巴顿司令部两个最高司令部,而同盟国战争罪行委员会提议的"联合军最高司令官指挥下的国际军事法庭"这一方式,可以认为得到了一定程度的实施。如此一来,同样是BC级审判,可以分为由各国分别审判的方式,或是由同盟国最高司令部主导,具有一部分国际军事法庭性质的审判(派出最高司令官的英美其中之一付诸实施)的方式。

(二)反和平罪问题上各国的战犯审判规程

提到BC级审判,可能会被误认为仅仅只处理(或只能处理)BC级战争罪行的审判,其实并非如此。由于英国对反和平罪较为冷淡的缘故,英国审判的审判规程只针对普通的战争罪行,而澳大利亚议会制定的《战争犯罪人的审判及惩处的法规》(1945年10月)的附属规程,作为英联邦成员之一整体上参照了英国的规定,然而与英国不同的是,在"战争罪行"清单的开头规定,"侵略战争或是违反国际条约、协定或誓约的战争计划、准备、发动或是实施以及为达成这些行为之一为目的的共同计划或是共同谋议的参与"。换而言之,它规定了澳大利亚审判也可以反和平罪为对象进行审判。〔1〕

在思考澳大利亚为何制定该法律这个问题时,估计主导澳大利亚的战犯政策立案的威廉·韦伯的想法起了很大作用。战争尚未结束的1945年6月,正逢四大国在伦敦开始讨论如何处置主要战犯的问题,韦伯向外交部长代理福特转达了自己的意见,在泰缅铁道的建设使用澳大利亚军队俘虏这一点上,"此乃大规模阴谋,内阁的阁僚们在充分认知其处于建设当中,使用何种劳动力的情况下,仍默认违反战争法规,澳大利亚的军事法庭能够对此进行审判"。〔2〕第二天,韦伯写信给福特称,"如果天皇指挥日军前往米尔恩湾,实施了极其残忍的暴行后,倘若天皇被捕,那么澳大利亚的军事法庭将对其审判,并按照惯例对其宣布判决并加以执行。就算他并不在犯罪现场,而是身在东京进行教唆,澳大利亚军事法庭的管辖权限可以延伸到天皇",他向政府提出见解,基于普通的战争犯罪,澳大利亚的战犯审判可以对包括知晓事实的天皇在内的国家领导人进行审判。〔3〕

韦伯似乎早就对美国抱有不信任感,1945年11月29日,他写信给外交部长代理马丁说,在主要战犯问题上,"可能只会有美国想追诉的人受到追诉。即使我们认为有罪,如果美国认为可以免责的话,有可能不向我们提供必要的资料和方便"。〔4〕

〔1〕エバット外长兼司法长官在1945年9月3日制定的规章(法务大臣官房司法法制调查部《战争犯罪审判相关法令集》第三卷,1967年,第195页以下)。林博史〈澳大利亚对日战犯政策的展开〉上、《季刊战争责任研究》第43号,2004年3月,第82页。这篇论文也涉及了韦伯的动向。

〔2〕1945年6月25日(澳大利亚国立公文书馆A1066/H45/580/1/2)。

〔3〕1945年6月26日(A6238/8)。

〔4〕1945年11月29日(A1066/H45/580/1/2)。

曾任昆士兰州最高法院长官的韦伯,1943年6月被任命为调查日军战争罪行委员会的委员长后,就一直致力于战争罪行问题,终战后立即召开的第三次韦伯委员会上,将战争犯罪人区别为实际的执行人与该地区的指挥人,还有天皇和阁僚、幕僚等人,在给外交部长代理马丁的委员会活动报告中提出,前者由陆军负责,第三次委员会则负责后者。[1] 可以看出,韦伯强烈地关注着天皇等国家领导人的追诉问题。

一方面,澳大利亚将第三次委员会的成员阿兰·詹姆斯·曼斯菲尔德派至同盟国战争罪行委员会,与该委员会的议长、澳大利亚代表莱特一同,尝试将天皇列入战犯嫌疑人的名单[2]。另一方面,澳大利亚还准备好了相应的规程,即澳大利亚独自的战犯审判中可以对国家元首的反和平罪或普通的战争犯罪加以审判。不过从实际来看,澳大利亚的举动意在通过远东委员会等国际性协调来追究天皇的责任。

另外,中国国民政府制定的审判章程《战争犯罪人审判条例》(1946年10月制定)也可以追究反和平罪,实际上也有以"助长侵略战争"为由而追诉的案例,然而目前还无法确认因反和平罪被追诉的案例。中国为何将此规定列入章程之中,将成为今后的课题[3]。并且,将国家领导人作为战争犯罪人来审判,根据同盟国战争罪行委员会的讨论,一国的法庭存在难度,需要国际法庭,而且考虑到美国不会准许,一国制定这种规定来审判实际上是否可行,尚存疑问。

不过,A级战犯和B级战犯的关联性问题,同盟国战争罪行委员会也曾经讨论过。该委员会的法国代表、也参与了四大国协议的葛洛,提出了法国政府的见解,即"某国发动侵略战争,且不按照国际法的原则来实行战争时,将有关人员作为犯罪人来惩处应该最为理想。但是,仅是发动了侵略战争,尚不构成犯罪",并说明道,"首先明确犯罪确凿无

---

〔1〕 'Summarised History of War Crimes Investigations' (A1838/1550/7 Part3)
〔2〕 关于同盟国战争犯罪委员会中澳大利亚代表的活动,参照本书第二章。
〔3〕 拙著《BC级战犯审判》第103页。

误，然后向上追究责任，直到战争的指挥者”[1]。

这一理论首先是明确违反战时国际法的具体的战争罪行，而且是大规模有组织进行的战争，以此为由来对推行战争的国家领导人进行审判。应将侵略战争本身作为战争罪行来审判的想法，其出发点超越了以往的战争罪行的理解，可以说是大规模并有组织的暴行这一现实。

从这些理论来看，显示出BC级审判并非仅仅只以BC级犯罪为对象。但是，也许可以断定的是，随着A级犯罪被逐渐定位，这一关联被忽略，A级与B级犯罪被视作不同的类型，从而造成了A级审判仅仅以A级犯罪为对象这一印象。

三、东京审判与BC级战争罪行

（一）东京审判中的普通战争罪

正如上文所述，要求惩处残暴行为的责任者而付诸努力的不是英美等大国，反而是中小国家，尤其是从第一次世界大战后就致力于战争违法化的国际法的学者们。从中产生了由国际法庭来审判对这些暴行负有责任的国家和军队领导人的想法，并在现实中被提出作为应予以实施的政策。当然，这些动向都在后来，在美国的主导下被付诸实现，然而这些努力是其前提。而且，不能忘记的是，之后中小国家也以各种形式进行了发言。

东京审判中，普通的战争犯罪占据了重要的地位。起初包括首席法官季南在内，美国并没有充分重视普通战争罪的问题。在参与制作起诉书的英国法官Comyns Carr等多国法官提出要求后，普通战争犯罪也占据一席之位。在各国法官们的努力下，提出了大量日军在中国、东南亚和太平洋各地的残暴行为的证据。

东京审判中被判决为死刑的7名被告的罪名均是“普通战争”，无人因“反和平罪”而被判为死刑。被定为反和平罪、免除普通战争犯罪

---

〔1〕1945年7月19日会议记录（法务大臣官房司法法制调查部《战争犯罪审判资料　第4号、R. H. ジャクソン报告书》，1965年，第406～408页）。

的14名战犯均被赦免了死刑，仅仅限于终身监禁或有期徒刑，而也有类似松井石根的被告，虽被免除反和平罪，却由于普通战争罪被判决为死刑。

荷兰的法官勒林认为仅仅由于反和平罪不足以判决死刑。[1] 英国检察官柯明斯·卡尔(Comyns Carr)在被派往东京之前的1946年1月，参加了英国本国召开的部厅级会议。就东京审判的管辖权是限定于反和平罪，还是扩大为普通的战争犯罪这一问题，会议决定将其扩大。其理由是，如果仅限定于反和平罪，可能会引起舆论的不满，而且会有很多人会认为反和平罪不足以将死刑正当化等等。[2]

如果说以反和平罪或仅仅以偷袭珍珠湾等的杀人罪被追诉的话，也许将无人被判定为死刑(后者未被认定为有罪)。虽说东京审判确实由美国主导，不过美国以外的其他国家，例如英联邦和中国、菲律宾、荷兰等国家的检察官和法官也发挥了重大的作用。

在这一点上，纽伦堡审判也是同样。被判决为死刑的12名战犯均是因普通的战争犯罪和反人道罪二罪或是其中之一而被认定为有罪，仅仅由于反和平罪或共同谋议罪而被判定为有罪，例如赫斯(Rudolf Walter Richard Hess)最终被判为无期徒刑，而并非是死刑。

阅读日本的文献，以上的问题并未得到充分认识。例如，朝日新闻的记者们虽然整理了详细的东京审判记录，普通的战争犯罪却仅有寥寥数页。[3] 如果仅仅以此为凭据，会给人造成东京审判几乎未对普通的战争犯罪进行审判的印象。笔者在其他文章[4]中也介绍过，关于日军强迫下的“慰安妇”一案，经过确认的就有三个国家的检察官提出共七份证据文件，东京审判的判决也提及，“占领(中国)桂林期间，日军犯下了强奸和掠夺等所有的残酷暴行。他们以成立工厂为由募集女工。

[1] レーリンク、カッセーゼ(小菅信子译)『レーリンク法官的东京审判』新曜社1996年版，第110页。
[2] 1946年1月14日，法务长官之下的会议记录(FO371/57422)。参照高取前出论文第53页。
[3] 朝日新闻社法庭记者团编《东京审判》上中下，东京审判刊行会1962年版。
[4] 本书第九章以及日本战争责任资料中心(女人们的战争与和平资料馆)编《原来是这样！日军“慰安妇”制度》，鸭川出版2007年版的第二章(林担当部分)。

然后强迫这些妇女们为日本军队从事肮脏的职业"。[1]东京审判虽然还称不上审判了"慰安妇"制度，然而检察官们大多认为这些强制行为属于战争罪行，并作为证据将其提交，判决中或多或少也有所提及，却是事实。东京审判中提交了极大量的证据文件证明了强奸，一并看来的话，包括东京审判在内的对日战犯审判认定了战时性暴力为战争罪行，可以将其评价为惩处战时性暴力的绪端。

（二）为何未能适用于反人道罪——殖民地主义与战时国际法

在对战时国际法的历史一般的说明方式是，以往以军队与军队的作战为前提，来处理个别的非人道行为的战争罪行概念，进入到全面战争阶段后，民间人士和经济基础也成为攻击对象，由此伴随有大量破坏的战争本身就成为问题，再加上犹太人种族屠杀，对包括本国国民在内的民众进行有组织有体系的暴行被重视，产生了新的反和平罪和反人道罪等战争犯罪的概念。

然而，对民众的有组织有体系的残暴行为，以前并不是没有，为夺取殖民地或是镇压民众造反维持殖民地的战争中曾经重复发生。在美国发生的对美国原住民的暴行就是其中之一。但是，战时国际法的理论中完全忽略了这一认识。其理由是，欧美认为战时国际法仅仅适用于文明国家之间的战争。因此，对"非文明"国家（地区）的民众，战时国际法从起先并不适用。[2]

对殖民地的战争，战时国际法从一开始就不在适用范围，对"非文明"人的暴行得以公开进行，欧美各国并没有对此表示异议。

例如空袭，以往的军事目标主义（精密轰炸）转变为无差别轰炸（战略轰炸），作为无差别轰炸的开端，可以列举出日军对重庆等其他中国城市的轰炸和德军的格尔尼卡轰炸，对日战争中的美军于1945年3月前后轰炸东京，成为其转折点。然而，荒井信一氏明确指出，对殖民地早就发生过对民众的无差别轰炸，也使用过毒气弹。日本在日俄战争和第一次世界大战当中以欧美国家为敌国，或是存在欧美监视的情况

---

〔1〕《远东国际军事审判速记录》判决速记录，第186页。

〔2〕高取前出论文，第54页、参照荒井信一：《重新看待空袭的历史——殖民地主义的遗产》，《季刊战争责任研究》第58号，2007年12月。

下，在推动战争时考虑到了战时国际法，然而在中日甲午战争中对旅顺的屠杀和后来的台湾殖民地化战争、朝鲜殖民地化战争中，却无视战时国际法而多次对民众实施了暴行。[1] 从近代开始，日本就具有对欧美文明国家和“非文明”国家（地区）的双重性格。

担当同盟国战争罪行政策的国际法学者和外交官们，正如当时对战时国际法的认识一样，可以说未曾想过把对殖民地的暴行提升到战时国际法的理论当中来。

不时有人质疑，为何德国能够适用反人道罪，日本却未能适用。观察反人道罪形成过程中的理论，由于对本国国民（包括同盟国国民在内）的残暴行为未被视作战争罪行，因此对德国、奥地利、意大利、匈牙利等轴心国国民的犹太人的迫害，未能将其当作普通的战争罪行而加以审判。这是由于以前的概念中战争罪行是对敌国国民的暴行。另外，对中立国国民的暴行问题，第二次世界大战中同盟国之间曾加以讨论，将其定为战争罪行。

对敌国国民，例如波兰和俄国国民的犹太人施加暴行属于战争罪行，对轴心国国民的犹太人的暴行却不属于罪行，难免有人会对此提出质疑。于是，即使是对本国国民的暴行，从战争之前就一直持续的行为包括战争前在内，为将其定为战争罪行，提出了反人道罪的概念。

反人道罪以对本国国民的暴行为对象，如果日本在殖民地实施暴行，例如强制朝鲜女性充当“慰安妇”，强行带走朝鲜男性并强制其劳动等行为，有望以反人道罪对其进行审判。东京审判管辖范围内的罪行和纽伦堡审判（国际军事法庭）条例相同，把反人道罪和反和平罪、普通的战争犯罪并列在一起，事实上却没有得到适用。

为何未能得以适用，笔者至今所调查的有关战争罪行政策的资料中，未能找到能够明确说明该问题的文件。这个答案，只能解释为战时

---

〔1〕 参照田中利幸编：《战争犯罪的构造——日军为何杀害民众》，大月书店 2007 年版中所收的大谷正：《日清战争中日军对居民的加害——从旅顺屠杀事件到台湾殖民地战争》，慎苍宇：《抗日义兵战争与报复性讨伐》，中塚明：《现代日本的历史认识——不自觉的疏漏》，高文研 2007 年版。该书中中塚氏对笔者的批评，在于战时国际法的解释上，对早在第二次大战前的对殖民地战争中暴虐行为有所疏漏。由于战时国际法本身就未把殖民地纳入视野中，在战时国际法展开过程的说明中确实存在疏漏的缺点。本文也作为笔者对其的回应。

国际法仅适用于文明国之间这一根本问题。迫害犹太人之所以得以适用反人道罪，是由于这些案例全都不是殖民地，而是欧洲独立国家的国民的缘故。然而，朝鲜和台湾是欧美各国也都承认的殖民地，换而言之，是“非文明”的地区。因此，对于朝鲜和台湾发生的暴行，就算对日本的残暴行径加以谴责，却未被看作是战时国际法适用的对象。

今天，仍然重复着以空袭为名义的杀害民众等战争中的残暴行为。第二次世界大战后，可以说欧美各国实施的暴行均是针对殖民地或是旧殖民地地区的民众。虽然表面上，他们绝不会声称旧殖民地不能适用战时国际法——如今叫做国际人道法，但是可以说殖民地主义实质上仍旧残留至今。

观察同盟国的战犯审判政策时，首先作为出发点，对于德国和日本对民众不断施加的大规模暴行，引起了民众和受害国的愤怒。他们制造了不能容忍这些加害者的舆论，并动员英国政府设置了同盟国战争罪行委员会。第一次世界大战后的战争违法化、制裁战争罪行等国际法庭等问题被集中在同盟国战争罪行委员会审议，委员会虽然中途遭受挫折，不过在此提出的方案和理论等成为美国政府制定政策的出发点。在美国政府主导下，纽伦堡审判由四大国主导、东京审判由美国单独主导，但是，由于采取了同盟国协调的国际审判方式，也并未完全按照美国的意思进行。东京审判由于美国的政策判断确实受到了很大的歪曲，这一点不容否认，然而，在普通战争犯罪的处理上等其他同盟国发挥的作用却不容忽视。仅仅把东京审判理解为大国间的势力较量这一理论，忽视了大国之外的同盟国发挥的作用，以及摒弃了第一次世界大战后国际间为战争违法化所做出的努力。

这一点也和同盟国的评价相关。例如，澳大利亚的战争罪行政策负责人外交部长兼司法部长赫伯特·维尔伊瓦特(Herbert Vere Evatt)，在同盟国成立时就主张确保中小国家的发言权和社会经济改革。在这些努力下，同盟国在具有安保理事国等大国主导型性质的同时，在国联总会和社会经济方面的作用等决不能断言为大国主导，拥有国际协调性的特点。1945年后，美国掌握了战争罪行政策的主导权，而澳大利亚却想把同盟国战争罪行委员会和远东委员会变为反映中小国家意愿的场所，与其对同盟国的姿态有共通之处。可以想象在战犯审判中，也具有大国主导和国际协调这两种同盟国的两面性。

在BC级审判的审判方式上，可以指出的是，在一定程度上反映了同盟国战争罪行委员会的混合军事法庭的构想。而且，A级罪行与BC级罪行密切相关，影响到东京审判的追诉和判决。而之前日本的研究中，多数都没有看到这两者的关联。

另外，纽伦堡审判的方式很早就在同盟国内受到批评。该审判的法官之一法国的多内迪约·德·瓦布雷(Donnedieu de Vabres)，还在东京审判进行中的1947年5月就在同盟国的国际法法典化委员会上称，对"纽伦堡审判的成员均来自胜者的代表，不代表国际社会"的批评"十分敏感"，由此督促国际刑事法庭的成立。[1] 毫无疑问，这些理论都反映出了今天国际刑事法庭的性质。

国际刑事法庭的历史前提毫无疑问是纽伦堡审判和东京审判。这两场国际审判诞生的源泉，在于受害者们和国际法学家们立志不再重蹈惨祸，需要用"法律制裁"来斩断连锁性的报复。虽然由于美英等大国的干涉受到歪曲，有必要注意到"法律制裁"本身所包含的问题，却也不能就此全盘加以否决。

（马 静 译）

【资料一】(PD5330/EX1702)

印度尼西亚·婆罗洲岛(加里曼丹)坤甸

日本海军占领期间在荷兰属东印度西部婆罗洲的强制卖淫行为的报告

1946年7月5日

1943年的上半年，坤甸海军守备队司令海军少佐UEZUKI KEIMEI(此人在1943年8月前后回日本要求扣留)下达命令，日本人与

---

〔1〕 United Nations-General Assembly, p. 25.

印度尼西亚或中国妇女不应结交亲密关系。当时左右的欧洲妇女和事实上左右的印度裔欧洲妇女均被扣留。他同时还下令设立官方的慰安所 official brothel。此类的性慰安所 brothel 被分为两类。其中三处归海军职员专用，五、六处对一般人开放，日中一处被指定为海军民政部的该等官员专用。

面向海军职员的性慰安所由守卫队负责经营。司令手下的通讯士官海军大尉 SUGASAWA AKINORI 担任主任，日常事务由执勤兵陆军上士 WATANABE SYOJI 执行。之前与日本人有关系的妇女们被强制收容在封有铁条网的性慰安所中。她们得到特别许可时，可以出门。解除慰安妇的身份必须得到守备队司令的许可。海军特别警察（特警队）接到命令，要不断地填充此类的性慰安所。为达到此目的，特警队员们在街上逮捕妇女，强制她们接受医生检查后关进性慰安所。执行逮捕命令的主要是各军陆军上士，他们是 MIYAZIMA ZYUNKICHI、KOJIMA GOICHI、KUSE KAZUO、ITO YASUTARO 等人。

面对一般人的性慰安所由南洋兴发公司经理 NAWATA HISAKAZU 经营。守备队司令命令民政部进行监管。民政部把经营托付给报国会（日本人实业家的协会），NAWATA 是报国会厚生部的主任，因此被任命为面向一般人的性慰安所的主任。他让公司的职员担任记账等事务性工作。每天早晨，夜里的收入都会被交给南洋兴发公司的出纳员 KITADA KAGETAKA。此类慰安所的妇女们也都是特警队费心召集的。

这些性慰安所使用的房屋都来自敌方的地产管理者，海军专用的性慰安所的家具由海军提供，面向一般人的则由报国会提供。游客需要向原住民雇员（海军则按照官衔）支付费用。雇员们则要每天将费用交给值班的上士或是南洋兴发的出纳员。两者均是三分之一用作各种经费、家具和食物等经费，三分之二算作该妇女的获取报酬。妇女们可以从中提取一部分用作各自的花费。每月的计算表必须提交给民政部的第一课。

特警队为了搜集妇女，命令民政部及日本人商社的全体女员工到特警队自首，并将其中几名妇女衣服脱光审问她们与日本人是否有关系。随后医师对其检察，发现数名仍是处女。不清楚这些不幸的妇女们中有几名被强制送到了性慰安所。妇女们甚至不敢从性慰安所逃跑。这是因为她们的家属会立即被特警队逮捕并迫害致死。其中有个案例，一名少女的母亲就因此而丧命。

侥幸的是，占领期间仍被允许从事医疗行为。在吉打拜的印度尼西亚军医 RUFURIMA 博士按照特警队员的指示为这些妇女做了检查，得以宣誓陈述事实。

根据他的证言，妇女们受到强迫而卖淫。上述报告来自审问日本人战犯和本件相关人员的宣誓陈述。

作为情报将校和日语翻译，我发誓上述事实与上述报告书完全相符。

巴达维亚　1946 年 7 月 5 日
J. N. Heijbroek 陆军大尉
兰印军情报部

（译注）还附有表明"取自于兰印军情报部的正式记录"、兰印军情报部战争罪行科长查尔斯·勇哥特陆军大尉签署的"证书"。"慰安妇"出现的部分仅被英译为 Women。

【资料二】(PD5326/EX1701A)

印度尼西亚·婆罗洲岛（加里曼丹）坤甸
坤甸屠杀事件相关的 1946 年 3 月 13 日林秀一署名审问调查报告

调查报告

本日，1946 年 3 月 13 日，嫌犯林秀一来到坤甸临时军阀会议预审文员会、即メーステル·イエ·ベ·カン的面前。

问：说出你的姓名、年龄、住址和职业。

答：林秀一、二十四岁、生于日本石川县、海军军属。

1943年7月13日，我到达坤甸到警备队长上杉KEIMEI大尉处报到。在坤甸我当上了我设置的HANA机构的地方部长。HANA机构是海军的情报机构。（略）

（向嫌犯出示了证人ラフィア的审问调查，开始相关审问）

答：此妇女确实和POTEMU与ANAMI一道接受了上杉的讯问。那时我作为马来语翻译在场。该妇女说自己与日本人关系亲密而被告发。与日本人亲密未得到上杉的允许。我承认用手打了该妇女。并让她们脱了衣服。这些都是执行上杉的命令。于是三名少女都裸身站了一个小时。

问：这时日本审讯妇女的习惯吗？

答：我不清楚。

问：你并不是部下的巡查。而且是在坤甸独自工作的间谍。因此无需服从上杉的命令。

答：我承认这些妇女们不得不脱了衣服，浑身赤裸。我相信这些妇女们其实不应该受罚。扣留他们只是为了让他们进入卖淫屋brothel找借口，上杉下达的命令而已。让她们脱衣服是为了强迫她们承认与日本人的亲密关系。最后这些妇女们并未被关进卖淫屋，而是被上杉下令释放了。原因我也不清楚。

问：这些妇女们在特警队的房子里待了几天？

答：我想是五天或者六天。她们被关在房子后面的一间牢房里。

（以下省略。内容是现地居民和中国人、欧洲人等的大量逮捕及屠杀等。）

（译注）资料一、二中提到的人物，根据战后荷兰举行的战犯审判中，上杉敬明大尉因非法逮捕处刑一千数百名人员而处死，非法逮捕处刑的罪行加上强制卖淫的罪行，冈岛利耆海军大尉（上杉下一任的分遣队长）、宫岛顺吉上士、小岛五一上士三名死刑，伊东安太郎一等兵、久世一雄一等兵等其他八名被处以十至二十年的徒刑。

【资料三】(PD5591/EX1794)

印度尼西亚・莫阿岛

OHARA SEIDAI 陆军中尉的宣誓陈述书　　1946 年 1 月 13 日

问：你的姓名和年龄？

答：我叫 AHARA SEIDAI，年龄二十七岁。

问：你所在的部队是？

答：TANAKA 部队 HAYASHI 队

（略）

问：1944 年 9 月莫阿岛的指挥官是谁？

答：是我。

问：1944 年 9 月期间莫阿岛是否发生了士兵和军民被杀的事件，人数是多少？

答：在赛尔马他岛和罗安岛俘虏了大约四十名士兵居民并将其杀害。

问：为何杀害？

答：他们攻击了赛尔马他岛和罗安岛的宪兵队。

问：谁下达了杀害的命令？

答：TANAKA 将军下令将士民们送到司令部。但是他们要从莫阿出发时，命令有变，让我在莫阿杀掉他们，然后把士民的首领三四人送到 TANAKA 部队。

问：你是自己杀得他们吗？

答：不是，我只是负责监督。

问：是谁执行的命令？

答：UDO 曹长、TOYOSHIGE 军曹、MATSUGIKI 军曹以及二十一名其他的士兵们。

（略）

问：士民们是如何被杀害的？

答：他们被分为三排纵队排列。然后由刚才提到的二十一名士兵们用刺刀去刺他们，每次刺死三个人。

问：有证人说你强奸妇女们后把她们带到兵营供日本人作乐，是真的吗？

答：我为军队开了一妓院 brothel，我自己也使用过。

问：妇女们答应去妓院了吗？

答：有的答应了，有的没答应。

问：共有几名妇女？

答：六名。

问：其中几人被强迫带进妓院？

答：五人。

问：为何要将这些妇女们强行带到妓院里？

答：她们是攻击宪兵队们的人的女儿。

问：也就是说作为对她们父亲的行为的惩罚，被强迫送到妓院里对吗？

答：对。

问：她们在妓院里待了多久？

答：八个月。

问：有多少人使用了这家妓院？

答：二十五人。

（以下省略）

（译注）关于 OHARA 的级别，陆军中尉后来被改为海军大尉，从他的经历来看是陆军，于是保留了陆军中尉的官衔。

【资料四】（PD5770/EX1725）

印度尼西亚·爪哇岛马格朗（Magelang）

□的审问调查报告　　　　1946 年 5 月 16 日

我作为一般被扣留人员被扣留在蒙蒂兰（Moentilan）收容所。1944 年 1 月 28 日，我们妇女部领导 REITSUSUMA 夫人让我前去日军俘虏收容事务所。在这里我见到了一名爪哇人的警员。他把我和其他六名妇女和少女们一同带到了收容所外面的警察署。被带去的人员名字是(省略)。

我们被爪哇人警员带回收容所,将个人用品装入书包后,警员把我们带到了日军俘虏收容事务所。在这里我们被交给三名日本人,用三辆私人汽车于下午四点被送到马格朗。我们被带到被称为特奥格兰(Teogoeran)的由十四间房屋组成的小型收容所。1944 年 1 月 25 日,从我们的收容所被带来的妇女和少女们在此相会了。

(略)

1944 年 2 月 3 日,我们又接受了日本人医师的体检。其中还有少女们。在那里,我们听说要被带到面向日本人的妓院(brothel)去。当天晚上妓院开张。回家后,　　　　夫人和我关闭了所有的门窗。晚上 9 点传来敲门窗的声音。我们打开门窗,上面命令我们不许关闭。只有寝室可以锁门,我一直待在里面,其他都按照命令打开。我一直呆到了 2 月 5 日星期日。那天也有日本兵来到收容所(之前只有日军将校)。进来几名士兵,其中一人拽着我进了我的房间。我一直反抗,直到进来了一名宪兵将校。那名宪兵告诉我,我们必须接待日本人,如果我们不接受的话。那么我们的丈夫就要承担责任,他们知道我们丈夫的住址。说完,那名宪兵就扔下我和那名士兵就走了。即使那个时候我也还是反抗了。然而事实上还是被强奸了。他把我的衣服撕破了。然后把我的两只胳膊扭到身后。我无力反抗,然后他就强迫我与其性交。我不知道这名士兵是谁,也不知道那名宪兵将校的姓名。

这种情况一直持续了三个星期。平时妓院对日本将校服务,星期日下午对日本下士官员们开放,星期日上午则面向士兵等。有时还有普通的日本人来妓院。我经常拒绝,却反抗无效。

1944 年 2 月底 3 月初,我被下令前去事务所。那里有一名叫做 TAKIGUCHI 的日本将校。他答应,就我诉说的我遭受的待遇进行调查。他还答应要尽量帮助将我们送回到扣留人员收容所里去。他马上关闭了对士兵、下士官员及普通日本人的妓院,立刻为我们改善了情况。

（译注）证人当时提供证言时二十七岁。资料里面记载了本名，此处为匿名。

【资料五】(PD5806/EX1792A)

葡萄牙属东帝汶

ルイス・アントニオ・ヌメス・ロドリゲス的宣誓陈述书

1946年6月26日

1942年2月21日，我目睹了日军闯入德里的中国人及其他人家中掠夺。

我知道，日军四处强迫族长们，为日军妓院（brothel）提供当地的少女们。日本还扬言威胁道，如果族长们不提供少女的话，日军将闯到他们家中，带走他们身边的女眷送到妓院去。

（译注）这份宣誓陈述书中，还写着日军下令族长提供劳动力，可见他们利用了强迫族长的手段。这份宣誓陈述书里还附有盟军东南亚司令部的战争犯罪搜查上校和葡萄牙属东帝汶行政官的签名，可见葡萄牙当局也协助了调查。

【资料六】(PD2772E－5/EX2120)

越南・谅山

ニェン・ティトン的口述拔萃

自由了四天后，我在街上被日本人逮捕并被送到印度支那保安队后方的宪兵队手中。（中间省略）我被日本宪兵队监禁了八天后获得释放。其后我又数次被逮捕，遭到剧烈的殴打。日本人以此来惩罚我与法国人的来往。

（略）

在ランソン搜查期间，日本人要强行把与法国兵一同生活过的我的同胞数名送到他们/日本人等在光安 Tienyen 设置的妓院（brothel）里去。我巧妙地施展了计谋，使他们幸免于难。

(译注)证人 1915 年出生,住在河内。

【资料七】(PD2220/EX353)

中国桂林

军事委员会行政院战犯罪证据调查小组「桂林市民控诉　其一」

1946 年 5 月 27 日

敌军侵略我桂林一年期间,其间无不奸淫、捕杀、掠夺,日本福冈县人长绳大尉担当敌复兴支部长一职,为人阴险恶毒,将桂林市内伪新闻社和文化机构置于自己支配之下,作为对我等民众怀柔并奴化的中心机构,且又利用伪组织人员宣传设立工厂,四处招募女工,被带往丽泽门外当作妓女供禽兽军队们淫乐。长绳的秘书即铃木华口(日本女性)助其行为,更有甚者,此敌在乐群路李子园成立宪兵队,(以下省略)

【资料八】(PD2963/EX2157)

越南　各地

ガブリラグ・フェルナン(印度支那战犯局代表)的供述书

1947 年 1 月 7 日

在上述各地对法国妇女也进行了若干凌辱行为。一名妇女与十四岁的妹妹被强制与大约五十名的日本兵一同居住了几个星期,受到了虐待和暴行。其中一人致疯。之后两人均被处刑。另外,法国还发生了十五岁少女与其母被强奸后杀害的事件。更有甚至,数个地方原住民的妇女们被强迫卖淫。

【注】

*本稿在林博史《战犯审判的研究——从战犯审判政策的形成到东京审判・BC 级审判》(勉诚出版、2010 年)第一章、付论在第九章的基础上修改而成。

(马静译)

第二十二节　东京审判与俘虏问题

内海爱子*

1945年8月14日，日本照会同盟国(美、英、中、苏)宣布接受《波茨坦公告》。《波茨坦公告》第十条规定“应严厉惩罚虐待我等俘虏等各种战争犯罪罪犯”，明确了审判日本战争犯罪和严厉审判其虐待俘虏罪行的方针。

太平洋战争爆发后不久，同盟国立即通过红十字国际委员会和中立国对日军虐待俘虏行为反复提出了抗议，并开展了有关俘虏信息的问询工作。然而，日本政府的大部分回答是否定抗议相关事实、具体情况不详、没有相关事实等内容。

1944年10月22日，道格拉斯·麦克阿瑟警告若不给予俘虏和被扣留人员公正待遇，就要直接问责敌军指挥官，并在同月23日向南方军总司令官寺内寿一大将发出了警告文。

东京审判审理了第一类“反和平罪”、第二类“杀人罪”及第三类“普通战争犯罪及反人道罪”的诉因，但审理中占重要位置的是违反战时国际法的“普通战争犯罪”。若依据“违反战争法规惯例罪以外的事后法”来宣判死刑，“将会招致后人的批判”，因此，当时存在“若要宣判死刑就得尽量与暴行联结起来的一般方针”。[1]

即使是“普通战争犯罪”，检方极力追究的俘虏问题左右着被告的量刑问题。检方提交了与虐待俘虏行为相关的书证约680份，68名证人作证(检方提交并经受理的证据2 282份)。判决书应对了检方的这一些控诉，对多项虐待俘虏事件进行了事实认定。法庭对各被告参与虐待俘虏的方式及其在俘虏管理机构中的行为和责任进行了立证。检方在“最终论告”阶段把“普通战争犯罪”归入了“与俘虏相关的最终论

* 日本惠泉女子学院教授。

〔1〕 法務大臣官房司法法制調査部：《原驻德大使陆军中将大岛浩氏的听取书》，《听取书缀》国立公文书馆藏，1959年版；勒林、卡塞斯编著(小菅信子译，大沼保昭解说)：《东京审判及其意义：一个“和事佬”的回忆》，中央公论新社2009年版，第143页。

告”这一项。辩方的“最终辩论”也较多地把各种“普通战争犯罪”放在“俘虏”这一类别中加以处理。本报告尝试从俘虏问题这一角度来探讨东京审判,将考察东京审判如何审理虐待俘虏行为这一问题。[1]

一、中国的立证

检方立证分为十个阶段,从第一部分“一般阶段”到第十部分“个人追加证据提交”。中国(中华民国)的向哲濬检察官在第二部分“九一八事变”、第三部分“七七事变”以及第九部分“违反战争法规、暴行”和第十部分“个人追加证据提交”的审理过程中,提交了与俘虏事件相关的证据。这些证据所涉及的地区包括南京、长沙、杭州、汉口、河北省、桂林、湖南省[2]、香港、海南岛、台湾、上海和“满洲”。

向检察官重视日军对普通民众实施的罪行。他在开庭陈述“日军在华对普通民众及其他人员实施的暴行以及使用鸦片和其他毒品事件”中,做了如下的陈述:

> 这里所要提出的“仅是日军对普通民众实施的诸多暴行以及反人道诸多罪行中的一部分”。(作了这样的开场白后,向检察官陈述其所提交的证据)“日军对普通民众的加害行为”包括杀人、屠杀、拷问、“凌辱”以及掠夺、劫持和非法破坏财产。[3]

关于南京事件,向检察官指出那是在现场将校和东京“统帅首脑部”知晓和同意下,“企图永久消灭中国民众一切抗战意志”而由日本兵实施的暴行。[4]

向检察官想以日军对“普通民众”所犯下的罪行为中心来加以控诉。他的陈述中并没有具体涉及俘虏,而是把与俘虏相关的事件作为

〔1〕 详见内海爱子、宇田川幸大解说、编撰:《东京审判——关于俘虏的资料》,现代史料 2012 年版。
〔2〕 湖南省内长沙以外的地区(译者注)。
〔3〕《远东国际军事法庭庭审记录》第一卷,雄松堂书店 1968 年版,第 617～618 页。以下称为《庭审记录》。
〔4〕《庭审记录》第一卷,第 618 页。

“普通民众及其他”中的“其他”事件加以附带处理。

所提交的在华战争犯罪证据中，与日军对普通民众实施犯罪相关的证据达150份，而虐待和杀害中国士兵的证据有13份。特别是检察官非常重视南京事件，为此提交了44份相关证据。[1] 对于其他地区采取的方针则是明示日军反复实施的暴行类似于南京事件。[2] 与俘虏相关的证据除8份南京事件证据以外，长沙、杭州、河北省、桂林、湖南省[3]各占1份证据。

根据1947年国民政府行政院报告，从1937年至1945年军人伤亡人数是3 520 279名，而平民伤亡人数达到9 134 569名。[4] 向检察官的追究反映了平民受害程度之深。

与中国士兵相关的证据也涉及从日中战争爆发(1937年)至日本战败期间在中国各地发生的俘虏事件。大部分证据是受害人的宣誓陈述书，主要是关于虐待、使役、杀害俘虏等事项的陈述。

另外，武藤章(原中支那派遣军副参谋长)在询问笔录中关于日中战争时期日军对待俘虏问题作了如下陈述：

> 与中国的战争因被当作“事变”处理，因此，被逮捕的中国人没有被作为俘虏来对待。如果发布了宣战布告，所有中国人应该会被作为俘虏来处理。

日军没有把成为俘虏的中国士兵作为国际法规定的俘虏来对待。理由是因日中战争并非按国际法规定实施宣战布告后爆发的战争，而是“事变”，因此，日军的处理方针是不将被逮捕的中国士兵作为《关于俘虏待遇的日内瓦公约》所适用的俘虏来对待。俘虏不仅在中国国内作为“劳工”遭受劳役，甚至有俘虏作为“华人劳工”被强掳至日本。

有关日本在华战争犯罪的审理中，与英军和美军等俘虏相关的证

---

〔1〕 参见吉见义明监修：《东京审判——性暴力相关资料》，现代史料2011年版。
〔2〕 同上，第15～16页。
〔3〕 湖南省内长沙以外的地区(译者注)。
〔4〕 伊香俊哉：《从“九一八事变”到日中战争》，吉川弘文馆2007年版，第260页。

据有63份。大多数证据是与日军在上海、“奉天”、台湾、海南岛等地开设的俘虏收容所内发生的虐待英美俘虏事件相关，还包括在BC级审判中也被追究到的杜立特航空队处刑等事件。这些证据是在第九部分“违反战争法规、暴行”中得以提交的。

在华俘虏问题中大部分证据与中国籍以外的俘虏事件相关，检方的控诉工作由英国、美国和澳大利亚检察官承担，而不是中国检察官。提交到法庭的证据如下：

(1) 南京(与南京事件相关的证据)6份 + 马吉·约翰证词
(2) 长沙1份
(3) 杭州1份
(4) 汉口2份
(5) 河北省1份
(6) 桂林1份
(7) 湖南省[1]1份
(8) 香港12份+巴内特·詹姆斯证词
(9) 海南岛5份
(10) 台湾19份
(11) 上海12份
(12) 上海、台湾、“满洲”2份
(13) 上海、“奉天”1份
(14) “满洲”6份
(15) 整个地区的证据12份+田中隆吉证词
(16) 不详1份

(1)、(2)、(3)、(5)、(6)是有关被俘虏的中国士兵的证据，(4)和(7)～(14)则是关于美国、英国、加拿大以及澳大利亚军队俘虏事件的证据。而(15)则是中国士兵与中国以外盟军的俘虏。

---

〔1〕 湖南省内长沙以外的地区(译者注)。

这些证据资料不仅包括揭露日军存在杀害俘虏计划、使用俘虏“培训指导”殖民地住民的证据，还涉及在收容所内外发生的虐待、虐杀事件中最典型事例等相关证据。这些证据显示在整个中国长期存在日军虐待、杀害俘虏的罪行。

二、菲律宾的立证

菲律宾方面的立证是从1946年12月10日到13日进行的。1946年12月10日，佩德罗·洛佩兹检察官作了关于“一般C级犯罪以及发生在菲律宾的B、C级犯罪”的开庭陈述。[1]

洛佩兹检察官强调日军所犯的战争罪行并不是偶发的，而是日中战争开始以来在亚太整个地区反复出现的。他指出日军在1937年南京事件时首次大规模实施暴行，而在1945年的马尼拉战役时达到顶峰。他同时揭露日军在各地所犯下的集体屠杀、虐待、凌辱以及破坏私有财产等行为都完全出于“同一模式”。在菲律宾的战争犯罪被认为是处于南京事件以来日军连续实施的战争犯罪的延长线上，而在马尼拉战役中的暴行也被如此定位。

菲律宾俘虏问题单独作为与俘虏相关事件加以追究的情况极少。洛佩兹陈述的前半部分涉及日军针对普通民众的犯罪，而后半部分则是与俘虏相关的事件。他在前半部分中提及日军在马尼拉、宿雾和伊洛伊洛等地犯下的针对一般民众的大量罪行，公布战争时期91 184名菲律宾住民被剥夺了生命。犯罪内容涉及虐待、杀害和强奸住民等多个方面。其中特别重视对马尼拉战役中日军所实施的暴行进行控诉。

后半部分关于俘虏事件的陈述大部分涉及美军俘虏，而几乎没有涉及菲律宾俘虏的单独陈述。在审理菲律宾相关事件时，检方最重视的俘虏事件是“巴丹死亡行军”。除了“巴丹死亡行军”以外，在巴拉望和班乃等地发生的与俘虏有关的事件也几乎是和美军俘虏有关。

在菲律宾相关问题的审理上，日军对普通民众所犯罪行的相关立证以菲律宾籍住民的受害为中心，而俘虏问题则以美军俘虏的受害为

---

〔1〕《庭审记录》第三卷，第439～443页。

重点。提交到法庭的证据中与俘虏相关的有51份,提及日军对普通民众犯罪的证据达95份。

与在菲律宾的俘虏事件相关的证据和证词有以下三项:

(1) 与“巴丹死亡行军”相关的证据、证词;
(2)“巴丹死亡行军”以外与俘虏相关事件的证据、证词;
(3) 与菲律宾相关的证据。

上文中的(1) 是涉及“巴丹死亡行军”相关人员的宣誓陈述书、美国陆军法务部的报告书和证词。相关立证的特点是通过幸存的美国俘虏在法庭直接举证来揭露事实关系。但没有开展原菲律宾俘虏的举证。

(2) 是除“巴丹死亡行军”之外与俘虏相关事件的证据资料。大部分是美国陆军法务部的报告书和宣誓陈述书。这些资料以菲律宾各地发生的虐待、杀害俘虏事件为主,而事件发生的地域范围较广,分布在阿布拉州和宿雾岛等地。

(3) 是关于菲律宾虐待俘虏事件整体状况的证据。根据美国陆军省制作的资料“因战争犯罪受害的死难者/美军、菲律宾军及市民 已确定人数及各战场估计人数”,美军和菲律宾军合计39 258人因受日军杀人、拷问和虐待而死亡。

检方利用很多证据和证词追究了发生在菲律宾的俘虏事件。而且还提交了许多有关日军对普通民众所犯罪行的证据。

三、东南亚(菲律宾除外)的立证和俘虏问题

1946年12月16日(星期一),澳大利亚检察官阿兰·詹姆斯·曼斯菲尔德作了有关B级犯罪部分的开庭陈述。曼斯菲尔德检察官控诉了日军在中国、菲律宾以外地区对俘虏、被扣留民众以及占领地住民所犯下的违反战争法规和惯例的罪行。

在东南亚这一部分,检察官关注的焦点是举证虐待俘虏是日军及日本政府的方针。法庭立证各被告在此政策和俘虏待遇方面负有的责任,并追究和举证虐待被扣留民众和占领地住民的责任。

检察官提交了与日军暴行相关的证据资料，并将它们分成五个部分：

(1) 日本作保证遵守相关国际条约的证据；

(2) 日军实施暴行的证据；

(3) 对日本政府的抗议以及日本政府所作答复的相关证据；

(4) 1945 年 9 月 3 日以降日本政府所作的有关俘虏待遇的正式报告；

(5) 揭示被告违反战争法规责任的有关被告本人及其下级属僚行为的证据[1]。

以上五个部分都涉及日军暴行的证据。

1. 检方提出了 1929 年 7 月 27 日涉及红十字会和俘虏待遇内容的《日内瓦条约》问题，日本曾答复将《日内瓦条约》“作适当调整后适用”。

2. 将暴行的证据资料分成以下 21 个区域，提出虐待俘虏和被扣留民众以及当地住民的问题。

(1) 新加坡

(2) 缅甸及泰国

(3) 香港

(4) 台湾

(5) 海南

(6) 安达曼及尼科巴

(7) 爪哇

(8) 婆罗洲

(9) 苏门答腊及邦加岛

(10) 西里伯斯

(11) 安汶

---

〔1〕《庭审记录》第三卷，第 531 页。

(12) 帝汶
(13) 新几内亚
(14) 新不列颠
(15) 所罗门、吉尔伯特、诺鲁吉太平洋诸岛
(16) 其他太平洋诸岛
(17) 印度支那
(18) 香港除外的中华民国
(19) 海上输送
(20) 日本
(21) 海域

无论是哪个区域,日军都无视战争法规对待俘虏、被扣留民众和住民。其虐待具有共性,因此检察官陈述说可以断定这些罪行不是个别日军指挥官或日本兵的单独行为,而是日军和日本政府一般方针导致的结果。

另外,检察官又控诉:有证据表明在大部分地区当盟军计划登上日本本土或夺回俘虏时,日军有计划企图杀害全体俘虏;在几个地区这项计划已经实施;而且,即使在没有直接命令的情况下,在很多地区也准备着同样的计划。检察官陈述说从这一事实可以断定该计划是俘虏管理员的一个方针。[1]

而且,在德国和意大利被俘英国官兵有 142 319 人,其中死亡 7 310 人,死亡率为 5.1%。而成为日军俘虏的英国人 50 016 人中死亡人数为 12 433 人,死亡率高达 24.8%。检察官控诉这是德国、意大利的五倍,这留下了日军虐待俘虏的强烈印象。

检察官披露这些证据后提到被告的个人责任,说各被告在与其部下共同违反战争法规行为时,被告应负个人责任。[2]

东条英机在接受审讯时,已承认自身在虐待俘虏及普通民众方面

---

〔1〕《庭审记录》第三卷,第 531～532 页。关于杀害全体俘虏计划,参见内海爱子:《日军的俘虏政策》,青木书店 2005 年版。
〔2〕《庭审记录》第三卷,第 532 页。

的责任。检察官关注东条作为陆军大臣时完全掌控军务局、俘虏情报局以及俘虏管理局等陆军省各个部局的活动，检察官认为他应该在日本政府对待俘虏及普通民众的政策方面承担责任。

关于泰缅铁路问题，其建设时使用俘虏的决定是在1942年由包括当时的杉山参谋总长、永野军令部总长、嶋田海军大臣以及东条陆军大臣在内的大本营所做出的。检察官认为使用俘虏导致的虐待和死亡大部分责任应由杉山和东条等人承担。

曼斯菲尔德检察官是这样具体逐个追究每个被告在虐待俘虏方面的责任的。

与日军暴行相关的证据在前文提到的“日军的暴行”这一立证阶段得以提交，而且有21名证人出庭作证。检察官强调在上述21个区域无论在哪，只要是和俘虏、被扣留民众和当地住民有关的问题，日军都完全无视了战争法规。

检察官在陈述中提到：日本只是适用了《日内瓦条约》(涉及俘虏待遇问题)中对己有利的部分，采取了“俘虏不拥有任何权利”的方针；不仅没有履行保证要按国籍和人种考虑俘虏的饮食和穿着习惯，而且都没有采取人道主义方面的基本考虑；新加坡陷落后，日本违反战争法规犯下了很多残杀事件；医院的职员和患者遭到杀害；投降的负伤人员被处刑，非武装俘虏被枪击或遭刀枪刺杀或斩首。[1]

另外还揭露了以下的事件：虐待中国人以及欧洲人；乱杀平民；16 000名俘虏的死亡；100 000名以上苦力的死亡；泰缅铁路建设时期的虐待行为；巴丹以及北婆罗洲的死亡行军；在邦加岛大量残杀澳大利亚护士和其他市民；在巴拉望岛上的虐杀；在新几内亚托鲁农场的虐杀；在安汶岛拉哈残杀200名俘虏；在婆罗洲岛马辰、坤甸以及打拉根残杀欧洲人和平民；在威克岛上杀人；杀害沉没船只上的幸存者；屠杀大量俘虏和平民。

检察官陈述说涉及起诉书诉因53、54、55项而受到起诉的被告应

〔1〕《庭审记录》第三卷，第531～532页。

该对日本所犯下的这些虐待行为承担责任。[1]

检方提交了与俘虏、被扣留普通民众待遇相关的证据资料后，展开了有关具体暴行的立证工作。

下文将探讨与荷属东印度地区相关的立证部分的内容。

四、荷属东印度诸岛的立证

有关荷属东印度地区暴行的立证于1946年12月20日开始，并于次年1月2日结束，历时6天。检方将荷属东印度地区分为婆罗洲、爪哇、苏门答腊、帝汶以及小巽他群岛、西里伯斯、安汶、新几内亚等7个地区，并对各地区所发生的虐待俘虏、处刑、平民拘留营粮食匮乏、虐待住民和“劳工”等事件展开了立证工作。

另外，帝汶岛的西半部是荷兰属地，而东半部则是葡萄牙的属地，但是帝汶以及小巽他群岛地区的立证也包包括发生在葡属帝汶的事件。

提交到法庭的证据共有176份，5名证人出庭作证。立证在各地区陈述初始阶段将暴行的证据摘要作为证据提交法庭，并在法庭上进行宣读，有时还朗读证据文书。

达姆斯特检察官在对各地区的各案件进行立证前，陈述了各地区共通的“具有一般性的若干事实与情况”，对荷属东印度军队、同盟军的投降(1942年3月9日)以及俘虏的关押和待遇情况作了概括性的陈述。

检察官在陈述书中说道：当初荷属东印度军的俘虏约37 000人被关押在原有领土的收容所内，其后14 000人被送往泰缅铁路建设现场，7 800人被遣送至日本。其中8 500人死亡，死亡率达23%。

法庭的审理从发生在荷属婆罗洲的18件暴行事件的立证开始。所提交的是与杀害、拷问俘虏和平民相关的证据文书。在婆罗洲的马辰港发生了荷属婆罗洲州长哈咖博士、国际红十字正式代表瑞士传教

---

〔1〕大川周明和白鸟敏夫没有被追究这三项诉因。大川因精神障碍问题被免于起诉。另外，法庭判决书中诉因53由于没有管辖权而没有被追究。

士维希尔博士等十几人被杀害的事件，法庭收到了这些证据。

在坤甸，宪兵队和海军特警队伪造抗日阴谋事件并屠杀了土侯酋长、荷兰人官吏、中国人以及平民 1 000 人以上。这些证据也被提交到法庭。证据中包括由荷兰军队情报部的将校、日语翻译海布勒克大尉执笔的《有关日本海军警备队在西部婆罗洲强制妇女卖淫的报告书》。

检方所提交的证据文书中爪哇有 63 份，比荷属东印度其他地区多。那是因为检方重视的不仅是俘虏事件还有荷兰市民在爪哇被扣留并受到宪兵队拷问等问题，而且还揭露了虐待作为“劳工”被动员来的爪哇人和中国人等事件。

在庭审开始阶段，盟国最高司令部法务部的英国人部长、英陆军中佐科林斯出庭作证揭露了爪哇、苏门答腊军队集中营的惨状。

立证阶段以虐待俘虏行为为起点。其次是向法庭提交管理占领地治安的宪兵队盘问和拷问荷兰市民的相关证据、与在军队集中营内虐待、强制卖淫和强奸相关的书证（在中部爪哇塞普发生的强奸事件等）以及作为劳工遭受强掳的苦力和“劳工”的书证。检方还揭露了日军在爪哇虐待俘虏、荷兰市民和亚裔“劳工”的部分事实。

发生在苏门答腊的暴行共有 13 份证据提交到法庭。有苏门答腊暴行的证据摘要、对俘虏和澳大利亚军队护士的暴行、虐待俘虏、对男性的性暴力证据文书、平民集中营、关于宪兵队在巨岛拷问中国医师的证词、强制民众劳动等证据。

伍尔沃斯检察官提交了有关对日本政府的抗议书及其答复的证据，揭露了被告等人在 B 级犯罪方面的个人责任。检察官陈述，在俘虏、扣留人员及当地住民的待遇问题上，日本陆军和海军都采取了相同的做法，从这一点可以推断内阁官僚、政府高官、大本营幕僚以及现场指挥官等日本政府执政人员是无法逃脱有罪判决的。

检察官的陈述想明确以下五点：

(1) 各被告担任公职的时间与名称；

(2) 通过对违背《日内瓦条约》承诺的各项命令的举证，指定被告中负有责任的战犯；

(3) 多数被告承认曾放置不管、虐待或非法惩罚俘虏和被扣押人员；

(4) 从中立国瑞士以及日本外务省和俘虏情报局的公文中可以得知，对于禁止访问俘虏收容所，多数被告收到了来自英美等国的抗议。这些被告有义务停止对俘虏的残忍行为；

(5) 通过澳大利亚、加拿大、英国、新西兰和美国公文上的统计数字，对俘虏人数、拘禁中死亡人数进行了统计。

与伍尔沃斯检察官陈述内容相关的证据以及日本政府对待俘虏态度及其正式报告书被提交到法庭，并有 4 名证人出庭作证。提交到法庭的书证有 101 份，而证人则是田中隆吉、中部军管区司令部的荻谷赖雄、陆军大佐山崎茂以及与威克岛的俘虏案件相关的斯图尔特。

田中证词和山崎证词说明了日本制定对待俘虏政策的时间、责任人以及政府和军部的关系，并且指出了导致虐待俘虏行为出现的日本组织和制度所存在的问题。这是内部告发日本在俘虏政策上所存在问题的证词。特别是田中，他在俘虏待遇、日本相关制度和机构问题上提供了详细的证词。

在 1947 年 1 月 9 日，提交到法庭 28 份有关日本的俘虏待遇及政策的书证。当天，作为证人出庭的山崎茂大佐是 1942 年 1 月至 1943 年 3 月在俘虏情报局、俘虏管理部任职的高级官员。他是作为充分了解俘虏情报局、俘虏管理部情况的人员站上证人席的。

与发生在“内地”的暴行相关的书证提交以后，法庭就进入了违反战争法规案件(违反与医院船相关条约)的立证阶段。

东南亚的日军残虐行为的立证分为 21 个区域，立证阶段的证据涉及多个方面，包括俘虏收容所的暴行、日军的俘虏政策、俘虏待遇的制度以及战争法规惯例的解释等内容。

关于同盟国市民的待遇，日本政府曾答复同盟国会同俘虏问题一样按照《日内瓦条约》的规定进行处理。然而，对待被扣留平民时违反战争法规惯例的证据让人们质疑日本政府这一答复的可信度。

五、辩方的反证

辩方律师弗里曼的开庭陈述充分说明了辩方对于俘虏问题的辩护方针。

辩方的主要主张是：① 日本虽然没批准《日内瓦条约》，但在事态允许的状况下“适用”了此条约；② 即使存在没能“适用”《日内瓦条约》之处，那也是由于同盟国实施的潜水艇战或轰炸致使日方船舶被击沉、运送道路被切断所致；③ 日方曾改善俘虏收容所的卫生状况和医疗设备，并对虐待事件的实施人员进行了处罚；④ 关于粮食和医疗用品不足问题，当时的日本人也是处于同一状况；⑤ 设置俘虏情报局，曾力图顺利解决俘虏待遇问题。

辩方的方针是表明日方曾尽力保护俘虏和被扣留的平民，同时将虐待的部分责任转嫁到同盟国身上。另外还主张各被告曾努力防止虐待事件的发生，与当地发生的虐待事件没有关联（本文不对本问题进行深入考证）。

六、最终论告与最终辩论

在最终论告阶段，检方在之前提供的证据和证词的基础上，对日本的政策决定和暴行作了总结。俘虏问题的论述出现在“俘虏问题的最终论告”这一部分。有关中国部分证据资料的概要出现在“俘虏问题的最终论告”的附属书 A“关于 1937 年至 1945 年日本在中国所犯暴行的证据概要”和附属书 B 中。

与菲律宾相关证据的确认出现在附属书 B 的第二部分“1941 年至 1945 年 9 月期间，与菲律宾群岛上被扣押战虏及住民待遇相关的证据概要”之中。检方确认之前提供的证据和证词后，论述了各被告与被追究事件之间的具体关系。这些论述是在最终论告的“被告责任（个人最终论告）”这一部分中展开的。

与发生在中国的俘虏事件有关、直接被提及的人物有 7 人，分别是畑俊六、木户幸一、木村兵太郎、松井石根、佐藤贤了、东条英机和梅津美次郎。松井因为南京事件被追究责任，而因南京事件以外的俘虏事件被问责的则是畑俊六。检方追究了时任支那派遣军总司令官的畑俊六在诸多俘虏事件中的责任。

因发生在菲律宾的俘虏事件而被追究责任的有 4 人，他们是武藤章、重光葵、东乡茂德和东条英机。武藤章作为当时的军务局长因“巴丹死亡行军”事件而被问责。检方指出“那是发生在俘虏情报局的事件，而且俘虏收容所是在武藤章所掌管的军务局指导下建成的”，同时还提到与俘虏相关的所有重要事项都必须经过军务局批准，而且在武藤章担任第十四方面军参谋长时日军在菲律宾各地实施了大量暴行。

东条由于在“巴丹死亡行军”事件发生后没有采取必要的善后措施而被追究责任。检方指出东条虽然知悉非法对待俘虏的事件，却在访问菲律宾时根本没有探讨这一问题，而且对于当地是如何处理死亡行军事件的情况，连调查都没有实施。

其他东南亚地区的事件中涉及的战犯是板垣征四郎、木村兵四郎、冈敬纯、嶋田繁太郎和东条英机。

检方在针对东条的最终论告中，专设了“与俘虏及被扣押的普通人员相关的东条的责任”这一项，梳理了东条的“普通战争犯罪”。① 作为陆军大臣、参谋总长、外务大臣和内务大臣所负有的责任；② 作为首相兼陆相时因公布俘虏处罚法而负有的政治责任。检方在这两条之外还指出了发生在仰光的俘虏虐待事件、泰缅铁路建设时发生的残虐事件以及“东条政府时期所发生的大量暴行”。在此基础上，检方指证东条负有管理上的责任，而且其程度超出东条自身供认的范畴。〔1〕

检方的最终论告结束以后，辩方进行了最终辩论。辩方关于俘虏问题的主张呈现出被告之间互相转嫁责任的错综情况。我们通常认为，伴随着法庭审判的深入被告们从前期的所谓的“国家辩护”转变为“个人辩护”，而有关俘虏问题的辩解正是这一倾向的典型事例。

〔1〕《庭审记录》第三卷，第 339～341 页。

七、判决与俘虏相关事件

1948年11月4日重新开庭，而且开始在法庭上宣读判决书，并于11月12日宣布了判决结果。

判决书分为A、B和C三个部分，包括俘虏问题在内的暴行的判决是在“B第8章 普通战争犯罪(暴行)”。“第8章”的构成如下：

> 所谓战争法规不适用于在华战争的主张；军方方针的确立；在华战争中的俘虏被作为匪贼；卢沟桥事件发生后也未改变方针；战争扩大到广东和汉口；复原士兵自身所述实施的暴行；杀害成为俘虏的飞行员；虐杀；屠杀是在有命令的情况下实施的；死亡行军；其他强行军；泰缅铁路；拷问和其他非人道行为；活体解剖和嗜食人肉；攻击运送俘虏的船舶；潜水艇战；非法强制俘虏和被扣押人员服劳役、饥饿、遭受冷遇；粮食和穿着的民族性需求方面的考虑；医疗用品；宿舍；劳役；原住民的劳动；强制俘虏和被扣押人员宣誓、签名；过度且非法的处罚；侮辱俘虏；制度；日本同意1929年《日内瓦条约》的适用；虐待俘虏是一大方针；日本的目的是保护日本国民；俘虏情报局的设置；俘虏管理部的设置；军务局持有支配权；收容所及其管理；海军也参与这一制度；这一制度在日本本土的实行；这一制度在台湾(地区)、朝鲜与桦太地区的实行；在占领地实行这一制度；在占领地实行这一制度的被告；同盟国的抗议；默认或遮掩虐待俘虏和被扣押的普通人员的事实。

法官在“普通战争犯罪”中也设多项内容提及与俘虏相关的事件，进行了大量事实认定。很多场合法官未加更改完全认可了许多检方的主张。法官还提及审理过程中成为最大争论点的事件，对发生在中国的俘虏待遇问题进行了事实认定。

法官指出日本政府拒绝承认“九一八事变”以后与中国的战斗是战争，而是称其为“事变”，而且军方以此为借口宣称战争法规不能适用于这种情况。而且法官认定：“陆军拒绝给予战俘作为俘虏的资格与权利。”另外，法官还判定卢沟桥事变以后尽管日本政府和陆海军已做好了战争的准备，还依然把日中战争称为“事变”无视战争法规。

关于南京事变，法官陈述30 000人以上的俘虏遭到杀害，并且断定这些俘虏没有经过判决就遭杀害，“即使是类似于审判的判决也没有实施过。”[1]

对于杜立特飞行队事件，判决书认定当时的参谋总长衫山元曾要求对轰炸日本的所有飞行员处以死刑，而东条英机为了判处飞行员死刑，曾下达命令要求发布“追溯到空袭时期也具有效力的规定”。判决书还涉及畑俊六遵从参谋总长的指示下达审判这些飞行员的命令以及当初所有飞行员都被判处死刑、通过东京的再审和东条英机的“劝告”其中5人得到减刑被判无期徒刑等内容。

另外，法官还认定对这些飞行员所实施的军律审判中飞行员并没有被赋予辩护的机会，“审判仅仅是一次作秀”。

判决书认定日本以杜立特飞行队事件为契机开始了“杀害同盟国飞行员的方针”。法官对发生在中部军管区和东海军管区以及马来、婆罗洲、苏门答腊、爪哇、西里伯斯、塔劳、安汶、新几内亚、新不列颠、伯顿、夸贾林、菲律宾和汉口等占领地区的飞行员被害事件进行了事实认定。[2]

关于“巴丹死亡行军”，判决书专设“死亡行军”这一项内容并对此进行了详细的事实认定。法官非常重视这一事件。相关判决的特点是关于东条英机的记述非常多。法官认为“这样的暴行在太平洋战争中反复出现，这是没有阻止本间中将在巴特的行为而招至的结果。”

在“其他的强行军”这一项中，包括新几内亚的威瓦克、布托和艾塔佩之间的印度籍俘虏行军和诺鲁吉行军等记述。[3]

泰缅铁路相关的事件也和“巴丹死亡行军”一样，判决书单设了“泰缅铁路”这一项，并指出日本对于俘虏待遇毫不关心。

关于日方“准用”《日内瓦条约》的答复，针对辩方律师的辩护，法官提出了极其严正的见解。判决书否决了辩方的辩护内容认定日方将

---

〔1〕《庭审记录》第十卷，第766～770页。
〔2〕同上，第770～772页。
〔3〕同上，第774～775页。

“准用《日内瓦条约》的”条件作了某些解释企图把暴行正当化的做法和某种主张是如出一辙的。这种主张就是通过添加“准用”这个词语伪装遵守条约(作为基本原则,规定符合人道主义的待遇),而在背后日军即使实行伤天害理的野蛮行径,也不会遭到处罚。法官认为这样的主张是不能容忍的。[1]

法庭结束对大量和俘虏相关的事件进行的事实认定后,在判决书第8章最后一项“默认和掩盖对俘虏和被扣押的普通人员实施的虐待”中,做了如下的判定:

> 日本政府没有充分处罚在俘虏和被扣押的普通人员待遇问题上犯有罪行的人员,默认了他们的虐待行为。而且,日本政府禁止和限制中立国代表访问收容所;拒绝向中立国发送俘虏和被押民间人员的名单;审查与俘虏及被押民间人员有关的报道内容;投降时命令烧毁所有能表明日军罪行的文件,试图掩盖虐待和杀害俘虏及被扣押人员的罪行。[2]

法官断定日本政府默认和掩盖了虐待俘虏和对被押普通人员实施的暴行。

关于东条英机的个人责任,由于涉及许多相关事件因此判决的内容也较多。1944年东条内阁倒台时俘虏所具有的令人担忧的状态,以及因粮食和医药品匮乏而死亡的俘虏人数之多是证明东条英机没有为保护俘虏采取适当措施的关键证据。因为日本政府不承认与中国的战斗属于战争,而没有适用战争法规;而且被逮捕的中国人也没有被赋予俘虏的身份和权利。东条英机虽然知晓这一可怕的方针,却没有表示反对;东条英机对“不劳动就不给食物”这一指令也负有责任。东条因以上责任在诉因第54项上被判有罪。

另外,法庭判定俘虏问题的主要责任在于陆军,但外务省等其他非

---

〔1〕《庭审记录》第十卷,第786页。
〔2〕同上,第791页。

军事组织也参与了俘虏政策。而关于军部以外的官署是如何参与这一问题的，判决书没有作具体的说明。

检方将俘虏问题作为追究“普通战争犯罪”的重点，提交大量证据和证词指控了日方的责任。审理过程表明检方在虐待俘虏问题上下了很大功夫。检方的这一方针给东京审判中解明俘虏问题的真相带来了一定的进展，但也导致了一些问题。

虽然大量证据文书提交到了法庭，但那是申诉同盟国方面战争受害程度的资料。证据和证词大多是与美国、英国、加拿大和澳大利亚等国家相关的俘虏事件，而对印度兵、菲律宾兵、中国兵以及荷属印度安汶兵等殖民地士兵加以个别陈述的情况较少。俘虏相关事件的追究上具有这样的倾向。检方特别注重的是同盟国的俘虏、民众的受害情况。

法官也在判决书 B 的第 7 章“太平洋战争”中表明了如下的立场：

> 起诉书诉因第 30 条中，控诉日本对菲律宾共和国发动了侵略战争。菲律宾群岛在战争期间不是完全的主权国。就国际关系而言，菲律宾是美国的一部分。毫无疑问，日本对菲律宾群岛的人民发动了侵略战争。为了追求理论上的确切性，我们认为侵略菲律宾群岛是对美侵略的一部分。〔1〕

如上所述，法官们把菲律宾遭受的损失看作是美国受害的一部分。东京审判开庭期间，印度尼西亚持续着独立战争，因此发生在印度尼西亚的战争犯罪作为“荷属东印度地区的暴行”得到审理。大量有关“普通战争犯罪”的证据和证词提交到了法庭，这涵盖了亚太整个地区，也包括欧美在这一地区的殖民地。在这一地区，组编了由本国士兵和殖民地士兵构成的同盟军，战俘中既有本国的“白人俘虏”也有殖民地出身的“亚洲人俘虏”。日军将这些俘虏以“白人”和“亚洲人”进行分类对待，这留下了诸多问题。法庭上提交了大量有关虐待“白人俘虏”的证据，但是有关“亚洲人俘虏”的立证却非常少。从俘虏和被扣押的普通

〔1〕《庭审记录》第十卷，第 766 页。

人员问题的审理中，我们可以看到新的研究课题的出现，那就是东京审判是如何审理殖民地统治的这个问题。我想把它作为今后的研究课题。

另外，国际讨论会结束后，2014 年 1 月 14 日新华社报道了吉林省档案馆最近公开的日军档案（《关东军特殊劳工处理规定》）。据新华社报道，关东军把从驻华北日军移管过来的俘虏、投降兵用做军用劳工者称为“特种工人”；在华北蒙疆地区所获得的俘虏及投降兵移交伪满洲国管理的劳工被称为“辅导工人”。日军在修筑绝密军事工程中，对“特殊工人”和“辅导工人”采取了铁丝网隔离、拘禁监视等极为严酷的管束措施。

东京审判审理中所涉及的日本不把中国人俘虏看作“俘虏”的这个方针导致了如上所述的待遇俘虏问题。

（陈爱国　译）

第二十三节 东京审判中的日军细菌战

——庭审记录中的日军细菌部队及其活动

王 选*

众所周知，远东国际军事法庭并未起诉日本的细菌战战争犯罪，追究其责任。事实上，根据该法庭的庭审记录[1][2]（英、日），日军驻南京的细菌部队——多摩部队，又称“荣”字1644部队、中支那派遣军防疫给水部等，以及关东军防疫给水部，又称731部队，先后共两次在法庭上被公开提及，前者是在检方的指控证据材料中，后者是在被告方的辩护证据材料中。

庭审记录中的这两次记载，均得到国际学界相关代表性研究的关注，或直接引用，举例如下：『細菌戦と自決した二人の医学者』，常石敬一、朝野富三，1985[3]；Factories of Death：Japanese Biological Warfare，1932～45，and the American Cover-up，Sheldon H. Harris，1994[4]；『731部隊・細菌戦資料集成』（CD版），近藤昭二，2003[5]；『東京裁判への道』（下），粟屋宪太郎，2006[6]。

以下为英、日文庭审记录中，有关日军细菌部队及其活动的这两次记载。

一、1946年8月29日庭审记录中的“多摩”部队

英文庭审记录第4540～4552页、日文庭审速记录第1卷（第58号）第751～753页记载如下：

---

* 中国社会活动家。

〔1〕 Record of Proceedings of the Military Tribunal for the Far East，Court House of the Tribunal，War Ministry Building，Tokyo，Japan.

〔2〕 『極東国際軍事裁判速記録』，雄松堂书店。

〔3〕 常石敬一、朝野富三：『細菌戦と自決した二人の医学者』，新潮社1985年版，第186页。

〔4〕 Sheldon H. Harris：Factories of Death：Japanese Biological Warfare，1932～45，and the American Cover-up，p. 181，Routledge，1994.

〔5〕 近藤昭二编：『731部隊・細菌戦資料集成』（CD版），柏书房2003年版。（本文注：有文字解说分册供CD中资料的检索。）

〔6〕 粟屋宪太郎：『東京裁判への道』（下），第107页。

1946年8月29日下午二时四十六分休庭前不久，国际检察局检察官萨顿(David N. Sutton)向法庭提交检方证据1706号(法庭登记证据327号)：南京地方法院检察官提出的日军在南京战争犯罪调查报告，日期：1946年2月。据该报告中文原文《首都地方法院检察处奉令调查敌人罪行报告书》，全文内容为4部分，附：敌人罪行调查统计表一份，署名：首都地方法院首席检察官陈光虞。[1]（以下简称《南京调查报告》）萨顿在法庭上从以上报告的第一部分开始朗读。

据日文庭审记录：当时的翻译监督(monitor)为伊丹(明)，口译：本野、森(富男)、岛内(敏郎)。[2]

二时四十五分休庭15分钟，三时继续开庭，翻译督导仍为伊丹，英语翻译为森、岛内。萨顿检察官继续朗读以上报告第二部分：敌人罪行种种之第6项，提及相关内容如下(中文原文)：

> 关于其他者：敌多摩部队将我被俘虏之人民，引至医药实验室，将各种有毒细菌注射于其体内，观其变化，该部为最秘密之机构，其因此而死亡之确数，无由探悉。夫供医药之试验，即以猫狗之不若也，可不哀哉！(略)[3]

“多摩部队”为驻扎南京的日军荣字1644细菌部队本部代号，1644部队也称中支那派遣军防疫给水部。这是东京审判法庭上，第一次出现对于日军细菌部队人体实验犯罪行为的公开指控，事关重大。

可是根据英文庭审记录，这段有关“多摩部队”段落的英文文本中，与指控罪状有关的一个关键名词翻译错误，此后的庭审中，由于首席法官、检方、被告方两位辩护人均为英语圈人士，这个误译的概念被再三引用，一错再错，法庭辩论也顺着这个错误的概念延伸展开。

---

〔1〕 张宪文主编：《南京大屠杀史料集21日军罪行调查委员会调查统(下)》，凤凰出版社、江苏人民出版社2006年版，第1721～1727页。

〔2〕 武田珂代子著：『東京裁判における通訳』，みすず书房2008年版，第64、61、58页。

〔3〕 张宪文主编：《南京大屠杀史料集21日军罪行调查委员会调查统(下)》，凤凰出版社、江苏人民出版社2006年版，第1724页。

(一)“细菌”还是“血清”:日文庭审速记录与英文庭审记录的不同翻译

英文庭审记录中,以上段落中的“各种有毒细菌”被翻译成“有毒血清”(serums),日文庭审记录中的日文翻译完全按照中文原文,保持原意,为“各种有毒细菌”。日语中“各种有毒细菌”一词的汉字与中文原文也完全相同,一眼即可分辨。

“细菌”与“血清”的意义完全不同,英文庭审记录中的这个翻译错误,关系到以上检方证据材料中指控罪状的具体内容。

根据英文庭审记录,萨顿在以上有关段落的朗读中,省略了最后3个句子,“夫供医药之试验,即以猫狗之不若也,可不哀哉!”,接着朗读报告中有关南京被杀害人口、烧毁房屋等数量的描述。他结束后,首席法官韦伯问道:

“有关所指控的有毒血清反应的实验,你将向我们提供进一步的证据吗?这对我们来说完全是一件新的事情,我们从来没有听说过。你要先放一放吗?”

萨顿回答:“现在,我们不打算就此提交进一步的证据。”(本文注:日文庭审记录中萨顿的回答被译为:“先放一放。”)

此后,被告辩护人Captain Brooks向检方提出:有毒血清反应实验是否是对这些人的一系列的疫苗注射。并向法庭提出:根据该报告内容,报告出来是在调查开始(该调查第一次会议1945年11月)很长时间以后,如果他们都不知道疫苗注射和此地提出的(有毒血清注射)的区别的话,法庭非常有必要考虑这份证据的分量,(略)。

在这样的上下文语境中,将“细菌”翻成“血清”,原来的词义概念被置换,造成以下的审理结果:

接着,被告辩护人Mr. Lavin就《南京调查报告》作为证据的适当性和正当性,向法庭再三诘问,特别包括有关“有毒血清人体实验”的说法。最后,韦伯首席法官决定:“根据辩方的反对意见,即,对中国人的毒物实验一事,作为证据予以撤回。”

(二)难以理解的英文翻译错误

据武田珂子的研究(2008,2010),庭审记录中使用的中文文本翻译，是由法庭翻译部团队“接力”式进行翻译，即从中文翻译成日语，再从日语翻译成英文。

《南京调查报告》的英文文本中，“多摩部队”的“多摩”，被准确按照日语中的读音翻译为“TAMA”。二时四十五分休庭前，萨顿检察官朗读该报告第一部分内容，其中有一宗教组织“红卐字”，是按日语中汉字读音翻译成：the“KOMANJI Association”（英文庭审记录4541页），显示是从日语文本翻译成英文的。这个组织名称在萨顿朗读以上报告内容结尾部分第2次出现时，又是按照中文中汉字读音的翻译：“HUNG WAN TSU HUI”。从以上来看，《南京调查报告》的英文文本也有可能是不同的翻译者翻译。根据日文庭审速记录，《南京调查报告》的日文翻译文本中并未出现上文提及的英语翻译中的错误，仍为“各种有毒细菌”，与中文原文一致。由此可见，上文指出的“各种有毒细菌”被译为“有毒血清”（serums）的错误是发生在从日文到英文的翻译中。

1946年8月26日下午三时起，庭审当时担任翻译的森、岛内（英语），均为日本外务省派遣人员，森为第一批确定派遣3名人员中1名。[1]（注：岛内曾在此后1950年旧金山和约谈判时，担任吉田茂首相的翻译。）

“细菌”与“血清”在中文与日文中是同样的汉字，中国人或是日本人即使不懂对方的语言，也一眼即可辨认出这两个意义完全不同的词语。这两个词在中、日、英文中都是普通名词，语义简单清楚，在翻译中被混淆的可能性很小。特别是出现在如此敏感、关键的语境中时，通常情况下，会引起专业口译的注意。更何况森、岛内均为最优秀的翻译。

据武田珂代子研究（2008）显示当时担任庭审翻译督导的伊丹明为在美国出生的日裔，精通汉文。战争期间，为美国陆军情报部人员，参加硫磺岛、冲绳登陆战。因贡献出色，作为非战斗人员，获得过最高嘉奖。东京审判结束后，伊丹被留在盟军占领军最高司令部担任机要翻

---

〔1〕 武田珂代子著：『東京裁判における通訳』，みすず书房2008年版，第58、61页。

译,工作内容与朝鲜战争有关。[1](注:1950年,手枪自杀。)

从美国国家档案馆所藏美军战时情报来看,伊丹服役美国陆军部情报部门时,美军已经掌握相当的有关日军细菌部队及其细菌战能力的情报,其中包括"多摩部队",即驻扎南京的"荣"字1644细菌部队。[2]美军曾预计硫磺岛、冲绳登陆战中日军可能使用细菌武器,登陆部队为此采取了防御措施。

尽管东京审判的翻译制度存在各种问题,伊丹精通汉文,又具有以上美国陆军情报人员的背景,"细菌"与"血清"那样语义完全不同的一般用语的混淆,如果在经他监督的翻译流程中出现,很难想象会漏过他的注意。

这里必须指出的是,庭审纪录中,还未见中国检方像对待此前庭审中出现的翻译错误那样,向法庭提出要求对此关键性的翻译错误作出裁定,修正错误,也未有记载活跃法庭的语言裁定官(language arbiter)Mr. Moore出面指出误译。

东京审判的工作语言仅限英语、日语两种,这也限制了对于翻译错误的发现与修正的机会。

(三)萨顿此前是否知情

据美国国家档案馆所藏资料,1946年3月,检察官莫罗、萨顿与中国检察官向哲濬等赴中国调查1个月,取得有关日军在中国实施化学战、细菌战的证据资料。出发前,检察官莫罗已在向季南提交的书面报告中提请注意:日军的细菌作战是东京的政府在搞,并非战场上的指挥官。[3]4月23日,莫罗在向检察长季南提交的调查总结报告中,报告了日军在中国的化学战和细菌战。同日,萨顿提交了一份由他具体负责的日军细菌作战调查详细报告,主要内容有关日军在中国撒播鼠疫菌,引起当地鼠疫流行,包括当时参与防疫的国际流行病专家的证词。

---

〔1〕 武田珂代子著:『東京裁判における通訳』,みすず书房2008年版,第64～66页。

〔2〕 近藤昭二编:『731部隊・細菌戦資料集成』(CD版),柏书房2003年版。(本文注:有文字解说分册供CD中资料的检索。)

〔3〕 近藤昭二编:『731部隊・細菌戦資料集成』(CD版),柏书房2003年版。(本文注:有文字解说分册供CD中资料的检索。)

萨顿报告中，已确定数位专家就此出庭作证。但该报告内容确未涉及“多摩部队”的“多种有毒细菌”人体实验。（参见所附年表）萨顿的日军细菌作战调查主要依据证据材料之一为中国国民政府战时出版的英文版年鉴 China Handbook 1937～1943，中文书名《战时中华志》（Macmillan，1943），第17章中有关日军细菌战的部分。

另据东京审判国际检察局档案，1946年7月，国际检察局已在案日军1644细菌部队（多摩部队）大量生产细菌武器，实施细菌武器攻击的证据材料1985、1896号，由中国检方提交，内容为1944年4月，在江西省九江向中国方面投诚的1644部队九江支队队员榛叶修书面证词（注：内容未涉及该部队南京本部的细菌人体实验）。[1] 榛叶修为战时日军在中国各地的细菌部队共10 000名以上编制人员中，唯一被中国方面俘获者。

据南京的中国第二历史档案馆所藏档案：1946年10月22日，中国国民政府司法行政部向国防部审判战犯军事法庭公鉴发出快邮代电，附该部战争犯罪审查表两份：法字一一一八号、一零五一号。

法字一零五一号审查表为对日军“荣”字第1644部队/多摩部队（本文注：也称“中支那派遣军防疫给水部”）“将我国俘虏注射各种病菌为医学实验”犯罪的指控，由如下部分构成：

日军1644部队战争犯罪者名单、犯罪详情、详细证据、本案附注。本案附注内容如下：

（1）本案被告山崎新登，将我国俘虏为实验品作巧妙之杀害，致百余人全部死亡，显于国际惯习有违，自应负刑事上责任。

（2）本案均经调查证明属实，被告无可辨卸。

（3）据上论结，本案应予成立。[2]

---

〔1〕近藤昭二编：『731部隊・細菌戦資料集成』（CD版），柏书房2003年版。
（本文注：有文字解说分册供CD中资料的检索。）；
榛叶修证词中文原文：中央档案馆、中国第二历史档案馆、吉林省社会科学院合编：《日本帝国主义侵华档案资料选编》第5卷：《细菌战与毒气战》，中华书局1989年版，第235～239页。

〔2〕中央档案馆、中国第二历史档案馆、吉林省社会科学院合编：《日本帝国主义侵华档案资料选编》第5卷：《细菌战与毒气战》，中华书局1989年版，第240～244页。

（本文注：山崎新，军医大佐，为该部队第6任部队长，1945年4月27日—8月15日。）

据电文内容，以上材料已送请外交部译转远东分会。今后的研究尚需确认此审查表的下落。

（四）“多摩部队”回到日本

以上讨论的8月29日下午三时起的庭审中，萨顿检察官提交证据报告中对于南京“多摩部队”用中国俘虏进行“多种有毒细菌”人体实验的指控，如果位处日本东京的远东国际军事法庭予以追究的话，当时具有有利条件。

事实上，1945年9月，与日军731细菌部队部队长石井四郎共同创建1644细菌部队，继石井任该部队第2任部队长的增田知贞，已辗转周折从“满洲”潜回日本。10月，增田即开始接受美国军方派遣的首任日本细菌战调查官桑德斯的讯问。当时增田未在讯问中吐露人体实验真相。（见附表）

据水谷尚子研究发表（1995、1997），1945年8月15日，“多摩部队”全体集合，听了天皇的“玉音放送”（投降诏书）的广播后，按命令，开始销毁证据，必须在一星期后中国国民政府接收官员到来前，全部处理完毕。所有的细菌人体实验的痕迹被仔细去除，埋在实施秘密人体实验的一科研究栋周围地面下的中国人尸体被挖出来烧毁。

证据销毁完毕后，该部队高级军官和军医迅即潜回日本。留余的部分下层人员，并入南京日军陆军第156兵站医院，作为156兵站医院人员接受中国方面的处理，并编成医疗队，向从中国内陆遣送到南京的日本军人提供医疗。其中部分人员随护送伤员，于1945年12月即回到日本，有部分1946年6月回到日本。[1] 1946年1月到达日本的美国军方第2任细菌战调查官汤普森，于6月结束调查回美国。（据常石敬一，汤普森不久后即从美国回到日本，并自杀身亡。缘由不明。）

---

〔1〕 水谷尚子著：『元一六四四部隊員の証言—軍画兵石田甚太郎の体験から』，《季刊战争责任研究》，第10号，1995年冬季号；『一六四四部隊員の組織と活動—語り始じめた元部隊員たち』，《季刊战争责任研究》，第15号，1997年春季。

（五）抢先一步的苏联

苏联方面对上文庭审中中国检方提及的日军细菌部队人体实验的指控，作出迅速反应，1946年9月，苏联军方终于撬开在押的日军原731部队（也称关东军防疫给水部）细菌制造部部长川岛清、课长柄泽十三夫的口，证实该部队进行人体细菌实验，并大量生产细菌武器，在中国战场各地实施细菌武器攻击。

1947年1月，苏联检察官会见盟军占领军司令部参谋二部美方代表，告知以上川岛、柄泽的供述内容，再次要求讯问在东京的石井四郎等人。

苏联这一步，使美方陷于被动。战争一结束，美国军方即派遣科学调查团到日本，成员中有专门调查官对日军进行细菌战调查。美国调查官以承诺"与战争犯罪无关"的"科学"调查为前提，从日本细菌部队高级军官、研究员那里获取日军细菌战的技术资料。可是如前文所述，两任调查官都没有能够从日军细菌部队人员那里获知有关人体实验的真相。〔1〕

掌握了苏联人提供的以上日军细菌战情报，1月24日，由盟军占领军司令部法务局出面，再次对日本细菌战中枢机构——陆军军医学校防疫研究室主任内藤良一进行讯问，此时，内藤一改以往调查中对人体实验的矢口否认，声称，那是日军细菌部队里都知道的事情。

一方面，4月，美国军方又派遣第3任调查官到日本。日军细菌战头面人物，731部队长石井四郎，南京荣字1644部队（多摩部队）部队长增田知贞等，掌握住已经落后苏联一步的美国，欲甩开苏联独自到手日军细菌战技术情报的打算，开始改变策略，主动以向美方提供"人体实验"技术资料为交换条件，要求"免责"：即不在远东国际军事法庭对他们提出起诉，追究其细菌战战争犯罪责任。

1947年6月22日，盟军占领军司令部法务局向华盛顿（Civil Affairs Division, War Crimes Branch）提交了题为石井细菌战的报告；6月30日，提交了苏联提供的川岛清、柄泽十三夫供述的英文翻译文本。〔2〕

7月，美国政府相关部门决定以"秘密交换"为条件，对石井等"囊

〔1〕 近藤昭二编：『731部隊・細菌戦資料集成』（CD版），柏书房2003年版。（本文注：有文字解说分册供CD中资料的检索。）

〔2〕 同上。

中”的罪犯，予以“免责”。10月，美国军方又派遣第4任调查官，彻底清收日军细菌战技术资料。石井又糊弄了一下，据石井长女春海对媒体披露，他父亲指着自己的脑门告诉她：80%的细菌战技术资料给了美国人，最重要的20%还在他脑子里。

（六）伯力审判中的“多摩部队”

1. 作为伯力审判文件证据的东京审判庭审记录

不满美国的“独占”与“免责”，苏联根据对在押100多名日军有关战俘近4年的调查结果，于1949年12月25—30日，在伯力（哈巴罗夫斯克）举行就日本细菌战战争犯罪的审判，被告为12名日军军人，其中包括“多摩部队”（荣字1644部队）第4任部队长佐藤俊二（1943年3月—1944年2月）。

1950年，莫斯科的外文书籍出版局用多国语言向全世界发行该审判的材料——《前日本陆军军人因准备和使用细菌武器被控案审判材料》（以下简称《伯力审判材料》）。

1946年8月29日东京审判庭审中，由萨顿检察官朗读的证据材料：南京地方法院检察官提出的日军在南京战争犯罪调查报告（《南京调查报告》，1946年2月）中有关“多摩部队”相关内容被列为《伯力审判材料》文件证据之一。[1] 该文本中的“试验毒血清效能”，与最后萨顿对韦伯的回答：“此刻我们不想拿出关于本问题的补充证据”的说法，说明伯力审判中苏联方参照的是东京审判英文庭审记录，也包含了该文本的翻译错误。

莫斯科的外文书籍出版局发行的日文版《伯力审判材料》中以上讨论的相关内容，因为苏联方面是按英文庭审记录内容的翻译，由此东京审判法庭上萨顿检察官的这段指控，由于翻译的错误，又生出两个日文版本，东京审判日文庭审速记录中的“各种有毒细菌”，在《伯力审判材料》中成了“有毒血清”。

连苏联也在远东国际法庭的庭审中，漏过了以上本文讨论的“各种有毒细菌”被翻译成“有毒血清”的重要错误。据粟屋宪太郎等对苏联

---

〔1〕《前日本陆军军人因准备和使用细菌武器被控案审判材料》，外国文书籍出版局1950版，第226页。

代表团秘书、助理法官 A. N. Nikolaev 的采访(1994):苏联人从一开始就对美国主导的东京审判的不满,其中之一是工作语言,纽伦堡法庭 4 位法官、4 位检察官都用母语。东京审判仅限英语、日语,对于苏联、法国代表团,以及其他国家代表团都不方便。[1]

本文开始部分提到的早期相关研究专著,例如常石敬一、朝野富三(1985);粟屋宪太郎(2006)等,引用的是日文庭审记录中,“多摩部队”“各种有毒细菌”人体实验的文本。

常石・朝野的『細菌戦と自決した二人の医学者』(1985),及常石另一部专著『消えた細菌戦部隊—関東軍第七三一部隊』(1981;增补版 1989)被美军方研究机构翻译成英文,作为内部参考。

美国历史学者 Sheldon H. Harris 的 Factories of Death: Japanese Biological Warfare, 1932～45, and the American Cover-up(1994)引用的东京审判庭审记录中萨顿有关“多摩部队”“各种有毒细菌”的指控,来自以上美军翻译成英文的常石・朝野专著(1985)中的日文庭审速记录。Harris 在其专著的注中也指出,关于萨顿的庭审陈述有不同的版本,但是基本要点一致。[2] Harris 专著(1994)中,有专门章节介绍伯力审判,也引用了《伯力审判材料》的内容。“几个不同版本”的说法,应该来自他对以上常石・朝野引用的东京审判日文庭审速记录中的相关内容,与英文庭审记录相关内容,以及《伯力审判材料》中引用的英文庭审记录相关内容的对比和观察。

2. 被告佐藤俊二法庭审问中的东京审判有关庭审记录

据《伯力审判材料》,曾担任 1644 部队第 4 任部队长的佐藤俊二受审中有关情景如下:

> 国家公诉人:“受你指挥的南京‘荣’字第 1644 部队,曾用活人进行过何种实验?”
>
> 佐藤:“该部队未曾用活人进行实验。”

---

〔1〕 粟屋宪太郎著:『東京裁判への道』,NHK 放送出版协会 1994 年版,第 144～147 页。

〔2〕 Sheldon H. Harris: Factories of Death: Japanese Biological Warfare, 1932～45, and the American Cover-up, p. 271, Routledge, 1994

> 国家公诉人:"因被告人否认这点,我对他不再发问题,但我要向法庭提出申请。我请求法庭宣读远东国际军事法庭1946年8月29日在东京审讯的记录。国际军事法庭在东京举行这次审讯时,宣读过南京市地方检察厅报告书,该检察厅调查过日军在南京一带的残暴行为,就中也调查过'多摩'部队或'荣'字第1644部队的罪恶行为。结果所查明的残暴行为也与石井部队所干出的那种行为完全一样。"(略)

法庭审判长决定宣读以上摘自东京审判记录的有关文件,宣读文件,同时之一文件又用日语宣读。如上文讨论,《伯力审判材料》日文版中,法庭审判长宣读的东京审判有关庭审记录是根据英文版的翻译,其中"细菌"为"血清"。关于日本细菌战,连一个细节都不愿放过的苏联人,在《伯力审判材料》中,一再重复了这个翻译的错误。

据日本研究者近藤昭二:伯力审判担任主任翻译的 Georgy Permyakovde 回忆录(Tikhookeanskaya Zvezda, 2000)中提到:苏联方面为调查日军细菌战,审讯了1 000名在押日本战俘。

佐藤俊二应为苏联在押日军战俘中最高级别的日军细菌部队指挥官,而且分别担任过两个细菌部队部队长。佐藤调任1644部队长之前,曾担任广州"波"字8604部队长。

1949年12月29日,伯力审判苏联国家公诉人最后陈述第五部分中提到:

"佐藤曾很久都拒不招供。抵是当他面前已摆有各种证据之后,他才迫不得已承认说他指挥过这两个专为进行细菌战成立的特种细菌部队。"[1]

佐藤是12名原告中唯一一名原1644部队人员,但从《伯力审判材料》来看,伊藤供述的该部队细菌战活动,大量生产和使用细菌武器等有关事实,均在其他日本被告或证人供述的范围之内。佐藤未像川岛清、柄泽十三夫那样,向苏方供认1644细菌部队的人体实验,《伯力审判材料》中也没有他关于8604部队细菌战的供述内容。作为日军细菌

---

〔1〕《前日本陆军军人因准备和使用细菌武器被控案审判材料》,外国文书籍出版局1950年版,第498页。

战的关键人物之一，佐藤又如何能过得了苏联方面严格审讯的关，他与其他11名被告确有一点不同的是，他是士族出身。

3. 苏联国家公诉人最终陈述中东京审判的南京市法院检察官书面报告

1949年12月29日，苏联国家公诉人所作法庭陈述第四部分：在攻击蒙古人民共和国时和反对中国的战争中使用细菌武器，再次提及以上东京审判1946年8月29日庭审情况：

“前面我已经提到过；所谓南京防疫部队，即‘荣’字第1644部队，在1942年第七三一部队远征时期，曾经积极帮助过该部队所进行的动作。这个日军秘密细菌部队，也就是南京市民所熟知的那个在活人身上进行残酷试验的‘多摩’部队。在东京举行的日本主要战犯审判案材料中，也提到过“多摩”部队。

东京国际军事法庭收到过南京市法院检察官书面报告，其中特别指出，‘多摩’部队是日军经常用活人进行凶恶实验的最秘密机构之一，该部队内在活人身上注射过含有毒质的血清。报告中说，该部队害死的人是不可胜数的。

关于日寇兽行的这一消息，引起了国际军事法庭的注意，国际军事法庭曾要求当时在东京审判会上代表国民党中国利益的美方控告人，要他提供出有关‘多摩’部队罪行的更详细材料。

此后不久，国际法庭中苏方控告人就将川岛和柄泽两人的书面供词，即这一充分揭破日本当权集团方面在实验细菌武器时用活人来进行万恶实验的材料，交给了美国主要控告人肯南(本文注：即季南)。

但大概是有什么重要人物力求妨碍揭破日本军阀骇人听闻的罪行，所以关于‘多摩’部队活动以及关于石井部队内所作同样试验的文件，终于没有提交给国际法庭。(略)”[1]

东京审判结束以来漫长的战后岁月里，佐藤俊二部下有良知的下级军官、士兵们陆续向世间告白，证实了东京审判庭审上，代表中国的美国检察

〔1〕《前日本陆军军人因准备和使用细菌武器被控案审判材料》，外国文书籍出版局1950年版，第481～482页。

官萨顿提出的证据材料：南京地方检察院调查报告中有关日军 1644 细菌部队将“各种有毒细菌”注射于中国俘虏体内进行人体实验的指控。[1]

1949 年 12 月末，苏联举行伯力审判时，中国已经政权更迭，当时派遣人员出席远东国际军事法庭的中华民国政府在大陆已被新政权——中华人民共和国政府所取代。1950 年，《伯力审判材料》在中国发行，并被作为日军细菌战的证据材料广泛引用至今，其内容中，源自远东国际法庭英语庭审记录的翻译错误，并未引起过注意。

二、1947 年 9 月 8 日庭审纪录中的关东军防疫给水部

（一）日文庭审速记录中的关东军防疫给水部在英文庭审记录中被改换名称

1947 年 7 月，美国方面与石井等日本细菌战头面人物达成“秘密交易”，第 4 任调查官将于 10 月到达日本，清收作为“免责”交换条件的日军细菌战技术资料。

不料，9 月 8 日上午的庭审中，关东军防疫给水部，即 731 部队，又冒了上来，这次是出现在被告辩护证人证词，及相应的文书 2003 号（法庭证据 3113 号）中。（英文庭审纪录 27803～27817 页；日文庭审纪录第 6 卷第 266 号 504～505 页）

当时的庭审围绕日本对于盟军俘虏恶劣待遇的指控，日本俘虏情报局高级事务官兼陆军省俘虏管理部高级部员小田岛作为被告方证人向法庭提交辩护证词，由辩护人 Mr. Freeman 朗读，其第 6 部分相关内容如下：

“关东军司令官梅津大将对俘虏的健康，特别是传染病多发很担心，于昭和 1918 年 2 月，特向下属关东军补给监、关东军防疫给水部本部长发布有关命令，为奉天俘虏所配备，或派遣多名卫生人员，加强该收容所卫生勤务，迅速恢复俘虏的体力，援助指导收容所的防疫业务。”（本文注：本文按照日文庭审记录翻译成中文）

---

〔1〕 常石敬一、朝野富三：『細菌戦と自決した二人の医学者』，新潮社 1985 年版，第 186 页；水谷尚子：『元一六四四部隊員の証言—軍画兵石田甚太郎の体験から』，《季刊战争责任研究》，第 10 号，1995 年冬季号；『一六四四部隊員の組織と活動—語り始じめた元部隊員たち』，《季刊战争责任研究》，第 15 号，1997 年春季；七三一研究会编：『細菌戦部隊』，晚声社 1996 年版等。

辩护人向法庭提交了以上命令的复本(辩护方文书2003号,法庭证据3113号)。该命令具体分4项,第3项如下:

"关东军防疫给水部本部长迅速将左记人员派遣奉天俘虏收容所,援助指导该收容所的防疫业务。

左记　将校 五;下士官 五;兵 约一0"

以上辩护词中出现的"关东军防疫给水部"的名称翻译得很蹩脚:"the Kwangtung Army's Anti-infection and Water Supply Main Depot","防疫"翻成"抗感染","给水部"翻成"给水总站"。在地道流畅的上下文英语里,显得颇为别扭,而命令第三项中,"关东军防疫给水部本部长"一称中的"防疫给水部"干脆被略去,翻成"关东军司令部长官"(the chief of the Kwangtung Army HQ)。关东军防疫给水部是731细菌部队的公开名称,梅津大将签署的这份命令的日期为1943年2月1日,当时731部队部队长为北野政次(见附表)。这个翻译错误,使得这份命令内容前后矛盾,成了梅津大将向自己发布的命令。

(二)日军731细菌部队与奉天盟军战俘集中营

1. 伯力审判法庭731部队生产部课长柄泽十三夫供述

关于以上辩护人提交法庭的梅津命令复本中,关东军防疫给水部派遣卫生人员赴奉天盟军战俘集中营"援助指导防疫业务"一项,伯力审判法庭上,731部队生产部课长柄泽十三夫有相关供述:

"问:请你说说,第七三一部队是否进行过考查美国人对于得传染病的抵抗能力呢?

答:我记得这是一九四三年初的事。当时我在沈阳军医院内养病,部队中一位姓凑的科学工作者前来看我,他对我谈到他自己的工作情形,并说他住在沈阳是要研究美国战俘对于传染病的抵抗能力大小问题。

凑是由七三一部队专门派到盟军战俘集中营里来考查盎格鲁撒克逊人对于传染病的抵抗能力的。

问:为此而实行检验过美国战俘血液的性能么?

答:正是如此。

问:科学工作者大多在一九四三年间干过什么事情呢?

答:他到内蒙古去过,在那里检验过蒙古人的血液,也是为了研究蒙古人对于传染病的抵抗能力问题。”[1]

1946年1月，为接受美国第2人调查官的讯问，北野政次一人坐美国军用飞机回到东京。随即到对盟军陆军联络委员会报到，委员长有末精三告知：已与美国军方说定，不会成为战犯。北野一路又到盟军占领军司令部报到，被告知：生物战的事，不要漏口。[2]（见附表）也许这是“关东军防疫给水部”的名称在英文庭审记录中被隐去的原因。

2. 漏网的翻译错误

根据日文庭审记录，当时法庭的翻译监督为小野寺（正），翻译还是岛内、森，还有一名新人田路（真），母亲是英国人，日英双语家庭出身；小野寺则出自伊丹授教的最高级翻译班。[3]从庭审记录来看，小野寺并未在庭审中，根据日本辩护证人的日文证词，出面修正以上的蹩脚翻译，补充漏掉的重要内容。这场庭审的翻译不牵涉第3国语言。

到目前为止，尚未发现有记录表明：苏联人觉察到了以上东京审判英文庭审记录与日文庭审速记录中有关关东军防疫给水部名称翻译的错误。

（三）关于日军731细菌部队奉天盟军战俘集中营的人体实验

1942年11月起，奉天盟军俘虏营关押了美国、英国、澳大利亚、新西兰，以及荷兰的战俘，其中美军战俘为在菲律宾遭日军俘获，经“巴丹半岛死亡行军”后侥幸存活人员中的一部分。俘虏营条件恶劣，疾病丛生，美国俘虏死亡率最高。战后，原奉天集中营美国战俘指控日军对他们进行了人体实验。美国历史学者Sheldon H. Harris在其专著（1994）第9章对此作了专门讨论，得出结论：目前的证据尚不足以作出最后定论——日军曾在奉天盟军战俘集中营对盟军俘虏进行了细菌战实验。

1994年发表的Harris的研究，尚未包括上文提及：1947年9月8日东京审判庭审被告辩护人证据材料（辩护方文书2003号，法庭证据3113号）——日本关东军司令梅津签署命令：关东军防疫给水部（即

〔1〕《前日本陆军军人因准备和使用细菌武器被控案审判材料》，外国文书籍出版局1950年版，第279页。

〔2〕太田昌克：『731免責の系譜：細菌戦部隊と密蔵のファイル』，日本评论社1999年版，第131～132页。

〔3〕武田珂代子著：『東京裁判における通訳』，みすず书房2008年版，第62、67页。

731细菌部队)派遣医务人员赴奉天集中营,援助、指导防疫事务。

1984年8月,日本庆应义塾大学历史学者曾于东京神田旧书店发现一箱731部队人体实验等相关资料,其中有一份以上命令原文,文件号:《关总作命丙第九十八号 关东军命令》。[1] 1991年8月,这些被发现的731部队人体实验等相关资料经日本历史学者整理,影印出版(田中明、松村高夫,1991),但未收入文件资料《关总作命丙第九十八号 关东军命令》。[2]

2001年,美国历史学者Linda Goetz Holmes著作Unjust Enrichment: How Japan's Companies Built Postwar Fortunes Using American Pows出版,揭露日本企业战时役使美军战俘,发不义之财,积累战后的财富。书中第9章指责日军在奉天盟军战俘 集中营,用盟军战俘做"医学实验"。[3] 此后,日本731部队研究者近藤昭二就该著"医学实验"之说,与作者Holmes交流,始得知,《关总作命丙第九十八号 关东军命令》曾为东京审判1947年9月8日庭审被告辩护人提交的证据材料,并于2003年11月出版发行的所编《731部队·细菌战资料集成》(CD)中收入《关总作命丙第九十八号 关东军命令》,以及英语庭审记录中相关部分的影印文本,并指出英语庭审记录中的翻译错误。[4]

本文对照英文庭审记录、日文庭审速记录中相关部分内容,以及《731部队·细菌战资料集成》中《关总作命丙第九十八号 关东军命令》影印文本,指出日文庭审速记录中该命令内容与该命令日文原文相符。

三、结语

两年半的东京审判庭审中涉及日军细菌部队及其活动的只有两次,却每次遇到非同一般的英文文本翻译错误:

1946年8月29日,代表中国检方的证据材料中,日军"多摩部队"注

---

〔1〕 近藤昭二编:『731部隊·細菌戦資料集成』(CD版),柏书房2003年版。(本文注:有文字解说分册供CD中资料的检索。),文字解说分册,第75页。

〔2〕 田中明、松村高夫编·解说:『十五年戦争極秘資料集29:七三一部隊作成資料』,不二出版1991年版。

〔3〕 Linda Goetz Holmes, Unjust Enrichment: How Japan's Companies Built Postwar Fortunes Using American Pows, Stackpole Books, 2001

〔4〕 近藤昭二编:『731部隊·細菌戦資料集成』(CD版),柏书房2003年版。(本文注:有文字解说分册供CD中资料的检索。),文字解说分册,第75~80页。

射“各种有毒细菌”进行人体实验的指控中，“各种有毒细菌”在英语中被翻译成“有毒血清”，罪状关键词被概念替换，影响此后的法庭审理。

时隔一年，1947 年 9 月 8 日，庭审中被告方辩护证人日文证据中“关东军防疫给水部”一称，即日军 731 细菌部队，又被改头换面，在英语中翻译成“关东军司令部”。

需要注意的是：以上讨论的 1946 年 8 月 29 日庭审日文的速记录中，相关内容与中文原文相符，并未发生英文庭审记录中类似的翻译错误；1947 年 9 月 8 日日文庭审速记录中相关内容与被告证人所提交日文证据材料文本原文内容相符，而英文庭审记录中出现以上翻译错误。

关键是，组成远东国际军事法庭的各国法官与检察官，除苏联、中国方面外，大多为英语圈人士，中国的法官、检察官也均曾留学美国，接受美国的法律教育，在法庭审理期间，英语是各国法官、检察官工作中使用的语言。

附：东京审判期间美国四任调查官赴日调查日军细菌战

东京审判期间美国四任调查官赴日调查日军细菌战					
年	月	日	远东国际军事法庭	美国调查官赴日	动　态
1945	8月	9日			苏军出兵中国东北
		10日			大本营作战参谋朝枝繁春从东京飞抵新京（长春），告知 731 部队长石井四郎，代表参谋总长命令：“关于贵部队今后的处置，贵部队的一切的证据，从地球上永远的，彻底隐灭。”
		15日	天皇发布投降诏书		陆军省军务局军事课课员新妻清一书面指示掩盖 731 等部队证据。 日军南京 1644 细菌部队（多摩部队）开始销毁证据。
		26日			日本政府在外务省设立终战联络事务局；第 1 部主管战争犯罪事务。

续　表

东京审判期间美国四任调查官赴日调查日军细菌战					
年	月	日	远东国际军事法庭	美国调查官赴日	动　态
1945	8月	28日		美国军事科学调查团到达日本，其成员调查官M.桑德斯调查日军731部队细菌战。	
		29日	同盟国战争犯罪委员会发布设立远东国际军事法庭公告。		
	9月	11日	盟国占领军总司令部指控原日本首相东条英机等39名战争罪犯，予以逮捕。		
		20日		桑德斯讯问陆军军医学校防疫研究室室长出月三郎、细菌学教室室长井上隆朝。	
		24日	太平洋地区美陆军总司令部发布《战犯审判规定》(BC级)		
		25日		桑德斯讯问陆军省医务局长神林浩。	
		27日	盟国占领军总司令麦克阿瑟会见天皇。		
	10月	4日		陆军军医学校防疫研究室主任内藤良一向桑德斯提交书面材料。	
				桑德斯讯问井上隆朝、新妻清一、内藤良一、神林浩、海军省军务局长保利信明、1644细菌部队长增田知贞、731部队军医金子顺一、田中淳雄等。	

续 表

东京审判期间美国四任调查官赴日调查日军细菌战					
年	月	日	远东国际军事法庭	美国调查官赴日	动　态
1945	11月			●《桑德斯报告》讯问陆军省次官若松支一。桑德斯回美国。	
		9日			1644细菌部队长增田知贞给新妻清一有关掩盖证据书信：唯人体实验与细菌作战绝不能漏口。
		19日	盟军司令部第2次指控11名战犯。		
	12月			●《桑德斯报告·补遗》	
		2日	盟军司令部第3次指控59名战犯。		
		6日	盟军司令部第4次指控9名战犯，下令逮捕。		
1946	1月	1日	天皇神格否定宣言	调查官A.汤普森到达日本。	
		9日		9日，731部队长长北野政次单身坐美国军用飞机从上海回到东京。即赴对盟军陆军联络委员会，委员长有末精三告知：已与美国军方说定，不会成为战犯。北野接着到盟军占领军司令部，被告知：生物战的事，不要漏口。	9～11日，新妻清一所藏：《与731部队长北野政次联络事项》，作者不详，有关细菌战证据掩盖：人体实验与细菌作战无论如何不能漏口。
		11日		汤普森讯问北野政次。	
		17日		美方确知石井四郎下落。	

续 表

东京审判期间美国四任调查官赴日调查日军细菌战					
年	月	日	远东国际军事法庭	美国调查官赴日	动 态
1946	1月	19日	麦克阿瑟公布《远东国际法庭宪章》，命令设立法庭。		
		22日		至2月25日，汤普森讯问石井四郎等。	
	3月	2日	国际检察局法务官H·莫罗向首席检察官季南书面报告，提及日军在中国战场的化学战和细菌战，并指出实施这些被禁止的战争手段的是东京政府，不是战地指挥官。提出要求讯问石井四郎。		
		8日	莫罗季南书面报告：会见美国调查官汤普森等，向盟军司令部要求讯问石井四郎等一事，遭拒。		
		12日	莫罗与国际检察局法务官、D. N. 萨顿，中国检察官向哲濬及其秘书赴中国调查取证，获得日军化学战、细菌战第一手证据材料。数日后，首席检察官季南一行也到达上海，与莫罗等会面，商定在中国的调查活动方针。		
	4月	12日	莫罗，向哲濬一行回到东京。		
		23日	莫罗向季南提交中国调查总结报告；萨顿提交日军细菌战调查报告。		
		29日	国际检察局向远东国际军事法庭提交28名A级战犯起诉状。		

续 表

东京审判期间美国四任调查官赴日调查日军细菌战					
年	月	日	远东国际军事法庭	美国调查官赴日	动　态
1946	5月	3日	远东国际军事法庭开庭		
		31日		●《汤普森报告》	
	6月			汤普森回美国	
		24日	接受国际监察局搜查科长R·L·摩根讯问时,陆军上将田中隆吉提到日军在满洲国境内用中国人做毒气实验。		
	8月	6日	莫罗就日本对中国的侵略战争与违反国际法犯罪行为出庭陈述。		
		12日	莫罗突然被召回美国。		
		29日	国际检察局法务官D·N萨顿在法庭陈述证据材料1703号:南京地方法院检察处首席检察长陈光虞《首都地方法院检察处奉令调查敌人罪行报告书》,提到日军"多摩部队"(荣字1644部队)向中国俘虏注射各种有毒细菌,用来做医药实验。		
1947	1月	7日	苏联检察官向盟军占领军司令部要求讯问石井四郎等3名731部队成员。		

续 表

东京审判期间美国四任调查官赴日调查日军细菌战					
年	月	日	远东国际军事法庭	美国调查官赴日	动 态
1947	1月	15日	苏检察官与占领军司令部情报2部军官会面，苏方具体告知在押731部队生产部部长川岛清、课长柄泽十三夫有关人体实验、大量生产细菌武器的供述，说明讯问石井四郎等的必要性。		
		24日			日本陆军军医学校防疫研究室主任内藤良一接受盟军司令部法务局调查，开始承认人体实验。
	3月	7日	苏联提出要求引渡石井四郎等人。		
		17日			增田知贞等向盟军司令部法务局供述。
		20日	盟军司令部参谋部接美国政府对苏联检察官有条件讯问石井四郎等许可。		
	4月	1日		美国政府选派N. H. 费尔为第3任调查官。	
		16日		费尔到达日本。	
		22日		费尔讯问增田知贞等。	
	5月	1日			增田知贞要求美方书面承诺免于追究战争犯罪责任。
		6日			麦克阿瑟向美国陆军省征求可否书面承诺免责。
				8～9日，费尔讯问石井四郎。 费尔回美国。	石井四郎向美军提出以提供人体实验技术资料为条件，免鱼战追究争犯罪责任。

续 表

东京审判期间美国四任调查官赴日调查日军细菌战					
年	月	日	远东国际军事法庭	美国调查官赴日	动　态
1947	6月	20日		●《费尔报告》	
		22日			盟军占领军司令部法务局向华盛顿提交关于石井细菌战的报告。
		24日		●《费尔报告》	
		30日			盟军占领军司令部法务局向华盛顿提交苏联提供的川岛清、柄泽十三夫供述英文翻译。
	7月	15日			美国政府三部调整委员会远东小委员会决定："免责"及"秘密交换"。
	8月	1日			美国政府三部调整委员会远东小委员会：生物战人体实验资料比追究战争犯罪重要。
	10月	10日	季南检察长表明：天皇与实业界不负有战争责任。		
		28日		美国第4任调查官E・V・希尔到达日本。	
				希尔讯问石井四郎、北野政次、增田知贞、太田澄、小岛三郎、细谷省吾、高桥正彦、金子顺一、石川太刀雄丸、田部井和、冈本耕造、笠原四郎、二木秀雄、早川清等。	
	12月	12日		●《希尔报告》 希尔等回美国	
		31日	季南检察长审讯东条英机。天皇的战争责任问题浮出。		

续　表

东京审判期间美国四任调查官赴日调查日军细菌战					
年	月	日	远东国际军事法庭	美国调查官赴日	动　态
1948	11月	12日	远东国际军事法庭判决 25 名被告有罪。		
	12月	23日	东条英机等 7 名被告执行绞刑。		
1949	12月	25～30日	苏联在伯力举行对 12 名日军军人的细菌战罪行审判，其中包括 1644 部队第 4 任部队长佐藤俊二（贵族）。		
1950			莫斯科外文出版局发行以上审判记录。		
1951	3月	1日			第 7 回国会众议院外务委员会上，众议员听涛克已就 731 部队细菌战问题向政府提出质疑。
	9月	8日	《旧金山和约》签订		

第二十四节　从新闻报道中的山下奉文审判说起

韩　华*

二战中日本犯下的战争罪行，战后受到盟军特别军事法庭的审判与惩罚。1945年9月16日，盟军菲律宾战区军事法庭在马尼拉开庭，这是战后由美军主导、五位美国将军担任法官首次对日本战犯进行的审判。法庭审判了两名沾满中国、菲律宾、新加坡等东南亚国家人民鲜血的日本战犯：入侵马来亚、新加坡日军司令官山下奉文和侵菲日军司令本间雅晴。法庭指控被称为“马来亚之虎”的山下奉文，用刀劈、火烧等方式大肆残杀平民，尤其是华侨，制造了一系列惨案。1942年2月15日，新加坡投降日本后当日，山下奉文即向所属4个司令官下令，8天内集中新加坡全部华侨男子，有抗日情绪的处死，按日方统计被害华侨超过5 000人。[1]法庭还指控山下奉文应对1944年烧死150名美国战俘负有指挥责任。本间雅晴本人参与过南京大屠杀，军事法庭指控本间雅晴在1942年4月下令，制造了导致1万余战俘死亡的“巴丹死亡行军”。法庭审判期间，中国媒体《申报》、《大公报》等与海外华人媒体菲律宾《华侨导报》、《华侨日报》等报道了盟军菲律宾战区军事特别法庭的审判过程；此后，国外战史界和新闻界对山下奉文的研究较多，存争议的话题也比较多；山下奉文审判引起的法律问题，此后也成为国际法、国际刑法等领域探讨的热点。本文以中国与海外华人媒体报道菲律宾战区军事法庭审判山下奉文为视角，试析山下奉文审判。

---

* 历史学博士，国家图书馆副研究馆员。

〔1〕《新华日报》，《麦帅下令处死山下 他曾杀害星洲几万侨胞》，1946年2月12日。报道中写道：“山下在占领新加坡后，就残害华侨几万名，一般保留性估计，华侨被害者约三万人。山下从事五次大屠杀，三次在新加坡，二次在柔佛。华侨要求当局立即发掘这里集体屠杀被害者的坟墓，最大一处在新加坡。”《时代日报》，《山下曾在新加坡屠杀华侨三万》，1946年2月12日。报道中称：“山下于占领新加坡后，即残害华侨数万名，故已成此间最可憎之敌人，一般保留性估计华侨被害者约三万人……山下曾从事五次大屠杀，三次在新加坡，二次在柔佛乡间，被杀者约四五万人。尚未计算在内，同时因山下命运已判定，华侨将要求英当局，立即发掘此间集体屠杀被害之坟墓，其中最大一处，在新加坡。佥信此墓至少埋有可载廿货车之华侨尸首，彼辈俱为日军机枪扫射致死者，华侨领袖俱信，此等坟墓发掘后，新加坡人民失踪者之谜，即可解决。”

一、关于山下奉文审判的媒体报道

自1945年9月16日、盟军菲律宾战区军事法庭首次公开审讯山下奉文，至次年2月23日山下奉文被法庭执行绞刑，其间《申报》、《解放日报》、《救国日报》、《大公报》等中国各大报纸及海外华人媒体相继跟踪报道山下奉文审判，为方便叙述，以下罗列部分媒体报道：

1945年11月22日，《申报》，《山下奉文续审》

1945年12月2日，《申报》，《山下声泪俱下 哀求免其一死》

1945年12月8日，《申报》，《列举六十四项罪行 山下奉文判绞刑》

1945年12月10日，《申报》，《麦帅奉令暂缓 处决山下案》

1945年12月11日，《申报》，《打虎》

1945年12月19日，《申报》，《山下暂缓执刑 本间郎将受审》

1946年1月9日，《申报》，《山下奉文要求移民庭审理 检察官反对重审》

1946年1月11日，《救国日报》，《山下要求免除死刑》

1946年1月16日，《前线日报》，《广田已入狱 将以战争罪行受审 山下案二十八日宣判》

1946年1月17日，《大公报》，《山下奉文上诉美最高法院》

1946年1月19日，《解放日报》，《美最高法院宣布 大战犯山下复审展期》

1946年1月26日，《前线日报》，《苏已经定参加审问日战犯 新加坡要求引渡山下》

1946年1月30日，《申报》，《山下奉文案宣判又延期》

1946年1月31日，《前线日报》，《日战犯即审讯 英副检察官赴东京 山下宣判日期展延》

1946年2月6日，《工商日报》，《山下奉文死刑难赦（上诉已被法院驳回，候麦帅作最后决定）》

1946年2月8日，菲律宾《华侨导报》，《麦亚度批准山下的绞刑》

1946年2月8日，《时代日报》，《山下仍判死刑，麦帅表明不能减刑理由》

1946年2月8日，《中美日报》，《麦帅作最后判决 山下奉文处绞刑

一俟令下立即执行》

1946年2月9日,《时代日报》,《美陆军部长下令山下暂缓绞决——待杜鲁门总统最后决定》

1946年2月10日,《解放日报》,《大战犯山下妄图宽饶 杜鲁门决定不理》

1946年2月10日,《工商日报》,《日报〈读卖报知〉》《嘲笑山下畏死》

1946年2月10日,《工商日报》,《日报〈读卖报知〉》《杜鲁门拒绝山下求赦》

1946年2月10日,《时代日报》,《杜鲁门拒绝恩赦 山下终难逃生何时绞决尚未宣告》

1946年2月12日,《新华日报》,《麦帅下令处死山下 他曾杀害星洲几万侨胞》

1946年2月12日,《时代日报》,《山下曾在新加坡屠杀华侨三万》

1946年2月12日,《救国日报》,《山下决定处死 星岛华侨满意》

1946年2月24日,《申报》,《蒙耻而死结束一生　山下奉文昨绞决临刑前犹谓在上帝前可告无愧》

1946年2月24日,《新华日报》,《日本首要战犯之一山下奉文处死》

1946年2月24日,《大公报》,《山下奉文定昨处绞刑》

1946年2月24日,《前线日报》,《昔日雄姿今安在 山下奉文昨绞决》

1946年2月27日,《解放日报》,《山下奉文已被绞死》

1946年3月7日,《华侨日报》,《山下奉文上诉美总统 麦帅下令续捕战犯》

1946年4月4日,菲律宾《华侨导报》,《比山下多得优待本间昨晨被枪毙郊外》

1946年9月11日,《华侨日报》,《山下奉文在新加坡曾下令尽杀亚洲人》

1947年9月4日,《南洋商报》,《杉田在远东法庭供证山下奉文屠

杀华侨事》

1947年11月15日，《南洋商报》，《武藤在远东军事法庭 为东条山下辩护》。

二、新闻报道中折射出的观点

综合上述各新闻报道，可大致归纳以下两点：

第一，中国及海外华人媒体对盟军菲律宾战区特别军事法庭审判山下奉文，表现出密切关注。

早在审判之前，有关山下奉文投降美军等相关内容的新闻报道就见诸报端。1945年8月29日《申报》报道："（中央社重庆二十八日电）据美新闻处马尼拉二十七日电，国家广播公司讯，率领日军攻陷新加坡、马来亚及菲律宾菲岛之菲岛日军最高指挥官山下奉文大将，已向美军第三十二师师长投降，日军残余部队仍在吕宋北部及明答那峨山岳区顽抗。"[1]同年9月1日，《申报》报道："（马尼拉三十一日合众电）八月前自薜将　麦克沃塞入海之'马来亚之'山下奉文，刻正等待日本投降之签字，然后本身始出据任彼已允在菲律宾之夏季首都碧瑶投降，并以其兵力分配图表供给美军总部。"[2]同月9日，又报道："（中央社重庆八日电）据美新闻处横滨六日电，麦帅今日以菲律宾日军司令山下奉文所缴降之具有七百年历史之军刀，赠送美国西部军校总监，并附志数语称，赠此刀以纪念其门徒在菲岛作战获得极大胜利之功绩，麦帅又以菲律宾日本海军司令大阿中将所缴降之军刀，赠予美国那波里海军学校，并附志同样赠词。"[3]

山下奉文投降后，作为战犯被关押在马尼拉以南30英里的利萨尔县门天鲁帕街上的新毕利毕监狱，中国与英国政府向盟军要求审判山下奉文。盟军菲律宾战区军事法庭在马尼拉开庭后，中国与海外华人媒体更加密切地关注山下奉文审判，这从各大报纸报道的频繁度可看出。在同一天，不同的报纸报道相同的内容，同样的报道出现在不同日

〔1〕《申报》，《日山下大将向美軍投降》，1945年8月29日。
〔2〕《申报》，1945年9月1日。
〔3〕《申报》，《麦帅以日军刀　赠送美军校》，1945年9月9日。

期的不同报纸上，且标题不一，侧重点不同。然而，相同的是：所有文字都表现出对审判的关注，以及作为受害国家与人民对山下奉文受到法庭审判的喜悦。如1946年2月8日，当麦克阿瑟判决山下奉文绞刑时，菲律宾《华侨导报》、《中美日报》、《时代日报》等在同一天报道了这一消息。菲律宾《华侨导报》报道了麦克阿瑟批准山下绞刑，"将被告者（指山下）的制服、勋章以及其他表示他是军人的附属品剥夺掉，然后执行军事法庭的判决"；[1]《时代日报》报道了菲律宾《华侨导报》同样的内容，又摘要报道了法庭对山下奉文判处死刑的宣判书；[2]而《中美日报》在报道山下奉文被判处死刑的同时，又报道了"杀老虎或秘密执行"，以及"麦帅下令以'侮辱方式'执行死刑""令日人刺激深"等内容；[3]又如，1946年2月23日山下奉文被处以绞刑后，2月24日《新华日报》[4]、《大公报》[5]、《前线日报》[6]即同时报道了山下奉文被执行绞刑的消息；再如，在麦克阿瑟发表声明，维持原判、判处山下奉文死刑后，《新华日报》、《时代日报》、《救国日报》在1946年2月12日这天，分别以《麦帅下令处死山下 他曾杀害星洲几万侨胞》、[7]《山下曾在新加坡屠杀华侨三万》[8]，《山下决定处死 星岛华侨满意》[9]为标题，报道了麦克阿瑟下令处死山下奉文，以及山下奉文在新加坡屠杀华侨的暴行。这些例子足以说明，作为饱受战争蹂躏的国家与人民来说，中国与海外华人媒体对山下奉文审判的关注，军事法庭审判山下奉文，不啻是令人欢欣之事。正如有报道说：山下奉文占领新加坡后即残害华侨数万名，当新加坡人民获悉军事法庭决定处死"可憎之敌人"山下奉文时，"新加坡各界深感满意，尤以华侨为然。"[10]毋庸置疑，所有遭受日军暴行的国家与人民，无不期待战犯山下奉文得到审判与应有的惩罚。

---

〔1〕 菲律宾《华侨导报》,《麦亚度批准山下的绞刑》,1946年2月8日。
〔2〕《时代日报》,《山下仍判死刑,麦帅表明不能减刑理由》,1946年2月8日。
〔3〕《中美日报》,《麦帅作最后判决 山下奉文处绞刑 一俟令下立即执行》,1946年2月8日。
〔4〕《新华日报》,《日本首要战犯之一山下奉文处死》,1946年2月24日。
〔5〕《大公报》,《山下奉文定昨处绞刑》,1946年2月24日。
〔6〕《前线日报》,《昔日雄姿今安在 山下奉文昨绞决》,1946年2月24日。
〔7〕《新华日报》,《麦帅下令处死山下 他曾杀害星洲几万侨胞》,1946年2月12日。
〔8〕《时代日报》,《山下曾在新加坡屠杀华侨三万》,1946年2月12日。
〔9〕《救国日报》,《山下决定处死 星岛华侨满意》,1946年2月12日
〔10〕 同上。

第二，盟军菲律宾战区特别军事法庭没有对山下奉文在华历史进行清算。

就笔者视野所及，几乎所有报道均未提到特别军事法庭指控山下奉文在中国的战争罪行。法庭指控山下奉文占领新加坡后，残害华侨约三万人；在占领菲律宾期间，其部下日军“所犯种种罪行之责任。在此期间约有六万以上之菲人与美人惨遭屠杀、酷刑，或劫掠。”〔1〕将马尼拉城“夷为平地，城中基督教徒及其无数历史性教堂及文明教化之纪念物，俱随之而毁。”〔2〕等罪行。诚然，山下奉文不仅是东南亚诸国人民、美国人民、英国人民的罪人，更是中国人民的罪人。然而，从当时的中国及海外华人媒体报道内容上看，军事法庭没有收集山下奉文在中国的战争犯罪证据，没有清算山下奉文在中国的罪行，可以确定军事法庭对山下奉文案件的属事审判与中国无涉，法庭对山下奉文罪行的指控与清算不彻底。

三、山下奉文审判的影响

二战给人类带来前所未有的破坏与灾难，当这场战争结束时，所有饱受战争苦难、为自由而战的人们无不期待伸张正义、惩处战犯、重建世界和平、重建国际社会秩序。然而，战争庞大的规模，战争对人类文明的破坏，以及残酷的血腥杀戮，使得战后国际社会出现相应的法律滞后以及难以应对的局面。特别军事法庭(tribunal)就在这样的特殊历史时期产生了。盟军菲律宾战区军事法庭，是远东盟军总部对日本侵略东南亚战犯的庄严审判，也是二战结束后对日本战犯的首次审判，所有这些因素均决定了审判所占据的特别位置，以及审判对继后的战犯审判带来的影响。

第一，山下奉文审判是对二战盟军胜利成果的维护与捍卫。二战结束后，军事法庭是二战战争的延续，设置军事法庭以审判、判决战争中灭绝人性、杀戮、嗜血的战犯，这是对二战胜利成果的捍卫，是人类进

〔1〕《时代日报》，《杜鲁门拒绝恩赦 山下终难逃生 何时绞决尚未宣告》，1946年2月10日。
〔2〕《时代日报》，《山下仍判死刑，麦帅表明不能减刑理由》，1946年2月8日。

步的标志。

1943年12月1日,中美英三国《开罗宣言》:“我三大盟国此次进行战争之目的,在于制止及惩罚日本之侵略。”[1]1945年7月26日,美英中三国《波茨坦公告》:“欺骗及错误领导日本人民使其妄欲征服世界者之威权及势力,必须永久剔除。盖吾人坚持非将负责之穷兵黩武主义驱除世界,则和平安全及正义之新秩序势不可能。……吾人无意奴役日本民族或消灭其国家,但对于战罪人犯,包括虐待吾人俘虏在内,将处以法律之裁判……”[2]战后特别军事法庭的设立,即是以国际法庭裁判日本战争罪犯,是在法律层面实现了《开罗宣言》与《波茨坦公告》所谓“制止及惩罚日本之侵略”,裁判日本战犯。

1946年2月8日,《时代日报》报道了山下奉文审判的宣判书,宣判书鲜明地表达了军事法庭山下奉文审判对《开罗宣言》、《波茨坦公告》“制止及惩罚日本之侵略”、“永久剔除”“错误领导日本人民使其妄欲征服世界者之威权及势力”、以法律裁判日本战争罪犯等精神的贯彻。宣判书内称:麦克阿瑟批准山下奉文在“行刑时解除被告军装,及其他足以表示其为军人之附属对象。溯山下率领日军在雷伊泰岛登陆后数日,予即向其提出警告,谓对于战争俘虏被禁侨民或平民之非战斗员,如不能予以适当的应得之待遇及保护,致受任何伤害,山下应负其责。审核此案经过,并未涉及各国及国际上新创或追溯以往之法律原则。此案所根据之基本原理惯例乃千古不易,人人奉为圭臬,如见于最完善而不可改变之社会法概者。审讯时所遵循者即为一切司法目的之根本曲念,即确定事实真相,不因狭隘之方法或技术之武断而有所动摇。所得结果,实无可置疑。山下罪状中最冷酷而毫无目的者,首推马尼拉古城之夷为平地,城中基督教徒及其无数历史性教堂及文明教化之纪念物,俱随之而毁。此种文物,前当攻守异势之时,美军均已保全。如是残酷无耻之纪录鲜曾公诸于世。此事本身固可憎恶,尤因其发生于军队,此其罪恶及广大之含义益令人发指。对于孱弱及非武装之人,无论

〔1〕《中国近代对外关系史资料选辑》,(1840—1949)第二分册下卷,上海人民出版社1977年版,第202页。
〔2〕同上,第283页。

为友为敌,军人均有保护之责。此为军人真谛,及其所以存在之理由。凡违犯此神圣责任者,不仅亵渎其军人尊严,且威胁国际社会之根本组织。军人富有历久荣誉之传统,乃生存于人类最伟大之特性,即牺牲是也。此着有战绩之军官,身任高级司令,有应负全责之权力,竟不能遵守此不可更易之准则,不能履行其对部下对国家对仇敌对人类之责任,实有乖军人之素养。"〔1〕

第二,山下奉文审判确立了战后审判日本战犯的基调,成为战后盟军在远东特别军事法庭审判日本战犯的开端,是远东国际军事法庭的前奏与范例。

在盟军菲律宾战区军事法庭审判山下奉文之时,相关新闻报道就指出山下奉文审判对此后审判日本战犯的影响。1946年2月9日,《时代日报》:"……事有较惩处日本战犯更为重要者,即此事之处理务求于完善公允,俾日后永无怨言疑问。最高法院二法官对于山下诉案独特异见,以为山下辩护士未获充分时间进行适当辩护,……山下而外,当有东条等要犯待审。麦帅总部对于任何暗示足以协助彼等使待审各案确乎不拔者,固应加以注意。"〔2〕1945年11月26日,《申报》报道,"麦帅于十月七日即准备审判东条及其阁僚,后以各国意见未能一致,恐不免拖延时日,乃建议仿审判山下奉文之例,由美国军事委员军事团审判。"〔3〕

马尼拉审判与东京审判都是麦克阿瑟下令设立,马尼拉审判在法庭授权、审理程序、战争罪行的罪名创立,开创了一系列先例,东京审判在战犯起诉等法庭审理上参照了马尼拉审判。"盟军首脑想从对山下奉文的审判中为以后的审判树立一个模式、一个先例,不仅肯定了审判战犯时适用军事程序的合法性,而且确认了指挥责任原则的合法性","几乎所有盟方国家起诉战犯时都参照了审理山下奉文案的模式",〔4〕在东京审判中适用了山下奉文案中确立的法律原则,为远东国际军事

〔1〕《时代日报》,《山下仍判死刑,麦帅表明必能减刑理由》,1946年2月8日。
〔2〕《时代日报》,《美陆军部长下令山下暂缓绞决——待杜鲁门总统最后决定》,1946年2月9日。
〔3〕《申报》,《东条及其阁僚 延缓审讯原因 松冈鹿子自首》,1945年11月26日。
〔4〕余先予、何勤华、蔡东丽:《东京审判》,中国方正出版社,2005年版,第245页。

法庭对日战犯的审判积累了宝贵的经验。

特别军事法庭审判与严惩山下奉文，不仅为此后的远东国际军事法庭的顺利进行奠定了基础，同时，也影响与鼓励了东南亚各国惩治日本战犯、清算战时邪恶势力。1945 年 12 月 11 日《申报》报道："日本战犯'马来亚之虎'山下奉文被判绞刑了。美国人在惩治战犯方面，除了捕杀苍蝇蚊子之外，也还费了大力去'猎虎'。这是我们检举汉奸，惩治贪官污吏的好榜样。我们待多多打虎！"[1]

第三，重视与加强山下奉文研究，正确应对西方学术权威对山下奉文审判的质疑。

山下奉文是盟军审判的第一个日本人，此前从未有战胜国对战败国如此高级别的军官追究过战争责任。从审理山下奉文一案开始，盟军开始审理远东战犯。[2] 山下奉文审判在法理上不惟在当时影响了远东审判日本战犯、清算战争邪恶势力，甚至在 60 之后，山下奉文审判也成为备受瞩目的"哈姆丹诉拉姆斯菲尔德(Hamdanv. Rumsfeld)"一案的参照。[3]

山下奉文案件审判期间，就有关法律程序问题即存有争议，半个多世纪过去了，国际学界对山下奉文审判仍存在质疑，认为审判是"司法耻辱"、"错误司法"。前文已指出，山下奉文审判是远东审判的前奏与范例，"如果山下奉文审判成了'错案'甚至是'耻辱案'，那么容易想见，远东审判势必在劫难逃。这是山下奉文审判为什么具有'牵一发而动全身'的地位的真正原因。山下奉文审判是远东审判的桥头堡，不容失守。"[4]质疑山下奉文审判，对中国人民，乃至亚洲人而言，必将产生深远的消极影响。

因此，我们应该重视山下奉文审判研究，并正确回应西方学者对山下奉文审判的质疑。

---

〔1〕《申报》,《打虎》,1945 年 12 月 11 日。

〔2〕余先予、何勤华、蔡东丽:《东京审判》,中国方正出版社,2005 年版,第 245 页。

〔3〕哈姆丹是也门人,在 2001 年的"9·11"事件之后被看作是恐怖组织的重要知情者和参与者,成为美国关押在关塔那摩监狱的战俘。哈姆丹受到军事特别法庭的起诉,向美国联邦法庭申请人身保护令状,并进入美国最高法院。被告拉姆斯菲尔德是美国国防部长,因为这个军事特别法庭由国防部设立,责任人是国防部长,拉姆斯菲尔德因而成为被告。参见林达:《大转折时代如何"寻求正义"——美国军事特别法庭背后的林林总总》,《南方周末》,2006 年 7 月 20 日。

〔4〕宋健强:《国际刑事司法制》,哈尔滨工业大学出版社,2006 年版,第 87 页。

首先,搜集、整理山下奉文审判的第一手档案史料。史料是历史研究的基础,是我们了解山下奉文审判的基本案情、弄清当时参与审判山下奉文的法官所争论的法律问题、读懂并分析判决书原文,是我们重视研究山下奉文审判的基本阶段与深入研究的基础。正如本文搜集民国时期新闻媒体报道山下奉文审判一样,从新闻媒体的视角,我们可以梳理山下奉文审判的诸多方面情况,比如审判的过程、被控告战犯的战争罪行、部分判决书、审判结果等,为了解、研究、分析山下奉文审判获取第一手重要史料。

其次,我们需要翻译整理西方相关领域的学术专著,缩短中西方学术研究之间的差距,认真弄清西方学者在山下奉文审判研究上的观点与目的。山下奉文审判对受害者来说,无疑是正义之举。然而,日本战犯的种种恐怖、暴虐的行径,挑战军事法庭,也挑战原有的司法体制,"原有法庭的规则程序已经无力涵盖和处理前所未有的特别罪行",战后国际社会出现相应的法律滞后、难以应对的局面,迅速摆脱战争导致的阴霾,重建和平的国际秩序,当务之急是完善法律规范,惩治战犯。马尼拉军事法庭在法庭授权、审理程序、"反和平罪"、"战争罪"、"反人类罪",以及"对其他罪行的共谋罪"这 4 项主要罪名创立方面,创下先例。是先例就必然与原有司法体制冲突、与当时《日内瓦公约》对战犯审判规定不符,由此成为西方学界在相关法律问题上对山下奉文审判的质疑与持续至今争论的起因。要之,山下奉文审判"先例"是战后寻求正义、重建秩序的努力,对审判的批判则基于公正审判、司法正义对社会正义的追求。

其三,在上述两点的基础上,开展、推动相关领域研究并正确回应西方。在回应、辩论西方有关山下奉文审判这点上,我们需要指出的是:盟军菲律宾战区军事法庭没有清算山下奉文在华的侵略历史,这是历史的遗憾,也是法庭存在严重局限的地方;我们必须注意的是:在山下奉文审判期间,当时两位大法官莫非(Murphy)与鲁特雷兹(Lutledge)的反对意见,"牵涉的是与被告权利有关的特别法庭制定的一些程序和举证规则,并不是对山下奉文等人的判决。在更严格的程序之下,对山下奉文等人的判决并不见得就会不同。"[1]事实上,如果山下奉文在新

〔1〕 参见林达:《大转折时代如何"寻求正义"——美国军事特别法庭背后的林林总总》。

加坡法庭接受审判[1]、在中国法庭接受审判，最终必然难逃一死。正如远东国际军事法庭印度法官帕尔(Radha Binod Pal)的“日本无罪论”一样，帕尔法官出自法律家良心，对法律论进行展开，批判远东国际军事法庭，然而这不意味着日本在政治、道德层面上无罪。更不代表日本的行动是正确的。如果从帕尔的批判中搜索只言片语，企图将日本的侵略行为正当化的做法，这是对帕尔法官崇高理想主义的亵渎。[2]

1946 年 2 月 24 日《申报》报道，山下奉文“已于今日(2 月 23 日——笔者注)以纵容部下残杀美菲军民等罪，在洛斯彭诺斯执行绞刑……山下受刑时，被剥去军服及一切表示其为军人之符号。此‘马来之虎’遂于蒙耻中结束其一生。临死前，除祝颂日皇万岁，及永世昌隆外，并希望日本获得和平……在绞次前数小时，渠曾对其翻译谈称：‘余执行菲岛日军最高司令之职责，已竭其所能，以管束余之军队，正如余曾对马尼拉最高法院所言，余对于约束部下已尽最大努力……’”[3]军队以服从命令为天职，如果在没有指挥官命令下，日本军队在菲律宾、新加坡等犯下种种暴虐罪行，这只能说明一个以军国主义文化思想支配的军队成员特有的嗜血成性、杀戮成性、暴虐疯狂。而所有战争罪犯在法庭上面对自己的罪证所采取的自以为是的偏执心态，正说明这个国家文化根性的邪恶。如此而论，山下奉文作为指挥官，其罪难逃一死，但其虽处绞刑，他也不能偿清日军的罪孽，更不能清算这个国家文化根性的邪恶。

---

〔1〕“新加坡市参会中国参议员曾要求引渡山下奉文至新加坡受战犯审判。”《救国日报》，《山下决定处死 星岛华侨满意》，1946 年 2 月 12 日；“新加坡咨询议会请将‘马来之虎’山下奉文将军引渡来新加坡受审。”“山下奉文于 1942 年侵占新加坡时，其行动惨无人道，更甚于已被处死之‘比尔森之兽’克莱摩，如果美方不将其绞决，则吾人能处决之云。”《前线日报》，1946 年 1 月 26 日，《苏已经定参加审问日战犯 新加坡要求引渡山下》。

〔2〕参见林达：《大转折时代如何“寻求正义”——美国军事特别法庭背后的林林总总》。

〔3〕《申报》，《蒙耻而死结束一生 山下奉文昨绞决 临刑前犹谓在上帝前可告无愧》，1946 年 2 月 24 日。

第八章　东京审判国际检察局

第二十五节　东京审判：战犯的逮捕与释放

杨夏鸣*

有关东京审判战嫌疑犯人及战犯的逮捕与后来释放的决策过程到目前为止未见国内外(英文世界)有深入的专题研究,但却有诸多与史实不相符的推论性的结论。本文将研究东京审判的这一重要方面——战犯嫌疑人及战犯的逮捕与释放的决策内幕及进程的演变。本文认为,就东京审判的战犯(嫌疑人)的逮捕和释放而言,在现实政治和法律程序之间,美国决策者往往受到后者的较大制约,倾向于在后者的基础上,以变通的形式,甚至是自欺欺人的方式满足现实政治的需求。

一、战犯嫌疑人的逮捕

美国政府的有关战犯审判的政策文件 SWNCC 57/3 规定：成立一个由盟军最高统帅领导的检察机构,“负责调查战争罪行的报告;收集、分析证据;安排逮捕、迅速审判嫌疑犯;准备、监督和从事起诉将在国际军事法庭审判的嫌疑人,并向最高统帅建议何种个人及组织将被起诉,并在何种法庭接受审判;何人将作为证人作证。”[1]

回顾历史,国际检察局的确发挥了上述作用,但在“安排逮捕嫌疑犯”方面是一个例外。实际上,当季南及其手下于 1945 年 12 月 6 日抵

* 中共江苏省党校世界经济与政治教研部教授。

〔1〕 Reoprt by the State-War-Navy Coordinating Subcommittee for the Far East, Washington, Sep. 12, 1945. United States Department of State: *Foreign relations of the United States: diplomatic papers, 1945. The British Commonwealth, the Far East*, Vol. 6, Washington, D. C.: U. S. Government Printing Office, 1969, p. 930.

达东京时，最后一批甲级战犯嫌疑人的逮捕工作已于同日完成。[1]

1945年12月19日，在给国务院一位朋友的信中，季南本人也证实了这一事实："我们发现大批个体已经被羁押，并公开被称为尚未定级的战犯。当然，我们与逮捕和拘留这些人毫无干系。"[2]那么究竟发生了什么？

（一）麦克阿瑟的行动

在涉及东京审判时，很多人往往认为是麦克阿瑟在随心所欲，但事实并非如此。早在1945年8月14日，即在美国政府有关战犯审判政策出台前，麦克阿瑟就有关战犯政策致电陆军部和参谋长联席会议，寻求相关指示。8月16日，参谋长联席会议主席马歇尔致电麦克阿瑟，告诉他"有关战犯的指令正在制订中。在收到指令之前，可参照JCS 1023文件中有关逮捕和拘留（德国）战犯的规定执行。"该文件认定的罪行包括违反国际法、战争法和发动侵略战争及基于宗教、种族的暴行等，同时强调"这里的罪犯包括犯下前面提到任何罪行的人，不管其国籍或是犯罪时的职务"。[3]

根据该文件的精神以及麦克阿瑟原先的设想，即由美国单独对美国发动侵略战争的东条内阁及虐待美国战俘的战犯进行审判，麦克阿瑟便于9月11日逮捕了东条内阁的大部分成员及一些外籍嫌疑人，共39名。这其中有27名日本人和12名外国人。[4]

战犯审判的SWNCC 57/3文件还规定：盟军最高统帅可以自行，也可以根据盟国的要求逮捕乙类和丙类战犯，但甲级战犯则主要是根据美国战争罪行局（United States War Crime Office）提供的名单逮捕。

---

〔1〕根据梅汝璈先生的回忆，盟军最高统帅部，对日本战犯嫌疑人一共进行了四次抓捕，最后一次在1945年12月6日。参见梅汝璈：《远东国际军事法庭》，法律出版社1988年版，第128～143页。但根据美国外交文件的记载，1946年1月17日麦克阿瑟逮捕了最后一批共110名战犯嫌疑人，绝大部分都是乙级和丙级战犯嫌疑人。

〔2〕A letter to Dr. Harry J. Krould, 19 Dec. 1945. Joseph B. Keenan Papers, 1942 - 1947. Harvard Law School Library. Harvard University, Cambridge, MA. http://nrs.harvard.edu/urn-3:HLS.Libr:2555765.

〔3〕United States Department of State: *Foreign relations of the United States: diplomatic papers: the Conference of Berlin (the Potsdam Conference), 1945*, Volume I Washington, D.C.: U.S. Government Printing Office, 1960. pp. 580 - 581.

〔4〕包括菲律宾伪总统劳莱尔（Laurel）、菲律宾驻日伪大使瓦格斯（Vargas）、德国驻日大使Stahmen及大使馆武官Kreischmer、缅甸驻日本伪大使茂（Dr. Mau）、泰国驻日本大使伍伊齐德等。

根据这一规定，在国务院、陆军部和海军部的协助和同意下，该局于9月14日，将45名甲级战犯名单发给盟军最高统帅，在9月27日的一份电报中代理国务卿强调，该份名单“是不完整的，随时会进行增减。”实际上，该局分别于9月21日和28日发出补充名单，共18人。

但在第一次逮捕以及10月15日和10月22日逮捕了一些与侵害美国利益有关，且证据确凿的战犯，如巴丹死亡之旅的责任者、品川战俘营的管理者，三名美国飞行员被害的责任人，帕奈号事件的责任人后，盟军最高统帅部在逮捕战犯嫌疑人方面表现出了相当的谨慎，而此刻盟军最高统帅的政治顾问艾奇逊[1]则成为逮捕战犯的积极推手。

（二）艾奇逊的考虑及行动

9月28日，盟军总部向最高司令政治顾问办公室[2]提交了56名包括外籍战犯嫌疑人在内的名单，10月2日又提交了修正名单，但迟迟没有执行逮捕。

在10月8日给盟军最高统帅和其参谋长的一份备忘录中，艾奇逊要求尽快逮捕包括“投降内阁”首相东久迩宫在内的被美国政府列为战犯嫌疑人的日本高官。[3]在分析逮捕东久迩宫可能产生的影响时，艾奇逊指出：“尽管由于其与日本天皇的血缘关系，逮捕东久迩宫可能会对日本民众产生震动，但到目前为止，民众对日本人心理产生重大震动的系列事件都没有严重的负面反应。这些事件为：天皇的权威置于盟军最高司令之下；对前首相东条的逮捕；天皇近期对麦克阿瑟将军的拜访；最近日本政府有关言论自由，包括对天皇讨论的指令。”他还分析了尽快逮捕战犯嫌疑人的好处是“此类逮捕越快完成，那些担心自己与战争犯罪有牵连的其他高级官员和人士就会放下包袱，使他们有可能将自己的才智贡献给这个国家的政府改革和康复中来。”他还强调，谨慎还是需要的，逮捕行动后观察日本民众的反应，再决定下一步行动的速

---

〔1〕1937年南京陷落前，艾奇逊作为二等秘书，留守并主持美国驻中国大使馆的工作。后在帕奈号上亲历了日军的轰炸，并给国务院写有的详细报告。

〔2〕该机构隶属国务院，负责盟军总部的外交事务，同时也是国务院了解日本情况的重要渠道。麦克阿瑟曾希望其在编制上归属盟军总司令部，但遭到拒绝。1947年在艾奇逊飞机失事去世后，该机构遂隶属盟军总司令部。

〔3〕该内阁持续时间为1945年8月17日至1945年10月5日。

度，但“作为投降以来天皇手下职务最高的官员，东久迩宫的被捕也将为逮捕统治集团的其他重要人员铺平道路，”在这一任务完成后，可以向外界暗示，受到怀疑的高级官员的拘留工作基本结束，“这样减轻其他人的恐惧，使其没有不全力以赴开始工作的借口。”[1]

在盟国最高统帅部迟迟未采取进一步逮捕行动时，11 月 6 日，艾奇逊同时给麦克阿瑟和国务院一份备忘录，要求尽快逮捕战犯。在备忘录中艾奇逊首先对麦克阿瑟的不作为提出了质疑。他写道：“尽管甲级战犯审判的问题在一定程度上取决于构想中的国际法庭建立所需的时间，但已经被列为主要战犯嫌疑人的逮捕时间选择则取决于作为最高统帅的你的判断力。”

接着他分析了日本民众的态度和未来可能的变化：目前日本民众处在“改革和变化的情绪中，现在他们已完全醒悟，那些误导他们，并给这个国家带来灾难的人受到了广泛和直截了当的批评。我认为，可以这么说，今天日本民众期待美国当局进行更多的逮捕，绝大多数人对这些逮捕是不会有怨言的。”但是艾奇逊同时又强调指出，“随着经济苦难的加剧，特别是今冬明春，他们的一些怨恨不可避免地会对准我们，民众的态度可能会发生变化，至少，对他们过去领导人目前的批判会消失。”因此，“完成对大多数主要战犯嫌疑人的逮捕，越快越好。”

另一个原因是：“如果逮捕久拖不决，一些被列入逮捕名单的人会决定重返政治。如果我们等到他们开始竞选公职后，或者已经建立了自己的政治追随者后再逮捕他们，我们一定会遇到批评。”因此，“在即将到来的选举之前基本完成逮捕，澄清政治气氛是重要的。”最后他还分析了美国民意，认为尽管这不是决定因素，但美国民意“支持在目前或是不久的将来采取行动。”[2]

---

〔1〕 740.00116 PW/10 - 845. *Memorandum by the Acting Political Adviser in Japan*, United States Department of State: *Foreign relations of the United States: diplomatic papers, 1945. The British Commonwealth, the Far East*, Vol.6, Washington, D.C.: U.S. Government Printing Office, 1969, p.942.

〔2〕 740.00116 PW/ 11 - 645, *The Acting Political Adviser in Japan to the Secretary of State*, United States Department of State: *Foreign relations of the United States: diplomatic papers, 1945. The British Commonwealth, the Far East*, Vol. 6, Washington, D. C.: U. S. Government Printing Office, 1969, pp.952 - 953.

在艾奇逊看来，迅速逮捕战犯有着充分的政治理由。但麦克阿瑟却宁愿从法律方面考虑问题。第二天，在阅读了该备忘录后，麦克阿瑟让他的副参谋长马歇尔（R. J. Marshall）少将起草了一份备忘录交给艾奇逊，表明麦克阿瑟在逮捕日本战犯嫌疑人方面犹迟迟没有行动的原因及一些担心。备忘录全文如下：

(1) 最高统帅已经仔细考虑过你11月6日有关逮捕战犯的备忘录。他指示我回答。主要的困难是决定谁是战犯。在给最高统帅的指令中用词宽泛、笼统以至于他无法确认哪些是美国政府或是盟国政府希望起诉的人。在德国，就军事方面而言，这个问题相对简单。每一个被控为纳粹分子的人，或者能确定为纳粹党员的人就可以被逮捕和关押。然而，这里没有这样泾渭分明的界限。相反，《波茨坦宣言》规定，日本武装力量，除了那些被明确起诉的人外，将被解甲归田。

(2) 最高统帅已要求政府详细说明希望得到什么，但是迄今未能得到明确的答案。在讨论这个问题时，麦克洛伊（McCloy）部长[1]表明他们也希望有更多的逮捕。如果我们根据不确定的“战犯”概念逮捕、囚禁一些人，结果发现我们没有诉讼的理由，导致他们最终未经审判就被释放，在未来的评论中很可能会出现无法自圆其说的窘境。由于违反了国内和国际法规，这种行动可能会为未来开创一个危险的先例。最高统帅对逮捕和囚禁那些我们能提供有效证据的人没有任何犹豫，但是除了宽泛的指令外（这对指导大规模逮捕是不够的），他还没有充分的（逮捕）证据。统帅部的反间谍机构正在夜以继日的工作，但是正如你所知道的那样，由于先前其大部分人员已经复员，它是一个人员很少、潜能受到明确限制的机构。

(3) 最高统帅很乐意让你确定你认为此刻应该被逮捕的个人，

〔1〕 陆军部部长助理。

并有支持未来审判的充分证据。[1]

这里尽管不能完全排除由于麦克阿瑟的审判主张遭到美国政府拒绝后,麦克阿瑟消极应对审判的可能性,但这也表明麦克阿瑟有着很强的法治意识和证据意识,这也注定了未来的东京审判是重证据,重程序的。很难想象如果麦克阿瑟将未来的审判当作"一个胜者对失败者的审判",或者是一个流于形式的审判,他会担心被拘留的战犯嫌疑人由于证据不足而不得不被释放的尴尬处境,换言之,在他看来,未来的审判必须与法治的核心理念是一致的。

联想到后来大部分甲级战犯嫌疑人在被长期关押后,未经审判就被释放的史实,不能不说麦克阿瑟有先见之明。当然,被释放的一些甲级战犯嫌疑人不是因为缺乏证据,而是因为没有另一个国际法庭来审判他们了。

显而易见,麦克阿瑟将难题推给艾奇逊。在收到了该备忘录后,艾奇逊立刻开始了为麦克阿瑟准备一份应该立刻逮捕的战犯嫌疑人的名单。他致电国务卿,要求其立刻与美国国家战争罪行局取得联系,咨询其提供给盟军最高统帅部的战犯名单是否有足以支持其接受审判的证据。另外,他还要求国务院提供美国政府专家认为最重要的证据的详细意见。在经过精心准备后,政治顾问办公室从美国国家战争罪行办公室的名单中挑选了13名破坏和平罪的战犯嫌疑人,并于11月13日将名单及作为证据的个人简历提供给盟军最高统帅部,要求其立刻予以逮捕。他们是:荒木贞夫、本庄繁、鹿子木员信、小矶国昭、久原房之助、葛生能久、松冈洋右、松井石根、真崎甚三郎、南次郎、白鸟敏夫、板垣征四郎。[2]

---

〔1〕 *Memorandum by Major General R. J. Marshall, Acting Chief of Staff to the Supreme Commander for the Allied Powers, Japan to Acting Political Adviser in Japan*, United States Department of State: *Foreign relations of the United States: diplomatic papers, 1945. The British Commonwealth, the Far East*, Vol. 6, Washington, D.C.: U.S. Government Printing Office, 1969, pp. 962-963.

〔2〕 List of Major Japanese War Criminals, United States Department of State: *Foreign relations of the United States: diplomatic papers, 1945. The British Commonwealth, the Far East*, Vol. 6, Washington, D.C.: U.S. Government Printing Office, 1969, pp. 964-965.

同年11月15日，艾奇逊又将另外22名甲级战犯嫌疑人的名单及其传记资料递交给了麦克阿瑟，他们是：鲇川义介、安藤纪三郎、青木一男、后藤文夫、畑俊六、平沼骐一郎、广田弘毅、本多熊太郎、星野直树、近卫文麿、西尾寿造、大岛浩、四王天延孝、正力松太郎、须磨弥吉郎、多田、高桥三吉、丰田副武、梅津美治郎、后宫淳。[1]

这批战犯嫌疑人名单除了正力松太郎外，其余都是美国战争局在国务院协助下拟定的。艾奇逊指出："我们认为迄今递交的这两份名单包括了那些根据我们目前能得到的证据所显示的最主要的日本人（战犯），他们应该立刻被逮捕。"[2]实际上，上述名单中有相当的人作为首批甲级战犯嫌疑人受到审判。

艾奇逊也是逮捕前首相近卫和内大臣木户重要的推手。在给国务卿贝尔纳斯的电报中，艾奇逊追溯了近卫的其他战争责任："众所周知，近卫任首相时，日本开始了对中国的进攻；加入了德国和意大利的三国同盟；侵略了法属印度支那；通过了国家动员法，该法律为进行全面战争的统治经济打下了基础，并取消了日本的政党。他创建了大赞政翼会，并且是其第一任会长……有着像近卫这样政治历史的人逃脱战犯嫌疑人的正式调查，并且继续参加重要的政府活动似乎完全是不妥当的。"艾奇逊还认为："尽管他的被捕对目前政府可能产生的影响有一些不确定因素，但报刊上广泛存在的对其过去政策的批判表明这一影响将不会是有害的。他的贵族身份的问题，也就是他与天皇的密切联系以及他的被捕是否将会提出天皇的战争罪责问题是有日本人的解决方式的，即政治责任在天皇的顾问身上，但永远与天皇无关，因为天皇只是根据其顾问的建议行事。"[3]

由于内大臣有着决定谁可以会晤天皇及什么信息可以让天皇知

---

〔1〕 Major Japanese War Criminals(Second List), United States Department of State: *Foreign relations of the United States: diplomatic papers, 1945. The British Commonwealth, the Far East*, Vol. 6, Washington, D.C.: U.S. Government Printing Office, 1969, pp. 968 - 970.

〔2〕 Memorandum by the Acting Political Adviser in Japan(Atcheson), Tokyo, Nov. 14, 1995, United States Department of State: *Foreign relations of the United States: diplomatic papers, 1945. The British Commonwealth, the Far East*, Vol. 6, Washington, D.C.: U.S. Government Printing Office, 1969, p. 867.

〔3〕 Ibid. pp. 971 - 972.

道，因此在某种程度上其权力比首相还要大，而在挑选东条为首相及后来日本袭击珍珠港时，木户为内大臣，因此，他与日本对美国、英国和荷兰发动的侵略战争是难脱干系的。因此，艾奇逊将向"麦克阿瑟将军推荐逮捕木户作为一名犯有破坏和平罪的日本领导人接受调查和审判。"〔1〕

在此之后，即11月27日，艾奇逊又向麦克阿瑟提交了第三批和第四批战犯嫌疑人名单。第三批名单实际上只有两名战犯嫌疑人，他们是藤原银次郎和中岛知久平。前者历任日本上院议员，东条首相顾问，两次担任内阁大臣，也是战前三菱财阀的中心人物；后者曾任日本海军军官，工程师，并于1917年创建了中岛飞机公司，是日本帝国飞机的主要提供者。他也曾任日本内阁大臣。第四批名单只有一人，即自1937年起多次任海军大臣，并曾任首相的米内光政。

在其给麦克阿瑟的一份备忘录中，艾奇逊说，米内光政应该该被列入战犯嫌疑人名单，但"我们认为目前不应该逮捕他原因是他是目前内阁的一名成员，他的被捕可能导致现内阁的垮台。〔2〕有关米内的罪责，我们认为从他的职业生涯的历史看，他显然应该就犯有破坏和平罪而受到审判。另外1937年他是日本的海军大臣，而这一年中国受到了日本的进攻，日本海军航空兵的飞机轰炸了南京及其他中国城市，可以指控其违法战争法和战争习惯法，特别是《海牙公约》的第一条。"〔3〕

在艾奇逊的敦促下，麦克阿瑟于11月17日向日本政府发出了逮捕艾奇逊于11月13日提供的13名战犯嫌疑人，其中的11人（板垣和山田不在日本国内）随后被逮捕并被关押在巢鸭监狱。

之后，麦克阿瑟还分别于11月25日、12月3日、12月15日和1946年1月17日分别向日本政府发出了逮捕的命令。第一批57名；第二批

〔1〕 The Acting Political Adviser in Japan(Atcheson) to the Secretary of State, Tokyo, Nov. 19 1945, United States Department of State: *Foreign relations of the United States: diplomatic papers, 1945. The British Commonwealth, the Far East*, Vol. 6, Washington, D. C.: U. S. Government Printing Office, 1969 . p. 973.

〔2〕 即币原喜重郎内阁(1945年10月9日—1946年5月22日)。

〔3〕 Memorandum by Political Adviser in Japan (Atcheson), Tokyo, Nov. 27 1945, United States Department of State: *Foreign relations of the United States: diplomatic papers, 1945. The British Commonwealth, the Far East*, Vol. 6, Washington, D. C.: U. S. Government Printing Office, 1969. p. 977.

8名;第三批69名;第四批110名,其中包括7位将军。

（三）中国提供的名单

1945年10月20日,美国驻重庆大使馆代办将蒋介石批准的12名主要战犯名单发给美国政府。他们是:本庄繁大将、土肥原贤二大将、谷寿夫中将、桥本欣五郎中将、板垣征四郎大将、畑俊六、东条英机、和知鹰二中将、影佐祯昭中将、酒井隆中将、矶谷廉介中将、喜多诚一大将。电报还表示,如果美国政府没有异议,中国政府将这一名单发给麦克阿瑟,要求将他们作为甲级战犯逮捕。美国国务卿贝尔纳斯在26日的回电中称"甲级战犯名单被认为是(中国政府)一最有价值的贡献,这批名单,已经提交给了国家战争罪行局,然后由参谋长联席会议发给盟军最高统帅"。[1]

在1946年2月11日的外交照会中,中国政府提交了第二批战犯名单,共计21名:南次郎、荒木贞夫、平沼骐一郎、阿部信行、米内光政、小矶国昭、岛田繁太郎、广田弘毅 、松冈洋右、东乡茂德、梅津美治郎、松井石根、寺内寿一、牟田口廉也、谷正之、山田乙三 、有田八郎、青木一男、末次信正、西尾寿造、河边正三。

该名单经美国陆军部民事局传给了盟军最高司令部。1946年7月31日,麦克阿瑟给美国陆军部民事局一份备忘录,介绍了相关战犯嫌疑人的处理情况,并要求通知中国政府,中国提供战犯嫌疑人名单中的南次郎、荒木贞夫、平沼骐一郎、小矶国昭、岛田繁太郎、广田弘毅、东乡茂德、梅津美治郎和松井石根已被关押在东京的巢鸭监狱,目前正在远东国际军事法庭接受审判。

河边正三、谷正之、青木一男、西尾寿造、牟田口廉也作为甲级战犯被逮捕,并被拘留在东京的巢鸭监狱,等待合适的法庭审判。[2]

---

〔1〕 Memorandum by Political Adviser in Japan (Atcheson), Tokyo, Nov. 27 1945, United States Department of State: *Foreign relations of the United States: diplomatic papers, 1945. The British Commonwealth, the Far East*, Vol. 6, Washington, D. C.: U. S. Government Printing Office, 1969. p. 948.

〔2〕 Memorandum by General of the Army Douglas MacArthur to Civil Affairs Division, War Department. United States Department of State: *Foreign relations of the United States, 1946. The Far East*, Volume VIII, Washington, D. C.: U. S. Government Printing Office, 1971. pp. 441-442.

二、战犯嫌疑人的释放

(一) 早期的释放

长期以来国内外的一个普遍的观点是,美国及麦克阿瑟出于冷战的目的而没有继续对甲级战犯的审判,并释放了所有的甲级战犯(嫌疑人)。[1] 这在很大程度上是以讹传讹,随着冷战的开始,在战略上,美国的确需要将日本纳入其反共阵营,并希望日本重新武装,但绝非要依靠那些双手沾满美国士兵鲜血的日本战犯或嫌疑人。后来所以陆续释放了几乎所有的在押的甲级战犯嫌疑人,一个很重要的原因就是不再有任何国际法庭来审判这些甲级战犯嫌疑人,而当时无论是美国的审判政策,还是远东委员会的审判政策都规定,甲级战犯必须由国际法庭进行审判。

实际上,在东京审判开始前,即便是美国舆论要求严惩偷袭珍珠港的战犯的氛围下,对已被逮捕的战犯嫌疑人的甄别和释放工作就开始了。这里很难用冷战因素来解释这一现象。

1946 年 2 月 27 日,在对嫌疑人的罪行证据进行分析和整理后,前日本地缘政治研究院院长,副元帅上田善武(Ueda Yoshitake)因证据不足,被盟军最高统帅部释放。他是于 1945 年 9 月 11 日与其他 38 名战犯嫌疑人一起被捕的。1946 年 3 月 6 日,在给美国国务卿的电文中,政治顾问办公室的官员毕晓普(Bishop)强调,他的释放"只是个案的性质,并不必然预示着其他甲级战犯嫌疑人的释放。然而,据了解国际检察局考虑到某些这类的战犯嫌疑人由于没有充分的证据正在被拘押,因此,推荐在必要的调查一旦完成,就予以释放。"[2]

另外,1946 年 3 月 3 日,盟军最高统帅部给日本政府一份"身份澄清"备忘录,宣布解除对 13 名乙级和丙级战犯的怀疑,并予以释放。该

---

[1] 如翟新认为:"美国方面出于冷战及扶持日本的需要,作为转变远东政策的一个环节,单方面宣布把岸信介等 19 名战犯嫌疑人予以释放,这个事件在当时的远东国际政治格局中实有释放战犯之发端的象征意义。"(翟新:《东京审判后日本的甲级战犯政策》,《国际政治研究》,2006 年第 3 期,第 170 页。)

[2] Mr. Max W. Bishop, of the Office of the Political Adviser in Japan, to the Secretary of State, Tokyo, March 6, 1946. United States Department of State: *Foreign relations of the United States, 1946. The Far East*, Volume VIII, Washington, D.C.: U.S. Government Printing Office, 1971, p.420.

备忘录的“目的是一种证明，表明澄清了对这些人的指控。”

（二）英国的质疑

随着东京审判期限的延长以及第二批甲级战犯的审判变得越来越遥不可及和不现实，英国首先对无限期的关押战犯嫌疑人的做法提出了异议。

1947年初，季南指示国际检察局的检察官收集整理50名日本战犯嫌疑人的卷宗，为第二批审判做准备，尽管国际检察局的英国检察官也参与了这一工作，但“他们这样做是出于无奈和不情愿”，并将相关信息报告给了英国政府的有关部门。1947年8月6日，英国驻美国大使馆一等秘书埃弗森(Everson)打电话给美国军事事务及占领区法律顾问办公室(Office of the Legal Adviser)的顾问助理凯瑟琳·菲特(Katherine B. Fite)，表达了英国政府无意参加未来的远东任何其他的战争罪行审判，并强调“英国不希望分担这些嫌疑人不经审判长期被关押的责任。”〔1〕

同年10月9日，英国驻美国大使馆给国务院一份备忘录，以书面形式表明了英国政府对这一问题的正式立场。该备忘录首先说明英国外交部从东京得知，正在审判日本战犯的远东国际军事法庭的总检察官(季南)一直在考虑是否有必要继续审判那些被指控犯有反和平罪的日本人。接着备忘录表明了英国政府的态度和立场：“英国政府觉得目前的审判已经进行了如此长的时间，严重减损了其价值。如果(美国)设想对日本战犯的任何进一步审判的话，英国政府不希望参加。英国政府认为远东委员会(FEC)的政策并没有规定进一步的审判是一种必须。”接着该备忘录列出了可以不进行进一步审判的三条理由：

一是国际检察局已经挑选了那些被认为犯有破坏和平罪的被告，在挑选他们作为首批被告接受审判时，是认为有充分的相关证据的。一个隐含的假设是其他嫌疑人没有被挑选是因为相关证据被认为不是

〔1〕 Memorandum of Conversation, by Miss Katherine B. Fite of the Office of the Legal Adviser (Fahy), United States Department of State: *Foreign relations of the United States, 1947. The Far East*, Volume VI, Washington, D.C.: U.S. Government Printing Office, 1972. p.270.

那么充分；二是在英国外交部看来，对目前拘押在日本的嫌疑人无论有什么样不利的证据，但不会超过目前正在被审判的那些不那么重要的被告。目前正在接受审判的所有被告似乎不大可能都被认定犯有破坏和平罪；[1]另外，纽伦堡审判中22名被告中有10人被判在这方面无罪。因此，再次启动国际法庭审判那些证据不及目前正在接受审判的一些被告(这些被告可能被判无罪)是没有任何意义的；三是经验表明目前这种有11个国家参加的审判形式是缓慢和低效的，因此，仅从实用这一点考虑，国际检察局推荐任何的进一步审判应该根据远东委员会007/7文件第7段的精神由非国际法庭的形式进行审判。该备忘录最后希望："美国的有关当局考虑上述意见，并认为没有必要进行新的国际审判。"[2]

漫长的审判就使得许多参与者失去了耐心，并使得任何进一步的审判变得令人生畏和极不现实。实际上，早在1947年5月12日，盟军最高统帅部就提出了如何处理仍然被关押在东京的50名甲级战犯嫌疑人的问题，陆军部研究了这些人被捕的背景，其他的相关部门也开始讨论如何处置这些战犯嫌疑人的问题。[3]

(三) 未来国际审判的终结

从1947年8月14日国际检察局的一份名为《国际检察局人员调查》的内部文件看，继续审判日本战犯显然在国际检察局占主导地位。该文件写道："有关进一步的审判，目前国际检查局大约有50名日本人被指控，并被关押在巢鸭监狱，时间差不多有两年了。其中一些人毫无疑问将通过审判来处置，而另一些将不予立案，并以备忘录的形式说明理由。(盟军总部司法局局长)卡彭特(Carpenter)上校已经与国际检察局的局长详细讨论过了这一问题，表明不管未来的审判是否由国际检察局指导，尽可能多的国际检察局的人员将保留以便从事这一工作和

〔1〕 实际上，东京审判判决时，在"破坏和平罪"的指控方面，有2名被告被法庭宣判无罪。

〔2〕 The British Embassy to the Department of State, Aide-Memoire, United States Department of State: *Foreign relations of the United States, 1947. The Far East*, Volume VI, Washington, D.C.: U.S. Government Printing Office, 1972. pp. 304 - 305.

〔3〕 后来相关的消息刊登在《纽约时报》上，这引起了包括美国参议员、前陆军部长Patterson在内的许多上层人士的关注，他们仍希望按照德国的模式，在日本将有系列法庭对战犯进行审判。

其他类似的战犯审判工作。”[1]

同年8月20日，美国政府有关官员专门开会讨论这一问题。[2]与会者同意，根据权威估计，在这50名战犯嫌疑人中大约有25人应该因发动侵略战争而作为甲级战犯接受审判，这其中包括数名实业家。卡彭特(Carpenter)认为这25人中有3～4人可以以乙级或丙级战犯的罪名进行审判。

与会者一致同意避免进一步的国际审判是可取的。然而，根据盟国最高决策机构远东委员会的政策规定，甲级战犯的审判需要由“国际法庭”来进行。为了避免在远东委员会改变这一决定，克罗斯(Gross)提出不妨建议麦克阿瑟根据自己的判断，与感兴趣的国家代表在东京制定一个计划，建立一个由两或三国家的法官组成的专门小组来审判剩余的案子。他还建议，如果麦克阿瑟认为这一方案不可行，建议他要求国务院准备去远东委员会修改有关甲级战犯审判的规定，以便允许麦克阿瑟根据自己的判断建立法庭。克罗斯还补充说美国可以在允许建立一个国际检察机构方面做出让步。[3]

可以看出：英国和美国几乎同时开始关注仍然被关押的甲级战犯嫌疑人及下一步审判的问题；几乎一致认为目前的国际军事法庭的审判形式是不可取的；一部分嫌疑人证据不足将被释放，[4]但至少一部分战犯嫌疑人应该被审判因为他们是有罪的，但应该是以新的形式。

如果说季南在1947年初指示审查整理关押在巢鸭监狱的其余战

---

〔1〕 Personnel Survey of International Prosecution Section, Aug. 14, 1947. Joseph B. Keenan Papers, 1942 - 1947. Harvard Law School Library. Harvard University, Cambridge, MA. http: //nrs.harvard.edu/urn - 3: HLS.Libr: 2555765.

〔2〕 出席会议的官员有美国军事事务及占领区法律顾问Cross及顾问助理Raymond T. Yingling、负责占领地区事务的助理国务卿办公室主任Noel Hemmendinger、陆军部民事局战争犯罪处处长的Edward H. Young上校、盟军最高司令部法律局局长Alva C. Carpenter上校和美国军事事务及占领区法律顾问助理Fite。

〔3〕 Memorandum of Conversation, by Miss Katherine B. Fite of the Office of the Legal Adviser (Gross), Washington, Aug. 20 1947, United States Department of State: *Foreign relations of the United States, 1947. The Far East*, Volume VI, Washington, D.C.: U.S. Government Printing Office, 1972. pp. 279 - 280.

〔4〕 事实上，几天后，即8月30日，盟军总部就因证据不足释放了其中的15名甲级战犯嫌疑人。

犯嫌疑人的档案的目的是“在适当的时候决定如何处置这些嫌疑人”，[1]但到此时他已一改初衷，决定不再进行任何类似的国际审判。

这一变化背后的原因，可以从12月3日季南给其好友，司法部长汤姆·克拉克（Tom C. Clark）的信中略见一斑。由于是私人信件，应该是其真实的看法。季南在信中写道：

> 目前巢鸭监狱大约关押着8名[2]（甲级战犯嫌疑人），他们是根据华盛顿官员的要求为此目的（审判）而逮捕的。其中一些人可能会被判定犯有甲级战争罪行，然而，由于（目前的审判）非常漫长审判，实际开庭超过了一年半的时间，在我看来，在任何方面试图重复这一审判都将是非常不明智的。我们可以确定的是目前由11名法官组成的国际军事法庭不会为了这一目的（另一次审判）而留在这里。说类似的审判在本质上（其作用）在递减是有点轻描淡写，我的结论是任何类似的审判会有一个非常有害的作用。

显然，季南对逮捕战犯嫌疑人的程序是有看法的，另外，已有的法官不会继续这一工作，因此，如果再次审判，必须另起炉灶。更重要的是他认为另一次审判是有害的。接下来他给出了原因：

> 我们已经进行了纽伦堡审判，如果情况允许的话，我们将很快结束目前在东京的审判。我们必须认识到，我们正在从事的是一项有争议的事业。尽管我坚定地相信我们的事业是正义的，但是需要十分谨慎地进行（审判）以避免出现有道理的批评。任何甲级战犯的审判都必须花费相当长的一段时间。在纽伦堡审判中提出的，以及在这里以略微不同的形式提出的同样的问题必须被重新审视，许多同样的障碍才能得以穿越。我们根本无法确定任何另

[1] Letter to Joseph B. Keenan by Luke Lea, Sep. 27, 1947, Joseph B. Keenan Papers, Harvard Law School Library. 1942 - 1947. Harvard University, Cambridge, MA. http://nrs.harvard.edu/urn-3:HLS.Libr:2555765.

[2] 原信件如此。与其他的资料比，显然有误。

一个国际军事法庭将要做出何种判决。我们的审判可能以不幸的不一致而结束：对同样的事实不同的法官有不同的看法，甚至对法律的原则也是如此。因此，作为一个简单的常识我强烈地敦促立即结束整个审判，换言之，我明确地反对任何进一步的这类国际战犯审判。我知道已经有了其他的审判，可能在德国在构想更多的审判。我认为尽管这些审判与我不相干，但是继续的审判构成了严重的错误。

与季南在开庭词中所表现的满怀激情和理想崇高相比，此刻，他已经意识到，具有划时代意义的纽伦堡审判和东京审判，由于是一个全新的实践，因而充满争议，很长时间之后，人们才可能意识到这类审判的重要意义。实际上季南已经预见到了东京审判的判决将会出现重大分歧，因此，进一步的审判可能会同样出现分歧，因为不是政治审判，因而其结果是不可控和未知的。

季南还要求司法部长汤姆·克拉克游说美国总统，并促使其最终拍板停止进一步的审判：

我已与麦克阿瑟将军讨论过这一问题，我认为他完全同意我有关在日本进行下一步国际审判的结论。他和我自己似乎都没能得到华盛顿对这些观点明确的肯定。因此我请求你作为美国总统的顾问，向他提出这一问题，至少向他陈述我的观点，以便他授权我们结束这些案子，并在目前的国际法庭审判结束时终止这些战犯审判。

至于如何处理在押的战犯嫌疑人的问题，季南提出了具体的建议和理由，并明确表明了他本人在任何情况下都不会参与进一步的审判：

当然这里牵涉的安全的问题，但是在我看来这一问题可以由美军的G-2(情报部门)来处理。另外，我认为巢鸭监狱中的被告可以通过合理的解释先前的政策，将其归于低于甲级战犯种类的形式来处置。因此，我建议将(东京审判)之后的审判完全交由盟军总部的司法局来处理，也就是不再有个体作为甲级战犯被审判。

如果将这些剩余战犯嫌疑人根据对相关政策的严格理解，而作为甲级战犯进行审判，我们就不得不建立一个新的法庭(因为我肯定目前的国际法庭在目前的审判结束后不会愿意继续这一工作)，还有如何选择被告和其他的事物将必须提交给远东委员会。这意味着要确定11国人民的观点。当然，在任何情况下我也不愿意为了这一目的而留在这里。

最后，季南希望利用司法部部长与其的私人关系向最高决策层转达他的意见：

我向你表述这些，当然意识到尽管这个问题严格讲不是司法部所关注的，但是你会理解我的观点，帮助我将这些看法传达给适当的领导人，并希望这些观点能够被执行。威利(Wiley)先生能够多少进一步展开阐述这些观点，我也要求他为了这一目的拜访你。[1]

从某种意义上说，如果没有新的国际法庭来审判甲级战犯嫌疑人的话，那么剩下的途径只有释放或是将他们转为乙级或是丙级战犯进行审判。实际上，盟军最高司令部也正是这么做的。只不过对在押的战犯嫌疑人的处理过程中，释放的人数要远远多于被转为乙级进行审判的人数。

(四) 嫌疑人的甲转乙与释放

正如季南及其他官员所建议的那样，1948年10月19日盟军最高司令以犯有乙级和丙级罪行的名义，起诉并审判了已被关押近3年的甲级战犯嫌疑人丰田副武(Toyoda Soemu)海军上将和田村浩(Tamura

---

〔1〕 Letter by Kenann to Tom C. Clark, Dec. 3, 1947. Joseph B. Keenan Papers, Harvard Law School Library. 1942 - 1947. Harvard University, Cambridge, MA. http://nrs.harvard.edu/urn-3:HLS.Libr:2555765.

Hiroshi)陆军中将。

同年10月27日盟军最高司令部和盟军最高统帅根据参谋长联席会议1946年4月24日的授权，发布了在东京建立军事法庭的命令；同日，盟军最高司令部又发布了特别命令第1号(Special Order No. 1)在东京建立两个军事法庭的命令及致军事法庭庭长的信，规定了指导审判的原则与规则。当日盟军总部还举行了媒体发布会，宣布开始对丰田和田村的审判开始，并介绍了审判他们法庭的组成情况。

对于这一审判的性质，盟军最高司令政治顾问办公室认为："尽管盟军最高司令部对参谋长联席会议有关审判指令(JCS Directive 40)在多大程度上适用于这些审判心存疑虑，但还是向远东委员会的每一成员国发出任命法官参与丰田、田村和剩余嫌疑人的审判。在本办公室看来，根据1948年10月27日一号令(General Order No. 1)所构想的审判属于参谋长联席会议第40号令(JCS Directive 40)所管辖的范畴，因此，这些法庭的国际特征必须如参谋长联席会议第40号令所规定的那样得到体现。因此作为盟军总部外交机构的本办公室向其他相关部门指出，这些审判不能被认为是美国军事法庭的审判，而是参谋长联席会议第40号指令范围内的国际法庭，尽管它们可能被称为"盟军总部的军事法庭"。[1]

当时盟军最高司令部司法局的相关计划是：对丰田和田村的起诉是对作为甲级战犯嫌疑人而仍被关押的21名日本前高级官员第一次诉讼。[2]不久将对剩余的19名嫌疑人中的8到10人进行起诉，他们将以犯有乙级和丙级罪行而受到起诉，审判大约于1949年1月初开始。对于那些没有受到起诉的嫌疑人可能将由于缺乏起诉的必要证据而被释放。

盟军最高司令部司法局的官员也非正式的说，除了明年初(1949年)由盟军最高司令部军事法庭审判8到10名甲转乙战犯嫌疑人外，占

---

〔1〕 The Acting Political Adviser in Japan(Sebald) to the Secretary of State, Oct. 29, 1948, United States Department of State: *Foreign relations of the United States, 1948, the Far East and Australia*, Volume VI, Washington, D.C.: U.S. Government Printing Office, 1974. pp. 881-82.

〔2〕 对前海军军令部总长、联合舰队司令丰田副武和前战俘情报局长田村浩的审判于1949年2月结束，丰田被判无罪，而田村因虐待罪被判处有期徒刑8年。

领当局对战犯嫌疑人的最后一次起诉是在 1948 年 10 月 28 日。实际上,1948 年 10 月标志着日本战犯审判工作的非正式结束。[1]

没有甲转乙的战犯嫌疑人被分批释放。1947 年 8 月 30 日盟军最高司令部释放了 15 名;1948 年 2 月又释放了 14 人。正如前文所说,在分析释放甲级战犯嫌疑人的原因时,一般认为是出于冷战的需要。这里我们不妨看看季南解释的原因。在回答远东委员会质询释放嫌疑犯的原因时,1948 年 6 月,季南解释道:

> 国际检查局的调查处负责收集所有在押战犯嫌疑人的证据。由于调查处直到 1946 年初才成立,还由于在准备 28 名被告的审判中,在收集相关证据方面有许多其他的任务要完成,因此,完成对在押的战犯嫌疑人的调查方面出现了拖延。到 1947 年 8 月,调查处完成了一些甲级战犯嫌疑人的所有的调查工作,并从现实可能性的意义上说,得到了他们认为能够得到的所有信息。在那些调查已经完成,并且在国际检查局法律专家检查了已有的数据后认为没有充分的证据进行起诉的案例中,(我们)建议释放这些嫌疑犯。他们中的绝大部分被关押在巢鸭监狱。另一些年事已高,身体虚弱者被软禁在家。他们被释放是因为如果不能在某个法庭上提出具体的指控,起诉他们所犯罪责的确切性质而长期关押他们,这与正义的原则是不相符的。实际上,由于没有对他们提出起诉,提出正式的具体指控而长期的关押他们已经招来了批评。然而,目前必须应对的困难使得在释放他们之前审理他们的案子几乎是不现实的。这些人被以这种方式释放是因为根据国际检查局的判断,公正的利益不支持在监狱里关押他们更长时间。当然,如果之

---

〔1〕 实际上,远东国际军事法庭从未正式被宣布解散过。1949 年 2 月 18 日,负责占领区事物的助理国务卿 Saltzman 给远东委员会美国代表 McCoy 的备忘录中有这样的指示:"对新西兰第 5 委员会(Committee ＃5)成员 1 月 12 日提出的问题,你被授权回答如下:'1949 年 2 月 4 日甲级战犯的审判已经结束。也不再有其他仍被拘留的甲级战犯嫌疑人,(有关方面)也没有考虑任何需要逮捕的嫌疑人。12 月(1948 年)对前甲级战犯嫌疑人的释放是无条件的。国际远东军事法庭还没有被正式解散。盟军最高统帅部释放甲级战犯嫌疑人的行动当然并没有从理论上排除如果有进一步的证据被发现的话开始未来审判的可能性。'"

后出现任何新证据，表明起诉和审判是正当的话，他们以这种方式被释放的事实并不会妨碍他们中的任何人以后在合适的法庭上被起诉和接受审判。

释放这些嫌疑人的决定完全是基于能够得到的数据和律师判断是否有能够成功起诉的证据；在一些情况下，尽管有一些（嫌疑人）参与的证据，但这样的参与性质上是轻微的，或者是在宣战之后（发生的）。如果嫌疑人属于后者，就没有正当的理由进行起诉。最终推荐释放他们的责任在我——国际检查局的总检察长来承担，并依据远东军事法庭宪章所规定的责任来行使权力。

季南还解释了为什么在释放这些嫌疑人之前，没有与其他国家进行磋商：

我们认为将所有这些嫌疑人的档案提交给 11 个国家，然后长时间的等待（这几乎是不可避免的）是完全不现实的。这样的程序将不得不在没有适当的法庭上提出正式、具体指控的情况下继续关押这些嫌疑人，这被认为是完全违反了现行的文明国家刑法的规则。释放这些嫌疑人的决定是基于这样的考虑，即释放并不涉及对这一问题本身的判断，正如前面所说的那样，如果事实和情况使得以后的起诉成为必要，没有什么能阻止以后的起诉。

有关未来甲级战犯的进一步的审判，季南说：

国际检查局没有考虑对被指控犯有违反国际条约、保证或国际法策划、发起和发动侵略战争的（甲级战犯）嫌疑人进行进一步的审判。考虑到目前远东军事法庭漫长的审判，毫无疑问，人们无法对随后类似审判的时间做出准确的估计。他们（被释放的嫌疑人）除了被怀疑犯有策划、发起和发动侵略战争的甲级战犯的罪行外，没有受到其他具体的指控。除了是嫌疑人，因而调查他们的行为和评估是否应该对他们犯下的这样的甲级战争罪行进行刑事审判外，他们并没有被正式的起诉。这些嫌疑人中的大部年事已高，且尽管他们中的许多人部分地参与了侵略战争，或者一些是参与宣传，但没有充分的证据证明应该起诉并在代表11国的国际军事法庭上审判他们是正当的。[1]

季南强调释放这些战犯嫌疑人的主要原因是证据不足，同时没有新的法庭审判他们，如果继续关押于现代法治精神相违背。从现代法治的原则来考察，应该说这种解释是符合逻辑的。另外，与季南给其好友司法部长的私人信件相比，基本观点是一致的，因而是可信的。

在远东军事法庭被判处死刑的7名战犯被执行死刑的第二天，即1948年12月24日，盟军最高司令部司法局宣布，在经过详细的调查以及做出不再进行更多的审判的决定后，19名(甲级)战犯嫌疑人被从监狱和软禁中释放。

盟军最高统帅部司法局解释了改变原计划，不再对其中的8到10名甲级战犯嫌疑人以乙级和丙级罪行于1949年初进行审判的原因是：远东国际军事法庭对与日本前首相东条一道审判的某些被告(的乙级和丙级罪行的指控)被宣判无罪，[2]“确立了审判先例”这使得能否确定(这8至10名嫌疑人)是否有罪存在很大的问题。“根据司法局的调查，这些嫌疑人在位期间很短，这使得乙级和丙级罪行的指控不大可能由于他们所担任的职务的责任而得到支持”。[3] 这里当然不能排除国际局势变化的因素，特别是朝鲜战争和冷战的因素，但从技术层面的考虑，特别是能否对他们定罪也是一个重要的因素。

最后释放的19名战犯嫌疑人无疑是50名甲级战犯嫌疑人中嫌疑度最高的，了解一下他们的经历和所担任的职位，对释放他们的理由是

〔1〕 Mr. Joseph B. Keenan to the Secretary General of the Far Eastern Commission (Johnson), United States Department of State: *Foreign relations of the United States, 1948, the Far East and Australia*, Volume VI, Washington, D.C.: U.S. Government Printing Office, 1974. pp. 831 - 833.

〔2〕 实际判决结果(多数判决)：有4名被告在普通战争罪和反和平罪的指控上被判无罪；10名被告在反人类罪指控上被判无罪；有2名被告在反和平罪指控上被判无罪。

〔3〕 The Acting Political Adviser in Japan (Sebald) to the Secretary of State, Dec. 24, 1948, United States Department of State: *Foreign relations of the United States, 1948, the Far East and Australia*, Volume VI, Washington, D.C.: U.S. Government Printing Office, 1974. pp. 936 - 937.

否成立有参考意义。

最后一批被释放的19名战犯嫌疑人是：安倍源基、安藤纪三郎、天羽英二、青木一男、后藤文夫、本多熊太郎、石原广太郎、岩村通世、岸信介、儿玉誉士夫，葛生能久、西尾寿造、大川周明、笹川良一、[1]须磨弥吉郎、多田骏、高桥三吉、谷正之、寺岛健。

可以看出，这19人中除了精神出问题的大川周明和释放时去世的多田骏外，剩余的17人中有9人是因为是东条内阁的成员而被逮捕的；高级警官1人；实业家2人；外务省情报局官员2人；陆、海军大将各1人，右翼活动分子1人。除了西尾寿造和高桥三吉外，职务都相对较低。很显然，如果要审判，9名东条内阁成员应该以发动侵略战争而受到审判(甲级)，而以普通战争罪和反人类罪(乙级和丙级)审判他们及其余的嫌疑人的确有些勉强，显然，盟军最高统帅部司法局的解释并非仅仅是官样文章。

三、战犯的释放

(一) 乙、丙级战犯的释放

乙、丙级战犯释放的过程，一波三折，折射出当现实政治与法治原则冲突时难以绕开后者的价值取向及对民意的顾忌。尽管就管辖权而言与甲级战犯有所不同，但也可以看出美国在释放日本战犯问题上的基本态度及政策。实际上，正如前文所述，在所有盟国中，美国是第一个开始释放战犯嫌疑人的国家，同时又是最后一个从法律意义上释放完战犯的国家。

20世纪50年代初，随着日本在美国全球战略中地位的上升，特别是在美国希望日本重新武装，承担起防御责任的情况下，日本朝野发起了一场要求美国释放日本战犯的运动。[2]日本众议院先后通过9项

---

〔1〕有趣的是他现在在中国起码10个大学设立了奖学金。

〔2〕助理国务卿Robertson曾询问阿利森那些日本群体要求释放日本战犯。阿利森回答说："这种情感来自日本社会的各个方面，各种有组织的群体经常来大使馆讨论这一问题，而且日本首相吉田、外相Okazaki在与其的私人谈话中也经常提出这一问题。"1952年8月5日，国民党政府释放了其判刑的所有战犯。几天后日本政府向所有关押日本战犯的国家请愿，要求无条件释放所有战犯。战犯家属也组织成各种组织，时常向各国驻日本大使馆请愿。

决议,呼吁释放所有的日本战犯,并称其已成为与西方建立良好关系的一个主要障碍。日本首相、外相、驻美大使等高级官员在不同场合多次提出释放日本战犯的问题,并将此问题演变为日美关系中的一个重要问题,成为日美高层每次会谈必讨论的问题之一。在这一问题上,日方向美国施加压力的策略之一就是其他国家已经特赦了日本战犯,而美国的对策则是美国公共舆论的反对。

1953年8月13日,美国国务卿、东北亚事务局局长肯尼思·杨(Kenneth T Young)与日本大使新木荣吉等进行了会晤,日本大使要求"国务卿亲自过问日本战犯仍然被关押的问题,因为这个问题对日本政府和日本人民的重要性。"日本大使指出:"美国仅仅假释了20%的日本乙级和丙级战犯,而菲律宾和中国(国民党)已经释放了他们关押的这个级别的所有战犯,这在日本留下了很好的印象。"日本大使敦促:"美国政府尽快释放其审判和关押的战犯以便消除这一不幸的战争遗留问题。"他说:"日本人民希望使他们自己摆脱这一问题,因为它与'新日本'不相符。"

而美国国务卿搪塞道:"对这个问题的具体细节不了解。"肯尼思·杨则解释了(美国)宽大与假释委员会(Board of Clemency and Parole)的工作情况,[1]并说:"美国政府正在尽可能快地审理请求宽大与假释的申请。"他还说:"尽管美国政府完全认识到这个问题对日本的政治影响,但是就美国公众舆论而言,小心地处理每个案子以避免在美国制造任何事件是可取的。而这些事件可能对日本是不利的。"[2]

显然,美国政府的上述安排并没有瓦解日本国内释放战犯的努力。1954年1月26日美国驻日本大使阿利森给国务院发来电报,在电报中阿利森回顾了日本人对这一问题的态度,并建议美国重新审视目前美国的相关政策,考虑大赦所有的战犯,如果这样做难以被接受,宽大与

〔1〕 1952年9月4日杜鲁门发布了第10393号总统令,命令为战犯的假释成立宽大与假释委员会。

〔2〕 Memorandum of Conversation by Director of the Office of Northeast Asian Affair(Young), Aug. 13, 1953, John P. Glennon etc eds, *Foreign relations of the United States, 1952 - 1954. China and Japan*, Volume XIV, Washington, D. C.: U. S. Government Printing Office 1985, pp. 1481 - 1482.

假释委员会应该加速释放这些战犯的进程。阿利森还指出，鉴于日本政府对这些犯人控制的放纵，这些犯人被允许参加在东京举行的篮球比赛和其他活动，日本的战犯问题已经变成了一出闹剧。〔1〕

2月16日国务院专门讨论这一问题。讨论中，远东事务法律顾问斯诺(Snow)指出："迄今为止宽大与假释委员会已经假释了113名战犯，没有被假释的大部分都是被判处无期徒刑的，这些人都犯有特别凶残的罪行"。斯诺强调："宽大与假释委员会是根据(美国)联邦法律体系进行假释的，这一程序最初是由盟军最高统帅部采纳的，根据这一法律体系，被判处无期徒刑的人只有到了1960年或1961年才有资格得到假释。"他说："在一些案例中宽大与假释委员会批准了减刑，以便使得囚犯获得假释的资格。"他还指出："由该委员会来修改'基本规则'以便使得被判无期徒刑的战犯在服刑10年而不是15年后获得减刑资格是可能的。"斯诺还强调总统通过行政命令建立了宽大与假释委员会，并亲自过问该委员会提出的假释建议，并否决了好几例这样的建议。〔2〕

美国占领区法律顾问弗莱格(Phleger)则坚决反对战犯实行大赦，认为"大赦将破坏整个战争罪行审判的法律基础，因为大赦或是赦免将有着抹掉罪行的作用"，而"给予战犯假释或是宽大处理属于不同的概念，不会必然地损害审判的法律基础。"

欧洲事务法律顾问邦布赖特(Bonbright)说："尽管对日本战犯实行大赦会严重地影响德国战犯问题，但国务院欧洲局不会反对在宽大和假释委员会的框架内加速对日本战犯的假释和宽大处理的进程。"

邓宁(Dunning)指出：日本的情况至少在一个方面不同于德国，那就是(受害最重的)菲律宾政府和中国政府(国民党)已经大赦了在他们法庭判刑的日本战犯。但斯诺指出，由英国、澳大利亚和荷兰审判、判

---

〔1〕 Memorandum of Conversation, by Alice L. Dunning of the Office of Northeast Asian Affairs, Washington, Feb. 16, 1954. John P. Glennon etc eds, *Foreign relations of the United States, 1952－1954. China and Japan*, Volume XIV, Washington, D. C.: U. S. Government Printing Office 1985, p. 1602

〔2〕 Ibid, p. 1602－1603.

刑并仍然关押在巢鸭监狱的日本战犯的数量超过了美国法庭判刑的战犯的人数。[1]

显然，反对日本战犯进行大赦或在宽大与假释委员会框架以外释放日本战犯的观点占了上风。负责远东事务的助理国务卿罗伯逊(Robertson)提出的建议是："在未来通过公开这些战犯被判刑的罪行来应对日本(要求释放战犯)的压力是可取的，并强调美国公众对这类严重罪行的反应。阿利森大使在应对日本官员的压力时不妨强调这一点。"[2]会议最后一致同意采取助理国务卿的建议以及继续由宽大和假释委员会加速处理个案是目前唯一切实可行的措施。

日本方面对这一决定的反应显然是不满意的，并继续在要求美国迅速释放所有日本战犯方面施压。同年 5 月 21 日美国驻日本大使阿利森向国务院报告了日本外相再次提出加速释放日本战犯的要求，并建议美国立即大批量的释放日本战犯，只将那些犯有最残忍罪行的人留在巢鸭监狱。在电报中阿利森写道："鉴于第五福竜丸事件[3]以及在诸多方面日本人态度可预见地变得强硬，无法有效地解决这个问题注定会造成我们这里广泛的利益受到越来越大的损失。(即将开始的)吉田首相的访问可能为我们提供以美国的方案解决战犯问题并从中获益的最后机会，同时剥夺日本人在适合他们需要时可以利用的一个问题。"[4]

作为驻日大使，阿利森更多的是从日美关系的视角来考虑这一问题的，但他本人绝非同情这些战犯，但是国务院更多官员偏向于从法律视角考虑这一问题。[5]

---

〔1〕 Memorandum of Conversation, by Alice L. Dunning of the Office of Northeast Asian Affairs, Washington, Feb. 16, 1954. John P. Glennon etc eds, *Foreign relations of the United States, 1952 - 1954. China and Japan*, Volume XIV, Washington, D. C.: U. S. Government Printing Office 1985, pp. 1602 - 1603.

〔2〕 Ibid p. 1603

〔3〕 该艘远洋渔船因受到 1954 年 3 月 1 日美国在比基尼岛试爆氢弹所产生的高能辐射而导致船员死亡事件。

〔4〕 Note One of Memorandum by the Deputy Director of the Office of Northeast Asian Affairs (McClurkin) to the Ambassador to Japan(Allision), June 7, 1954, John P. Glennon etc eds, *Foreign relations of the United States, 1952 - 1954. China and Japan*, Volume XIV, Washington, D. C.: U. S. Government Printing Office 1985. p. 1654.

〔5〕 1938 年初，时任美国驻南京大使馆的三等秘书的阿利森返回南京主持美国大使馆的工作，目睹了日本人的种种行径，而且自己也被日本军官打过耳光，酿成一次重大的外交事件。

6月7日，国务院东北亚事务局副局长麦克勒金(McClurkin)在给阿利森的备忘录中承认，除了东北亚事务局外，国务院其他部门都反对对日本战犯实行大赦，理由是对日本战犯的大赦会破坏对战犯审判的法律基础。同时，由宽大与假释委员会对战犯实行迅速的假释也是不可行的，因为由美国审判并定罪的战犯所犯罪行的重罪性质：在被定罪的293人中，有145人被判无期徒刑；30人刑期超过30年。另外，最近美国总统拒绝批准宽大与假释委员会推荐假释的4列案子的事实表明总统强烈地反对该委员会迅速地假释战犯的情感和行动。

不过对阿利森来说，好的消息是宽大与假释委员会在考虑修改假释的规则，即所有的犯人在服刑10年后就有资格获得假释。这意味着大多数战犯将在1955—1956年获得假释的资格而不是像现在规定的那样要在1959—1960年后才有资格。麦克勒金承认："穿过这一法律和技术问题的泥潭需要基于政治考虑的方法。"最后他给阿利森的建议是："向适当的日本官员强调上述考虑，并且说明a. 立即释放日本战犯不一定是基于大赦的形式，并不包括那些犯下最残忍罪行的战犯；b. 代替前者的方式是将有资格获得假释的时间缩短为也许8—9年。[1] 这将使得相当多的战犯在1954和1955年得到释放，我认为到1955年底除了极少数外，所有战犯将得到释放。"[2]

至此，对日本战犯实行大赦的选项已基本被排除，而通过假释的路径迅速释放战犯的可能也由于美国总统的拒绝及美国社会普遍的存在的"有法可依，依法办事"的思维而暂时搁浅。然而，1954年11月10日，日本首相吉田给美国国务卿的一份备忘录再次引起了国务院内部的辩论。在该备忘录中，吉田写道："继续关押日本战犯对日本公众而言是一个高度情绪化的问题，也是一个社会和政治问题。对这些囚犯

---

〔1〕8—9年只是麦克勒金一厢情愿。斯诺指出："这一数字明显的是出于政治考虑，宽大和假释委员不会批准。"最终宽大和假释委员会向总统推荐的是日本战犯在服刑完10年后才有假释的资格。

〔2〕Memorandum by the Deputy Director of the Office of Northeast Asian Affairs(McClurkin) to the Ambassador to Japan(Allison), June 7, 1954. John P. Glennon etc eds, *Foreign relations of the United States, 1952 - 1954. China and Japan*, Volume XIV, Washington, D. C.: U. S. Government Printing Office 1985. pp. 1654 - 1655.

的家庭及亲戚来说这是一个悲剧。这一问题久拖不决只起到延长战争痛苦记忆的作用。需要采取迅速的行动。”[1]

12月8日，斯诺给占领区法律顾问弗莱格一份长篇备忘录，探讨了日本战犯问题的方方面面。在备忘录中，斯诺赞同宽大与假释委员会的立场，即不对日本战犯实行大赦及按照法律程序逐步地假释日本战犯。他写道：“日本人及全世界必然会将大赦解释为（美国）承认这些审判是政治性的，日本人并没有犯罪。大赦会使文明社会丧失掉对这些战争罪行的审判在缓解战争野蛮性方面所带来的任何好处，特别是对无助的战俘而言尤其是这样”。代替特赦的假释，以个案为基础，直到实质性的正义得以伸张，“只有那些最凶残的案例不予假释”“在1957年结束之前，所有的战犯，或者说实际上所有的战犯都有资格获得假释，当这一时刻到来时建议通过大规模的假释，最终清理完美国军事法庭定罪的，届时仍然被关押在巢鸭监狱里的日本战犯”[2]

负责远东事务的助理国务卿罗宾逊显然倾向于更迅速地释放日本战犯。在同日即12月8日给法律顾问弗莱格的一份备忘录中，一方面，他表示支持斯诺备忘录第14段有关将总统从亲自考虑每一假释案繁重的工作中解放出来，而将这一权力授权给宽大与假释委员会。[3]考虑到总统曾经拒绝批准数起假释案，其背后的含义是非常明显的；另一方面，他认为“这个问题的政治考虑非常重要，应该比斯诺所建议的更快速度解决这个问题。”其理由是“继续关押日本战犯成为美国政府和日本之间政治和心理摩擦的一个重要来源，这与美国将日本发展为一个密切的政治和安全盟友的政策不相符”。他还认为战犯问题“构成了战争和占领政策的一个遗留问题，而为了使美国对日政策符合现存的

[1] Note 4 of Memorandum by the Assistant Secretary of State for Far Eastern Affairs(Robertson) to the Legal Adviser(Phlelger), Dec. 8 1954, John P. Glennon etc eds, *Foreign relations of the United States, 1952 - 1954. China and Japan*, Volume XIV, Washington, D. C.: U. S. Government Printing Office 1985. p. 1794.

[2] Note 3 of Memorandum by the Assistant Secretary of State for Far Eastern Affairs(Robertson) to the Legal Adviser(Phlelger), Dec. 8 1954, John P. Glennon etc eds, *Foreign relations of the United States, 1952 - 1954. China and Japan*, Volume XIV, Washington, D. C.: U. S. Government Printing Office 1985. p. 1794.

[3] 这里 Robertson 曲解了 Snow 的原意，其原意为“考虑每一假释案对总统来说是否过于繁重”。后来 Robertson 进行了修改。

国际现实，有必要消除这一问题。"接着他分析了日本人对这个问题的心态："日本人觉得少数人为作为整体的国家所犯的罪行在遭受痛苦；他们无法理解为什么美国和其他西方国家坚持执行（惩罚）战犯的计划而在日本手上遭受最大痛苦的中国人和菲律宾人却特赦了他们法庭判刑的所有战犯。日本人认为由于他们国家已经重新回归国际社会，并被要求承担国际责任，特别是在防御领域，因此应该尽快让这个问题成为历史。由于日本已与自由世界保持一致，美国政策中这一固有的不兼容性变得更加明显了，美国将会受到日本政府和人民越来越大的压力。因此，有鉴于日本人对战犯问题所持的高度情绪化的态度，美国将会发现在执行其他对日政策时变得越来越困难。另外，一名被盟军最高司令部假释的前甲级战犯重光葵很可能不久后将成为日本的下任外相。"〔1〕

助理国务卿对战犯问题的建议是"考虑通过大批假释或者是比斯诺所建议的更早时间实行定期的假释，最终释放所有关押在巢鸭的战犯。宽大与假释委员会将在1955年底前审查所有案子，鉴于前面提到的政治考虑，1956年初似乎是实行大规模假释的适当时机。"〔2〕

尽管罗宾逊的方案比斯诺的整整提早了一年来全部解决日本战犯的问题，但是日本方面仍然希望尽快地释放所有的战犯。刚刚任日本外相的重光葵在这方面更是不遗余力。1955年初，美国驻日本大使阿利森在陪同雷德福（Radford）海军上将拜访日本外相。阿利森向国务院电报报告了这次会晤的内容：

重光葵只提到两个具体的问题：一是简短地提到了日本人返回小笠原群岛的问题；另一个是重光葵为了释放战犯而进行的"个人呼吁"。重光葵对英国和美国这两个日本最好的朋友继续采取以法律的方式解决这一问题而感到十分遗憾。他说他并不质疑审判的合法性及判决的

〔1〕重光葵于1954年12月10日任日本外相。

〔2〕Memorandum by the Assistant Secretary of State for Far Eastern Affairs (Robertson) to the Legal Adviser (Phleger), Dec. 8, 1954, John P. Glennon etc eds, *Foreign relations of the United States, 1952 - 1954. China and Japan*, Volume XIV, Washington, D. C.: U. S. Government Printing Office 1985. pp. 1794 - 1795.

正确性，但是10年已经过去了，忘掉过去和采取一切措施医治战争创伤变得非常重要。继续关押这些人只会使人们继续保留战争的怨恨，损害两国之间至关重要的全面合作，并给(日本)左派和共产党留下口实，他们指出中国和苏联对战犯的释放。重光葵要求雷德福将他的关注传递给美国总统，并呼吁尽早采取有利的行动。雷德福海军上将说他将把重光葵的观点转达给总统、国务卿和国防部长。

阿利森在电报中最后写道："在我看来(据我所知赫尔将军也同意)，为了促进美日关系，我们在日本能做的就是做出尽早以假释或其他的方式释放美国所管辖的剩余日本战犯的决定。"〔1〕

实际上，就在国务院内部就日本战犯特赦还是假释，何时大规模假释为宜而争论的时候，国防部和司法部也在考虑推荐总统授权大规模假释美国关押的日本战犯。与国务院不同的是，该计划"同时以假释的形式将日本政府推荐假释的所有战犯交给日本政府……除了7名日本政府没有推荐释放的战犯外，预计264名由美国关押的战犯将被假释。"〔2〕

国务院欧洲局的墨菲(Murphy)将国防部和司法部的上述计划通知了美国驻德国高级专员办公室，要求其评估这一行动对德国的潜在政治影响，并要求"在不与英国和法国讨论的情况下，你估计英国和法国会有何种反应?"〔3〕

1955年1月22日，美国驻德国高级专员办公室回复了墨菲的询问，指出："对日本战犯的大规模假释将会在德国产生不幸的影响，造成德国人要求立即释放德国战犯，并毁掉宽大与假释体系，这样使得大赦成为必要，因为德国没有一个假释体系，政府无法实行假释。"〔4〕

〔1〕 Telegram from the Embassy in Japan to the Department of State, Tokyo, January 6, 1955. John P. Glennon etc eds, *Foreign relations of the United States, 1955 - 1957. Japan*, Volume XXIII, Washington, D.C.: U.S. Government Printing Office 1991. pp. 2 - 3.

〔2〕 Telegram from the Department of State to the Office of the High Commisioner in Germany. Washington, January 15, 1955. John P. Glennon etc eds, *Foreign relations of the United States, 1955 - 1957. Japan*, Volume XXIII, Washington, D.C.: U.S. Government Printing Office 1991, p 10.

〔3〕 Ibid.

〔4〕 Ibid.

2月4日发往东京并转发给德国波恩的编号1526电报称："国务卿（杜勒斯）于1月27日决定反对大规模的假释日本战犯。（国务院）决定寻求得到总统批准，将有关日本战犯问题的最终权力授权给宽大与假释委员会。[1] 实际上，将这一权力下放，意味着免除由于假释战犯对总统可能产生的负面影响，另外，至少在理论上，意味着这一进程的加速，但仍然是在法律框架内而非政治考虑来解决这一问题。

有关国务卿这一决定的背景，美国外交文件的编辑在注释中说明没有发现相关的文件。但是麦钱特（Merchant）和罗宾逊在1月23日给杜勒斯的备忘录中，除了涉及德国战犯问题外，还列出了下列反对立刻假释的原因："1）假释似乎表明美国承认审判是一个错误；2）强烈反对迅速释放日本战犯的美国重要盟国在与日本交往中将会尴尬；3）日本应该被要求履行其在和平条约（《旧金山和约》）中承诺的执行盟国对战犯的判决；4）美国可能产生的负面反应。"[2]

鉴于上述考虑，立即以假释的形式释放所有日本战犯也无可能。实际上，经艾森豪威尔1955年4月9日批准的国家安全委员会第5516/1（NSC5516/1）文件有关日本战犯的政策就体现了国务院的方案。文件写道："以与德国战犯政策一致的方式，加速假释美国控制的日本战犯，并考虑如果可能在不迟于1956年初消除这一问题。"[3]

根据这一政策和日美国关系的政治考虑及其他的因素，[4]罗宾逊向国务卿递交了一份备忘录，建议在1955年结束之前，除了50名罪大恶极的战犯外，通过加速宽大与假释委员会的程序，假释所有由美国关

---

〔1〕 3月29日，国防部长Wilson在给杜勒斯的一封信中代表国防部同意将最终的决定权授予宽大和假释委员会，条件是该委员会继续做出一致的决定。3月16日通过总统行政命令10613号，确立了新的（假释）程序。

〔2〕 Note 2 of Telegram from the Department of State to the Office of the High Commisioner in Germany. Washington, January 15, 1955. John P. Glennon etc eds, *Foreign relations of the United States, 1955 - 1957. Japan*, Volume XXIII, Washington, D. C.: U. S. Government Printing Office 1991, p. 11.

〔3〕 Meorandum from the Acting Assistant Secretary of State for Far Eastern Affairs (Sebald) to the Secretary of State, Aug. 23, 1955, John P. Glennon etc eds, *Foreign relations of the United States, 1955 - 1957. Japan*, Volume XXIII, Washington, D. C.: U. S. Government Printing Office 1991, p. 83.

〔4〕 其他的因素包括：美国关押的日本战犯远远超过了德国战犯；远东国际军事法庭定罪剩余7名战犯的假释；苏联许诺日苏关系正常化后，苏联将释放其关押的所有日本战犯。

押的210名战犯。如果这一法律的路径行不通，则授权国务卿向美国总统推荐，通过总统令假释到这一水平。但国务卿对这一备忘录未知可否。实际上，到1956年1月11日，美国仍关押着158名日本战犯。[1]

至于出现这一情况的原因是，1955年8月31日在于日本外相会重光葵会晤时，当日本外相要求就释放日本战犯"采取进一步的措施"时，美国国务卿杜勒斯进行了解释。他说：

> 这是一个非常困难的情况，因为仍然被关押的战犯犯下日本人也会承认是严重的罪行。日本人可能会说战争期间双方都犯下了罪行。在一定程度上这也许是真的，但是在本案中，实际的档案（罪行记录）引起现实的关注。美国正在尽最大努力解决这一问题。（日本）认为美国继续关押这些战犯日本会产生反美情绪，但是记住下面的内容也很重要：如果进行引人注目的全部释放，美国可能会出现由各种组织和个人举行的抗议，这将会复活这里的反日情绪。走出这一困境的方法不是轻而易举地可以找到，但是到目前为止，在解决这一问题的同时，（在美国）没有激发出反日情绪。美国政府将继续以既满足日本愿望，又不引起不利于美国或是日本利益的方式解决这一问题。因此，许诺一次普遍的假释是不可能的，但是美国政府正在朝着这个方向努力，并考虑其人民所认为的正义，避免公众的强烈反对。如果出现这一情况可能会恢复美国目前潜藏在表面下的一些情感。整个问题一直得到仔细地考虑，总统和国务卿都时常亲自关注着这个问题。[2]

这里国务卿虽然没有明说普遍的假释可能会损害审判日本战犯的

---

〔1〕 Note 8 of Meorandum from the Acting Assistant Secretary of State for Far Eastern Affairs(Sebald) to the Secretary of State, Aug. 23, 1955, John P. Glennon etc eds, *Foreign relations of the United States, 1955 - 1957. Japan*, Volume XXIII, Washington, D. C.: U. S. Government Printing Office 1991, p. 84.

〔2〕 Memorandum of a Conversation, Department of State, Washington, Aug. 31, 1955. John P. Glennon etc eds, *Foreign relations of the United States, 1955 - 1957. Japan*, Volume XXIII, Washington, D. C.: U. S. Government Printing Office 1991, p. 115.

合法性，但强调了这些战犯的罪行严重性及普遍的假释可能带来的公共舆论的反对，这已成为美国应对日本要求释放的有效工具。

因此，之后日本战犯的假释工作仍然是在宽大与假释委员会的框架内进行的，到 1957 年初仍然有 80 名日本战犯没有得到假释。在 1957 年 2 月 4 日国务院内部的一次非正式的讨论中，美国驻日使馆参赞，不久将成为美国驻日大使的麦克阿瑟说，他已经与总统讨论了释放日本战犯的原则，并说国务卿正在制定一个方案，该方案将有助于不仅以与美国在日本的政治目标一致，而且与过去一直遵守的条约和法律程序一致的方式尽早释放剩余的 80 名日本战犯。

到 2 月 11 日，国务院内部就一个解决方案达成一致，该建议为：由日本政府成立一个"负责任的、非政治的委员会，在审查与本案有关的所有相关的事实，包括审判档案"后提出推荐释放战犯名单，这些战犯将予以释放。该建议还要求解散宽大与假释委员会。[1] 这显然是一个一箭双雕的策略，既可以释放在押的日本战犯，又将释放可能产生的责任归于日本独立委员会。

在 1957 年 6 月 17 日给总统的备忘录中，国务卿更加详细地阐述了上述决定及其理由："现在由美国法庭判刑和管辖并关押在日本的战犯还有 66 人。目前唯一仍关押日本战犯的盟国澳大利亚只关押着 8 人，并已通知日本政府，将于 1957 年 6 月结束之前释放所有的这些战犯。苏联声称已经释放了其关押的所有日本战犯。中国也已经采取措施加快释放其关押的日本战犯。"

与此同时，"已授权对日本战犯进行减刑和假释的宽大与假释委员会发现根据案子本身已经很难对这些战犯进行假释了。然而，在终战几乎 12 年后继续关押这些战犯成为本政府和日本政府之间一个重要的政治和心理摩擦的来源。日本人认为继续关押与我们和他们密切的同盟关系不相符，并一再要求我们采取行动解决这一局面。"因此，只能

〔1〕 Memorandum of a Conversation, Department of State, Washington, Feb, 4 1957, John P. Glennon etc eds, *Foreign relations of the United States, 1955 - 1957. Japan*, Volume XXIII, Washington, D.C.: U.S. Government Printing Office 1991, p.259. 有关解散宽大与假释委员会的建议，由于国防部认为该委员会还应该继续其工作而暂时被搁置。

通过新的路径，即让日本人自己成立一个委员会来审查并向美国推荐战犯的释放名单。

但国务卿强调不能在目前采取这一程序："美国告知即将来访的日本首相岸信介，美国了解继续关押日本战犯造成的摩擦，并希望结束这个问题。然而，由于吉拉德（Girard）事件，美国公众不满情绪被激发，[1]一般认为，此刻改变这些战犯（的假释）程序是不明智的。美国政府将会继续关注这一问题，并在适当的时候采取措施减缓这一问题。"[2]

第二天，即 6 月 18 日，国务卿前往白宫，并再次谈到了这一新的释放程序："我们应该将假释剩余的 66 名日本战犯的责任转移到日本人那里。总统表示同意，并补充道，我们应该向日本人清楚地表明他们有责任确保正义得到维持，因为一些战犯相当的凶残。"[3]

这里可以看出美国方面，特别是最高领导人的矛盾心态，一方面出于现实政治的考虑，必须消除日美关系中的这一问题；另一方面，又不完全甘心让这些日本战犯逃脱应有的惩罚，使正义得不到伸张。无论如何，这一新的释放战犯程序多少有些自欺欺人。

两天后，即 1957 年 6 月 20 日，日本首相来美国访问，在与美国国务卿会谈中，日本首相岸信介再次以其他国家释放日本战犯为由向美国施压，他告知美方："澳大利亚总理孟席斯（Menzies）最近访问了日本，期间宣布澳大利亚同意释放其关押的日本战犯。因此，美国是唯一一个仍然要求日本政府代表其关押日本战犯的国家，被关押战犯人数为 66 人。毫无疑问，美国有多种理由这样做，但是，另一方面，战争结束已经十多年了，仍然没有这些战犯何时能够得到释放的信息。这对两个国家都不利。"

---

〔1〕 1957 年一名日本家庭主妇 Nake Sakai 进入美国军事管制区被美国士兵 William S Girard 枪击死亡的事件，引起日美司法权的争议，最后美国国务卿和国防部长同意将其交由日本法庭审判。引起美国舆论的强烈不满。

〔2〕 Memorandum from the Secretary of State to the President, Washington, June 17, 1957. John P. Glennon etc eds, *Foreign relations of the United States, 1955 - 1957. Japan*, Volume XXIII, Washington, D. C.: U. S. Government Printing Office 1991, pp. 355 - 356.

〔3〕 Memorandum of a Conference with the President, White House, Washington, June 18, 1957, 2:30 pm, Eisenhower Library, Whiteman File, DDE Diaries, Drafted by Goodpaster on June 22.

国务卿将美国准备就这66名战犯所采取的新的释放程序："告知了日本首相我们准备找到一个解决办法，但应该提前说明的是目前发布公开声明是不实际的，因为吉拉德事件所引起的公众关注。""这66个人犯有严重的暴行。采取可能唤起公众记忆的公开行动是不明智的。然而，一旦（美国国内的）氛围变得相对平静，美国准备采取下列方案：美国政府将建议日本政府建立一个负责的，非政治的委员会来审查这些案子，包括审判记录；为了这一目的，美国将向日方提供这些审判记录。在审查了这些案例后，该委员会提出可以宽大的案例，日本政府相应的提出（假释）建议，美国政府准备一般接受这些建议。美国将期待该委员会根据所有事实，行使真正的正义和诚实的判断，我们将根据日本政府的建议行事。我们认为这样能够不违反《旧金山和平条约》第11条，该条款将宽大的权力授予了参与审判的政府，同时日本政府可以提出建议。这意味着我们将一般遵从日本政府的建议而不进行独立的调查，这样将所有的责任交给日本政府。"

日本首相对此安排非常满意。国务卿告诫日本首相"只有在目前的局势平静下来后，这一安排才能实施，目前提出一些案例的细节对两国都没有好处。然而，当时机成熟时，如果这一安排日方满意，我们将尽可能快地执行。"[1]

3个月过后，由于见美国仍迟迟未按之前的许诺，将剩余的战犯交由日本独立的委员会审查，并由其建议释放。1957年9月23日，日本外相为落实岸信介的美达成的协议再次访美，并与国务卿进行了会谈。

在会谈中日本外相再次提到了日本战犯问题，并指出："（仍然被关押的）战犯数量虽不大，但在战争结束12年后，仍有战犯被关押的事实是一个痛点。"他承认："立刻处理所有甲级、乙级和丙级战犯可能不可行。尽管美国建议日本建立一新的委员会来审查乙级和丙级战犯的案子，但是日本已经有了这样的委员会。建立一个新的这样的委员会是

---

〔1〕 Memorandum of a Conversation, Secretary Dulles' Office, Department of State, Washington, June 20, 1957, 3pm. John P. Glennon etc eds, *Foreign relations of the United States, 1955 - 1957. Japan*, Volume XXIII, Washington, D.C.: U.S. Government Printing Office 1991, pp. 393 - 394.

不可取的，因为这样做会损害目前委员会所享有的信任和信心。因此日本希望用现存的委员会来审查战犯的案子。将战犯的刑期减至已经服完的年限，进而全部释放他们，如果这样做有困难，难道对那些假释战犯的监督和监视系统不能终止吗？”日本外相继续说道：“无论多么缓慢，重要的是一步步的向前进，而不是停滞不前。如果这点能做到，人民将会对华盛顿谈判留下深刻的印象。如果有关小笠原群岛和战犯的问题能够得到解决，日美的总体关系将会得到改善。”

对日本外相所称的日本已经有了这样一个委员会的说法，美国国务卿表示质疑，并称：“我们对目前日本的委员会是否满足美方提出的由一个非政治的组织审查战犯的要求表示怀疑。”[1]

尽管如此，美国仍然启动了新的释放程序，其中最重要的标志是1957年12月3日，总统批准了废止了宽大与假释委员会，并授权国务卿或者是国务卿授权的人执行美国根据日本政府的建议而做出的释放日本战犯决定。条件是日本政府的建议必须与《旧金山和平条约》第11条精神相符合。但美国仍然坚持，在日本内阁批准成立一个新的、负责任的和政治的委员会后，“总统的这一行政命令将会很快签发。”[2]

至此，最后66名日本战犯的释放在美国方面已无任何障碍。日本方面也按照美国的要求成立了委员会，并对剩余战犯进行了象征性的审查。

1958年9月11日，在日本外相与国务卿的会谈中，日本外相表示，日本政府非常赞赏所有的乙级和丙级战犯被假释这一事实。然而，如果遵循美国的方案，这些战犯需在两年后才能结束假释身份，成为自由人。日本政府希望在大约相同的时间里终止这80多人的假释身份。

国务卿回答说：“我们已经审查了这一问题，我们可以在明年初免

〔1〕 Memorandum of a Conversation, Secretary Dulles' Office, Department of State, Washinton, Sep. 23, 1957, 3-5: 30, John P. Glennon etc eds, *Foreign relations of the United States, 1955-1957. Japan*, Volume XXIII, Washington, D. C.: U. S. Government Printing Office 1991, pp. 491-92.

〔2〕 Telegram from the Department of State to the Embassy in Japan, Washington, Dec. 5, 1957. Glenn W. LaFantasie, Madeline Chi and Louis J Smith eds, *Foreign relations of the United States, 1958-1960. Japan*, Volume XVIII, Japan; Korea, Washington, D. C.: U. S. Government Printing Office 1994, p. 542.

除这一要求，这将完全地消除这一问题。”在审查了日本政府建议将剩余的83名日本乙级和丙级战犯减刑至已经服刑的年限后，美国政府同意免除两年假释期限的要求，并于1958年12月29日生效。[1]这样日本乙、并级战犯问题终于画上了句号。

（二）甲级战犯的释放

实际被远东国际军事法庭定罪判刑的25名战犯中。有7人被判死刑（板垣征四郎、东条英机、广田弘毅、木村兵太郎、松井石根、土肥原贤二和武藤章）；16人无期徒刑（白鸟敏夫、大岛浩、嶋田繁太郎、冈敬纯、贺屋兴宣、荒木贞夫、铃木贞、梅津美治郎、木户幸一、南次郎、平沼骐一郎、桥本欣五郎、畑俊六、小矶国昭、星野直树和佐藤贤了）；2人有期徒刑（东乡茂德有期徒刑20年和重光葵有期徒刑7年）。

在这18名无期和有期徒刑战犯中，服刑期间死亡的有：梅津美治郎（1949年1月）、白鸟敏夫（1949年6月）、东乡茂德（1950年7月）小矶国昭（1950年11月）、平沼骐一郎（1952年）。假释后死亡的有：南次郎（1954年因病获假释，死于1955年）、桥本欣五郎（1955年被假释，1957年死亡）。重光葵于1950年11月被盟军最高司令部假释。这样到1955年仍活着的甲级战犯有11人。

《远东国际军事法庭宪章》第17条规定：“判决应在法庭内公开宣布，并应说明其所根据的理由。审判记录应直接送盟军最高统帅，以便他做出相应的决定。判处刑罚将依照盟军最高统帅的命令执行之，盟军最高统帅可对判处刑罚随时减轻或加重刑罚以外的其他变动。”[2]换言之，对远东国际军事法庭对战犯处以的刑罚，麦克阿瑟被授权随时可以减刑，但不能加重已有的刑罚。实际上，在远东军事法庭判决后，麦克阿瑟对判刑进行了审查，并发表了维持判决的声明：

在我长期的公共服务生涯中经历过许多充满着痛苦、孤独和

---

〔1〕 Memorandum of Conversation, Washington, Sep. 11, 1958, 2 - 4: 20p. m., Glenn W. LaFantasie, Madeline Chi and Louis J Smith eds, *Foreign relations of the United States, 1958 - 1960. Japan*, Volume XVIII, Japan; Korea, Washington, D. C.: U. S. Government Printing Office 1994, p83.

〔2〕《远东国际军事法庭宪章》，杨夏鸣编：《东京审判》，江苏人民出版社2005年版，第11页。

> 凄惨任务和责任,但在我被要求履行的职责中,没有一项像审查远东国际军事法庭对日本战犯被告的判刑那样令我讨厌。分析这些划时代的审判所涉及的普世基本原则不是我的目的,实际上我也没有这样做所必须具备的卓越智慧。这些划时代的审判目的是为那些赋予国家行为的人制定并形成国际道德标准。的确,这一问题是最基本的,自从时间开始起,人类就努力试图解决它;也许,直到时间终结人类都会在等待其完全解决。就我自己目前的义务和本案所赋予我的有限权威而言,不必多说,根据有关盟国所详细规定的这些原则和程序,我没有发现审判本身有法律意义上的重大违法或是疏忽以至于需要我对已经宣布的判决进行干预。只要是人的决定都有可能出错,但是我想不出有(比此次审判)更能确保公正的审判。许多人会不同意这一判决是不可避免的,即便是参加审判的博学的法官也没有取得完全的一致,但是在目前不完美的文明社会演进中没有一个由凡人组成的机构似乎更有资格在其神圣判决的诚实和正直性上得到信任。如果我们不能信任这样的程序和这样的法官,那么我们也就什么也不能信任了。因此,我命令第八军的总司令执行法庭的宣判。这样做的时候,我祈祷全能的天意利用这一悲剧性的赎罪作为一个象征,召唤所有善良的人认识到战争——最恶性的灾祸和人类最深重的罪孽——的无益性和所有国家最终放弃战争。为了这一目的,在执行的这天,我要求全日本的所有教堂会众,无论是其私下或是在公开祈祷的圣坛前,无论是何种宗教信仰,寻求神灵的帮助和指导,为了避免人类的消亡而维持世界和平。[1]

这里麦克阿瑟说明了其不干预判决的原因有三:一是通过执行法庭判决,为那些当权的国家领导形成"国际道德标准";二是根据盟国制定审判原则和程序,审判本身没有重大的违法或是疏忽;三是审判程序

---

〔1〕 The Acting Politial Adviser in Japan(Sebald) to the Secretary of State, Tokyo, Nov. 24, 1948, United States Department of State: *Foreign relations of the United States, 1948, the Far East and Australia*, Volume VI, Washington, D.C.: U.S. Government Printing Office, 1974. p.908.

和法官是诚实和正直的。无论出于真心还是迫于形势，对东京审判的判决，特别是对7名战犯死刑的判决，麦克阿瑟没有行使《远东国际军事法庭宪章》所赋予他的减刑的权力。

但在一年多后，他就开始行使其减刑的权力了。1950年3月7日，[1]麦克阿瑟发布了一个指令，内容是由于表现良好，为被定罪的日本战犯减刑三分之一的刑期。因此，被判7年有期徒刑的重光葵，在服刑4年半后，于1950年11月20日，被从巢鸭监狱假释，[2]并于第二年重返日本政治政界，任日本任改进党总裁。另外，重光葵在日本的甲级战犯的释放中应该属于一个个案，实际上，在其审判期间，就有数十名美国和英国的外交官为其说情，这其中包括美国前驻日大使和副国务卿格鲁。在其被判刑后，伦敦了解重光葵的包括克雷奇(Robert Craige)爵士在内著名人士向麦克阿瑟呼吁，要求对其减刑。[3]但重光葵获释的依据主要是由于麦克阿瑟的3月7日的指令，与其他人的减刑呼吁基本无关。

随1952年4月《旧金山和平条约》的正式生效，盟军最高司令部解散。《旧金山和平条约》第11条规定："日本接受远东国际军事法庭与其他在日本境内或境外之盟国战罪法庭之判决，并将执行各该法庭所科予现被监禁于日本境内之日本国民之处刑。对此等人犯赦免、减刑与假释之权，除由每一案件科刑之一个政府或数个政府之决定并由日本之建议外，不得行使。如该项人犯系由远东国际军事法庭所判决，该项权利除由参加该法庭之多数政府之决定并由日本之建议外，不得行使。"

这样，就甲级战犯而言，减刑的主体变成了参加东京审判的各盟国

---

〔1〕朝鲜战争是6月5日爆发的，所以可以肯定的是麦克阿瑟的这一减刑的举动与朝鲜战争的爆发无关。

〔2〕苏联为此专门向麦克阿瑟提出抗议。实际上，重光葵曾任驻苏联大使，在苏联和日本军队在有争议的张鼓峰地区(日方称哈桑湖)发生冲突时，他的能力受到了巨大的考验，他和苏联外交部长马克西姆·李维诺夫进行了极不愉快而严峻的谈判，达成了结束危机的停火协议，由于他的顽强、刚毅，这成了苏联战后把他定为甲级战犯的重要依据。

〔3〕Hugh Cortazzi eds, *Britain & Japan: Biographical Portraits*, Vol. IV London: Taylor & Francis Ltd. 2002, p99. 参与呼吁的人士还包括：R. A. Butler、Edward Crowe爵士、Arthur H. F. Edwardes、Howell Arthur Gwynne、Lord Hankey、Lindley、F. S. G. Piggot中将和Lord Sempill等。

和日本政府。早在1953年8月13日,日本大使新木荣吉在与美国国务卿会晤时即要求就释放巢鸭监狱的"3名老人"而立刻采取行动。美方的回应:"美国政府现在正在与相关政府讨论甲级战犯的问题以便迅速地达成一个协定。"〔1〕

尽管对远东国际军事法庭定罪的战犯只有在参加审判的大多数国家同意后才能假释,但美国政府表示"美国将表明其也倾向于假释这些战犯"。〔2〕

在日本政府的"建议"及美国的帮助下,相关国家达成协议,分别于1954年(桥本欣五郎、冈敬纯、南次郎、畑俊六)1955年(大岛浩、岛田繁太郎、贺屋兴宣、荒木贞夫、铃木贞、木户幸一、星野直树)和1956年(佐藤贤了)假释了所有的甲级战犯。就假释的时间顺序上,很多是从人道的层面考虑的,如南次郎和桥本欣五郎都是由于健康原因而被假释,且假释不久就分别去世了。而被荷兰法官罗林(B. V. A. Röling)认为是最不值得受到惩罚的佐藤贤了到1956年才被假释。从法律的角度看,假释不等于赦免,换言之,被假释者依然是罪犯,并被剥夺公民应该享有的许多政治权利。

在所有甲级战犯被假释后,日本朝野又将关注的焦点放到了尽快结束这些战犯的假释身份上。这一要求很快成为日美高层会谈中的一个议题,在日本首相岸信介访问美国前夕,即1957年6月17日,国务卿杜勒斯在给总统的备忘录中谈到了这个问题及美国应该采取的对策:

> 由远东军事法庭判刑的所有11名活着的战犯〔3〕通过国际行动被从关押的状态下释放,现在是假释的身份。日本人最近

〔1〕 Memorandum of Conversation by Director of the Office of Northeast Asian Affair(Young), Aug. 13, 1953, John P. Glennon etc eds, *Foreign relations of the United States, 1952 - 1954. China and Japan*, Volume XIV, Washington, D.C.: U.S. Government Printing Office 1985, pp. 1481 - 82.

〔2〕 Telegram from the Department of State to the Office of the High Commisioner in Germany. Washington, January 15, 1955. John P. Glennon etc eds, *Foreign relations of the United States, 1955 - 1957. Japan*, Volume XXIII, Washington, D.C.: U.S. Government Printing Office 1991, p. 10.

〔3〕 桥本欣五郎不久去世。

要求对3名假释的囚犯给予完全的赦免，因为他们的假释身份及由此对其活动的相应限制构成了一个污名，并妨碍了他们担任公职。

我建议告知岸信介在《旧金山和平条约》中没有特赦的条款：该条约谈判的历史表明，在条约的第十一条中包含特赦的内容是被考虑的，但后来被拒绝了。然而，美国将会考虑日本政府的要求，向参加远东军事法庭审判的国家表达将3名假释战犯的刑期减为已经服刑年限的愿望，这将起到结束假释的效果，并解除对假释身份的限制。在这些案子中，通过法国、荷兰、澳大利亚、新西兰、英国、加拿大、巴基斯坦和美国多数协定可以实现减刑。〔1〕

3天后，在与岸信介的会谈中，国务卿说："已经在考虑被国际法庭判刑的甲级战犯的问题。美国希望做任何法律上可行的事。特赦的问题被考虑，但在研究了制定《旧金山和平条约》的历史后，我们得出的结论是特赦是不实际的。最初，在后来成为第十一条的草稿中包含了特赦的条款，但是由于一些盟国的反对，这一条款被删除。然而，如果参与东京审判的大多数国家能够同意，我们认为这些战犯的刑期能够减至他们已经服刑的年限，这样他们假释的身份将会自动终止，对他们的限制也将消失。根据和平条约，这样做要求日本提出要求，并得到大多数参与东京审判的国家的同意。因此，此刻不能发表公开声明。然而，如果日本希望这样，美国将会非正式地询问参与东京审判的其他国家是否同意来自日本的正式要求宽大的建议，这样日本可以避免如果其他国家不同意所产生的尴尬。"日本首相对此表示感谢，国务卿表示："美国将采取相应的步骤。"〔2〕

〔1〕 Memorandum from the Secretary of State to the President, Washington, June 17, 1957. John P. Glennon etc eds, *Foreign relations of the United States, 1955 - 1957. Japan*, Volume XXIII, Washington, D.C.: U.S. Government Printing Office 1991, pp. 355 - 356.

〔2〕 Memorandum of a Conversation, Secretary Dulles' Office, Department of State, Washington, June 20, 1957, 3pm. John P. Glennon etc eds, *Foreign relations of the United States, 1955 - 1957. Japan*, Volume XXIII, Washington, D.C.: U.S. Government Printing Office 1991, pp. 393 - 394.

然而,对这一方案的阻力,并非来自盟国,而是来自美国的宽大与假设委员会。该委员会只同意对10名甲级战犯中的3名文职官员采取减刑至已经服刑的年限,而不同意对其余7名前军人采取相同的措施。

1957年9月23日,日本外相为落实岸信介未达成的协议再次访美,并与国务卿进行了会谈。会谈中,助理国务卿罗宾逊告诉日本方面,就3名文职甲级战犯而言,(减刑到已服刑的年限)没有任何问题,但另外7名前军人就困难得多。但国务卿表示:"我们的确准备就这一问题采取一些行动。我们准备向有关国家建议将这3人的刑期减至他们已经服刑的年限,这样他们就可以在没有污点的情况下重新开始(政治生活)。对另外7名战犯,我们也将采取一些行动,如找到某种方式结束对他们的监视居住。"日本外相要求有关甲级战犯的问题尽快向其他国家建议。罗宾逊说我们正在着手做这件事。我们的假释委员会不愿意按照处理文官的模式来处理前军人的减刑工作。但是如果不可能对他们进行减刑,我们将努力结束对他们的监视。[1]

到了10月份,国务院东北亚局的副局长承认,如果没有白宫干预的话,宽大与假释委员会准备只对3文官的案例采取行动,加上对其余7名前军人终止假释监视。该委员会反对减刑至已服刑年限是基于"其罪行的性质"而定的。[2]

为打破这一僵局,在经过系列磋商后,东北亚局得到了远东局法律顾问和宽大与假释委员会的执行秘书非正式的同意,决定采取下列行动:

召集一次由参与远东国际法庭审判的其他7国驻华盛顿大使馆官员的会议,概述日本的要求及美国准备采取的行动。美国代表将说明

〔1〕 Memorandum of a Conversation, Secretary Dulles' Office, Department of State, Washington, June 20, 1957, 3pm. John P. Glennon etc eds, *Foreign relations of the United States, 1955 - 1957. Japan*, Volume XXIII, Washington, D.C.: U.S. Government Printing Office 1991, p.494.

〔2〕 Memorandum from the Deputy Director of the Office of Northeast Asian Affairs(Ockey) to the Assistant Secretary of State for Far Eastern (Roberton), Washington, Oct. 4, 1957. John P. Glennon etc eds, *Foreign relations of the United States, 1955 - 1957. Japan*, Volume XXIII, Washington, D.C.: U.S. Government Printing Office 1991, p.509.

美国自己的宽大与假释委员会不情愿将前7名军人的刑期减至已经服刑的年限，但说明如果相关国家的多数决定这样做的话，美国将会同意。鉴于其他政府的过去所采取的行动，很有可能大多数国家会同意将所有甲级战犯的刑期减刑到已经服刑的年限。

该计划的制定者认为："执行上述建议有赖得到的宽大和假释委员会同意美国代表告知其他政府，美国将会接受大多数国家将这7名前军人的刑期减至已经服刑的年限的决定。宽大与假释委员会的执行秘书认为该委员会的成员将会同意这样的行动。"〔1〕

10月21日，美国宽大与假释委员会召开了会议，并讨论了美国国务院的上述方案，最后该委员会批准了国务院的这一方案，即美国将会接受大多数国家将这7名前军人的刑期减至已经服刑年限的决定。

1957年10月24日，东北亚事务局的局长奥克利(Ockley)与远东国际军事法庭的7国代表会面。奥克利阐述了上述美国立场，所有其他国家的代表都同意将这一问题报告给他们的政府。

但直到1957年底，美国仍未得到这些国家的答复。在12月5日国务卿杜勒斯给美国驻日本大使馆的一份电报中，杜勒斯说："尽管试图加速(这一进程)，但其他参与东京审判的国家还未就有关甲级战犯的问题回复我们。我们将继续敦促尽早的行动，但认为在此刻通知日本外务省目前的现状是不可取的。"〔2〕

在美国政府的催促下，相关参与东京审判的政府陆续回应，表示同意。这样，将甲级战犯减刑至服刑年限，进而结束假释身份的障碍也就完全不再存在。1958年4月17日日本政府宣布，在得到大多数参与东京审判的国家同意后，最后10名先前被假释的甲级战犯得到宽恕，从

---

〔1〕 Memorandum from the Deputy Director of the Office of Northeast Asian Affairs(Ockey) to the Assistant Secretary of State for Far Eastern(Roberton), Washington, Oct. 4, 1957. John P. Glennon etc eds, *Foreign relations of the United States, 1955 - 1957. Japan*, Volume XXIII, Washington, D.C.: U.S. Government Printing Office 1991, pp. 509 - 510.

〔2〕 Telegram from the Department of State to the Embassy in Japan, Washinton, Dec. 5, 1957 - 7: 31 p.m. 该电报还提到了已经将有关的东京审判的记录海运和部分空运到日本的准备。一旦总统签署行政命令即可进行。John P. Glennon etc eds, *Foreign relations of the United States, 1955 - 1957. Japan*, Volume XXIII, Washington, D.C.: U.S. Government Printing Office 1991。

今以后被认为是无条件地免除了其假释条款。这样甲级战犯在被判刑的10年后,成为完全的自由人。这其中当然有国际形势变化的因素,但慈悲为怀的天性也是不可否定的因素。

第二十六节　东京审判中的国际检察局

——以审判筹备阶段为中心

王震宇*

国际检察局(International Prosecution Section)是驻日盟军最高统帅(SCAP)为实施战后对日占领政策,审判日本战犯而设立的一个专门机构[1],任务是调查、起诉远东及太平洋战场上的甲级战犯。从1945年底到1948年初,国际检察局先后执行了筹备远东国际军事法庭、起草法庭宪章、讯问嫌疑战犯、调查收集证据、起草诉状、出庭举证等任务,不仅与法庭共同组成了甲级战犯审判的两大支柱,同时也成为这场审判的起点。到1948年东京审判结束时,国际检察局就解散了。从这个意义上讲,和远东国际军事法庭一样,国际检察局实为一个临时性的组织(ad hoc organization)[2]。尽管国际检察局由接受日本投降的各盟国政府代表组成,其性质属于国际机构,但与纽伦堡审判的起诉机关相比,又具有若干差异处。下面,笔者就依据现有资料对国际检察局的设立、组成、人员及其在法庭开庭前的筹备工作试作初步研究,敬请方家指教。

一、国际检察局的设立

二战之后,对远东地区战犯进行审判,成为各盟国政府的共识。这一方针被盟国以国际条约的形式确定下来,并为日本政府所明确接受。[3] 日本投降后,联合国战争犯罪委员会(UNWCC)曾向盟国政

---

* 江西警察学院学报编辑、讲师。

〔1〕 简称IPS,也有译为“国际检察处”,见梅汝璈:《远东国际军事法庭》,法律出版社2005年版,第82页。

〔2〕 霍维茨:《东京审判》,载《国际调解杂志》第465期,卡内基和平基金会1950年版,第538页。

〔3〕 1945年7月26日,中、美、英三国宣布《波茨坦公告》,之后苏联也加入该份协定。《公告》第10项的表述为:“吾人无意奴役日本民族或消灭其国家,但对于战犯,包括虐待吾人俘虏者在内,将处以严厉之法律制裁(stern justice)。”日本《投降书》第6项表述为:“我们为天皇、日本政府及其后继者承允忠实履行《波茨坦公告》之条款。”见梅汝璈:《远东国际军事法庭》,法律出版社2005年版,第6页。

府建议,“在日本成立一个中央战犯检察机关,并配备相关人员,去草拟、提交起诉书,收集、分析、整理证据材料,向一个国际军事法庭控告战争罪犯。”〔1〕

由于战后美国实现了对日本单独占领和管制,从而在实施占领政策方面取得有利地位。1945 年 9 月 12 日,美国参谋长联席会议(SWNCC)在针对审判远东战犯政策的一项报告中提出:“欧洲国际军事法庭宪章规定,各签字国应派出一位首席检察官,共同组成一个委员会,负责调查和检控首要战犯。此委员会将负责选定由国际法庭审判的首要战犯、确定罪名、提出程序规则、在开审前调查和收集证据、寻找证人以及出庭支持起诉。我们认为,对于日本战犯的审判,同样应在盟军最高统帅之下设立一个类似的委员会或机构(agency)。欧洲的经验表明,需要一个协调一致的检控机构。”〔2〕该报告还建议由麦克阿瑟以盟军最高代表身份,负责建立国际法庭,筹备对日战犯的审判、选择审判法官及检察官,并参照纽伦堡审判的模式设置审理程序,同时明确了“在参谋长联席会议进一步授权情况下,最高统帅始得设立审判甲级战犯的法庭”。〔3〕1945 年 9 月 21 日,美国政府正式确认了这一政策,明确提出“由盟军最高统帅或适当之联合国家机构(appropriate United Nations Agencies)指控为战犯,包括虐待联合国家之战俘及其他国民者,须受逮捕及审判,确有罪者须受惩处。”〔4〕

从 1945 年 10 月中旬开始,美国政府为积极寻求各盟国支持,遂将上述政策分别传达给澳大利亚、加拿大、英国、法国、苏联、中国、荷兰、

〔1〕《关于日本战争犯罪及暴行的建议案》(1945 年 8 月 29 日)。参见《美国对外关系文件集》,美国国务院印刷局 1945 年版,日本卷,第 915 页;联合国战争犯罪委员会成立于 1943 年 10 月,位于伦敦,负责向战后各国审判战争犯罪提供建议。参见《英国国际法年刊》1946 年卷,总第 23 期,第 363 页。

〔2〕“参谋长联席会议报告”(SWNCC57/3),附件 B:“讨论”,第 4 段。参见《美国对外关系文件集》1945 年版,日本卷,第 930 页;美国参谋长联席会议成立于二战后期,负责总体研究和制定美国对欧洲和日本的占领政策的政府机构。

〔3〕参见《美国对外关系文件集》1945 年版,日本卷,第 934 页;另见户谷由麻:《对东京战犯的审判》,哈佛大学东亚中心 2008 年版,第 25 页。

〔4〕“参谋长联席会议文件”(SWNCC150/4/A),附件:“远东地区政治军事问题:美国对日战后初步政策”,第三部分,“战犯”。参见 http://www.ndl.go.jp/constitution/e/shiryo/01/022_2/022_2_004l.html

新西兰等国。[1] 在等待了一个月后，终于得到了盟国表态。法国政府表示愿意加入国际军事法庭的战犯审判，并将选派三名法官代表，但以不影响其对法属印支地区的日本战犯提出司法及赔偿权利为前提。[2] 英国政府也同意美国的建议，并称愿意把成立及组织检察机构的工作交由美国政府实施，同时表示如果印度政府愿意派出法官，英国会给予支持。[3] 此后，印度政府也表示愿意参加审判，并请求派出一名法官。[4] 显然，美国政府确信，该建议一旦获得各国认可，就获得了以其为主组织审判的依据。但在形式上，它还需要一个盟国授权的具体的法律根据。[5] 同年 12 月 16 日，苏联、美国、英国在莫斯科召开外长会议，成立远东委员会（Far Eastern Commission），[6]并决定"盟国驻日最高统帅应采取一切必要措施，以使日本投降及占领和管制日本各条款一一实现"。[7]

与此同时，考虑到驻军日本的盟军最高统帅麦克阿瑟极力主张由美国单独实施对"珍珠港事件"的审判，美国政府致力于说服其执行上述既定政策。1945 年 11 月 19 日，美国政府向麦克阿瑟强调"对日战犯审判应是一场国际审判，是以侵略违反国际法的理由追究战犯的责任，而非设立某个国家的军事法庭，对制造珍珠港事件的责任进行追究……总统和国务院都希望其他盟国加入对东条英机及其阁僚的审判"。[8] 11 月 29 日，美国总统杜鲁门正式签发行政命令，任命美国人季南（Joseph Berry Keenan）为首席法律顾问（Chief of Counsel），负责筹备检控日本主要领导人等机构及人员的战争犯罪的工作。[9] 12 月 6 日，季南率领一支 30 余

〔1〕 相关外交磋商，参见宋志勇：《东京审判与中国》，载《抗日战争研究》2001 年第 3 期，第 148、149 页。
〔2〕 "法国大使馆致美国国务院"（1945 年 12 月 6 日），载《美国对外关系文件集》1945 年版，英联邦国家卷，第 981 页。
〔3〕 "英国驻美大使馆致国务院"（1945 年 12 月 12 日）。载《美国对外关系文件集》1945 年版，英联邦国家卷，第 982、983 页。
〔4〕 "印度驻美总代表致国务院"（1946 年 1 月 4 日）。载《美国对外关系文件集》1945 年版，英联邦国家卷，1946 年，远东卷，第 383 页。
〔5〕 梅汝璈：《远东国际军事法庭》，法律出版社 2005 年版，第 11 页。
〔6〕 远东委员会系由 12 个战胜国组成，总部设在美国首都华盛顿。
〔7〕 后来中国也同意了这个决议。梅汝璈：《远东国际军事法庭》，法律出版社 2005 年版。
〔8〕 "陆军部长助理麦克罗伊（Macloy）致麦克阿瑟的信"，参见户谷由麻：《对东京战犯的审判》，哈佛大学东亚中心 2008 年版，第 26 页。
〔9〕 户谷由麻：《对东京战犯的审判》，哈佛大学东亚中心 2008 年版，第 18 页。

人的队伍抵达东京。12 月 8 日,驻日盟军最高统帅部在其下设立国际检察局,[1]季南被任命为局长,办公地点设在东京明治生命大厦。[2]虽说国际检察局是一个国际机构,但其他国家此刻还未答复美国将派出检察官,或已同意却尚未提名检察官人选。因此,美国检察官们就一面等待各国检察官的到来,一面开始了审判的各项准备工作。[3]

可见,国际检察局作为对日战犯审判政策的具体实施者,是在美国政府直接授意下成立的,但检察局所应具备的国际属性,又让美国不得不为其政策尽力寻求其他盟国的支持。另一方面,由于战后美国对日本实现了单独占领,所以在战犯审判问题上,虽然征求盟国的意见,但却未被动等待盟国的认同或受制于盟国的意见,而是积极主动实施其包括组织战犯审判在内的各项占领政策。

二、国际检察局的人员

国际检察局的工作任务极为繁重、复杂,其内的工作人员,最多时曾达到 500 余人,包括 277 个盟国人员和 232 个日本人。[4]在各国检察人员中,又数美国检察处的队伍最为庞大。美国代表团到达东京时已有 30 余人[5],到 1945 年底,逐步增加到 60 人。[6]1946 年 4 月 13

---

〔1〕除国际检察局以外,盟军最高统帅部(GHQ,SCAP)还设有法务局(Legal Section)、经济与科学事务局(Economic and Scientific Section)以及政治顾问部(State Department)等下属机构。参见荣志竹前:《盟军对日占领》,康丁诺姆国际出版集团 2002 年版,第 147 页。

〔2〕此地为国际检察局的临时办公场所,系盟军最高统帅部所在地,后为工作方便,迁入法庭所在地的陆军省大楼。参见多尼西:《战争犯罪》,载《圣约翰法律评论》,1992 年第 3 期,第 746 页;另见粟屋宪太郎:《东京审判秘史》,世界知识出版社 1987 年版,第 38 页。

〔3〕美国曾向同盟国提议,各国最晚于 1946 年 1 月 5 日前委派一名法官及检察官,但直到 1 月 16 日,盟国仍未派遣法官或检察官。参见布拉克曼:《另一场纽伦堡审判》,1987 年,威廉莫罗出版社,第 59 页。

〔4〕荣治竹前:《盟国对日占领》,第 168 页;另据统计,到开庭后的 1947 年,国际检察局的人数达到 487 人,包括美国陆军部文官 105 人、军官 28 人、海军军官 6 人、军士和士兵 25 人,其他盟国成员共 75 人,日籍翻译 220 人,以及若干位自愿担任口笔译的美籍日裔。另见粟屋宪太郎:《东京审判秘史》,第 43 页。

〔5〕目前对该人数仍存在分歧,一说 38 人(粟屋宪太郎:《东京审判秘史》,第 37 页;《朝日新闻》东京审判记者团:《东京审判》,河北人民出版社 1998 年版,第 19 页),一说 39 人(户谷由麻:《对东京战犯的审判》,哈佛大学东亚中心 2008 年版,第 18 页;雷丹姆斯等:《国际检察官》,牛津大学出版社 2012 年版,第 220 页)。据第一批抵达东京的美国检察官回忆,共有十位助理检察官从华盛顿登机,经夏威夷转机到东京,这个过程中似乎又增补了一批人员。参见多尼西:《战争犯罪》,第 739、741 页。

〔6〕粟屋宪太郎:《东京审判秘史》,第 43 页。

日，苏联政府向东京派遣了一个由 47 人组成的大型代表团。[1] 除美、苏两国以外，其他盟国代表团多由两、三位法律专家和办事人员组成，[2]通常包括该国检察官、检察官助理、翻译及秘书。[3] 而加拿大、菲律宾和新西兰三个国家的代表都只有检察官一人，没有助理。[4]

在人员构成上，国际检察局的人员可以分成法律人士、政府官员、军人三类，他们中间有许多人都具有双重身份。首先，各国检察官大都具有法律专业背景，拥有司法工作经验或曾从事法律实务工作。例如做过法官的就有澳大利亚陪席检察官曼斯菲尔德、中国陪席检察官向哲濬、荷兰陪席检察官穆德、苏联陪席检察官戈伦斯基、印度陪席检察官梅农、美国助理检察官威廉姆斯（Eugene D. Williams）和中国检察处顾问倪征日奥等；[5]而有过检察官经历的是苏联陪席检察官戈伦斯基、中国陪席检察官向哲濬、法国陪席检察官奥尼托和菲律宾陪席检察官洛佩兹；[6]不少检察官同时拥有律师资格。检察长季南在美国联邦司法部工作前后均从事律师业务，英国陪席检察官柯明斯-卡尔是皇家大律师，新西兰陪席检察官奎廉曾为刑事案件律师，[7]美国助理检察官霍克赫斯特（Henry Austin Hauxhurst）和霍维茨（Solis Horwitz）都有过

---

〔1〕粟屋宪太郎：《东京审判秘史》，第 43 页。

〔2〕中国检察处最初只有检察官向哲濬和裘劭恒、刘子健两名秘书，在庭审期间倪征日奥、鄂森、桂裕、吴学义作为检察处顾问加入。梅汝璈：《远东国际军事法庭》，法律出版社 2005 年版，第 89 页；此后陆续增加了周锡卿、高文彬、张培基等助理及翻译人员。

〔3〕英国检察处包括陪席检察官柯明斯-卡尔（Authur Strettell Comyns-Carr）、助理检察官亨弗瑞斯（T. Christmas Humphreys）、里德（M. Reed）、戴维斯（R. Daives）；澳大利亚检察处包括陪席检察官曼斯菲尔德（Alan Mansfield）和助理检察官莫纳汉（Edward P. Monaghan）；新西兰陪席检察官为奎廉（Ronald Henry Quilliam）；加拿大陪席检察官为诺兰（Henry Nolan）；荷兰检察处包括陪席检察官穆德（W. G. Frederick Bolgerhoff Mulder）、助理检察官达姆斯特（J. S. Damste）、拉维吉（A. T. Laverge）；法国检察组处包括陪席检察官奥尼托（Robert L. Oneto）和助理检察官格埃路（Jacques Gouelou）；菲律宾陪席检察官为洛佩兹（Pedro Lopez）；苏联检察处包括陪席检察官戈伦斯基（Sergie Alexandrovich Golunsky）、助理检察官瓦西里耶夫（A. N. Vasiliev）、罗森布立特（S. J. Rosenblit）等；印度陪席检察官为梅农（P. Govinda Menon）。以上名单系笔者据户谷由麻、雷丹姆斯等人著述及塔夫纳文献等资料整理而成。

〔4〕户谷由麻：《对东京战犯的审判》，哈佛大学东亚中心 2000 年版，第 18 页。

〔5〕曼斯菲尔德曾任昆士兰洲最高法院法官，穆德是海牙特别法庭法官。梅汝璈：《远东国际军事法庭》，法律出版社 2005 年版，第 87 页；梅农是印度最高法院法官，戈伦斯基也当过法官。参见雷丹姆斯等：《国际检察官》，第 212 页；美国助理检察官威廉姆斯的称谓一直是"Judge"，向哲濬曾任苏州地方法院院长，倪征日奥曾任上海第一特区地方法院法官。

〔6〕向哲濬曾任上海高等法院首席检察官；奥-尼托曾任法国国家检察官，菲律宾的洛佩兹曾任该国副检察官。参见雷丹姆斯等：《国际检察官》，第 212 页。

〔7〕户谷由麻：《对东京战犯的审判》，哈佛大学东亚中心 2008 年版，第 32 页。

律师经历，[1]中国检察处顾问鄂森、桂裕等均为上海知名律师。此外，国际检察局中还有一批人来自美国联邦调查局，这些人集中在侦查处，他们都是拥有丰富刑侦经验的破案专家，[2]由于受命调查珍珠港事件的策划过程，所以比国际检察局其他人更早抵达日本，提前展开了调查工作。其次，在各国检察官里，许多人都是该国政府官员或议员。如季南曾任美国联邦政府司法部部长助理(Assistant Attorney General)，[3]英国检察官柯明斯-卡尔是英国自由党的国会议员，菲律宾检察官洛佩兹也是国会议员，[4]苏联检察官戈伦斯基则是苏联外交部官员。[5]最后，具有军人身份。例如新西兰检察官奎廉为该国陆军副官长(Deputy Adjutant-General)。[6]东京审判是军事法庭，因而有许多检察官来自军法部门。例如加拿大检察官诺兰即为该国陆军军法次官(Vice-Judge Advocate General)，[7]美国助理检察官布拉伯纳-史密斯曾任北卡罗来纳州检察官，“一战”时曾任美军驻德国的军法官。[8]美国助理检察官中既有现役军人，[9]也有以受雇为文职军官的民间人士。前者如海军上校罗宾森(Captain James J. Robinson)、陆军上校莫罗(Colonel Thomas

---

[1] “季南致霍克赫斯特的信”，引自哈佛大学法学院图书馆馆藏“约瑟夫 B. 季南文献”(1942—1947)，1946 年 9 月 12 日，编号 719，2 号文件盒；另见粟屋宪太郎：《东京审判秘史》，第45 页。

[2] 侦查处负责人萨盖特(B. Edwin Sackett)曾是美国联邦调查局纽约辖区负责人。粟屋宪太郎：《东京审判秘史》，第 45 页。

[3] 季南是美国政府资深幕僚，其在联邦司法部时分管刑事局。而检察长助理达西(John. Darsy)同为美国司法部部长助理，曾受司法部指派赴纽伦堡观摩审判。参见多尼西：“战争犯罪”，第 741 页；同样来自司法部的还有助理检察官菲利(John W. Fihelly)、布拉伯纳-史密斯(J. W. Brabner-Smith)、塔夫纳(Frank Stacy Tavenner Jr.)以及丹利(Ernest E. Danly)。参见粟屋宪太郎：《东京审判秘史》，世界知识出版社 1987 年版，第 169 页；博伊斯特、卡莱尔：《再论东京国际军事法庭》，牛津大学出版社 2008 年版，第 76 页；粟屋宪太郎：《东京审判秘史》，世界知识出版社 1987 年版，第 45 页；“塔夫纳履历”，引自弗吉尼亚大学法学院图书馆馆藏“塔夫纳文献”，1947 年 6 月 19 日，编号 MSS 78-3,5 号文件盒，1 号文件夹；“关于文件处负责人变动的备忘录”，引自弗吉尼亚大学法学院图书馆馆藏“萨顿文献”，1946 年 9 月 19 日，编号 MSS1 Su863 a，1 号文件盒，9 号文件夹。

[4] 梅汝璈：《远东国际军事法庭》，法律出版社 2005 年版，第 87 页。

[5] 荣志竹前：《盟军对日占领》，康丁诺姆国际出版集团 2002 年版，第 169 页。

[6] 粟屋宪太郎：《东京审判秘史》；另见雷丹姆斯等：《国际检察官》，第 212 页。

[7] 梅汝璈：《远东国际军事法庭》，法律出版社 2005 年版；另见雷丹姆斯等：《国际检察官》，注 297，第 211 页。

[8] 粟屋宪太郎：《东京审判秘史》，第 45 页。

[9] 有 7 位美国助理检察官是现役军人。参见马嘉：《东京的判决》，肯塔基大学出版社 2001 年版，第 42 页。

H. Morrow)等。[1]后者如助理检察官塔夫纳，他加入国际检察局以前曾在美国司法部工作，因审判战犯需要，被借调到陆军部。[2]

值得注意的是，国际检察局里还有一定比例的女性工作人员。[3]她们都是美国人，多数情况下在检察局内负责打字、归档等秘书工作。在这些人里，较为突出的一位是卢埃林女士(Grace Kanode Llewellyn)，她曾以检察官身份代表国际检察局出庭举证。[4]

三、国际检察局的机构

国际检察局虽然只是盟军最高统帅部下属的一个局，但却承担了筹备破坏和平罪审判、准备被告名单、拟定起诉书、案件调查取证以及出庭举证等重要职责，[5]因而其中设有各式各样的工作机构和职能部门。如果从组织存续的角度考察，国际检察局的内部机构可以分为常设机构和临时机构两大类。

(一) 常设机构

国际检察局的工作机构时常变动，但诸如检察长、各盟国检察处、侦查处、文件处这些部门却始终存在。[6]

1. 检察长(Chief of Section)

国际检察局的检察长也即远东国际军事法庭的首席检察官，[7]是国际检察局的行政负责人。由于法庭宪章对其职权的规定十分笼统，[8]

---

〔1〕 见 http://lib.law.virginia.edu/imtfe/people。

〔2〕 “塔夫纳履历”，引自“塔夫纳文献”，1947年6月19日，编号MSS 78-3，5号文件盒，1号文件夹。

〔3〕 这些女性员工至少包括 Virginia Bowman、Lucille Brunner、Marjorie N. Culverwell、Eleanor Jackson、Helen Grigware Lambert、Bettie Renner。见 http://lib.law.virginia.edu/imtfe/people。

〔4〕 荣志竹前：《盟军对日占领》，康丁诺姆国际出版集团2002年版，第169页；见新闻剪报“法庭继续审理满洲阶段案件 检方出示文件证明日军在华北阴谋”，参见“塔夫纳档案”，1946年7月31日，编号MSS 78-3，13号文件盒，1号文件夹。

〔5〕 “国务卿致驻苏联参赞”(1946年1月19日)，载《美国对外关系文件集》，1946年，远东卷，第391页。

〔6〕 其他常设机构或部门还有：负责检控及审判材料翻译的语言处(Language Division)以及审判中间阶段设立的行政处(Administrative Division)等。

〔7〕 即 Chief of Counsel，或译为“首席法律顾问”。东京法庭的首席检察官系受驻日盟军最高统帅指派，不同于纽伦堡审判中四位首席检察官(Chief Prosecutor)系由盟国依据协议任命。参见《远东国际军事宪章》第八条(甲)项以及《国际军事法庭宪章》(即纽伦堡法庭宪章)第十四条。

〔8〕 即仅规定检察长承担侦查(investigation)及起诉(prosecution)法庭管辖范围内的罪行两项职责，而诸如检察决策、选定被告、确定及提交诉状、调查收集证据、讯问证人及被告、出庭支持起诉等事项，《远东国际军事宪章》未作详细规定。若与纽伦堡宪章对比，可参照《国际军事法庭宪章》第十五条。

便在无形中赋予检察长较大的行政权力，因而有人指出国际检察局采用的是首长制。[1] 根据法庭宪章，检察长也负责就检察工作向盟军最高统帅提供法律协助。对有关战犯审判的基本政策，比如审判形式、释放在押嫌疑战犯与否等，季南都曾向麦克阿瑟提供法律意见。[2] 检察长的绝对权威产生两方面后果：其一，由于权力大而无所制约，季南不免常常独断决策，从而引起同事非议。比如，季南在工作期间曾数次中途离开东京，而未同各国陪席检察官协商；[3]其二，由于东京法庭宪章未设副检察长一职，而各国陪席检察官只负责在业务上协助检察长，集权性的组织结构无疑加重了检察长的责任，所以季南不得不给自己安排了好几位副手。[4]

2. 国别检察处(National Division)

这是国际检察局内以检察官所代表国家为单位组成的机构。[5] 按照东京法庭宪章，陪席检察官(Associate Prosecutor)负责协助检察长工作。[6] 各国检察官代表派遣国政府，他们之间的地位是平等的，这从他们的分工情况以及出席会议时的投票权等方面可以看出。由于法庭宪章只规定盟国政府提名的法官、法庭庭长、检察长须经盟军最高统帅的任命，却未要求盟国的陪席检察官必须经过这样的手续，或许正是因为无需任命这道正式程序，各国检察官的人员变动要比法官更大。

---

〔1〕 梅汝璈：《远东国际军事法庭》，法律出版社 2005 年版，第 85 页。采用个人领导而非集体决定(如检察官委员会)的组织形式，几乎是东京审判和纽伦堡审判在检察组织方面的最大差别，这使对远东战犯的追诉活动呈现出由美国人主导的痕迹，因而引发较多批评。参见梅汝璈：《远东国际军事法庭》，法律出版社 2005 年版，第 93 页；另见卡塞斯、勒林：《东京审判与未来》，波利提出版社 1993 年版，第 31 页。

〔2〕 粟屋宪太郎：《东京审判秘史》，第 37 页；另见户谷由麻：《对东京战犯的审判》，第 72、73 页。

〔3〕 户谷由麻：《对东京战犯的审判》，哈佛大学东亚中心 2008 年版，第 34、35 页。更多对检察长季南的批评，是认为其缺少一个首席检察官本应具有的组织能力及职业素养。参见麦尼尔：《胜者的正义》，1971 年，普林斯顿大学出版社，第 211 页；布拉克曼：《另一场纽伦堡审判》，第 55 页；博伊斯特、卡莱尔：《再论东京国际军事法庭》，第 76 页。

〔4〕 被季南选作检察长助理的先后是希金斯(Carlisle W. Higgins)、布拉伯纳-史密斯、威廉姆斯、塔夫纳。此外，季南还有一个 19 人的秘书班子。参见马嘉：《东京的判决》，第 42 页。

〔5〕 “国际检察局部门的清单”，引自“塔夫纳文献”，编号 MSS 78 - 3，3 号文件盒，7 号文件夹。

〔6〕《远东国际军事法庭宪章》第十四条(乙)项。

例如，苏联陪席检察官在审判期间便因履行其他任务而离职回国。[1]在各国检察处内部，该国陪席检察官系负责人，其对本国检察处内部的人事安排有完全的决定权。比如，中国陪席检察官最初只配备了两名秘书，之后其又回国招募了若干位检察官助理和法律顾问。[2]

3. 侦查处(Investigative Division)

侦查处负责人为萨盖特。[3]最初该机构叫侦查局(Investigative Section)，[4]隶属于驻日盟军最高统帅部，工作人员来自美国联邦调查局，主要负责调查"珍珠港事件"的日方责任人员。国际检察局成立后，为充实调查队伍，侦查局被整体划入国际检察局，成为后者下边的一个部门，其职责也扩展为追究日本在亚洲及太平洋地区发动战争的责任。[5]因此，侦查处在国际检察局中处于相对独立的地位。[6]

4. 文件处(Document Division)

文件处负责人为丹利，[7]该机构负责对各种文件的识别、归类和处理，证据、起诉书文本的复制、送达、鉴定、翻译以及图书资料管理。文件处下设文件分类科(Distribution Unit)、档案科(File Unit)、翻译室(Translation Unit)、复印室(Mimeo Unit)、喷印室(Ditto Unit)、誊印室(Stencil Unit)及图书馆(Library)等部门。文件处的任务繁重，为配合国际检察局其他部门的工作，经常夜以继日地加班。[8]

---

〔1〕"季南及陪席检察官致高隆斯基的信"，1946 年 10 月 18 日，引自"季南文献"，编号 702，2 号文件盒。此外，印度陪席检察官也曾中途去职。中国、澳大利亚的陪席检察官都曾因事回国，他们各自的职务由助理或其他陪席检察官代行。另见梅汝璈：《远东国际军事法庭》，法律出版社 2005 年版，第 87 页。

〔2〕梅汝璈：《远东国际军事法庭》，法律出版社 2005 年版。

〔3〕粟屋宪太郎：《东京审判秘史》。萨盖特于 1946 年 1 月离职回国，侦查处负责人由美国助理检察官摩根(Roy L. Morgan)担任。

〔4〕"初步审查现有嫌疑人员及甲级战犯名单任务分工的备忘录"，引自"塔夫纳文献"，编号 MSS 78-3，1 号文件盒，3 号文件夹。

〔5〕荣志竹前：《盟军对日占领》，康丁诺姆国际出版集团 2002 年版，第 168 页；参见"概述侦查处历史的备忘录"，引自"塔夫纳文献"，1946 年 7 月 26 日，编号 MSS 78-3，1 号文件盒，1 号文件夹，第 1 页。

〔6〕在国际检察局内部，通常用"investigative stuff"或"investigator"来称呼侦查处的工作人员，从而把他们同其他助理检察官(legal staff)区分开。

〔7〕丹利于 1946 年 9 月离职，其后任是助理检察官桑德斯基(Arthur A. Sandusky)。参见"关于文件处负责人变动的备忘录"，引自"萨顿文献"，1946 年 9 月 19 日，编号 MSS1 Su863a，1 号文件盒，9 号文件夹。

〔8〕"季南致丹利的信"，1946 年 9 月 17 日，引自"季南文献"，编号 672，1 号文件盒。

(二) 临时机构

国际检察局的机构是围绕其中心任务而设置,在执行新任务时增设某个部门,因特定工作的完成而解散某个机构。笔者将这些暂时存在、承担特定任务的机构称为临时机构。

1. 探组(Group)

国际检察局的调查工作自从美国检察处到达后就开始了。侦查处负责人萨科特拟定了初步的调查策略,并将全体人员分成13个探组,包括甲、乙、丙、丁、戊、己、庚七个调查小组,以及子、丑、寅、卯、辰、巳六个情报小组,[1]同时将已经在押的战犯和嫌疑人员,分配给从甲至庚各探组,分别进行讯问,并写出调查报告。

2. 执行委员会(Executive Committee)

执行委员会是在检察长季南授意下成立,其直接目的是推进被告选定与起诉书准备两项工作,具体职责包括协助检察长拟定工作方针、协调指挥其他专门委员会的工作、批准起诉书以及推动其他检控方面的工作。执行委员会作为国际检察局的行政机构,其成员构成充分考虑到各盟国检察官的代表性,从而体现了其作为国际机构的特征。[2]执行委员会每周一、三、五下午定期开会,[3]在提交了被告名单和起诉书后,执行委员会便停止了工作,实际上就解

---

[1] 甲组成员为伍德考克(Woodcock)、海德(Hyder)和卢埃林,伍德考克任探长;乙组成员为莫罗、海蒂(G. Osmond Hyde)和戴尔(Dell),莫罗为探长;丙组成员为菲利、希金斯、英吉利(Joseph F. English)和麦金尼(Worth E. McKinney),探长为菲利和希金斯;丁组成员为霍克赫斯特、霍维茨,霍克赫斯特为探长;戊组成员为萨盖特;己组成员为伍尔沃斯(Gillbert S. Woolworth)和罗宾森,伍尔沃斯为探长;庚组成员为汉马克(Hammack)。六个情报小组包括:子组的希尔雷(Healey);丑组的沃多夫(Waldorf);寅组的盖伊恩(Gaine);卯组的诺麦尔(Noamile)。辰组的米格农(Mignone)、季利兰(Gilliland),米格农为探长;巳组的巴尔纳德(L. H. Barnard)。参见"国际检察局人员任务分工表",1945年12月28日,引自"塔夫纳文献",编号MSS 78-3,1号文件盒,1号文件夹。

[2] 执行委员会的成员包括柯明斯-卡尔、曼斯菲尔德、奎廉、诺兰、向哲濬、亨弗瑞斯、罗宾森、布拉伯纳-史密斯、塔夫纳、威廉姆斯等10人。执行委员会成立时尚未抵达的盟国陪席检察官,自到达时起即成为委员,检察长亦为执行委员会的当然成员。见"关于执行委员会的备忘录",1946年3月2日,引自"塔夫纳文献",编号MSS 78-3,1号文件盒,5号文件夹。

[3] "执行委员会会议记录",1946年3月4日,"摩根文献",编号MSS 93-4,1号文件盒,3号文件夹。

散了。[1]

3. 专门委员会(Subcommittees)

国际检察局内还有一些特殊的工作委员会,它们为完成某项特别任务而专门设立,其存续状态往往随着该项工作的完成而结束。这些委员会包括最先成立的起草法庭宪章的六人委员会、[2]负责遴选嫌疑战犯的六人委员会、[3]负责准备起诉书的"诉状起草委员会"(Drafting Committee)、负责对日军侵略活动及其违反条约间联系进行研究的"条约—事件委员会"(Incident-Treaty Committee)、负责遴选被告并处理证据材料的"证据—被告委员会"(Evidence and Defendants Committee)。[4] 这些委员会的组建及终止都取决于工作的需要。如诉状起草委员会在诉状提交法庭后就停止办公了,而证据—被告委员会则逐渐成为更为重要的机构。

四、国际检察局的前期工作

(一) 起草法庭宪章

《远东国际军事法庭宪章》(以下称"东京法庭宪章")的起草是由国际检察局负责的,[5]并且几乎是国际检察局成立后的第一项工作。[6] 尽管由检察官起草法庭宪章似乎不太寻常,然而,在法庭宪章公布以前,季南事实上只是国际检察局的检察长,还不是法庭的首席检察官。[7] 换

---

〔1〕"执行委员会第15次会议记录",1946年4月30日,"摩根文献",编号MSS 93-4,1号文件盒,3号文件夹。

〔2〕该委员会由美国助理检察官伍德考克负责。粟屋宪太郎:《东京审判秘史》,第38页。

〔3〕成员包括萨盖特、菲利、多尼西(Robert Donihi)、霍维茨、巴尔纳德和麦金尼。见"遴选嫌犯委员会工作进展的报告",1945年12月17日,"塔夫纳文献",编号MSS 78-3,1号文件盒,1号文件夹。

〔4〕诉状起草委员会的成员包括:柯明斯-卡尔、史密斯、罗宾森、菲利;条约—事件委员会包括:曼斯菲尔德、诺兰、汉默尔(John F. Hammel);证据—被告委员会包括:曼斯菲尔德、奎廉、霍维茨、戴维斯、亨弗瑞斯、费尔普斯(Calhoun W. J. Phelps)、威廉森、米格农、向哲濬、摩根、威廉姆斯、塔夫纳。参见"执行委员会会议记录",1946年3月4日,"摩根文献",编号MSS 93-4,1号文件盒,3号文件夹。

〔5〕梅汝璈:《远东国际军事审判》,法律出版社2005年版,第85页。

〔6〕宪章起草委员会负责人伍德考克在1945年12月10日就已提交了一份相关的备忘录。粟屋宪太郎:《东京审判秘史》。

〔7〕在法庭宪章公布后的国际检察局的会议记录上,季南的职务有时被同时标明为Chief of Counsel(首席检察官)和Chief of Section(检察长)。参见"关于执行委员会的备忘录",1946年3月2日,引自"塔夫纳文献",编号MSS 78-3,1号文件盒,5号文件夹。

言之,那时他的角色仍只是法庭的筹备者。从这个角度看,盟军最高统帅把起草法庭宪章的任务交给以季南为首的国际检察局,倒是顺理成章的。为此,国际检察局成立了一个由六位美国检察官组成的委员会,由助理检察官伍德考克任主席,负责参照纽伦堡法庭宪章的模式起草东京法庭宪章。具体程序为:由该六人委员会先拟出宪章草案,之后国际检察局全体检察官逐条讨论通过,最后再提交盟军最高统帅部批准。[1] 在起草宪章过程中,国际检察局咨询过英国政府方面的意见。[2] 1946 年 1 月 19 日,盟军最高统帅部以特别命令的形式公布了东京法庭宪章,之后又经过若干处修改,在 4 月 26 日,宪章正式颁行。

即便参照了纽伦堡法庭宪章,东京法庭宪章在内容上仍存在一些明显的区别,主要表现在以下几方面:第一,为免于追究天皇的战争责任,东京法庭宪章将纽伦堡宪章中"被告所处职位无论是国家元首或部长或主管机关首长,都不能成为免刑或减刑的理由"的规定,[3]改为"被告在任何时期所任官职,以及被告系遵从其政府或上级长官命令而行动,均不足以免除其所犯罪行。"[4]第二,为了加速审判进行,东京法庭宪章将法庭开庭的法定人数规定为一般多数,不设助理法官,而不似纽伦堡宪章的规定,必须全体法官或代理缺席法官的助理法官出庭,法庭才能开庭。[5] 于是,东京法庭只要保证有六位法官,一个或若干个法官暂时缺席便不影响审判继续进行;第三,为追诉日军在 1931 年以前实施的侵略活动,在管辖权上,东京法庭宪章将"发动战争"改为"发动宣告或为宣告之战争";第四,在检察组织方面,东京法庭宪章采用了首席检察官制,而非实行检察官委员会制。宪章其他方面的一些区别,比如证据规则方面,东京法庭宪章采取了相对更为宽松的标准;又如东京法庭采用的工作语言是英语和日语,而非法庭全体法官的本国语言。

---

〔1〕 宋志勇:《东京审判与中国》,载《抗日战争研究》2001 年第 3 期,第 151 页。
〔2〕 东京审判指南编委会:《东京审判指南》,青木书店 1989 年版,第 12 页。
〔3〕《国际军事法庭宪章》第七条
〔4〕《远东国际军事法庭宪章》第六条。
〔5〕《国际军事法庭宪章》第四条甲项。

客观地说，东京法庭宪章的内容体现了起草者的意图。然而，由于在起草过程中没有充分与其他盟国协商，不免带有美国方面主导的色彩，因而招致了一些抵触和批评。〔1〕

（二）确定被告名单

在美国检察处到达东京之前，盟军最高统帅部就先后四次发布逮捕令，共计逮捕了100余名嫌疑战犯。〔2〕按常理，占领当局本应在调查并确定起诉对象后再实行逮捕，但盟军最高统帅部没有等到国际检察局调查，便由其下属的对敌情报局（CIS）先行发出了逮捕令。〔3〕显然，这些被逮捕的嫌疑人员并不等同于被起诉对象，国际检察局需要从这些在押人员中挑选出若干人员，作为向法庭提出起诉的被告。

对嫌疑战犯的初选工作很快便启动了。在国际检察局成立次日，检察长助理达西便指示助理检察官费利组建了一个十人小组，负责对嫌疑战犯展开初步调查。〔4〕1945年12月12日，该小组召集了有盟军侦查局人员参加的扩大会议，会上决定成立一个遴选嫌疑战犯的专门委员会，选出30至40名重点嫌疑人员，以便进行深入调查。〔5〕然而，这些检察官很快发现他们面对着调查手段匮乏、人力不足等困难。〔6〕也正是在这一阶段，驻日盟军下设的侦查局被整体划入国际检察局，成为后者专门负责案件侦查的机构，以充实调查力量。

---

〔1〕拉金斯基、罗森布立特：《日本首要战犯的国际审判》，世界知识出版社1950年版，第86页；另见卡塞斯、勒林：《东京审判与未来》，第2页；宋志勇：《东京审判与中国》，载《抗日战争研究》2001年第3期，第150页。

〔2〕这四次逮捕令的发布时间为1945年9月11日、11月19日、12月2日和6日。梅汝璈：《远东国际军事审判》，法律出版社2005年版，第132～145页。

〔3〕粟屋宪太郎：《东京审判秘史》，第200页。

〔4〕组员为菲利、沙盖特、海蒂、洛（Otto Lowe）、英吉利、戴尔、多尼西、海德、麦金尼、霍维茨。“初步审查现有嫌疑人员及甲级战犯名单任务分工的备忘录”，引自“塔夫纳文献”，编号MSS 78－3，1号文件盒，3号文件夹。

〔5〕在初查阶段，这个专门委员会的任务是圈定调查对象的范围，而非确定最终的被告人选。见“遴选嫌犯委员会工作进展的报告”，1945年12月17日，“塔夫纳文献”，编号MSS 78－3，1号文件盒，1号文件夹。

〔6〕在12月10日的第一次内部会议上，萨盖特指出了日本政府和军队在占领前焚毁重要文件，以及日本政府不配合盟军调查工作的事实。见粟屋宪太郎：《东京审判秘史》，第46页；季南也在给友人的信中称“许多证据已被销毁”。见“季南致克鲁德的信”，12月19日，引自“季南文献”，编号764，2号文件盒。此外，慑于盟军逮捕活动，前关东军司令本庄繁、前首相近卫文麿等日本重要嫌疑人员相继自杀，使国际检察局失去了有价值的线索。

侦查专家的加盟迅速打开了局面。借助盟军方面获得的情报,[1]侦查处处长萨科特对案情加以研判,并沿“破坏和平行径”的思路,将调查的范围限定为日本从1931年“九一八事变”直到1941年偷袭珍珠港为止的全部对外侵略行为。具体的调查途径为:第一,按时间顺序将上述侵略活动划分为三个阶段,每个阶段涵盖若干待查明的政治事件、侵略行动及相关责任人员。第二,为配合上述调查,同时对日本国内主要的政治、经济、军事组织及有关活动进行摸底。第三,通过驻日盟军最高统帅部下属的盟军翻译局、对敌情报局、政治顾问部、经济科学局、民事情报局以及日本政府档案中查找案件线索。[2] 12月27日,季南召开检察局内部会议,会上按照萨科特拟定的调查策略,将检察官及侦查员组成了13个探组。[3] 次日,季南便将调查任务分至各探组负责人,展开了对在押人员的讯问及调查。[4]

国际检察局此后的调查工作取得了一定成效,从在押人员中梳理出一批嫌疑对象,[5]并获取到一些有价值的口供和情报,[6]为后阶段选定被告工作做了准备。但是,调查中也存在一些问题:首先,这一阶

---

〔1〕 情报来源主要是驻日盟军对敌情报部的诺曼(Dr. Norman)、政治顾问部的费里(Robert Feary)、经济科学局的布朗(Don Brown)和对财阀有专门研究的彼逊(T. A. Bisson)。参见“30至40名嫌犯遴选任务分工补充事项的备忘录”,1945年12月18日,引自“塔夫纳文献”,编号MSS 78－3,1号文件盒,1号文件夹;另见粟屋宪太郎:《东京审判秘史》,第46页。

〔2〕 “侦查处沿革概况”,1946年7月26日,引自“摩根文献”,编号MSS 93－4,2号文件盒,2号文件夹。

〔3〕 甲组调查1930年6月至1935年12月间,日本违反条约义务的事例、关东军的活动、“九一八”事变和1932年暗杀行动;乙组调查1936年1月至1939年7月间,日本违反条约义务的事例、“二·二六事件”、1936—1937年间的政局、“七七事变”和侵华战争;丙组调查1939年8月至1941年12月间,日本违反条约义务的事例、与德意关系、1939年反共盟约、帝制之建立、1940年夏之协助会、1940年三国同盟条约、1941年日苏中立条约、1940—1941年与美英关系、1941年两次御前会议、袭击珍珠港、对美英荷之攻击;丁组调查日本财阀;戊组调查扩张主义分子与极端国家主义团体;己组调查军阀组织;庚组调查官僚团体。情报小组分工:子组从盟军翻译局搜集缴获文档等材料;丑组从对敌情报局获取嫌疑战犯和政府官员的背景材料;寅组向政治顾问部和经济科学局搜集日本政治经济情报。卯组负责向民间情报局搜集日本社会及新闻宣传的情报。辰组负责从日本政府档案中搜集情报;巳组联络知情人员。参见“国际检察局人员任务分工表”,1945年12月28日,引自“塔夫纳文献”,编号MSS 78－3,1号文件盒,1号文件夹。甲、乙、丙三组负责调查侵略罪行,搜集证人和文件证据,并写出调查报告。丁、戊、己、庚四组负责协助甲、乙、丙三个组,以确定嫌疑战犯、准备讯问工作以及草拟起诉书。参见雷丹姆斯:《国际检察官》,第215页。

〔4〕 正式的讯问工作是从1946年1月10日开始的。参见“讯问嫌犯的备忘录”,1946年1月31日,引自“摩根文献”,编号MSS 93－4,1号文件盒,5号文件夹,第4页。

〔5〕 “在押或已下令逮捕的首批嫌疑甲级战犯名单”,1946年1月17日,“塔夫纳文献”,编号MSS 78－3,1号文件盒,4号文件夹。

〔6〕 调查工作的最大收获是取到了掌玺大臣木户幸一的日记及供述,此外,国际检察局还从日本外务省起获大量官方文件,这些后来都被用作指控战犯的证据。参见粟屋宪太郎:《东京审判秘史》,第100、72、84页。

段的调查工作主要围绕录取在押人员口供展开，目的是通过被讯问者的自认或检举，获取案件线索。但讯问结果并不理想，因为有被讯问人很少承认对侵略活动负有责任，而相关旁证之间又多存在矛盾。[1]其次，面对近百名讯问对象，讯问必须逐个进行，但盟军提供的速记人员数量严重不足。由于案件时间跨度大、人员、事件众多复杂，还有不少被讯问人需要多次提审。因为侦查员不懂日语，所以讯问中增加了口译环节。这些因素最终导致调查工作的进度变得异常缓慢。[2]另一方面，由于选定被告工作迟迟不能开始，预定的开庭时间也被迫屡次推迟，国际检察局方面承受的压力也越来越大。[3]

1946 年 2 月，英国、澳大利亚、新西兰和中国陪席检察官相继到达东京，同时也带来了各国的被告名单。[4]或许是认为国际检察局的工作效率过低，也可能出于对美国人包揽检察事务的抵制，新来的盟国检察官们很快表现出不满。[5] 2 月 25 日，英国检察官柯明斯-卡尔代表全体英联邦国家检察官，向检察长季南建议成立一个执行委员会，“根据内容宽泛(broadly stated)但被各国检察官认定的国际罪行，从速审判为数不多的选定被告(a few selected men)”，“应确保有 15 名(至多 20 名)对象成为以及被指控为(will be and will be stated to be)对所有罪行及重大事件负有责任的代表人物。”[6]季南很快同意了该项建议，并于

---

〔1〕 粟屋宪太郎:《东京审判秘史》，第 194、195 页；另见粟屋宪太郎:《东京审判秘史》，第 3 页。

〔2〕 截止 1946 年 1 月 31 日，在 92 名讯问对象中，仅完成了对 6 个人的讯问，尚有 27 个人的讯问正在进行，剩余在押人员的讯问工作则未开始。粟屋宪太郎:《东京审判秘史》，第 1、2 页。

〔3〕 季南到达东京后曾对记者表示，审判将于 1946 年 1 月开始。粟屋宪太郎:《东京审判秘史》，第 38 页；另见“日战犯集团审讯 明年一月开始”，载 1945 年 12 月 9 日《申报》，引自上海虹口区档案馆:《东京审判》，2007 年，上海教育出版社，第 35 页；美国政府也曾通知盟国，称最快在 1946 年 2 月 1 日提交起诉书。粟屋宪太郎:《东京审判秘史》，第 63 页；另见“联合社华盛顿十日电”，载 1946 年 1 月 11 日《申报》，引自上海虹口区档案馆:《东京审判》，第 54 页；季南在这一时期曾多次向友人提及，检察局的工作遇到了“组织方面的问题”。参见“季南致戴维斯的信”，1 月 10 日；“季南致赫伯特法官的信”，1 月 24 日。引自“季南文献”，编号 675、729，2 号文件盒。

〔4〕 澳大利亚提供的被告名单包括 124 人，英国方面为 11 人，中国为 12 人。参见粟屋宪太郎:《东京审判秘史》，第 60、62 页。

〔5〕 新西兰陪席检察官奎廉称：讯问嫌疑战犯是“一件漫长、令人疲惫的工作，并且收效甚微”，美国助理检察官们成了“这架机器下的奴隶”。参见户谷由麻:《对东京战犯的审判》，第 32、33 页。

〔6〕 户谷由麻:《对东京战犯的审判》，哈佛大学东亚中心 2008 年版，第 66、67 页；另见粟屋宪太郎:《东京审判秘史》，第 64 页。英联邦国家检察官的调查方针是限制最终的被告人数，而这与英国政府选择 20 名左右被告进行甲级战犯审判的政策完全吻合。参见“英国驻美大使馆致国务院”(1945 年 12 月 12 日)，载《美国对外关系文件集》，1945 年，英联邦国家卷，第 984 页。

3月2日改组了国际检察局，设立执行委员会，作为国际检察局的行政机构。[1]

由于时间紧迫，以及前期调查效果不甚理想，执行委员会迅速调整了工作思路，决定从五个方面入手，推进被告选定工作：第一，对被告选定工作设定截止日期，要求加快讯问工作进程；[2]第二，缩小调查范围，将讯问内容精简成十二项要点，并要求讯问只针对各项内容中最紧要的部分；[3]第三，确定被告的标准是该对象必须在整体上能代表日本政府各部门以及指控的各个时期，并作为决策人对策划和发动战争负有责任；[4]第四，以《木户日记》等文件中的记录为线索，结合木户本人的供述情况选择被告；[5]第五，将讯问报告、《木户日记》、御前会议记录等现有情报与重要证人的供述作综合比对，以确定被告人选。[6]

选定被告的过程如下：先由侦查处组织讯问嫌疑战犯，将讯问结果写入讯问概要(brief)，形成讯问报告(report)，并建议应否将该讯问对象作为被告。讯问报告随后提交"证据—被告委员会"讨论，由后者遴选、删减被告人数，并向执行委员会提出被告名单，再由执行委员会对名单上每个人做具体判断。每名被告的入选都需执行委员会全体委员投票通过，否则重新调查并提交报告。执行委员会的名单提交由检察长和陪席检察官出席的检察官会议表决，表决采多数通过制，决议案交

〔1〕"检察长致国际检察局全体人员的备忘录"，1946年3月2日，"塔夫纳文献"，编号MSS 78-3，1号文件盒，5号文件夹。关于执行委员会的组成和职责的情况，参见本文第三部分"国际检察局的机构"。

〔2〕1946年3月15日结束全部讯问工作，确定被告并提交起诉书，向被告送达起诉书后不再进行新的讯问。参见"执行委员会与讯问人员会议的记录"，1946年3月5日，引自"萨顿文献"，编号MSS1 Su863 a，2号文件盒，11号文件夹。

〔3〕这十二项内容包括：对中国东北地区(满洲)的军事侵略；对中国的全面军事侵略；对中国的经济侵略；在中国和其他亚洲国家发展麻醉品贸易；在军事、经济及工业领域的战备情况；与德、意、法国维希政权及泰国关系；发动战争宣传及镇压反战人员；对苏联关系及备战情况；与美、英谈判、备战及开战；对荷、葡萄牙备战及开战；对各国国民之乙级战争犯罪；在中国及其他占领地区之丙级战争犯罪。"执行委员会会议记录"，1946年3月4日，"摩根文献"，编号MSS 93-4，1号文件盒，3号文件夹。

〔4〕粟屋宪太郎：《东京审判秘史》，第66页。

〔5〕同上，第124页。

〔6〕此处证人即指日本陆军省兵务局前局长田中隆吉(TANAKA Ryukichi)。在选定被告阶段前夕，侦查员曾将具有较大战犯嫌疑的在押人员交其逐个评价。粟屋宪太郎：《东京审判秘史》，第150、156页。

盟军最高统帅批准，确定最终被告名单。[1] 到 1946 年 4 月 4 日，经过反复多次讨论，执行委员会提交了一份 29 人的“首要嫌犯绝密名单”。[2] 在 4 月 8 日的检察官会议上，该名单内又排除了三人。[3] 此后，在苏联检察官坚持下，名单中又加进了梅津美次郎和重光葵两人，形成了最终的 28 人被告名单。[4]

国际检察局被告选定工作实际上分为两个阶段，第一阶段为 1945 年 12 月到 1946 年 3 月，第二阶段从 1946 年 3 月 2 日开始到 4 月底。前一阶段的调查对象面广人多，但限于调查力量不足、证据被销毁以及被讯问人不配合等因素，原本雄心勃勃的调查计划陷入困境。在后一阶段，英联邦国家检察官的主动干预使国际检察局调整了侦查策略，限定了被告人数和调查范围，不再单纯依赖讯问对象的口供，而强调发挥文件证据和证人的作用，采用讯问对象是否具有特定代表性及政府官职等具体标准，从而迅速地确定了被告。

(三) 准备起诉书

除确定被告人选之外，国际检察局的另一项重要任务是准备起诉书。这项工作原本启动较早，[5]但讯问工作的拖沓不堪，让英联邦国家的检察官逐渐失去了耐心。1946 年 2 月 17 日，英国陪席检察官柯明斯-卡尔向检察长季南提议，同时推进起诉书准备与被告选定两项工作。[6] 3 月 2 日，季南成立了负责起草起诉书的四人委员会，由柯明斯-卡尔全权负责，[7]而起诉书初稿几乎是柯明斯-卡尔凭一人之力完

---

[1] 户谷由麻：《对东京战犯的审判》，哈佛大学东亚中心 2008 年版，第 67 页。

[2] 同上，第 188 页。

[3] 这 29 人的被告名单内并未包含后来写进起诉书的梅津美次郎和重光葵，而被排除的那三人，是陆军军官真崎甚三郎 (MASAKI Buro)、田村浩 (TAUMRA Hiroshi) 和石原莞尔 (ISHIHARA Kanji)。参见“执行委员会第 14 次会议记录”，1946 年 4 月 5 日，“塔夫纳文献”，编号 MSS 78 - 3，2 号文件盒，1 号文件夹。

[4] 博伊斯特、卡莱尔：《东京国际军事法庭文件集》，牛津大学出版社 2008 年版，“序言”，第 xl 页。苏联检察官抵达东京时，已经基本错过了选定被告的工作。参见粟屋宪太郎：《东京审判秘史》，第 57 页。

[5] 在 1946 年 2 月 6 日的检察局内部会议上，美国助理检察官就曾提交一份起诉书草稿。粟屋宪太郎：《东京审判秘史》，第 57 页。

[6] 粟屋宪太郎：《东京审判秘史》，第 64 页。

[7] 这可以理解为季南对起诉书并不十分重视。参见博伊斯特、卡莱尔：《再论东京国际军事法庭》，第 69 页；另见户谷由麻：《对东京战犯的审判》，哈佛大学东亚中心 2008 年版，第 41 页。

成的。[1] 4月17日,起诉书草案提交检察官会议表决通过。4月29日,国际检察局向法庭提交起诉书并被法庭接受。

从笔者所掌握的资料看,起诉书的起草过程仍有些晦暗不明,但可以肯定,国际检察局内部对这份起诉书是存在分歧的。[2] 要理解这些分歧,必须先对起诉书的结构加以分析:

起诉书起草时参考了纽伦堡审判起诉书的格式,与纽伦堡起诉书不同的是,原有的指控被细化了,指控的罪名也有些变化。[3] 从结构上看,东京审判的起诉书由开篇词、三组总计五十五项指控、五个附件组成。[4] 其中,第一组指控"破坏和平罪"由36项指控构成。头5项指控均涉及"共同阴谋",分别控告全体被告共同计划对东亚和太平洋地区、对中国东北地区(满洲)、对中国内地、对各盟国发动战争以及与德、意两国共同计划对各盟国发动战争负责,之后按照与日本交战的十一国顺序,分别从计划、策动、发起战争三个层面加以细化,构成了31项具体的指控。第二组指控为"杀人罪"(Murder),具体由16项指控组成。在第37、38项分别从"平时"与"战时"角度,控告被告在共同阴谋下,发动对美、菲、英联邦、荷、泰国的战争而非法杀戮其人员负有责任;第39项到第43项分别控告被告对日军攻击美国珍珠港、英联邦、菲律宾的领土而非法杀戮其人员负有责任;第44项控告全体被告在共同阴谋下对日军大规模地屠杀战俘、放下武器的军人、占领区内的平民以及被击毁船只的船员负有责任;[5]第45到50项指控分别控告被告对日军攻击中国城市南京、汉口、广州、衡阳、桂林及柳州并屠杀其居民负有

---

〔1〕 霍维茨:"东京审判",载《国际调解杂志》第465期,卡内基和平基金会1950年出版,第498页;博伊斯特、卡莱尔:《东京国际军事法庭文件集》,牛津大学出版社2008年版,"序言",第xxxvii页。

〔2〕 由于英国陪席检察官柯明斯-卡尔执意将讨论起诉书内容的权限交给检察官会议而非起草委员会或执行委员会,引起了布拉伯纳-史密斯及塔夫纳委员的反对。参见"明确起诉书有关责任的备忘录"、"起诉书与执行委员会的备忘录",1946年4月14日,引自"塔夫纳文献",编号MSS78-3,2号文件盒,1号文件夹。

〔3〕 纽伦堡审判的起诉书仅包含共谋罪、破坏和平罪、战争罪、反人道罪四项指控。

〔4〕 起诉书原文参见博伊斯特、卡莱尔:《东京国际军事法庭文件集》,牛津大学出版社2008年版,第16页。

〔5〕 这是考虑到日本攻击美、菲、英联邦、荷、泰等国,都是在未经宣战的情况下进行的。按照当时的国际公法,在并非战争的条件下,各受害国军人没有战斗员的地位,因而不享有海牙规则下的权利和保护。

责任；第51、52项指控分别控告被告对日军攻击蒙古及苏联哈金戈尔河、哈桑湖地区而非法杀戮其人员负有责任。第三组指控为“普通战争罪与违反人道罪”，共3项，将“普通战争罪”和“违反人道罪”合并而成。

对于这份起诉书，检察长季南称其内容“过于技术化”，而美国检察官们则直言不讳地批评为“太啰嗦”、“冗长并且近乎虚构”。[1]一方面，从美国检察官的角度看，起诉书在形式上确实过于重复、累赘，毕竟东京法庭宪章明确要求起诉书应针对指控作“明白、简洁、适当的陈述”，[2]然而宪章毕竟是由英国检察官起草的，所以仅反映了英美法系诉讼程序的特点，而未充分考虑大陆法系国家的司法习惯。[3]事实是，当柯明斯-卡尔将起诉书的初稿拿到检察官会议上分发时，便受到几位大陆法系国家陪席检察官的强烈抵制。[4]由此说明，起诉书初稿是按照宪章的规定草拟的。另一方面，起诉书在内容上也存在问题。为确保选定的被告能顺利起诉，共同阴谋理论被植入罪状中。[5]这是在用于证实犯罪行为的证据不够充分时，检方所不得已而采用的一种指控策略或技术手段，但将共同阴谋理论作为备选指控起诉，反过来也表明检方的指控缺乏明确的法理依据。[6]这一缺陷不但在后来的庭审中成为被告律师攻击的目标，而且早在起诉书的起草阶段就被美国

---

〔1〕博伊斯特、卡莱尔：《再论东京国际军事法庭》，第69、70页。检察长助理塔夫纳曾直率地陈述他对起诉书样稿的反对意见：一是诉状太长。共同阴谋的指控重叠，应整合为一项独立的指控。二是质疑共谋作为定罪的依据难以成立。三是质问柯明斯-卡尔为何阻挠起诉书样稿经过执委会投票。参见“反对起诉书建议稿的备忘录”，1946年4月10日，引自“塔夫纳文献”，编号MSS 78-3，2号文件盒，1号文件夹。

〔2〕《远东国际军事法庭宪章》第九条甲项；另见“明确起诉书有关责任的备忘录”，1946年4月14日，引自“塔夫纳文献”，编号MSS 78-3，2号文件盒，1号文件夹；按照季南最初的设想，起诉书将会是一份十分简短、由一页纸构成的文书，包含一些支持观点（instances）的罪状列举（particulars）。参见“季南致国务院公共关系部门的信”，1月31日，引自“季南文献”，编号643，2号文件盒。

〔3〕大陆法系国家的刑事诉讼有在起诉书中全面罗列各项指控的习惯，而英美法系国家的起诉书相对而言则更为简洁明了。参见拉金斯基、罗森布立特：《日本首要战犯的国际审判》，第93、94页。

〔4〕中国、法国、荷兰的陪席检察官要求重新审查起诉书初稿的指控部分。参见“应被纳入起诉书指控事项的备忘录”，1946年3月14日，“塔夫纳文献”，编号MSS 78-3，2号文件盒，1号文件夹。

〔5〕起诉书第1、第2、第3、第4、第5、第37、第38、第53项罪状。博伊斯特、卡莱尔：《东京国际军事法庭文件集》，牛津大学出版社2008年版。

〔6〕“反对起诉书建议稿的备忘录”，1946年4月10日，引自“塔夫纳文献”，编号MSS 78-3，2号文件盒，1号文件夹。

检察官所明确地指出了。

英国陪席检察官柯明斯-卡尔起草的起诉书初稿,在内容方面与美国助理检察官意见相左,在形式方面遭到大陆法系国家陪席检察官反对。笔者以为,为使起诉书能检察官会议上通过以及最终顺利起诉,这位起草人最终决定保留起诉书初稿的实质内容("共同阴谋"理论),而舍弃其原有形式(间短、扼要),将大陆法系盟国检察官的意见吸纳进了起诉书。

五、结论

长期以来,学界存在一种流行的观点,认为东京审判的检控工作是被美国人主导或者操纵。经过对国际检察局原始档案的研究,笔者提出有别于这种简单化理解的几个观点:

(1) 国际检察局实际上是盟国间协调意志的产物,而非美国擅断专行的结果。美国在单独占领日本后并未选择单独行动,而是主动在盟国之间为其检控、审判战犯的政策寻求支持,最终促成了远东委员会的建立,并就设立远东战犯检控机构事项在盟国间达成了一致。尽管东京审判的检察组织存在种种缺陷和不足,其本身的合法性却无可置疑。

(2) 国际检察局的组织机构,说明其为一个国际机构。尤其是国际检查局改组后设置的执行委员会,在议事程序和决策执行上表现出民主参与的特征,而非由美国一方操纵。

(3) 国际检查局提交给法庭的起诉书,实为盟国之间意见平衡的结果。起诉书的诞生过程表明,起草者在形式上吸纳了英美法系国家的实践,也考虑了大陆法系国家的传统。虽然起诉书的最后文本存在累赘、重复的缺点,但这是起草者综合盟国检察官意见所致,也从反面证明了东京审判的检察工作并非皆由美国检察官主导的事实。

第二十七节 东京审判量刑问题再审视

——以“死刑投票6比5”为中心

陈新宇*

在第二次世界大战结束后，根据1943年12月1日的《开罗宣言》、1945年7月26日的《波茨坦公告》、1945年9月2日的日本投降书以及1945年12月26日的莫斯科外长会议决议，远东盟军最高统帅部在日本东京设立远东国际局势法庭，英文名为International Military Tribunal for the Far East，Tokyo。依据《远东国际军事法庭宪章》，法庭设立之目的是“为求远东主要战争罪犯之公正与迅速的审判及处罚”。远东国际军事法庭由美国、中国、英国、苏联、澳大利亚、加拿大、法国、荷兰、新西兰、印度、菲律宾11个国家的法官组成，对国际检察处起诉的首批28名日本主要战犯[1]进行审判。法庭从1946年5月3日开庭，到1948年11月12日休庭，历时两年半有余，期间开庭共423天，开庭次数831次，英文庭审记录49 858页，庭审记录所见英文判决书1 445页，出庭证人423人，证据数目3 915条，[2]其规模远超同为战后重要国际审判的纽伦堡审判。因为这场世纪之审在东京举行，一般也称之为东京审判。

光阴荏苒，在东京审判宣判65周年之际，当年不少史实问题仍未澄清。

2006年高群书导演的电影《东京审判》，高潮部分描述了当年法官会议中定罪量刑的一幕：中国法官梅汝璈指出所有法官都同意被告有罪后，力主死刑的正当性，并就此舌战群儒，与法国法官柏奈尔（Henri Bernard）、印度法官巴尔（R. B. Pal）和澳大利亚法官、庭长威勃（Sir William Webb）进行了论辩，随后众人以不记名投票的方式进行表决，

---

* 清华大学法学院副教授。

〔1〕 一般称为甲级战犯。因为在审判期间，松冈洋右、永野修身病死，大川周明患“精神病”而暂时停止审讯，宣判时仍然“未愈”，所以最终宣判只有25人。

〔2〕 参见《远东国际军事法庭庭审记录》（全80册）（东京审判文献丛刊委员会编，国家图书馆出版社、上海交通大学出版社，2013年版）及其索引、附录（3册，2014年待刊）的统计。

在令人窒息的紧张气氛下，11 名法官以 6 票对 5 票的 1 票之差，决定适用死刑。

影片该处存在两个瑕疵：首先，在定罪方面，并非所有法官都认定所有被告有罪，最明显的例证就是印度法官一直坚持所有被告无罪论；其次，在量刑方面，其以一种极富戏剧性的手法，将复杂的死刑投票问题予以简单化、模糊化地处理。只要深入思考，就会有这样的疑问：6 比 5 的投票结果，是适用所有被判处死刑的战犯，还是仅仅适用其中的个别人？如果是后者的话，其他死刑战犯的票数情况会是怎样？死刑投票的幕后情况如何？等等。笔者无意批评导演，实际上，该"死刑投票 6 比 5"的说法一直是国内学界的通说，因为问题的具体性和研究旨趣不同，国际学界对此似也无专门探讨。本文将通过追溯历史，对该通说提出质疑，在多元坚实资料及其深入解读的基础上，尽可能客观地还原当年死刑量刑问题的真实情境，并提出自己的发现和评论。

一、"死刑投票 6 比 5"通说之溯源与质疑

国内学界关于"死刑投票 6 比 5"说法的渊源，应该追溯到倪家襄编著、上海亚洲世纪社出版的《东京审判内幕》一书。其完稿时间是 1948 年 12 月 2 日，初版是 1948 年 12 月初，远东国际军事法庭于 1948 年 11 月 12 日完成宣判并宣布休庭，所以该书很可能是国内关于东京审判研究最早的作品。

在死刑投票问题上，该书以四段文字进行了说明：

> 据梅法官的解释，对判处死刑这一问题，是十一国法官意见最为分歧，争辩最激烈的一点。十一个法官所代表的十一个国家的法律各不相同，因此对于死刑的意见，也就各不相同。
>
> 在苏联与纽西兰两国内，早就废止死刑，因之两国的法官，当然极力反对判处战犯死刑。英国与澳洲，已局部废止死刑，因之两国法官也就不愿意投死刑票，澳洲法官甚至主张流放战犯到荒岛上。至于印度法官则从头到尾，反对审判战犯主张无罪释放。因之，在全体法官会议讨论到死刑这个问题时，大家争得面红耳赤，

乌烟瘴气，最后投票时，才好容易以六对五的一票多数，通过采用绞刑。

梅法官接着说，为了这个问题，我不知在同事间费了几多工夫与心血，整整地一个星期，我担心得连晚上都没睡好。假使如对这几个罪大恶极的日本侵华军阀头儿连死刑都判不成，我还有何面目回去见江东父老呢！

我们应该记住这血债的清偿，决不是轻易取得的！〔1〕

随后，国内关于东京审判的介绍和研究都沿袭、发挥了这种说法，例如最早介绍梅汝璈、影响甚广的方进玉《东京法庭的中国法官》一文提到：

法官们还没有最后投票，但通过最后的争辩表态已能看出，力主死刑的人是少数，怎么办……这最后的量刑争议使梅汝璈如伍子胥过昭关，把头发都急的发白了。是的，个人之颜面、生死还是小事，千百万同胞的血债必须讨还！整整一个星期，中国法官食不甘味，寝不安席，日夜与各国法官磋商。花了许多心血，废了无数口舌，最后投票表决的日子到了。六票对五票，以一票之微弱多数，远东国际军事法庭通过了对东条英机、土肥原贤二、松井石根等处以绞刑的严正判决。〔2〕

但倪家襄的书中可以质疑之处有二：

首先，当时的法官会议有自己的保密规范，原则上讲，不得泄露(disclose)或露布(discover)法官对于判决或定罪之意见及投票。〔3〕因

〔1〕 倪家襄编著：《东京审判内幕》，亚洲世纪社 1948 年版，第 90～91 页。

〔2〕 《东京法庭的中国法官》(续)，《瞭望周刊》1986 年第 7 期，第 44 页。该文应该是 1949 年后中国大陆最早介绍梅汝璈的文章，连载于《瞭望周刊》1986 年第 6 期、第 7 期，曾收入《读者》编辑部编《名人纪事》(甘肃人民出版社 2000 年版)，亦可见《全国新书目》2001 年第 11 期。之后关于东京审判的研究著述，对其参考与引用甚多。

〔3〕 参见梅汝璈：《东京大审判——远东国际军事法庭中国法官梅汝趍日记》，江西教育出版社 2005 年版，第 112 页。

此，倪家襄的上述记载哪些是梅汝璈的原话，哪些是作者的发挥？尚不得而知。对照梅汝璈晚年在《远东国际军事法庭》一书中的回忆，只是说："除了那位主张全体被告无罪开释的印度法官之外，还有少数或个别法官，由于他们所代表的国家已经废除了死刑制度，因而主张远东法庭也不判处死刑而判处无期徒刑（终身禁锢）为法庭科刑最高限度。他们的主张未能获得多数法官的赞同，因而远东法庭仍然判处了七名罪责较重的被告战犯以绞死刑。由于某些法官拒绝投任何被告的死刑票（包括主张不适用死刑条款的法官们在内），而确定对某一被告的科刑又非至少有六票不可，因而远东法庭判处被告死刑的数量及比例均远较纽伦堡法庭所判处的为低。"〔1〕此处可注意，梅汝璈除了明确揭示印度法官的态度外，对于其他法官的立场，其用的只是"少数或个别法官"这种选择性字眼，更没有说一律以 6 票对 5 票的方式判决死刑。遗憾的是，《远东国际军事法庭》这本在 1962 年开始撰写、计于 1968 年完成的七章宏著，仅仅写完前四章，便因为"文化大革命"爆发不得不戛然而止，〔2〕已纳入写作计划的量刑问题，〔3〕随着梅先生在 1973 年逝世，最终没有完成。加之其东京审判时期日记同样因为"文革"而大部分遗失（已出版的日记只有从 1946 年 3 月 20 日到 1946 年 5 月 13 日这段时间），〔4〕因此今天限于资料，作为法官会议亲历者的梅汝璈本人对当时量刑问题的具体介绍，暂不可得见全貌。

其次，依据倪家襄的记载，当时 11 个国家的法官中，苏联、新西兰、英国、澳大利亚和印度等 5 国的法官，因为其本国已经完全或者局部废止死刑以及个人倾向因素，都投了死刑的反对票，这就意味着在 6 票比 5 票的票数比例下，其余的 6 国，也即中国、美国、法国、荷兰、加拿大、菲律宾的法官，必须给出一致同意死刑的意见。但只要对照当时法庭判决书以外荷兰法官罗林（B. V. A. Röling）、法国法官柏奈尔（Henri

〔1〕 梅汝璈：《远东国际军事法庭》，法律出版社、人民法院出版社 2005 年版，第 48 页。

〔2〕 参见梅小璈：《远东国际军事法庭》"后记"，第 316 页。

〔3〕 根据梅汝璈的说法，其计划在后面的章节中具体谈"威勃庭长和其他法官的异议书，以及法庭在定罪和科刑问题上的实际投票情况"（参见梅汝璈：《远东国际军事法庭》，第 48 页），这一说明，也可从一侧面反映出该问题的复杂性。

〔4〕 参见梅小璈：《东京大审判——远东国际军事法庭中国法官梅汝璈日记》"后记"，第 158 页。

Bernard)提出的异议书(Dissenting Opinion),便可以发现问题的复杂性。一个最明显的例证就是罗林认为广田弘毅(HIROTA, Koki)无罪,[1]实际上广田最终被远东国际军事法庭判处死刑,据此足可说明中国等6国法官的死刑意见并非铁板一块,其他5国的法官也并非都是一律反对死刑。

综上可见,"死刑投票6比5"的通说在资料上存在不足,逻辑上不够严谨,有待重新审视。

二、东京审判量刑问题的历史情境

远东国际军事法庭的11名法官是:澳大利亚法官兼庭长威勃爵士(Sir William Webb)、美国法官希金士(John P. Higgins)(任职三个月后辞去,由克莱墨尔将军(Gen. Myron Cramer 继任)、中国法官梅汝璈(Mei Ju-ao)、英国法官派特里克勋爵(Lord Patrick)、苏联法官柴扬诺夫将军(Gen. I. M. Zaryanov)、加拿大法官麦克杜哥(E. Stuart McDougall)、法国法官柏奈尔(Henri Bernard)、荷兰法官罗林(B. V. A. Röling)、新西兰法官诺斯克罗夫特(E. Harvey Northcroft)、印度法官巴尔(R. M. Pal)和菲律宾法官哈那尼拉(Delfin Haranilla)。[2]

在定罪和量刑方面,依据《远东国际军事法庭宪章》,法庭"对被告为有罪之判决者,有权处以死刑或处以本法庭认为适当之其他刑罚"(第16条),其"定罪与科刑"采取多数表决的方式(第4条乙项)。

(一) 支持或反对死刑:法官个人意见书中的量刑倾向

远东国际军事法庭的判决书认定全体25名被告有罪,其刑罚共分三类、四档:

(1) 绞刑。被判处绞刑的有7人:土肥原贤二、广田弘毅、板垣征四郎、木村兵太郎、松井石根、武藤章和东条英机。

---

〔1〕 参见 *Documents on the Tokyo International Military Tribunal: Charter, Indictment and Judgements*, edited by Neil boister and Robert Cryer, Oxford Press, 2008, p.789.

〔2〕 参见梅汝璈:《远东国际军事法庭》,第59页。该书的罗林为 Roling,但根据罗林所著的 The Tokyo Trial and Beyond: Reflections of a Peace Monger 一书,其为 Röling,此处根据后者标示。罗林书中苏联法官柴扬诺夫为 Zaryanow,本文则依据梅汝璈书为 Zaryanov。

(2) 无期徒刑。被判处无期徒刑有16人：荒木贞夫、桥本欣五郎、畑俊六、平沼骐一郎、星野直树、木户幸一、小矶国昭、南次郎、冈敬纯、大岛浩、佐藤贤了、岛田繁太郎、铃木贞一、贺屋兴宣、白鸟敏夫、梅津美治郎。

(3) 有期徒刑。被判处有期徒刑的有2人，其又分为：① 二十年有期徒刑的1人：东乡茂德；② 七年有期徒刑的1人：重光葵。

该判决书由多数派即美国、中国、苏联、英国、加拿大、新西兰、菲律宾7国法官起草，在判决书之外，另有5国法官发表了个人意见，分别是：澳大利亚法官提出独立意见书(Separate Opinion)；菲律宾法官既参与了判决书的起草，又提出协同意见书(Concurring Opinion)；法国、荷兰法官提出异议书(Dissenting Opinion)；印度法官提出个人判决书(Judgment)。因为法官会议的秘密性，这些公开发表的个人意见书是判断法官们定罪与量刑观点的重要一手资料。限于本文的旨趣，在此主要介绍其量刑方面的内容。

澳大利亚法官、庭长韦伯的总体态度是不认为判罚(Sentence)圆满地实现了惩罚的目的，因此并非完全支持，但也认为判罚并无明显过重或者过轻，所以没有记录异议。在死刑问题上，他的观点有二：首先，将罪犯终身监禁于日本以外与世隔绝的苦楚之处，比绞刑或枪决更有威慑力；其次，应该考虑部分罪犯的年龄问题，认为对老者施以死刑不适。[1]

菲律宾法官哈那尼拉认为，法庭作出的某些判罚过于宽大，不具惩戒性和威慑力，与被告们所犯罪行的严重性不符。[2]

法国法官柏奈尔认为最可憎的罪行最主要乃日本警察和海军所为，但亦认为某些被告对此负有很大责任，其余的人显然在没有尽到对战俘和人道方面的责任上有罪。他指出自己不能强行介入裁决，但认

---

〔1〕 参见 *Documents on the Tokyo International Military Tribunal: Charter, Indictment and Judgments*, pp. 638-639。

〔2〕 同上，p. 659。

为在应予告诫(Caution)还是判罚的准确度、刑罚的公平性上很可争议。[1]

荷兰法官罗林的观点可分为同意判罚、主张加重和认为无罪三个方面。具体如下:① 同意判罚。包括被判处死刑的6人:土肥原贤二、板垣征四郎、木村兵太郎、松井石根、武藤章及东条英机;被判处无期徒刑的11人:荒木贞夫、桥本欣五郎、平沼骐一郎、星野直树、南次郎、贺屋兴宣、大岛浩、白鸟敏夫、铃木贞一、小矶国昭、梅津美治郎。② 主张加重。认为被判处无期徒刑的3人即冈敬纯、佐藤贤了、岛田繁太郎应该被判处死刑。③ 认为无罪。主张被判处死刑的广田弘毅,被判处无期徒刑的畑俊六、木户幸一,被判处有期徒刑的东乡茂德、重光葵5人无罪。[2]

印度法官巴尔认为所有被告无罪,起诉书中的每一指控皆不成立。[3]

综上,根据法官们的个人意见书看死刑问题:立场鲜明的有澳大利亚、菲律宾、荷兰和印度4国法官,其或者支持或者否定死刑,有明确的表态,尤其是荷兰法官,更是具体落实到每个被告。态度比较模糊的是法国法官,但其观点上与澳大利亚法官有一相似之处,即对天皇不被起诉持有异议。与韦伯位居庭长之职、老成持重、表达含蓄不同,他坦言质疑这种双重标准有悖国际正义,[4]因此从逻辑上"举重以明轻"(天皇尚且可以全身而退,其他战犯是否有必要置于死地)这个角度说,他反对死刑是很可能的(当然其对法庭管辖权、破坏和平罪等的质疑也是反对死刑的可能性理由)。据此我们应该可以说在死刑问题上,澳大利亚、法国和印度3国法官一直持否定态度。

(二) 国内法对投票是否有影响

无论是倪家襄,还是梅汝璈,抑或当年日本战犯的辩护律师清濑一

---

〔1〕 参见 *Documents on the Tokyo International Military Tribunal: Charter, Indictment and Judgments*, p. 677。

〔2〕 同上,p. 775。

〔3〕 同上,p. 1422。

〔4〕 同上,p. 675。

郎，都在不同程度上谈到国内法关于死刑的规定对投票的影响，前两者的论述已经在之前的行文中提及，清濑曾讲，“因为苏联刑法中没有死刑，所以不赞成死刑”。[1] 此类观点很有道理，但也仍有商榷之处。首先，《远东国际军事法庭宪章》有死刑的规定，赋予了法官适用死刑的权力。诚如新西兰法官在给其本国总理的信中，便谈到尽管新西兰法律没有死刑，但既然他已经同意作为远东国际军事法庭一员，即应根据宪章适用死刑。[2] 可见，法官并没有绝对受国内法约束的义务。类似的旁证还有如荷兰法官提出异议书，此举即与其本国法的实践不符。[3] 勒林本人也认为国际法庭与国内法庭不同，国际法与国内法不同，国内法上有效的国际法上未必有效。[4] 其次，是苏联法官的态度。勒林法官在回忆中提到对苏联法官柴扬诺夫的印象，认为其与中国法官、菲律宾法官一道，主张严厉的判罚，但因为判决时，苏联法律已经废除死刑，所以他声称不能投死刑票，勒林认为，“那真是相当违背其本性和感情”(That was actually rather against his nature and feeling)。[5] 因为“苏联法官不投死刑票”之说来自法官会议亲历者的荷兰法官，具有很强的证明力，但笔者仍有存疑，理由是当时苏联刑法有关死刑的频繁变动性和法理上有关法的溯及力问题。

从历史角度看，20 世纪上半叶的苏联刑法，死刑存废处在不断变动之中。1917 年 10 月 26 日，苏联第二次代表大会通过法令，宣布废止死刑。但是鉴于社会形势的变化，苏联人民委员会很快又于 1918 年 9 月 5 日颁布了《关于红色恐怖》的决议，下令恢复死刑。而仅仅在 1 年多以后的 1920 年 1 月 17 日，苏联中央执行委员会又颁布了《关于彻底废止适用极刑(枪决)》的决议，规定普通法院不得适用死刑。4 个月后，由于协约国的武装进攻，苏联又恢复了死刑适用，并将其作为一种非常的刑

[1] 张宪文主编：《南京大屠杀史料集》(第 67 册)，江苏人民出版社 2010 年版，第 176 页。

[2] Neil Boister and Robert Cryer, *The Tokyo International Military Tribunal: A reappraisal*, Oxford University Press, 2008, pp. 258 - 259。

[3] 参见 *Documents on the Tokyo International Military Tribunal: Charter, Indictment and Judgements*, p. 680。

[4] 参见 B. V. A. Röling, *The Tokyo Trial and Beyond: Reflections of a Peace Monger*, edited and with an introduction by Antonio Cassese, Polity Press, 1993, p. 29。

[5] 同上，pp. 29 - 30。

罚方法规定在1922年《苏俄刑法典》中，这种状况一直持续到1947年。1947年5月26日，苏联最高苏维埃主席团发布了《关于废止死刑》的法令，宣布在和平时期完全废止死刑。但是在1950年和1954年，其最高苏维埃主席团又先后颁布《对祖国叛徒、间谍和反革命破坏分子适用死刑》的法令、《关于加重的故意杀人罪的刑事责任》的法令，恢复了对背叛祖国、间谍行为、武装匪帮、情节严重的杀人罪的死刑。[1]

在东京审判时期(1946—1948)，恰逢苏联经历了从保留死刑到废止死刑的阶段，因此严谨地讲，只能说当远东国际军事法庭作出判决时苏联恰好处于废止死刑时期(1947—1950)。而在此之前的纽伦堡审判(1945—1946)，当时的苏联法官、司法少将尼基钦科无疑是支持死刑的。一个明显的例证就是他在异议书中认为对希特勒的助理鲁道尔夫·赫斯判处无期徒刑过轻，主张对其适用死刑。[2] 两位国际军事法庭的苏联法官皆是军人出身，其在法感情上或许有相似之处。

应该注意，日本战犯的罪行是发生在1947年苏联废除死刑之前，从时间效力上讲可以适用于1922年保留死刑的《苏俄刑法典》，因此根据法律不溯既往的原则(当然有保障人权的例外)，苏联法官是否必须、或者乐意按照有利被告的原理溯及既往做出拒绝死刑的判决？堪耐咀嚼！此外，柴扬诺夫作为一个不谙英语，需要借助翻译的法官，在表达和沟通上是否真的完全无碍？[3] 凡上种种，仍需要有更多法律和史实资料来佐证。

需要声明，笔者此处仅仅是提出质疑，在有更多证据出现来印证或者推翻质疑之前，将暂时接受勒林的说法。

(三) 死刑投票结果的推测

从目前的资料上看，勒林法官比较明确地提出曾任日本首相、外相的广田弘毅被判处死刑的投票数为“6比5”，反对的5票勒林认为来自

---

〔1〕 参见赵秉志、袁彬：《俄罗斯废止死刑及其启示》，《法制日报》2009年12月2日，第10版。

〔2〕 参见《国际军事法庭审判德国首要战犯判决书》，汤宗舜、江左译，世界知识出版社1955年版，第247～250页。

〔3〕 梅汝璈谈到当时法庭成员绝大多数都能讲英语，苏联法官是唯一的例外。不过他也提到苏联法官随带有极端流利英语的口译和若干工作效率很高的笔译人员，工作不会受影响。参见氏著：《远东国际军事法庭》，第63～64页。

其本人以及澳大利亚、法国、苏联和印度4国法官。其间透露出来一个需要特别注意的信息是，勒林提到法国法官柏奈尔并没有参加量刑投票(但显然勒林仍将他列入反对死刑者的5人中)。[1] 因此客观地说，当时投票的法官应该是10位而非11位。

如果以10票计算，根据上文研究分析的成果：明确支持死刑的有2票(中国、菲律宾法官)，始终反对死刑的有2票(澳大利亚、印度法官)，如果加上苏联法官的1票，则反对有3票。在此基础上，结合态度鲜明的勒林法官之意见，我们可以对当年的投票情况做出这样的判断：7名被判处死刑战犯的结果很可能有两种，分别为"6比4"和"7比3"，前者以广田弘毅为代表，后者以东条英机为代表。以东条英机为"7比3"代表的理由是：首先，在国际检察处起诉书所列的55项罪状中，涉及东条的达50项，是所有战犯中最多的；其次，远东国际军事法庭认定其涉及的破坏和平罪和普通战争犯罪两大类罪名皆成立，其判决部分行文最长，措辞最为严厉，例如认为东条是关东军阴谋活动的首要分子、在珍珠港事件中有决定性作用、对日本犯罪性攻击邻国有主要责任、对虐待俘虏和囚禁平民负政府首脑之责，等等。[2] 在这一情境下，领土或属地作为侵略受害方的美国和英联邦国家(英国、加拿大、新西兰)的法官们很可能做出死刑的一致意见。至于土肥原贤二、板垣征四郎、木村兵太郎、松井石根、武藤章5人，如果美国、英国、加拿大、新西兰的法官们意见一致，他们同样属于7比3，如果法官们意见并非总是一致，他们或者其中个别人则属于6比4，这需要更多的资料和更深入的分析来论证。

三、余思

远东国际军事法庭于1948年11月4日起开始宣读判决书，至11月12日下午完成量刑宣判。11月10日，中国检察官向哲濬在给当时

[1] 参见B. V. A. Röling, The Tokyo Trial and Beyond: Reflections of a Peacemonger, p.64。

[2] 参见*Documents on the Tokyo International Military Tribunal: Charter, Indictment and Judgements*, pp.16-34, pp.623-625。据笔者统计，排在第二位的是土肥原贤二，涉及其罪状有49项。第三位的是荒木贞夫，有47项。

外交部长王世杰的电报手稿中透露了两个信息：1. 根据判决书已经宣读的部分，当时我国检方的主张法庭已予采纳，推测元凶土肥原、板垣、松井、东条等多数被告均可望判处死刑；2. 根据向哲濬和检察团首席顾问倪征𣈶对检方提证的分析，认为可能判处死刑的被告有 14 名或 15 名之多。[1]

实际上，最终的宣判结果与电报的预测有一定的出入，这从一个侧面反映出当年量刑问题的复杂性。远东国际军事法庭汇集了分属英美与大陆两大法系、来自 11 个不同国家的法官，两大法系之间存在相当大的差异，而即便属于同一法系，诚如比较法学者所言，“某一法院按某种程序，适用某一法律，处理某个案件，我们就不可能找到两个审判方法完全相同，判决结果完全一致的大陆法系国家”。[2] 在此背景下，国内法的差异性、国际法的独特性，杂糅国际政治、民族情感、宗教文明等诸多因素，皆是判罚产生争议与分歧的原因。

毋庸讳言，东京审判有诸多不令人满意之处，比如法庭仅仅完成第一批战犯的审判，因为美国的包庇，后续战犯的审判便不了了之。梅汝璈曾指出：“他们（指日本群众）问道：同样是甲级战犯，罪恶相差不远，何以有些人便判处绞刑或终身禁锢，有些人却完全逍遥法外，不但没有受到法律制裁，而且连受审都不曾经过？对于日本群众的这个问题，要找到一个合乎逻辑的答复是很难的。因此，我们惟有承认：东京审判，正如纽伦堡审判一样，只能被认为是对战犯们的一种‘象征性’的惩罚。”[3]应该指出，正是当时美国出于自身利益考虑的暧昧政策，没有审判天皇反而保留了下来，很大程度上使得东京审判变得颟顸、不彻底，为现在的日本状态埋下了伏笔。[4]

又如审判期间，恰逢国共两党内战，兄弟阋墙，无暇他顾，当时政府对这一世纪审判的关注与支持明显不足。以蒋介石日记为例，据查阅之的向隆万先生相告，仅见两处。以时任外交部长的王世杰日记为例，

---

〔1〕 该电报手稿复印件由向隆万先生惠示。
〔2〕 梅利曼：《大陆法系》，顾培东、禄正平译，法律出版社 2004 年版，第 149 页。
〔3〕 梅汝璈：《远东国际军事法庭》，第 168 页。
〔4〕 此处来自匿名审稿人的建议。

仅有一处关于外交部决定选派梅汝璈和向哲濬的简单记载。[1] 以上两例，可证当时政府首脑、要员的重心皆不在此。安内重于攘外，这是国族之殇。

尽管有不足与遗憾，我们更要指出，远东国际军事法庭的法官们，虽在具体问题上意见有所不同，但忠实恪守了法官独立、审判独立的原则与底线，在国际法治的基础上，保证了判决的正当性，使得东京审判与纽伦堡审判一起，确立了战后国际法的新典范。以梅汝璈法官和向哲濬检察官为代表的中国法律人所展现的法学素养、政治智慧及法律爱国主义精神，在历史的今天，不仅值得国人追思和缅怀，更应该发掘与弘扬。

在远东国际军事法庭宣判 65 周年之际，需要倡导：中国学人应该在包括东京审判在内的战后日本各级战犯审判问题研究上更多地发出自己的声音，鄙人也期待拙文与管见能有抛砖引玉之效。

---

〔1〕《王世杰日记》上册，中研院近代史研究所 2012 年版，第 754 页。

第九章　东京审判的语言和文献翻译

第二十八节　东京审判中的语言需求和口译安排

武田珂代子*

一、介绍

在过去几十年中已经出现过若干个针对战争犯罪而设的国际法庭：从第二次世界大战不久后设立的纽伦堡法庭和东京法庭，到仍在进行中的针对前南战争犯罪的海牙法庭。这些法庭的一个共同特征都是口译及翻译人员在其中所扮演的不可缺少的角色。由于法庭庭审过程中使用不止一种语言，不同语言之间有效的交流便利就成了庭审平稳进行的关键。这个重要的事实却常常被历史学家和法律专家所忽略，或者说很少吸引他们的注意力(盖伊芭，1998，武田，2008，2010)。至于说到远东国际军事法庭(通常称东京战争罪行审判或东京审判)，有关其翻译安排的问题直到最近才有所讨论。本文对东京审判的语言需求和口译安排将作一个迅速的概括，并着眼于它的三级翻译体系重点阐述。

二、审判之前的语言需求

东京审判的被告为日本前军队和政府领导，法官和检察官分别来自澳大利亚、加拿大、中国、法国、印度、荷兰、新西兰、菲律宾、苏联、英国和美国，再加上日本籍和美国籍的辩护律师。如果没有翻译和口译服务，东京法庭这样一个多语言的法庭不可能展开工作。1946 年 1 月 19 日公布的《远东国际军事法庭宪章》“对被告的公正审判”下第 9 条规定了东京审判对翻译和口译的使用：“语言文字。审讯及有关的各种诉

* 日本立教大学。

讼程序应英语及被告本国语言为之。遇有需要及被告请求之时,各种文件应备译本”。[1]

然而在正式写入宪章之前,法庭对翻译和口译就已经产生了巨大的需求。不管是在搜寻并翻译那些可能成为逮捕和起诉战犯嫌疑人的证据的文件,还是讯问嫌疑人和证人以及从他们那里取得宣誓口供书,译员们在庭审的准备阶段就已扮演的至关重要的角色。尤其是 1946 年 12 月 8 日国际检察局(IPS)成立之后,对翻译行当的需求越发强烈。

最初,法庭语言工作者主要都由驻日占领军中通晓多种语言的“二世”(第二代日裔美国人)[2]来担任,这些人在战争中从事军事情报工作。然而,数量和质量上的要求使得他们无法胜任这些翻译工作。尽管有超过 5 000 位“二世”为盟军最高司令部(SCAP)在占领时期的各方面工作而服务,但东京法庭仍然面临着合格语言工作者的严重短缺。因此盟军最高司令部招募了一些说双语的日本公民作为翻译人员参加东京审判的准备工作。日本政府也提供了一些翻译和口译人员来支持盟军最高司令部的活动。一些外务省的工作人员被调去为巢鸭监狱的嫌疑人讯问活动做翻译。

与之同时进行的还有两个由美国主导的审判日本战争罪行的特别军事法庭:一是设于马尼拉的山下奉文审判(10.29—12.7,1945),另一个是设于横滨的土屋达雄(一位前监狱守卫)审判(12.18—27,1945)。这两个审判的法庭翻译都是从美国军官当中产生的(马尼拉审判的语言工作者是白种人[3]军官和掌握双语的“二世”;横滨审判则由“二世”担任)。但是这些并非全部都是合格的译员。包括政府文件[4]在内的一系列资料都显示这两个法庭经常由于翻译的糟糕表现而遭受阻碍

---

〔1〕 *Amended Charter of the International Military Tribunal for the Far East*(远东国际军事法庭宪章修订版),1946 年 4 月 26 日。

〔2〕 “linguists”(复数)这个词在本文中是对翻译人员、监督官和语言仲裁官的统称,因为在相关的档案文献中,从事语言相关工作的人被称作“linguists”(本文译为“语言工作者”——译者注)。而本研究中用“linguist”(单数)指代掌握一种语言以上并从事语言相关工作的人,而不是指语言学家。

〔3〕 尽管有点过时,本文还是使用了“Caucasian”(白种人)这个词,以与其他的相关文献保持一致性。

〔4〕 这些文件见于 RG 331: Records of the Allied Operational and Occupation Headquarters; RG 238: National Archives Collection of World War II War Crimes Records; RG 554: Records of General Headquarters, Far East Command, Supreme Commander Allied Powers, and United Nations Command. U.S. National Archives and Records Administration, College Park, MR(RG 554:)。

(详见武田,2010)。

三、三级翻译体系

东京审判的口译体系最突出的特点在于其层级化的设置：三组不同种族和社会背景的人分别承担不同的工作,以此为跨语言之间的交流提供便利。其中日本公民(包括政府职员)对庭审进行口译,说两种语言的“二世”对口译的准确性进行监督,而白种人美军军官负责对翻译和口译的分歧进行仲裁。这种安排相当不寻常,应当是为了规避在马尼拉和横滨审判中出现的问题。

按照山下审判和土屋审判最初的口译安排,可以推测东京法庭原本也想使用美国军方人员来做翻译,但马尼拉和横滨的经验使法庭意识到这些人还不足以胜任在这个国际法庭的翻译工作。因此法庭不得不借助日本籍的双语者。法庭有限的几位口译人员中,大概半数来自日本外务省,剩下的则是有双语背景的日本公民,其中还包括两名前日本帝国军队士兵。甚至有一名翻译的父亲一度是战犯嫌疑人,后来还作为辩方证人出庭。在二十八名被告中有三任前外务大臣、两位外交官和十七位军队领导,考虑到这个事实,这些译员实际上是在为一个将他们的前首长的生命置于危险地位的法庭工作。

正如难以想象让一个前纳粹成员为纽伦堡法庭翻译一样,法庭认为这些日本译员在翻译上的“公正性”难以信任,而且也不愿意表现出对战败国公民的依赖。因此,法庭决定建立一套系统来规范和控制语言工作者们的工作。四名“二世”被选出来对日籍译员的翻译准确性进行监督,如有必要则当场进行改正。这几人都是“归米”(曾在日本接受过教育并回到美国的“二世”)——由于他们在日本的经历和接受的教育,“归米”们对美国的忠诚度非常自然地受到了怀疑,在战争结束前他们甚至在日裔美国人群体中也遭受偏见(市冈,2006)。实际上,除了其中一名在海军精英日语学校[1]任教,其余的人都在日本袭击珍珠港后

---

〔1〕 原文为 Navy's elite Japanese school,应指 US Navy Japanese / Oriental Language School,即 1942—1946 年的美国海军日本/东方语言学校——译者注。

作为敌国公民被美军拘禁在一所集中营里。随后这些人在太平洋战争期间又重新被美军从集中营征召进军队情报系统以针对日本(详见麦克诺顿,2005)。在这种非比寻常的情况之下,这些"归米"双语者来到了东京法庭,在其翻译系统中担任监督官的工作。对他们而言,站在被告席上的是他们父辈祖国的领导人,这些日本被告和他们拥有同样的文化背景,也许还是他们在日本受教时敬仰的人物。

位于这个翻译系统顶层的是一名由白种人军官担任的语言裁判官。此人无需精通日语,仅需宣布由庭外的语言小组——由数名翻译专家组成——对翻译分歧经讨论后做出的决定即可。这个系统很可能是为了尽量减少庭审花在口译和翻译问题上的时间,同时也确保庭审记录的准确。此外,语言裁判官极有可能会密切注视监督官。正如前所说,所有的监督官都是"归米",被怀疑有"偏袒日本的倾向"。国际检察局也许担心监督官们对日本籍被告抱有同情之心,故而想防止他们对被告的需求太过通融。而由白种人军官担任语言裁判官的设置可能正是表达了这种担心,同时也向世人展现庭审是在美军掌控之下进行的。

这种三级翻译体系清楚地表明了掌权一方试图规范和控制那些没有共同利益和联系的翻译人员。换句话说,东京审判中的翻译层级结构是一个对于权威的展示以及对那些与法庭没有共同利益的人是否心怀不忠的检验。

四、翻译流程

翻译人员在通过了一个测试(在模拟审判中进行翻译)并了解了一些法庭流程的情况后就进入法庭开始工作,实际上他们没有经过任何翻译训练。庭审记录显示一共有 27 名日—英翻译,不过持续工作贯穿整个庭审的只有少数几人。在庭审开始的第一个月,译员和监督官在大厅一层的一张桌子边工作,但不久后翻译人员席搬至设在走廊坐席后方平台的一张长方桌。纽伦堡审判在翻译史上作为一个里程碑事件而为人所知,即首次在审判中持续地提供四种语言的同声传译。而尽管东京审判的审判大厅里装有与纽伦堡审判同样的 IBM 同传设备,但东京法庭的主要翻译模式仍然是交替传译，因为法庭认为实现英、日语之间的同声传译是不可能的。仅仅在发言人宣读一份有翻译文本的文件时法庭才会使用同声传译。而诸如制作结案陈词及判决译文这样的任务是由语言监督官而非译员来完成的。交替传译的另一个用处是使坐在译员席旁边的语言监督官在发现翻译有任何问题之时得以打断更正。

根据法庭宪章，法庭全程提供英、日语（被告的语言）之间的翻译。此外，作为一项独立的安排，法庭为不懂英语和日语的苏联法官提供了俄语同传。在法庭上使用英、日语之外的语言以及接力传译的做法是充满争议的话题。合格翻译的短缺导致人们不禁担忧接力传译会使庭审变得冗长和出现潜在的错误。此外，在庭审初期，法庭内外就是否应该允许使用“非正式”的语言有过非常多的辩论。首个此类事例发生在中国的秦德纯将军作证之时。

秦将军是第一位用中文发言的证人，他于 1946 年 7 月 22 日到庭。法庭最初的安排是以日语为中介语言进行接力传译，也即中文和英语首先被交替翻译为日语，随后再从日语交替翻译为英文和中文。之所以使用这个办法是因为管理着所有语言工作者的语言部门找不到可以直接进行中英翻译的人员。虽然检方的一位中方成员一度被考虑担任此项工作，但最终因为人们担心让他来为一名检方证人翻译有失公允而作罢，所以法庭在一开始通过日语进行接力传译。然而美籍辩护人表达了他们对这种“双重翻译”会成为一个“非常有缺陷的翻译”的担心。[1] 于是此前并未获知此项议题的庭长听取了检方的建议，当即指定能够说英语的梅汝璈法官秘书方福枢作为中英翻译。

从那时起，英语成为三种语言的接力传译的中介语言。在方之后还有几名中国人为中国证人的证词做了翻译。然而这几位临时翻译的不佳表现不但使检辩双方都产生了质疑，还经常阻碍庭审顺利进行。最终，在溥仪作为检方证人出庭期间（1946 年 8 月 16 日至 27 日），庭长

---

〔1〕 *The Transcripts of the Proceedings of the International Military Tribunal for the Far East*（远东国际军事法庭庭审记录），第 2300～2301 页。

以个人名义写信给麦克阿瑟将军，请求盟军最高司令部寻找可以胜任的中英翻译[1]。作为回应，麦克阿瑟于8月26日将自己的翻译调至法庭，同时安排从上海调拨更多的翻译。（详见向隆万关于中国代表团在东京审判期间的论述，2013）

这些关于接力传译的问题很可能促使了东京向纽伦堡询问如何处理多语言相关事宜，事见于1946年8月23日的一封电报。[2]这时已是开庭四个月之后，迟来的询问表明了法庭对使用第三语言缺乏准备。与此形成对比的是，来自纽伦堡的答复[3]显示已经进行到第九个月的纽伦堡法庭对于翻译人员的能力要求有着很好的理解，并设立了一套完善的翻译体系。不过来自纽伦堡的信息肯定对东京法庭没有特别大的用处，因为这里没有使用前面说到的同传翻译。

中文并非两种"正式语言"之外的唯一语言，法庭还为说法语、俄语、荷兰语、德语和蒙古语的相关的证人及检察官提供翻译。比如通过英语进行中—荷之间的接力传译，而蒙古语则以俄语作为中介语言。

五、庭审翻译的效果

已经有一些历史学者和实际参与东京审判的人士对庭审过程中的翻译效果进行过评论，他们大致能分成以下三类：

首先，法庭采用交替翻译的模式以及解决翻译问题的流程经常被认为是导致东京审判时间过长的主要原因（如：两年半和十个多月的纽伦堡审判的对照）（道尔，1999，第458页；布拉德舍，同上，第180页）。

其次是讨论在律师们询问证人时翻译对他们产生的影响。例如被迫缩短他们的言辞至"基本的短句"（史密斯，1996）。这个议题并不限

〔1〕 Webb, W. F. 1945 (August 20). A Letter from W. F. Webb, President of IMTFE to General Douglas MacArthur. MacArthur Memorial. Norfolk, VA.

〔2〕 CINCAPAC. 1946 (August 23). A telegram to General Secretary, IMT, Nuremberg, Germany. Records of the Allied Operational and Occupation Headquarters, World War II (Record Group 331). The US National Archives and Records Administration. College Park, MD.

〔3〕 International Military Tribunal Nuremberg. 1946 (August 27). A correspondence to CINCAPFPAC. Records of the Allied Operational and Occupation Headquarters, World War II (Records Group 331). The US National Archives and Records Administration. College Park, MD.

于东京审判的例子。盖伊芭(1998,第101～103页)讨论了在纽伦堡审判中律师们抱怨自己不得不为了翻译而放慢语速,这样使他们失去了在质询过程中的自发性和动力。

最后是推测英日语之间的翻译难度和译员的表现是否会影响到法官们对证人的印象以及法庭最后的结果。例如,一位辩护律师指责翻译人员对其委托人的证词进行了不负责任和荒谬的翻译(岛内,1973,第418～419页)。小岛(1971,第50～52页)认为翻译中产生的问题毫无疑问地扰乱了庭审,限制了被告及其代理律师的表达能力,并消极影响到了法官们对日籍证人之证词的理解。尽管有这些语言上的障碍,但道尔(1999,第467野)还是阐述道"没有人提出翻译和口译存在着故意曲解乃至根本性的错误",他(同前)还指出"战胜的一方中也从没人细想过翻译腔能够决定最后的判决(七人被判死刑)"。

鉴于东京审判的政治性质,一些人认为东京审判是由胜者举行的"橱窗"式审判(相关观点和评价见户谷(2008)),语言上的问题是无法影响被告命运的。武田(2008,2010)在分别检视了英文和日文的庭审记录后,认为不管最初阶段的翻译可能有多不连贯,也不管语言监督官的工作有多不完美,更不管庭审初期的翻译流程效率有多糟糕,一个有效的纠错机制贯穿了整个东京审判,并且没有证据显示存在故意的错译或者未经检查的错误。而如果采用不同的翻译机制或者说翻译人员的能力更强,东京审判的结果是否会有所不同?对此尚无定论。〔1〕

六、结论

本文对东京审判的翻译安排做了一个简要概述。皮姆在描述翻译史研究的一项原则时谈论到"我们研究翻译史是为了表达、处理和努力解决那些影响我们自己处境的问题。"出于对这种"当下优先"的观点的信奉,本文对东京审判中的翻译问题和现今的法庭之间的关联性进行

〔1〕 唯一的例外是小岛宣称(1971,第258页)韦伯在一次采访中说到"如果日籍律师能更熟练地使用英语,或者翻译们的能力更强一点,也许会影响到法庭的判决"。(为作者翻译,小岛对韦伯评论的解释原为日语。)

了一些反思。首先是翻译人员与被告之间的关联，或者说他们与被告有着同样的文化、社会或政治背景。正如在东京审判中作为翻译人员的日本政府职员和公民站在了他们前任上司和领导的对立面一样，在其他审判中也有可能因为不存在“中立的”译员（例如小语种语言），法庭不得不依靠与被告同属一个社会政治群体的人充当翻译。我们应该进行更深入地研究以探讨如何来处理这类翻译人员的可信赖度以及他们可能面临的心理负担所引发的关注。

此外，译员的译文在庭审记录中使用，同时也可作为证据。鉴于此事实，建立一套可以监督翻译准确性和纠错的系统就显得十分重要，这一点正如东京审判所展示的那样。纽伦堡审判的翻译监督形式是译员通过核对每日庭审记录和逐字记录来改正他们自己的错误（盖伊芭，1998，第 71 页，第 97～98 页）。不妨认为在这些历史上的审判中，总会产生非故意的翻译错误，而法庭则会建立一套监督和纠错体系——不管是国际还是国内的法庭。这种体系也可以作为一种威慑来防止那些与法庭没有共同关联和利益的译员可能做出的不诚实行为。要找到一个卓有成效的纠错机制，则需要进行更深入的研究，以检验过去和现在的国际/国内审判是如何处理翻译错误的（见武田（2013）对前南国际刑事法庭的讨论）。

（赵玉蕙　译）

第二十九节 《远东国际军事法庭庭审记录》、检索工具及人名问题*

程兆奇、赵玉蕙**

一、《远东国际军事法庭庭审记录》

《远东国际军事法庭庭审记录》，顾名思义，是远东国际军事法庭的庭审记录。

远东国际军事审判是第二次世界大战后由美、中、英、苏、法、澳、荷、加、新、菲、印十一国代表联合国对在亚洲战场挑起战争和在战争中犯下广泛暴行的日本进行的审判。审判地点在东京，简称为“东京审判”。审判的根据是《波茨坦公告》、《远东国际军事法庭宪章》以及近代以来一系列有关发动战争和战争暴行的国际法、条约、协定、保证和战争爆发后同盟国领导人关于惩罚战争犯罪的讲话。

日本接受波茨坦公告、美军进驻日本后，先后分四次（九批）逮捕了126名A（甲）级战犯嫌疑人，最后确定起诉其中的荒木贞夫、土肥原贤二、桥本欣五郎、畑俊六、平沼骐一郎、广田弘毅、星野直树、板垣征四郎、贺屋兴宣、木户幸一、木村兵太郎、小矶国昭、松井石根、松冈洋右、南次郎、武藤章、永野修身、大川周明、大岛浩、冈敬纯、佐藤贤了、重光葵、岛田繁太郎、白鸟敏夫、铃木贞一、东乡茂德、东条英机、梅津美治郎二十八名。远东国际军事法庭于1946年5月3日开庭，至1948年11月12日宣判，其间庭审416日、817次[1]，宣判7日、14次，合计开庭423日、831次。因开庭后松冈洋右和永野修身病亡，大川周明精神失常，法庭最终对二十五名被告分别处以绞刑、无期徒刑、有期徒刑。

《远东国际军事法庭宪章》规定审判语言为英语和被告方语言（即

---

* 《远东国际军事法庭庭审记录附录、索引》中的全篇人名索引部分，石鼎先生用力最勤，谨致谢意。

** 程兆奇，上海交通大学东京审判研究中心主任，教授。

赵玉蕙，上海交通大学东京审判研究中心，讲师。

〔1〕 以往记述庭审次数均为818次，我们在校核庭审记录的相关数据时，反复核查，都是817次，818次之数当是将英文版庭审记录的4月29日提交起诉书作为了“第一次”。因4月29日没有开庭，不能计入开庭次数，所以应为817次。

日语),《远东国际军事法庭庭审记录》包括了英文和日文的两种文本。英文本在审判结束后随国际检察局和法庭事务局档案文献一起移送美国国家档案馆。英文记录曾于审判期间由法庭事务局逐日印刷并隔日分发给法官、检察官、辩护律师等相关人员,英美的加兰德出版社和梅伦出版社分别于1981年和1998年至2006年结集影印出版。[1] 2013年上海交通大学和国家图书馆重新影印出版了新版《远东国际军事法庭庭审记录》。[2] 日文庭审记录,审判期间也曾由日本政府印制局少量印刷,分发给日本辩护律师和相关人员。[3] 20世纪50年代起日本法务省搜集有关战犯审判资料,后曾排印收藏。日本雄松堂据之于1968年影印出版。[4] 因庭审记录中起诉书的部分在审判结束之际已曾出版,[5]雄松堂版未再刊出。

英文和日文版的庭审记录本应只是语种不同的相同记录,但因远东国际军事审判是人类有史以来规模最大、参与国家最多、开庭时间最长、提出的证据最为浩瀚的审判,任务极为繁冗,错失在所难免,所以不仅英、日文本各自都留下了数量不在少数的讹误,英、日文相互间存在的此有彼无、此详彼略、此是彼非,也所在多有。

英文版《远东国际军事法庭庭审记录》是从1946年4月29日(日文版始于1946年5月3日)至1948年11月12日的庭审准备、庭审至宣判的记录,内容包括检方向法庭和被告提交起诉书、法庭成立、立证准备、检方立证、辩方反证、检方反驳辩方反证、辩方再反驳检方反驳、检方最终论告、辩方最终辩论、检方回答和法庭判决的全过程。英文版原有49 858页,此次交大国图影印出版将每日之前未计页码的证人、证据

---

〔1〕 Pritchard, R. John and Sonia Magbanua Zaide, *The Tokyo War Crimes Trial* (New York& London: Garland Publishing Inc., 1981). Pritchard, R. John, *The Tokyo Major War Crimes Trial: The Transcripts of the Court Proceedings of the International Military Tribunal for the Far East* (Lewiston: The Edwin Mellen Press, 1998 - 2005).

〔2〕 远东国际军事法庭庭审记录出版委员会编:《远东国际军事法庭庭审记录》,国家图书馆出版社、上海交通大学出版社2013年版。

〔3〕 据大岛浩的辩护律师岛内龙起回忆,庭审记录的英文版当日即完成校对印刷,次日开庭前即分发给法官、检察官、辩护律师;日文记录大致隔月才能印出。島内龍起:《東京裁判弁護雜録》,東京,東洋出版印刷株式会社1973年版,第417页。

〔4〕 新田満夫編:《極東国際軍事裁判速記録》,東京,雄松堂書店1968年版。

〔5〕 極東国際軍事裁判公判記録刊行會編纂:《極東国際軍事裁判公判記録》I,富山房1948年版。

简目一并计入，对原页码诸如接续“1/2”、“A”、连续内容为同一页码、相同的内容在不同页码中重出以及空白页等，也都逐页计入，重编页码后共计 51 447 页。

二、庭审记录的检索工具

由于《远东国际军事法庭庭审记录》卷帙浩繁，为便于读者利用、检索，日本、西方曾多次编制索引。

1953 年日本朝日新闻调查研究室印制的《远东国际军事审判记录目录及索引》[1]是第一部有关东京审判庭审记录的目录索引。该目录索引包括的对象是朝日新闻社搜集的东京审判庭审的相关文献。东京审判时日本一些公私机构，如日本最高法院（最高裁判所）、日本国会图书馆等都在有计划地搜集东京审判的相关文献，在该目录索引编辑的时点，以朝日新闻的收藏最为丰富。文献包括起诉书、审判手续速记、法庭陈述速记、法庭提出证据、未提出证据、法庭驳回证据、判决书、判决附属书、少数意见书等。朝日新闻对这批文献分类整理成 800 册，每册约 200～250 页。该索引的具体分类有两个层次，一是向法庭提出的证据和相关材料的顺序，一是法庭分类的阶段。提出顺序为：检方提出的起诉证据、辩方反证的证据、检方反驳辩方反证的证据、辩方对检方反驳的再反驳、检方根据法庭受理的证据依法律和事实形成的见解向法庭提出最终论告、辩方根据法庭受理的证据依法律和事实形成的见解向法庭提出最终辩论、检方对辩方最终辩论的回答（最终意见）、法庭多数意见（判决）。法庭分类为：准备阶段（检方提出证据前的开庭准备）、检方立证阶段（证据提出 1 陈述证据阶段）、辩方反证阶段（证据提出 2 陈述证据中关于一般问题提出阶段）、个人辩论阶段（证据提出 2 陈述证据中关于个人证据提出阶段）、检方反证辩方再反证阶段（证据提出 3、4）、检方最终论告、辩方最终辩论（含检方最终意见）、判决（含未宣读的少数意见）。

---

〔1〕 朝日新聞調查研究室：《極東国際軍事裁判記録 目録及び索引》，朝日新聞調查研究室 1953 年版。

1957年密歇根大学出版社出版的《东京审判：远东国际军事法庭庭审记录多功能索引》[1]为西文世界最早出版的索引。索引以字母排序，词条则包括人名、罪名、地名、事件名等，又依内容分出层级，如在字母C“中国”条下按首字母排序分出“抗日运动”、“荒木贞夫”、“轰炸”、“重庆”等子词条，子词条下又分次一级子词条，如“重庆”下有“大屠杀”、“空袭伤亡和破坏”等。

1987年加兰德出版公司出版的《东京战争罪行审判：索引和指南》，[2]共5卷，内容包括姓名与主题索引、庭审纪要、检辩双方文件编号及相应证据编号对照表、庭审记录勘误表、法庭诉讼记事表及答辩状索引、法庭文件索引、法庭规则索引、法庭驳回证据列表、检辩双方证据索引以及国际检察局案件档案索引。书末附有日本战时政治体制、内阁列表、重要政治人物等介绍以及检辩双方律师名单。其中“姓名与主题索引”有3万条，下分次级词条，并可进行交叉索引。“庭审纪要”记载了从1946年4月29日到1948年11月12日宣判完毕的每日庭审内容。本书是去年为止出版的最为详尽的东京审判索引工具书。

2010年日本雄松堂出版的《东京审判审理要目》。[3]该要目是对1945年4月29日起诉书提出始至1948年11月12日宣判止的东京审判全过程的详细目录。内容包括从准备阶段到庭审的检方立证、辩方要求放弃公诉动议、辩方反证、审理最终各阶段检辩双方提出的证据、双方的质证和回答以及判决和菲、法、印、澳、荷五国法官的个别意见书的要目。书后还附有远东国际军事法庭宪章、审判手续规定及原告代理人(检察官)、被告和代理人(辩护律师)、法官。本书后附的辩护律师名单与加兰德版索引所附名单略有出入。

以上索引、要目各有优长，如加兰德版“索引和指南”最为详尽，朝日新闻版索引和雄松堂版要目的特色是同时注明日文(和文)和英文两

---

〔1〕 Dull, Paul S. and Uemura, Michael Takaaki, *The Tokyo Trials: A Functional Index to the Proceedings of the International Military Tribunal for the Far East* (Ann Arbor: The University of Michigan Press, 1957).

〔2〕 Pritchard, R. John and Sonia Magbanua Zaide, *The Tokyo War Crimes Trial: Index and Guide* (New York & London: Garland Publishing Inc., 1987).

〔3〕 松元直歳編著:《東京裁判審理要目》,雄松堂書店2010版。

种庭审记录的页码。

在索引类工具书之外，日本、西方还编纂过一些远东国际军事审判的研究辅助书籍和知识性读物。这些书籍虽不是庭审记录的索引类工具，但作为入门的引导，对利用庭审记录也有帮助。其中《东京审判——英文文献研究指南》[1]、《东京审判便览》[2]是较重要的两种。《指南》是对西方相关文献、论著简要提要的研究工具，分为文献、被告、法官、检察官、辩护律师、判决、判决后、其他犯罪审判、东京审判的影响等。《便览》是东京审判的知识汇编，体例上接近于词典。共有主要词条 160 条、短条 15 条、图表 28 张、相关文献 7 篇及主要参考文献目录、东京审判关系年表、人名索引、团体机关名索引。另外，最近我们也编有《东京审判研究手册》，[3]《手册》是知识性便览和研究工具的结合，与《指南》和《便览》包括 B、C 级审判不同，《手册》的内容仅限于东京审判，手册包括文献和论著提要、人物简介与名单、东京审判年表、东京审判主要文献、文献和著作目录、主要相关档案收藏机构等，其中“提要”第一次概括了日本和中国的部分，第一次制作了庭审出席者的全名单，其他部分较之之前的相关著述也都更为详尽。

至今为止的这些工作对检索、认识远东国际军事法庭庭审记录都提供了便利。但另一方面，迄今为止的索引可索对象都非以“全篇”为范围，如可索“主要人物”仅占人物总体的十分之一，而且，在内容的选取上主观性过强，像中国检察官向哲濬的二十次法庭发言，《东京战争罪行审判：索引和指南》仅注明十次，这对充分利用庭审记录，终是很大的不足。所以，虽然编纂《远东国际军事法庭庭审记录索引、附录》[4]这一浩大的工作不免“事倍功半”，为配合交大国图版庭审记录的出版，我们还是舍下其他工作把这一任务放在了最优先的位置。这次新编

〔1〕 Welch, Jeanie Maxine, *The Tokyo Trial: A Bibliographic Guide to English-Language Sources* (Westport, Conn. Greenwood Press, 2002). ジニー・ウェルチ(著)、高取由紀(翻訳)、粟屋憲太郎(監修):《東京裁判—英文文献、研究ガイド》,現代史料出版,2005 年。

〔2〕 東京裁判ハンドブック編集委員会(編集):《東京裁判ハンドブック》,青木書店 1989 年版。

〔3〕 程兆奇、龚志伟、赵玉蕙编著:《东京审判研究手册》,上海交通大学出版社 2013 年版。

〔4〕 东京审判研究中心编纂:《远东国际军事法庭庭审记录索引、附录》,上海交通大学出版社、国家图书馆出版社 2013 年版。

《远东国际军事法庭庭审记录索引、附录》的索引部分的主要特色是：首次以庭审记录中所有人名为对象编制全文人名索引；首次以中、英、日三种文字编制证据索引；首次将出庭人物和重要事件单独作为主题编制索引。附录部分的主要特色是：首次对东京审判研究最多的日本的研究成果作了提要和评点；首次对东京审判的法官、检察官、被告及未及审判的126名A级战犯嫌疑人的基本情况作了介绍，对证人、辩护律师等其他重要参加人员和所有出庭人物作了汇总；包括了以往国内不甚了了的东京审判的相关制度、史实、文献、研究成果等基本知识。本书是迄今为止有关远东国际军事法庭庭审记录最为详尽的索引类工具书，也是迄今有关远东国际军事审判最为详尽的辅助读物和研究工具。

通过编制索引、附录对庭审记录所作的彻查，使我们对庭审记录本身特别是其中的人名问题有了更深入的认识。

三、庭审记录中的人名问题

远东国际军事法庭任务的繁难艰巨，我们已三复其言，因此《远东国际军事法庭庭审记录》留下了各种疏失，事在意料之中。经过对庭审记录的全面查核，发现各种问题为数不在数千例之下。其中人名方面的问题最多，包括拼法歧异，称谓不同，音、训读并列，误认汉字，误记身份，以他（它）名为本名，不同语种并存，英日文本异文，不明所以的错误，无法判别正误的情况等等；至于传写中的笔误则更是不胜枚举。以下略陈数类以为说明。

（一）拼写多歧

不同拼法的情况相当普遍，除了拼法尚未规范化的原因，和方音难辨也应有关。两种拼法的情况，如肃亲王有 Hsiu Ching-wan、Soo Ching-wan；斋藤实有 Saito Makoto、Saito Minoru；山本五十六有 Yamamoto Isoroku、Yamamoto Isorokfu；永井三树三有 Nagai Mikizo、Nakai Mikizo；柴扬诺夫（苏联法官）有 I. M. Zarayanon、I. M. Zaryanov。三种拼法的情况，如韩复渠有 Han Fu-chu、Hung Fu-Chu、Han Fuchii；阎锡山有 Yen His-shan、Yen His-shang、Yen Hsi-shan；赵登禹有 Chao Tengyu、Chao Tang-yu、Chao Tung-yu；土肥原贤二有 Dohihara Kenji、Doihara Kenji、Dohiro Kenji；冈村宁次 Okamura Yasuji、Okamura Neiji、Okamura meiji。四种拼法的情况，张自忠有 Chang Tze-chung、Chang Tzu-chung、Chang Tsu-chung、Chang Chi-chung；周佛海有 Chou Fu-hai、Chou Fuo-hai、Chow Fu-hai、Chow Fu-Hia。五种拼法的情况，段祺瑞有 Tuan Chi-jui、Tuan Chi-juei、Tuan Chi-lueh、Tuan Chi-lui、Tuan Chi-Juel；何应钦有 Ho Ying-chin、Ho Ying-chien、Ho Yin-chin、Ho Yiang-chin、Ho Ying-qin；罗振玉有 Lo Chen-yu、Lou Chen-yu、Luo Chen-yu、Loh Tseng-yu、Lao Tin-yu；于学忠有 Yu Hsueh-cheng、Yu Hsueh-chun、Yu Hsueh-chang、Yu Hung-chun、Liu Sue-chung；王克敏有 Wang Ko-min、Wang Keh-min、Wang Keh-ming、Wan Ko-ming、Wan Ko-min。六种拼法的情况，张作霖有 Chang Tso-lin、Chiang Tso-lin、Chang Tso-ling、Chang Tsuo-lin、Chang Tsuo-ling、Chang So-lin 七种拼法的情况，张学良有 Chang Hsueh-liang、Chang Hsueh-lian、Chiang Hsueh-liang、Chiang Sue-liang、Chang Hseu-liang、Chang Hsui-liang、Chang Hsieh-liang；宋哲元有 Sung Cheh-yuan、Sung Cheh-yuen、Sung Che-yuan、Sung Cheh-ye、Sung Chen-yuan、Sun Chih-yuan、Sung Wen-lin。八种拼法的情况，张景惠有 Chang Ching-hui、Cheng Ching-hui、Chang Chin-hui、Chang Hin-hui、Chang Ching-Kui、Chang King-hui、Chao Ching-hui、Chang Chin；郑孝胥有 Cheng Hsiao-hsu、Cheng Hsiao-his、Cheng Hsiao-his、Cheng Hsiao-shu、Tsang Hsiao-hsu、Tsang Hsia-tsu、Tseng、Ting。秦德纯的拼法更让人吃惊的多至十三种：Chin Teh-chun、Chin Te-chun、Chin T-chen、Chin To-chum、Chin To-chun、Ching Teh-chun、Ching Teh-tsun、Ching Teh-chin、Ching Teh-chuns、Ching Te-chun、Cheng te-Chun、Cheng Teh-Chun、Chintechun。

（二）称谓不同

中国人中名、字、号等并存的情况不在少数。如既有 Sun Yat-sen（孙逸仙），也有 Sun Wen（孙文）；既有 Wang Ching-wei（汪精卫），也有 Wang Chao-ming（汪兆铭）；溥仪则更多，有 Aishinjeher Pu-yi、Henry Pu-yi、Emperor Hsung Tung、Manchukuo Emperor、Manchurian Emperor、Emperor Kangte。

（三）音、训读并存

日本人最多的是音读、训读并存。如日本人山口英治，既有 Yamaguchi Eiji，也有 Yamaguchi Hideji；有马成甫，既有 Arima Seiho，也有 Arima Narisuke；内田信也，既有 Uchida Shinya，也有 Uchida Nobuya；斋藤良卫，既有 Saito Ryoei，也有 Saito Yoshie；多田骏，既有 Tada Shun，也有 Tada Hayao；岸信介，既有 Kishi Shinsuke，也有 Kishi Nobusuke；杉山元，既有 Sugiyama Gen，也有 Sugiyama Hajime；有马赖宁，既有 Arima Rainei，也有 Arima Yoriyasu；森有礼，既有 Mori Yurei，也有 Mori Arinori；河边虎四郎，既有 Kawabe Torashiro，也有 Kawabe Koshiro；三宅光治，既有 Miyake Mitsuharu，也有 Miyake Mitsuji；片仓衷，既有 Katakura Tadashi，也有 Katakura Chu。

（四）误认汉字

如 1946 年 10 月 30 日所记日本总力战研究所所长 Iimura Yuzuru（第 15 册第 346、358、361、364 页，指交大国图本，下同），当是将饭村穣的"穣"（じょう，Ziyou）误认为"讓"所致；如 1946 年 8 月 1 日所记"满洲国"交通部长 Li Shao-kang（Li Sho-ko——原括注）（第 5 册第 482 页）当是将李绍庚的"庚"（Gen）误认为"康"所致；如 1947 年 10 月 8 日所记"满洲国"外交部长 Chang Yen-hsiang（第 50 册第 30 页）当是将张燕卿的"卿"误认为"鄉"所致；如 1948 年 3 月 22 日所记"满洲国"交通部长 Ku Tsu-hsiang（第 72 册第 578 页）当是将谷次亨的"亨"误认为"享"所致；如 1947 年 7 月 23 日所记第 37 师师长 Feng Yeh-an（第 34 册第 55 页）当是将冯治安的"治"误认为"冶"所致。

（五）误记身份

如 1947 年 1 月 21 日所记 Koyama Matsukichi（小山松吉）为"文部大臣"（第 26 册第 409 页），实际应是法务大臣。

（六）以他（它）名为本名

如以 Emperor Hsiao（1947 年 5 月 12 日，第 36 册第 187、189 页；1948 年 4 月 9 日，第 76 册第 404、405、410 页）名朱元璋，当是将明孝陵的"孝"混为朱元璋的庙号或姓名了。

（七）不同语种并存

如仅在第12卷中记法国驻日大使阿森纳-亨利，既有英语拼法“Arsene-Henry”（第59、61、92、112、123、127、132、137、141、152、154、176、177、180、183、186、188、192、206、265、344页），也有法语拼法“Arsene-Henri”（第69、73、147、149、160、190、281、311页）。

（八）英、日异文

如1946年6月19日所记Matsuhashi（松桥，第2册第332页），日文本同日同人为“本桥”（Motohashi）。

（九）简单笔误

如将Li Yuan-hung（黎元洪）作“Li Yuan”（1946年8月20日，第7册第299页），“hung”当为遗漏；如将加拿大检察官“Nolan Henry”（亨利・格兰顿・诺兰）误作“Nolan Harry”（1946年11月1日，第16册90页）；如将稻叶虎雄（Inaba Torao）误作“Inaba Torau”（第7册第543页），等等，不赘举。

（十）不明所以的错误

“中村事件”中的关键人物关玉衡，被不可思议的拼写成“Han Yu-pu”（第5册第509页）；而日文版的“常濱鄉”（第1册第797页），在英文版作“Chang Han-ching”（第8册第463页），因所记为史无明载的“小人物”，我们可以说两记必有一非，但我们无法肯定两记必有一是；日军占领南京时的日本驻南京领事福田笃泰，应为“Fukuda Tokuyasu”，不知何故，“Tokuyasu”或为“Toyoyasu”、或为“Tokuyosu”、或为“Takuyasu”（第5册第30页、第7册第164页、第35册第412页、第36册第217页），竟无一处正确拼写。

（十一）无法确认正确与否的人名

有些日本和中国人名，日文版代之以假名或虽用汉字而以“音”注明，说明东京审判时法庭已无法判别所用汉字正确与否；因日、中人名的拼法的根据是汉字，因此，不能确知汉字也就无法确认英文拼写是否正确。名字不能确认的情况如：“Suzuki Yoshimichi”（1946年8月1日，第5册第490页），日文版作“铃木ヨシミチ”（第1册第458页）；“Matsuura Sagaei”（1946年10月31日，第15册490页），日文版作“松

浦サガヘイ”（第2册第697页）；“Miyake Yashitaka”（1946年10月31日，册同上第498页），日文版作“三宅ヨシタカ”（第2册第698页）；“Takahashi Yaichi”（1946年10月31日，第15册489页），日文版作“高桥ヤイチ”。姓名均不能确认的情况如：“Yoshikawa Sadichiro”（1946年12月16日，第21册第536页），日文版作“ヨシカワ・サダイチロウ”（第3卷第548页）；“Yanagizawa Eiji”（1946年12月11日，第21卷第166页），日文版作“ヤナギサワ・エイジ”（第3册第476页）；“Takahashi Sakaypshi”（1948年2月19日，第65册75页），日文版作“タカハシ・サカヨシ”（第9册第13页）；“Sasaki Ichi”（1948年2月19日，第65册第49页），日文版作“ササキ・イチ”（第9册第13页）。日文版以汉字注音的情况如：“Yoshida Chutaro”（第7册第375页）的日文版对应为“吉田忠太郎（音）”、“Wakamatsu Makoto”（第15册第454页）的日文版对应为“若松真（音）”、“Nishimura Haruichi”（第15册第486页）的日文版对应为“西村春一（音）”、“Morikami Shigeo”（第15册第488页）的日文版对应为“守上茂雄（音）”、“Wada Kei”（第31册第203页）的日文版对应为“和田启（音）”、“Shima Shunichi”（第31册第698页）的日文对应为“岛俊一（音）”、“Suzuki Sosaku”的日文对应为“铃木宗作（音）”、“Mitani Suejiro”（第50册第71页）的日文对应为“三谷末次郎（音）”、“Suzuki Masami”（第54册第427页）的日文对应为“铃木正美（音）”。此外，也有少量中国人名以汉字注音，如：“Yang Shou-chung”（第13册第413页）的日文版对应为“杨寿仲（音）”。

人物之外，英、日文本之间还有此有彼无，如英文版有起诉书，日文版无；彼此扞格，如法庭证据377号中“昌图县公署令”英文本作“26号”（第8册第343页），日文本作“二百六號”（雄松堂本，第1册第779页）；起始时间不同，英文本始于1946年4月29日，日文本为5月3日；英文本昭和误加一年，如辩方律师大原信一对证人山口重次的讯问中昭和三年（1928）被误作“1929”（庭审记录第31册164、196页）；原文重复，如1361页、36608页各有相同两页（为保持原貌，今版仍收入，页码排入第三册第76、77页和第59册第583、584页），诸如此类，不一而足。这些问题虽然只有文献学的意义，但作为深入研究东京审判的基础，清理并解决的必要性是不言而喻的。

文献整理，有如地基，对建筑物是否牢靠实有至关重要的意义。我一直有一个不当之见：史学走出粗放化阶段后，衡量一个作品的价值，“真”、“难”、“繁”是最基本的指标，空有“宏大”，固然是空中楼阁，即使所谓“高明”，如没有扎实基础，也只会流入与史学无关的谈玄。

编　后　记

“2013东京审判国际学术研讨会”结束时，正值《远东国际军事法庭庭审记录索引、附录》的编纂进入日夜兼程的最后关头，未如最初设想在第一时间将本书赶编出来提供给读者。以后接踵而至的编纂《远东国际军事法庭证据文献索引、附录》、东京审判研究丛书的审读等工作耗去了我们几乎所有时间，致使本书的若干篇外文论文的翻译一再拖延，及至今天编定发排，已跨越了两个年头。这是要向本书三十余位作者深致歉意的。

苏州大学法学院的前身是在民国时期享有盛名的“北朝阳南东吴”的东吴法学院。参与东京审判的17名中国法官、检察官及顾问、秘书、翻译有11位曾在东吴法学院求学和任教。因此我们觉得若能和苏大法学院合办这次会议别有连接着历史的特别意义。在获知我们的希望后，胡玉鸿院长等热情快诺。以后苏大对讨论会的苏大分场作了周到的安排，校党委书记王卓君、副校长田晓明及法学院师生还分别参加了开、闭幕式和苏大的报告会。今天借出版本书之际谨致以诚挚感谢。

研讨会前一年的夏天，我和张岚博士在横滨的美丘拜会了日本学者粟屋宪太郎先生，他对我们召开研讨会的打算十分支持，并主动表示日本学者由他来邀请。以后为研讨会事我们多次讨论，会前一周他还提前来沪，说是想帮忙做点会务。粟屋先生年龄不算大，但近年腿脚不便，有时甚至到了三步一歇的程度，所以粟屋先生不仅帮了忙，他对东京审判研究抱有的热忱也让我们感佩。

在提交论文的作者之外，东京审判中国检察官秘书高文彬、中国人民大学原党委书记程天权、华东政法大学校长何勤华以及上海交通大学党委书记马德秀、法学院院长季卫东也在会议上作了有意义的致辞或主持了会议，在此一并致谢。

在本书的编辑过程中，东京审判研究中心的赵玉蕙博士、陈爱国博士参与了协调工作，上海交大出版社的姜津津编辑、金迪编辑参与了编辑工作，陈丽娜女士编制了索引，也附记于此，以表谢忱。

程兆奇

2015 年 1 月 29 日

本集中所收曹大臣先生的论文在审查中未获通过；山田正行先生的论文中个别引文因涉违碍亦被建议删除，特此说明，向两位先生抱歉。

4 月 1 日又及。

索　　引

续 表

续 表

名　　称	别　　称	页　　数
“侵略和占领东北”		281
“秦土协定”		302－304,308
“日本科学工作者关于战争与和平的声明”		177
“日本无罪论”		51
“三光政策”	（杀光、抢光、烧光）	259
“上海派遣军”		252
“胜者的审判”		18，25，29，50，53，66，286，363,365
“首要嫌犯绝密名单”		507
“太平洋战争肯定论”		4,71,73
“田中计划”		306
“田中奏折”		306,308
“统一和开发满洲的‘二位一体’制”		281
“土肥原秦德纯协定”		302,303
“西人监”		234
“湘桂会战”		241
“辛丑条约”		308
“亚洲不在论”		7
“义勇军”		260
“暂编独立第10总队”		250
“战争责任论”		287
“指挥官责任”原则		120,243
“致麦克阿瑟总司令”		161
“中国代表团与东京审判”		293
“中国焦土抗战论”	“焦土抗战”	346－349,351,352,354,355,359－361
“终战诏敕”	玉音放送，圣断	170
《“东京审判”国际研讨会》	国际研讨会	287
《BC级审判》		8

续 表

续 表

续 表

续 表

续 表

续 表

名　　称	别　　称	页　　数
《陆战法规惯例公约》		75
《陆战法规和惯例公约》		229
《论俄国革命》		147
《毛泽东选集》		225,262
《梅汝璈东京审判文稿》		23,194,199,293
《梅汝璈法学文集》		183
《美国和东京审判》		27
《美英中三国促令日本投降之波茨坦公告》		267
《秘录·东京审判》(1967 年)		286
《秘录东京审判》		24
《民族复兴与焦土抗战》		352
《木户日记》		89,162,506
《拿破仑法典及其影响》		182
《南京大屠杀史料集》		211,213,225,231,269,281,347,349,357,358,518
《南京审判》		225,231
《年报日本现代史》(第 9 号)		9
《纽伦堡审判和东京审判之后》		24
《纽约时报》		160,357,460
《帕尔法官:印度民族主义》		11
《帕尔法官》		4,11,137,140,363
《帕尔法官——东京审判批判和绝对和平主义》		24
《帕尔——印度·民族主义和东京审判》		24
《琴歌谱》		149
《日本国宪法的基本主义》		154
《日本纪》		151
《日本人的战争观》		4
《日本人对 A 级战犯审判的反应》		2

续 表

续 表

续 表

续　表

续 表

续 表

续 表

续 表

续 表

续 表

续 表

续　表

续 表

续 表

续 表

续　表

续 表

续 表

续 表

续 表

续表

续　表

续 表

续　表

续 表

续 表

续 表

续　表

续 表

续 表

续 表

续　表

续 表

续 表

续 表

续 表

续 表

续 表

续 表

续　表

续表

续 表

续表

续 表

续 表

续 表

续表

续 表

续 表

续 表

续 表

续 表

续 表

续 表

续 表

续 表

续 表

续 表

续 表

续 表

续 表

续 表

续 表

续 表

续 表

续 表

续 表

续 表

续 表

续 表

续 表

续 表

续 表

续 表

续 表

续 表

续　表

续 表

续 表

续 表

续 表

续 表

续 表

续 表

续 表

续 表

续 表

续 表

续 表

续 表

续 表

续 表

续 表

续　表

续 表

续　表

续 表

续 表

续 表

续 表

续 表

续 表

续 表

续 表

续 表

续　表

续表

续 表

续 表

续 表

续 表

续 表

续 表

续　表

续 表

续 表

续 表

续 表

续 表

续 表

续表

续 表